FamRZ-Buch **21**

Die
FamRZ-Bücher

werden herausgegeben von

Prof. Dr. Dr. h.c. Peter Gottwald
Dr. Ingrid Groß
Dr. Meo-Micaela Hahne
Prof. Dr. Dr. h.c. mult. Dieter Henrich
Prof. Dr. Dr. h.c. Dieter Schwab
Prof. Dr. Thomas Wagenitz

VERLAG ERNST UND WERNER GIESEKING, BIELEFELD

Elternunterhalt: Grundlagen und Strategien

– mit Exkurs Enkelunterhalt –

von

Jörn Hauß

Rechtsanwalt und Fachanwalt
für Familienrecht in Duisburg

4., völlig neu bearbeitete Auflage

2012

VERLAG ERNST UND WERNER GIESEKING, BIELEFELD

Bibliografische Information der Deutschen Nationalbibliothek
Die Deutsche Nationalbibliothek verzeichnet diese Publikation in der
Deutschen Nationalbibliografie; detaillierte bibliografische Daten sind
im Internet über http://dnb.d-nb.de abrufbar.

2012
© Verlag Ernst und Werner Gieseking GmbH, Bielefeld
Lektorat: Dr. iur. Jobst Conring
Satz: Fotosatz L. Huhn, Linsengericht/Eidengesäß
Druck: Wilhelm & Adam, Heusenstamm
ISBN 978-3-7694-1098-3

Arthur Schopenhauer (1788–1860):

„… Nur EINE Verpflichtung ist mir bekannt, die NICHT mittelst einer Uebereinkunft, sondern unmittelbar durch eine bloße Handlung übernommen wird, weil Der, gegen den man sie hat, noch nicht da war, als man sie übernahm: es ist die der **Eltern gegen ihre Kinder**. Wer ein Kind in die Welt setzt, hat die PFLICHT es zu erhalten, bis es sich selbst zu erhalten fähig ist: und sollte diese Zeit, wie bei einem Blinden, Krüppel, Kretinen u. dgl. NIE eintreten, so hört auch die Pflicht nie auf. Denn durch das bloße Nichtleisten der Hülfe, also eine Unterlassung, würde er sein Kind verletzen, ja, dem Untergange zuführen.

Die moralische Pflicht der **Kinder gegen die Eltern** ist nicht so unmittelbar und entschieden. Sie beruht darauf, daß, weil jede Pflicht ein Recht giebt, auch die Eltern eines gegen die Kinder haben müssen, welches bei diesen die Pflicht des Gehorsams begründet, die aber nachmals, mit dem Recht, aus welchem sie entstanden ist, auch aufhört. An ihre Stelle wird alsdann Dankbarkeit treten für Das, was die Eltern mehr gethan, als strenge ihre Pflicht war. Jedoch, ein so häßliches, oft selbst empörendes Laster auch der Undank ist; so ist Dankbarkeit doch nicht PFLICHT zu nennen: weil ihr Ausbleiben keine Verletzung des Andern, also kein UNRECHT ist. Außerdem müßte der Wohlthäter vermeint haben, stillschweigend einen Handel abzuschließen. – Allenfalls könnte man als unmittelbar durch eine Handlung entstehende Verpflichtung den Ersatz für angerichteten Schaden geltend machen. Jedoch ist dieser, als Aufhebung der Folgen einer ungerechten Handlung, eine bloße Bemühung sie auszulöschen, etwas rein Negatives, das darauf beruht, dass die Handlung selbst hätte unterbleiben sollen. – Noch sei hier bemerkt, daß die Billigkeit der Feind der Gerechtigkeit ist und ihr oft gröblich zusetzt: daher man ihr nicht zu viel einräumen soll. Der Deutsche ist ein Freund der Billigkeit, der Engländer hält es mit der Gerechtigkeit. …"

aus: Arthur Schopenhauer, Über das Mitleid, herausgegeben von Franco Volpi, München, 5. Aufl. 2011, S. 93 f.

Vorwort zur 4. Auflage

In den letzten zehn Jahren hat sich der Elternunterhalt etabliert. Routine ist er gleichwohl noch nicht geworden, weder für die Betroffenen, noch für Behörden, Anwaltschaft und Gerichte. Zwar liegt eine beachtliche Zahl an Entscheidungen zwischenzeitlich vor, viele ‚Problemzonen‘ des Elternunterhalts sind aber weiterhin ungeklärt. Dazu gehören die Fragen:

- Wie wird das kostengünstige Wohnen in der eigenen Immobilie bewertet (Rn. 176 ff.),
- nach welchen Grundsätzen berechnet sich das Vorsorgeschonvermögen (Rn. 474 ff.),
- zählt selbst genutztes Immobilienvermögen zum Altersvorsorgeschonvermögen (Rn. 529),
- wie sind Kapitalerträge aus dem Vorsorgeschonvermögen unterhaltsrechtlich zu behandeln (Rn. 191 ff.),
- sind teurere Hobbys aus dem Selbstbehalt zu finanzieren oder senken sie die unterhaltsrechtliche Leistungsfähigkeit des Pflichtigen (Rn. 318, 378, 587),
- wie ist vertraglich festgelegter Unterhalt gegenüber dem gesetzlichen Unterhaltsanspruch zu behandeln (Rn. 326 ff.)?

Ich habe versucht, diese Fragen in der vorliegenden Auflage zu diskutieren und sie juristisch zu beantworten. Diese Antworten widersprechen teilweise den fiskalischen Interessen der öffentlichen Hand. Die von mir gefundenen Lösungen folgen der Logik der Lebensstandardgarantie im Elternunterhalt (BGH v. 23.10.2002 – XII ZR 266/99, FamRZ 2002, 1698). Eine Lebensstandardgarantie für den Unterhaltspflichtigen kennt das Unterhaltsrecht ansonsten nicht. Anders aber als im Deszendenten- und Gattenunterhaltsrecht kann sich das unterhaltspflichtige Kind auf die Inanspruchnahme auf Elternunterhalt nicht einstellen. Anders auch als sonst resultiert die unterhaltsrechtliche Inanspruchnahme nicht aus einem dem Unterhaltspflichtigen zuzurechnenden haftungsauslösenden Verhalten (Heirat, Geschlechtsverkehr oder Adoption), sondern aus einer schicksalhaften von ihm unbeeinflussbaren Zugehörigkeit zu einer Familie. Diese verantwortungslose Inanspruchnahme auf Elternunterhalt rechtfertigt die Vorsicht, mit der die Heranziehung der Unterhaltspflichtigen in der Rechtsprechung erfolgt.

Der Elternunterhalt tangiert emotional die Primärbindung des Menschen und verkehrt die spontane Erwartungshaltung der Kinder. Diese erwarten – auch in fortgeschrittenem Alter – von ihren Eltern Hilfe und Unterstützung und nicht umgekehrt. Das verunsichert. Das Gebot, die Eltern zu lieben und zu achten, ihnen dankbar und als Ausdruck dieser Wertschätzung ihnen im Alter behilflich zu sein, ist emotional und gesellschaftlich tiefer verankert als juristisch. Es verwundert deswegen nicht, wenn in der Verwaltungs- und Justizpraxis der Elternunterhalt gelegentlich recht emotional behandelt wird. Diese Emotionalität findet sich im Ergebnis mancher Urteile wieder.

Die Rechtsprechung hat den Elternunterhalt inzwischen indessen gut austariert. Die großzügig bemessene Abzugsfähigkeit von Belastungen und die angehobenen Selbstbehaltssätze machen den Elternunterhalt zum ‚Wohlhabendenprivileg‘ und senken die unterhaltsrechtliche Belastung meist auf den Gegenwert zweier auswärtiger Abendessen mit dem Ehepartner. Wenn der Elternunterhalt von der Öffentlichkeit gleichwohl als einer der großen Aufreger wahrgenommen wird, dann belegt das die hohe Emotionalisierung des Themas. Das vorliegende Buch versucht, das Thema zu entemotionalisieren und zu entskandalisieren.

Elternunterhalt ist eine juristische Aufgabe. Sie ist mit der für Juristen typischen gesetzestreuen und logisch disziplinierten Argumentation zu bewältigen. Für emotions- und moralbeladene Argumentation sind andere Berufsgruppen zuständig. Die können das besser.

Ganz besonders möchte ich meinem jungen Kollegen Nils Thormeyer danken. Rechtsanwälte sind tendenziell ‚Einzelkämpfer‘. Seine geduldige Diskussionsbereitschaft und tatkräftige Unterstützung bei der Erstellung dieses Manuskripts machen deutlich, dass das nicht zwingend ist. Von ihm stammt der Beitrag über die Beerdigungskosten.

Dass ich dem Verlag Gieseking und dessen Lektor Dr. Conring danke, versteht sich von selbst. Ihrer Arbeit ist zu verdanken, dass das Buch alle zwei Jahre erscheint. Eine erfreuliche Leistung für ein Buch, das eigentlich nur ein Randthema des Familienrechts behandelt.

Duisburg, im Juli 2012   *Jörn Hauß*

Inhaltsverzeichnis

Abkürzungsverzeichnis

AG	Amtsgericht
aktRW	aktueller Rentenwert
AO	Abgabenordnung
BAföG	Bundesausbildungsförderungsgesetz
BarwertVO	Barwertverordnung
BFH	Bundesfinanzhof
BGB	Bürgerliches Gesetzbuch
BGBl.	Bundesgesetzblatt
BGH	Bundesgerichtshof
BSHG	Bundessozialhilfegesetz
BVerfG	Bundesverfassungsgericht
BVerwG	Bundesverwaltungsgericht
DNotZ	Deutsche Notar-Zeitschrift
EGBGB	Einführungsgesetz zum BGB
EP	Entgeltpunkt
ErbStG	Erbschaftsteuergesetz
EStG	Einkommensteuergesetz
EuGVÜ	Übereinkommen über die gerichtliche Zuständigkeit und die Vollstreckung gerichtlicher Entscheidungen in Zivil- und Handelssachen
EuGVVO	VO (EG) Nr. 44/2001 des Rates über die gerichtliche Zuständigkeit und die Vollstreckung gerichtlicher Entscheidungen in Zivil- und Handelssachen
FamFG	Gesetz über das Verfahren in Familiensachen …
FamG	Familiengericht
FamRB	Der Familienrechtsberater
FamRZ	Zeitschrift für das gesamte Familienrecht
FF	Forum Familienrecht
FGPrax	Praxis der Freiwilligen Gerichtsbarkeit
FPR	Familie Partnerschaft und Recht
FuR	Familie und Recht

GG	Grundgesetz
gRV	gesetzliche Rentenversicherung
GSiG	Grundsicherungsgesetz
h.M.	herrschende Meinung
HUÜ 73	Haager Übereinkommen über das auf Unterhaltspflichten anzuwendende Recht vom 02.10.1973
InsO	Insolvenzordnung
KG	Kammergericht
LandesBestG	Landesbestattungsgesetz
LG	Landgericht
LS	Leitsatz
LSG	Landessozialgericht
MDK	Medizinischer Dienst der Krankenkasse
MDR	Monatsschrift für Deutsches Recht
NDV	Nachrichtendienst des Dt. Vereins
NJW	Neue Juristische Wochenschrift
OLG	Oberlandesgericht
OLG-LL	Leitlinien der Oberlandesgerichte
OLGR	OLG-Reports (regionale Rechtsprechungs-Newsletter)
OVG	Oberverwaltungsgericht
SGB II	Sozialgesetzbuch II (Grundsicherung für Arbeitssuchende)
SGB XI	Sozialgesetzbuch XI (Soziale Pflegeversicherung)
SGB XII	Sozialgesetzbuch XII (Sozialhilfe)
UVG	Unterhaltsvorschussgesetz
VBVG	Vormünder- und Betreuervergütungsgesetz
VersAusglG	Versorgungsausgleichsgesetz
VG	Verwaltungsgericht
VGH	Verwaltungsgerichtshof
VO	Verordnung
ZFE	Zeitschrift für Familien- und Erbrecht
ZfF	Zeitschrift für das Fürsorgewesen
ZPO	Zivilprozessordnung

Literaturverzeichnis I
(Verwendete Kommentare, Monografien)

Andrae, Marianne: Internationales Familienrecht, 2. Aufl., Baden-Baden, 2006.

Bamberger/Roth (Hrsg.): Kommentar zum Bürgerlichen Gesetzbuch, 3. Aufl., München, 2012 (zit.: Bamberger/Roth/Bearbeiter).

Bieritz-Harder/Conradis/Thie (Hrsg.): Sozialgesetzbuch XII – Sozialhilfe – Lehr- und Praxiskommentar, 9. Aufl., Baden-Baden, 2012 (zit.: LPK-SGB XII/Bearbeiter).

Büttner/Niepmann/Schwamb: Die Rechtsprechung zur Höhe des Unterhalts, 11. Aufl., München, 2010.

Duderstadt: Erwachsenenunterhalt, 4. Aufl., Neuwied, 2007.

Erman (Begr.): Bürgerliches Gesetzbuch, Handkommentar, 13. Aufl., Köln, 2011.

Eschenbruch/Klinkhammer (Hrsg.): Der Unterhaltsprozess, 5. Aufl., Düsseldorf/Neuwied, 2009.

Gerhardt/v. Heintschel-Heinegg/Klein (Hrsg.): Handbuch des Fachanwaltes Familienrecht, 8. Aufl., Neuwied, 2011 (zit.: FA-FamR/Bearbeiter).

Göppinger/Wax: Unterhaltsrecht, 9. Aufl., Bielefeld, 2008 (zit.: Göppinger/Wax/Bearbeiter).

Götz, Isabell: Unterhalt für volljährige Kinder, Bielefeld, 2007.

Heiß/Born: Das Unterhaltsrecht, Loseblattausgabe, München, Stand Februar 2012 (zit.: Heiß/Born/Bearbeiter).

Hillebrecht, Martin: Aszendentenunterhalt, Berlin, 2012.

Höland/Sethe/Notarkammer Sachsen-Anhalt (Hrsg.): Elternunterhalt, Baden-Baden, 2011.

Hußmann, Wolfram: Elternunterhalt, 2. Aufl., München, 2008.

Johannsen/Henrich (Hrsg.): Eherecht, Kommentar, 5. Aufl., München, 2010 (zit.: Johannsen/Henrich/Bearbeiter).

Krenzler/Borth (Hrsg.): Anwalts-Handbuch Familienrecht, 2. Aufl., Köln, 2012 (zit. Krenzler/Borth/Bearbeiter).
Koch (Hrsg.): Handbuch des Unterhaltsrechts, 12. Aufl., München, 2012 (zit.: Koch/Bearbeiter).

Melchers/Hauß: Unterhalt und Verbraucherinsolvenz, Köln, 2003.
Metz, Bernhard: Rechtsethische Prinzipien des nachehelichen Unterhaltsrechts, Frankfurt/M., 2005.
Münchener Kommentar: BGB, Bd. 7 u. 8, Familienrecht, 5. bzw. 6. Aufl., München, 2010 u. 2012 (zit.: MünchKomm/Bearbeiter).

Nomos-Kommentar: BGB, Bd. 4: Familienrecht, herausgegeben von Kaiser, Schnitzler, Friederici, 2. Aufl., Baden-Baden, 2010 (zit.: NK-BGB/Bearbeiter).

Palandt (Begr.): Bürgerliches Gesetzbuch, Kommentar, 71. Aufl., München, 2012 (zit.: Palandt/Bearbeiter).

Richter/Doering-Striening/Schröder/Schmidt (Hrsg.): Seniorenrecht, 2. Aufl., Baden-Baden 2011 (zit.: Richter u.a./Bearbeiter).
Rieck (Hrsg.), Ausländisches Familienrecht, 8. Aufl., München, 2011 (zit. Rieck/Bearbeiter).

Schäfer, Maike: Die Unterhaltspflicht erwachsener Kinder gegenüber ihren Eltern, Hamburg, 2007.
Schnitzler (Hrsg.): Münchener Anwaltshandbuch Familienrecht, 3. Aufl., München, 2010 (zit.: Schnitzler/Bearbeiter).
Schwab/Henrich (Hrsg.): Familiäre Solidarität – Die Begründung und die Grenzen der Unterhaltspflicht unter Verwandten im europäischen Vergleich, Bielefeld, 1997 (zit.: Bearbeiter in Schwab/Henrich).
Staudinger (Begr.): Kommentar zum Bürgerlichen Gesetzbuch mit Einführungsgesetzen und Nebengesetzen, Viertes Buch Familienrecht: §§ 1601–1615o BGB, 14. Aufl., 2000 (zit.: Staudinger/Bearbeiter).

Weinreich/Klein (Hrsg.): Familienrecht, Fachanwaltskommentar, 4. Aufl., München, 2011 (zit.: KK-FamR/Bearbeiter).
Wendl/Dose: Das Unterhaltsrecht in der familienrichterlichen Praxis, 8. Aufl., München, 2011 (zit.: Wendl/Dose/Bearbeiter).

Literaturverzeichnis II
(Aufsätze zum Eltern- und Enkelunterhalt)

Boecken, Wilfried: Der Elternunterhalt bei Pflegebedürftigkeit zwischen sozialstaatlicher Verantwortung und individueller Einstandspflicht, JZ 2006, 282.

Born, Winfried: Elternunterhalt – Keine Leistungsfähigkeit durch Darlehn, MDR 2005, 901.

Born, Winfried: „Zeitbombe" Schwiegermutter? – Die aktuelle Rechtsprechung zum Elternunterhalt, MDR 2005, 194.

Born, Winfried: Neues vom Elternunterhalt, FamRB 2004, 192 u. 2004, 226.

Born, Winfried: Aktuelle Entwicklung beim Elternunterhalt, FamRB 2003, 295 u. 2003, 332.

Büthe, Dieter: Neues zum Enkelunterhalt, FuR 2007, 246.

Büttner, Helmut: Alterssicherung und Unterhalt, FamRZ 2004, 1918.

Büttner, Helmut: Belastungsgrenzen beim Elternunterhalt, in: Festschrift für Dieter Henrich zum 70. Geburtstag, Bielefeld, 2000, S. 51.

Diederichsen, Uwe: Unterhaltspflichten gegenüber Eltern und selbständigen Kindern, in: Familienrecht im Brennpunkt, Hrsg.: Schwab/Hahne, Bielefeld, 2004, S. 115.

Diederichsen, Uwe: Die Sandwichgeneration zwischen Kindesunterhalt und Elternunterhalt, FF 2000 (Sonderheft), 7 ff.

Diederichsen, Uwe: Der BGH und der Elternunterhalt, FF 2003, 8.

Duderstadt, Jochen: Ausgewählte Probleme des Elternunterhalts, FuR 2007, 205 und 253.

Ebel, Hermann: Der Elternunterhalt in der jüngsten Rechtsprechung des BGH, FuR 2006, 104.

Ehinger, Uta: Elternunterhalt: gesetzliche Voraussetzungen und Beschränkungen der Inanspruchnahme durch Rechtsprechung und Gesetzgebung, NJW 2008, 2465.

Ehinger, Uta: Anmerkung zu der Entscheidung des BGH vom 25.06.2003 (XII ZR 63/00) zum Unterhalt des Ehegatten des Pflichtigen beim Elternunterhalt, FPR 2004, 152.

Ehinger, Uta: Die Leistungsfähigkeit des unterhaltspflichtigen Kindes beim Elternunterhalt, FPR 2003, 623.

Griesche, Gerhard: Zusätzliche private Altersversorgung beim Ehegatten-, Kindes- und Elternunterhalt, FPR 2006, 337.

Griesche, Gerhard: Elternunterhalt: Übersicht über die Entwicklung der höchstrichterlichen Rechtsprechung zum Elternunterhalt, FPR 2004, 693.

Gühlstorf, Torsten: Neue Tendenz in der Rechtsprechung bei der Heranziehung zum Elternunterhalt?, ZfF 2006, 177.

Günther, Frauke: Die Inanspruchnahme von Großeltern auf Enkelunterhalt, FPR 2006, 347.

Günther, Frauke: Elternunterhalt – Hinweise zur Berechnung und zum Unterhaltsregress unter besonderer Berücksichtigung der aktuellen Rechtsprechung, NDV 2005, 44.

Günther, Frauke: Unterhaltspflicht aus Vermögen im Elternunterhalt, NDV 2003, 85.

Günther, Frauke: Unterhaltsansprüche der Eltern und ihre Berechnung – zugleich ein Beitrag zum Familienunterhalt, FuR 1995, 1.

Gutdeutsch, Werner: Die Berechnung der Leistungsfähigkeit verheirateter Kinder nach BGH und ihre Konsequenzen, FamRZ 2011, 77.

Hauß, Jörn: Elternunterhalt: Methoden zur Berechnung der Leistungsfähigkeit des pflichtigen Kindes, FamRB 2010, 315.

Hauß, Jörn: Neues vom Elternunterhalt, FamRB 2010, 275.

Hauß, Jörn: Elternunterhalt – ein ,Privileg' Wohlhabender, FamRB 2005, 268.

Hauß, Jörn: Strategien zur Vermeidung der Heranziehung zum Elternunterhalt, FamRB 2003, 337.

Herr, Thomas: Elternunterhalt – zur neuen Rechtsprechung des BVerfG, NJW 2005, 2747.

Herr, Thomas: Elternunterhalt, FamRZ 2005, 1021.

Hoch, Hans: Der Elternunterhalt: Pragmatisch akzeptiertes Recht, FPR 2003, 648.

Hoch, Hans: Forschungsbefunde zur Praxis der Sozialämter bei der Regulation des Elternunterhalts, FPR 1999, 20.

Hußmann, Wolfram: Verwirkung und unbillige Härte beim Elternunterhalt bei gestörtem Eltern-Kind-Verhältnis, NJW 2010, 3695.

Hußmann, Wolfram: Anmerkung zu der Entscheidung des BGH vom 23.10.2002 (XII ZR 266/99) zur Verwirkung rückständigen Elternunterhalts, FPR 2003, 153.

Jakobs, Michael Ch.: Elternunterhalt: insbesondere Einkommens- und Vermögenseinsatz, FuR 2010, 9.

Klinkhammer, Frank: Pflegeversicherung, Grundsicherung und Elternunterhalt, FPR 2003, 640.

Koritz, Nikola: Das Schonvermögen beim Elternunterhalt, NJW 2007, 270.

Krauß, Hans-Frieder: Elternunterhalt, DNotZ 2004, 502 und 2004, 580.

Lüscher, Kurt: Der Elternunterhalt: Pragmatisch akzeptiertes Recht, FPR 2003, 648.

Luthin, Horst: „Zahlopa" – Probleme des Unterhalts für Enkel, FamRB 2005, 19.

Mayer, Jörg: Brennpunkte der vorweggenommenen Erbfolge: unkalkulierbarer Elternunterhalt, ZEV 2007, 145.

Menter, Petra: Der Elternunterhalt, FamRZ 1997, 919.

Minwegen, Romano: Verfassungswidrigkeit des Elternunterhalts?, ZFE 2005, 108.

Mleczko, Klaus: Die mittelbare Haftung des Schwiegerkindes für den Elternunterhalt, ZFE 2006, 44.

Mleczko, Klaus: Das Urteil des BVerfG zum Elternunterhalt, ZFE 2005, 260.

Mleczko, Klaus: Die Bedürftigkeit beim Elternunterhalt, FPR 2003, 616.

Mleczko, Klaus: Die neue Rechtsprechung des BGH zum Elternunterhalt, ZFE 2002, 364.

Person, Sybille/Gühlstorf, Torsten: Die Heranziehung zum Unterhalt aus Vermögen im Elternunterhalt: Überlegungen zum Urteil des BGH vom 30.08.2006, ZfF 2009, 73.

Reinecke, Heinrich: Der Elternunterhalt und das Grundsicherungsgesetz, ZFE 2003, 70.

Reinecke, Heinrich: Rechtsprechungstendenzen zum Thema Elternunterhalt, FPR 1999, 3.

Roth, Wolfgang: Kindesunterhalt/Elternunterhalt: die Benachteiligung der Familie, NJW 2004, 2434.

Ruland, Franz: Generationensolidarität im Unterhaltsrecht: die Entscheidung des BVerfG zum Elternunterhalt – BVerfG, NJW 2005, 1927 –, JuS 2005, 973.

Scholz, Harald: Die Unterhaltspflicht des verheirateten, gering verdienenden Kindes gegenüber einem Elternteil, in: Perspektiven des Familienrechts, Festschrift für Dieter Schwab zum 70. Geburtstag, Bielefeld, 2005, S. 911.

Scholz, Harald: Zum Verhältnis von Eltern- und Familienunterhalt, FamRZ 2004, 1829.

Soyka, Jürgen: Verteilung der Haftung unter mehreren Unterhaltspflichtigen, Zuständigkeitsprobleme bei Inanspruchnahme mehrerer Kinder auf Elternunterhalt und Verwirkung von Unterhaltsansprüchen, FPR 2003, 631.

Weber-Monecke, Beatrix: Die Rechtsprechung des Bundesgerichtshofs zum Elternunterhalt, in: Festschrift für Dr. Ingrid Groß, Bonn, 2004, S. 239.

Wedemann, Frauke: Rückforderung wegen Verarmung des Schenkers versus Elternunterhalt, NJW 2011, 571.

Wohlgemuth, Gisela: Ersparniseinrechnung beim Elternunterhalt, FamRZ 2011, 341.

A. Grundlagen des Elternunterhaltes

I. Hintergründe

Der Elternunterhalt ist als Verwandtenunterhalt ein in Kontinentaleuropa aus dem Römischen Recht stammender Grundsatz. Seine Wurzeln sind zu suchen in der ruralen Gesellschaft, die ohne spezifische Altersversorgungs- und Alterssicherungssysteme auf den solidarischen Verbund der Generationen sowohl nach unten als auch nach oben setzte.

Im Römischen Recht galt der Grundsatz: ‚Filii locupletes parentes egentes tenentur alere et contra‘[1], vermögende Kinder sind verpflichtet ihre Eltern zu unterhalten und umgekehrt. Zuvor im griechischen Recht galt noch moralisierender: ‚Gewährt einer seinen Eltern nicht den nötigen Unterhalt, soll er für ehrlos erklärt werden‘[2]. Ende des 15. Jahrhunderts heißt es in dem Rechtsbuch des Berthold von Freiburg: ‚Kinder die reich sind süllen neren ir eltern unn ir anen sind die arm. Unn die reichen eltern süllen neren ir arme kinder unn die arme kinds kind ... ‘.[3] Im Preußischen Allgemeinen Landrecht von 1794 heißt es in Teil 2, Titel 2 § 251: ‚Auch nach aufgehobener väterlichen Gewalt sind Kinder und Aeltern einander wechselseitig zu unterstützen, und eins das andere, wenn es sich selbst nicht ernähren kann, mit Unterhalt zu versehen schuldig.‘ Die für das heutige Rechtsverständnis merkwürdig anmutende Struktur der Ableitung der elterlichen Unterhaltspflicht den Kindern gegenüber aus deren Unterhaltspflicht den Eltern gegenüber erklärt sich aus der naturrechtlichen Verpflichtung der Eltern zur Aufzucht und Sorge für ihre Kinder. Diese Verpflichtung bedurfte daher keiner besonderen Erwähnung, wohingegen die aus der Verwandtschaft herrührende umgekehrte Unterhaltspflicht von Kindern ihren Eltern gegenüber offensichtlich einer besonderen Erwähnung schon immer bedurfte. Eine naturrechtliche Herleitung dieser Verpflichtung lässt sich nicht finden[4].

1

2

---

1   Zitiert nach *Laubach*, Lateinische Spruchregeln zum Unterhaltsrecht, Köln, 2003, S. 31.
2   Solon, 640–560 v. Chr., zitiert nach *Ruzik/Sethe*, Kollisionsrechtliche und rechtsvergleichende Aspekte des Elternunterhalts, in: Höland/Sethe/Notarkammer Sachsen-Anhalt, S. 32.
3   *Laubach* [Fn. 1], S. 32.
4   Vgl. Darstellung bei *E. Koch* in Schwab/Henrich, S. 19; *Hillebrecht*, S. 162 ff.

3   Die zunehmende Industrialisierung und damit die zunehmende Arbeitsteilung der Gesellschaft machte die langfristige Insuffizienz derartiger Alterssicherungssysteme spätestens ab Beginn der Industrialisierung in den Industriestaaten deutlich, was zur Einführung solidarisch getragener Alterssicherungssysteme führte (zuletzt durch Einführung der Pflegeversicherung). Interessanterweise ist die Alterssicherung der Landwirte das jüngste spezifische Alterssicherungssystem, weil insbesondere in der Landwirtschaft über das Rechtsinstitut des Altenteils die bei Arbeitsaufgabe des Landwirtes vor dem Erbfall erfolgende Hofübergabe als materielle Haftungsgrundlage für die Alterssicherung lange ausreichte. Erst als in den Fünfziger Jahren die zunehmende Industrialisierung der Landwirtschaft, einhergehend mit einer zunehmenden Ertragsschwäche insbesondere kleiner landwirtschaftlicher Produktionseinheiten, auch dieses spezifische Alterssicherungssystem der Landwirtschaft ökonomisch entkernte, wurde mit der Alterssicherung der Landwirte ein auf die spezifischen Belange der Landwirtschaft zugeschnittenes Alterssicherungssystem eingeführt. Selbst in diesem Bereich wurde mithin spätestens durch Einführung der Alterssicherung der Landwirte das Prinzip des aus dem Recht am Grund und Boden fließenden Alterssicherungssystems verlassen.

4   Elternunterhalt ist in die soziologische Kritik geraten[5], seit die zunehmende Lebenserwartung der Menschen und die sterbevermeidende Wirkung moderner Medizin zu einem drastischen Anstieg der Alterspflegefälle geführt haben. Dieser Prozess ging einher mit einer zunehmenden Erwerbstätigenquote insbesondere bei den Frauen, deren bisherige traditionelle familiäre Domäne die Versorgung junger und alter Familienangehöriger gewesen ist. Mit dieser Entwicklung korrespondierte auf der anderen Seite ein gesellschaftlicher Anspruch auf eine die Menschenwürde achtende Alters- und Pflegeversorgung von Menschen, die zu einem enormen Anstieg der Kosten der Versorgung alter Menschen geführt hat. Diese Kosten sind familiär und individuell nicht mehr zu schultern. Dies hat letztendlich zur Einführung der Pflegeversicherung geführt.

5   Obwohl diese an mehreren Geburtsfehlern leidet, hat sie gleichwohl eine nachhaltige Verbesserung der Versorgung insbesondere pflegebedürftiger alter Menschen gebracht. Ökonomisch hat die Pflegeversicherung jedoch im Wesentlichen die Träger der Sozialhilfe entlastet. Zu keinem Zeitpunkt reichten ihre Leistungen aus, dem „Durchschnittsrentner" eine angemessene Heimpflege zu ermöglichen. Dieser erzielt nämlich, eine 45-jährige durchschnittliche Einkommensentwicklung vorausgesetzt, eine Rente von

---

5   Dazu auch *Frank*, FamRZ 2009, 649.

1.224 € brutto[6]. Die tatsächlichen Rentenzahlungen liegen deutlich unterhalb dieser Werte[7], da – insbesondere bei Frauen – eine ungebrochene Erwerbs- und damit Altersvorsorgebiografie kaum noch zu finden ist. Da die Kosten der Versorgung eines Menschen im Pflegeheim – je nach Pflegebedürftigkeit – teilweise mehr als 4.000 € pro Monat betragen, reichen die Eigeneinkünfte alter und insbesondere pflegebedürftiger Menschen nur in seltenen Fällen aus, diesen Bedarf abzudecken.

Somit ist der aus dem Familienverband resultierende Aszendentenunterhalt nach wie vor ergänzend erforderlich, um die Kosten der Pflege alter Menschen abzusichern.

Eine **rechtsethische Rechtfertigung** des Elternunterhaltes ist schwer zu finden. Grundsätzlich ist im kontinentaleuropäischen und insbesondere im deutschen Recht eine Haftung immer nur aus dem Gesichtspunkt einer dem Haftenden zuzuordnenden Verantwortlichkeit zu begründen. Diese Verantwortlichkeit kann aus einer unmittelbaren Handlung, einer Gefahrbegründung oder einem besonderen rechtlichen Verhältnis zum Haftungsgegenstand resultieren. Unter diesem Aspekt lässt sich die unterhaltsrechtliche Haftung für Kindesunterhalt und auch für Enkelunterhalt ohne Probleme begründen: Die Unterhaltspflicht resultiert aus dem Geschlechtsakt. Im Fall des Aszendentenunterhaltes jedoch mangelt es an jeder haftungsbegründenden Verantwortlichkeit des unterhaltspflichtigen Kindes. Es handelt sich gewissermaßen um eine Zustandshaftung, die dem deutschen Recht im Prinzip fremd ist.

Rechtsethische Grundlage könnte eine **Dankbarkeitshaftung** sein. Dafür spräche, dass in § 1611 BGB die Vernachlässigung des unterhaltspflichtigen Kindes in der Phase, in der es selbst unterhaltsbedürftig gewesen wäre, einen Ausschlussgrund für die unterhaltsrechtliche Aszendentenhaftung darstellt. Jedoch wäre die rechtsethische Begründung einer Dankbarkeitshaftung ausgesprochen schwach im Hinblick darauf, dass der in die Haftung Genommene den Anlass, für den er dankbar zu sein hat, nicht gesetzt hat[8].

6

7

8

---

9   Denkbar ist auch eine kulturell christliche Begründung des Elternunterhaltes. Das biblische Gebot ‚Du sollst Vater und Mutter ehren[9]‘ ist in der Bibel als moralischer, nicht aber als materieller Anspruch formuliert. Das elterliche Ehrgebot wird jedoch in späterer Interpretation auch zum göttlichen Gebot der materiellen Unterstützung der Eltern interpretiert[10]. Die säkulare Gesellschaft tut sich jedoch i.d.R. schwer damit, christliche Rechtfertigungen, die nicht gleichzeitig Gebote gegenseitiger Achtung sind, zur rechtlichen Norm zu erheben. Allerdings kommt auch in der säkularen Gesellschaft das Prinzip des gegenseitigen Achtens als rechtsethisches Rechtfertigungsprinzip in Betracht[11]. Es kann im Bereich des Elternunterhaltes jedoch nicht verkannt werden, dass dieses Rechtfertigungsprinzip auch umgekehrt gilt: Es gebietet die Achtung des anderen, die eigene Bedürftigkeit zu mindern[12]. Das Prinzip des gegenseitigen Achtens ist insoweit eher unscharf und als ein das Rechtssystem durchdringendes Grundprinzip anzusehen. Es ist Basis für andere rechtsethische Prinzipien, nicht aber ein eigenständiger Rechtfertigungsgrund[13].

10   Anerkannt ist als rechtsethisches Rechtfertigungsprinzip das aus dem Schuldrecht bekannte Gegenseitigkeits- oder Äquivalenzprinzip. Dieses beruht auf bewusstem und gewolltem Leistungsaustausch. Als Rechtfertigung des Aszendentenunterhalts ist dieses Prinzip jedoch fragwürdig. Zwar lässt sich noch der Elternunterhalt als zeitlich versetztes ‚synallagmatisches‘ Pendant des Kindesunterhaltes ansehen, an der für ein klassisches Gegenseitigkeitsverhältnis geltenden Willentlichkeit fehlt es indes. Das Kind wird von den Eltern bei der Zeugung nicht gefragt. Es handelt sich mithin um einen ‚natürlichen‘ Austauschzusammenhang. In diesem wird jedoch nicht nach Äquivalenz entschieden, sondern ausschließlich nach der Geburt. Äquivalenzaspekte spielen allenfalls im Rahmen der Verwirkungstatbestände des § 1611 BGB eine Rolle. Ansonsten ist der Aszendentenunterhalt von Äquivalenzprinzipien nicht geprägt, weswegen insoweit eine Rechtfertigung nicht gefunden werden kann.

11   Am Umstand, dass der Elternunterhalt nicht aus einer willentlichen Entscheidung des Kindes resultiert, sondern aus dem Umstand seiner Ge-

---

9   4. Gebot (2. Buch Mose, Kap. 20, Vers 12).

10 Markus, Kap. 7, Verse 11–13: Jesus verurteilt darin den ‚Korban‘, einen in jener Zeit üblichen Brauch, in dem der gläubige Jude alle seine irdischen Güter dem Tempel überschrieb und dieser aus dem Vermögen den Übertragenden wirtschaftlich unterhielt, nicht aber zugleich dessen Eltern. Wörtlich heißt es bei Markus: ‚Denn Mose hat gesagt: Du sollst Vater und Mutter ehren … (ihr aber predigt den Korban) … und so lasst ihr ihn hinfort nichts mehr tun seinem Vater oder seiner Mutter, und hebt auf Gottes Wort durch eure Aufsätze, die Ihr aufgesetzt habt …‘.

11 *Metz*, S. 176 ff.

12 BGH v. 08.07.1981 – VI b ZR 593/80, NJW 1981, 2805.

13 So auch *Metz*, S. 177.

burt, scheitern auch alle anderen rechtsethischen Rechtfertigungen, die aus persönlicher Verantwortung des Pflichtigen zu begründen wären.

Ebenso scheitern alle Rechtfertigungen, die aus gemeinschaftlicher Teilhabe entstehen. Die Auflösung der Familiengemeinschaft ist mit dem Auszug und der wirtschaftlichen Selbständigkeit der Kinder aus dem elterlichen Haushalt abgeschlossen. Es besteht zwischen Kindern und ihren Eltern nach dem Loslösungsprozess keine eine wirtschaftliche Teilhabe gebietende Gemeinschaft, die es rechtfertigen könnte, die Kinder für eine Bedürftigkeit der Eltern in Anspruch zu nehmen. Dies könnte völlig anders sein, wenn noch das Prinzip der Großfamilie gesellschaftsprägend wäre, in dem die gelebte Gemeinschaft der Generationen Teilhabe[14] und Vertrauen[15] rechtfertigen würde, die Anknüpfungspunkte für die staatlich erzwungene Inanspruchnahme sein könnten.

Sofern die wechselseitig Unterhaltsverpflichtung zwischen Eltern und Kindern mit der aus dem Abstammungskontext abgeleiteten familiären Solidarität begründet wird[16], übersieht diese Auffassung, dass Solidarität ein Gebot gelebter sozialer Strukturen ist. Die Auflösung der Großfamilie durch die moderne Industriegesellschaft beendet aber auch in der Regel die Erfahrung einer gelebten sozialen Beziehung mit den Eltern. Besteht diese Erfahrung der Solidarität, bedarf es in der Regel auch keiner gesetzlichen Anordnung der Unterhaltspflicht, weil diese freiwillig erfüllt wird. Besteht jedoch die Erfahrung einer gelebten solidarischen Familienstruktur nicht mehr, ist es rechtsethisch fragwürdig, einer entsolidarisierten sozialen Struktur gesetzlich Solidarität abzuverlangen.

Da eine rechtsethische Begründung für den Elternunterhalt nicht ohne weiteres gefunden werden kann[17], ist dieser schwach ausgestaltet. Er rangiert in der Rangfolge der Unterhaltsansprüche auf der letzten Position (vgl. § 1609 Nr. 6 BGB). In der gesellschaftlichen Akzeptanz ist er ebenfalls fragwürdig. Jedenfalls diejenigen, die auf Elternunterhalt in Anspruch genommen werden, bezweifeln meist die Legitimation. Wie die gesamte Alters- und Krankenfürsorge stellt sich der Altersunterhalt in einer industriellen und arbeitsteiligen Gesellschaft, in der rurale Strukturen ebenso untergegangen sind wie mehrere Generationen übergreifende Großfamilien, als eine gesellschaftliche Aufgabe dar.

---

14 *Metz*, S. 181 mit umfassender Darstellung.
15 *Metz*, S. 183 mit umfassender Darstellung.
16 *Laubach* [Fn. 1], S. 74.
17 Umfassend dazu *Hillebrecht*, S. 354 ff.

II. Rechtsgrundlagen

1. Zivilrechtliche Grundlagen des Elternunterhaltes[18]

15   Nach § 1601 BGB sind Verwandte in gerader Linie verpflichtet, einander Unterhalt zu gewähren. Voraussetzung dafür ist einerseits, dass der Unterhalt beanspruchende Elternteil außerstande ist, sich aus eigenen Mitteln selbst zu unterhalten (§ 1602 Abs. 1 BGB). Beim Unterhaltsberechtigten muss Bedürftigkeit vorliegen.

16   Andererseits muss das zum Unterhalt herangezogene Kind unter Berücksichtigung seiner sonstigen Verpflichtungen imstande sein, ohne Gefährdung seines eigenen angemessenen Unterhalts dem Elternteil Unterhalt zu gewähren (§ 1603 Abs. 1 BGB), es muss also leistungsfähig sein. Dabei müssen Bedürftigkeit und Leistungsfähigkeit zeitgleich zusammenfallen. Nur wenn und solange während der Zeit des Unterhaltsbedarfs der Unterhaltspflichtige leistungsfähig ist, entsteht ein Unterhaltsanspruch. Diese Auslegung von § 1603 Abs. 1 BGB entspricht nicht nur der einhelligen Meinung in Rechtsprechung und Literatur[19], sondern wird schon von den Motiven zum Bürgerlichen Gesetzbuch gestützt, in denen ausgeführt wurde, dass für die Dauer der Leistungsunfähigkeit eine Unterhaltsverpflichtung nicht zur Entstehung gelange. Es bedürfe deshalb keiner ausdrücklichen Bestimmung, die im Falle eines späteren Vermögenszuwachses beim Leistungsunfähigen eine Verpflichtung zur Nachzahlung von Unterhalt für die Vergangenheit ausschließe[20].

17   Der eigene angemessene Unterhalt stellt somit unterhaltsrechtlich die Grenze dar, bis zu der vom unterhaltspflichtigen Kind der Einsatz seines Einkommens und Vermögens verlangt werden kann. Was dem Unterhaltspflichtigen unter diesen Voraussetzungen verbleiben muss, hat der Gesetzgeber nicht näher konkretisiert, es bedarf insofern der Auslegung durch die Gerichte.

18   Bis zur Begründung der Zuständigkeit der Familiengerichte für diese Unterhaltsstreitigkeiten durch das Gesetz zur Reform des Kindschaftsrechts vom 16.12.1997[21] wurden zur Bestimmung des eigenen angemessenen Bedarfs des Unterhaltspflichtigen in der Rechtsprechung der bis dahin in letzter Instanz zuständigen Landgerichte unterschiedliche Auffassungen

---

18   Entnommen aus BVerfG v. 07.06.2005 – 1 BvR 1508/96, FamRZ 2005, 1051.
19   BGH v. 24.10.1984 – IV b ZR 43/83, FamRZ 1985, 155; Staudinger/*Engler/Kaiser*, § 1603 Rn. 7.
20   Motive zu dem Entwurfe eines Bürgerlichen Gesetzbuches für das Deutsche Reich, Bd. IV, 2. Aufl. 1896, S. 687 f.
21   BGBl I S. 2942.

vertreten. Das galt für die Höhe des beim Einkommen zu berücksichtigenden Selbstbehalts des Unterhaltspflichtigen ebenso wie für die Frage, wie viel ihm von seinem Vermögen zu belassen sei. Allerdings hob der BGH in einer Entscheidung aus dem Jahre 1992 hervor, dass Eltern zwar regelmäßig damit rechnen müssten, ihren Kindern auch über deren Volljährigkeit hinaus Unterhalt zu gewähren. Gleiches gelte aber nicht für den Fall, dass Eltern nach dem Ausscheiden aus dem Berufsleben ihre Kinder, die selbst inzwischen Familien gegründet hätten, auf Unterhalt in Anspruch nehmen könnten. Deren grundlegend andere Lebenssituation sei bei der Heranziehung zum Unterhalt ihrer Eltern Rechnung zu tragen[22].

Inzwischen hat der BGH diese Aussage mit weiteren Entscheidungen aus jüngerer Zeit präzisiert. Maßgebend für den eigenen angemessenen Unterhalt des Unterhaltspflichtigen sei seine Lebensstellung, die seinem Einkommen, Vermögen und sozialen Rang entspreche. Hiernach bestimme sich sein Lebensbedarf einschließlich einer angemessenen Altersversorgung. Sein Eigenbedarf richte sich deshalb nicht an einer festen Größe aus. Jedenfalls müsse er eine spürbare und dauerhafte Senkung seines berufs- und einkommenstypischen Lebensniveaus nicht hinnehmen, sofern er nicht einen unangemessenen Aufwand betreibe und nicht in Luxus lebe[23]. So sei auch eine Veräußerung oder Vermietung des Familienheims unterhaltsrechtlich nicht zumutbar, wenn dies die bisherige Lebensführung des unterhaltspflichtigen Kindes grundlegend beeinträchtige. Auch sei zu prüfen, ob eine Verwertung des selbstgenutzten Grundbesitzes aus Gründen der eigenen Altersversorgung nicht erwartet werden könne[24]. In diesem schwächer ausgestalteten Unterhaltsrechtsverhältnis von erwachsenem Kind mit eigener Familie zu seinem betagten Elternteil brauche der Unterhaltsschuldner den Stamm seines Vermögens nicht zu verwerten, wenn dies für ihn mit einem wirtschaftlich nicht mehr vertretbaren Nachteil verbunden wäre[25].

19

2. Sozialstaatliche Flankierung

Auch der Staat hat einem Bedürftigen in Erfüllung des verfassungsrechtlich verankerten Sozialstaatsgebots zu helfen. Er tut dies in Form der Sozialhilfe, die er als Hilfe zur Pflege auch denjenigen gewährt, die im Alter pflegebedürftig werden und die Kosten für die Pflege aus eigenen oder den Mitteln der Pflegeversicherung nicht in vollem Umfang bestreiten können. Allerdings hat der Unterhaltsanspruch eines Bedürftigen gegenüber einem

20

---

22 BGH v. 26.02.1992 – XII ZR 93/91, FamRZ 1992, 795, 797.
23 BGH v. 23.10.2002 – XII ZR 266/99, FamRZ 2002, 1698, 1700 ff.
24 BGH v. 19.03.2003 – XII ZR 123/00, FamRZ 2003, 1179.
25 BGH v. 21.04.2004 – XII ZR 326/01, FamRZ 2004, 1184, 1185 f.

leistungsfähigen Unterhaltspflichtigen Vorrang vor seinem Sozialhilfeanspruch (vgl. § 2 Abs. 1 SGB XII). Gewährt der Sozialhilfeträger Sozialhilfe, obgleich ein Unterhaltsanspruch besteht, konnte er deshalb bis zum 26.06.1993 nach den §§ 90, 91 BSHG durch schriftliche Anzeige gegenüber dem Unterhaltspflichtigen bewirken, dass der Unterhaltsanspruch bis zur Höhe der geleisteten Sozialhilfe auf ihn überging. Seit seiner Änderung durch das Gesetz zur Umsetzung des Föderalen Konsolidierungsprogramms vom 23.06.1993[26] bestimmte § 91 BSHG, dass ein nach bürgerlichem Recht bestehender Unterhaltsanspruch eines Sozialhilfeempfängers für die Zeit, für die Hilfe gewährt wird, kraft Gesetzes bis zur Höhe der geleisteten Aufwendungen auf den Sozialhilfeträger übergeht.

21   Mit dem Gesetz zur Einordnung des Sozialhilferechts in das Sozialgesetzbuch vom 27.12.2003[27] ist das BSHG mit Wirkung zum 01.01.2005 aufgehoben worden. An seine Stelle ist das Sozialgesetzbuch Zwölftes Buch (SGB XII) – Sozialhilfe – getreten, das hinsichtlich der hier maßgeblichen sozialhilferechtlichen Regelungen zu keiner inhaltlichen Änderung geführt hat (vgl. §§ 61 ff., 93 f., 90 f. SGB XII).

22   In seinem Vierten Kapitel hat das SGB XII aber die Grundsicherung im Alter und bei Erwerbsminderung, die über 65-Jährige beanspruchen können, soweit sie ihren Lebensunterhalt nicht aus ihrem Einkommen und Vermögen beschaffen können (§§ 41 ff. SGB XII), in das Sozialhilferecht eingegliedert (vom 01.01.2003 bis 31.12.2004 geregelt in § 2 Abs. 1 Grundsicherungsgesetz). Dabei bleiben nach § 43 Abs. 2 SGB XII Unterhaltsansprüche des Leistungsberechtigten gegenüber Kindern unberücksichtigt, sofern deren jährliches Gesamteinkommen unter einem Betrag von 100.000 € liegt.

3. Rechtspolitische Veränderungsspielräume

23   Angesichts der jahrhundertelangen positivrechtlichen Normierung des Elternunterhaltes und seiner fragwürdig gewordenen rechtsethischen Legitimation, wäre es naheliegend, seine Abschaffung zu fordern. Insbesondere bei Betroffenen wird diese Forderung begierig aufgegriffen. Allerdings ist zu beachten, dass eine isolierte Abschaffung des Elternunterhaltes und die Übernahme der Pflege- und Betreuungskosten alter Menschen durch die Allgemeinheit (über Pflegeversicherung oder Sozialhilfe) einen Umbau des gesamten Unterhalts- und Sozialversicherungssystems erfordern würde. Solange nämlich zu Lebzeiten vorgenommene Vermögensübertragungen von Eltern auf Kinder mit großzügigen Steuerfreibeträgen bedacht werden[28],

---

26 BGBl. I S. 944.
27 BGBl. I S. 3022.
28 § 16 ErbStG: 400.000 € für Kinder.

würde eine steuer- oder versicherungsfinanzierte Pflege dazu führen, dass alte Menschen frühzeitig freiwillig oder gedrängt ihr Vermögen auf ihre Kinder übertragen würden mit der Folge, dass die Kosten der Pflege eines eigentlich vermögenden Menschen durch die Solidarsysteme (Steuern oder Pflegeversicherung) zu finanzieren wären. Dem könnte man nur mit einer drastischen Erhöhung von Schenkungs- und Erbschaftssteuern begegnen, was politisch derzeit nicht durchsetzbar ist.

Auch eine Verlängerung der Revokationsfrist des § 528 BGB über zehn Jahre hinaus hülfe nichts, weil dies nur dazu führte, dass ältere Menschen in noch pflegefernerem Alter gedrängt würden oder sich gedrängt fühlten, Vermögen auf die nachfolgende Generation zu übertragen. Ein 60-jähriger Mann wird (statistisch) knapp 3 % seiner noch zu durchlaufenden Lebenszeit von ca. 31 Jahren im Pflegeheim verbringen. Ein 75-jähriger Mann bereits knapp 14 %. Bei Frauen ist die Situation dramatischer: eine 60-jährige Frau wird ca. 6,5 % ihrer verbleibenden Lebenszeit im Pflegeheim verbringen, mit 75 Jahren sind es bereits gut 21 %. Angesichts dieser rapide steigenden Pflegewahrscheinlichkeit würde eine Verlängerung der Revokationsfrist nur dazu führen, Vermögensübertragungen von Eltern auf Kinder zur Vermeidung einer Revokation der Schenkung im Bedarfsfall der Not des Schenkers (§ 528 BGB) noch früher vorzunehmen. **24**

Angesichts dieser sehr komplexen juristischen Sachlage ist die Forderung nach Abschaffung des Elternunterhaltes bei Betroffenen sicher populär, jedoch ausgesprochen schwer zu realisieren. Sie setzte ein komplettes Umdenken der bisherigen juristischen Strukturen und eine politische Stärkung solidarischer Sicherungssysteme voraus. Die vorherrschende politische Strömung steht einer solchen Problemlösung jedoch vollständig entgegen. Es kann daher derzeit nicht erwartet werden, dass der Gesetzgeber sich des Problems annehmen wird. **25**

Eher scheint es erfolgsversprechend, die Rechtsprechung im Rahmen ihrer Interpretationskompetenz des dem unterhaltspflichtigen Kind verbleibenden so genannten Selbstbehaltes zu einer sozialverträglichen Bestimmung des geschuldeten Unterhaltsmaßes zu bewegen. **26**

III. Das Mandat des Anwaltes

1. Einige Grundgedanken

Das familienrechtliche Mandat ist ohnehin von einigen Sonderheiten gekennzeichnet. Das Elternunterhaltsmandat noch mehr. Im zivilrechtlichen Mandat werden Verkehrsunfälle reguliert, Firmen verschmolzen, Kauf- und **27**

Mietverträge entworfen und abgewickelt. Das Verhältnis der Mandanten zum Gegenstand des Auftrages ist meist neutral und distanziert.

28   Schon im auf Trennung und Scheidung gerichteten familienrechtlichen Mandat bewegen sich die Beteiligten und deren Vertreter in einem sehr persönlichen Bereich der Abwicklung einer meist begrenzten Lebensphase. Jeder Familienrechtler weiß um die ‚psychotherapeutischen Implikationen‘ des Scheidungs- und Trennungsverfahrens.

29   Das Mandat im Elternunterhalt berührt – ähnlich wie das erbrechtliche Mandat – den Kernbereich der beteiligten Personen, insbesondere der unterhaltspflichtigen Kinder. Das Bindungsverhalten wird geprägt durch die Familie. Familiäre Verletzungen brechen durch die Konfrontation mit einem Unterhaltsverlangen des Elternteils wieder in oft ungeahnter Schärfe auf und quälen die Betroffenen. Ich habe es oft erlebt, dass erwachsene Unterhaltspflichtige völlig unfähig sind, mit dem Unterhaltsverlangen eines Sozialhilfeträgers distanziert umzugehen. Solche Unterhaltsforderungen (meist schon die Aufforderung zur Auskunftserteilung lösen Panikattacken, Schlaflosigkeit und Existenzangst aus) vermindern die Lebensqualität der Betroffenen weit stärker als der möglicherweise kleine Unterhalt, der zu zahlen sein wird. Diese Konstellation wird verstärkt durch das Problem der ‚**Schwiegerkindhaftung**‘ (vgl. Rn. 449). Der geringer verdienende Gatte sieht seinen Partner in der Haftung für den Unterhalt seiner Eltern und schreibt sich damit in panischer Übersteigerung auch die Schuld für den Zusammenbruch dessen Lebenspläne zu. Etliche Ehen geraten durch die Anforderung von Elternunterhalt in eine ernste Krise, wobei oft nicht einmal das Verhalten des Schwiegerkindes die Krise auslöst, sondern die revolvierenden quälenden Schuldvorwürfe des unterhaltspflichtigen Kindes, die Existenzgrundlage der Familie zu gefährden, die die Basis des Zusammenlebens erschwert und gefährdet. Eine meiner Mandantinnen – eine Professorin für Psychologie – hat mir auf meine erstaunte Schlussfrage nach dem Beratungsgespräch, warum sie eine ganztägige Zugreise zu mir auf sich genommen habe, um einen vergleichsweise kleinen Beitrag zum Unterhalt ihrer 93 Jahre alten Mutter zu erörtern, spontan erklärt: ‚Jeder von uns hat noch eine Rechnung mit den Eltern offen‘. Ich weiß nicht, ob jeder, aber es sind erstaunlich viele.

30   Für die Betroffenen wird die Situation noch dadurch erschwert, dass sie sich der gesellschaftlichen und sozialen Erwartungshaltung ausgesetzt sehen, ihre Eltern ‚nicht im Stich‘ zu lassen. Dieser soziale Druck verschärft den Konflikt ebenso wie der Umstand, dass Geschwister plötzlich Einblick in die wirtschaftliche Situation der anderen Geschwister erhalten, wodurch manchmal mühsam gezimmerte und gepflegte Fassaden zerbröseln. Ich habe schon Mandantinnen und Mandanten erlebt, die sich wirklich ver-

zweifelt gegen eine sie nicht einmal wirtschaftlich stark belastende Unterhaltspflicht gewehrt haben, trotzdem aber regelmäßig, manchmal mehrfach pro Woche ihre Eltern im Pflegeheim aufgesucht haben. Das Pendeln zwischen einem dem äußeren Erwartungsdruck entsprechenden Verhalten und dem damit verbundenen Verrat an der eigenen Grundüberzeugung zermürbt. Manchmal wird auch binnenfamiliäres Fehlverhalten aufgedeckt, das von den Beteiligten als adulter Verrat empfunden wird, so, wenn einem Kind beizeiten ohne Kenntnis der anderen Vermögen übertragen wurde, das nun wegen Ablauf der Revokationsfrist oder wegen Eigenbedarfs des Begünstigten zur Finanzierung des Lebensbedarfs der Eltern nicht mehr zur Verfügung steht.

Schließlich erleben viele Bürger ihre Pflicht, dem Sozialamt ihre Verhältnisse zu offenbaren als kaum hinzunehmende Intimitätsverletzung und versuchen diese mit allen Mitteln, selbst unter Inkaufnahme einer nicht erforderlichen Unterhaltszahlung, zu vermeiden. **31**

Logische Argumentation hilft an dieser Stelle nicht oder nur bedingt. **32** Der Anwalt ist kein Therapeut und sollte sich darin auch nicht versuchen[29], aber er arbeitet in ,vermintem Terrain' und kann sich dem nicht entziehen. Es ist kein Fehler, einer Mandantin oder einem Mandanten den Gang zum Therapeuten zu empfehlen. Die Krankenkassen zahlen fünf so genannte ,Kriseninterventionssitzungen'. Es hilft jedoch oft schon die Beruhigung, dass der Elternunterhalt so dimensioniert ist, dass eine nachhaltige Veränderung des Lebenszuschnitts der unterhaltpflichtigen Kinder und ihrer Familie nicht eintreten wird. Vor allem aber hilft es den Beteiligten, wenn sich der Anwalt Zeit für die unterhaltsrechtliche Beratung nimmt und sich die Mandanten – auch in ihrer Panik – ernst genommen fühlen. Auch wenn sich die Probleme im Elternunterhalt in der anwaltlichen Praxis vielfach in wenigen Minuten überschauen lassen, reserviere ich für die Erstberatung grundsätzlich eine Zeitstunde. Verfügt der Mandant über eine strukturierte Problemlösungsfähigkeit oder sieht er den Elternunterhalt nicht als Problem, kann man einen Espresso mehr am Tag trinken.

2. Kollisionsfälle und Betreuungsfälle

Öfter als man zunächst denkt, treten in der Elternunterhaltsberatung **33** verbotene Kollisionsfälle auf. Wenn Geschwister zur ,gemeinsamen Beratung' erscheinen, muss klar gestellt werden, welches Kind vertreten wird, weil über die im Elternunterhalt bestehende anteilige Haftung (vgl. Rn. 575) der Kinder entsprechend ihrer unterhaltsrechtlichen Leistungsfähigkeit der

---

29 Dazu Krenzler/Borth/*Hauß*, Kap. 1, Rn. 5, 6.

Rat an ein Kind eine bestimmte Gestaltungsoption zu verwirklichen, sich zum Nachteil des anderen auswirken und dessen Haftungsanteil erhöhen kann. Die Anwaltschaft tut daher gut daran, **gemeinschaftliche Beratung von Geschwistern** im Elternunterhalt abzulehnen.

34   Vielfach sind ratsuchende Unterhaltspflichtige zu **Betreuern** des unterhaltsberechtigten **Elternteils** bestellt. Als Betreuer trifft das Kind auch die Pflicht, Unterhaltsansprüche des Betreuten geltend zu machen, die sich jedoch gegebenenfalls gegen den Betreuer selbst richten.

35   Auch wenn es für die Kinder oft unverständlich ist, ist der Rat zu erteilen, beim Amtsgericht die Einrichtung einer **Ergänzungsbetreuung** nach § 1899 BGB für den Rechtskreis der Geltendmachung von Unterhaltsansprüchen zu bestellen.

3. Vollmachtsfälle

36   Oft haben pflegebedürftige Eltern ihre Kinder mit eine **Generalvollmacht** oder einer Einzelvollmacht versehen. Solche Vollmachten werden nicht nur im Interesse des Vollmachtgebers verwendet. Wiederholt ist es vorgekommen, dass Kinder vor Eintritt der Pflegebedürftigkeit die Konten und Vermögenswerte ihrer Eltern hemmungslos geplündert haben. Es ist erstaunlich, dass ein derartiges Verhalten nur strafrechtlich nicht häufiger verfolgt wird. Neben angeblich dem betreuten Elternteil nützlichen Aufwendungen zweifelhafter Provenienz werden Besuchskosten abgerechnet, Rechnungen für Pflegeleistungen erstellt oder vertragliche Vereinbarungen über entgeltliche Erbringung von Betreuungsleistungen konstruiert. All das ist strafbar und gefährlich. Die Gerichte haben die Aufgabe und Verpflichtung, ihnen im Rahmen eines Verfahrens bekannt gewordene Straftaten (hier Veruntreuungen) der Staatsanwaltschaft bekannt zu geben. Wenn dies nur selten gemacht wird, sollte sich weder die Anwaltschaft noch die Mandantschaft darauf verlassen, dass dies auch zukünftig so bleibt. In meiner Beratungspraxis habe ich sehr häufig Fälle der **Veruntreuung von Vermögen pflegebedürftiger Eltern** erlebt. Es empfiehlt sich, den Mandanten gegenüber das auch so zu benennen. Für den Anwalt verbietet sich die Mitwirkung oder Verschleierung der Veruntreuung.

4. Vermögensmanipulationen

37   Es gibt neben dem Strafrecht wohl nur wenige Beratungsbereiche, in denen der Anwalt vom Mandanten so oft um Beihilfe zu einer Straftat gebeten wird wie im Elternunterhaltsrecht. Die unverhohlene Frage, wie man

das elterliche Vermögen am Sozialamt vorbei den Kindern oder Enkeln sichern und das Sozialamt in die unterhaltsrechtliche Haftung bekommen kann, ist dabei noch harmlos. Offen erkundigen sich Ratsuchende nach der Möglichkeit des Sozialamtes, im Rahmen der Auskunftspflicht nicht offenbarte Vermögenspositionen aufzudecken und vielfach werden Ratschläge zur Vermögensverschleierung erfragt. Der **Sozialhilfebetrug** erscheint vielen nicht einmal ein Kavaliersdelikt zu sein.

Dass die Anwaltschaft derartige Ansinnen abzulehnen hat, versteht sich von selbst. Es sollte sich jedoch auch von selbst verstehen, dass die Mandantschaft derartige Ansinnen nicht an ihren Rechtsberater stellt. Auch wenn der Elternunterhalt weder sozialpolitisch noch juristisch eine glückliche Konstruktion darstellt, sondern zu Recht als sozialpolitischer Skandal empfunden werden kann, rechtfertigt dies keine individuelle kriminelle Selbsthilfe.

38

B. Elternunterhalt in der Praxis

Nach der Entscheidung des BVerfG[30] und den vorangegangenen und anschließenden Entscheidungen des BGH sowie der Instanzgerichte ist derzeit in Teilen eine Konsolidierung der Rechtsprechung zum Elternunterhalt eingetreten.

39

Das Prüfungsschema des Elternunterhaltsanspruchs entspricht dem Prüfungsschema jedes Unterhaltsanspruchs im Bereich des Verwandtenunterhaltes und enthält folgende Prüfungsschritte:

40

1. Prüfung des **Bedarfs** des Unterhaltsberechtigten

2. Prüfung der **Bedürftigkeit** des Unterhaltsberechtigten

3. Prüfung der **Leistungsfähigkeit** des Unterhaltspflichtigen

4. **Angemessenheitskontrolle.**

I. Bedarf des Unterhaltsberechtigten

Der **unterhaltsrechtliche Bedarf** eines alten Menschen besteht, wie auch sonst im Unterhaltsrecht aus

41

- dem **Elementarunterhaltsbedarf**, der in der Regel aus dem allgemeinen Lebensbedarf besteht,

- dem **Vorsorgebedarf**, über den insbesondere die Kranken und Pflegevorsorge[31] zu finanzieren ist. Altersvorsorge ist regelmäßig nicht zu finanzieren, weil im Zeitpunkt der Bedürftigkeit bereits Ruhegehalt bezogen wird und falls dies nicht der Fall ist, nicht sicher absehbar ist, dass ein Ruhegehalt überhaupt bezogen werden wird[32]. Der Hilfsbedürftige kann vor Bezug des Ruhegehaltes versterben. §§ 1361 Abs. 1 S. 2, 1578 Abs. 3 BGB stellen nicht analogiefähige Ausnahmevorschriften im Gattenunterhaltsrecht dar;

- dem **Mehrbedarf**, der als regelmäßig auftretender zusätzlicher Bedarf aus den Kosten des Pflegebedarfs, nicht von einer Krankenversicherung

---

30 BVerfG v. 07.06.2005 – 1 BvR 1508/96, FamRZ 2005, 1051.
31 Wendl/*Wönne*, § 2 Rn. 919; Eschenbruch/*Klinkhammer*, Rn. 2.6.
32 Wendl/*Wönne*, § 2 Rn. 919.

getragenen notwendigen ärztlichen Behandlungs- oder Medikamentenkosten, Haushaltshilfekosten[33], Mehrkosten für Verpflegung aber auch
den Kosten einer rechtlichen Betreuung[34] bestehen kann;

- dem Bedarf zur Erfüllung persönlicher Bedürfnisse (**Taschengeld**), der
sozialhilferechtlich in § 35 Abs. 2 S. 1 SGB XII verankert ist[35];

- dem **Sonderbedarf**; dieser ist ein unregelmäßig auftretender außergewöhnlich hoher Bedarf, der nicht mit Wahrscheinlichkeit vorauszusehen ist und deswegen bei der Berücksichtigung des laufenden Unterhaltes nicht berücksichtigt werden kann[36].

42   Anders als in Fällen des Kindesunterhaltes leitet sich der **unterhaltsrechtliche Bedarf der Eltern** des Unterhaltpflichtigen nicht aus dessen Lebensstellung ab, sondern aus der Lebensstellung der Eltern selbst[37], was sich bereits
aus dem Wortlaut des § 1610 BGB ergibt. Der Bedarf leitet sich auch nicht
aus der Lebensstellung im aktiven Berufsleben, sondern aus den jeweiligen
konkreten Verhältnissen[38], die im Fall des Ruhestandes durch die Ruhestandseinkünfte geprägt sind[39], ab. Reichen die Ruhestandseinkünfte der Eltern
nicht aus, den Lebensbedarf zu sichern, fragt sich, ob es eine untere Angemessenheitsgrenze für den Bedarf von Eltern gibt. Dieser ist vom Grundsicherungsgesetz nach den §§ 41 ff. SGB XII auf Sozialhilfeniveau festgesetzt
worden. Auch der Rückgriff auf die in den unterhaltsrechtlichen Leitlinien
festgelegten **Mindestbedarfssätze** für den Gatten ist daher nicht zu beanstanden[40].

43   Der **Taschengeldanspruch des Bedürftigen** ist dann abgedeckt, wenn
dem Bedürftigen unterhaltsrechtlich anrechnungsfreie Mittel verbleiben,
deren Höhe ausreichend ist, die persönlichen Bedürfnisse zu befriedigen,
wie dies bei Einkünften aus Kindererziehungszeiten der Fall sein kann[41].

---

33 Schnitzler/*Günther*, § 12 Rn. 10.
34 OLG Schleswig v. 03.02.2005, 2 W 277/04, FG Prax 2005, 159; AG Westerstede v.
    09.01.2002 – 81 F 1075/01 UK, FamRZ 2003, 552.
35 Dazu OLG Düsseldorf v. 27.10.2010 – 8 UF 38/10, FamRZ 2011, 982.
36 Eschenbruch/*Klinkhammer*, Rn. 1.516; BGH v. 15.02.2006 – XII ZR 4/04, FamRZ
    2006, 612; v. 14.03.2007 – XII ZR 158/04, FamRZ 2007, 882.
37 BGH v. 19.02.2003 – XII ZR 67/00, FamRZ 2003, 860.
38 BGH NJW 2003, 1660; *Weber-Monecke* in FS für Ingrid Groß, 239 ff., 242.
39 BGH v. 19.02.2003 – XII ZR 67/00, FamRZ 2003, 860; *Graba,* FamRZ 2004, 585.
40 Dies gilt umso mehr, als nunmehr der BGH auch im Ehegattenunterhaltsrecht einen
    Mindestbedarf in Höhe des Existenzminimums bzw. der entsprechenden Bedarfssätze
    der unterhaltsrechtlichen Leitlinien akzeptiert, BGH v. 16.12.2009 – XII ZR 50/08 –
    FamRZ 2010, 357; XII ZR 123/08 – FamRZ 2010, 444; BGH v. 17.03.2010 – XII ZR
    204/08, FamRZ 2010, 802.
41 Dazu OLG Düsseldorf v. 27.10.2010 – 8 UF 38/10, FamRZ 2011, 982.

Zusätzlich zu diesem Mindestbedarf sind Kosten der Kranken- und   44
Pflegeversicherung ebenfalls als Bedarf zu klassifizieren, der unterhaltsrechtlich ggf. zu erfüllen ist.

Altersvorsorgeunterhalt schuldet der Unterhaltspflichtige dagegen   45
nicht, weil der Altersvorsorgeunterhalt der Sicherung des zukünftigen Unterhaltsanspruchs dient, dessen Eintritt noch fraglich und ungewiss ist. Der
Unterhaltspflichtige schuldet – anders als im Fall des Gattenunterhaltes –
nur die Befriedigung des gegenwärtigen Bedarfs.

BGH v. 19.02.2003 – XII ZR 67/00, FamRZ 2003, 860

… Das OLG ist rechtlich zutreffend davon ausgegangen, dass sich das Maß des
einem Elternteil geschuldeten Unterhalts gemäß § 1610 I BGB nach dessen Lebensstellung bestimmt. Diese leitet sich – anders als bei vollj., noch in einer Berufsausbildung befindlichen Kindern – nicht von derjenigen des Unterhaltspflichtigen ab,
sondern ist eigenständig und beurteilt sich in erster Linie nach den Einkommens-
und Vermögensverhältnissen des betreffenden Elternteils. Nachteilige Veränderungen der Einkommensverhältnisse, wie sie in der Regel etwa mit dem Eintritt in den
Ruhestand verbunden sind, haben – eventuell nach einer Übergangszeit – deshalb
auch eine Änderung der Lebensstellung zur Folge. Mit Rücksicht darauf können
die Eltern von ihren Kindern dann keinen Unterhalt entsprechend ihrem früheren
Lebensstandard beanspruchen. Als angemessener Unterhalt müssen aber auch bei
bescheidenen wirtschaftlichen Verhältnissen diejenigen Mittel angesehen werden,
durch die das Existenzminimum der Eltern sichergestellt werden kann und die
demgemäß als Untergrenze des Bedarfs zu bewerten sind (ebenso Eschenbruch,
Der Unterhaltsprozess, 3. Aufl., Rn. 2004 f.; Günther, Münchner Anwaltshandbuch, § 12 Rn. 11 ff.; Heiß/Born/Hußmann, Unterhaltsrecht, 13. Kap., Rn. 22;
Luthin/Seidel, Handbuch des Unterhaltsrechts, 9. Aufl., Rn. 5050 f.; Scholz/Stein/
Erdrich, Praxishandbuch Familienrecht, Teil J, Rn. 24; Wendl/Pauling, Das Unterhaltsrecht in der familienrichterlichen Praxis, 5. Aufl., § 9 Rn. 635; Diederichsen,
FF 1999 Sonderheft S. 13 f.; OLG Koblenz, FamRZ 2002, 1212, 1213).

Insofern ist es auch nicht rechtsfehlerhaft, wenn zur Ermittlung des so bemessenen
Bedarfs auf die in den Unterhaltstabellen enthaltenen, am sozialhilferechtlichen
Existenzminimum ausgerichteten Eigenbedarfsätze eines unterhaltsberechtigten
Ehegatten zurückgegriffen und derjenige Betrag als Bedarf angesetzt wird, der der
jeweiligen Lebenssituation des unterhaltsberechtigten Elternteils entspricht.

Hiervon ausgehend ist die Bedarfsberechnung des OLG insgesamt nicht zu be-
anstanden, insbesondere ist es zutreffend, dass die Kosten der Kranken- und
Pflegeversicherung zusätzlich zu berücksichtigen sind (vgl. auch Günther, a.a.O.,
Rn. 12; Eschenbruch, a.a.O., Rn. 2006; Luthin/Seidel, a.a.O., Rn. 5052). Unter
Einschluss dieser Aufwendungen (für die Zeit ab Beendigung der Erwerbstätigkeit
zum 01.04.1997) beläuft sich der für die Mutter des Bekl. anzusetzende Bedarf auf
Beträge, die zwischen monatlich 1.300 DM und rund 1.780 DM liegen. …

46   Gerade beim Elternunterhalt ist der Bedarf des Unterhaltsberechtigten in vielen Fällen evident und nicht zu übersehen. Wer vollständig dement und bettlägerig ist, bedarf der Hilfe.

47   Es gibt jedoch auch Zweifelsfälle. Da die Darlegung des Unterhaltsbedarfs, also beispielsweise die Notwendigkeit der Unterbringung in einem Pflege- oder Altenheim, zur schlüssigen Unterhaltsbegründung gehört, ist die Prüfung des dargelegten Bedarfs im Rahmen eines Unterhaltsanspruchs erforderlich.

1. Notwendigkeit der Unterbringung

48   Elternunterhalt gewinnt in der Praxis meist erst Bedeutung, wenn eine Unterbringung eines Elternteils in einem **Altenheim** erforderlich ist. Nahezu regelmäßig entsteht der Bedarf bei **Pflegebedürftigkeit** (gleich welcher Pflegestufe) und Unterbringung in einem **Pflegeheim**.

49   Es ist in diesen Fällen zu prüfen, ob die **Unterbringung** in einer Pflege- oder Alterswohneinrichtung **notwendig** ist. Bei der Unterbringung in einer Pflegeeinrichtung und dem Bezug von Pflegegeld ist dies in der Regel gegeben. Die **Darlegungslast** dafür trägt der unterhaltspflichtige Elternteil bzw. der Sozialhilfeträger, auf den der Unterhaltsanspruch übergegangen ist[42]. Solange der Sozialhilfeträger in seiner **Rechtswahrungsanzeige** keine Angaben zu Grund und Ausmaß des Pflegebedarfs macht, liegt auch ein schlüssiges Auskunftsersuchen nicht vor. Dies hat zur Folge, dass das unterhaltspflichtige Kind Auskunft über seine Einkommens- und Vermögensverhältnisse nicht zu erteilen braucht.

50   Die Überprüfung des Pflegebedarfs wird in diesen Fällen von der Pflegegeldkasse vorgenommen, die in einem formalisierten Verfahren den Bedarf feststellt (vgl. § 15 SGB XI).

51   Es kann aber auch durchaus Fälle geben, in denen die Notwendigkeit der Unterbringung in einem Alten- oder Pflegeheim nicht gegeben ist. Solange der Unterhaltsberechtigte in der Lage ist, sich selbst und seinen Haushalt autark (oder mit kostengünstiger Hilfe) zu versorgen, ist eine Übersiedlung in ein Alten- und Pflegeheim unangemessen und daher vom Unterhaltspflichtigen nicht zu finanzieren[43].

---

42   OLG Brandenburg, FamRZ 2010, 991.
43   Schnitzler/*Günther*, § 11 Rn. 13; *Hußmann*, S. 14; Eschenbruch/*Klinkhammer*, Rn. 2.17.

2. Pflegestufen und Pflegebedürftigkeit

Die Eingruppierung der Pflegebedürftigkeit in Pflegestufen ist nach 52
§ 15 SGB XI vorzunehmen:

§ 15 Stufen der Pflegebedürftigkeit

(1) Für die Gewährung von Leistungen nach diesem Gesetz sind pflegebedürftige Personen (§ 14) einer der folgenden drei Pflegestufen zuzuordnen:

1. Pflegebedürftige der Pflegestufe I (erheblich Pflegebedürftige) sind Personen, die bei der Körperpflege, der Ernährung oder der Mobilität für wenigstens zwei Verrichtungen aus einem oder mehreren Bereichen mindestens einmal täglich der Hilfe bedürfen und zusätzlich mehrfach in der Woche Hilfen bei der hauswirtschaftlichen Versorgung benötigen.

2. Pflegebedürftige der Pflegestufe II (Schwerpflegebedürftige) sind Personen, die bei der Körperpflege, der Ernährung oder der Mobilität mindestens dreimal täglich zu verschiedenen Tageszeiten der Hilfe bedürfen und zusätzlich mehrfach in der Woche Hilfen bei der hauswirtschaftlichen Versorgung benötigen.

3. Pflegebedürftige der Pflegestufe III (Schwerstpflegebedürftige) sind Personen, die bei der Körperpflege, der Ernährung oder der Mobilität täglich rund um die Uhr, auch nachts, der Hilfe bedürfen und zusätzlich mehrfach in der Woche Hilfen bei der hauswirtschaftlichen Versorgung benötigen.

Für die Gewährung von Leistungen nach § 43a reicht die Feststellung, dass die Voraussetzungen der Pflegestufe I erfüllt sind.

(2) Bei Kindern ist für die Zuordnung der zusätzliche Hilfebedarf gegenüber einem gesunden gleichaltrigen Kind maßgebend.

(3) Der Zeitaufwand, den ein Familienangehöriger oder eine andere nicht als Pflegekraft ausgebildete Pflegeperson für die erforderlichen Leistungen der Grundpflege und hauswirtschaftlichen Versorgung benötigt, muss wöchentlich im Tagesdurchschnitt

1. in der Pflegestufe I mindestens 90 Minuten betragen; hierbei müssen auf die Grundpflege mehr als 45 Minuten entfallen,

2. in der Pflegestufe II mindestens drei Stunden betragen; hierbei müssen auf die Grundpflege mindestens zwei Stunden entfallen,

3. in der Pflegestufe III mindestens fünf Stunden betragen; hierbei müssen auf die Grundpflege mindestens vier Stunden entfallen.

Bei der Feststellung des Zeitaufwandes ist ein Zeitaufwand für erforderliche verrichtungsbezogene krankheitsspezifische Pflegemaßnahmen zu berücksichtigen; dies gilt auch dann, wenn der Hilfebedarf zu Leistungen nach dem Fünften Buch führt. Verrichtungsbezogene krankheitsspezifische Pflegemaßnahmen sind Maßnahmen der Behandlungspflege, bei denen der behandlungspflegerische Hilfebedarf untrennbarer Bestandteil einer Verrichtung nach § 14 Abs. 4 ist oder mit einer solchen Verrichtung notwendig in einem unmittelbaren zeitlichen und sachlichen Zusammenhang steht.

In der Praxis tauchen jedoch gelegentlich auch Fälle auf, in denen die 53
Pflegestufe kein sicheres Indiz für den tatsächlichen pflegerischen Bedarf ist. Da die an die Pflegeheime zu entrichtenden Entgelte abhängig sind

vom Grad der Pflege- und Betreuungsbedürftigkeit, haben die Pflegeheime ein eigenes Interesse daran, eine möglichst hohe Pflegestufe festsetzen zu lassen. Wird die Pflegestufe tatsächlich höher als erforderlich festgesetzt, führt dies auf Seiten der Pflegeeinrichtung zu einem höheren Pflegebeitrag bei geringerem Personalbedarf. Eine unberechtigt hohe Einstufung in eine Pflegestufe ist im Interesse des Pflegebedürftigen, seiner unterhaltspflichtigen Angehörigen, der Pflegekassen sowie des Sozialhilfeträgers zu korrigieren. Zum einen stellt eine **zu hohe Pflegestufe** eine nicht zu verantwortende Belastung der Pflegekassen dar, zum anderen werden die Heim-Mehrkosten bei durch eine entsprechende Pflegestufe nachgewiesenem höheren Pflegeaufwand in der Regel nicht durch entsprechend höheres Pflegegeld abgedeckt, der unterhaltsrechtliche Bedarf des Berechtigten steigt daher bei unzutreffend höherer Pflegestufeneingruppierung. Der Unterhaltspflichtige hat daher ein eigenes Interesse daran, eine zu hohe Pflegestufeneingruppierung zu verhindern.

- Ist das unterhaltspflichtige Kind Betreuer des unterhaltsberechtigten Elternteils sollte **gegen einen entsprechenden Eingruppierungsbescheid Widerspruch eingelegt** werden. Insoweit liegt eine Interessenkollision nicht vor, weil auch der Pflegebedürftige ein Interesse daran hat, zu möglichst niedrigen Pflegekosten versorgt zu werden. Die Interessen des Pflegebedürftigen und des Betreuers sind insoweit identisch.

- Wird das unterhaltspflichtige Kind jedoch, wie meist, erst nach bestandskräftiger Festsetzung der Pflegestufe auf Unterhalt oder höheren Unterhalt in Anspruch genommen, muss die **Richtigkeit der Pflegestufeneingruppierung** im Unterhaltsprozess inzidenter geprüft werden. Da die Darlegung der Höhe des unterhaltsrechtlichen Bedarfs Sache des Unterhaltsberechtigten (vgl. Rn. 49) ist und dieser sich auf das Gutachten der Pflegekasse stützen kann, muss der Unterhaltspflichtige in diesem Fall entweder

  – dezidiert vortragen, dass die im Gutachten angenommene Pflegebedürftigkeit nicht besteht oder aber

  – für den Fall, dass mangels Kontaktes mit dem Pflege- und Unterhaltsbedürftigen keine Kenntnis des tatsächlichen Umfanges der Pflegebedürftigkeit besteht, die Pflegeklasseneinstufung mit Nichtwissen bestreiten.

3. Gutachten zur Pflegestufeneingruppierung

54   In diesem Fall wird das Gericht ein eigenes **Sachverständigengutachten** anzuordnen haben. Dabei darf sich der Gutachter nicht darauf be-

schränken, den Pflegebedarf des Berechtigten durch Gespräche mit dem Pflegepersonal zu ermitteln, vielmehr muss er im Kontakt mit dem Pflegebedürftigen dessen tatsächlichen Pflegebedarf feststellen. Die Auswahl des Gutachters ist dabei schwierig. Der zur Pflegestufeneingruppierung notwendige Sachverstand dürfte nur bei den Pflegekassen vorhanden sein. Ist die Eingruppierung durch eine öffentlich-rechtliche Pflegekasse erfolgt, ist es sinnvoll, einen Gutachter einer privaten Pflegekasse mit der Eingruppierung zu beauftragen und umgekehrt. In jedem Fall sollte das Gericht wegen der Gefahr von Manipulation einen auswärtigen Gutachter bestellen, der in einem Bezirk ansässig ist, zu dem das Pflegeheim nicht gehört. Dem Unterhaltspflichtigen ist zu raten, nicht leichtfertig die Richtigkeit einer Pflegestufeneingruppierung zu bezweifeln. Die dadurch entstehenden Gutachterkosten können erheblich sein.

Wenn allerdings vom unterhaltspflichtigen Kind die Eingruppierung **55** in die richtige Pflegestufe bezweifelt wird und ein Gutachten zur Prüfung der Eingruppierung angeordnet ist, sollte das unterhaltspflichtige Kind am Begutachtungstermin auch tatsächlich teilnehmen. Sinnvoll ist es in jedem Fall, vor ‚blindem Bestreiten‘ sich selbst ein Bild über die Fähigkeit des Elternteils zu machen, ein ‚autarkes Leben‘ zu führen.

Der Bedarf des in einer Altenwohneinrichtung untergebrachten alten **56** Menschen ist stets genau zu prüfen, wenn kein Pflegegeld gezahlt wird. In diesen Fällen ist immer die Notwendigkeit der Unterbringung in der Alteneinrichtung zu hinterfragen[44], wenn der Unterhaltsanspruch generell problematisiert werden soll. Die Nichtgewährung von Pflegegeld ist nämlich ein Indiz dafür, dass eine Heimunterbringung nicht erforderlich ist[45].

Da der Unterhaltsberechtigte die Obliegenheit hat, eine Belastung des **57** Unterhaltspflichtigen soweit als möglich zu vermeiden, ist in den Fällen der Altenheimunterbringung stets zu prüfen, ob diese notwendig und erforderlich ist. Dies wird nur zu bejahen sein, wenn dem Unterhaltsbedürftigen eine Selbstversorgung in einer eigenen Wohnung nicht mehr möglich ist. Die präventive Unterbringung eines alten Menschen in einem Altenheim löst keinen unterhaltsrechtlichen Bedarf aus.

4. Angemessenheit der Unterbringung

Ebenso wie die Notwendigkeit ist stets die **Angemessenheit der Unter-** **58** **bringung** und damit die Angemessenheit des Bedarfs zu prüfen. Grundsätzlich muss konstatiert werden, dass die Verursachung eines durch den

---

44 OLG Brandenburg v. 09.12.2008 – 9 UF 116/08, FamRZ 2010, 991.
45 OLG Brandenburg v. 09.12.2008 – 9 UF 116/08, FamRZ 2010, 991.

Erwachsenen selbst nicht mehr abzudeckenden Lebensbedarfs mit der Folge, dass ergänzende Leistungen des Staates oder der Familie in Anspruch genommen werden müssen, immer unangemessen ist.

59 § 1610 BGB sieht vor, dass das Maß des zu gewährenden **Unterhaltes nach der Lebensstellung des Bedürftigen** (angemessener Unterhalt) zu werten ist. Anders als im Fall des Kindesunterhaltes, bei dem der Unterhaltsbedürftige noch keine eigene Lebensstellung erreicht hat und sich sein Bedarf von den wirtschaftlichen und Lebensverhältnissen des Unterhaltspflichtigen ableitet, definiert sich der Unterhaltsbedarf beim Elternunterhalt (vgl. Rn. 42) nach der eigenen Lebensstellung des unterhaltsberechtigten Elternteils und wird nicht automatisch durch Heim- und Pflegekosten bestimmt[46]. Vielmehr kann der Unterhaltspflichtige substanziiert[47] die Angemessenheit der Heimunterbringung und der Heimkosten in Frage stellen[48]. Dazu reicht allerdings die Behauptung, es gäbe ‚kostengünstigere Pflegeheime‘ nicht aus. Vielmehr ist darzulegen, dass zum Zeitpunkt der Notwendigkeit der Heimunterbringung ein Pflegeplatz in einer kostengünstigeren und in zumutbarer örtlicher Entfernung zum sozialen Umfeld des pflegebedürftigen Menschen gelegenen Einrichtung auch tatsächlich zur Verfügung stand. Nur bei ‚offensichtlichem Auswahlverschulden‘[49] kann dem Sozialhilfeträger das Risiko aufgebürdet werden, für eine fehlerhafte Heimauswahl zu haften. Es ist jedoch immer auf die konkreten Umstände des Einzelfalles abzustellen.

60 Im Hinblick darauf können die Kosten von **Heimen mit gehobener Sonderausstattung** ggf. unterhaltsrechtlich nicht als Bedarf angesehen werden[50]. Auch kann in Fällen der Pflegeheimunterbringung ggf. zu prüfen sein, ob andere kostengünstigere Unterbringungsmöglichkeiten bestanden, die jedoch – aus welchen Gründen auch immer – vom Träger der Sozialhilfe, der die Zuweisung vorgenommen hat, nicht wahrgenommen wurden. Hat der Unterhaltsbedürftige die Unterbringung selbst veranlasst, ist auch diese Entscheidung unter Kostengründen ggf. zu problematisieren. Die Ansicht des OLG Schleswig[51], wonach Kinder ihren wohlhabenden Eltern auch die Finanzierung einer Unterbringung in einem Pflegeheim der gehobenen Klasse schulden, ist grundsätzlich abzulehnen. Elternunterhalt gewährt **keine Lebensstandardgarantie** für den **unterhaltsbedürftigen**

---

46 Vgl. *Diederichsen,* FF 2000 (Sonderheft), 7 ff.
47 BGH v. 23.10.2002 – XII ZR 266/99, FamRZ 2002, 1698, 1700; OLG Düsseldorf v. 27.10.2010 – 8 UF 38/10, FamRZ 2011, 982.
48 Eschenbruch/*Klinkhammer,* Rn. 2.17.
49 OLG Düsseldorf v. 27.10.2010 – 8 UF 38/10, FamRZ 2011, 982.
50 OLG Schleswig v. 24.06.2003 – 8 UF 153/02, OLGR 2003, 407; Palandt/*Diederichsen,* § 1601 Rn. 5.
51 OLG Schleswig v. 24.06.2003 – 8 UF 153/02, OLGR 2003, 407.

Elternteil[52]. Vielmehr bestimmt sich das Maß des Unterhaltes nach den jeweiligen konkreten Lebensverhältnissen der Unterhaltsberechtigten[53], die im Fall einer Pflegebedürftigkeit dadurch gekennzeichnet sind, dass der Unterhaltsberechtigte aus eigenen Mitteln nicht einmal seinen eigenen Bedarf abdecken kann, ganz zu schweigen von einem gehobenen Bedarf. Auch wenn daher die bedürftigen Eltern vor Eintritt des Pflege- und damit des Unterhaltsbedarfs in guten oder auch sehr guten wirtschaftlichen Verhältnissen gelebt haben, ist ihre konkrete Lebenssituation so, dass sie ihren eigenen Bedarf nicht abdecken können, so dass ergänzender Unterhalt nur so weit zu zahlen ist, wie eine sparsame Lebens- und Pflegeführung dies erfordert. Nach meiner Auffassung ist daher von unterhaltspflichtigen Kindern reicher Eltern weder ein Pflegeheim gehobener Ausstattung noch eine Luxusunterbringung zu finanzieren. Es ist vielmehr stets nur der notwendige Bedarf zu befriedigen[54].

Gleichwohl ist zu beachten, dass die **Auswahl des Pflegeheims** Sache des pflegebedürftigen Elternteils bzw. dessen Betreuers ist[55]. Selbst bei Vorhandensein eines kostengünstigeren Heims kann ein Wechsel des Heims zur Vermeidung eines erhöhten Unterhaltsbedarfs unzumutbar sein, wenn lokale oder soziale Verankerungen des Pflegebedürftigen zu berücksichtigen sind oder der gesundheitliche Zustand eines beispielsweise dementen Menschen einen Wechsel des Aufenthaltsortes nicht mehr zumutbar erscheinen lässt[56].   61

Unter dem Aspekt der Angemessenheit ist auch zu prüfen, wenn eine Reduzierung des Bedarfs des Elternteils durch Einzug in ein Zweibett- oder Mehrbettzimmer erfolgen kann. Dabei wird nicht verkannt, dass eine derartige Unterbringung oftmals nur eine relativ geringfügige Reduzierung der Kosten der Pflege auslöst, weil die Personalkosten im Pflegebereich eindeutig dominant sind. Gleichwohl muss derjenige, der sich aus eigenen Mitteln nicht unterhalten kann, auch Inkommoditäten und eine Reduktion seines Lebensstils in Kauf nehmen, um eine Fremdbelastung zu vermeiden.   62

Es obliegt dem unterhaltsberechtigten Elternteil, den Unterhaltspflichtigen so gering wie möglich zu belasten[57]. In dieser Hinsicht hat er das kostengünstigste Alten- oder Pflegeheim zu wählen. Die Kosten von Alten- und Pflegeheimen differieren regional erheblich. Ob dem unterhaltsbedürftigen Elternteil ein Residenzwechsel in eine andere Stadt oder Region   63

---

52 Koch/*Wellenhofer*, Rn. 5011.
53 Schwab/*Borth*, IV, Rn. 1617.
54 *Holzwarth/Wagenitz* in: Höland/Sethe/Notarkammer Sachsen-Anhalt, S. 14.
55 OLG Schleswig, 19.01.2009 – 15 UF 187/07, OLGR 2009, 382.
56 OLG Schleswig, 19.01.2009 – 15 UF 187/07, OLGR 2009, 382.
57 Johannsen/Henrich/*Graba* vor §§ 1601–1615l BGB, Rn. 43

zur Vermeidung höherer, und vom Unterhaltspflichtigen zu finanzierende Kosten obliegt, ist bislang in der Rechtsprechung kaum problematisiert worden. Im Extremfall könnte man bei einem pflegebedürftigen Elternteil auch erörtern, ob eine Obliegenheit zur **Unterbringung im Ausland** besteht. Vorstellbar wäre eine Unterbringung z. B. in einem polnischen oder rumänischen Pflegeheim, wobei bei einem völlig dementen alten Menschen nicht einmal die verbale Kommunikationsfähigkeit eine Rolle spielen muss.

64   Die Berechtigung derartiger Überlegungen ist nicht von der Hand zu weisen. Wenn einem arbeitslosen Unterhaltspflichtigen von einigen Gerichten eine Obliegenheit zur bundes- oder europaweiten Bewerbung zugemutet wird, um die ihren Kindern gegenüber bestehenden Unterhaltspflichten zu erfüllen[58], dann könnte dies auch für einen pflege- und unterhaltsbedürftigen Elternteil gelten. Mit dieser Argumentation stößt man an moralische und ethische Grenzen. Allein dies rechtfertigt nicht, den Gedanken nicht zu verfolgen. **Residenzwechsel** werden unterhaltsrechtlich in der Regel nur bei einer gesteigerten Unterhaltspflicht zu erwägen sein. Dass aber einen Unterhaltsbedürftigen die Obliegenheit trifft, weitgehende Maßnahmen zur Verhinderung oder Verminderung seiner Bedürftigkeit zu treffen, steht außer Frage.

65   Jede Obliegenheit steht indessen unter der Einschränkung der **Zumutbarkeit**. Ein Residenzwechsel in eine andere Stadt oder Region ist dann unzumutbar, wenn eine regionale soziale Verwurzelung des Menschen auch nach Übersiedelung in ein Alten- oder Pflegeheim aus Gründen der Wahrung der Menschenwürde zu schützen ist (vgl. Rn. 57).

66   Dieses Argument würde indessen bei schwer dementen alten Menschen versagen, sofern sie keine Interaktionsmöglichkeiten mit Personen außerhalb der Pflegeeinrichtung haben und auch keine Angehörigenbesuche mehr empfangen. Auch in diesen Fällen scheint jedoch die Zumutbarkeit eines Residenzwechsels ins Ausland nicht gegeben. Sozialhilfe kann die Pflegekosten bei einem **Auslandspflegeeinsatz** nicht übernehmen (§ 24 SGB XII). Selbst wenn das unterhaltspflichtige Kind die Pflegekosten in vollem Umfang übernehmen könnte, ist der pflegebedürftige Elternteil nicht sicher davor, durch Vermögens- oder Einkommensverfall des Unterhaltspflichtigen, dessen Leistungsverweigerung oder dessen Tod wieder sozialhilfebedürftig zu werden. Da dadurch eine Rücksiedelung ins Inland erforderlich wäre, stellt spätestens dies eine unzumutbare Verunsicherung der Rechtsposition des pflegebedürftigen alten Menschen dar.

---

58 *Born*, FamRZ 1995, 523; einschränkend, grundsätzlich aber zustimmend BVerfG v. 29.12.2005 – 1 BvR 2076/03, FamRZ 2006, 469; BVerfG v. 14.12.2006 – 1 BvR 2236/06, FamRZ 2007, 273; OLG Hamm v. 27.08.1997 – 5 UF 314/96, FamRZ 1998, 42.

Dass aber eine **regionale Umsiedelung in ein kostengünstigeres** **67**
Pflegeheim innerhalb Deutschlands unter bestimmten Bedingungen zumutbar ist, scheint außer Frage zu stehen[59]. Bei Wegfall der Unterhaltsleistungen wäre in diesem Fall stets Sozialhilfebezug gesichert. Auch für pflegebedürftige alte Menschen gilt § 1610 BGB. Danach bestimmt sich das Maß des Unterhalts nach der Lebensstellung des Bedürftigen. Zur Lebensstellung gehört nicht nur der Bedarf an medizinischer Betreuung, Wohnen und Ernährung, sondern auch die soziale Verankerung und Verwurzelung in einer Region. Es bedarf außergewöhnlicher Umstände, diese regionale Verankerung zu ignorieren.

Inzwischen gehen einige Sozialhilfeträger dazu über, die ausufernden **68**
Sozialhilfeleistungen für Hilfe zur Pflege dadurch zu begrenzen, dass **Negativlisten** geschaffen werden, in denen die ‚teuren‘ Pflegeheime ausgesondert werden, deren Kosten vom Träger der Sozialhilfe nicht mehr übernommen werden[60]. Für die Unterhaltspflichtigen bedeutet dies, dass sie bei Unterbringung in einem Heim aufgrund dieser Listen einen leichteren Überblick über die Kostenstruktur und die Angemessenheit des unterhaltsrechtlichen Bedarfs hätten.

Praxistipp: Es muss in jedem Fall der Unterbringung eines pflegebedürf- **69**
tigen Menschen in einer Pflegeeinrichtung die Angemessenheit der Unterbringungskosten erörtert werden. Die Abfrage der Kostenstruktur der Pflegeheime in der Region der ausgewählten Pflegeeinrichtung ist immer dann zu empfehlen, wenn der Unterhaltspflichtige an der Auswahl der Pflegeeinrichtung nicht beteiligt war.

5. Bedarfsdeckung durch Naturalleistungen

Ob der Unterhaltsberechtigte verpflichtet ist, zur Bedarfsdeckung an- **70**
gebotene **Naturalleistungen** anzunehmen, ist fraglich. Der Gesetzeswortlaut ermöglicht zunächst keine Zweifel. Nach § 1612 Abs. 1 S. 1 BGB ist der Unterhalt durch Entrichtung einer Geldrente zu gewähren. Allerdings sieht § 1612 Abs. 1 S. 2 BGB davon eine Ausnahme und die ‚Unterhaltsgewährung in anderer Art‘ vor, wenn besondere Gründe dies rechtfertigen.

Die Möglichkeit, statt einer Geldrente Naturalunterhalt zu leisten, ist **71**
dann attraktiv, wenn aus Sicht des Unterhaltspflichtigen dadurch Einspa-

---

59 Dagegen: OLG Karlsruhe v. 28.07.2010 – 16 UF 65/10, FamRZ 2010, 2082 (nur LS) mit Hinweis auf die soziale Verwurzelung am Wohnort.
60 WAZ v. 05.05.2010 für die Stadt Duisburg.

rungen erzielt werden. Diese können eintreten, wenn z. B. **Wohnraum** zur Verfügung gestellt werden kann, dessen kommerzielle Vermietung nicht oder nicht wirtschaftlich erfolgen könnte. Verfügt der Unterhaltspflichtige z. b. über eine im eigenen Wohnbereich gelegene Wohnung oder ausreichenden Wohnraum, den er dem Unterhaltsberechtigten zur Verfügung stellen könnte, entstünde beim Unterhaltsberechtigten insoweit kein entsprechender Bedarf.

72   Auch das Angebot der Übernahme von **Pflege- und Betreuungsleistungen** für den Unterhaltsberechtigten durch den Unterhaltspflichtigen selbst oder eine von diesem bereitgestellte Versorgungskraft (etwa das Kind oder das Schwiegerkind) kommt als Form des Naturalunterhaltes mit bedarfsbeseitigender Funktion in Betracht.

73   Im Interesse des Unterhaltspflichtigen liegt die Erbringung von Naturalunterhalt immer dann, wenn dadurch brachliegende Kapazitäten des Unterhaltspflichtigen genutzt werden können. Allerdings sind die vom Gesetz geforderten besonderen Gründe nicht nur aus dem Blickwinkel des Unterhaltspflichtigen zu bestimmen. Vielmehr ist eine Interessenabwägung zwischen dem Interesse des Pflichtigen an der Erbringung der Unterhaltsleistung in Natura und den Interessen des Unterhaltsberechtigten erforderlich[61]. Diese Interessenabwägung hat zu berücksichtigen, dass der Unterhaltsberechtigte durch die Gewährung von Naturalunterhalt in seinen Persönlichkeitsrechten und der freien Selbstbestimmung eingeschränkt wird[62]. Sie hat aber auch zu berücksichtigen, dass die Zahlung einer Unterhaltsrente für den Verpflichteten ebenso eine Einschränkung seiner Handlungsfreiheit darstellt. Letztendlich ist das vom Gesetz vorgegebene Regel-Ausnahme-Verhältnis für die Bewertung der widerstreitenden Interessen maßgeblich. Danach werden an das Recht, einem erwachsenen Unterhaltsberechtigten Natural- statt Geldunterhaltsleistungen erbringen zu können, sehr hohe Anforderungen zu stellen sein.

74   Die Erbringung von **Naturalunterhaltsleistungen durch Pflege und Wohnraumgestellung** kann jedoch unterhaltsrechtlich insoweit bedeutsam sein, als es dem Sozialhilfeträger bei Erbringung von Naturalunterhaltsleistungen verwehrt sein kann, den Übergang des Unterhaltsanspruchs des Unterhaltsberechtigten gegen den Unterhaltspflichtigen auf den Sozialhilfeträger geltend zu machen. Nach § 94 Abs. 3 Nr. 2 SGB XII geht ein Unterhaltsanspruch des pflegebedürftigen Elternteils gegen das Kind dann nicht auf den Sozialhilfe gewährenden Träger der Sozialhilfe über, wenn der Übergang des Anspruchs eine unbillige Härte bedeuten würde. Während der unterhaltsrechtliche **Verwirkungstatbestand** des § 1611

---

61 Staudinger/*Engler*, § 1612 Rn. 21.
62 MünchKomm/*Born*, § 1612 Rn. 21.

BGB (vgl. Rn. 702 ff.) nur bei Vorliegen einer ‚groben Unbilligkeit' eingreift, hindert den **Anspruchsübergang** nach § 94 Abs. 3 SGB XII bereits einfache Unbilligkeit. Das OLG Oldenburg hat insoweit im Fall einer unterhaltspflichtigen Tochter, die ihre Mutter zu einem großen Teil tatsächlich pflegerisch und betreuend versorgte, angenommen, dass die Tochter ihre Unterhaltsverpflichtung durch Naturalleistung erfülle und daher ein übergangsfähiger Unterhaltsanspruch nicht mehr existiere[63].

OLG Oldenburg v. 14.01.2010 – 14 UF 134/09, MDR 2010, 330

…

b) Die von der Klägerin übernommenen Leistungen decken nur einen Teil des Unterhaltsbedarfs der der Mutter der Beklagten ab. Deren Unterhaltsbedarf beschränkt sich nicht auf die Erfüllung der von der Klägerin getragenen finanziellen Aufwendungen. Die Mutter der Beklagten ist in einer Einrichtung für „betreutes Wohnen" mit der Pflegestufe II untergebracht. Die Beklagte hat unwidersprochen schriftsätzlich ausgeführt und nochmals im Senatstermin ausführlich geschildert, dass ihre Mutter dort zwar morgens und abends von Pflegekräften der A… gewaschen wird und an der Gemeinschaftsverpflegung teilnimmt. Im Übrigen müsse sich ihre Mutter aber selbst versorgen und auch die Wohnung selbst reinigen. Da ihre nahezu vollständig erblindete Mutter diese Tätigkeiten nicht mehr leisten könne, übernehme sie diese Arbeiten. Sie betreue und versorge ihre an zunehmender Demenz leidende Mutter seit Jahren nahezu täglich jeweils für mehrere Stunden. Ohne diese Versorgungs- und Pflegeleistungen wäre ihre Mutter auf eine stationäre Vollzeitpflege angewiesen. Dass die Beklagte die detailliert geschilderte regelmäßige Unterstützung bei der Körperpflege, den täglichen Hausarbeiten sowie bei Behördengängen und Arztbesuchen leistet, hat die Klägerin nicht in Abrede genommen. Die Notwendigkeit einer zusätzlichen Unterstützung folgt zudem unmittelbar aus dem von der Klägerin gezahlten Pflegegeld (§ 64 Abs. 5 SGB XII).

Zwar ist eine Unterhaltsrente grundsätzlich in Geld zu leisten (§ 1612 Abs. 1 S. 1 BGB); jedoch kann Unterhalt auch in Natur erbracht werden, wenn sich die Beteiligten auf eine andere Art der Leistung einigen (§ 1612 Abs. 1 S. 2 BGB; vgl. Münch-Komm/Born 5. Aufl. § 1612 Rn. 20 f.; Palandt/Diederichsen 69. Aufl. § 1612 BGB Rn. 6). Eine solche Einigung kann stillschweigend erfolgen. Die Leistung von Unterhalt in Natur wird – wie vorliegend – bei intakten Familienverhältnissen den Bedürfnissen beider Seiten eher gerecht, als die Reduzierung auf reine Geldzahlungen. Sie bedeutet nicht nur für den Verpflichteten eine Entlastung von Zahlungspflichten (vgl. dazu Münch-Komm/Born 5. Aufl. zu § 1612 Rn. 22), sondern begünstigt zugleich den Berechtigten, weil sie ein flexibles Eingehen auf seine jeweiligen Bedürfnisse sowie den wichtigen Erhalt familiärer Bindungen ermöglicht. Die aus familiärer Verbundenheit persönlich erbrachte Pflege und Betreuung erweist sich daher über eine reine Kostenersparnis hinaus als eine für alle Beteiligten sinnvolle Gestaltung. In der Entgegennahme der Leistungen liegt gleichzeitig eine auch die Klägerin bindende Einigung über die Art der Unterhaltsgewährung.

---

63 OLG Oldenburg v. 14.01.2010 – 14 UF 134/09, MDR 2010, 330.

c) Mit der Übernahme eines erheblichen Teils der tatsächlichen Versorgung erfüllt die Beklagte umfassend die von ihr zu erwartende Unterhaltspflicht. Die zusätzliche Leistung von Barunterhalt würde die ohnehin belastete Lebenssituation der Beklagten weiter einschränken, so dass die Mutter unter Beachtung der durch § 1603 Abs. 1 BGB gezogenen Grenzen von ihrer Tochter nicht noch zusätzlich Barunterhalt verlangen könnte. Dass damit ein Teil der anfallenden Kosten ungedeckt ist und von der Klägerin übernommen werden muss, erweitert die Unterhaltpflicht der Beklagten nicht. Es ist grundsätzlich verfehlt, wenn die Klägerin auf das für die von der Beklagten erbrachten Leistungen gezahlte Pflegegeld von 140 Euro verweist und deshalb diese Haushaltsdienstleistungen für unterhaltsrechtlich unbeachtlich ansieht. Dabei beachtet die Klägerin nicht, dass sie an die tatsächlichen Verhältnisse gebunden ist. Es kann auch nicht die Rede davon sein, dass hieraus eine zum Nachteil öffentlicher Kassen getroffene Vereinbarung folgt.

Der von der Beklagten übernommene tatsächliche Aufwand lässt sich durch das der Mutter gezahlte Pflegegeld nicht angemessen honorieren. Das Pflegegeld ist gerade nicht dazu bestimmt, den tatsächlichen Pflegeaufwand finanziell abzugelten. Es soll vielmehr den Pflegebedürftigen in die Lage versetzen, die vielfältigen mit der Pflege verbundenen Aufwendungen zu tragen und sich darüber hinaus auch den Pflegepersonen gegenüber erkenntlich zu zeigen. Im Bereich der unentgeltlichen häuslichen Pflege dient es als Motivationshilfe und Aufwandspauschale, die von den tatsächlichen wirtschaftlichen Belastungen unabhängig ist (Krahmer in LPK-SGB XII 8. Aufl. § 64 Rn. 8). Damit verfolgt das Gesetz das Ziel, die Bereitschaft zur häuslichen Pflege zu unterstützen und zu fördern (Schellhorn a.a.O. § 64 SGB XII Rn. 11). Dieses Ziel würde verfehlt, wenn man die durch die Pflege und Betreuung in ganz erheblichem Umfang erbrachten Leistungen nicht als das respektieren würde, was sie zugleich sind: die Erfüllung einer Unterhaltspflicht. Dass die Mutter der Beklagten ohne deren Versorgung in eine wesentlich teurere Einrichtung mit Vollzeitpflege wechseln müsste, ist unbestritten. Damit entlastet die Beklagte die Klägerin von Leistungen, die über den in diesem Verfahren geltend gemachten Unterhaltsbeitrag hinausgehen.

Mit der Erbringung der Naturalleistungen entfällt zugleich die Verpflichtung zur Zahlung einer zusätzlichen Geldrente, da sonst der nach den konkreten Verhältnissen angemessene eigene Lebensbedarf der Beklagten nicht mehr gewährleistet wäre. Somit fehlt es vorliegend an einem überleitungsfähigen Anspruch.

2.) Die Klage wäre aber auch dann unbegründet, wenn man gleichwohl noch von einem der Beklagten gegenüber bestehenden Anspruch auf ergänzenden Barunterhalt ausgehen würde. Die Inanspruchnahme der Beklagten wäre zwar nicht nach § 1611 Abs. 1 BGB unbillig, da sich diese Vorschrift nur auf das Unterhaltsverhältnis berührende Verfehlungen des Berechtigten erstreckt. Ein bestehender Anspruch könnte jedoch gemäß § 94 Abs. 3 Nr. 2 SGB XII SGB nicht auf die Klägerin übergehen, da dies für die Beklagte eine unbillige Härte im Sinne dieser Vorschrift bedeuten würde.

Über die Anwendung dieser Vorschrift hat der Senat zu entscheiden (§ 94 Abs. 5 SGB XII).

a) Der Begriff der unbilligen Härte im Sinne des § 94 Abs. 3 Nr. 2 SGB XII stellt einen unbestimmten Rechtsbegriff dar, die Anwendung der Vorschrift selbst unterliegt dabei keinem Ermessen. Ob die Voraussetzungen gegeben sind, haben die Gerichte umfassend nachzuprüfen, zumal nicht zu erkennen ist, dass die Klägerin selbst eine inhaltliche Prüfung anhand der konkreten Verhältnisse vorgenommen hat.

b) In der Sache folgt der Begriff der „unbilligen Härte" den sich wandelnden Anschauungen in der Gesellschaft (vgl. OLG Hamm Urteil vom 06.08.2009, 2 UF 241/08) und ist zur Regelung atypischer Fälle gedacht, bei denen das Ergebnis nach den Regelvorschriften zu unbefriedigenden Ergebnissen führen würde (vgl. OLG Koblenz FamRZ 2001, 1237, 1238). Dem Begriff unterfallen vor allem soziale, über das Unterhaltsverhältnis hinauswirkende Umstände, da die familiären Beziehungen und wirtschaftlichen Verhältnisse bereits vorab im Rahmen des zivilrechtlichen Unterhaltsanspruchs zu prüfen sind (vgl. Münder u. a. SGB XII 8. Aufl. § 94 Rn. 46; Grube/Wahrendorf SGB XII 2.Aufl. § 94 Rn. 28; Fichtner/Wenzel SGB XII 4. Aufl. § 94 Rn. 45; OLG Hamm a.a.O.). Eine unbilligen Härte im Sinne des Sozialrechts ist daher dann anzunehmen, wenn mit der Inanspruchnahme soziale Belange vernachlässigt werden müssten (vgl. BVerwG Urteil vom 27.03.1968, BVerwGE 29, 229, 235). In diesem Sinne ist insbesondere regelmäßig dann von einer unbilligen Härte auszugehen, wenn der Verpflichtete für den Berechtigten in nennenswertem Umfang Pflegeleistungen erbracht hat und/oder diese aktuell auch weiterhin leistet (vgl. OLG Koblenz a.a.O.; BVerwG a.a.O. Bd. 29,S. 235; Münder a.a.O. Rn. 47 m.w.N.). Zusätzliche Bedeutung haben auch die innerfamiliären Beziehungen (BGH FamRZ 2003, 1478, 1470). Dies gilt nicht erst dann, wenn durch die Verfolgung von Ansprüchen seitens der Verwaltungsbehörden der Verbleib des Hilfeempfängers im Familienverband gefährdet wäre. Vielmehr kann es auch genügen, wenn hierdurch entgegen den Intentionen des Gesetzgebers die familiäre Betreuung und Versorgung von Familienangehörigen in unbilliger Weise belastet wird. Gerade in den Fällen, in denen ein Angehöriger in einem weit über das geschuldete Maß hinaus seine Unterhaltspflichten durch Betreuung und Pflege eines Angehörigen erfüllt, muss die Belastung mit zusätzlichen Geldzahlungen als unbillige Härte erscheinen (vgl. Münder a.a.O. Rn. 47) – insbesondere dann, wenn hierdurch den öffentlichen Kassen höhere Ausgaben erspart werden, als sie im Wege des Rückgriffs durchgesetzt werden könnten

c) Unter diesen Voraussetzungen bestehen keine Zweifel, dass sich ein Übergang des Anspruchs für die Beklagte als eine unzumutbare Härte darstellt. Die Beklagte bereits seit Jahren in erheblichem Umfang Pflegeleistungen erbracht und tut dies auch weiterhin. Damit ermöglicht sie es ihrer Mutter, in ihrem bisherigen Umfeld zu verbleiben ohne in ein erheblich teureres Pflegeheim umziehen zu müssen. Zugleich erspart sie zusätzliche Hilfeleistungen für die Berechtigte, die den geltend gemachten Anspruch offensichtlich noch übersteigen müssten. Eine andere Beurteilung hätte zudem das widersinnige Ergebnis, dass über den Unterhaltsanspruch wirtschaftlich ein wesentlicher Teil des von der Klägerin aus diesem Grund gezahlten Pflegegeldes zurückfließen würde. Dabei handelt es sich jedoch um eine nicht abzurechnende Pflichtleistung, die nach dem Gesetz sowohl auf Seiten des Empfängers als auch auf Seiten des Pflegenden nicht als Einkommen anzurechnen sind (§ 82 Abs. 1 S. 1 SGB XII). Es wäre unbillig, diese gesetzgeberische Wertung durch einen Unterhaltsregress zu umgehen.

Die Inanspruchnahme auf zusätzliche Geldzahlungen müsste die Beklagte darüber hinaus auch deshalb als besonders unbillige Härte empfinden, weil sie alle Belastungen allein zu tragen hat: Von ihren ebenfalls grundsätzlich zum Unterhalt verpflichteten Geschwistern hat sie nach dem eigenen Vorbringen der Klägerin keine

> Entlastung zu erwarten – ein von der Klägerin bei der Verfolgung des Regressanspruchs nicht bedachter Gesichtspunkt.
>
> Selbst wenn ein Unterhaltsanspruch noch bestehen sollte, konnte dieser nicht auf die Klägerin übergehen.

75   Ob ggf. auch der Unterhaltsberechtigte ein aus § 242 BGB folgendes Recht hat, vom Unterhaltspflichtigen statt Barleistungen Naturalunterhalt zu fordern[64], ist außer in Notzeiten wohl eher rein theoretischer Natur und wegen der damit begründeten Beeinträchtigung der Handlungsfreiheit des Unterhaltspflichtigen zu verneinen.

76   Schwierige Probleme im Zusammenhang mit dem Angebot, Naturalleistungen als Unterhalt zu erbringen, können in den Fällen der Haftung mehrerer Geschwister für den Unterhalt auftreten. Insbesondere wenn zwischen den Geschwistern kein Einvernehmen über die Unterbringung hergestellt werden kann, der Elternteil indessen bereits im Pflegeheim untergebracht ist, könnte das Angebot eines der Geschwister, die seinen Anteil am nicht gedeckten Bedarf des Elternteils ‚in Natura‘ durch Wohnraumgewährung oder/und Pflegeleistungen zu erbringen zu erheblichen Problemen führen. So könnte zwar der Anteil des naturalunterhaltswilligen Kindes am ungedeckten Bedarf zunächst auf der Ebene der normalen Bestimmung der unterhaltsrechtlichen Leistungsfähigkeit bestimmt werden, wenn indessen der unterhaltsbedürftige Elternteil den Naturalunterhalt verweigert, bleibt es, wegen des grundsätzlich bestehenden Ausnahmecharakters des Naturalunterhalts bei der Barunterhaltsverpflichtung.

6. Nutz-, Nießbrauchs- und Wohnrechte

a) Nutz-, Nießbrauchs- und Wohnrechte als Einkommen der Eltern

77   Vielfach stehen älteren Menschen **Nutz-, Nießbrauchs- oder Wohnrechte** zu. Ob diese als Einkommen des Unterhaltsberechtigten zu bewerten sind, hängt davon ab, ob der Nutzen dieser Rechte durch den Unterhaltsberechtigten gezogen wird oder gezogen werden kann. Fließt dem Unterhaltsberechtigten aus solchen Rechten ein tatsächlicher wirtschaftlicher Vorteil zu, ist dieser Vorteil in Höhe seines tatsächlich gezogenen wirtschaftlichen Nutzens dem Einkommen des Unterhaltsberechtigten zuzurechnen. Haben z. B. Eltern eine Immobilie unter Vorbehalt des Nießbrauchs und eines lebenslangen Wohnrechts auf ihre Kinder übertragen, sind die aus diesen Rechten fließenden Beträge dem Einkommen der Eltern zuzurechnen. Das gilt auch für ein **Wohnrecht**, solange das Wohn-

---

64 So Erman/*Holzhauer*, § 1612 Rn. 8.

recht durch die Eltern tatsächlich genutzt wird. Zahlen die ebenfalls in
der Immobilie lebenden Kinder auf der Basis des den Eltern zustehenden
Nießbrauchs ein Nutzungsentgelt an ihre Eltern, stellt dieses anrechenbares
Einkommen der Eltern dar.

Dabei ist zwischen solchen Nutzungsrechten zu unterscheiden, die
einen bestehenden Lebensbedarf des Nutzungsberechtigten im Wege der
Naturalnutzung befriedigen und solchen, bei denen dem Nutzungsberechtigten tatsächlich ein Geldwert zufließt. Steht dem Nutzungsberechtigten z. B. ein Nießbrauch an einem Mehrfamilienhaus zu, so gelangt er
in den Genuss der monatlichen Mietzahlungen der Mieter. Sein unterhaltsrechtlicher Bedarf sinkt durch den – um die Erhaltungs- und Unter-
haltungsaufwendungen verminderten – Kapitalzufluss proportional ab.
Anders ist es allerdings, wenn dem Berechtigten eine Naturalnutzung
zusteht. Solche Natural- oder Sachwertnutzungen können Wohnrechte,
Dienstleistungsbezugsrechte, Deputate oder ähnliches sein. Solche Rechte
haben zwar einen bestimmbaren Marktwert, dieser unterscheidet sich allerdings oft ganz deutlich vom Wert für den Nutzungsberechtigten. Steht
einem ehemaligen Vorstand eines Unternehmens z. B. zur unentgeltlichen
privaten Nutzung ein Fahrzeug nebst Chauffeur zur Verfügung, ist der
wirtschaftliche Nutzen dieses Rechts dann völlig wertlos, wenn der Nut-
zungsberechtigte dement und mobilitätsunfähig, querschnittsgelähmt in
einem Pflegeheim betreut wird. Das Gleiche gilt für das Nutzungsrecht an
einer Ferienimmobilie, einem Strom- oder Bierdeputat, an Freiflug- und
Fahrscheinen für ehemalige Mitarbeiter von Flug- oder Bahngesellschaf-
ten. Nur wenn und soweit solche Naturalberechtigungen marktfähig und
damit veräußerbar sind, können sie dem Einkommen des Berechtigten zuzurechnen sein. Anderenfalls haben sie nur insoweit eine wirtschaftliche
Bedeutung, als sie einen tatsächlichen Bedarf des Berechtigten abdecken,
den dieser ansonsten durch eigene Mittel zu finanzieren hätte. Naturalberechtigungen wirken sich daher auf der Ebene des unterhaltsrechtlichen
Bedarfs beim Unterhaltsberechtigten aus und auf der Ebene der unterhaltsrechtlichen Leistungsfähigkeit beim Unterhaltspflichtigen. Nur insoweit deren Lebensbedarf durch die Naturalberechtigung tatsächlich abgedeckt wird, haben sie unterhaltsrechtliche Bedeutung. Neben dem obigen
Beispiel des dementen Dienstwagenberechtigten kann dies auch beim
Wohnrecht beispielshaft verdeutlicht werden. Wenn die demente einkommenslose Mutter im Heim untergebracht wird, bleibt deren Ehemann in
der 150 m² großen, bestgelegenen Wohnung im Münchener Süden zurück, an der beide Elternteile gemeinsam ein Wohnrecht haben. Beträgt
die Rente des Vaters 900 €, kann man im nicht 2.250 € Marktmiete als
Einkommen anrechnen. Vielmehr vermindert sich der Eigenbedarf um
die angesichts seines Einkommens angemessenen ‚Kosten des Wohnens‘.

78

Diese betragen im untersten Einkommenquintil bei einem alleinstehenden Mann ca. 40 % seines Einkommens[65], also ca. 360 €. Naturalnutzungsrechte können daher lediglich mit dem zum Einkommen ‚angemessenen' Wert berücksichtigt werden

79   Probleme ergeben sich auch, wenn zwar Nutz- und Nießbrauchsrechte vorbehalten wurden, aber seitens der Berechtigten daraus kein wirtschaftlicher Vorteil gezogen wird. Dies kann bei schuldrechtlich vereinbarten Wohn- und Nießbrauchsrechten durch einen zeitlich begrenzten oder aber auch unbefristeten Verzichtsvertrag (vgl. Rn. 91) geschehen, indem z. B. den in der Immobilie gemeinsam mit den Eltern lebenden Kindern die Zahlung eines Nutzungsentgeltes erlassen wird. Eine solche **Erlassvereinbarung** stellt in der Regel keine Schenkung gem. § 528 BGB und kann daher bei ‚Verarmung des Schenkers' nicht revoziert werden (vgl. Rn. 91).

80   Der **Rückforderungsanspruch** kann auch aus übergeleitetem Recht **durch den Träger der Sozialhilfe** geltend gemacht werden. Allerdings ist dabei zu beachten, dass ein Übergang des Revokationsrechts auf den Sozialhilfeträger stets dann nicht erfolgt, wenn dies ‚unbillig' wäre. Die Unbilligkeit kann dabei aus dem sozial-familiären persönlichen Näheverhältnis folgen[66].

81   Wird von der Rückforderungsmöglichkeit kein Gebrauch gemacht, liegt in der unentgeltlichen Nutzziehung durch das begünstigte Kind ein wirtschaftlicher Vorteil, der dem Kind als Einkommen zuzurechnen ist. Der Vorteil kostenfreien Wohnens **erhöht somit das Einkommen eines unterhaltspflichtigen Kindes** und damit seine unterhaltsrechtliche Leistungsfähigkeit. Vielfach wird der Leistungszuwachs jedoch unterhalb des tatsächlichen Marktwertes des Nutzungsrechts liegen. Haben Eltern ihrem Kind z. B. ein Zweifamilienhaus unter Nießbrauchsvorbehalt übertragen, in welchem eine große und komfortable Wohnung vom Kind nutzungsentgeltfrei bewohnt wird, dann ist der dem Kind zufließende Vorteil begrenzt auf den ‚angemessenen Wohnwert' (vgl. Rn. 176). Dieser kann den tatsächlichen Wohnwert weit unterschreiten.

82   Probleme treten dann auf, wenn ein Wohn- oder sonstiges Nutzungsrecht des Elternteils von diesem tatsächlich nicht mehr genutzt werden kann. Solche **Nutznießungshindernisse** sind vielfältig denkbar. So kann ein Wohnrecht ungenutzt bleiben, weil der Wohnberechtigte in einem Pflegeheim untergebracht werden muss (**Ausübungshindernis**). Grundsätzlich führt der Auszug des Wohnungsrechtsinhabers aus der Wohnung nicht

---

65   Statistisches Bundesamt, Datenreport 2011, Kap. 8.
66   OVG Münster v. 14.10.2008 – 16 A 1409/07.

automatisch zum Erlöschen des Wohnungsrechts[67]: Da das Wohnrecht nach §§ 1093, 1092 BGB i.d.R. nicht außerhalb der Familienangehörigen (§ 1093 Abs. 2 BGB) übertragbar ist, folgt aus einem das Wohnungsrecht betreffenden Ausübungshindernis auch nicht automatisch ein Zahlungsanspruch des Wohnrechtsinhabers[68], so dass eine Überleitung auf den Sozialhilfeträger nicht ohne weiteres möglich ist[69].

Ein solcher Zahlungsanspruch kann nach **Treu und Glauben zu einer** **Vertragsanpassung** nach §§ 315, 313 BGB führen, wenn die Interessenlage der Parteien dies erfordert und die Nutzungs- und Pflegevereinbarung dies zulassen[70]. Das OLG Köln[71] hat in diesem Fall darauf abgestellt, ob sich der Wohnungsberechtigte in einer existenzgefährdenden Notlage befinde, die eine Anpassung der vertraglichen Vereinbarung erfordere. Dieser Zahlungsanspruch kann dann auch als Anspruch des Wohnungs-, Pflege- oder Nießbrauchberechtigten im konkreten Fall gegen den mit diesen Rechten Belasteten geltend gemacht und auf den Sozialhilfeträger übergeleitet werden.

83

OLG Köln v. 06.02.1995 – 2 W 21/95, FamRZ 1995, 1408

1. Ein bloß subjektives, in der Person des Berechtigten liegendes Ausübungshindernis (hier: stationäre Pflegebedürftigkeit) führt nicht zum Erlöschen eines Wohnungsrechts gemäß § 1093 BGB.

2. Die Geschäftsgrundlage für die Beschränkung auf eine höchstpersönliche Nutzung kann je nach den Umständen bei Existenzgefährdung des Berechtigten wegfallen. Die Anpassung kann es dann gebieten, dem Berechtigten bei notwendiger auswärtiger Pflegeunterbringung die durch Vermietung oder sonstige Nutzung zu erzielenden Erträge zukommen zu lassen.

3. Ob der Wohnungsberechtigte in einer existenzbedrohenden Notlage ist, ist ohne Rücksicht auf Sozialhilfeleistungen zu beurteilen.

In diesen Fällen ist darauf abzustellen, ob das Nutzungs- oder Nießbrauchsrecht **Marktfähigkeit** besitzt. Ist das Recht marktfähig und seine Vermarktung zumutbar, kann es mit dem am Markt erzielbaren Erlös dem Einkommen des Berechtigten zuzurechnen sein, wenn dies unter Beach-

84

---

67 OLG Oldenburg v. 03.05.1994 – 12 U 16/94, FamRZ 1994, 1621; AnwK/*Otto*, § 1093, Rn. 37; Erman/*Grziwotz*, § 1093, Rn. 16; Palandt/*Bassenge,* § 1093, Rn. 19.

68 OLG Koblenz FamRZ 2007, 1652.

69 OLG Köln v. 08.01.1997 – 17 U 8/96, FamRZ 1998, 431; OLG Braunschweig v. 11.09.1995 – 2 W 118/95, NdsRpfl 1996, 93.

70 BGH v. 21.09.2001 – V ZR 14/01, NJW 2002, 440; Bamberger/Roth/*Wegmann*, § 1093, Rn. 32.

71 OLG Köln v. 06.02.1995 – 2 W 21/95, FamRZ 1995, 1408.

tung der Interessen der Beteiligten erforderlich ist. Da jedoch die persönliche Nutzung von Wohn- und Nießbrauchsrechten die Regel und ihre ,Vermarktung' die Ausnahme ist, bedarf es gewichtiger Argumente, die von der Rechtsprechung teilweise angenommene Bewertung solcher Rechte nach Marktgesichtspunkten zu stützen.

85   Eine so zu betrachtende Marktfähigkeit ist nicht gegeben, wenn das **Nutzungsrecht höchstpersönlich** und nicht übertragbar ist (vgl. auch § 1092 BGB). Davon ist auszugehen, wenn die Art der Nutzung die Inanspruchnahme durch einen Dritten verbietet. So ist es vielfach bei Wohnrechten, die für nicht abgeschlossene Wohneinheiten vereinbart werden. Ein solches Nutzungsrecht kann nur dem nahe stehenden Familienangehörigen eingeräumt werden, nicht aber einem Dritten.

86   Wird die durch ein lebenslanges Wohnrecht gesicherte Wohnung durch Übersiedlung in ein Pflege- oder Altenheim aufgegeben und durch den wohnrechtsbelasteten Eigentümer selbst weitergenutzt, muss stets im konkreten Fall geprüft werden, ob eine Fremd-Vermietung der Wohnung zumutbar und möglich war. Hat der Wohnrechtberechtigte z. B. zwei Zimmer innerhalb der vom Eigentümer genutzten Wohnung bewohnt und war ihm daran ein Wohnrecht eingeräumt worden, kann der Eigentümer diesen Wohnraum zur Eigennutzung übernehmen, ohne dafür Kompensation zahlen zu müssen. Ein derartiges Wohnrecht hätte keinerlei Marktfähigkeit.

87   Bei Übertragung einer Immobilie gegen die Einräumung eines Wohnrechts fällt das Wohnrecht nicht automatisch weg, wenn der Wohnberechtigte – auch dauerhaft – in ein Pflegeheim verzieht. Oftmals wird jedoch nach einer ,Aufgabe' der Wohnung diese von den wohnrechtsbelasteten Eigentümern weitervermietet. Es fragt sich dann, ob der so erzielte Mietzins eventuell auch dem im Pflegeheim befindlichen Wohnrechtsinhaber zusteht. Neben der oben (Rn. 83) bereits erörterten Vertragsauslegung und -anpassung, kommt als Anspruchsgrundlage auch die Eingriffskondiktion nach § 812 Abs. 1 S. 1 2. Alt BGB in Betracht, weil insoweit jede Usurpation einer fremden vermögensrechtlich nutzbaren Rechtsposition[72] Ansprüche begründen kann. Allerdings ist eine sorgfältige Bestimmung des ,Erlangten' nicht einfach. Ob es sich um den ,Barwert der zukünftigen Nutzung' oder die ,laufenden Mieteinnahmen' handelt, ist nicht leicht zu beantworten. Vieles spricht dafür, als **Bereicherungsgegenstand** die **laufenden Mieteinnahmen** zu bestimmen. Deren Wert ist objektiv zu bestimmen, also in Höhe der am Markt erzielbaren Miete (vgl. Rn. 176), weil ja durch Aufgabe der Nutzung des Wohnrechts durch den Berechtigten die subjektive Orientierung der Wertbildung entfällt. Definierte man den

---

72 Palandt/*Sprau*, § 812 Rn. 38.

,**Barwert der zukünftigen Nutzung**' als Gegenstand der Bereicherung, wäre dies nur dann vertretbar, wenn das Wohn- oder Nutzungsrecht vollständig in die Verfügungsgewalt der mit dem Recht belasteten Person überginge, das Recht also aufgegeben und gegebenenfalls gelöscht würde. Nur in diesen Fällen fließt der belasteten Person mit der Nutzungsaufgabe auch deren voller Wert zu. Abgesehen von diesen dogmatischen Überlegungen ist dies auch ein Gebot praktischer Vernunft. Die Ablösung eines Nutzungsrechts durch eine Einmalzahlung wird vielfach aus ökonomischen Gründen der belasteten Person gar nicht möglich sein. Außerdem bliebe bei der Verpflichtung, den (monatlichen) Ertrag des Nutzungsrechts an den Nutzungsberechtigten herauszugeben der Charakter des Nutzungsrechts als wiederkehrende Finanzierungsbasis erhalten.

Allerdings sind nützliche Verwendungen, die der Wohnrechtsbelastete **88** auf die Wohnung erbracht hat, dem Bereicherungsanspruch des Wohnrechtsberechtigten entgegenzusetzen (**Verwendungskondiktion**)[73]. Bei der kondiktionsrechtlichen Lösung der wirtschaftlichen Rückabwicklung eines usurpierten Wohnrechts stünden indessen die Nutzziehungen des Eigentümers dem Wohnberechtigten von Beginn der Nutzziehung an zu. Dies kann in vielen Fällen zu unbilligen und von den Parteien auch nicht gewollten Ergebnissen führen.

Wird z. B. der Wohnberechtigte auf Grund fortschreitender Pflegebe- **89** dürftigkeit aus der Wohnung, für die das Wohnrecht bestand, im Einvernehmen mit dem Wohnrechtsbelasteten in ein Pflegeheim untergebracht, stünde der vom Wohnrechtsbelasteten erzielte Mietzins dem Wohnrechtsinhaber zu. Macht er seinen Anspruch nicht geltend, könnte er bei Bedürftigkeitseintritt, etwa nach Verbrauch seines Vermögens, rückwirkend Ansprüche gegen den Wohnrechtsbelasteten geltend machen und die aufgelaufenen Mieteinnahmen einfordern, soweit keine Verjährung gegeben ist. Der Wohnrechtsbelastete könnte sich insoweit lediglich auf Entreicherung nach § 818 Abs. 3 BGB berufen. Die Schwäche dieser Rechtskonstruktion wird deutlich, wenn man sich die reale Lebenssituation in diesen Fällen vorstellt. Ist der pflegebedürftige Elternteil bei Übersiedlung ins Pflegeheim noch geschäftsfähig, wird er gegen die Vermietung der leer stehenden Wohnung und den Verbleib des Vermietungserlöses beim wohnrechtsbelasteten Kind keine Einwände haben, solange die Kosten des Pflegeheims aus Einkommen und Vermögen des pflegebedürftigen Elternteils selbst zu finanzieren sind.

Reicht jedoch das Vermögen und das Einkommen nicht mehr aus, um **90** die Kosten des Heimaufenthaltes abzudecken, wird es problematisch, weil

---

73 BGH v. 19.01.1999 – X ZR 42/97, NJW 1999, 1626–1630; Palandt/*Sprau* § 812, Rn. 47.

dann meist das Sozialamt Forderungen gegen den Wohnrechtsbelasteten erhebt. Dieser wird oft einwenden, er habe Geld und/oder Eigenleistung aufgebracht, um die verwohnte Wohnung wieder in einen vermietbaren Zustand zu versetzen und hätte dies nicht getan, sondern bis zum Tod des Wohnberechtigten zugewartet, wenn er gewusst hätte, dass er irgendwann einmal die Mieteinnahmen abzuführen habe. Dass man diesem Einwand bereicherungsrechtlich kaum angemessen begegnen kann, versteht sich aus der Stringenz des Bereicherungsrechts. Allenfalls könnte man in der unterlassenen Geltendmachung der monatlichen Mieteinnahmen durch den Wohnberechtigten eine Schenkung oder einen Erlassvertrag sehen. Dabei würde es sich indessen um eine sukzessive Schenkung handeln. Monat für Monat, in dem ein Nutzungsentgelt nicht eingefordert würde, wäre eine Schenkung anzunehmen. Solange jedoch kein unterhaltsrechtlicher Bedarf besteht, wäre der als Erlass zu verstehende Verzicht auf eine Nutzungsentschädigung auch nicht revozierbar. Erst mit Eintritt der Unfähigkeit, für den eigenen Lebensbedarf zu sorgen, entstünde die Verarmung des Schenkers. Für einen rückwirkenden Einzug des Nutzungsentgeltes wäre mithin ohnehin kein Raum gegeben.

91   Richtigerweise wird man jedoch davon auszugehen haben, dass der Verzicht auf die Geltendmachung einer Nutzungsentschädigung durch den Wohnrechtsinhaber bei Fremdnutzung des Wohnrechts keine Schenkung darstellt. Eine Schenkung setzte nämlich eine dauerhafte Entreicherung des Schenkers voraus[74]. Die vorübergehende unentgeltliche Gebrauchsüberlassung einer Sache ist in diesem Sinne keine Schenkung. Es scheidet hierdurch nichts endgültig aus dem Vermögen des Zuwendenden aus. Die Rechtsprechung des BGH sieht in der unentgeltlichen Gebrauchsüberlassung von Wohnungen oder Grundstücksteilen keine Schenkung, sondern einen **Leihvertrag** im Sinne des § 598 BGB.[75] Die Annahme eines Leihvertrages eröffnet auch die sehr praktische Möglichkeit, bei Verarmung des Wohnberechtigten, diesem vom Zeitpunkt der Verarmung an die Möglichkeit der Rückforderung des Leihgegenstandes einzuräumen, um diesen entweder selbst zu nutzen oder aber – sofern rechtlich zulässig – weiter zu vermieten.

b) Pflegeversprechen und Pflegeverpflichtung

92   Ein höchst persönliches Nutzungsrecht kann auch bei einem **Pflegeversprechen** gegeben sein. Dieses wird der Mutter oder dem Vater per-

---

74   OLG Hamm v. 05.02.1996 – 2 U 139/95, FamRZ 1996, 1280.
75   Vgl. BGH v. 11.12.1981 – V ZR 247/80, BGHZ 82, 354, 357; v. 10.10.1984 – VIII ZR 152/83, NJW 1985, 313, 1553; v. 01.07.1987 – IVb ZR 70/86, 1987, 2816, 2817; RGRK/*Metzger*, BGB, 12. Aufl., Rn. 6; Palandt/*Putzo*, BGB, 55. Aufl., § 516 Rn. 5; a.A. BGH v. 06.03.1970 – V ZR 57/67, NJW 1970, 941, 942.

sönlich gegenüber abgegeben und hat insoweit keinen Marktwert, als es niemandem anderen gegenüber besteht.

Wohnrechte und **Pflegeverpflichtungen** werden vielfach im Zusammenhang mit Grundstücksübertragungen von betagten Eltern an Kinder abgegeben. Dabei hängt es sehr von der Formulierung der Pflegeverpflichtung ab, ob diese für den Pflegeberechtigten einen ‚geldwerten Vorteil' bedeutet, wenn in Folge des Umzuges in ein Pflegeheim die Pflegeverpflichtung nicht mehr von der verpflichteten Person erfüllt werden kann. Dieser Fall ist relativ häufig. Übertragen Eltern ihren Kindern zu Lebzeiten eine Immobilie, so geschieht dies häufig unter Einräumung eines Wohnrechts, oft verbunden mit einer Pflegeverpflichtung. Die Erfüllung der Pflegeverpflichtung ist dem Verpflichteten dann nicht mehr möglich, wenn der Berechtigte aus dem Wohnumfeld des Verpflichteten verzogen und in einem Pflegeheim untergebracht ist.

93

Die Sozialhilfeträger und auch etliche Gerichte[76] haben bei Wegfall einer solchen Pflegeverpflichtung durch Wegzug ins Pflegeheim dem Pflegeberechtigten vielfach einen Anspruch gegen den Verpflichteten in Höhe der ersparten Aufwendungen zugesprochen. In der Praxis führt dies immer wieder dazu, dass die Träger der Sozialhilfe sich weigern, Sozialhilfe zu bewilligen, weil den Pflegebedürftigen ein seine Bedürftigkeit beseitigender Anspruch gegen den Pflegeverpflichteten zustünde. Beides ist meist falsch. Der Sozialhilfeanspruch kann zwar im Hinblick auf eine vermögensrechtliche Forderung gegen den Pflegeverpflichteten entfallen. Dies gilt aber nicht, wenn die Durchsetzung des Anspruchs unsicher ist[77]:

94

VG Aachen v. 06.01.2006 – 6 K 115/04

Danach kann einem Hilfe Suchenden der Nachranggrundsatz entgegengehalten werden, wenn ihm bezogen auf den Zeitraum, für den Hilfe begehrt wird, bereite Mittel zur Verfügung stehen, die eine rechtzeitige Bedarfsdeckung ermöglichen. Dies können auch Ansprüche gegen Dritte sein, die auch erfüllt werden oder jedenfalls rechtzeitig durchgesetzt werden können. Zwar bedeutet die Notwendigkeit, Ansprüche auf dem Klagewege oder im Wege des einstweiligen Rechtsschutzes durchzusetzen, nicht von vornherein, dass sie nicht rechtzeitig realisierbar sind und damit als bereite Mittel ausscheiden. Von bereiten Mitteln kann aber nicht ausgegangen werden, wenn die Hilfe allenfalls im Wege eines langwierigen Rechtsmittelverfahrens erlangt werden könnte.

---

76 LG Düsseldorf v. 21.01.2010 – 8 O 460/05; BGH v. 23.01.2003 – V ZB 48/02, FamRZ 2004, 690; BGH v. 21.11.2002 – V ZB 40/02, NJW 2003, 1126; OLG Düsseldorf v. 05.04.2004 – I – 9 U 180/03.

77 VG Aachen v. 06.01.2006 – 6 K 115/04.

Vgl. dazu z. B. BVerwG, Beschluss vom 2. September 2003 – 5 B 259/02 –, juris; OVG NRW, Urteile vom 12. Juni 2002 – 16 A 5013/00 –, juris, und vom 15. Juni 2000 – 16 A 2975/98 – und – 16 A 3108/99 –, juris.

Daran gemessen stellt ein vermeintlicher Anspruch des Vaters des Klägers aus Ziffer III. 3 des Notarvertrags vom 18. Mai 1983 auf Übernahme ungedeckter Heimpflegekosten für den streitbefangenen Zeitraum kein bereites Mittel dar. Es kann nicht mit hinreichender Sicherheit davon ausgegangen werden, dass der Vater des Klägers gegen diesen einen solchen etwaigen Anspruch rechtzeitig hätte durchsetzen können. Abgesehen von den verfahrensrechtlichen Schwierigkeiten, ergibt sich dies daraus, dass sich Ziffer III.3 des Notarvertrags ein Anspruch auf Übernahme ungedeckter Heimpflegekosten nicht hinreichend eindeutig entnehmen lässt. Ausdrücklich geregelt ist ein derartiger Anspruch dort nicht. Er hätte also im Wege der ergänzenden Vertragsauslegung gemäß §§ 133, 157 des Bürgerlichen Gesetzbuchs (BGB) ermittelt werden müssen. Nach Vornahme einer solcher wird indessen auch unter Berücksichtigung des Urteils des Bundesgerichtshofs vom 22. März 2002 – V ZR 41/01 –, juris, nicht hinreichend deutlich, dass sich der Kläger an 20 Jahre nach Vertragsschluss anfallenden Heimpflegekosten zwingend zu beteiligen hätte. Ziffer III.3 des Notarvertrags spricht vielmehr von „erforderlichen Handreichungen", deren Erfüllung die Verpflichtung zur Pflege „lediglich" umfasse. Dies deutet darauf hin, dass das „Pflege- und Umsorgungsrecht" auf die Pflege im häuslichen Bereich beschränkt sein sollte. Nicht umsonst ist es im Anschluss an die Einräumung eines Wohnrechts in Ziffer III.2 des Notarvertrags geregelt. Gegen diese Betrachtungsweise spricht auch nicht entscheidend, dass die Pflegevereinbarung vorsieht, dass der Verpflichtete sich zur Erfüllung der Pflegeverpflichtung geeigneter dritter Personen bedienen könne. Damit könnten auch Pflegepersonen gemeint sein, die ins Haus kommen. Darüber hinaus hat der Kläger im Erörterungstermin am 21. Oktober 2005 unwidersprochen ausgeführt, er habe im Jahre 2004 mit dem beurkundenden Notar, Herrn Dr. A., über die Problematik gesprochen. Herr Dr. A. habe zum Inhalt der Pflegevereinbarung gesagt, diese betreffe allein die häusliche Pflege und dies auch nur, soweit die Pflege neben der Berufstätigkeit der Eheleute S. möglich sei.

95   Ob eine Pflegeverpflichtung einen ‚Geldwert' für den Berechtigten hat und ihm daher aus dem Übertragungsvertrag ein Geldanspruch aus der übernommenen Pflegeverpflichtung zusteht, hängt maßgeblich von der jeweiligen Vertragsformulierung und den sonstigen Umständen des Falles ab. Wird z. B. Versorgung nur ‚in kranken Tagen' geschuldet, ist eine Versorgungsverpflichtung im Pflegefall nicht geschuldet. Zwischen einer (vorübergehenden) Versorgungsnotwendigkeit bei Krankheit und einer (dauerhaften) Versorgungsnotwendigkeit im Fall der Pflegebedürftigkeit ist sprachlich zu unterscheiden und wird auch im Verständnis der Vertragsschließenden zu unterscheiden sein.

96   Vielfach gehen die Beteiligten bei einer mit einer Versorgungsverpflichtung verbundenen Zuwendung davon aus, dass die Versorgungsverpflichtung praktisch ‚nebenbei' von dem Haus und Kinder versorgenden Zuwen-

dungsempfänger (oder dessen Gatten) zu erfüllen ist. In diesen Fällen kann bei sachgerechter Auslegung eines Vertrages der Versorgungsverpflichtung kein Geldwert zugeordnet werden. Dies hat nun auch zu einer Klarstellung durch die Rechtsprechung des BGH[78] geführt:

BGH v. 29.01.2010 – V ZR 132/09, FamRZ 2010, 554

LS: Kann ein Familienangehöriger, der als Gegenleistung für die Übertragung eines Grundstücks die Pflege des Übergebers übernommen hat, seine Leistung wegen Umzugs des Übergebers in ein Pflegeheim nicht mehr erbringen, wird sich dem im Rahmen einer ergänzenden Vertragsauslegung zu ermittelnden hypothetischen Parteiwillen im Zweifel nicht entnehmen lassen, dass an die Stelle des ersparten Zeitaufwands ein Zahlungsanspruch des Übergebers treten soll.

…

a) Allerdings ist eine ergänzende Vertragsauslegung geboten, wenn die Beteiligten eines Übergabevertrages bei dessen Abschluss davon ausgegangen sind, der Übergeber könne im Alter zu Hause gepflegt werden, und deshalb keine Regelung für den Fall seines Umzugs in ein Senioren- oder Pflegeheim getroffen haben (vgl. Senat, Beschl. v. 21.11.2002 – V ZB 40/02 –, FamRZ 2003, 671 = NJW 2003, 1126, 1127; Beschluss v. 23.01.2003 – V ZB 48/02, FamRZ 2004, 690 = NJW-RR 2003, 577, 578; Urteil v. 09.01.2009 – V ZR 168/07 –, FamRZ 2009, 598 = NJW 2009, 1348 [für ein Wohnrecht] sowie Krüger, ZNotP 2010, 2).

b) Eine solche Regelungslücke ist unter Berücksichtigung der von den Parteien eingegangenen Bindungen zu schließen. Sollen die Verpflichtungen des Übernehmers, wie hier, zu der Alterssicherung des Übergebers beitragen oder diese umfassend gewährleisten, entspricht es dessen Absicherungsinteresse, dass ihm im Umfang der ersparten Aufwendungen ein Anspruch auf Beteiligung an den Pflegekosten zusteht, wenn er in einem Maße pflegebedürftig wird, dass er professionelle Pflege braucht und der Übernehmer seine Pflegeverpflichtung deshalb nicht mehr selbst erfüllen kann (vgl. Senat, Beschluss v. 21.11.2002 – V ZB 40/02 –, FamRZ 2003, 671 = NJW 2003, 1126, 1127).

Der Umfang der ersparten Aufwendungen richtet sich nach dem Inhalt der ursprünglichen Verpflichtung zu Wart und Pflege (Senat, a.a.O.). An die Stelle nicht mehr zu erbringender Sachleistungen treten Zahlungsverpflichtungen, die den Wert der ersparten Aufwendungen für diese Leistungen abschöpfen (Senat, Beschl. v. 23.01.2003 – V ZB 48/02 –, FamRZ 2004, 690 = NJW-RR 2003, 577, 578). Hinsichtlich vereinbarter Pflege- und sonstiger Dienstleistungen (z. B. Reinigung von Wohnung und Bekleidung, Zubereitung von Mahlzeiten) ist zu differenzieren:

Sind die Vertragsparteien bei Abschluss des Übergabevertrages übereinstimmend davon ausgegangen, dass der Übernehmer hierfür eine Hilfskraft engagiert und bezahlt, zählt das Entgelt für die Hilfskraft zu den infolge des Heimaufenthalts ersparten Aufwendungen. Dagegen tritt an die Stelle von Pflege- und Dienstleistungen, die nach der Vorstellung der Vertragsparteien von dem Übernehmer oder dessen Familienangehörigen persönlich erbracht werden sollten, kein Zahlungsanspruch

---

78 BGH v. 29.01.2010 – V ZR 132/09, FamRZ 2010, 554.

des Übergebers. Andernfalls führte die ergänzende Vertragsauslegung zu einer un-
zulässigen Erweiterung des Vertragsgegenstandes. Der Übernehmer verpflichtet sich
zu der Pflege und Betreuung des Übergebers meist in der Annahme, die geschuldeten Dienste selbst oder durch Familienangehörige, also ohne finanziellen Aufwand,
erbringen zu können. Es entspricht deshalb in aller Regel nicht dem – für die ergänzende Vertragsauslegung maßgeblichen – hypothetischen Parteiwillen, dass Geldzahlungen an die Stelle der versprochenen Dienste treten, wenn diese aus Gründen,
die der Übernehmer nicht zu vertreten hat, nicht mehr erbracht werden können.
Müsste der Übernehmer den aufgrund des Heimaufenthalts des Übergebers entstandenen (Frei-)Zeitgewinn in Geld ausgleichen, wäre jedoch genau dies die Folge.

Abweichendes ergibt sich, anders als die Revision unter Hinweis auf Entscheidungen
des Oberlandesgerichts Düsseldorf (RNotZ 2005, 485 sowie Urt. v. 05.04.2004,
I–9 U 180/03, juris Rdn. 46 ff.) meint, nicht aus der Entscheidung des Senats vom
21. November 2002 (– V ZB 40/02 –, FamRZ 2003, 671 = NJW 2003, 1126).
Die darin enthaltenen Erwägungen zu dem Umfang der von der Übernehmerin
geschuldeten Pflegeleistungen dienten nicht dazu, die infolge des Heimaufenthalts
der Übergeberin ersparte Zeit für Pflegeleistungen zu konkretisieren. Sie sollten
vielmehr verdeutlichen, dass die Übernehmerin keine Vollzeitpflege schuldete und
deshalb auch dann keine professionellen Pflegekräfte hätte engagieren und bezah-
len müssen (woraus sich dann ersparte Aufwendungen ergeben hätten), wenn deren
Inanspruchnahme für eine ordnungsgemäße häusliche Pflege der Übergeberin im
Laufe der Zeit unumgänglich geworden wäre.

c) Unter Anwendung der dargestellten Grundsätze ist das Berufungsgericht für den
hier zu beurteilenden Sachverhalt rechtsfehlerfrei zu einer ergänzenden Auslegung
des Übergabevertrages gelangt, nach der dem Vater des Beklagten zu 1 kein Geld-
ausgleich für die ihm versprochenen, infolge seines Heimaufenthalts aber nicht
mehr möglichen Pflege- und Dienstleistungen seitens der Beklagten zusteht.

Etwas anderes käme zwar in Betracht, wenn die Beklagten aus in ihrer Person liegenden Gründen heute nicht mehr in der Lage wären, die geschuldeten Leistungen
selbst zu erbringen und deshalb – lebte der Übergeber noch in ihrem Haus – nach
§ 2 Nr. 2b des Übergabevertrages verpflichtet wären, auf ihre Kosten eine Hilfskraft zu besorgen; denn in diesem Fall hätten die Beklagten infolge des Heimaufenthalts des Übergebers finanzielle Aufwendungen erspart. Dass es sich so verhält,
macht der Kläger indes nicht geltend. Auf ersparte Aufwendungen für Sachleistungen ist die Klage nicht gestützt worden.

97   Insbesondere Pflegeversprechen stellen insoweit keinen wirtschaftlichen Wert dar. Allerdings kann es geboten sein, aus bereicherungsrecht-
lichen Gesichtspunkten einen Anspruch des Pflege- oder sonst Dienstleis-
tungsberechtigten gegen den Belasteten auf Herausgabe und Zahlung der
ersparten Aufwendungen anzunehmen[79], wenn neben der Pflegeleistung
als **Dienstleistung** auch **Sachleistungen** vom Verpflichteten zu erbringen
waren (Kosten der Verpflegung etc.).

---

79 BGH v. 21.09.2001 – V ZR 14/01, NJW 2002, 440; v. 23.01.2003 – V ZB 48/02,
    FamRZ 2004, 690.

c) Nutzungs-, Nießbrauchs- und Wohnrechte als Vermögen der Eltern

Nutz-, Nießbrauchs- und Wohnungsrechte müssen aber auch als Vermögenswerte des aus ihnen Berechtigten verstanden werden. Dies versteht sich für einen Familienrechtler von selbst, da ihre Bewertung im Zugewinnausgleich[80] und ehelichem Güterrecht teilweise eine beachtliche Bedeutung haben können.

98

Die vermögensrechtliche Bewertung von Nutz-, Nießbrauchs- und Wohnungsrechten erfolgt entweder mit Hilfe der WertermittlungsVO v. 08.12.1988[81] und den Wertermittlungsrichtlinien 2002[82] oder mit Hilfe einer einfachen Barwertberechnung. Beide Berechnungsmethoden gelangen zu nahezu identischen Ergebnissen. Hintergrund der Bewertung ist die Berechnung des Barwertes (Gegenwartswert) einer periodisch wiederkehrenden Leistung über die gesamte anzunehmende Nutzungsdauer. Handelt es sich um ein lebenslanges Nutzungsrecht, wird für die Nutzungsdauer die Lebenserwartung des Berechtigten (vgl. Sterbetafel, Rn. 921) zugrunde gelegt. Da der Barwert der Nutzung der gegenwärtige Wert der Nutzung ist, muss der Wert über die Nutzungsdauer abgezinst werden. Als Zinsfaktor kann der auch für die BarwertVO 2006 zugrunde gelegte Rechnungszins von 4,5 % gewählt werden. Dabei bewirkt ein höherer Zinssatz einen geringeren Barwert und dementsprechend ein niedrigerer Zinssatz einen höheren Barwert.

99

Beispiel: Wenn einer 73 Jahre alten Frau ein Wohnungsrecht zu einem objektiven Marktmietwert von monatlich 450 € zusteht, beträgt ihre Lebenserwartung nach der Sterbetafel (s. Rn. 921) noch 13,98 Jahre oder 168 Monate.

100

monatliche Zahlung: 450,00 €

Zinssatz 4,5 % Jahreszins: 0,375 % Monatszins

Anzahl der monatlichen Zahlungen: 168

Barwert: ca. 56.013 €[83]

Die genaue finanzmathematische Funktion der Barwertberechnung lautet:

$$\text{Barwert} = \frac{Jahresrente}{Jahreszins} \times \left\{ 1 - \frac{1}{(1 - Jahreszins)^{Leistungszeit\,in\,Jahren}} \right\}$$

---

80 *Kogel,* Strategien beim Zugewinnausgleich, 3. Aufl., München 2009, Rn. 673 ff.; *Schröder,* Bewertungen im Zugewinnausgleich, 5. Aufl., Bielefeld 2011, Rn. 236; *Haußleiter/ Schulz,* Vermögensauseinandersetzung bei Trennung und Scheidung, 5. Aufl., München 2011, Kap. 1, Rn. 343 ff., 347, 410 ff.

81 BGBl I S. 2209, www.docju.de/themen/gesetze/wertv.pdf.

82 http://www.bmvbs.de/Anlage13683/Wertermittlungsrichtlinien-2002.pdf.

83 Berechnet mit ADVOexpert – Familienrecht (Verlag Dr. Otto Schmidt, Köln), Version 21: Barwert = Rente x (1 – (1 + Periodenzins)^-Periodenzahl)/ Periodenzins.

Für den oben dargestellten Fall bedeutet dies (auf Monatsbasis):

$$\text{Barwert} = \frac{450}{0,00375} \times \left\{ 1 - \frac{1}{(1 + 0,00375)^{168}} \right\}$$

Einfacher kann die Berechnung in Excel durchgeführt werden, die Excel-Funktion lautet =BW(Zins;Laufzeit;Rate) und ergibt auf Monatsbasis ebenfalls 56.013 €.

Zur Erleichterung der Berechnung ist im Anhang eine Barwerttabelle enthalten, mit deren Hilfe die Barwerte von monatlichen Leistungen leicht kalkuliert werden können (vgl. Rn. 924).

101   Teilweise versuchen die Träger der Sozialhilfe die so errechneten Vermögensbeträge gegen die Unterhaltspflichtigen geltend zu machen, indem entweder der Vermögenswert unmittelbar verlangt wird oder dem unterhaltspflichtigen Kind, dessen Grundstück oder Haus mit dem Wohnrecht belastet ist, angeboten wird, das Grundstück in Höhe des Barwertes des Wohnungsrechts mit einer Grundschuld zu belasten. Dabei wird angeboten, auf eine Verzinsung der Forderung (großzügig) zu verzichten. Diese Argumentation der Sozialhilfeträger ist nur scheinbar konsistent. Zwar ist der mit dem Wohnrecht belastete Wert der Immobilie um den Wert des Wohnungs- oder Nutzungsrechts vermindert, das Wohnungsrecht wird aber nur dann nach landesrechtlichen Vorschriften über das **Leibgedinge** (Altenteil) bei Nichtausübung in einen Vermögensanspruch transformiert, wenn es tatsächlich Teil eines Leibgedinges ist (Art. 96 EGBGB). Liegt diese Situation nicht vor, was außerhalb der Landwirtschaft anzunehmen ist, steht der Wertminderung des Grundstücks kein stoffgleicher vermögensrechtlicher Vorteil oder Anspruch des Nutzungsberechtigten gegenüber. Dieser hat vielmehr einen Nutzungsanspruch, mehr aber nicht. Hätten die Parteien des Nutzungsrechts mehr gewollt, hätten sie eine andere Vereinbarung abschließen müssen. Die Wohnungsrechtsvereinbarung wird ja oftmals gerade geschlossen, weil Barmittel fehlen, um einen Eigentümerwechsel unbelastet vorzunehmen. Fehlt es demnach an einer auslegungsfähigen Vereinbarung zwischen Nutzungsberechtigtem und Nutzungsbelastetem, kann eine Kapitalisierung des Nutzungsrechts nicht verlangt werden.

102   Das Angebot, das Wohnrecht durch **Grundschuldbestellung** zu kapitalisieren, verstößt gleichzeitig gegen den Grundsatz, dass eine Unterhaltspflicht nur dann besteht, wenn Leistungsfähigkeit (beim Unterhaltspflichtigen) und Bedarf (beim Unterhaltsberechtigten) gleichzeitig bestehen[84]. Entweder, der Unterhaltspflichtige ist in der Lage, aus seinen laufenden

---

84 BVerfG v. 07.06.2005 – 1 BvR 1508/96, FamRZ 2005, 1051.

Einkünften Elternunterhalt zu zahlen, oder es existiert verwertbares Vermögen, das zumutbar für Unterhaltszwecke einzusetzen ist. Ist die Immobilie, für die das Wohnrecht besteht, aber vom Unterhaltspflichtigen selbst bewohnt, kann ihre Verwertung nicht verlangt werden. Sie stellt dann unverwertbares Vermögen des Unterhaltspflichtigen dar und kann auch nicht durch Belastung teilverwertet werden.

II. Bedürftigkeit des Unterhaltsberechtigten

Wie in jedem Unterhaltsrechtsverhältnis besteht ein Unterhaltsanspruch nur dann, wenn der Bedarf des Unterhaltsberechtigten (vgl. dazu Rn. 41) nicht aus eigenen Mitteln des Unterhaltsberechtigten oder durch Unterhaltsleistungen vorrangig Verpflichteter gedeckt werden kann. 103

Da Elternunterhaltsansprüche regelmäßig vom Träger der Sozialhilfe geltend gemacht werden ist davon auszugehen, dass die Einkommens- und Vermögenslage des Hilfsbedürftigen, also des unterhaltsberechtigten Elternteils, vom Träger der Sozialhilfe bereits geprüft worden ist. Abhängig davon kann es jedoch im Vorverfahren oder im Prozess aus taktischen Gründen sinnvoll sein, die Bedürftigkeit des unterhaltsberechtigten Elternteils zu problematisieren. 104

1. Vorrangigkeit des Eigenmitteleinsatzes

Dass der unterhaltsbedürftige Elternteil seine gesamten eigenen Einkünfte zur Deckung seines Bedarfs zu verwenden hat, steht außer Frage. Ihm verbleibt von seinem Einkommen nicht die Möglichkeit, irgendwelche Sparbeträge, auch keinen **Notgroschen** anzulegen (vgl. zur Notgroschenproblematik im Übrigen Rn. 124). Die Verpflichtung, das **gesamte Vermögen zur Eigenbedarfssicherung** einzusetzen, betrifft auch Vermögen in Form der Teilhabe an einer ungeteilten Erbengemeinschaft.[85] Dem Unterhaltsberechtigten obliegt es auch, vorrangig Forderungen gegenüber Dritten geltend zu machen und einzuziehen. Für ihn gilt, wie für jeden Unterhaltsberechtigten, die **Obliegenheit, seine finanziellen Verhältnisse so zu gestalten, dass andere so gering wie** möglich **belastet werden**. Diese generelle unterhaltsrechtliche Obliegenheit beherrscht das gesamte Unterhaltsrecht[86]. 105

---

85 BGH v. 23.11.2005 – XII ZR 155/03, FamRZ 2006, 935 m. Anm. *Hauß.*

86 Vgl. insgesamt die Darstellung zu unterhaltsrechtlichen Obliegenheiten in *Melchers/ Hauß,* Rn. 73 bis 100.

106   Der Eigenmitteleinsatz des Unterhaltsbedürftigen wird auch nicht dadurch beschränkt, dass er Unterhaltspflichten gegenüber Dritten (z. B. dem Ehegatten) zu erfüllen hat. Insoweit gilt der Grundsatz des Vorrangs der Eigenbedarfssicherung. Danach ist die Sicherung des Eigenbedarfs vorrangig vor der Sicherung eines fremden Unterhaltsbedarfs. Diese Fragestellung ist stets dann von besonderer Bedeutung, wenn der wirtschaftlich stärkere von zwei zusammenlebenden Elternteilen pflegebedürftig und in einem Pflegeheim untergebracht wird. Auch wenn eine Trennung der Ehegatten durch Unterbringung eines von ihnen im familienrechtlichen Sinn nicht vorliegt, gilt nicht der Halbteilungsgrundsatz, wonach das Familieneinkommen beiden Gatten zu je ½ zusteht. Soweit der unterhaltsrechtliche Bedarf des pflegebedürftigen Elternteils die ihm nach dem Halbteilungsgrundsatz zustehenden Hälfte des Familieneinkommens übersteigt, kann er gegebenenfalls sein Einkommen vollständig und vorrangig für den eigenen Bedarf verwenden, bevor seinem Gatten Unterhalt geschuldet wird[87].

107   Folgender in der Praxis relativ häufig vorkommende Fall soll dies erläutern: V (80) hat ein Renteneinkommen von 1.500 €, M (75) ein Einkommen von 300 €. Nach einem Schlaganfall kommt V ins Pflegeheim. Die Pflegekosten betragen (einschließlich Taschengeld) 3.500 €, von denen 1.400 durch das Pflegegeld und 250 € durch Pflegewohngeld gedeckt sind. Es verbleibt ein Fehlbedarf von lediglich 350 € (3.500 – 1.400 – 250 – 1.500). M stehen vom Familieneinkommen nicht etwa 900 € ([1.500 + 300] / 2) zu. V ist zur Leistung von Familienunterhalt angesichts seiner eigenen Bedürftigkeit nicht in der Lage. M erhält mithin **Grundsicherung** nach §§ 41 ff. SGB XII (vgl. Rn. 108 ff.), die grundsätzlich rückgriffsfrei gewährt wird.

2. Grundsicherung

108   **Grundsicherung** wird nach § 41 SGB XII älteren und dauerhaft voll erwerbsgeminderten Personen mit Inlandsaufenthalt gewährt, die ihren notwendigen Lebensunterhalt nicht aus Einkommen und Vermögen beschaffen können. Leistungsberechtigt wegen Alters ist, wer die Regelaltersgrenze erreicht hat (§ 235 SGB VI). Dies bedeutet, dass Personen, die vor dem 01.01.1947 geboren sind mit Vollendung des 65. Lebensjahres grundsicherungsberechtigt sind. Für die nachfolgenden Geburtsjahrgänge wird die Altersgrenze bis zum Geburtsjahrgang 1958 um jeweils einen Monat und danach um je zwei Monate angehoben. Ab dem Geburtsjahrgang 1964 beträgt daher die Regelaltersgrenze 67 Jahre. Darüber hinaus wird Grundsicherung auch voll erwerbsgeminderten Erwachsenen ab Vollendung des

---

87 BGH v. 07.07.2004 – XII ZR 272/02, FamRZ 2004, 1370.

18. Lebensjahres gewährt, wenn unwahrscheinlich ist, dass die volle Erwerbsminderung behoben wird.

Die Höhe der Grundsicherung entspricht dem Sozialhilfeniveau. Der **109** **Regelsatz** beträgt 374 €, bei Zusammenleben mit einem Partner geht der Sozialgesetzgeber von einer ‚häuslichen Ersparnis‘ in Höhe von 10 % aus, der Regelsatz beträgt dass 337 € pro erwachsenes Mitglied der Bedarfsgemeinschaft. Ob Abweichungen vom Regelsatz zulässig sind, wird unterschiedlich beurteilt. Die Entscheidung des BVerfG v. 09.02.2010[88] legt nahe davon auszugehen, dass auch für Senioren ein abweichender Bedarf bewilligt werden muss[89].

Neben dem Regelsatz steht dem Hilfsbedürftigen ein Anspruch auf **110** Übernahme der angemessenen **Aufwendungen für Unterkunft und Heizung** zu (§ 29 SGB XII). Wegen der im Alter eintretenden höheren Immobilität wird in der Verwaltungspraxis die Frage, was ist ‚angemessener Wohnraum‘ meist nicht sehr eng ausgelegt[90], weil einem alten Menschen ein Umzug u. U. nicht mehr zuzumuten ist. Angemessen ist im Sinne sozialhilferechtlicher Vorschriften eine Wohnfläche von bis zu 50 m² für Alleinstehende, 60 m² bei zwei Personen und 15 m² zusätzlich für jede weitere Person[91]. Dic Höhe des Quadratmeterpreises, die letztendlich für die Angemessenheit der Kosten der Unterkunft neben der Wohnfläche maßgeblich ist, ist regional unterschiedlich nach einem ‚schlüssigen Konzept‘[92] zu bestimmen. Vielfach greifen die Sozialhilfeträger auf die örtlichen Mietspiegel zurück. Die **Nebenkosten** und Kosten der Warmwasserzubereitung (§ 30 Abs. 7 SGB XII) sind Teil der Kosten des Wohnens.

Mehrbedarfszuschläge nach § 30 SGB XII werden in Höhe von 17 % **111** des maßgeblichen Regelsatzes für

• Personen über 64 Jahre oder

• voll erwerbsgeminderte Personen mit einer Schwerbehinderung und dem Merkzeichen ‚G‘

und zwischen 36 € und 77 € für zusätzliche anderweitig nicht gedeckte diätetische Ernährung gezahlt.

Anders als im Fall der Gewährung von Hilfe zum Lebensunterhalt fin- **112** det bei der Gewährung von Grundsicherung ein Unterhaltsregress gegen die unterhaltpflichtigen Kinder nicht statt (§ 41 Abs. 2 SGB XII), soweit deren Einkünfte unter 100.000 € brutto pro Jahr (und Kind) liegen (§ 16 SGB IV).

---

88 1 BvL 1/09, 3/09, 4/09, FamRZ 2010, 429.
89 So auch Richter u. a./*Conradis,* Seniorenrecht, § 2 Rn. 16.
90 Richter u. a./*Conradis,* Seniorenrecht, § 2 Rn. 31.
91 Richter u. a./*Conradis,* Seniorenrecht, § 2 Rn. 21.
92 BSG v. 22.09.2009 – B 4 AS 18/09 R.

§ 41 Abs. 2 S. 2 SGB XII begründet schließlich eine gesetzliche Vermutung, dass die Einkünfte der Kinder unter 100.000 € liegen. Sinn dieser Regelung ist das Ziel des Gesetzes, die ‚verschämte Altersarmut‘[93] zu bekämpfen, das nur erreicht werden kann, wenn die Hilfsbedürftigen nicht befürchten müssen, bei Inanspruchnahme von Grundsicherung werde auf das Einkommen und Vermögen ihrer Kinder zurückgegriffen. Nur wenn aus Presse, Funk und Fernsehen ein 100.000 € übersteigendes Einkommen des Kindes bekannt ist, entfällt der Anspruch auf Grundsicherung (§ 43 Abs. 2 letzter Satz SGB XII).

113   In Abweichung vom Grundsatz der Subsidiarität von Sozialhilfe haben unterhaltsbedürftige Eltern nicht die Möglichkeit, anstatt der Grundsicherung ihre unter 100.000 € verdienenden Kinder auf Unterhalt in Anspruch zu nehmen. Zwar besteht der familienrechtliche Unterhaltsanspruch. Die das Unterhaltsrecht aber überstrahlende Obliegenheit des Unterhaltsberechtigten, den Pflichtigen so weit als möglich zu schonen, führt zur vorrangigen Inanspruchnahme auf Grundsicherung[94], die den Bedarf des Unterhaltsberechtigten außerhalb von Pflege abdeckt.

114   Der Umfang der Leistungen aus der Grundsicherung ist in § 42 SGB XII definiert. Er umfasst neben dem Regelbedarf und den Aufwendungen für die Unterkunft die Mehrbedarfe nach §§ 30, 31 SGB XII, die Übernahme von Kranken- und Pflegeversicherungsbeiträgen nach § 32 SGB XII. Dies bedeutet jedoch, dass für nicht krankenversicherte Personen die Übernahme der Krankenbehandlungskosten über die Grundsicherung nicht erfolgen kann.

115   **Praxistipp:** In den Fällen, in denen der Sozialhilfeträger gegenüber dem Kind Krankenbehandlungskosten für einen Elternteil geltend macht, weil dieser nicht krankenversichert ist, kann es bei guten Einkommensverhältnissen ratsam sein, keine Auskunft über die Einkommensverhältnisse zu erteilen und statt dessen die Krankenbehandlungskosten zu übernehmen. Dies empfiehlt sich immer, wenn davon auszugehen ist, dass eine unterhaltsrechtliche Leistungsfähigkeit nicht nur für die Krankenbehandlungskosten besteht, sondern auch für die Finanzierung des Lebensbedarfs. Aus der Auskunft könnte sich für den Grundsicherungsträger ein Übersteigen der Einkommensgrenze ergeben, was die zusätzliche Heranziehung auf Unterhalt zur Folge hätte.

---

93 *Klinkhammer*, Grundsicherung und Unterhalt, FamRZ 2003, 1793; *Hauß*, Elternunterhalt – ein Privileg Wohlhabender, FamRB 2005, 268; *Born*, Kein Elternunterhalt bei Leistungen nach dem Grundsicherungsgesetz, FamRB 2005, 102.
94 OLG Saarbrücken v. 24.06.2004 – 6 UF 77/03, FamRB 2005, 102.

3. Pflegewohngeld

In einigen Bundesländern[95] gibt es landesgesetzliche Regelungen, wonach in Alten- oder Pflegeeinrichtungen untergebrachten Menschen ein **Pflegewohngeld** zu zahlen ist. Das Pflegewohngeld dient der teilweisen oder vollständigen Übernahme der im Pflegesatz der Pflegeeinrichtungen enthaltenen **Investitionskosten**. Der Anspruch auf Pflegewohngeld steht ausnahmslos Bewohnern/Bewohnerinnen in Pflegeeinrichtungen zu, die auf Dauer der vollstationären Pflege bedürfen. Die Pflegeeinrichtung muss sich im jeweiligen Bundesland befinden und der **Bedürftige seinen gewöhnlichen Aufenthalt *vor* Heimaufnahme** im jeweiligen Bundesland gehabt haben. Teilweise existieren Regelungen, wonach auch dann Pflegewohngeld gezahlt wird, wenn ein naher Verwandter (ersten oder zweiten Grades) des Pflegebedürftigen Landeskind ist und am Pflegeort wohnt. Voraussetzung für die Leistung von Pflegewohngeld ist daneben das Vorliegen von Pflegebedürftigkeit (Pflegestufen I, II, III). Die Feststellung erfolgt durch die Begutachtung durch den Medizinischen Dienst der Krankenkasse (MDK).

116

Die **Höhe des Pflegewohngeldes** ist auf die Höhe der ausgewiesenen Investitionskosten des jeweiligen Heims begrenzt. Es wird auf Antrag an Heimbewohner gezahlt, die nicht in der Lage sind, die anfallenden Heimkosten aus laufenden monatlichen Einkünften (z. B. Renteneinkünfte, Zinseinkünfte, Einkünfte aus Vermietung und Verpachtung, Unterhaltszahlungen, Einkünfte aus vertraglichen Vereinbarungen oder sonstigen Einkünften) zu decken. Für die Zahlung des Pflegegeldes gilt ein **Schonvermögen** des Bedürftigen (in NRW 10.000,00 € nach § 12 Abs. 3 LPflG NRW). Dieser Wert weicht vom sozial- und unterhaltsrechtlichen Schonvermögen deutlich nach oben ab.

117

Beispielsrechnung für Pflegewohngeld (NRW) nach § 12 LPflG:

118

Einkommen	684,00 €	1.330,00 €	1.685,00 €
Leistungen der Pflegekasse	1.023,00 €	1.023,00 €	1.023,00 €
Unterkunft und Verpflegung	− 772,36 €	− 772,36 €	− 772,36 €
Pflegekosten	− 1.286,46 €	− 1.286,46 €	− 1.286,46 €
Taschengeld	− 123,00 €	− 133,20 €	− 133,20 €
Summe Abzugsbeträge	− 2.181,82 €	− 2.192,02 €	− 2.192,02 €
Einkommensüberhang	− €	160,98 €	515,98 €
weiterer Selbstbehalt	− €	− 50,00 €	− 50,00 €
einzusetzendes Einkommen	− €	110,98 €	465,98 €
Investitionskosten	286,06 €	286,06 €	286,06 €
abzgl. einzusetzendes Einkommen	− €	− 110,98 €	− 465,98 €
Pflegewohngeld	286,06 €	175,08 €	− €
Restbedarf	− 474,82 €		

---

95 Darunter Mecklenburg-Vorpommern, Schleswig-Holstein, Niedersachsen und Nordrhein-Westfalen.

119   Das **Pflegewohngeld** hat bedarfsbefriedigende Funktion. Es gehört daher zu den Obliegenheiten des Hilfs- und Unterhaltsbedürftigen, Pflegewohngeld zu beantragen, was jedoch in der Praxis kein Problem bereitet, da das Pflegewohngeld an die Pflegeheime gezahlt wird und diese daher regelmäßig auf Beantragung drängen.

120   Das **Pflegewohngeld verfolgt das Ziel**, pflegebedürftige Menschen aus dem Sozialhilfebezug und der Unterhaltsbedürftigkeit zu lösen. Trotz Pflegewohngeld gelingt dies im obigen Beispielsfall (Rn. 118, 1. Variante) nicht.

4. Pflegegeld

121   Neben dem Eigeneinkommen des Unterhaltspflichtigen sind **Leistungen aus der Pflegekasse** (Pflegegeld) das vorrangigste Finanzierungsinstrument der pflegebedürftigen alten Menschen. Das **Pflegegeld** wird als Leistung aus der Pflegeversicherung nach SGB XI gezahlt. Auf die ausführliche Darstellung der Leistungen der Pflegeversicherung und der Voraussetzungen für diese Leistungen soll an dieser Stelle verzichtet werden.

Die Höhe der Leistungen der Pflegeversicherung staffelt sich nach dem Grad der Pflegebedürftigkeit (§ 15 SGB XI). Dabei sind unterschiedliche Leistungen der Pflegeversicherung vorgesehen (§ 28 SGB XI):

- Pflegesachleistungen (§ 36)
- Pflegegeld für selbst beschaffte Pflegehilfen (§ 37)
- Kombination von Geld- und Sachleistung (§ 38)
- Häusliche Pflege bei Verhinderung der Pflegeperson (§ 39)
- Pflegehilfsmittel und technische Hilfen (§ 40)
- Tagespflege und Nachtpflege (§ 41)
- Kurzzeitpflege (§ 42)
- Vollstationäre Pflege (§ 43)
- Pflege in vollstationären Einrichtungen der Hilfe für behinderte Menschen (§ 43a)
- Leistungen zur sozialen Sicherung der Pflegeperson (§ 44)
- Pflegekurse für Angehörige und ehrenamtliche Pflegepersonen (§ 45).

122   Von diesen Leistungen der Pflegeversicherung dominieren im hier interessierenden Zusammenhang die nach § 43 SGB XI zu bemessende Leistung des **Pflegegeldes** bei vollstationärer Unterbringung. Dieses beträgt derzeit in Pflegestufe I 1.023 €, bei Pflegestufe II 1.279 € und bei

Pflegestufe III 1.550 € und in Härtefällen (§ 43 Abs. 3 SGB XI) maximal 1.918 €[96]. Dieser Härtefall liegt vor, wenn ein außergewöhnlich hoher und intensiver Pflegeaufwand erforderlich ist, der das übliche Maß der Pflegestufe III weit übersteigt.

5. Vorrangigkeit der Vermögensverwertung des Unterhaltsberechtigten

a) Grundsatz: Vorrangigkeit der Vermögensverwertung

Der Unterhaltsberechtigte hat vor Inanspruchnahme des Unterhalts-   123
pflichtigen immer auch den **Stamm seines Vermögens** zu verwerten[97].
Sofern teilweise gleichwohl eine **Zumutbarkeitsprüfung** vorgenommen wird[98], ist bei dieser Abwägung zu berücksichtigen, dass bei betagten, insbesondere in stationärer Pflege befindlichen Unterhaltsbedürftigen die Erhaltung des Vermögens weder im Hinblick auf die Zukunftsperspektive des Unterhaltsberechtigten noch im Hinblick auf ein mögliches Erbe schützenswert ist[99].

Eine Einschränkung ist lediglich in § 1602 Abs. 2 BGB für minderjäh-   124
rige Kinder vorgesehen, bei denen die Verwertung des Vermögensstamms nicht verlangt werden kann. Der vorrangige Vermögenseinsatz des Unterhaltsbedürftigen ist nicht an Zumutbarkeitsbeschränkungen gebunden[100]. Allerdings hat der Unterhaltsbedürftige das Recht, einen **Notgroschen** für Fälle plötzlich auftretenden Sonderbedarfs zu behalten[101].

BGH v. 17.12.2003 – XII ZR 224/00, FamRZ 2004, 370

… Der Unterhaltsbedürftigkeit steht nicht entgegen, dass die Mutter noch über Vermögen i. H. von 4.500 DM verfügt, von dessen Verwertung die Gewährung von Sozialhilfe nach § 88 II Nr. 8 BSHG i. V. mit § 1 I Nr. 1b der hierzu ergangenen Durchführungsverordnung v. 11.02.1988 i. d. F. der Verordnung v. 23.10.1991 nicht abhängig gemacht werden darf. Zwar ist ein – nicht minderjähriger – Unterhaltsberechtigter im Verhältnis zu dem Unterhaltspflichtigen grundsätzlich gehalten, vorhandenes Vermögen zu verwerten, soweit ihm dies – auch unter Wirtschaftlichkeitsgesichtspunkten – zumutbar ist. Das schließt es indessen nicht aus, dem Unterhaltsberechtigten eine gewisse Vermögensreserve als sog. Notgroschen

---

96 Ab Januar 2012.
97 BGH v. 17.12.2003 – XII ZR 224/00, FamRZ 2004, 370; v. 21.04.2004 – XII ZR 326/01, FamRZ 2004, 1184; *Günther*, FF 1999, 281.
98 BGH v. 05.11.1997 – XII ZR 20/96, FamRZ 1998, 367 (für den Volljährigenunterhalt).
99 BGH v. 17.12.2003 – XII ZR 224/00, FamRZ 2004, 370.
100 Staudinger/*Engler*, § 1602 Rn. 118; Göppinger/Wax/*Strohal*, Rn. 495.
101 BGH v. 17.12.2003 – XII ZR 224/00, FamRZ 2004, 370.

für Fälle plötzlich auftretenden (Sonder-)Bedarfs zu belassen (vgl. Senatsurteil v. 05.11.1997 – XII ZR 20/96 –, FamRZ 1998, 367, 369, für ein volljähriges Kind; BGH, Urteil v. 05.12.1956 – IV ZR 215/56 –, FamRZ 1957, 120, für einen 74 Jahre alten Vater, der Elternrente nach § 17 I Nr. 5 BEG beantragt hatte).

Zu einer anderen Beurteilung besteht auch im Rahmen der Inanspruchnahme auf Zahlung von Elternunterhalt kein Anlass (a. A. OLG Köln, FamRZ 2001, 437). Auch betagte, in einem Heim lebende Eltern können – ebenso wie andere ältere Menschen – noch Notfallreserven benötigen, deren Auflösung ihnen deshalb nicht angesonnen werden kann (vgl. etwa Paletta, FamRZ 2001, 1639 f., der darauf hinweist, dass die Kapitalreserve in der Regel jedenfalls dazu dienen soll, die Beerdigungskosten zu bestreiten).

Was die Höhe des sog. Notgroschens anbelangt, schließt sich der Senat der im Schrifttum wohl h. M. an, nach der regelmäßig zumindest der Schonbetrag nach § 88 I Nr. 1 BSHG i. V. mit der DurchführungsVO anzusetzen ist (vgl. Derleder, FuR 1991, 1, 7 f.; Duderstadt, Erwachsenenunterhalt, 3. Aufl., Anm. 3.2; Gerhardt, in: Handbuch des Fachanwalts Familienrecht, 4. Aufl., 6. Kap., Rn. 206; Günther, Anwaltshandbuch, § 12 Rn. 27; Heiß/Hußmann, Unterhaltsrecht, Kap. 16, Rn. 20; Müller, FPR 1995, 190, 191; Erdrich, in: Scholz/Stein, Praxishandbuch Familienrecht, Teil J, Rn. 33; Wendl/Pauling, Das Unterhaltsrecht in der familienrichterlichen Praxis, 5. Aufl., § 2 Rn. 614; Mergler/Zink, BSHG, § 91 Rn. 38). ...

125   Folgt man der Ansicht, dass die Höhe des **Notgroschens** nach sozialhilferechtlichen Kriterien zu bestimmen ist[102], würde nach Eingliederung des BSHG in das SGB XII nunmehr nach § 90 SGB XII nur von unbedeutendem Schonvermögen auszugehen sein. Danach wird u. a.

- Vermögen, das aus öffentlichen Mitteln zum Aufbau oder zur Sicherung einer Lebensgrundlage oder zur Gründung eines Hausstandes erbracht wird,

- Vorsorgekapital, soweit dies im Rahmen der steuerlichen Förderungsgrenzen aufgebaut wurde,

- Vermögen zur Anschaffung einer behinderten- bzw. pflegegerechten Wohnung,

- Vermögen zur Anschaffung eines selbst genutzten Hausgrundstücks und

- kleinere Barbeträge oder sonstige Geldwerte (§ 90 Abs. 2 Nr. 9 SGB XII)

von der Verwertungspflicht ausgenommen.

---

102 BGH v. 17.12.2003 – XII ZR 224/00 FamRZ 2004, 370; *Griesche*, FPR 2004, 693; *Ehinger*, NJW 2008, 2465; *Brudermüller*, NJW 2004, 633; *Koch/Wellenhofer*, Rn. 5018.

In dem hier interessierenden Zusammenhang kann Vermögen, das der **126**
zusätzlichen **Altersversorgung des Hilfsbedürftigen** dient, nicht als
Schonvermögen anerkannt werden. Auch ein derartiges Vermögen ist daher
‚Verzehrvermögen'. Die in der Entscheidung des BGH v. 17.12.2003[103] gezogene Grenze von 4.500 DM erscheint demgegenüber angemessen und
entspricht auch der sozialrechtlichen Grenzziehung. Nach § 1 der VO zur
Durchführung von § 90 Abs. 2 Nr. 9 SGB XII beträgt der Notgroschen

- **1.600 €** bei der Hilfe zum Lebensunterhalt und 2.600 € im Fall der
  Vollendung des 60. Lebensjahres und

- **2.600 €** bei der Erbringung von Pflegeleistungen.

Diese Beträge sind auch im Unterhaltsrecht als angemessen und verzehr- **127**
freies Vermögen (Notgroschen) des unterhaltsberechtigten pflegebedürftigen Elternteils anzusehen. Insbesondere sind jedoch Alterskapitalrücklagen
und im Fall der Pflegebedürftigkeit auch Vermögen zur Immobilienbe-
schaffung nicht als verzehrfreies Vermögen des Unterhaltsberechtigten
anzusehen, weil der mit der Vermögensreservation insoweit verbundene
Zweck durch Eintritt der Pflegebedürftigkeit nicht mehr erreichbar ist.

(1) Verwertung der selbst bewohnten Immobilie des Bedürftigen

Vielfach ist der unterhaltsbedürftige Elternteil entweder allein oder **128**
gemeinsam mit seinem Gatten/Partner oder Lebensgefährten Eigentümer
einer Immobilie. Auch der Mitbesitz an einer Immobilie stellt selbstverständlich einen Vermögenswert und damit grundsätzlich einzusetzendes
Vermögen des unterhaltsbedürftigen Elternteils dar.

Falls der unterhaltsbedürftige Elternteil **Alleinbewohner** der Immobi- **129**
lie war, ist die Verwertungspflicht hinsichtlich der Immobilie unproblematisch. Soweit der Eigentümer infolge der Unterbringung im Pflegeheim die
Immobilie nicht mehr dauerhaft nutzen kann und auch ihre Vermietung
und die damit verbundene Einkommenssteigerung den unterhaltsrechtlichen Bedarf nicht beseitigt, ist die Immobilie zu veräußern.

Eine Veräußerungspflicht kann indessen fragwürdig sein, wenn der **130**
Ehegatte, der Partner oder ein Lebensgefährte in der Wohnung lebt. Nach
§ 90 Abs. 1 Nr. 8 SGB XII darf Sozialhilfe nicht vom Einsatz eines angemessenen Hausgrundstücks, das von der nachfragenden Person *‚allein oder
zusammen mit Angehörigen ganz oder teilweise bewohnt wird und nach ihrem
Tod von ihren Angehörigen bewohnt werden soll'* abhängig gemacht werden.
Das für den Elternunterhalt maßgebliche Tatbestandsmerkmal der Norm
ist der Schutz der Wohnstätte des Hilfsbedürftigen. Da ein im Pflegeheim

---

103 BGH v. 17.12.2003 – XII ZR 224/00, FamRZ 2004, 370, vorstehend (Rn. 124) aus-
zugsweise wiedergegeben.

untergebrachter Bedürftiger indessen die Wohnung als Wohnstätte nicht mehr nutzt und die Eigennutzung das maßgebliche Schutzkriterium ist[104], ist die ehemalig eigengenutzte Immobilie einer stationärer Hilfe bedürftigen Person weder bei Allein- noch bei Miteigentum sozialhilferechtlich geschützt.

131   Allerdings kann der Einsatz einer vormals als Familienimmobilie genutzten Wohnung eine Härte i.S.d. § 91 SGB XII darstellen, so dass die unmittelbare Verwertung der Immobilie durch den Sozialhilfeträger nicht verlangt werden kann. In diesen Fällen kann Sozialhilfe auf Darlehensbasis geleistet werden. Zur Sicherung des Darlehens verlangt der Sozialhilfeträger regelmäßig eine dingliche Sicherung des Rückzahlungsanspruchs durch Eintragung einer Sicherungshypothek oder -grundschuld. Dieser Fall liegt vor, wenn der Ehegatte oder Partner in der Immobilie zurückbleibt, während der Unterhaltsbedürftige dauerhaft in einem Pflegeheim untergebracht ist. Für den Zurückbleibenden ist die Immobilie i.d.R. bereits deswegen kein Schonvermögen i.S.d. § 90 Abs. 1 Nr. 8 SGB XII, weil sie keine ,angemessene' Größe mehr hat. Die Angemessenheit wird insoweit immer noch an den Vorgaben des 2. Wohnungsbaugesetzes gemessen[105]. Danach ist eine Wohnfläche von 130 m² bei einem Einfamilienhaus und von 120 m² bei einer Eigentumswohnung für eine vierköpfige Familie angemessen. Bei einer geringeren Personenzahl wird eine Absenkung um 20 m² pro Minderperson für angemessen gehalten[106]. Dies führt indessen dazu, dass für den meist ja auch betagten Miteigentümer-Gatten der pflegebedürftigen Person ein Verweilen in der Familienwohnung nicht möglich wäre[107]. Auch in diesen Fällen machen indessen die Sozialhilfeträger regelmäßig von § 91 SGB XII Gebrauch.

132   Auch unterhaltsrechtlich ist eine nicht mehr selbst genutzte Immobilie des bedürftigen Elternteils kein Schonvermögen. Auch wenn der Gatte des pflege- und unterhaltsbedürftigen Elternteils die Immobilie noch bewohnt, besteht eine unterhaltsrechtliche Unzumutbarkeit der Vermögensverwertung nicht. Das auf Unterhalt in Anspruch genommene Kind kann sich gegen den Unterhaltsanspruch mit dem Einwand der Existenz vorhandenen und verwertbaren Vermögens wehren. Dies gilt umso mehr, als unterhaltsrechtlich der Vermögenseinsatz im Verwandtenunterhalt anders als in § 1577 Abs. 3, 1581 Satz 2 BGB beim Gattenunterhalt keinen Billigkeitseinschränkungen unterliegt[108]. Auch wenn also der unterhaltsbedürftige Elternteil in einer kleinen Wohnung mit seinem Gatten/Partner zusam-

104 LPK-SGB XII/*Brühl*, § 90 Rn. 44.
105 LPK-SGB XII/Brühl, § 90 Rn. 44.
106 LPK-SGB XII/*Brühl*, § 90 Rn. 44; Richter u. a./*Conradis*, Seniorenrecht § 2 Rn. 53.
107 Kritisch insoweit Richter u. a./*Conradis*, Seniorenrecht § 2 Rn. 54.
108 Allgem. Meinung vgl. Palandt/*Brudermüller*, § 1602 Rn. 3.

mengelebt hat und nach Unterbringung im Pflegeheim der Gatte in der Wohnung zurückbleibt, kann sich das unterhaltspflichtige Kind auf vorrangige Verwertung der Immobilie berufen, selbst wenn dadurch dem in der Wohnung Verbleibenden ein Umzug zugemutet wird. Sozialhilfe wäre indessen, gegebenenfalls auf Darlehensbasis (§ 91 SGB XII) zu gewähren. Das gilt auch bei Miteigentum an der Immobilie. Der unterhaltsbedürftige Elternteil könnte zur Finanzierung seines Lebensbedarfs die Teilungsversteigerung betreiben. Im Hinblick auf Art. 6 GG und dem darin verankerten Schutz von Ehe und Familie stellte es eine Härte dar, würde die Gewährung von Sozialhilfe von einer derartig tief in die Ehe eingreifenden Maßnahme abhängig gemacht. Dem Sozialhilfeträger ist es daher verwehrt, in diesen Fällen auf Vermögensverwertung vor Sozialhilfegewährung zu bestehen. Das unterhaltspflichtige Kind ist solchen Beschränkungen nicht unterworfen, da es durch Art. 6 GG nicht gebunden ist.

(2) Sterbegeld, Rücklagen für Beerdigungskosten

Häufiger Streitpunkt zwischen unterhaltspflichtigen Kindern und den Trägern der Sozialhilfe sind **Rücklagen** der bedürftigen Eltern **für Beerdigungskosten**. Teilweise verweigern Sozialhilfeträger die Gewährung von Sozialhilfe mit dem Argument, dem Hilfsbedürftigen stünden Rücklagen für Beerdigung und Grabpflege zur Verfügung, die vor Inanspruchnahme öffentlicher Hilfen aufzulösen und für den Lebensunterhalt zu verbrauchen seien. Andererseits könnten auch unterhaltspflichtige Kinder eine Unterhaltszahlung mit dem Verweis auf derartige Vermögensrücklagen verweigern. Beides ist falsch.

Die Verweigerung von Sozialhilfeleistungen unter Verweis auf bestehende Rücklagen für die Beerdigungskosten ist nach § 90 SGB XII unzulässig. Vermögen, das für die **Beerdigung** und **Grabpflege** angelegt ist und insoweit einer konkreten Zweckbindung unterliegt, ist nach § 90 SGB XII geschütztes Vermögen[109]. Entscheidend ist die **Zweckbindung des Vermögens**[110]. Ist diese nicht gegeben, erscheint es problematisch, größere Vermögensreserven des Unterhaltsberechtigten sozialhilferechtlich unbeachtet zu lassen. Allerdings hat der Berechtigte es in diesen Fällen oftmals in der Hand, Gelder auch noch unmittelbar vor Eintritt des Sozialhilfebezugs für Beerdigungszwecke zweckgebunden z. B. bei einem Beerdigungsinstitut zu binden. Ob dieses dann aufgelöst werden kann, ist ggf. in jedem Einzelfall zu prüfen[111].

133

134

---

109 BSG v. 18.03.2008 – B 8/9b SO 9/06 R, BSGE 100, 131, FamRZ 2008, 1616; Vgl. LPK-SGB XII/*Brühl*, § 90 Rn. 12 m. ausführlicher Rechtsprechungsübersicht.

110 BVerwG v. 11.12.2003 – 5 C 84.02, NJW 2004, 2914; OVG NRW v. 19.12.2003 – 16 B 2078/03.

111 BVerwG v. 11.12.2003 – 5 C 84.02, NJW 2004, 2914.

135   Auch die Argumentation, Beerdigungsvermögen sei sozialhilfeschädlich, solange leistungsfähige Verpflichtete vorhanden seien, die die Beerdigungskosten entweder aus erbrechtlichen (§ 1968 BGB) oder unterhaltsrechtlichen Gesichtspunkten (§ 1615 Abs. 2 BGB) aufbringen könnten, geht fehl. Zwar ist in diesem Fall eine menschenwürdige, den konkreten Wünschen und religiösen sowie kulturellen Vorstellungen entsprechende Beerdigung gesichert, weil die Erben oder die Unterhaltspflichtigen für die Beerdigungskosten aufzukommen hätten. Allerdings ist ebenso zutreffend, dass die **Bestattungskosten** Teil einer angemessenen Alterssicherung sind, die nach § 90 Abs. 3 S. 2 SGB XII nicht als sozialhilfeschädlich anzusehen sind[112].

136   Die Kehrseite dieser **sozialhilferechtlichen Vermögensprivilegierung** trifft allerdings auch den Unterhaltspflichtigen. Ebenso wie der Sozialhilfeträger hat er Unterhalt trotz vorhandenen Bestattungsvermögens zu zahlen. Ist er gleichzeitig Erbe, entlastet die Bestattungsversicherung ihn von den Bestattungskosten (§ 1968 BGB). Ist der Unterhaltspflichtige aber kein Erbe, hat er Unterhalt trotz vorhandenen Bestattungsvermögens zu zahlen.

137   **Praxistipp:**   Im Fall drohender Unterhaltsbedürftigkeit kann der Unterhaltsbedürftige durch den Abschluss einer Sterbegeld- oder Beerdigungskostenversicherung Bestandteile seines Vermögens ausgliedern, ohne dass der Sozialhilfebezug dadurch gefährdet wird. Es kommt allerdings darauf an, dass die Zweckbindung des ausgegliederten Vermögens eindeutig ist. Aus Vorsorglichkeitsgründen sollte eine Kündigung der Bestattungsvereinbarung ausgeschlossen werden. Der Abschluss einer derartigen Beerdigungsversicherung ist oftmals die einzige Möglichkeit, dem Erben etwas zukommen zu lassen, weil dieser sonst nach vollständigem Vermögensverzehr die Beerdigungskosten zu tragen hätte.

(3) Unzumutbarer Vermögenseinsatz

138   Eine **Grenze für den verzehrenden Vermögenseinsatz** des Unterhaltsbedürftigen wird dann anzunehmen sein, wenn für den Unterhaltsberechtigten durch die Vermögensverwertung ein unzumutbarer wirtschaftlicher Nachteil entstünde, etwa weil eine vorübergehend ungewöhnlich schlechte Marktsituation für den zu verwertenden Vermögensstamm besteht. Ist da-

---

112   So auch ausdrücklich OVG NRW v. 19.12.2003 – 16 B 2078/03 für § 88 Abs. 3 S. 2 BSHG; OLG Schleswig v. 14.02.2007 – 2 W 252/06, FamRZ 2007, 1188; OLG München v. 04.04.2007 – 33 Wx 228/06, FamRZ 2007, 1189; LG Verden v. 06.03.2007 – 1 T 71/07 FamRZ 2007, 1189.

gegen davon auszugehen, dass die Marktsituation einen längeren Zeitraum andauern wird, muss auch in derartigen Fällen von einer Obliegenheit zur vorrangigen Verwertung des Vermögens ausgegangen werden. Der Wert eines Vermögens wird durch den Marktwert des Vermögens bestimmt. Bewirken nicht nur kurzfristige Faktoren eine ungewöhnliche Entwertung eines Vermögensgegenstandes, wird dessen Wert durch den Marktwert richtig abgebildet. Derartige Situationen können z. B. bei der Frage der Verwertung von Aktien eine Rolle spielen, die aufgrund aktueller Ereignisse schlecht bewertet werden (z. B. Vergleichsanmeldung) oder als Folge sonstiger Ereignisse kurzfristig vom Handel ausgesetzt sind. Da derartige Ereignisse allerdings meist nur recht kurzfristigen Einfluss auf eine Vermögensbewertung haben, ist regelmäßig davon auszugehen, dass eine Verwertbarkeit von am Markt gehandelten Vermögensgegenständen immer zumutbar ist.

Beispiele für Unzumutbarkeit wirken konstruiert und bemüht. So **139** könnte etwa die Verwertung des Schreibtisches von Napoleon Bonaparte unzumutbar sein, wenn eine Antiquitäten-Auktion eines namhaften Versteigerungshauses erst in einigen Monaten stattfinden wird und die Veräußerung der Antiquität im allgemeinen Antiquitätenhandel nur einen Bruchteil des möglichen Erlöses brächte.

Im Übrigen wird man unterhaltsrechtlich die Frage der Vermögensver- **140** wertung des Unterhaltsbedürftigen auch teilweise anders bewerten müssen als das Sozialhilferecht diese Wertung vornimmt. Von dem Ausnahmekatalog des § 90 Abs. 2 SGB XII wird man nur den Ziff. 7 und 9 eine unterhaltsrechtliche Bedeutung zuerkennen können. Die in Ziff. 7 geschützten *,Gegenstände, die zur Befriedigung geistiger, insbesondere wissenschaftlich oder künstlerischer Bedürfnisse dienen und deren Besitz nicht Luxus ist'*, werden von der Verwertungspflicht ausgenommen, um dem Bedürftigen auch im Bedürftigkeitsfall eine seinen kulturellen Ansprüchen entsprechende Lebensführung zu ermöglichen. Dies bedeutet konkret, dass Bücher, Sport- und Spielgeräte, Musikinstrumente und -anlagen, aber auch Briefmarkensammlungen etc., sofern diese der Freizeitgestaltung dienen, nicht verwertet werden müssen[113]. Derartige Einschränkungen rechtfertigen sich bei einem pflegebedürftigen betagten Menschen nicht, soweit er den Wertgegenstand nicht mehr nutzen kann.

b) Beschränkungen der Vermögensverwertungspflicht

Allerdings sind bezüglich der Vermögensverwertung **Beschränkungen** **141** **aus familienrechtlichen Gründen** denkbar. § 1365 BGB begründet eine familienrechtliche Bindung des Vermögens. Danach darf ein Ehegatte nur

---

113 Vgl. LPK-SGB XII/*Brühl*, § 90 Rn. 40 m. ausführlicher Rechtsprechungsübersicht.

mit der Einwilligung des anderen über sein Vermögen im Ganzen verfügen. Es ist heute unbestritten, dass diese Verfügungsbeschränkung auch dann eingreift, wenn die Verfügung sich auf einzelne Vermögensgegenstände bezieht, die das gesamte oder nahezu das gesamte Vermögen ausmachen (Einzeltheorie)[114]. Entscheidend ist, dass entweder der Vermögensgegenstand das gesamte Vermögen ausmacht oder der Wert der übrigen Vermögensgegenstände im Verhältnis zum ganzen Vermögen unbedeutend ist. Ein Schwellenwert, ab wann danach eine Verfügung über das Vermögen als Ganzes vorliegt, kann aus der bisherigen Rechtsprechung nicht zweifelsfrei bestimmt werden. Der BGH arbeitet seit 1980 mit prozentualen Schwellwerten. Dabei soll bei einem kleinen Vermögen kein zustimmungspflichtiges Geschäft vorliegen, wenn das verbleibende Vermögen 15 % und bei größeren Vermögen 10 %[115] ausmacht. Dabei ist die Grenzziehung zwischen ‚großen‘ und ‚kleinen‘ Vermögen schwierig und unklar, weswegen in der Literatur vielfach einen Schwellwert von 10 % für angemessen gehalten wird.[116]

142   Der Fall einer Kollision mit einer familienrechtlichen Verfügungsbeschränkung tritt ein, wenn der pflegebedürftige Unterhaltsberechtigte Eigentümer einer von seinem Ehegatten bewohnten Wohnung ist, der selbst nur über eine geringe Rente verfügt, die einschließlich des ihm aus der Wohnungsnutzung zufließenden Wohnwertvorteils eine Barunterhaltsleistungsfähigkeit nicht begründen würde. Stellt das Immobilieneigentum den einzigen Vermögenswert des pflegebedürftigen Gatten dar und widerspricht der andere Gatte der Verwertung der Immobilie (um seinen eigenen Unterhalt oder auch sein Erbrecht nach § 1371 BGB zu sichern), zwänge man bei Annahme einer Verwertungspflicht den unterhaltsbedürftigen Gatten zur Versteigerung der Immobilie. Die Zumutbarkeit einer derartigen Vermögensverwertung erscheint zumindest zweifelhaft. Das Beispiel zeigt, dass in diesen Fällen Konstellationen entstehen können, die in der Praxis schwierig zu lösen sein werden.

6. Vorrangigkeit des unterhaltspflichtigen Gatten des Unterhaltsberechtigten

143   Vorrangig vor dem Abkömmling haftet immer der Ehegatte oder Lebenspartner des unterhaltsbedürftigen Elternteils (§ 1608 BGB). Da jedoch

---

114 Palandt/*Brudermüller,* § 1365 Rn. 5.
115 BGH v. 25.06.1980 – IVb ZR 516/80, FamRZ 1980, 765, die Entscheidung betrifft ein Vermögen im Wert von ca. 40.000 DM. In der Entscheidung BGH v. 13.03.1991 – XII ZR 79/90, FamRZ 1991, 669, ging es um ein Vermögen von ca. 500.000 DM, von dem ca. 12 % übertragen wurde.
116 MünchKomm/*Koch,* § 1365 Rn. 22 f.; KK-FamR/*Weinreich,* § 1365, Rn. 14.

das Gesetz in § 1608 Abs. 1 Satz 2 BGB den Vorrang der Haftung des Ehegatten bzw. Lebenspartners unter den Vorbehalt der Leistungsfähigkeit hinsichtlich ‚seines angemessenen Unterhaltes' gestellt hat, sind Rückgriffsmöglichkeiten auf Angehörige des pflege- und unterhaltsbedürftigen Elternteils trotz vorrangiger Ehegattenhaftung nicht selten, was insbesondere dann geschieht, wenn beide Elternteile pflegebedürftig werden. Da in diesem Fall der Elternteil, der das höhere Einkommen hat, dieses in der Regel für seinen eigenen Bedarf vollständig verzehren wird, ist die Situation nicht allzu selten, dass das ‚Familieneinkommen' des Familienverbandes, aus dem der unterhaltsberechtigte Gatte stammt, im Prinzip ausreichend wäre, den Unterhalt beider Gatten zu befriedigen, für den unterhaltsberechtigten (einkommensschwächeren) Gatten jedoch ein zivilrechtlicher Unterhaltsanspruch gegen den leistungsfähigeren Gatten leer läuft, weil dieser sein gesamtes Einkommen für den eigenen angemessenen Unterhalt (Pflege) benötigt.

Nach welchen Kriterien die Leistungsfähigkeit des Gatten des unterhalts- und pflegebedürftigen Menschen zu bestimmen ist, ist bislang noch nicht abschließend entschieden. **144**

Leben die Ehegatten oder Lebenspartner getrennt, ergibt sich ihre unterhaltsrechtliche Leistungsfähigkeit nach den üblichen unterhaltsrechtlichen Berechnungsmethoden. Der unterhaltspflichtige Gatte hat danach maximal die Hälfte der Differenz der anrechenbaren Einkommen des Gatten als Unterhalt einzusetzen (**Halbteilungsgrundsatz**). Zur Wahrung des eigenen angemessenen Lebensunterhaltes (§ 1581 BGB) muss dem unterhaltspflichtigen getrennt lebenden Gatten jedoch soviel verbleiben, dass sein Lebensunterhalt gesichert ist. Der BGH[117] hat in Abkehr seiner bis dahin geltenden Rechtsprechung diesen Selbstbehalt als ‚billigen Selbstbehalt' bezeichnet und ihn zwischen dem ‚notwendigen' und dem ‚angemessenen' Selbstbehalt verortet. Entsprechend den Leitlinien der Oberlandesgerichte ist dieser Selbstbehalt nunmehr mit 1.050 € zu bewerten. Der BGH hat in dieser Entscheidung ausdrücklich darauf hingewiesen, dass es einer zusätzlichen Grenze der Leistungsfähigkeit nach den individuellen ehelichen Lebensverhältnissen danach nicht mehr bedarf. Daher ist davon auszugehen, dass die Grenze der Leistungsfähigkeit des unterhaltspflichtigen Gatten dann erreicht ist, wenn dessen ‚billiger Selbstbehalt' von (derzeit) 1.050 € nicht mehr gewahrt ist. **145**

Indessen sind die Selbstbehalte nicht dem Gesetz zu entnehmen. Das Gesetz definiert in § 1581 BGB die Gefährdung des eigenen angemessenen Lebensunterhaltes als Grenze der Leistungsfähigkeit. Die pauschalierenden Selbstbehaltssätze der unterhaltsrechtlichen Leitlinien ersetzen nicht **146**

---

117 BGH v. 15.03.2006 – XII ZR 30/04, FamRZ 2006, 683.

die wertende Entscheidung im Einzelfall. Eine solche wertende Prüfung kann zu abweichender Festsetzung des dem unterhaltspflichtigen Gatten verbleibenden Selbstbehalts führen. So können insbesondere höhere als in den Selbstbehalten enthaltene Wohnkosten zu einer Heraufsetzung des Selbstbehaltes führen, weil einem alten Menschen u. U. ein Umzug in eine kostengünstigere Wohnung nicht mehr zugemutet werden kann.

147   **Leben die Ehegatten nicht getrennt**, sondern ist die Unterbringung eines von ihnen aus pflegerischen Gründen in einem Alten- oder Pflegeheim erforderlich, ohne dass eine Trennung i.S.v. §§ 1361, 1565 BGB vorliegt, gilt der unterhaltsrechtliche Halbteilungsgrundsatz nicht. Über den dann fortgeltenden Familienunterhalt nach § 1360 BGB ist der Gatte verpflichtet, auch jenseits des Halbteilungsgrundsatzes den unterhaltsrechtlichen Bedarf des pflegebedürftigen Gatten zu befriedigen[118]. Soweit Sozialhilfeträger bei nicht getrennt lebenden Ehegatten teilweise eine unterhaltsrechtliche Leistungsfähigkeit nur nach dem Halbteilungsgrundsatz annehmen, reflektiert dies nicht ausreichend, dass im Rahmen des Familienunterhaltes nach § 1360 BGB der ‚angemessene Bedarf‘ der Familie, also auch der einzelnen Mitglieder der Familie sicherzustellen ist. Ein Ehegatte könnte sich dementsprechend nicht auf den Halbteilungsgrundsatz berufen, wenn z. B. der nicht krankenversicherte andere Gatte einer mehrmonatigen Krankenbehandlung bedürfte. Ein einsetzender Pflegebedarf ist jedoch nicht anders zu beurteilen. **Das Maß wechselseitig geschuldeter Solidarität nicht getrennt lebender Ehegatten übersteigt das Maß der geschuldeten Solidarität getrennt oder geschiedener Ehegatten deutlich.** Praktisch macht es in diesen Fällen teilweise Sinn, zur Wahrung des angemessenen Unterhalts des unterhaltspflichtigen nicht pflegebedürftigen Gatten von einer Trennungsoption Gebrauch zu machen. Dies erscheint im Hinblick auf Art. 6 Abs. 1 GG problematisch.

148   Macht ein Sozialhilfeträger gegen ein unterhaltspflichtiges Kind einen Unterhaltsanspruch eines verheirateten Elternteils geltend, wird dieses zunächst stets die vorrangige Haftung des Gatten des Unterhaltsbedürftigen einwenden. Der Sozialhilfeträger wird im Hinblick auf Art. 6 Abs. 1 GG dessen Heranziehung nur bis zur Halbteilungsschwelle fordern können. Da das Kind jedoch auf den Familienunterhaltsanspruch des bedürftigen Gatten berufen kann, verbleibt möglicherweise zwischen der sozialhilferechtlichen und zivilrechtlichen Leistungsfähigkeit des Gatten eine Differenz, die wegen des Grundrechtsschutzes aus Art. 6 Abs. 1 GG vom Sozialhilfeträger

---

118 Wendl/Dose/*Scholz,* § 3 Rn. 44; so wohl auch *Schäfer,* S. 117, allerdings ohne auf die Entscheidung des BGH v. 15.03.2006 – XII ZR 30/04, FamRZ 2006, 683, einzugehen.

zu finanzieren ist. Dies entspricht der Empfehlung des Arbeitskreises 2 des 17. Deutschen Familiengerichtstages (2007).[119]

III. Einkommen des unterhaltspflichtigen Kindes

Die Berechnung der elternunterhaltsrechtlichen Leistungsfähigkeit des Unterhaltspflichtigen folgt im Regelfall den üblichen unterhaltsrechtlichen Grundsätzen. Allerdings kann nicht verkannt werden, dass die gesetzliche Schwäche und der Nachrang des Elternunterhaltes auch bei der Ermittlung der anrechenbaren Einkünfte des Unterhaltspflichtigen Beachtung finden muss.   149

Unterhaltsrechtlich relevantes Einkommen sind nach dem Zuflussprinzip sämtliche dem Unterhaltspflichtigen zukommende regelmäßige oder unregelmäßige Einkünfte, gleich aus welchem Rechtsgrund. Eine Besonderheit gegenüber der sonstigen unterhaltsrechtlichen Betrachtungsweise besteht nicht[120].   150

1. Einkommen aus abhängiger Beschäftigung

Einkommen aus abhängiger Beschäftigung wird generell wie jedes andere Einkommen unterhaltsrechtlich bewertet.   151

a) Überstunden

Überstunden werden auch im Elternunterhaltsrecht nach den gängigen unterhaltsrechtlichen Kriterien dem Einkommen hinzugerechnet. Sie sind unterhaltspflichtiges Einkommen, wenn sie **geringfügig oder berufstypisch** und **betriebsbedingt** sind. Sind diese Voraussetzungen nicht gegeben, werden sie nach Billigkeit angerechnet. Dabei gilt, dass je dringender der Bedarf und je zumutbarer die Leistung der Mehrarbeit ist, umso eher werden sie unterhaltsrechtlich herangezogen werden können[121].   152

BGH v. 25.06.2003 – XII ZR 63/00, FamRZ 2004, 186

LS: Überstundenvergütungen werden im Rahmen des Elternunterhalts nach den auch sonst im Unterhaltsrecht geltenden Maßstäben zum unterhaltsrelevanten Einkommen des einem Elternteil Unterhaltspflichtigen hinzugezählt.

---

119 Brühler Schriften, Band 15, Bielefeld 2008, S. 139 ff.
120 Eschenbruch/*Klinkhammer,* Rn. 2.57.
121 KK-FamR/*Klein,* § 1601 Rn. 37.

153　　Im Regelfall werden Überstunden bis zu 10 % der Regelarbeitszeit als geringfügig angesehen[122] und können daher ohne weitere Zumutbarkeitserwägungen dem anrechenbaren Einkommen des Unterhaltspflichtigen zugerechnet werden[123]. Bei Einkünften aus geringfügiger Mehrarbeit kommt es mithin auf die Qualität des Unterhaltsrechtsverhältnisses nicht an[124].

154　　Einkünfte aus **berufstypischer Mehrarbeit** werden dem unterhaltsrechtlichen Einkommen auch dann hinzugerechnet, wenn sie weit über die Geringfügigkeitsgrenze hinausgehen. Was berufstypische Mehrarbeit ist, hängt im Einzelfall vom Beruf ab:

- bei Assistenzärzten wurde Bereitschaftsdienst von 50–88 Stunden monatlich als berufstypisch angesehen[125];

- bei Berufskraftfahrern gelten Überstunden bis zu 25 % der normalen Arbeitszeit als berufstypisch[126];

- auch bei Montage- und Bauarbeitern[127] wird man von einem berufstypischen erheblichen Mehrarbeitspotenzial auszugehen haben;

- bei Wach- und Sicherheitsdiensten bestimmen oft in den unteren (teilweise sehr geringen) Entgeltstufen Präsenzpflicht und Einschlafverbot die Tätigkeit, weswegen auch in diesen Branchentätigkeiten Mehrarbeit in erheblichem Umfang berufstypisch ist;

- bei leitenden Angestellten[128] und Freiberuflern muss auch erhebliche Mehrarbeit als berufstypisch angesehen werden.

155　　Erst bei **nicht berufstypischer erheblicher Mehrarbeit** stellt sich die Frage nach deren unterhaltsrechtlicher Anrechenbarkeit, weil erst in diesem Fall Billigkeitserwägungen eine Rolle spielen können. Erst dieser Mehrarbeitstyp nötigt daher zu einer Beachtung des Unterhaltsrechtsverhältnisses. Je bedeutsamer dies ist, desto eher lassen sich die Einkünfte aus nicht berufstypischer erheblicher Mehrarbeit unterhaltsrechtlich heranziehen, was insbesondere dann gilt, wenn anderenfalls der Bedarf des Berechtigten nicht erfüllt werden kann. Insoweit gilt die normale unterhaltsrechtliche Rangfolge. In einer jüngeren Entscheidung hat das OLG Hamm[129] eine

---

122　OLG Köln v. 24.08.1984 – 4 UF 84/84, FamRZ 1984, 1108; Wendl/*Dose,* § 1, Rn. 86.
123　Vgl. für den Elternunterhalt BGH v. 25.06.2003 – XII ZR 63/00, FamRZ 2004, 186.
124　Anders AnwK-BGB/*Schürmann,* vor § 1577 Rn. 53 ff.
125　OLG Hamburg v. 23.09.1986 – 2 UF 117/85, FamRZ 1986, 1212.
126　OLG Hamm v. 05.02.1999 – 5 UF 207/98, FamRZ 2000, 605; LG Kiel v. 09.03.1994 – 5 S 125/93, FamRZ 1994, 984; OLG Köln v. 24.08.1984 – 4 UF 84/84, FamRZ 1984, 1108.
127　BGH v. 19.05.1982 – IV b ZR 702/80, FamRZ 1982, 779.
128　KG v. 13.08.1987 – 16 UF 2781/87, FamRZ 1988, 720.
129　OLG Hamm v. 16.12.2005 – 11 UF 118/05, OLGR Hamm 2006, 361.

Überstundenvergütung in Höhe von 7.500 € für einen einmaligen Arbeitseinsatz im Rahmen der Einführung eines EDV-Systems nur zu ⅓ angerechnet.

Die vom Arbeitszeitgesetz (48 Wochenstunden) gezogene Grenze für   **156** die Zulässigkeit von Mehrarbeit sollte aber auch die Anrechnungsgrenze für Überstundeneinkünfte markieren[130]. Darüber hinaus bedarf die Annahme voll anrechenbarer Überstundeneinkünfte entweder einer besonderen Bedarfslage oder sonst einer sehr intensiven Begründung.

b) Teilzeitarbeit

Ist der Unterhaltspflichtige lediglich teilzeitig berufstätig, können ihm   **157** auch nur aus dieser teilzeitigen Berufstätigkeit Einkünfte zugerechnet werden. Anders könnte nur entschieden werden, wenn eine Erwerbsobliegenheit des Unterhaltspflichtigen (vgl. dazu ausführlich Rn. 415) gegenüber dem unterhaltsbedürftigen Elternteil anzunehmen wäre. Da jedoch die Inanspruchnahme auf Elternunterhalt i.d.R. zu einem Zeitpunkt erfolgt, in dem sich der konkrete Lebensentwurf des Unterhaltspflichtigen bereits verwirklicht hat, kann eine Verpflichtung des Unterhaltspflichtigen, diesen konkreten Lebensentwurf zu ändern, nicht angenommen werden.

Etwas anderes könnte man nur annehmen, wenn ein Wechsel in Teil-   **158** zeitarbeit sachlich und persönlich nicht gerechtfertigt ist. Dies kann aber im Elternunterhalt nicht an den für Kindesunterhalt entwickelten Kriterien bemessen werden. Hat vielmehr das unterhaltspflichtige Kind den Umfang seiner Erwerbstätigkeit vor Inanspruchnahme auf Elternunterhalt reduziert, folgt aus der entstehenden Unterhaltsverpflichtung nur dann die Verpflichtung auf Ausweitung der beruflichen Tätigkeit, wenn man eine **Erwerbsobliegenheit** annähme (dazu Rn. 415).

c) Altersteilzeit

Nach ähnlichen Gesichtspunkten ist die Frage zu entscheiden, ob der   **159** Unterhaltspflichtige berechtigt ist, **Altersteilzeit** für sich in Anspruch zu nehmen mit der Folge, dass Unterhaltsansprüche der berechtigten Eltern vermindert oder verhindert würden.

Unproblematisch ist die Situation, wenn bereits zum Zeitpunkt der   **160** Inanspruchnahme auf Unterhalt ein **Altersteilzeitvertrag geschlossen** war oder **Altersteilzeit bereits begonnen** hat. In diesen Fällen ist die vom Unterhaltspflichtigen getroffene Lebensentscheidung vom Unterhaltsberechtigten und damit auch vom Träger der Sozialhilfe zu akzeptieren,

---

130 BVerfG v. 05.03.2003 – 1 BvR 752/02, FamRZ 2003, 661; AnwK-BGB/*Schürmann*, vor § 1577 Rn. 55 m.w.N.; Koch/*Margraf*, Rn. 1027.

seine Leistungsfähigkeit wird durch die Altersteilzeiteinkünfte beschränkt. Eine Verpflichtung zur Aufnahme, einer auch nur geringfügiger Nebenbeschäftigung, besteht nicht, vielmehr ist der Unterhaltspflichtige berechtigt, seinen Lebensentwurf fortzuentwickeln. Dies folgt aus dem das gesamte Elternunterhaltsrecht überstrahlenden Grundsatz, dass der Unterhaltspflichtige ‚keine spürbare und dauerhafte Senkung seiner Lebensverhältnisse hinzunehmen brauche, es sei denn, er lebe im Luxus'[131].

161   Davon zu unterscheiden ist die Situation, in der der Unterhaltpflichtige zum Zeitpunkt der Inanspruchnahme auf Elternunterhalt weder eine vertragliche Regelung zukünftiger Altersteilzeit getroffen hat noch nachweisbar eine Altersteilzeit sonst vorbereitet hat. In diesen Fällen könnte die Inanspruchnahme auf Elternunterhalt – ähnlich wie im Fall des Minderjährigenunterhaltes – die Handlungsoptionen des Unterhaltspflichtigen begrenzen. Eine solche Begrenzung ist jedoch nur dann anzunehmen, wenn der Unterhaltspflichtige zur Vermeidung der Unterhaltsheranziehung eine Berufstätigkeit aufgibt oder vermindert[132] (**unterhaltsbezogene Leichtfertigkeit** oder **Vorwerfbarkeit**). Da es jedoch für eine Reduktion der Erwerbstätigkeit stets vielfältige persönliche, gesundheitliche, familiäre, betriebliche und sonstige Gründe geben kann, wird dem Unterhaltspflichtigen nur in Extremfällen nachgewiesen werden können, die Einkommensverminderung in ausschließlich unterhaltsfeindlicher Absicht eingeleitet zu haben.

d) Spesen

162   Auch für Einkünfte, die aus **Spesen** resultieren, gelten die üblichen in den Leitlinien der Oberlandesgerichte niedergelegten unterhaltsrechtlichen Prinzipien: Spesen sind dem unterhaltspflichtigen Einkommen voll zuzurechnen, wenn sie tatsächlich verschleiertes Arbeitseinkommen sind. Sie sind nicht dem unterhaltspflichtigen Einkommen zuzurechnen, soweit ihnen konkrete Aufwendungen, wie Fahrtkosten, Unterbringungskosten etc. gegenüberstehen. Nur dann, wenn durch die Spesenzahlung eigene Aufwendungen erspart werden, können Spesen insoweit dem unterhaltsrechtlich anrechenbaren Einkommen zugerechnet werden. Dies gilt besonders für Verpflegungsspesen. In der Regel wird angenommen, dass Spesen zu einem Drittel dem anrechenbaren Einkommen des Unterhaltspflichtigen zuzurechnen sind[133]. Ansonsten ist der Unterhaltspflichtige, der eine geringere Anrechnungsquote behauptet, verpflichtet, die für eine geringere

---

131 BGH v. 23.10.2002 – XII ZR 67/00, FamRZ 2002, 1698.
132 OLG Hamm v. 15.10.2004 – 11 UF 22/04, FamRZ 2005, 1177.
133 OLG Karlsruhe v. 24.09.2003 – 18 WF 161/02, FamRZ 2004, 645; OLG Frankfurt/M. v. 21.12.1993 – 3 UF 117/93, FamRZ 1994, 1031.

Anrechnung sprechenden Gründe darzulegen. Dabei kann es auch bei Verpflegungsspesen sinnvoll sein, sich konkret mit deren Höhe im Einzelfall auseinander zu setzen. Insbesondere bei **Auslandsmontagen** decken diese die tatsächlichen Verpflegungsmehrkosten oftmals nicht mehr ab, was unterhaltsrechtlich zur Folge hätte, dass sie aus dem Einkommen des Unterhaltspflichtigen vollständig herauszurechnen wären und gegebenenfalls höhere berufsbedingte Aufwendungen zu berücksichtigen wären (Rn. 337).

e) Unterhaltsrechtliche Bewertung von Sachbezügen

Wie auch im übrigen Unterhaltsrecht ist bei der Ermittlung des für den Elternunterhalt relevanten Einkommens aus abhängiger Beschäftigung Einkommen des Unterhaltspflichtigen aus Sachbezügen zu bewerten.   163

Dies gilt grundsätzlich für jede Art des Sachbezuges. Dabei kann nicht immer ohne weiteres vom steuerlichen Nutzwert ausgegangen werden. Es ist vielmehr der dem Unterhaltspflichtigen zufließende angemessene Nutzwert heranzuziehen und zu schätzen. Für den häufigsten Sachbezug, das **Firmenfahrzeug**, gilt dies vor allem deswegen, weil der objektive Nutzwert vielfach unangemessen hoch anzusetzen wäre. Der durch den Arbeitgeber zur Verfügung gestellte Pkw dient nicht nur der Beförderung des Unterhaltspflichtigen, sondern auch der Pflege des Ansehens des Arbeitgebers. Er ist meist ‚überdimensioniert‘.   164

OLG München v. 19.02.1999 – 12 UF 1545/98, FamRZ 1999, 1350

LS: Unterhaltsrechtliches Einkommen ist als vermögenswerter Vorteil auch die Privatnutzung eines Firmenfahrzeugs. Der vermögenswerte Vorteil ist dabei aber nicht mit dem Gehaltsbestandteil der Pkw-Nutzung identisch, sondern in jedem Einzelfall nach § 287 ZPO zu schätzen. Hierbei ist die steuerliche Mehrbelastung zu beachten, die durch die Erhöhung des Bruttoeinkommens durch die Pkw-Nutzung entsteht. Werden durch die Nutzung des Firmenfahrzeugs auch die Fahrten zum Arbeitsplatz abgedeckt, entfällt in der Regel der Ansatz von pauschalen 5 % berufsbedingten Aufwendungen.

OLG Hamm 30.10.2008 – 2 UF 43/08, FamRZ 2009, 981 (teilw. abgedruckt)

LS: … 3. Der private Nutzungsvorteil eines Firmenfahrzeugs ist in der Regel mit dem nach Steuerrecht zu veranschlagenden Wert (Einprozentregelung) zu bemessen. Er ist zu bereinigen um den steuerlichen Nachteil, der dem Nutzungsberechtigten dadurch entsteht, dass er das Firmenfahrzeug als Sachbezug zu versteuern hat. (Rn. 52)

…

f) Der private Nutzungsvorteil für das Firmenfahrzeug ist nach ständiger Rechtsprechung des Senats in der Regel mit dem nach Steuerrecht zu veranschlagenden

Wert (Einprozentregelung) zu bemessen (vgl. Senat, FamRZ 2008, 893 = NJW-RR 2008, 882 ff.; Zi. 4 HLL 01.01.2008). Dieser beträgt nach dem übereinstimmenden Sachvortrag der Parteien 456,36 €. Er ist zu bereinigen um den steuerlichen Nachteil, der dem Antragsteller dadurch entsteht, dass er den Firmenwagen als Sachbezug zu versteuern hat. Dieser berechnet sich unter Zugrundelegung des für das Jahr 2007 in den Lohnbelegen ausgewiesenen Steuerbruttobetrages in Höhe von 49.804,14 € und dem zu versteuernden Sachbezug für den Firmenwagen wie folgt:

tatsächliches Steuerbrutto	49.804,14 €
abzgl. Sachbezug Firmenfahrzeug	− 5.476,32 €
fiktives Steuerbrutto:	44.327,82 €
darauf entfallende Lohnsteuer	9.391,00 €
darauf entfallende Kirchensteuer	489,78 €
darauf entfallende Sondersteuer	299,31 €
fiktive Steuerlast:	10.180,09 €
tatsächliche Steuerlast:	− 2.525,07 €
Differenz:	− 2.344,98 €
Steuernachteil Firmenfahrzeug monatlich:	195,42 €

Daraus errechnet sich ein noch verbleibender privater Nutzungsvorteil in Höhe von 260,94 € (456,36 € − 195,42 €).

Anhaltspunkte, die den Ansatz eines höheren Nutzungsvorteils rechtfertigen können sind nicht vorhanden. Der Verweis der Antragsgegnerin auf die ADAC-Tabellen zur Bewertung der Gesamtkosten für das Fahrzeug des Antragstellers überzeugt nicht. Dabei wird übersehen, dass die private Nutzung nur einen Teil der Gesamtnutzung ausmacht, weil der Antragsteller das Fahrzeug nicht nur privat, sondern beruflich nutzt. ...

165   Der Wert aller **anderen Sachbezüge** ist ebenfalls als Wert für den Unterhaltspflichtigen zu schätzen und um die darauf zu entrichtenden Steuern zu korrigieren. Unterhaltsrechtlich ist der Sachbezug mit der individuellen Ersparnis des Unterhaltspflichtigen als dessen Einkommen zu bewerten[134].

166   **Sachbezüge** sind auch **Strom- und Energiedeputate**, wie sie tarifvertraglich in der Energiewirtschaft oftmals abgesichert sind. Auch Freifahrten, -flüge oder Vergünstigungen bei der Beförderung haben unterhaltsrechtlich Einkommensfunktion, sofern dadurch notwendige Aufwendungen erspart werden. Führen jedoch besonders günstige Beförderungskonditionen beim Berechtigten zu einer Inanspruchnahme, die die angemessenen Lebensverhältnisse übersteigt, werden die Sachwertbezüge also lediglich um ihrer selbst willen genutzt, bleiben sie unterhaltsrechtlich bedeutungslos. So würden einer

---

134 Wendl/*Dose*, § 1, Rn. 92.

Sekretärin eines Flugunternehmens, die bei einem Monatseinkommen von
1.300 € netto ein beliebiges Freiflugkontingent hat und als Ledige ihre Frei-
und Urlaubszeit stets in entlegenen Regionen verbringt und auf diese Weise
100.000 Flugkilometer im Jahr ansammelt, diese Nutzungsrechte nicht zugerechnet, da sie nicht zu einer tatsächlichen Ersparnis führen. Hätte die Sekretärin kein Freiflugkontingent, würde sie nicht fliegen. Das bei Brauereien ver-
breitete Bierdeputat hat dagegen im Land der Biertrinker einen tatsächlichen
wirtschaftlichen Wert, da das in Flaschen abgefüllte Getränk veräußerbar ist.

f) Provisionen und Boni

Erfolgsabhängige Einkommensbestandteile machen vielfach einen gro-   **167**
ßen Teil der Einkünfte auch abhängig beschäftigter Arbeitnehmer aus. Die
ständige Rechtspraxis geht davon aus, dass erfolgsabhängige Einkommensbestandteile, die das letzte Jahreseinkommen bestimmt haben, auch das
laufende Einkommen prägen. Im Elternunterhalt ist dieses Risiko für den
Unterhaltpflichtigen bedeutend geringer, da die Sozialhilfeträger vielfach
keine laufenden Unterhaltszahlungen geltend machen, sondern Unterhalt
für eine abgeschlossene Periode einfordern, für die das Einkommen bereits
feststeht. Verhält es sich anders, ist es Sache des Unterhaltpflichtigen darzulegen, dass Einkommensbestandteile aus der Vergangenheit nicht für die
Unterhaltberechnung der Zukunft projiziert werden können.

2. Einkommen aus selbständiger Tätigkeit

Auch bezüglich der Einkünfte aus selbständiger oder freiberuflicher   **168**
Tätigkeit gelten die üblichen unterhaltsrechtlichen Grundsätze. Diesen folgend muss bei der Beurteilung und Bewertung der Einkünfte aus nicht
abhängiger Beschäftigung vor allem Augenmerk auf folgende Positionen
einer Bilanz oder Einnahme-Überschussrechnung gelegt werden:

- Privatnutzungsanteile[135]
- Abschreibungen[136]
- Ansparabschreibungen[137]
- Privatentnahmen[138].

Es muss dabei berücksichtigt werden, dass Einkünfte eines Selbständi-   **169**
gen aus dem Durchschnitt der letzten 3 oder 5 Jahre vor der unterhaltsrecht-

---

135 Ausführlich Wendl/Dose/*Kemper,* § 1, Rn. 198 ff., 265, 327.
136 OLG Koblenz v. 17.10.2001 – 9 UF 140/01, FamRZ 2002, 887; ausführlich Wendl/
     Dose/*Kemper,* § 1, Rn. 205 ff.
137 BGH v. 02.06.2004 – XII ZR 217/01, FamRZ 2004, 1177.
138 *Schürmann,* FamRZ 2002, 1150; aber zurückhaltend bei Privatentnahmen zu Lasten
     der Substanz OLG Koblenz v. 03.07.2000 – 13 UF 102/00, FamRZ 2001, 1239.

lichen Inanspruchnahme berechnet werden. Nur wenn eine sichere Prognose möglich ist, dass die laufenden Einkünfte niedriger als der Vergangenheitsschnitt sind, kann von diesen laufenden Einkünften ausgegangen werden.

170   Bei der Geltendmachung von Elternunterhaltsansprüchen beachten die Sozialhilfeträger diese Regeln oft nur unzureichend. Schwankungen im Einkommen ist bei Selbständigen ein allgegenwärtiges Phänomen, das durch konjunkturelle Schwankungen, steuerliche Besonderheiten und andere Faktoren bedingt ist. Im Rahmen des Elternunterhaltes hat der Unterhaltspflichtige darzulegen, dass eine aus dem Durchschnitt der letzten Jahre errechnete unterhaltsrechtliche Leistungsfähigkeit eine Übervorteilung darstellt. Dazu muss er die Faktoren, die für eine Verminderung der Einkünfte sprechen benennen und gegebenenfalls auch beweisen.

3. Sonstiges Einkommen

171   Sonstiges Einkommen resultiert in der Regel nicht aus einer unmittelbar im Zeitpunkt der Erzielung des Einkommens erbrachten Leistung des Unterhaltspflichtigen. Während bei Einkünften aus selbständiger oder abhängiger Berufstätigkeit daher stets die Frage der Obliegenheit der Einkommenserzielung im Verhältnis zum Unterhaltsberechtigten zu stellen ist, erübrigt sich diese Frage bei den sonstigen Einkünften eines Unterhaltspflichtigen, die regelmäßig nicht mit einer gegenwärtigen Leistung des Pflichtigen zusammenhängen. Soziale Transferleistungen (wie z. B. das Wohngeld) sind grds. nicht als unterhaltsrechtlich relevantes Einkommen des Unterhaltspflichtigen einzustufen. Etwas anderes gilt nur dann, wenn den Transferleistungen – wie beim Elterngeld – eine Einkommensersatzfunktion zukommt. Beim Elterngeld ist allerdings zu berücksichtigen, dass dieses gemäß § 11 Satz 1 BEEG bis zu einer Höhe 300,00 € pro Monat anrechnungsfrei bleibt.

172   Zu den ‚sonstigen Einkünften‘ können auch **Abfindungen** gezählt werden. Diese können durch Verlust eines Arbeitsplatzes oder Ausscheiden aus einer freiberuflichen Praxis oder ähnlichen Gründen dem Unterhaltspflichtigen gezahlt werden. Ihre familienrechtliche Einordnung ist meist nicht einfach vorzunehmen. Sie sind ‚Vermögen‘, dienen aber oftmals dem Unterhalt. Wird die Abfindung zum Ausgleich des Verlusts einer Einkommensquelle gezahlt, ist sie auf einen angemessenen Zeitraum zu verteilen, um für die im jeweiligen Beurteilungszeitraum anzunehmende Zeit des Einkommensausfalls oder der Einkommensreduktion den Lebensunterhalt des Abfindungsempfängers sicher zu stellen[139]. Keinesfalls darf eine zum

---

139 BGH v. 28.03.2007 – XII ZR 163/04, FamRZ 2007, 983; BGH v. 23.12.1981 – IV b
     604/80, FamRZ 1982, 250; OLG München v. 16.10.1997 – 12 WF 1147/97, FamRZ
     1998, 559; OLG Hamm v. 25.02.1997 – 3 UF 428/96, FamRZ 1997, 1169; OLG Ol-
     denburg v. 13.07.2009 – 13 WF 148/09, FamRZ 2009, 1911.

Ausgleich von Einkommensverlusten gezahlte Abfindung zur Überkompensation des Einkommenswegfalls herangezogen werden[140] Wird die Abfindung indessen nicht zu Sicherung des Lebensniveaus benötigt, z. B. weil die unterhaltspflichtige Person unmittelbar nach dem Wegfall des Arbeitsplatzes eine Anschlussarbeitsstelle gefunden hat, stellt sie Vermögen dar und ist dem sonstigen Vermögen des unterhaltsberechtigten Kind zuzurechnen. Dies ist auch für solche Abfindungen anzunehmen, die am Ende eines Erwerbslebens mit Erreichen der Regelaltersgrenze[141] z. B. für das Ausscheiden aus einem Unternehmen gezahlt werden, an dem die unterhaltspflichtige Person eine gesellschaftsrechtliche Beteiligung hatte. Hat der Abfindungsempfänger die Regelaltersgrenze noch nicht erreicht, kann die Abfindung allenfalls insoweit dem Vermögen zugerechnet werden, als – fortdauernder Wegfall einer kompensatorischen Einkommensquelle unterstellt – ein Verbrauch der Abfindung zur Einkommenskompensation nicht erforderlich ist.

4. Mieteinkünfte

Mieteinkünfte eines Unterhaltspflichtigen werden nach allgemeinen Grundsätzen unterhaltsrechtlich mit ihrem Nettowert als Einkommen bewertet[142]. Abweichend vom sonstigen Unterhaltsrecht sind jedoch auch die Tilgungsleistungen, die mit den Mieteinkünften zusammenhängen, unterhaltsrechtlich vom Einkommen des Pflichtigen abzuziehen. Zwar dienen die Tilgungsleistungen der Vermögensbildung des Unterhaltspflichtigen. Aufgrund der Unabsehbarkeit des Elternunterhaltes kann sich aber der Unterhaltspflichtige auf die Heranziehung nicht einstellen, weswegen auch die in den Tilgungsleistungen liegende Vermögensbildung unterhaltsrechtlich als Abzugsposten anzuerkennen ist[143]. Für die selbst bewohnte Immobilie ist dies anerkannt[144].

173

Für **vermietete Wohnungen** könnte man an diesem Grundsatz zweifeln, da die Tilgungsleistungen letztendlich der Vermögensbildung dienen. In Rechtsprechung und Schrifttum besteht jedoch Einigkeit, dass dem Unterhaltspflichtigen ein relativ hohes Altersvorsorgeschonvermögen neben der selbst bewohnten Immobilie zu verbleiben hat. Der BGH hat dies mit 5 % des aktuellen, über die Lebensarbeitszeit aufgezinsten sozial-

174

---

140 *Gerhardt*, FPR 2006, 354; *Soyka*, FuR 2005, 983.
141 BGH v. 28.07.2010 – XII ZR 140/07, FamRZ 2010, 1535.
142 Vgl. die Darstellung bei FA-FamR/*Gerhardt*, Kap. 6, Rn. 48.
143 BGH v. 21.04.2004 – XII ZR 326/01, FamRZ 2004, 1184; BGH v. 17.12.2003 – XII ZR 224/00, FamRZ 2004, 370.
144 BGH v. 19.03.2003 – XII ZR 123/00, FamRZ 2003, 1179.

versicherungspflichtigen Bruttoeinkommens angenommen[145]. Danach hätte ein sozialversicherungspflichtig Beschäftigter im Alter von 50 Jahren mit einem Jahreseinkommen von 60.000 € ein Schonvermögen (neben der selbst genutzten Immobilie) von ca. 188.000 €. Übersteigt das Einkommen des Unterhaltpflichtigen die Beitragsbemessungsgrenze[146], ist von dem nicht sozialversicherungspflichtigen Einkommen 25 % als Schonvermögen zu belassen. Dies führt dazu, dass bei einem Jahreseinkommen von 90.000 € dem 50-Jährigen bereits ein Schonvermögen von ca. 620.000 € zustünde (vgl. Rn. 482 u. 928). In der Regel werden Tilgungsleistungen auf fremd vermietete Immobilien daher noch der Bildung des Schonvermögens zuzurechnen sein.

175   Aber auch, wenn die fremd vermietete Immobilie nicht mehr dem Schonvermögen zugeordnet werden könnte, kommt eine Nichtberücksichtigung der Tilgungsleistungen nur dann in Betracht, wenn eine **Veräußerung der Immobilie** zumutbar wäre. Der Unterhaltpflichtige kann nämlich in der Regel Tilgungsleistungen nicht einfach einstellen, ohne eine Verwertung der Immobilie durch den Kreditgeber befürchten zu müssen. In Betracht gezogen werden muss jedoch, eine Tilgungsaussetzung oder Tilgungsstreckung mit dem Kreditgeber zu vereinbaren. Eine Veräußerung der Immobilie zu erzwingen ist ‚ultima ratio' und oftmals angesichts damit verbundener finanzieller Verluste unzumutbar. Die Rechtsprechung akzeptiert Tilgungsleistungen für fremd vermietete Immobilien i.d.R. nur im Rahmen der Schonvermögensgrenze[147].

5. Wohnvorteil

a) Angemessenheit des Wohnvorteils

176   Während im Unterhaltsrecht üblicherweise Wohnvorteile des Unterhaltpflichtigen, die dieser aus dem **Wohnen in der eigenen Immobilie** erzielt, mit dem **objektiven Wert**[148] berechnet werden[149], also mit dem am Markt erzielbaren Mietzins für die bewohnte Wohnung oder das bewohnte Haus, gilt für den Bereich des Elternunterhaltes, dass der Wohnwertvorteil nur mit dem individuell ersparten Mietzins berechnet wird (**angemesse-**

---

145 BGH v. 30.08.2006 – XII ZR 98/04, FamRZ 2006, 1511.
146 Im Jahr 2010 beträgt diese 66.000 € in den alten und 55.800 € in den neuen Bundesländern.
147 OLG Hamm v. 06.08.2009 – 2 UF 241/08, FamRZ 2010, 303.
148 Das gilt für alle Nutzungsvorteile, Palandt/*Ellenberger,* § 100, Rn. 2; OLG Brandenburg v. 09.12.2008 – 9 UF 116/08, FamRZ 2010, 991.
149 Jedenfalls dann, wenn das Scheitern der Ehe feststeht: BGH v. 05.03.2008 – XII ZR 22/06, FamRZ 2008, 963.

ner **Wohnwert**[150]). Dies ist damit zu begründen, dass sich der Unterhaltspflichtige auf eine Inanspruchnahme auf Elternunterhalt in der Regel nicht einstellen kann. Ähnlich wie im Trennungsfall ist daher der Wohnvorteil nach der individuellen Mietersparnis zu berechnen. Anders als im Trennungsunterhalt existiert jedoch keine zeitliche Befristung für die unter dem objektiven Marktmietwert liegende Zurechnung eines individuellen Mietwertes. Konkret bedeutet das, dass der dem Unterhaltspflichtigen zuzurechnende Wohnwertvorteil, der durch ‚mietfreies Wohnen‘ in der eigenen Immobilie erzielt wird, in angemessener Relation zum Einkommen des Unterhaltspflichtigen bemessen wird.

BGH v. 19.03.2003 – XII ZR 123/00, FamRZ 2003, 1179

LS: Bei der Inanspruchnahme auf Zahlung von Elternunterhalt ist der Wohnwert eines Eigenheims grundsätzlich nicht mit der bei einer Fremdvermietung erzielbaren objektiven Marktmiete, sondern auf der Grundlage des unter den gegebenen Verhältnissen ersparten Mietzinses zu bemessen.

Allerdings bestehen große Unsicherheiten, wie die ‚**Angemessenheit des Wohnvorteils**‘ zu bemessen ist. Teilweise wird deswegen auf die früher geltende ‘Drittelobergrenze’[151] zurückgegriffen. Diese orientierte sich an den Einkommensverhältnissen der Beteiligten[152]. Unterstützt wird dieses Herangehen durch dem Umstand, dass die Kosten des Wohnens in den für den Elternunterhalt geltenden Selbstbehalten mit etwa 30 % ausgewiesen sind[153]. Verwaltungen und Gerichte neigen dazu, diesen Maßstab auch über die Grenze des Sockelselbstbehalts hinaus einfach zu prolongieren und fühlen sich dazu ermuntern, weil der BGH die Gerichte zur Schätzung des angemessenen Wohnvorteils nach § 287 ZPO ermuntert hat.   177

Diese Praxis kann sich nicht auf die Rechtsprechung des BGH berufen. In vielen nachfolgenden Entscheidungen hat dieser klargestellt, dass die Angemessenheit des Wohnvorteils nicht am Familieneinkommen, sondern an der für den Unterhaltspflichtigen (ggfs. und seinen Gatten) **angemesse-**   178

---

150 BGH v. 19.03.2003 – XII ZR 123/00, FamRZ 2003, 1179; BGH v. 20.10.1999 – XII ZR 297/97, FamRZ 2000, 351; FA-FamR/*Gerhardt*, Kap. 6, Rn. 80; Palandt/*Brudermüller*, § 1601, Rdn. 9.
151 Durch Entscheidung des BGH v. 22.04.1998 – XII ZR 161/96, FamRZ 1998, 899 wurde die Drittelobergrenze aufgegeben und durch die Schätzung des angemessenen Wohnwertvorteils nach § 287 ZPO durch das Gericht ersetzt.
152 Wendl/Dose/*Gerhardt*, § 1 Rn. 486.
153 Familiensockelselbstbehalt 2.700 €, Kosten des Wohnens 800 €: 30 %; Singleselbstbehalt 1.500 €, Kosten des Wohnens 450 €: 30 %.

nen Wohnfläche zu bemessen ist, wobei diese mit dem Marktmietpreis der tatsächlich genutzten Wohnung zu multiplizieren ist.

BGH 28.03.2007 – XII ZR 21/05, FamRZ 2007, 879

LS: Während der Trennungszeit ist der Vorteil mietfreien Wohnens nur in dem Umfang zu berücksichtigen, wie er sich als angemessene Wohnungsnutzung durch den in der Ehewohnung verbliebenen Ehegatten darstellt. Dabei ist auf den Mietzins abzustellen, den er auf dem örtlichen Wohnungsmarkt für eine dem ehelichen Lebensstandard entsprechende kleinere Wohnung zahlen müsste (im Anschluss an die Senatsurteile vom 20. Oktober 1999, XII ZR 297/97, FamRZ 2000, 351 und vom 22. April 1998, XII ZR 161/96, FamRZ 1998, 899) (Rn.10).

---

179   Gerade im Elternunterhalt ist die Reduzierung des Wohnvorteils auf den aus einer situationsangemessenen Nutzung der Wohnung zufließenden Vorteil zwingend. Elternunterhalt ist meist in fortgeschrittenem Alter der Kinder zu zahlen. Bewohnen diese eine Immobilie, die früher als ‚Familienheim‘ mit mehreren Kindern genutzt wurde, kann nicht diese Wohnfläche für die Berechnung des Wohnvorteils genutzt werden. Dies würde zu einer fiktiven unterhaltsrechtlichen Liquidität und damit zu einer unterhaltsrechtlichen Überforderung der Kinder führen.

180   Richtig ist es daher, sich im Elternunterhalt bei der Bestimmung des Wohnvorteils am **durchschnittlichen Wohnflächenbedarf** zu orientieren. Dieser beträgt mit geringen regionalen Unterschieden zwischen 40m² und 49m² pro Person[154]. Multipliziert man diesen ‚angemessenen Wohnflächenbedarf‘ mit dem für die konkret genutzte Wohnung geltenden Marktmietzins, wird man nur in gehobenen Wohnverhältnissen zu einem Wohnvorteil gelangen, der die in den Selbstbehalten enthaltenen ‚Kosten des Wohnens‘ übersteigt.

b) Einkommenszurechnung des Wohnvorteils

181   ‚Steine kann man nicht essen‘[155]. Diese banale Erkenntnis ist in der Wohnvorteilsdebatte wichtig. Die Rechtspraxis ordnet den Wohnvorteil als Nutzungsvorteil nach § 100 BGB dem Einkommen zu: „Im Rahmen der Bedarfsbemessung (§§ 1361, 1578 BGB) zählt der Wohnvorteil (= Differenz zwischen Wohnwert und abzugsfähigen Hauskosten) zu den in der Ehe angelegten Einkünften, wenn die Eheleute bis zur Trennung ein eigenes Haus oder eine Eigentumswohnung (Allein- oder Miteigentum) be-

---

154 Statistisches Jahrbuch 2011, S. 293.
155 Im Zusammenhang mit dem Wohnvorteil wird dieser Ausspruch *Helmut Borth* zugeschrieben (Fundstelle unbekannt).

wohnt haben"[156]. Diese Zuordnung ist gerade im Elternunterhalt, in dem es nur um den ‚angemessenen Wohnvorteil' geht, fraglich. Im Elternunterhalt wird nämlich unterhaltsrechtliche Leistungsfähigkeit aus dem ‚Familieneinkommen' auch dann generiert, wenn ein unterhaltspflichtiges Kind nur geringes Bareinkommen erzielt, das deutlich unter dem für das Kind geltenden Selbstbehalt liegt (vgl. Rn. 428 und das Beispiel Rn. 911). Bei guten Einkommensverhältnissen des Schwiegerkindes würde sich rechnerisch auch ganz ohne Einkünfte des Kindes aus dem Wohnvorteil eine unterhaltsrechtliche Leistungsfähigkeit ergeben (Beispiel Rn. 912, 915).

Soweit es um den ‚**objektiven Wohnvorteil**' geht, ist die Zuordnung des Wohnvorteils zu den Einkünften relativ unproblematisch. Wer Kindes- oder Gattenunterhalt zu zahlen hat, hat die Verpflichtung, die ihm zur Verfügung stehenden Einkommens- und Vermögenswerte so optimal wie möglich zu nutzen um den Bedarf der Unterhaltsberechtigten zu decken. Ihn schützt keine Lebensstandardgarantie[157]. Die Zurechnung des Wohnvorteils zum Einkommen ist mithin die Zurechnung fiktiven Einkommens, da der Unterhaltspflichtige die unterhaltsrechtliche Obliegenheit zur bestmöglichen Nutzung seines Vermögens (Immobilie) nicht erfüllt.   **182**

Allerdings ist bei der Bestimmung der **Höhe des objektiven Wohn-vorteils** eine Korrektur der Rechtspraxis vorzunehmen. Wenn der Nutzungsvorteil nach § 100 BGB in der ‚Nutzziehung' liegt, dann ist nicht zu verkennen, dass in der erzielbaren Marktmiete nicht nur Kapitalerträge sondern auch Kapitalverbrauch enthalten ist. Die Rechtsprechung zum Wohnvorteil und zur mangelnden Nichtberücksichtigungsfähigkeit von Abschreibungen auf Immobilien stammt aus einer Zeit, in der eine Immobilie in der Regel keinen Wertverzehr durch Zeitablauf erlitt. Diese Zeiten sind angesichts des tatsächlichen Bevölkerungsschwundes in den meisten Teilen der Bundesrepublik vorbei. Von wenigen Ausnahmen abgesehen (bevorzugte Ballungsräume), sinken die Immobilienpreise tendenziell. Auch bedarf es kontinuierlicher Erhaltungs- und Renovierungsaufwendungen, um den Wertverzehr einer Immobilie aufzuhalten. Soweit also in der Marktmiete Anteile enthalten sind, die den Kapitalverzehr aufhalten oder ihm Rechnung tragen, sind diese Anteile aus der Marktmiete herauszurechnen. Einen Ansatzpunkt für die Höhe des Korrekturbedarfs liefert § 28 der Zweiten Berechnungsverordnung[158]. Danach sind für Wohnungen, deren Erstellungsdatum weniger als 22 Jahre 7,10 €, mindestens 22 Jahre 9 € und mehr als 32 Jahre zurückliegt 11,50 € pro Quadratmeter jährlicher Instandhaltungsabgaben zurückzulegen. Außerdem hat ein Unterhaltsberechtigter   **183**

---

156 Wendl/Dose/*Gerhardt*, § 1, Rn. 535.
157 BGH FamRZ 2002, 1698.
158 Verordnung über wohnungswirtschaftliche Berechnungen nach dem Zweiten Wohnungsbaugesetz (Zweite Berechnungsverordnung – II. BV).

in der Regel keinen Anspruch auf Kapitalverzehr. Insoweit ist die der nutzungsberechtigten Person zufließende Leistung um den Kapitalverzehr zu bereinigen. Wird mithin der Kapitalverzehr durch die Instandhaltungspauschale – wie regelmäßig – nicht aufgefangen, besteht Raum für eine weitere Verminderung des als Wohnvorteil zu berücksichtigenden Nutzungsvorteils. Ob man den Wertverzehr mit den steuerlichen Abschreibungssätzen (nach § 7 Abs. 4 EStG 2 % oder degressiv nach § 7 Abs. 5 EStG) oder nach Schätzwerten bestimmt, ist dabei unerheblich.

184   Bei der Behandlung des ,**angemessenen Wohnvorteils**' im Elternunterhalt besteht jedoch eine entsprechende Obliegenheit zur bestmöglichen Vermögensnutzung nicht. Dies ist die Konsequenz der Lebensstandardgarantie. Ein unterhaltspflichtiges Kind darf ohne weiteres in der selbstgenutzten Immobilie wohnen bleiben, auch wenn diese infolge des Auszugs der Kinder oder einer anderen Lebensplanung vor Entstehen der Elternunterhaltspflicht überdimensioniert ist. Ist aber keine Obliegenheitsverletzung durch Weiterbewohnen der Wohnung gegeben, entfällt auch die Zurechnung fiktiven Einkommens. Das bedeutet indessen nicht, dass ein Wohnvorteil gänzlich außer Betracht bleiben kann.

c) Wohnvorteilsanrechnung im Selbstbehalt

185   Der mit dem Wohnvorteil zusammen hängende Liquiditätsgewinn äußert sich nicht in höherer Kaufkraft, sondern geringeren Ausgaben. Dieser kleine Unterschied scheint in der Wahrnehmung spitzfindig, ist aber dogmatisch zu begründen. Sind die ,Kosten des Wohnens' unvermeidbar höher, als im Selbstbehalt implementiert, wird dem Unterhaltspflichtigen kein ,Einkommen' zugerechnet sondern der Selbstbehalt erhöht (vgl. Rn. 178). Wieso dann bei einem positiven Wohnvorteil das ,Einkommen' erhöht werden soll, ist unerfindlich, wird jedoch von der Rechtspraxis tatsächlich überall so gehandhabt.

186   Reagiert man auf eine Ersparnis an Aufwendungen für das Wohnen mit einer Absenkung des Selbstbehaltes[159] schafft man nicht nur eine einheitliche Struktur des Berechnungs- und Argumentationssystems sondern darüber hinaus auch eine ,gerechtere' Verteilung des Wohnvorteils. Auf der Ebene der Einkommenszurechnung müsste der Wohnvorteil bei Zusammenleben mit einem Gatten oder Partner beiden jeweils zu ½ zugerechnet werden. Diese Form der Zurechnung übersähe indessen, dass beim Zusammenleben mit einem familienunterhaltspflichtigen Partner oder Gatten auch der Wohnbedarf anteilig von den Zusammenlebenden zu finanzieren ist, weil der Wohnbedarf ein Bestandteil des normalen Lebensbedarfs ist. Nichts anderes kann für den Wohnvorteil gelten. Würde man ihn wie Ein-

---

159 Jetzt OLG Düsseldorf v. 21.06.2012 – 9 UF 190/11.

kommen behandeln, anstatt durch eine Korrektur des Familienselbstbehalts die ersparten Aufwendungen unterhaltsrechtlich zu verteilen, käme
es zur völligen Disproportion zwischen Bar- und Naturaleinkommen des
unterhaltspflichtigen Kindes und einer daraus fließenden kuriosen Belastungssituation. Bei kleinen Erwerbseinkünften des Kindes überwöge der
Nutzungsvorteil des Immobilienkapitals im zufließenden Wohnvorteil
möglicherweise das Bareinkommen des Kindes. Auch würde man – wenn
das Kind kein eigenes Einkommen hat – aus dem Wohnvorteil eine Barunterhaltspflicht dem hilfsbedürftigen Elternteil gegenüber errechnen können
(vgl. Rn. 916). Kompensiert man stattdessen den Wohnvorteil durch Absenkung des Selbstbehaltes, werden harmonische und zumutbare Ergebnisse erzielt (vgl. Rn. 917).

Wohnvorteile sind kein Einkommen, aus denen der Lebensunterhalt   187
bestritten werden kann. Sie mindern nur tatsächlich den Lebensbedarf,
weil sie einen Teilbedarf, nämlich den Wohnbedarf abdecken und somit
die Aufwendungen für diesen Lebensbereich reduzieren.

Jenseits dieser Grenze könnte eine Wohnwertanrechnung nicht erfol-   188
gen. Soll nämlich der Unterhaltsanspruch durch eine geringere als in den
Selbstbehalten veranschlagte Miete nicht erhöht werden[160], kann auch
durch komfortables mietfreies Wohnen im eigenen Haus durch eine Wohn-
wertzurechnung die Leistungsfähigkeit nicht erhöht werden. Dies gilt
selbst dann, wenn der Unterhaltspflichtige im Luxus wohnt[161]. Ein Umzug
in eine einfachere Wohnung ist ihm nämlich nicht zuzumuten und von
dem natural zufließenden Wohnwert kann der Pflichtige keinen Unterhalt
zahlen[162].

Tatsächlich begnügen sich daher etliche Sozialhilfeträger damit, dem   189
Unterhaltspflichtigen einen maximalen Wohnwert in Höhe des im Selbstbehalt der Leitlinien der Oberlandesgerichte enthaltenen Mietanteils[163]
zuzurechnen, eine Praxis, gegen die sich die Unterhaltspflichtigen nicht
wehren werden, soweit der tatsächliche Wohnwert höher liegt.

Obgleich somit ein höherer Wohnwert möglich wäre, tendiert die Pra-   190
xis daher dahin, den Wohnwert mit maximal 450 € für einen Alleinstehenden und 800 € für Verheiratete zu bewerten.

---

160 BGH v. 25.06.2003 – XII ZR 63/00, FamRZ 2004, 13.
161 An dieser Stelle ist die Differenzierung zwischen ‚Leben‘ und ‚Wohnen‘ sinnvoll.
162 BGH v. 19.03.2003 – XII ZR 123/00, FamRZ 2003, 1179.
163 Nach Ziff. 21.3.3 der unterhaltsrechtlichen Leitlinien der Oberlandesgerichte (s. www.
     famrz.de) derzeit 450 € für einen Alleinstehende, 800 € für Verheiratete.

6. Kapitaleinkünfte

191   **Kapitaleinkünfte** werden oft dem Einkommen des Unterhaltspflichtigen zugerechnet. Es ist allerdings zunächst stets darauf zu achten, dass die Steuerlast auf die Kapitaleinkünfte konkret berechnet und berücksichtigt wird. Nach § 43a EStG beträgt der insoweit gültige Steuersatz der Kapitalertragssteuer 25 % des Kapitalertrags. Um diesen Wert sind Kapitalerträge vorab zu mindern.

192   Soweit in der Praxis der Sozialämter und auch der Gerichte regelmäßig Kapital- und Zinseinkünfte dem Einkommen des Unterhaltspflichtigen hinzugerechnet werden und dadurch seine unterhaltsrechtliche Leistungsfähigkeit erhöht wird, ist dies vor dem Hintergrund der neueren Rechtsprechung des BGH zum Altersvorsorgeschonvermögen nicht vertretbar (vgl. auch Rn. 266). In seiner Entscheidung vom 30.08.2006[164] hat der BGH ein **pauschaliertes Altersvorsorgeschonvermögen von 5 %** aus dem sozialversicherungspflichtigen und 25 % aus dem nicht sozialversicherungspflichtigen Einkommen[165] des Unterhaltspflichtigen über dessen Erwerbszeit bis zum Ruhestandseintritt, aufgezinst mit 4 % als Altervorsorgeschonvermögen bezeichnet und den Einsatz eines derartigen Vermögens zum Zwecke der Finanzierung des Unterhaltes von bedürftigen Eltern abgelehnt (vgl. Rn. 193). Der BGH begründet diese pauschalierende Berechnung des Altersvorsorgeschonvermögens damit, dass es unlogisch sei, einem Unterhaltspflichtigen einen 5 %igen Altersvorsorgeabzug von seinem Einkommen zuzubilligen, wenn man das so gebildete Vermögen zur Finanzierung des nicht gedeckten Unterhaltsbedarfs eines Elternteils dann wieder abschöpfe. Diese Argumentation lässt sich jedoch auch gegen die Zurechnung von Zins- und Kapitaleinkünften zum unterhaltspflichtigen Einkommen wenden. Es wäre eben unlogisch, dem Unterhaltspflichtigen ein Altersvorsorgeschonvermögen einschließlich der 4 %igen Aufzinsungsergebnisse zu belassen, den Zinsertrag aus diesem Vermögen aber dem unterhaltsrechtlich relevanten Einkommen zuzurechnen. Die Abschöpfung von Einkünften aus Kapitalanlagen, von Zinsen oder sonstigen Erträgen wäre nur dann gerechtfertigt, wenn das Vermögen des Unterhaltspflichtigen die Schonvermögensgrenze übersteigt.

193   Fraglich könnte allein sein, ob die Nichtberücksichtigung der Kapitalbeträge nur dann eingreift, wenn die **Kapitalerträge** in der Vergangenheit **thesauriert** worden sind bzw. aktuell nach unterhaltsrechtlicher In-

---

164 BGH v. 30.08.2006 – XII ZR 98/04, FamRZ 2006, 1511.

165 BGH v. 23.10.2002 – XII ZR 266/99, FamRZ 2003, 860. Die Entscheidung ist zeitlich vor der Entscheidung in der vorherigen Fußnote ergangen und weist 20 % Altersvorsorgerücklagen für nicht sozialversicherungspflichtige Einkünfte aus. Der 5 %ige Zuschlag ist in der Entscheidung in der vorherigen Fußnote begründet.

anspruchnahme thesauriert, also zur weiteren Vorsorgekapitalbildung verwandt werden[166]. Da die Rechtsprechung Vorsorgeaufwendungen unterhaltsrechtlich immer nur dann akzeptiert, wenn sie tatsächlich getätigt werden[167], muss dies auch im Fall des Elternunterhaltes gelten. Allerdings reicht es aus, wenn der Unterhaltspflichtige im Zeitpunkt der Inanspruchnahme auf Elternunterhalt erklärt, zukünftige Kapitalerträge dem Vorsorgekapital zuzuführen (vgl. Rn. 273). Da der BGH keine spezifische Form der Anlage des Altersvorsorgevermögens fordert, sondern jedwede Anlage, ob im Sparbuch[168], auf dem Girokonto, im Sparstrumpf oder einer spezifischen Altersvorsorge[169] zulässt, muss die Erklärung des Unterhaltspflichtigen, künftige Kapitalerträge thesaurieren zu wollen, ausreichen, die Kapitalerträge aus dem unterhaltspflichtigen Einkommen herauszurechnen[170].

BGH v. 30.08.2006 – XII ZR 98/04, FamRZ 2006, 1511 (LS)

… 2. Dem Unterhaltsschuldner steht es grundsätzlich frei, in welcher Weise er neben der gesetzlichen Rentenversicherung Vorsorge für sein Alter trifft. Sichert er den Fortbestand seiner gegenwärtigen Lebensverhältnisse durch Sparvermögen oder ähnliche Kapitalanlagen, muss ihm davon jedenfalls der Betrag verbleiben, der sich aus der Anlage der ihm unterhaltsrechtlich zuzubilligenden zusätzlichen Altersvorsorge (bis zu 5 % des Bruttoeinkommens beim Elternunterhalt) bis zum Renteneintritt ergäbe (Fortführung der Senatsurteile v. 19.02.2003 – XII ZR 67/00 –, FamRZ 2003, 860, und v. 14.01.2004 – XII ZR 149/01 –, FamRZ 2004, 792).

OLG Hamm v. 06.08.2009 – 2 UF 241/08, FamRZ 2010, 303

… **Zinseinkünfte** aus Kapitalvermögen muss sich der Beklagte – entgegen der Ansicht der Klägerin – nicht zurechnen lassen. Nach dem von der Klägerin nicht bestrittenen Sachvortrag hat der Beklagte aus seinem Vermögen von rund 67.000 € in den Jahren 2005 bis 2008 keine Zinseinkünfte erzielt, die ihm für seine Lebensführung zur Verfügung gestanden hätten. Vielmehr sind die Erträgnisse aus dem Guthaben auf dem Tagesgeldkonto und aus den Wertpapieren zum Zwecke der Finanzierung des im zweiten Halbjahr des Jahres 2008 erworbenen Wohnungseigentums in der jeweiligen Anlage verblieben und damit Bestandteil des Vermögensstamms des Beklagten geworden. …

---

7. Schenkungen / Zuwendungen

Schenkungen und **Zuwendungen** Dritter an den Unterhaltspflichtigen beeinflussen dessen Leistungsfähigkeit nur dann, wenn anzunehmen   194

---

166 So z.B. OLG Düsseldorf v. 14.01.2009 – II–8 UF 172/08, FamRZ 2009, 1077.
167 BGH v. 27.05.2009 – XII ZR 111/08, FamRZ 2009, 1207.
168 BGH v. 19.03.2003 – XII ZR 123/00, FamRZ 2003, 1179.
169 BGH v. 11.05.2005 – XII ZR 211/02, FamRZ 2005, 1817.
170 Zweifelnd *Büttner*, FamRZ 2004, 1918.

ist, dass der Zuwendende auch den Unterhaltsberechtigten begünstigen wollte[171]. Diese Grundsätze gelten im gesamten Unterhaltsrecht und stellen daher keine Besonderheit des Elternunterhaltsrechts dar. Da jedoch im Elternunterhalt wiederkehrende Zuwendungen regelmäßig nicht den Zweck verfolgen werden, die Leistungsfähigkeit des Pflichtigen zugunsten der Eltern zu erhöhen, fallen Zuwendungen Dritter stets aus dem Einkommen heraus.

8. Steuererstattungen

195   **Steuererstattungen** werden regelmäßig dem Einkommen zugerechnet. Da die Höhe des unterhaltsrechtlich relevanten Einkommens immer aus dem Einkommen der letzten 12 Monate (bei abhängig Beschäftigten) oder der letzten drei oder fünf Jahre (bei Selbständigen) bestimmt wird (vgl. Rn. 168), ist stets zu prüfen, ob die Steuererstattung auch zukünftig anfällt. Nur wenn davon auszugehen ist, kann sie auch unterhaltsrechtlich berücksichtigt werden.

> **OLG Köln v. 06.06.2002 – 14 WF 27/02, FamRZ 2002, 1729**
>
> … Solange der Bekl. nicht durch Vorlage eines Steuerbescheides oder einer konkreten nachvollziehbaren Steuerberechnung darlegt, dass für das maßgebliche Jahr keine dem Vorjahr entsprechende Steuererstattung anfällt, reicht für die Darlegung des Bedarfs von Kl.-Seite der Hinweis auf die Höhe der Erstattung des Vorjahres regelmäßig aus, denn aufgrund der Begrenzung seines ihm gegen den Unterhaltspflichtigen zustehenden Auskunftsrechts gemäß § 1605 II BGB ist der Unterhaltsberechtigte vielfach zu einer konkreteren Darlegung nicht in der Lage, während der Pflichtige jedenfalls im Besitz aller zur Berechnung erforderlichen Zahlen ist und es in der Hand hat, die Höhe des Erstattungsanspruchs zeitnah durch das Finanzamt feststellen zu lassen. Vorliegend hat der Bekl. zwar darauf hingewiesen, dass die Erstattung wegen Zeiten von Arbeitslosigkeit i. J. 1999 ungewöhnlich hoch war. Wie sich dies aber konkret auf seine Steuerschuld auswirkt, hat er bisher nicht dargelegt. …

196   Die vielfach zu beobachtende Praxis, die Leistungsfähigkeit eines Unterhaltspflichtigen auf der Basis des Jahreseinkommens zu bestimmen und dazu das Bruttojahreseinkommen mit Hilfe eines Steuerberechnungsprogramms in ein Nettojahreseinkommen umzurechnen und zur Ermittlung des Monatseinkommens dieses Nettojahreseinkommen durch 12 zu dividieren und um 1/12 der letztjährigen Steuererstattung zu erhöhen, führt

---

171 LG Amberg v. 20.01.1997 – 12 T 1499/96, FamRZ 1997, 964 m. Anm. *Zieroth;* Wendl/*Dose*, § 1, Rn. 708.

meist zu unrealistisch hohen Nettoeinkünften. Die **Steuererstattungen** eines abhängig Beschäftigten **resultieren** zu einem großen Teil **aus** der **Diskontinuität** seiner Einkünfte. Die starke Progressionsbelastung eines in einem Monat – aus welchen Gründen auch immer – erhöhten Einkommens wird durch die Jahressteuerberechnung im Rahmen der **Jahressteuererveranlagung** egalisiert. Die letzten z. B. 600 € zusätzlichen Einkommens in einem einkommensstarken Monat können ggf. mit dem Spitzensteuersatz im Rahmen des Lohnsteuerabzuges zu besteuern sein. Im Rahmen der Einkommensteuerveranlagung werden diese 600 € auf die 12 Jahresmonate verteilt und können dementsprechend ohne weiteres mit einem deutlich geringeren Steuersatz zu versteuern sein.

Ebenso ist zu beachten, dass Steuererstattungen vielfach ein Resultat nicht eingetragener **steuerlicher Freibeträge** sind. Wird im Rahmen der Errechnung des anrechenbaren Einkommens dieser Freibetrag berücksichtigt, kann er aus der letztjährigen Steuerberechnung nicht anteilig dem anrechenbaren Einkommen zugerechnet werden.

197

Praxistipp: Bei Zurechnung von Steuererstattungen zum anrechenbaren Einkommen des Unterhaltspflichtigen aus der Vergangenheit muss beachtet werden, dass

198

- **Steuerfreibeträge** wie z. B. Entfernungspauschalen nicht doppelt berücksichtigt werden und

- **Steuererstattungen** nicht eingerechnet werden können, wenn zur Bestimmung der Leistungsfähigkeit das Bruttoeinkommen des vorausgegangenen Jahres in einer Jahressteuerberechnung des laufenden Jahres mit den für dieses Jahr geltenden Steuerparametern berechnet wird.

Im Prinzip gilt: Entweder man nutzt den Steuerbescheid des vorausgehenden Jahres zur Berechnung des Nettoeinkommens oder man unterwirft die Bruttoeinkünfte des vorausgehenden Jahres einer fiktiven Steuerberechnung für das laufende Jahr. Eine Mischrechnung führt fast immer zu einer fehlerhaften Einkommensprognose.

199

Die **Verteilung einer Steuererstattung** zwischen dem Unterhaltspflichtigen und seinem Ehegatten kann, je nachdem welche Berechnungsmethode für die Bestimmung der unterhaltsrechtlichen Leistungsfähigkeit im Elternunterhalt zugrunde gelegt wird, von erheblicher Bedeutung sein. Das Bundesverfassungsgericht[172] hat unterhaltsrechtlich den Splittingvorteil der bestehenden Ehe zugeordnet. Will man eine Steuererstattung daher

200

---

172 BVerfG v. 07.10.2003 – 1 BvR 246/93, FamRZ 2003, 1821 m. Anm. *Schürmann*.

zwischen den Ehegatten richtig aufteilen, ist ihre **fiktive Veranlagung nach der Grundtabelle** erforderlich (Steuerklasse I oder die identische Steuerklasse IV) (vgl. auch Rn. 295 ff.). Auf der Basis dieser fiktiven Berechnung ist sodann die Steuerlast zu bestimmen und zu prüfen, in welchem Umfang von den einzelnen Gatten Vorauszahlungen auf diese Steuerlast erbracht wurden. Danach bestimmt sich, ob für den steuerpflichtigen Gatten eine Nachzahlung oder eine Rückzahlung erfolgt[173]. Diese Berechnung ist aufwendig und im Prinzip nur mit einem EDV-Programm zu bewerkstelligen. Die nachfolgende Darstellung des Berechnungsweges ist dem Programm ADVOexpert entnommen[174].

	Ehemann	Ehefrau
Steuerpflichtiges Bruttoeinkommen	60.000,00 €	30.000,00 €
Lohnsteuer, Steuerklasse 4	17.286,00 €	5.807,00 €
Solidaritätszuschlag	950,73 €	319,39 €
Kirchensteuer	0,00 €	0,00 €
Geschuldete Steuersumme	18.236,73 €	6.126,39 €
Gesamtsteuerlast	24.363,12 €	
Vorauszahlung Einkommenssteuer	9.846,00 €	9.102,00 €
Vorauszahlung Solidaritätszuschlag	541,53 €	500,61 €
Quote (18.236,73 € / 24.363,12 € bzw. 6.126, 39 € / 24.363,12 €)	74,85 %	25,15 %
Geleistete Vorauszahlung	10.387,53 €	9.602,61 €

201   Es ist in jedem Fall fehlerhaft, eine **Steuererstattung** oder eine **Steuernachzahlung** einfach unspezifisch dem Familieneinkommen oder, wie von den Sozialhilfeträgern sehr häufig praktiziert, einfach dem Unterhaltspflichtigen oder beiden Gatten zu je ½ oder anteilig nach den Einkommensanteilen am Familieneinkommen zuzurechnen. Da das Schwiegerkind nur vermittels des Familienunterhaltes unterhaltspflichtig wird, führt dies bei Anwendung der von den Sozialhilfeträgern meist verwendeten Berechnungsmethode für die Leistungsfähigkeit zu überhöhten Unterhaltsforderungen.

---

173 BGH v. 31.05.2006 – XII ZR 111/03, FamRZ 2006, 1178 m. Anm. *Wever.*
174 ADVOexpert – Familienrecht – Version 27, Verlag Dr. Otto Schmidt, Köln, Autor *Jörn Hauß.*

Aus anwaltlicher Sicht wird bei Missachtung dieses Steuerzuordnungs-   **202**
fehlers ein Haftungsfall anzunehmen sein, weil unzweifelhaft die Entscheidung des BGH[175] auch auf die Fälle des Elternunterhaltes Anwendung finden muss. Sie gilt genau für den Fall einer Unterhaltsverpflichtung, die
lediglich einen der Gatten trifft.

Die Rechtsprechung[176] hat bereits Korrekturen der **Steuerklassenwahl**   **203**
bei Wahl der ungünstigen Steuerklasse V durch den Unterhaltspflichtigen
vorgenommen und dabei darauf abgestellt, dass der Unterhaltspflichtige
ohne Grund zur Verminderung seiner unterhaltsrechtlichen Leistungsfähigkeit nicht berechtigt ist, die Steuerklassenverteilung V / III zu wählen.
Daraus folgt jedoch nichts hinsichtlich der Steuerklassenwahl IV / IV an-
stelle III / V. Der Unterhaltspflichtige ist m. E. nicht gehalten, den der Ehe
zukommenden Steuerklassenvorteil unterhaltsrechtlich zugunsten seiner
Eltern zu nutzen. Sein gering verdienender Ehepartner muss die ‚schlechte‘
Steuerklasse V nicht hinnehmen, wenn der Familienunterhalt dadurch in
Folge höherer Elternunterhaltszahlungen geschmälert wird[177].

Für die Frage einer Obliegenheitsverletzung im Bereich des Insolvenz-   **204**
rechts hat der BGH ebenfalls bislang nur die Korrektur der Steuerklasse
von V auf IV verlangt:

BGH v. 05.03.2009 – IX ZB 2/07, FamRZ 2009, 871

LS: Wählt der verheiratete Schuldner ohne einen sachlichen Grund die Steuerklasse
V, kann dies einen Verstoß gegen die Erwerbsobliegenheit darstellen.

…

Die von der Rechtsbeschwerde aufgeworfene Frage, ob ein verheirateter Schuldner verpflichtet ist, im Rahmen der Erwerbsobliegenheit auf die Wahl einer ge-
eigneten Steuerklasse zu achten, ist geklärt. Wählt der verheiratete Schuldner ohne
hinreichenden Grund eine für den Gläubiger ungünstige Steuerklasse, so
kann darin ein Verstoß gegen die Erwerbsobliegenheit liegen (Braun/Lang, InsO,
3. Aufl., § 295 Rn. 5; HK-InsO/Landfermann, 5. Aufl. § 295 Rn. 6; FK-InsO/
Ahrens, 5. Aufl. § 295 Rn. 14 c; Graf-Schlicker/Kexel, InsO § 295 Rn. 4; Wenzel in
Kübler/Prütting/Bork, InsO § 295 Rn. 6 im Anschluss an AG Duisburg ZVI 2002,
163, 164). Dies steht in Einklang mit der Ansicht des Senats zu § 4c Nr. 5 InsO.
Danach ist dem Schuldner in Hinblick auf die Verfahrenskostenstundung zuzumuten, in die Steuerklasse IV zu wechseln, um sein liquides Einkommen zu erhöhen,
wenn er ohne einen sachlichen Grund die Steuerklasse V gewählt hat, um seinem
nicht insolventen Ehegatten die Vorteile der Steuerklasse III zukommen zu lassen
(BGH, Beschl. v. 03.07.2008 – IX ZB 65/07, FamRZ 2008, 1845 = NZI 2008,
624, 625 Rn. 5). Nach den Grundsätzen der Individualzwangsvollstreckung ist in

---

175 BGH v. 31.05.2006 – XII ZR 111/03, FamRZ 2006, 1178 m. Anm. *Wever.*
176 BGH v. 14.01.2004 – XII ZR 69/01, FamRZ 2004, 443.
177 So auch *Bißmaier,* FamRZ 2009, 1451.

entsprechender Anwendung von § 850h Abs. 2 ZPO ebenfalls eine missbräuchliche Steuerklassenwahl den Gläubigern gegenüber unbeachtlich (vgl. BGH, Beschl. v. 04.10.2005 – VII ZB 26/05 –, FamRZ 2006, 37 = WM 2005, 2324, 2325; BAG, NJW 2008, 2606, 2608 Rn. 25). Entgegen der Ansicht der Rechtsbeschwerde verstoßen diese Grundsätze auch nicht gegen Art. 6 Abs. 1 GG.

...

205   **Praxistipp:** Jedem Unterhaltspflichtigen kann nur empfohlen werden, die Steuerklassenwahl rechtzeitig vorzunehmen. Die traditionelle Steuerklassenwahl, wonach der Mann (als Mehrverdiener) die Steuerklasse III und die Frau (als Hinzuverdiener) die Steuerklasse V wählt, ist immer dann unterhaltsrechtlich schädlich, wenn der Ehegatte mit dem höheren Nettoeinkommen unterhaltspflichtig wird. Der durch die Wahl der Steuerklasse IV / IV bei Ehegatten verursachte Liquiditätsnachteil ist meist geringer, als von den Ehegatten angenommen. Dieser Liquiditätsnachteil wird auch dadurch ausgeglichen, dass bei der Jahresveranlagung die Versteuerung der Gesamteinkünfte nach der Splittingtabelle erfolgt. Die Verteilung der Steuererstattung erfolgt nach § 270 AO[178]. Die von den Sozialhilfeträgern vorgenommene Verteilung einer Steuererstattung nach Kopfteilen (hälftig) oder nach dem Verhältnis der Brutto- oder Nettoeinkünfte ist falsch und sollte stets beanstandet werden, wenn dadurch dem unterhaltspflichtigen Gatten ein zu hohes Einkommen zugeordnet wird. Egal welcher Berechnungsmethode man folgt, gilt, dass ein Einkommenszuwachs des unterhaltspflichtigen Kindes zu einer stärkeren Steigerung der unterhaltsrechtlichen Leistungsfähigkeit führt, als ein Einkommenszuwachs des Gatten.

206   **Steuererstattungen** erhöhen nur dann das unterhaltsrechtliche Einkommen, wenn die die Steuererstattung auslösenden Umstände auch unterhaltsrechtlich relevant sind. Dies ist z. B. bei **Abschreibungen** meist nicht der Fall. Werden mithin Abschreibungen auf Gebäude oder andere Wirtschaftsgüter unterhaltsrechtlich nicht berücksichtigt und nicht als das anrechenbare Einkommen mindernd in die Berechnung der unterhaltsrechtlichen Leistungsfähigkeit eingestellt, können die aus diesen Abschreibungen resultierenden Steuererstattungen oder steuerlichen Ersparnisse dem unterhaltsrelevante Einkommen nicht hinzugerechnet werden[179]. In

---

178 BGH v. 31.05.2006 – XII ZR 111/03, FamRZ 2006, 1178.
179 Krenzler/Borth/*Caspary/Hauß*, Kap. 6 E Rn. 1535.

diesen Fällen ist eine **fiktive Besteuerung** vorzunehmen, die die (höhere) Steuerlast berechnet, als wären die steuermindernden Sachverhalte nicht berücksichtigt worden[180].

9. Wohngeld

Wohngeld ist unterhaltsrechtlich anrechenbares Einkommen[181], sowohl   207
beim Unterhaltspflichtigen[182] als auch auf Seiten des Unterhaltsberechtigten, der es – für den Fall der Unterbringung in einem Pflegeheim – in Form des **Pflegewohngeldes** (vgl. Rn. 116) erhält. Danach deckt Wohngeld zunächst einen eventuell erhöhten Bedarf des Unterhaltspflichtigen ab und kann lediglich mit dem darüber hinausgehenden Teil dem anrechenbaren Einkommen des Unterhaltspflichtigen beim Elternunterhalt zugerechnet werden[183]. In der Praxis wird Wohngeld als eine Sozialleistung ohnehin nur bei geringen sonstigen Einkünften, einem eher bescheidenen Zuschnitt des Wohnbedarfs gezahlt. Soweit das Wohngeld daher in der Praxis keine Rolle spielt, liegt dies nicht daran, dass damit ein erhöhter Wohnbedarf ausgeglichen wird[184], sondern dass das Einkommen des Unterhaltspflichtigen zu gering ist, um Unterhaltspflichten (insbesondere gegenüber Eltern) zu erfüllen.

BGH v. 19.02.2003 – XII ZR 67/00, FamRZ 2003, 860

… Nach der Rechtsprechung des Senats ist Wohngeld zunächst auf einen erhöhten Wohnkostenbedarf anzurechnen. Dabei wird im Allgemeinen angenommen werden können, dass den Wohngeldempfänger Wohnkosten treffen, die auch unterhaltsrechtlich als erhöht zu bezeichnen sind. Soweit das der Fall ist, dient das Wohngeld dem Ausgleich eines unvermeidbar erhöhten Aufwands mit der Folge, dass der Bedarf des Berechtigten auf das unter den gegebenen wirtschaftlichen Verhältnissen „normale" Maß zurückgeführt wird. Nur mit einem dafür nicht verbrauchten Teilbetrag ist das Wohngeld als Einkommen zu berücksichtigen (Senatsurteile v. 17.03.1982 – IVb ZR 646/80 –, FamRZ 1982, 587, 589 f., und v. 18.04.1984 – IVb ZR 59/82 –, FamRZ 1984, 772, 774). …

---

180 OLG Brandenburg v. 07.10.2003 – 10 UF 183/05, FamRZ 2005, 1020; BGH v. 02.06.2004 – XII ZR 217/01, FamRZ 2004, 1177 m. Anm. *Engels.*
181 BGH v. 19.02.2003 – XII ZR 67/00, FamRZ 2003, 860, 862.
182 Büttner/Niepmann/*Schwamb*, Rn. 647.
183 BGH v. 19.02.2003 – XII ZR 67/00, FamRZ 2003, 860.
184 So aber Kalthoener/Büttner/*Niepmann*, Rn. 647.

10. Taschengeldeinkünfte

208   Auch wenn das unterhaltspflichtige Kind kein eigenes Einkommen erzielt, steht ihm ggf. ein **Taschengeldanspruch** gegen seinen verdienenden Gatten zu. Die Höhe des Taschengeldes beträgt nach der Rechtsprechung ca. 5–7 % des verfügbaren Einkommens[185]. Das Taschengeldeinkommen eines unterhaltspflichtigen Kindes ist nicht nur im Rahmen des Kindesunterhaltes einzusetzen[186], sondern nach h. M. auch beim Elternunterhalt[187]. Da jedoch das Taschengeld zur Befriedigung der persönlichen Bedürfnisse des Taschengeldberechtigten dient, muss es nicht vollständig für den Elternunterhalt eingesetzt werden. Zur Bestimmung der Höhe des für Unterhaltszwecke einzusetzenden Taschengeldes wird auf die konkreten Verhältnisse abzustellen sein. Vielfach wird ein **hälftiger Taschengeldverzehr** zumutbar sein[188]. Ein vollständiger Taschengeldverzehr durch Elternunterhalt erscheint jedenfalls unangemessen und ist bislang von der Rechtsprechung auch nicht angenommen worden. Jedenfalls ist nach der Rechtsprechung aus einem Taschengeldanspruch nur dann Elternunterhalt zu finanzieren, soweit der **angemessene Selbstbehalt des Unterhaltspflichtigen über den Familienunterhalt gewahrt ist** (vgl. Rn. 304 ff.).

BGH v. 15.10.2003 – XII ZR 122/00, FamRZ 2004, 366

… b) Entgegen der Auffassung der Revision ist das Taschengeld eines Ehegatten nach der Rechtsprechung des Senats nicht nur für den Unterhalt minderjähriger Kinder einzusetzen, sondern ebenfalls für den Volljährigenunterhalt (vgl. Senatsurteil v. 11.02.1987, a.a.O., S. 473). Umstände, die dafür sprechen würden, das Taschengeld nicht gleichermaßen im Rahmen der Unterhaltspflicht gegenüber Eltern als unterhaltsrelevantes Einkommen zu behandeln, liegen nach Ansicht des Senats nicht vor. Taschengeld ist grundsätzlich unterhaltspflichtiges Einkommen und deshalb für Unterhaltszwecke einzusetzen, soweit der angemessene oder notwendige Selbstbehalt des Pflichtigen gewahrt bleibt (Kalthoener/Büttner/Niepmann, Die Rechtsprechung zur Höhe des Unterhalts, 8. Aufl., Rn. 723; Günther, a.a.O., § 12 Rn. 98; Heiß/Hußmann, a.a.O., 13. Kap., Rn. 38; Wendl/Pauling, a.a.O., § 2 Rn. 645; Scholz/Stein/Erdrich, a.a.O., Teil J, Rn. 56; Staudinger/Kappe/Engler, BGB, 13. Bearb. 1997, § 1603 Rn. 103, 106; Stollenwerk, Praxishandbuch Unterhaltsrecht, 2. Aufl., Stichwort: Elternunterhalt Anm. 6; vgl. auch OLG Köln, FamRZ 2001, 437 = NJW-RR 2000, 810, 811).

Verfassungsrechtliche Bedenken im Hinblick auf das Grundrecht des nicht unterhaltspflichtigen Ehegatten aus Art. 6 I GG bestehen nach Auffassung des Senats

---

185   BGH v. 21.01.1998 – XII ZR 140/96, FamRZ 1998, 608.
186   BGH v. 19.02.2003 – XII ZR 67/00, FamRZ 2003, 860.
187   BGH v. 15.10.2003 – XII ZR 122/00, FamRZ 2004, 366 m. Anm. *Strohal*, FamRZ 2004, 441 und *Born*, FamRB 2004, 74.
188   BGH v. 15.10.2003 – XII ZR 122/00, FamRZ 2004, 366.

nicht, da dieser ohnehin keinen Einfluss auf die Verwendung des Taschengeldes durch seine Ehefrau hat (vgl. BVerfG, FamRZ 1985, 143, 146).

c) Die Einsatzpflicht besteht allerdings nur insoweit, als das Taschengeld nicht zur Deckung des angemessenen Bedarfs des Unterhaltspflichtigen benötigt wird. Das hat auch das OLG gesehen; es hat den etwa hälftigen Einsatz des Taschengeldbetrages für angemessen gehalten, weil der allgemeine Bedarf der Bekl. aufgrund der sehr guten wirtschaftlichen Verhältnisse gedeckt sei und daher auch ihr – gegenüber dem Mindestbetrag erhöhter – Selbstbehalt nicht berührt werde.

Diese Würdigung ist revisionsrechtlich nicht zu beanstanden. Die Bestimmung des angemessenen Selbstbehalts obliegt dem Tatrichter und kann vom Revisionsgericht nur eingeschränkt darauf überprüft werden, ob sie den anzuwendenden Rechtsgrundsätzen Rechnung trägt und angemessen ist (vgl. Senatsurteile v. 20.03.2002, a.a.O., S. 742, und v. 23.10.2002, a.a.O., S. 1700). Das ist hier der Fall.

Dabei verkennt der Senat nicht, dass die Auffassung vertreten wird, dem Unterhaltspflichtigen sei jedenfalls ein Taschengeld i. H. des Barbetrages nach § 21 III BSHG zu belassen sowie, dass dieser für Sozialhilfeempfänger geltende Satz noch angemessen zu erhöhen sei (vgl. Heiß/Hußmann, a.a.O., Kap. 13, Rn. 38, die als möglichen angemessenen Taschengeldbetrag einen solchen von – zurzeit – 220 € nennen, nämlich den entsprechend dem Verhältnis des erhöhten Selbstbehalts von 1.250 € zum notwendigen Selbstbehalt von 730 € heraufgesetzten Barbetrag nach § 21 III BSHG von – zurzeit – 129 e; ebenso Günther, a.a.O., § 12 Rn. 98; vgl. auch die Empfehlung des 13. DGFT – Arbeitskreis 1 –, Taschengeld des nicht verdienenden unterhaltspflichtigen Ehegatten nur insoweit heranzuziehen, soweit ein Betrag von 400 DM überschritten wird). Das vermag die Beurteilung des OLG jedoch nicht in Frage zu stellen. ...

Die **Taschengeldrechtsprechung** ist unbefriedigend[189]. Kann sie beim   **209**
Minderjährigenunterhalt und beim Volljährigenunterhalt noch gerechtfertigt werden aus der Dringlichkeit des Bedarfs des unterhaltsberechtigten Kindes, die dem taschengeldberechtigten Elternteil abverlangt, einen Taschengeldanspruch gegen seinen Gatten geltend zu machen, versagt diese Argumentation beim Elternunterhalt. In vielen Ehen wird der nicht verdienende Gatte kein Taschengeld ausgewiesenen bekommen. Seinen Bedarf befriedigt er ‚vom gemeinsamen Konto‘, also gewissermaßen aus dem Familienunterhalt. Die Verwendung eines Teils der dafür zur Verfügung stehenden Einkünfte für den familienfremden Zweck des Elternunterhaltes dürfte nicht immer auf ungeteilte Zustimmung des das Einkommen erzielenden Ehegatten stoßen. Dieser könnte der Verwendung der als ‚**Haushaltsgeld**‘ auf das Verfügungskonto fließenden Mittel für den Elternunterhalt widersprechen. Besteht in diesen Fällen tatsächlich eine Obliegenheit des einkommenslosen Ehegatten, den Taschengeldanspruch ggf. klageweise

---

189 Kritisch jetzt auch *Holzwarth/Wagenitz*, in: Höland/Sethe/Notarkammer Sachsen-Anhalt, S. 18.

gegen den Einkommensbezieher geltend zu machen[190]? Im Hinblick auf den vorrangigen Schutz von Ehe und Familie nach Art. 6 GG muss das bezweifelt werden.

210   In der anwaltlichen Praxis lässt sich bei einem dokumentierten Widerspruch des das Einkommen erzielenden Ehegatten gegen die Verwendung des Familieneinkommens zu Unterhaltszwecken ein gewichtiges Argument gegen die Taschengeldheranziehung ableiten. Ebenso wird jedoch das Problem dadurch relativiert, dass nach der Rechtsprechung des BGH in jedem Fall der ‚**angemessene Selbstbehalt**‘ **des unterhaltspflichtigen Kindes gewahrt** sein muss, bevor aus dem Taschengeld Unterhaltsansprüche zu befriedigen sind. Dies bedeutet in der Praxis, dass eine Heranziehung **nur bei guten oder besser noch sehr guten Einkommensverhältnissen** erfolgen kann.

211   Die Rechtsprechung eröffnet jedoch auch noch einen anderen Weg, eine unterhaltsrechtliche Leistungsfähigkeit aus einem gegenüber dem Ehepartner bestehenden Taschengeldanspruch zu generieren. Ein Taschengeldanspruch des Gatten besteht nur dann, wenn dieser kein Einkommen erzielt, aus dem er die Erfüllung seiner höchstpersönlichen Bedürfnisse sicherstellen kann[191]. Im Ergebnis führt dies dazu, dass ein Unterhaltspflichtiger, der z. B. ein Einkommen in Höhe von 400 € erzielt, daraus keinen Unterhalt leisten kann, weil er diesen Betrag als ‚Taschengeld‘ beanspruchen darf, während er dann, wenn er selbst keinen Verdienst, sein Gatte aber z. B. 8.000 € erzielt, gegebenenfalls ½ des ihm zustehenden Taschengeldanspruchs von 400 € (8.000 x 5 %) für Unterhaltszwecke einzusetzen hätte[192]. Dieses Paradoxon lässt sich nur dadurch auflösen, dass man jedem Ehegatten einen **Mindestbetrag** an Einkünften zur freien Verfügung überlässt, aus dem die persönlichen Bedürfnisse wie Kleidung, Hygiene und Teilnahme am sozialen und kulturellen Leben zu befriedigen sind. Ein solcher **Taschengeldmindestbetrag** ist m. E. mit 400 € pro Monat angemessen berechnet. Im Ergebnis bedeutet das, dass einem unterhaltspflichtigen Kind ein Unterhaltsbeitrag zugunsten eines Elternteils erst dann zuzumuten ist, wenn sein Einkommen die Grenze des **Mindesttaschengeldes** übersteigt.

OLG Hamm v. 27.11.2007 – 1 UF 50/07, FamRZ 2008, 1881

LS: Verwendet das gegenüber einem Elternteil unterhaltspflichtige Kind ebenso wie sein Ehegatte sein Einkommen vollständig für den Familienunterhalt, so ist

---

190 Das AG Stuttgart verweigert aus diesem Grund auch die Pfändbarkeit des Taschengeldanspruchs, AG Stuttgart v. 22.06.2009 – 2 M 5279/08, JurBüro 2009, 610.
191 OLG Hamm v. 27.11.2007 – 1 UF 50/07, FamRZ 2008, 1881.
192 Dies gilt für die Berechnung der unterhaltsrechtlichen Leistungsfähigkeit des Kindes nach BGH v. 28.07.2010 – XII ZR 140/07, FamRZ 2010, 1535.

die unterhaltsrechtliche Leistungsfähigkeit des Kindes ausschließlich nach seinem eigenen Einkommen zu beurteilen. Dabei kommt eine Herabsetzung des angemessenen Selbstbehalts unter Berücksichtigung des finanziellen Vorteils aus der gemeinsamen Haushaltsführung mit dem Ehegatten in Betracht. Mangels Bestehens eines Taschengeldanspruchs gegen den Ehegatten ist das Kind nicht verpflichtet, einen Teil seines eigenen Einkommens in Höhe eines fiktiven Taschengeldes ohne Beachtung des angemessenen Selbstbehalts für den Elternunterhalt einzusetzen

...

Zum anderen besteht kein Anspruch auf Zahlung eines Taschengeldes, wenn der Ehegatte über eigene Einkünfte verfügt, die höher als ein etwaiger Taschengeldanspruch sind, da in diesem Fall der Bedarf zunächst aus den Eigeneinkünften zu decken ist (BGH FamRZ 1998, 608). Dementsprechend hat der BGH in der Entscheidung FamRZ 2004, 366 auf den Taschengeldanspruch erst abgestellt, nachdem das vorher vorhandene Erwerbseinkommen der unterhaltspflichtigen Ehefrau vollständig weggefallen war.

...

Gegen die Taschengeldhaftung ist auch einzuwenden, dass dadurch zumindest eine mittelbare Unterhaltspflicht des gut verdienenden Schwiegerkindes eingeführt würde[193].

212

Gravierender sind indessen die Bedenken, die sich aus der unangemessen niedrigen Höhe des dem unterhaltspflichtigen Kind verbleibenden Taschengeldes ergäbe, wenn man tatsächlich 50 % des Taschengeldanspruchs für den Elternunterhalt einsetzen wollte. Einem pflegebedürftigen Elternteil steht nach § 27b Abs. 2 Abs. 2 SGB XII 27 % der Regelbedarfsstufe 1 nach Anlage zu § 28 SGB XII als Taschengeld zu. Dies sind im Jahr 2012 27 % von 374 €, also 100,98 € Taschengeld (**Barbetrag**) für einen im Pflegeheim lebenden, oft dementen und handlungsunfähigen Menschen. Das kein Einkommen erzielende unterhaltpflichtige Kind, das mit einem gut verdienenden Gatten verheiratet ist (Einkommen 8.000 € netto) soll von seinem Taschengeldanspruch (400 €) die Hälfte[194] für Unterhaltszwecke einsetzen, obwohl nach § 1603 BGB die Grenze der Unterhaltspflicht der **angemessene Eigenbedarf** ist. Wenn sozialhilferechtlich einem Unterhaltsbedürftigen ein Barbedarf von gut 100 € als Taschengeld zur Befriedigung der eigenen persönlichen Bedürfnisse anrechnungsfrei zur Verfügung stehen soll, dann erscheint die Taschengeldrechtsprechung auch quantitativ unangemessene Ergebnisse zu produzieren[195]. Sicher ist indessen, dass, auch wenn man unterhaltsrechtliche Leistungsfähigkeit aus einem Taschen-

213

---

193 So auch *Holzwarth/Wagenitz* in: Höland/Sethe/Notarkammer Sachsen-Anhalt, S. 18.
194 OLG Stuttgart v. 22.03.2000 – 15 UF 386/99, OLGR 2000, 254.
195 In diese Richtung argumentiert bereits OLG Köln v. 29.09.1999 – 27 UF 87/99, FamRZ 2001, 437.

geldanspruch bejahen sollte, das Kind bezüglich des Taschengeldes nicht schlechter stehen darf als ein Sozialhilfeempfänger. Angemessen erscheint mindestens ein zur freien Verfügung des Unterhaltspflichtigen stehender Grundbetrag von 300 € (vgl. Rn. 211). Die Höhe dieses Betrages rechtfertigt sich auch aus einem anderen Gesichtspunkt: der Sockelselbstbehalt für ein seinen Eltern gegenüber unterhaltspflichtiges Kind beträgt 1.500 €[196]. Um die Kosten des Wohnens in Höhe von 450 € bereinigt stünden dem seinen Eltern gegenüber unterhaltspflichtigen Kind mithin 1.050 € zur Bestreitung seines Lebensunterhalts zu Verfügung. Dies ist etwa das Dreifache des sozialhilferechtlichen Regelsatzes von 374 € (Anlage zu § 28 SGB XII). Wenn der angemessene Selbstbehalt im Elternunterhalt fast genau in Höhe des Dreifachen des sozialhilferechtlichen des Regelsatzes bestimmt wird, spricht alles dafür, diese Grenze auch beim Taschengeld zu definieren, der nach § 27b Abs. 2 SGB XII in Höhe von 27 % des Regelbetrages definiert wird und somit derzeit 100,98 € beträgt. Letztendlich bedeutet dies, dass man über eine Haftung des unterhaltspflichtigen Kindes aus Taschengeld erst ab einem bereinigten anrechenbaren Einkommen des Schwiegerkindes in Höhe von mehr als 6.000 € sprechen kann. Derartige Einkommenshöhen sind nicht sehr häufig. Übersteigt der Taschengeldanspruch des einkommenslosen Kindes 300 €, ist demnach maximal ½ des 300 € übersteigenden Taschengeldes für Zwecke des Elternunterhalts einzusetzen.

214   Ob man diesen Betrag ‚Taschengeld' oder nicht besser ‚**Grundfreibetrag**' nennen sollte, ist dabei gleichgültig. Dem Begriff Taschengeld haftet etwas kindlich Gönnerhaftes an. Ob es sinnvoll ist, im Erwachsenenunterhaltsrecht mit derartigen Begrifflichkeiten zu operieren, ist Geschmackssache. Noch sinnvoller wäre es indessen, eine unterhaltsrechtliche Leistungsfähigkeit aus Taschengeld im Elternunterhalt nicht zu generieren. Die Akzeptanz bei den Betroffenen ist nicht gegeben[197]. In der Praxis der Sozialhilfeträger ist der Taschengeldanspruch wenig verankert.

11. Einkommen aus überobligatorischer Tätigkeit (BGH v. 13.04.2005 – XII ZR 273/02)[198]

215   Lediglich bei so genannten Einkünften aus überobligatorischen Tätigkeiten sind Differenzierungen zum Deszendentenunterhalt erforderlich. Der Umfang der geschuldeten Obliegenheit ist nämlich abhängig davon, wem gegenüber die zu erfüllende Unterhaltsverpflichtung besteht.

---

196 Unterhaltsrechtliche Leitlinien der OLG Ziff. 23.3.3.
197 AG Stuttgart v. 22.06.2009 – 2 M 5279/08, JurBüro 2009, 610.
198 BGH v. 13.04.2005 – XII ZR 273/02, FamRZ 2005, 1154 m. Anm. *Gerhardt*.

Eine extreme Verschärfung der im Rahmen jeder Obliegenheitsprüfung   **216**
erforderlichen Zumutbarkeitsabwägung besteht im Bereich des Unterhaltsanspruchs minderjähriger Kinder (§ 1603 Abs. 2 Satz 1 BGB). Diesen gegenüber besteht eine gesteigerte **Unterhaltsverpflichtung**, die mit
einer gesteigerten Erwerbsobliegenheit einhergeht. Da Obliegenheiten stets
nur im Rahmen von Treu und Glauben geschuldet sind, ist die unterhaltsrechtliche Rangfolge des Elternunterhaltes und seine schwache Stellung
innerhalb des unterhaltsrechtlichen Systems (vgl. Rn. 14) auch dafür ver-
antwortlich, dass die Erwerbsobliegenheit des unterhaltspflichtigen Kindes sich auf ein Normalmaß reduziert. Selbst wenn man davon ausginge,
dass generell berufstypische Mehrarbeiten (z. B. Gutachtenerstellung bei
Oberärzten und Chefärzten) im Verhältnis zu Unterhaltsansprüchen von
minderjährigen Kindern als nicht überobligatorisch zu werten sind, wären
derartige Einkünfte, die generell eine erhebliche Ausweitung des Arbeitsta-
ges mit sich bringen, im Bereich des Elternunterhaltes als überobligatorisch
anzusehen.

In der grundsätzlichen Entscheidung v. 13.04.2005 hat der BGH[199]   **217**
für den Ehegattenunterhalt entschieden, dass Einkünfte aus überobligatorischer Tätigkeit des unterhaltsberechtigten Gatten dessen Bedarf nicht
beeinflussen, sondern unterhaltsrechtlich keinerlei Rolle – auch nicht im
Wege der Anrechnung auf einen aus überobligatorischer Tätigkeit erzielten
Bedarf – spielen.

Es stellt sich demnach für den Elternunterhalt die Frage, ob **Einkünfte**   **218**
aus überobligatorischer Tätigkeit die Leistungsfähigkeit des Unterhaltspflichtigen für Elternunterhalt beeinflussen. Dies ist zu bejahen. Genau
wie auch sonst im Unterhaltsrecht sind für die Berechnung der Leistungsfähigkeit alle erzielten Einkünfte heranzuziehen[200]. Es ist Sache des Unterhaltsschuldners Umstände darzulegen, aus denen sich etwas anderes
ergibt. Da im Elternunterhalt grundsätzlich nicht von einer gesteigerten
Erwerbsobliegenheit auszugehen ist, ist die Anrechnung der überobligatorischen Tätigkeit stets nach § 242 BGB vorzunehmen, wobei alle Umstände
des Einzelfalls zu berücksichtigen sind[201]. Dabei ist für die erforderliche
Abwägung der wechselseitigen Interessen zu beachten, dass anders als im
Kindes- oder Gattenunterhalt die Höhe des Bedarfs der Eltern nicht durch
die überobligatorischen Einkünfte beeinflusst wird. Die Höhe des Bedarfs
wird durch die Pflegekosten definiert. Deshalb stellt es auch kein Gerech-
tigkeitsproblem dar, diese Einkünfte zur Bestimmung der Leistungsfähigkeit grundsätzlich heranzuziehen. Werden derartige Einkünfte erzielt, sind

---

199 BGH v. 13.04.2005 – XII ZR 273/02, FamRZ 2005, 1154 m. Anm. *Gerhardt.*
200 BGH v. 25.06.2003 – XII ZR 63/00, FamRZ 2004, 186.
201 Vgl. die Darstellung bei Büttner/Niepmann/*Schwamb*, Rn. 823 ff.

sie bei der Berechnung der unterhaltsrechtlichen Leistungsfähigkeit des unterhaltspflichtigen Kindes zu berücksichtigen. Wird die überobligatorische Tätigkeit eingestellt, bleibt dies sanktionslos, da eine Obliegenheit zur Aufrechterhaltung überobligatorischer Tätigkeit nicht besteht.

219　　Anders sollte indessen dann zu entscheiden sein, wenn eine **Erwerbsobliegenheit** nicht mehr besteht, das unterhaltspflichtige Kind jedoch gleichwohl noch einer Erwerbstätigkeit nachgeht. Diese Fälle treten auf, wenn Rentner noch jenseits der Altersgrenze arbeiten. In diesen Fällen halte ich die unterhaltsrechtliche Heranziehung der so erworbenen Einkünfte für unbillig. Sowohl den Unterhaltsberechtigten als auch den Unterhaltspflichtigen trifft in diesem Fall keine Erwerbsobliegenheit mehr. Aus der völlig freiwillig erbrachten Weiterarbeit des unterhaltspflichtigen Kindes kann der unterhaltsberechtigte Elternteil m. E. keinen Vorteil ziehen. Dies gilt umso mehr, wenn es um die anteilige Haftung unterhaltspflichtiger Kinder ihren Eltern gegenüber geht. In deren Verhältnis zueinander können überobligatorische Einkünfte eines gleichrangig haftenden Kindes keine Rolle spielen und sind daher zu eliminieren.

IV. Abzüge vom anrechenbaren Einkommen

220　　Abzüge sind beim Elternunterhalt vom Einkommen im Rahmen des üblichen unterhaltsrechtlichen Niveaus vorzunehmen. Aus diesem Grund wird an dieser Stelle auf die unterhaltsrechtliche Literatur verwiesen. Die nachfolgende Aufstellung enthält insoweit nur Hinweise auf Besonderheiten beim Elternunterhalt.

1. Altersversorgung

221　　Die bisherige Rechtsprechung zum Elternunterhalt hat Altersvorsorge stets in Höhe des Beitrages zur gesetzlichen Rentenversicherung zuzüglich eines zusätzlichen Betrages in Höhe von 5 % als angemessen akzeptiert[202]. Konkret bedeutet dies, dass tatsächlich erbrachte **Versorgungsrückstellungen**

- **bei sozialversicherungspflichtig Beschäftigten** bis zur Beitragsbemessungsgrenze[203] in Höhe von 5 % und darüber hinaus von 5 % zu-

---

202　BGH v. 14.01.2004 – XII ZR 149/01, FamRZ 2004, 792.
203　Im Jahr 2011 liegt diese bei 66.000 € (West) und 57.600 € (Ost) pro Jahr = 5.500 € / 4.650 € pro Monat.

züglich des vollen Beitragssatzes zur gesetzlichen Rentenversicherung und

• **bei nicht sozialversicherungspflichtig Erwerbstätigen** insgesamt 5 % zzgl. des vollen Beitragssatzes zur gesetzlichen Rentenversicherung[204] unterhaltsrechtlich vom anrechenbaren Einkommen des Unterhaltspflichtigen abzuziehen sind. Voraussetzung für diese Altersvorsorge ist jedoch, dass sie tatsächlich erfolgt. Wie sie erfolgt, also auf welche Art und Weise die Altersvorsorgevermögensanlage vorgenommen wird, ist dabei Sache des Unterhaltspflichtigen[205].

In der Entscheidung des BVerfG vom 07.06.2005[206] wird ausgeführt, **222** dass die Unterhaltsverpflichtung des unterhaltspflichtigen Kindes nur so weit geht, als dieses ohne Gefährdung seines angemessenen Unterhaltes den Unterhalt zu gewähren in der Lage ist. Das BVerfG führt an dieser Stelle aus, dass damit auch der angemessene zukünftige Unterhalt, also der Unterhalt im Alter gemeint ist und begründet dies damit, dass der Gesetzgeber angesichts der Schwäche der gesetzlichen Rentenversicherungssysteme die private Altersvorsorge zwar nicht gesetzlich zwingend vorgeschrieben habe. Sie sei aber unter Aspekten der Eigenverantwortlichkeit obligatorisch[207].

a) Fiktive Zurechnung von Altersvorsorgeaufwendungen?

Altersvorsorgeaufwendungen können nur konkret zugerechnet und vom **223** Einkommen des Unterhaltspflichtigen oder seines Gatten vorab abgezogen werden. Eine fiktive Berücksichtigung von Altersvorsorgeaufwendungen würde dem Prinzip widersprechen, dass Eigen- vor Fremdvorsorge geht. Eine fiktive Eigenvorsorge ist aber unterhaltsrechtlich ein Widerspruch in sich und daher nicht zu akzeptieren[208].

b) Gesetzliche Altersversorgung

Bei Unterhaltspflichtigen, die in der gesetzlichen Rentenversicherung **224** versichert sind, sind die Pflichtbeiträge zur gesetzlichen Rentenversicherung ohnehin vom anrechenbaren Einkommen des Unterhaltspflichtigen abzuziehen. Da die Aufwendungen zur gesetzlichen Rentenversicherung durch die Beitragsbemessungsgrenze limitiert werden, wird für Einkünfte jenseits der Beitragsbemessungsgrenzen mindestens ebenfalls Altersvor-

---

204 FA-FamR/*Gerhardt*, 7. A., Kap. 6, Rn. 155 ff.
205 BGH v. 30.08.2006 – XII ZR 98/04 FamRZ 2006, 1511; BGH v. 19.02.2003 – XII ZR 67/00, FamRZ 2003, 860.
206 BVerfG v. 07.06.2005 – 1 BvR 1508/96, FamRZ 2005, 1051.
207 So auch BGH v. 19.02.2003 – XII ZR 67/00, FamRZ 2003, 860.
208 *Büttner*, FamRZ 2004, 1918.

sorge in Höhe des Beitragssatzes zur gesetzlichen Rentenversicherung von derzeit 19,9 % zugelassen[209].

BGH v. 19.02.2003 – XII ZR 67/00, FamRZ 2003, 860

LS: Einem nicht sozialversicherungspflichtig beschäftigten Unterhaltspflichtigen ist bei der Inanspruchnahme auf Elternunterhalt grundsätzlich zuzubilligen, einen Anteil von rund 20 % seines Bruttoeinkommens für seine (primäre) Altersversorgung einzusetzen; dabei steht ihm grundsätzlich frei, in welcher Weise er Vorsorge für sein Alter trifft.

---

225   Die Beitragsbemessungsgrenze beträgt im Jahr 2012 67.200 € pro Jahr (5.600 € / Monat) (Ost: 57.200 € / 4.800 €). Verdient ein Kind aus sozialversicherungspflichtiger Beschäftigung z. B. 77.200 € brutto im Jahr (West), werden bis zur Beitragsbemessungsgrenze Altersvorsorgebeiträge abgezogen. Jenseits der Beitragsbemessungsgrenze können von diesem Kind zusätzliche Versorgungsaufwendungen in Höhe des Beitragssatzes der gesetzlichen Rentenversicherung vorab vom Einkommen abgezogen werden, wenn diese Beträge tatsächlich für eine Altersvorsorge aufgewendet werden. Es bliebe mithin ein Vorsorgepotenzial von 19,9 % aus 10.000 € = 1.990 €.

c) Private Altersvorsorge

226   Im Hinblick auf die Riesterrente und das Altersvermögensgesetz und die Ausführungen des BVerfG in der bereits mehrfach zitierten Entscheidung zur Bedeutung der privaten Altersvorsorge kann der Unterhaltspflichtige über die Beiträge zur gesetzlichen Rentenversicherung hinaus eine weitere monatliche Vorsorge bis zu 5 % des Bruttoeinkommens betreiben. Dies entspricht auch der Rechtsprechung des BGH:

BGH v. 14.01.2004 – XII ZR 149/01, FamRZ 2004, 792

LS: Einem Unterhaltspflichtigen ist bei der Inanspruchnahme auf Elternunterhalt grundsätzlich zuzubilligen, etwa 5 % seines Bruttoeinkommens für eine – über die primäre Altersversicherung hinaus betriebene – zusätzliche Altersvorsorge einzusetzen.

---

227   Bei einem Einkommen von 77.000 € bedeutet dies ein zusätzliches Vorsorgepotenzial von 1.950,20 €, wenn der Betrag tatsächlich für die Altersversorgung angelegt wird.

---

209 BGH v. 29.01.2003 – XII ZR 92/01, FamRZ 2003, 590; OLG München v. 08.03.1999 – 12 UF 1739/98, FamRZ 2000, 26; Wendl/Dose/*Gerhardt*, § 1, Rn. 1033.

d) Was ist ‚angemessenes‘ Alterseinkommen?

Soweit in § 1603 BGB vom angemessenen eigenen Unterhalt die Rede   **228**
ist, steht aufgrund der Entscheidung des BVerfG sowie der bisherigen
Rechtsprechung des BGH fest, dass es sich dabei auch um die **Sicherung
des angemessenen zukünftigen Altersbedarfs** handelt. Es ist daher Angelegenheit des unterhaltspflichtigen erwachsenen Kindes Vorkehrungen
dafür zu treffen, dass es im Alter über ein angemessenes eigenes Einkommen verfügt und seinen Kindern oder der Allgemeinheit durch Unterhaltsbedürftigkeit nicht zur Last fällt. Eine gesetzliche Definition dessen, was
‚**angemessenes Alterseinkommen**‘ ist, fehlt.

Vielfach wird der Begriff der Angemessenheit in Rechtsprechung und   **229**
Literatur so verstanden, dass angemessene Beiträge[210] vom Erwerbseinkommen für den Altersunterhalt zurückgelegt werden und die Angemessenheit
insoweit mit dem Beitragssatz zur gesetzlichen Rentenversicherung zzgl.
eines 5 %igen Zuschlages bestimmt wird. Diese Sichtweise liegt auch der
Rechtsprechung des BGH zu Grunde[211].

Weitergehend ist teilweise vertreten worden, bei abhängig Beschäftig-   **230**
ten führe die gesetzliche Rentenversicherung bereits zu einer angemessenen Altersversorgung[212]. Diese Auffassung ist im Hinblick auf die zuvor
referierte Rechtsprechung des BGH als überholt anzusehen, entbehrt aber
auch sonst der Berechtigung, da selbst wenn man die Renten der gesetzlichen Rentenversicherung und die Beamtenversorgung als eine generell
angemessene Versorgung ansehen würde, es immer auf den Einzelfall –
also die konkrete Erwerbs- und Versorgungsbiografie – ankommt. Brüche
und Lücken in einer Versorgungsbiografie führen immer zu Versorgungs-
verminderungen, die aufzufüllen der Unterhaltsberechtigte regelmäßig
berechtigt sein muss.

Wie auch im sonstigen Unterhaltsrecht muss der Begriff der Angemes-   **231**
senheit der Altersversorgung aus der Intensität des Unterhaltsverhältnisses
heraus bestimmt werden. Was eine angemessene Altersversorgung ist, kann
nicht nach einheitlichen Maßstäben entschieden werden.

Jedenfalls aber kann der Begriff der **Angemessenheit des Altersein-**   **232**
kommens vom ‚unteren Ende‘ eindeutig negativ definiert werden. Ein ‚angemessenes Alterseinkommen‘ liegt nicht vor, wenn das unterhaltspflichtige
Kind selbst über so geringes Alterseinkommen verfügt, dass ein sozialhilfe-
freies Leben im Alter nicht möglich ist (vgl. Rn. 234 ff.).

---

210 FA-FamR/*Gerhardt*, Kap. 6, Rn. 155; Wendl/Dose/*Gerhardt,* § 1, Rn. 1034.
211 BGH v. 14.01.2004 – XII ZR 149/01, FamRZ 2004, 792.
212 AG Detmold v. 12.03.2002 – 16 F 373/01, FamRZ 2003, 472.

e) Von der Beitragsangemessenheit zur Ergebnisangemessenheit

233   Für die Prüfung der Angemessenheit künftigen Alterseinkommens des unterhaltspflichtigen Kindes kann im Bereich des Elternunterhaltes nicht ausschließlich auf die **Höhe der Beiträge zur Altersvorsorge** abgestellt werden. Die Angemessenheit eines Alterseinkommens bemisst sich nicht nach den gegenwärtigen vorkehrenden Beiträgen zur Ansparung einer Altersversorgung, sondern bemisst sich an der Höhe der zu erwartenden tatsächlichen Altersversorgung[213]. Die Bestimmung dieser Höhe ist nie sicher vorzunehmen, da heute nicht absehbar ist, welches Kapital in Zukunft erforderlich sein wird, um eine bestimmte Rendite und Altersversorgung zu ermöglichen. Für die Frage der Angemessenheit der Altersversorgung ist daher auf keinen Fall ausschließlich auf die Beiträge zur Versorgung, sondern auf die zu erwartende Höhe der Altersversorgung abzustellen.

(1) Sozialhilfeniveau als unterste Auffangebene

234   Nimmt eine Partei Prozesskostenhilfe in Anspruch, hat die Rechtsprechung die Angemessenheit der Altersversorgung an sozialhilferechtlichen Maßstäben orientiert:

> **OLG Karlsruhe v. 27.06.2003 – 16 WF 76/03, FamRZ 2004, 1122**
>
> LS: Die angemessene Altersversorgung einer um Prozesskostenhilfe nachsuchenden Partei ist dann gefährdet, wenn eine unter Einbeziehung des für die Prozesskosten zu verwendenden Kapitals von der Sozialhilfe unabhängige Altersversorgung existiert und die anderweitige Verwendung dieses Kapitals ursächlich dazu führt, dass die Partei in Zukunft ihre Altersversorgung zumindest teilweise auch durch die Inanspruchnahme von ergänzender Hilfe zum Lebensunterhalt wird bestreiten müssen.

235   Die Bestimmung des Sozialhilfeniveaus als Angemessenheitsgrenze ist in diesen Fällen dadurch begründet, dass die Partei schließlich über die Prozesskostenhilfe selbst Sozialleistungen in Anspruch nimmt. Insoweit ist es konsequent, die Angemessenheit der Altersversorgung einer um Prozesskostenhilfe nachsuchenden Partei auch nach sozialhilferechtlichen Kriterien zu beurteilen.

236   Für den Elternunterhalt kann das nicht gelten. **Das Sozialhilfeniveau markiert vielmehr die unterste Grenze einer notwendigen Altersvorsorge**, die selbst dann noch gesichert sein muss, wenn zur Finanzierung privater Rechtsstreitigkeiten öffentliche Hilfe in Form von Prozesskostenhilfe in Anspruch genommen werden muss. Im Bereich des Elternunterhaltes hat

---

213 Göppinger/Wax/*Strohal*, Rn. 671.

daher die Grenze der Angemessenheit einer Altersvorsorge deutlich oberhalb dieses Betrages zu liegen.

(2) Angemessenheitsmaßstab des § 851c ZPO

Der Gesetzgeber hat im Jahr 2007 mit Einführung des § 851c ZPO   **237**
(Pfändungsschutz bei Altersrenten)[214] einen weiteren Anhaltspunkt für die
Höhe einer ‚angemessenen Altersversorgung‘ gegeben. § 851c ZPO stellt
Vermögen eines Schuldners, das in einer ausschließlich eine Altersrente gewährenden privaten Altersversorgung angelegt ist, pfändungsfrei. Lediglich
die aus dem Vermögen fließenden Rentenbeträge unterliegen danach der
für Arbeitseinkommen geltenden Pfändungsregelung. Danach erachtet der
Gesetzgeber mithin die **Pfändungsfreigrenzen als schützenswert.** Sofern
der Unterhaltsschuldner einem den Eltern vorgehenden Gatten gegenüber
unterhaltpflichtig ist, bedeutet dies, dass die unterste Grenze des angemessenen Alterseinkommens die **Pfändungsfreigrenze** des familienunter-
haltpflichtigen Schuldners darstellt.

Dabei ist darauf hinzuweisen, dass der Unterhaltspflichtige die Höhe   **238**
seiner zu erwartenden Altersversorgung gegebenenfalls durch Vorlage der
Rentenauskunft des Versorgungsträgers darzulegen hat. Da aus den Ren-
tenauskünften sich auch die im Versorgungsfall für den Versicherten ergebende Versorgung ergibt, ist eine gesicherte Prognose der zukünftigen Alterseinkünfte des Unterhaltspflichtigen möglich. Überschreitet danach das
Alterseinkommen des Unterhaltspflichtigen nicht die Pfändungsfreigrenze,
liegt ein angemessenes Alterseinkommen nicht vor. Da die Pfändungsfreigrenze oberhalb des Sozialhilfeniveaus liegt, steht damit fest, dass als
unterste Grenze eines angemessenen Alterseinkommens das Sozialhilfeniveau nicht gelten kann. Zu beachten ist indessen, dass eine Versteuerung
von Einkünften unterhalb der Pfändungsfreigrenze auch zukünftig nicht
in Betracht kommt. Krankenversicherungsbeiträge müssen jedoch gegebenenfalls dem Renteneinkommen hinzugerechnet werden.

Weder die Pfändungsfreigrenze noch die Sozialhilfesätze markieren in-   **239**
dessen die Grenze eines angemessenen Alterseinkommens. Die Sozialhilfe
markiert die Grenze zum Existenzminimum, die geringfügig oberhalb der
Sozialhilfe rangierenden Sätze der Pfändungsfreigrenze dienen einem ausgewogenen Ausgleich zwischen Gläubigern und Schuldner, der jedoch dadurch
gekennzeichnet ist, dass die Verbindlichkeiten bereits begründet worden
sind. Im Unterhaltsrecht dient die Bestimmung der Leistungsfähigkeit eines
Unterhaltsschuldners aber der Begründung von (unterhaltsrechtlichen) Verbindlichkeiten. Die unterhaltsrechtliche Leistungsfähigkeit ist daher von der

---

214 Gesetz v. 26.03.2007, BGBl I S. 368. Vergleiche zur familienrechtlichen Problematik
Hauß, FamRB 2007, 147; *ders.,* FPR 2007, 190; *Kogel,* FamRZ 2007, 870 ff.

vollstreckungsrechtlichen Leistungsfähigkeit strikt zu abzugrenzen. Die vollstreckungsrechtliche Leistungsfähigkeit ist weit strenger zu beurteilen, als die
unterhaltsrechtliche Leistungsfähigkeit. Dies wird auf der Basis der Leitlinien der OLG zum Unterhaltsrecht deutlich. Diese sehen in Ziff. 21.3.3 erst
ab einem 1.500 € übersteigenden anrechenbaren Einkommen des unterhaltspflichtigen Kindes eine unterhaltsrechtliche Leistungsfähigkeit gegenüber
einem Elternteil gegeben. Pfändungsrechtlich könnte bei einem Einkommen
von 1.500 € bereits ein Betrag von 290 € herangezogen werden.

(3) Leitlinienselbstbehalt als Angemessenheitsgrenze

240   Die Leitlinien der OLG haben dem unterhaltspflichtigen Kind einen
Selbstbehalt in Höhe von 1.500 € zzgl. ½ des darüber hinausgehenden Einkommens zugebilligt. Diese Grenze ist auch die untere Grenze der Angemessenheit des eigenen Alterseinkommens. In den Leitlinien der OLG wird
nicht differenziert, ob das Einkommen des Unterhaltspflichtigen im Elternunterhalt aus Erwerbstätigkeit oder anderen Quellen stammt. **Demnach
liegt ein angemessenes Alterseinkommen erst dann vor, wenn dieses
die in den Leitlinien für den Elternunterhalt festgesetzte Mindest-
grenze von 1.500 € erreicht.**

241   Dies bedeutet aber gleichzeitig, dass der statistische Durchschnittsver-
diener, der also 40 Jahre lang immer das Durchschnittseinkommen erzielt
hat, im Verhältnis zu seinen Eltern über kein angemessenes Alterseinkommen verfügen wird. Ihm wird nur eine Rente von 1.122 € (40 x 28,07 €)
gezahlt. Er hätte mithin einen **zusätzlichen Versorgungsbedarf** von ca.
377,20 € pro Monat.

242   Nimmt man die im Elternunterhalt geltenden Selbstbehalte aus den
Leitlinien der Oberlandesgerichte daher ernst, ergibt sich auch die Dimension eines für Ehepaare geltenden angemessenen Alterseinkommens. Dieses
ist die Summe aus dem Selbstbehalt des unterhaltspflichtigen Kindes und
dem Selbstbehalt des mit ihm zusammenlebenden Ehegatten.

243   Danach ergäbe sich derzeit das Niveau einer **angemessenen Altersversorgung** wie folgt:

Unterhaltspflichtiger (Leitlinien Nr. 21.3.2)	1.500,00 €
Gatte d. Unterhaltspflichtigen (Leitlinien Nr. 22.3)	1.200,00 €
Gesamtnettoversorgung	2.700,00 €

244   Es muss betont werden, dass es sich bei diesen Beträgen um Nettobe-
träge handelt. Falls insbesondere zusätzliche **Kranken- und Pflegeversiche-
rungsbeiträge** anfallen, sind diese zusätzlich zu berücksichtigen. Der Systematik der bisherigen Rechtsprechung zum Elternunterhalt folgend, wären
auch **Kreditverbindlichkeiten**, soweit diese noch im Versorgungszeitpunkt
zu bedienen sind, einkommenserhöhend zu berücksichtigen (vgl. Rn. 344).

Besonders zu beachten ist in diesem Zusammenhang die **Steuerlast auf** 245
Renten- und Versorgungsleistungen. Durch das Alterseinkünftegesetz
werden Versorgungsleistungen aus den gesetzlichen Rentenversicherungen
ab dem Jahr 2005 beginnend mit 50 % einkommensteuerpflichtig. Der
steuerpflichtige Anteil der Rentenleistungen wird dann jährlich um 2 %
erhöht, bis schließlich im Jahr 2030 die gesamten Rentenleistungen zu versteuern sind. Diesem Umstand ist auch im Zusammenhang mit der hier interessierenden Angemessenheitsprüfung Rechnung zu tragen. Derzeit wäre
eine Rente in Höhe des im Elternunterhalt maßgeblichen Nettoselbstbehal-
tes noch steuerfrei. Legt man die heutigen steuerlichen Parameter zugrunde,
setzte in etwa ab dem Jahr 2018 eine zunächst nur geringe Steuerpflicht ein,
wenn dann 76 % der Rentenbezüge zu versteuern wären. Die heutige Generation der auf Elternunterhalt in Anspruch Genommenen muss sich daher
darauf einstellen, dass auch Versorgungsleistungen im Umfang der derzeit
geltenden Selbstbehaltssätze steuerpflichtig werden. Allein dadurch wird
der Altersvorsorgebedarf nochmals angehoben.

Angesichts der Tatsache, dass die derzeitigen Selbstbehaltssätze im El- 246
ternunterhalt richtigerweise nicht zwischen Erwerbstätigkeit und Nichter-
werbstätigkeit des Unterhaltspflichtigen differenzieren, ist das durch diese
Selbstbehaltssätze definierte Versorgungsniveau als gesicherte Bastion einer
angemessenen Altersversorgung zu bezeichnen. **Erreicht die tatsächliche**
oder voraussichtliche Altersversorgung eines unterhaltspflichtigen
Kindes nicht das Nettoniveau der derzeit geltenden Selbstbehaltssätze,
wird es nicht zweifelhaft sein können, dass ein unterhaltspflichtiges
Kind zusätzliche Altersversorgungsrücklagen tatsächlich bilden kann,
um die eigene Altersversorgung auf das durch die Selbstbehaltssätze
der unterhaltsrechtlichen Leitlinien skizzierte Niveau zu heben.

(4) Beamtenversorgung als Angemessenheitsmaßstab

Ob jedoch die statische Festlegung des Angemessenheitsmaßstabs für 247
die Altersversorgung zutreffend ist (vgl. Rn. 240 ff.), erscheint fragwürdig. Das Gesetz gibt ausreichend Hinweise, was der Gesetzgeber als eine
angemessene Altersversorgung betrachtet. Bis zur Reduzierung der Be-
amtenpension (allein aus fiskalischen Gründen) galt ein Einkommenssatz
von 75 % des letzten Einkommens des Rentners bzw. Ruheständlers als
angemessen[215]. An dieser Angemessenheitsgrenze von 75 % des letzten
Einkommens hat sich auch durch die Reduktion des Versorgungshöchst-
satzes in der Beamtenversorgung auf 71,75 % oder die Verminderung der
Rentenleistungen aus der gesetzlichen Rentenversicherung nichts geändert.
Vielmehr hat der Gesetzgeber durch entsprechende Fördermaßnahmen si-

---

215 *Göppinger/Wax/Strohal*, Rn. 669.

chergestellt, dass der Ruhegeldbezug von den Bürgern durch private Vorkehrungsmaßnahmen auf dieses Niveau angehoben werden kann (Riesterrente und Alterseinkünftegesetz). Damit hat der Gesetzgeber selbst deutlich gemacht, dass ein angemessenes Alterseinkommen dann gegeben ist, wenn **75 % des letzten Gehaltes** im Alter bezogen worden sind. Soweit demgegenüber auf die monatlichen Versorgungsbeiträge abgestellt wird[216], ist dies eine Sichtweise, die insbesondere den in der Entscheidung des BVerfG vom 07.06.2005[217] geäußerten Versorgungsaspekten nicht genügt.

Büttner, FamRZ 2004, 1918

… Vielfach wird gesagt: Angemessen ist die Altersversorgung, die den ehelichen Lebensverhältnissen entspricht. Danach kommt es – soweit die ehelichen Lebensverhältnisse maßgebend sind – auf die in der Ehe übliche Praxis der Rücklagen für die Altersversorgung an. Wenn aber wegen der Änderungen in der Altersstruktur der Bevölkerung eine Änderung des Vorsorgeverhaltens geboten ist, muss dies auch dann möglich sein, wenn bisher die Rücklagen für das Alter nicht ausreichend waren. Umgekehrt ist anerkannt, dass eine zu großzügige Vorsorge jedenfalls bei steigendem Bedarf der Berechtigten zurückzufahren ist (BGH, FamRZ 1992, 1045, 1048). Insgesamt ergibt sich daher, dass der Umfang der Altersvorsorge nur dann „angemessen" ist, wenn er den heute üblichen Umfang hat, also der gesetzliche Vorsorge zuzüglich (ab 2008) 4 % privater Vorsorge (vgl. auch BGH, FamRZ 2003, 1179, m. Anm. Klinkhammer (ergänzende Altersvorsorge wohl abzugsfähig); anders AmtsG Blomberg, FamRZ 2004, 1598, das von Schließung der Versorgungslücke bis zur Höhe des aktiven Nettoeinkommen ausgeht). Da die Rentenversicherungsbeiträge 19,5 % betragen, dürfte ein Gesamtbetrag von 20 % auch in den Fällen, in denen das Einkommen über der Beitragsbemessungsgrenze liegt, zu niedrig sein, wenn anderweitige Vorsorge für das Alter (z. B. Immobilien) nicht getroffen wurde (anders OLG München, FamRZ 2000, 26 [LS.], und Wendl/Gerhardt, Das Unterhaltsrecht in der familienrichterlichen Praxis, 6 Aufl., § 1 Rn. 597a, der auch in diesen Fällen nur 20 % des Bruttoeinkommens für die Gesamtversorgung im Alter berücksichtigen will, in Rn. 597b aber einen großzügigeren Maßstab fordert). Es fragt sich, ob im Unterhaltsrecht nicht mit einem festen Betrag der zusätzlichen privaten Alterssicherung gerechnet werden muss, um Komplizierungen zu vermeiden. Es wird daher vorgeschlagen, in allen Unterhaltsrechtsverhältnissen insgesamt (also gesetzliche zuzüglich der privaten Vorsorge) einen Vorsorgebedarf von 22 % des sozialversicherungspflichtigen Einkommens als eheangemessen anzusehen, gegenüber dem Elternunterhalt aus den Gründen des BGH (BGH, FamRZ 2004, 792, m. Anm. Borth) jedoch insgesamt 27 %. Dieser Betrag liegt etwas höher als der vom BGH angenommene Betrag von 25 % – Ausgangspunkt der BGH-Berechnung war jedoch ein sonst bestehender Vorsorgebedarf von ca. 20 %. Diese Werte sollten auch maßgebend sein, wenn es nicht auf die ehelichen Lebensverhältnisse, sondern auf die Lebensstellung ankommt, denn in beiden Fällen ist der geänderte Vorsorgebedarf für die Zukunft zu beachten. …

216　Vgl. *Büttner*, FamRZ 2004, 1918.
217　BVerfG v. 07.06.2005 – 1 BvR 1508/96, FamRZ 2005, 1051.

In der Rechtsprechung und Literatur ist bislang auf die **Angemessen-** 248
heit der Aufwendungen des Unterhaltspflichtigen zu seiner Altersversorgung aus der **Angemessenheit der Beiträge zur Altersversorgung** im
Verhältnis zum Einkommen des Unterhaltspflichtigen geschlossen worden.
Orientierte sich die Höhe der monatlichen Aufwendungen an der Höhe der
Beiträge zur gesetzlichen Rentenversicherung wurde eine Angemessenheit
der Altersversorgungsrücklage unterstellt.

Der **Blick auf die Beiträge** zur Altersversorgung ist jedoch heute nur 249
noch bei selten anzutreffenden verstetigten Vorsorgebiografien berechtigt
und ausreichend. Solch verstetigte Vorsorgebiografien sind dann gegeben,
wenn ein Unterhaltspflichtiger eine bruchlose Altersvorsorgebiografie aufweist. Zeiten der Arbeitslosigkeit, einer länger als drei Jahre dauernden
Ausbildung und länger als drei Jahre andauernde Kindererziehungszeiten
je Kind, in denen keine Beiträge in Altersvorsorgesysteme geleistet wurden,
sowie Zeiten selbständiger Tätigkeit, in denen Altersvorsorgebeiträge nicht
oder unzureichend erbracht wurden, sind Störfaktoren einer Versorgungsbiografie. Derartige Zeiten führen i.d.R. zu Versorgungsverlusten und im
Ergebnis zu einer späteren Altersversorgung, die bezogen auf das letzte
Einkommen vor dem Ruhestand nur als unangemessen niedrig bezeichnet
werden kann.

Hauptstörfaktor einer angemessenen Altersversorgung ist der 250
Versorgungsausgleich. Durch ihn werden teilweise erhebliche Lücken
in die Altersversorgung gerissen. Im Versorgungsausgleich findet ein Ver-
sorgungstransfer zu Gunsten des weniger gut versorgten Gatten statt. Im
schlimmsten (heute anachronistischen) Fall einer rein kinderlosen Hausfrauenehe halbiert sich die Altersversorgung des verdienenden Gatten. Elternunterhalt wird meist erst dann geltend gemacht, wenn das unterhaltspflichtige Kind einen großen Teil seines Erwerbslebens bereits hinter sich
und in der Regel den Hauptteil der Altersversorgung bereits aufgebaut
hat. Die Durchführung des Versorgungsausgleichs führt insbesondere bei
langer Ehedauer sehr oft zu völlig unangemessen niedrigen Versorgungen.
Verwehrte man in diesen Fällen einem Pflichtigen die Auffüllung einer
durch den Versorgungsausgleich gerissenen Versorgungslücke, würde dies
konsequent zu späterer Altersarmut des unterhaltpflichtigen Kindes führen. **Die Auffüllung einer durch den Versorgungsausgleich entstan-**
denen Versorgungslücke geschieht daher i.d.R. selbst dann mit ange-
messenen Beiträgen, wenn diese im Verhältnis zum Einkommen des
unterhaltspflichtigen Kindes unverhältnismäßig hoch sind, also die
25 %-Grenze übersteigen.

Die Stringenz dieser Überlegung kann auch folgendermaßen unter- 251
mauert werden: würden Gatten im Rahmen eines Scheidungsverfahrens

eine Vereinbarung zum Versorgungsausgleich nach §§ 6 ff. VersAusglG schließen, wonach sich der im Versorgungsausgleich ausgleichspflichtige Gatte verpflichtet, dem ausgleichsberechtigten Gatten zur Vermeidung des Versorgungsausgleichs eine private Rentenversicherung zu finanzieren, deren Höhe im Versorgungsfall der Höhe der im Versorgungsausgleich zu übertragenden Versorgung entspricht, wären die monatlich zu entrichtenden Beiträge fraglos gegenüber dem Elternunterhalt vorrangig und vom anrechenbaren Einkommen des unterhaltspflichtigen Kindes vorab abzuziehen. In einem solchen Fall würde das unterhaltspflichtige Kind seine eigene Versorgung ungeschmälert erhalten und den Aufbau einer angemessenen Versorgung seines Gatten zu Lasten des Elternunterhaltes finanzieren können. Diese Situation ist aber wirtschaftlich identisch mit der Vorfinanzierung einer angemessenen Versorgung für den Ehegatten im Versorgungsausgleich und der nachträglichen Auffüllung der dadurch gerissenen Versorgungslücke durch das unterhaltspflichtige Kind.

252   Diese Überlegung eröffnet auch den Zugang zur Frage, ob nicht neben der angemessenen Altersversorgung des unterhaltspflichtigen Kindes nicht auch der angemessene Altersversorgungsanspruch des Gatten des Kindes zu sichern ist. Dies dürfte unstreitig sein, wenn der Unterhaltspflichtige von seinem Gatten getrennt lebt und ein Scheidungsverfahren anhängig ist. In diesem Fall schuldet das unterhaltspflichtige Kind neben dem Elementarunterhalt auch Vorsorgeunterhalt, der nach der Bremer Tabelle berechnet wird. Dieser Unterhaltsanspruch des Gatten besteht auch im Fall der Scheidung. Daraus folgt, dass, stellt man ausschließlich auf die Angemessenheit der Beiträge zur Versorgung ab, ohne das Volumen der Altersversorgung zu fokussieren, die Trennung der Ehegatten und ggf. ihre Scheidung dazu führen würde, dass deutlich höhere Versorgungsrückstellungen von laufenden Einkünften erfolgen können als bei Aufrechterhaltung der Ehe. Dies allerdings wäre unter dem Gesichtspunkt des Art. 6 GG problematisch.

(5) Definition der Höhe einer ‚angemessenen' Altersversorgung

253   Unter diesen Vorgaben würde sich die Höhe einer ‚angemessenen' Altersversorgung im Elternunterhalt wie folgt definieren lassen: ein angemessenes Alterseinkommen des Unterhaltspflichtigen und des mit ihm zusammen lebenden Gatten liegt vor, wenn dieses einschließlich alles Nebeneinkünfte und geldwerter Vorteile 75 % des letzten Einkommens (Familieneinkommens) beträgt, wobei die Basis von der aus die Angemessenheit berechnet wird, nicht nur das Erwerbseinkommen, sondern alle Einkünfte einschließlich geldwerter Vorteile darstellt. Die Höhe einer im Rahmen des Elternunterhaltes zu bestimmenden angemessenen Altersversorgung beträgt jedoch **mindestens die Höhe der angemessenen Selbstbehalte.**

Um dies an einem Beispiel zu erläutern: 254

	Mann	Frau
Erwerbseinkommen (brutto)	1.850,00 €	5.700,00 €
Wohnvorteil	350,00 €	350,00 €
Gesamteinkommen	2.200,00 €	6.050,00 €
Familieneinkommen	8.250,00 €	
angemessenes Alterseinkommen: 75 %	6.187,50 €	
daraufanzurechnen:		
./. Rente	– 734,40 €	– 2.355,00 €
./. Betriebsrente	– 125,00 €	– 488,00 €
./. Riesterrente	– 55,00 €	– 123,00 €
Wohnvorteil	– 350,00 €	– 350,00 €
Summen	– 1.264,40 €	– 3.316,00 €
Summe anzurechnen:	– 4.580,40 €	
Versorgungslücke:	**1.607,10 €**	

Deutlich wird an diesem Beispiel, dass auch der Wohnvorteil als ‚geld- 255
werter Nutzungsvorteil' in die Altersversorgungsbilanz einzubeziehen ist.

(6) Private Altersvorsorge zur Abdeckung einer Versorgungslücke im Alter

Bei der Bildung von Versorgungsrücklagen wird im Zusammenhang 256
mit dem Elternunterhalt abzustellen sein auf das zu erreichende Versorgungsniveau. Nahezu alle modernen Erwerbsbiografien weisen Lücken auf.
Als **Versorgungslücken** reißende Lebensphasen kommen in Betracht:

• Zeiten der **Kindererziehung** (über drei Jahre hinaus);

• Zeiten der **Arbeitslosigkeit** oder Krankheit;

• Zeiten der **Zurückstellung** der eigenen **Erwerbskarriere** aus familiären Gründen;

• Zeiten schlechter oder verminderter Verdienstmöglichkeiten;

• **Versorgungsverluste** durch Scheidung (Versorgungsausgleich);

• **Versorgungsverluste** durch wirtschaftliche Ereignisse (Aktienentwer-
tung etc.).

Da gerade in jungen Familien oft nicht die Liquidität besteht, zusätzli- 257
che Mittel für die Altersversorgung einzusetzen, besteht bei älteren noch im
Erwerbsleben stehenden Menschen die Möglichkeit und auch die Bereit-

schaft, höhere Aufwendungen zur Bildung angemessener Alterseinkünfte zu betreiben. Selbst wenn jedoch keine Familie zu alimentieren war, ist die Lebensplanung auch eines unterhaltspflichtigen Kindes nicht gesetzlich oder rechtlich zu patronieren. Wer als junger Mensch gerne reist, um später im Alter Altersvorsorgerückstellung zu bilden, mag dies tun. Dies ist die Verwirklichung seines Lebensentwurfes (Art. 2 Abs. 1 GG), den er auch mit Rücksicht auf die Gefahr, auf Elternunterhalt in Anspruch genommen zu werden, nicht ändern muss.

258 Darüber hinaus ist bekannt, dass mehr als ⅓ aller Ehen geschieden werden[218]. In diesen Ehen wird im Regelfall der Versorgungsausgleich durchgeführt, wodurch eine empfindliche Versorgungslücke beim ausgleichspflichtigen Ehegatten entstehen kann, die aufzufüllen der ausgleichsberechtigte Ehegatte selbstverständlich berechtigt ist (vgl. Rn. 209).

259 Es besteht mithin weder eine rechtliche noch eine moralische Verpflichtung zu einem kontinuierlichen Versorgungsaufbau, vielmehr ist es Angelegenheit des Unterhaltspflichtigen, die Frage selbst zu entscheiden, wie und wann er seine Altersversorgung aufbaut.

260 Auch ein **diskontinuierlicher Aufbau einer angemessenen Altersversorgung** ist von der Rechtsordnung unterhaltsrechtlich zu billigen. Unter diskontinuierlichem Aufbau wird beispielsweise die Fallkonstellation verstanden, in der das unterhaltspflichtige Kind beabsichtigt, gegen Ende seiner Erwerbsbiografie höhere Rücklagen für ein angemessenes Alterseinkommen zu bilden als in der Frühphase seiner Erwerbsbiografie.

BGH v. 19.02.2003 – XII ZR 67/00, FamRZ 2003, 860

LS: Einem nicht sozialversicherungspflichtig beschäftigten Unterhaltspflichtigen ist bei der Inanspruchnahme auf Elternunterhalt grundsätzlich zuzubilligen, einen Anteil von rund 20 % seines Bruttoeinkommens für seine (primäre) Altersvorsorgung einzusetzen; dabei steht ihm grundsätzlich frei, in welcher Weise er Vorsorge für sein Alter trifft.

… Es stellt sich deshalb die Frage, ob derartige vermögensbildende Aufwendungen, wie sie etwa auch der Erwerb von Immobilien, Wertpapieren oder Fondsbeteiligungen darstellen, ebenfalls als angemessene Art der Altersvorsorge anzuerkennen sind. Dabei muss Ausgangspunkt der Überlegung sein, dass es dem Unterhaltspflichtigen grundsätzlich freisteht, in welcher Weise er – etwa jenseits der ges. RV – Vorsorge für sein Alter trifft. Wenn er sich angesichts der unsicheren Entwicklung der herkömmlichen Altersversorgungen für den Abschluss von Lebensversicherungen

---

218 Im Jahr 2008 sind 377.055 Ehen geschlossen und 191.948 Ehen geschieden worden, Quelle: Statistisches Bundesamt Wirtschaft und Statistik 12/2009, http://www.destatis.de/jetspeed/portal/cms/Sites/destatis/Internet/DE/Presse/pm/2009/07/PD09__251__12631.psml

entscheidet, muss dieser Entschluss unterhaltsrechtlich im Allgemeinen akzeptiert werden. Nach Auffassung des Senats kann der Abschluss von Lebensversicherungen aber nicht die einzige Alternative für eine private Altersversorgung sein. Vielmehr müssen grundsätzlich auch sonstige vermögensbildende Investitionen als angemessene Art der Altersversorgung gebilligt werden (ebenso Wendl/Gerhardt, a.a.O., Rn. 498), soweit sie geeignet erscheinen, diesen Zweck zu erreichen. Da insoweit der Erwerb etwa von Wertpapieren oder Fondsbeteiligungen wegen der damit teilweise verbundenen Risiken nicht zwingend in Betracht zu ziehen ist, kann im Einzelfall auch die Anlage eines bloßen Sparvermögens als anzuerkennende Art der Altersvorsorge bewertet werden. ...

(7) Höhe des Altersvorsorgekapitals in der gRV

Damit stellt sich das Problem der **Berechnung der Höhe** des notwendigen und damit auch **angemessenen Altersvorsorgekapitals**. Dieses kann entweder individuell aufgrund eines Angebotes eines privaten Versorgers oder aber generalisierend und damit nach diesseitiger Auffassung zutreffend aufgrund der hypothetischen Beiträge bemessen werden, die erforderlich sind, um eine entsprechende Versorgung in der gesetzlichen Rentenversicherung zu erwerben. Die dafür erforderlichen Berechnungsschritte sind dem Familienrechtler aus dem Versorgungsausgleich bekannt und werden in der nachfolgenden Tabelle wiedergegeben:

261

Versorgungslücke	250,00 €
aktueller Rentenwert (aktRW)	27,47 €
Entgeltpunkte = Versorgungslücke / aktRW	9,1008
Beitragskosten für 1 Entgeltpunkt	6.359,41 €
Barwert = Entgeltpunkte x Beitragskosten	57.875,96 €

(8) Höhe der Altersversorgungsrücklagen nach finanzmathematischen Grundsätzen

Die oben (Rn. 261) dargestellte Berechnung der zur Deckung einer Versorgungslücke erforderlichen Beträge ist leicht nachvollziehbar und für jeden Familienrechtler ,vertrautes Terrain'. Dieser Berechnungsmethode steht der Einwand entgegen, dass der Erwerb einer Altersversorgung im System der gesetzlichen Rentenversicherung mit erheblich höheren Aufwendungen verbunden ist, als dies in der privaten Finanz- und Versicherungswirtschaft erforderlich wäre. Dies ist größtenteils ein stabiles, nahezu nicht aus der Welt zu schaffendes Gerücht. Prozessual lässt sich dem jedoch dadurch vorbauen, dass von privaten Unternehmen der Versicherungswirtschaft konkrete Angebote zur Deckung einer Versorgungslücke einholt und

262

dem Gericht diese Angebote präsentiert werden. Gerichte sind mit finanzmathematischen Berechnungen ansonsten meist überfordert.

263   Teilweise bieten jedoch bereits heute familienrechtliche Expertenpro-
gramme[219] Module zur Berechnung des Deckungskapitals für eine Versorgungslücke an. Die Berechnung mit diesen Programmen erfolgt ausschließlich nach finanzmathematischen Grundsätzen. Die Kalkulation der
erforderlichen Beträge erfolgt daher dabei ohne Berücksichtigung der Verwaltungskosten und Gewinne der Versicherungen.

264   Die Berechnung der zur Deckung einer Versorgungslücke notwendigen
Schritte soll an einem Beispiel erläutert werden:

---

219 Z. B. ADVOexpert – Familienrecht – Version 27, Verlag Dr. Otto Schmidt, Köln,
Autor *Jörn Hauß.*

Finanzmathematische Berechnungen I
Rente in Kapitalwert

		Berechnung nach Generationssterbetafeln pessimistische Variante V1:	Berechnung nach Generationssterbetafeln optimistische Variante V2:	Mittelwertberechnung nach den verschiedensten Sterbetafeln
Versorgungszusage pro Monat	250,00 €			Der Wert einer Versorgung hängt von deren Leistungsumfang, dem Rechnungszins, der Leistungs- und Anwartschaftsdauer ab. Die Leistungsdauer wird aus den Sterbetafeln abgelesen. Neben der Periodentafeln (1. Spalte) existieren noch Generationssterbetafeln, die teilweise signifikant unterschiedliche Werte ausweisen.
Rechnungszins pro Jahr in der Leistungsphase	3,50 %			
Geburtstag:	01.01.1960			
Geschlecht (m/w)	m			
Rentenbeginn, Alter: 66,42:	01.06.2026			
Berechnungszeitpunkt:	10.01.2010			
Alter im Berechnungszeitpunkt:	50,00			
Anwartschafsphase bis Rentenbeginn	16,410			
Anwartschaftsdynamik pro Jahr				
Leistungsdynamik pro Jahr				
Leistungsphase nach Periodensterbetafel 2006/2008 und Generationssterbetafel im Alter 50	16,38	17,39	18,78	17,52
Barwert einer statischen Rente von 250,00 € über 16,38 Jahre, Rechnungszins: 3,50 %	37.352,20€	39.037,11 €	41.250,40 €	39.240,77 €
Invaliditätszuschlag bei eingeschlossener Invaliditätsversorgung 15,6 %	5.859,17 €	6.124,94 €	6.474,20 €	6.156,88 €
Hinterbliebenenversorgungszuschlag aus den Haushalten und Versorgungsordnungen: 10 %	3.735,22 €	3.903,71 €	4.125,04 €	3.924,08 €
Barwert der Versorgung	46.946,59 €	49.065,74 €	51.847,69 €	49.321,73 €
Vorversterberisiko, zu entnehmen aus Sterbetafeln: 82.329 / 95.305 =	0,864	0,879	0,888	0,877
Barwert bei Rentenbeginn mit Versterbenrisiko 3.735,22 € × 0,864	40.555,33 €	43.119,19 €	46.037,01 €	43.248,47 €
mit 3,50 % abgezinster Barwert zum 01.01.2010	22.854,62 €	24.299,46 €	25.943,77 €	24.372,31 €

265   Wählt man das unter Rn. 261 gegebene Beispiel einer Versorgungslücke von 250 € für eine 50 Jahre alte Frau, zeigt sich, dass das Vorurteil, die gesetzliche Rentenversicherung sei stets ungünstig, falsch ist: Bereits die finanzmathematische Berechnung rückt das Ergebnis in die Nähe der Kosten der Absicherungskosten in der gesetzlichen Rentenversicherung. Rechnet man Abschlusskosten und Verwaltungskosten hinzu, ist die gesetzliche Altersversorgung in fortgeschrittenem Alter besonders für Frauen eine attraktive Alternative zur privaten Versicherung.

Die Berechnung erfolgt hinsichtlich der Zinsen auf Jahresbasis.

Versorgungszusage pro Monat . . . . **250,00 €**

zu erwartende Nettoversorgung . . . . 250,00 €

Rechnungszins pro Jahr: . . . . 3,50 %

Geburtstag 01.01.1960

Geschlecht (m/w) . . . . m

Rentenbeginn, Alter: 66,42 . . . . 01.06.2026

Berechnungszeitpunkt: 01.01.2010

Alter im Berechnungszeitpunkt: 50,00

Anwartschaftsphase bis Rentenbeginn in Jahren 16,41

Anwartschaftsdynamik pro Jahr . . . . 1,50 %

Leistungsdynamik pro Jahr . . . . 1,50 %

Leistungsphase nach Periodensterbetafel 2006/2008 in Jahren: 16,38

Barwert einer Altersrente von 250,00 € über 16,38 Jahre,
Zins: (3,50 % – 1,50 %) = 2,00 % . . . . 41.552,28 €

Hinterbliebenenversorgung: 10,00 % aus 41.552,28 . . . . 4.155,23 €

Invaliditätsversorgung: 15,690 % aus 41.552,28 . . . . 6.519,55 €

Rentenbarwert inklusive Hinterbliebenen- und Invaliditätszuschlag . . . . 52.227,05 €

Erlebenschance nach Sterbetafel 2006/2008: 82.329 / 95.689 0,8604

Barwert bei Berücksichtigung des Versterbensrisikos 52.227,05 € x 0,8604 . . . 44.935,23 €

Mit (3,50 % – 1,50 %) = 2,00 % abgezinster Barwert zum 01.01.2010 . . . . 32.467,34 €

Variante: Berechnung nach Generationensterbetafeln optimistische Variante V2:

Leistungsphase nach Generationensterbetafel V2 für Jahrgang 1960 18,78

Barwert einer Altersrente von 250,00 € über 16,38 Jahre,
Zins: (3,50 % – 1,50 %) = 2,00 % . . . . 46.585,83 €

Hinterbliebenenversorgung: 10,00 % aus 46.585,83 . . . . 4.658,58 €

Invaliditätsversorgung: 15,690 % aus 46.585,83 . . . . 7.309,32 €

Rentenbarwert inklusive Hinterbliebenen- und Invaliditätszuschlag . . . . 58.553,73 €

Erlebenschance nach Sterbetafel V2 für Jahrgang 1960: 79.775 / 79.775 0,8847

Barwert unter Berücksichtigung des Versterbensrisikos 58.553,73 x 0,8847 . . 51.800,66 €

Mit (3,50 % – 1,50 %) = 2,00 % abgezinster Barwert zum 01.01.2010 . . . . 37.427,85 €

f) Pauschalierte Berechnung der Altersvorsorgerückstellungen nach BGH

Der BGH hat in seiner Entscheidung vom 30.08.2006[220] die Berech- **266** nung des **Altersvorsorgeschonvermögens** pauschaliert und erklärt, wenn nach der gefestigten Rechtsprechung 5 % des sozialversicherungspflichtigen (und 25 % des nicht sozialversicherungspflichtigen[221]) Bruttoeinkommens als zusätzliche Altersvorsorgerückstellung vom anrechenbaren unterhaltspflichtigen Einkommen abzuziehen sei, dann müsse eine so privilegierte Altersversorgung auch als Schonvermögen qualifiziert werden. Im Bedarfsfall könne daher von einem unterhaltspflichtigen Kind nicht erwartet werden, eine derartige Altersvorsorgerückstellung zum Zwecke der Leistung von Elternunterhalt aufzulösen. Vielmehr seien die so gebildeten Rückstellungen mit 4 % verzinst als Altersvorsorgeschonvermögen zu betrachten.

Diese **pauschalierte Methode hat den Vorteil einfacher Handha-** **267** **bung.** Auch die **Bestimmung der zurückgelegten Lebensarbeitszeit** bereitet in der Regel keine Probleme. Allenfalls könnte man streiten, ob die individuelle oder ebenfalls eine pauschalierte Lebensarbeitszeit zugrunde zu legen ist. Der BGH hat dies offen lassen können. Richtigerweise ist jedoch auch insoweit eine Pauschalierung der Lebensarbeitszeit vorzunehmen. Wer erst mit 32 Jahren in den Erwerbsprozess einsteigt und mit 45 Jahren zur Zahlung von Elternunterhalt herangezogen wird, hat i.d.R. eine so gravierende Versorgungslücke, dass ihm die Bildung zusätzlichen Schonvermögens möglich sein muss und mithin wegen des besonderen Bedarfs eine individuelle Ermittlung des Altersvorsorgevermögens erforderlich ist (vgl. dazu Rn. 272). Als sinnvoller Beginn der Berechnung ist die Vollendung des 18. Lebensjahres durch den Unterhaltspflichtigen anzusehen. Dieser Zeitpunkt markiert in der Regel den Abschluss der Schulausbildung (eines Abiturienten) bzw. den Abschluss der Lehre. Die rentenrechtliche Beschneidung von Ausbildungs- und Studiumszeiten durch Rückbauung des öffentlich-rechtlichen Rentensystems in den vergangenen Jahren macht es versorgungsrechtlich erforderlich, zum frühestmöglichen Zeitpunkt den Einstieg in eine private Altersversorgung zu finden. Demnach wird hier vorgeschlagen, bei einer pauschalierten Berechnung der Altersvorsorgerückstellungen stets die Zeit zwischen der Vollendung des 18. Lebensjahres und den Zeitpunkt der Inanspruchnahme auf Elternunterhalt zugrunde zu legen. Damit schlösse man sich auch der **Wertung von § 851c ZPO** an, der ebenfalls ab Vollendung des 18. Lebensjahres die Bildung geschützten Altersvorsorgevermögens zulässt (vgl. Rn. 929).

---

220 BGH v. 30.08.2006 – XII ZR 98/04, FamRZ 2006, 1511.
221 FA-FamR/*Gerhardt*, Kap. 6, Rn. 154 ff.; *Holzwarth/Wagenitz* in: Höland/Sethe/Notarkammer Sachsen-Anhalt, S. 19.

268   Das sich bei dieser pauschalierten Berechnung der Altersvorsorgerückstellung ergebende Altersvorsorgeschonvermögen ist erheblich. Ein 45 Jahre
alter Unterhaltspflichtiger mit einem Einkommen von 6.000 € (brutto) pro
Monat wäre danach in der Lage, Rückstellungen wie folgt zu bilden:

Einkommen	6.000,00 €
Beitragsbemessungsgrenze	5.500,00 €
nicht sozialversicherungspflichtiges Einkommen	500,00 €
monatliche Rückstellung 5 % x 5.500 €	275,00 €
monatliche Rückstellung 25 % x 500 €	125,00 €
monatliche Gesamtrückstellung	**400,00 €**
Alter des Unterhaltspflichtigen	45
Beginn der Rückstellungsberechnung	18
Aufzinsungszeit in Jahren	27
Aufzinsungszeit in Monaten	324
Zinssatz der Aufzinsungsberechnung	4 %
Altersvorsorgeschonvermögen	232.727,00 €

269   Dieses **Vorsorgeschonvermögen** kann **neben dem selbstgenutzten
Immobilienvermögen** gebildet werden[222]. Selbstgenutztes Immobilienvermögen ist deswegen als Schonvermögen klassifiziert, weil seine Verwertung
wegen der konkreten Nutzungsart unzumutbar ist (vgl. dazu Rn. 525).
Der ‚Ertrag‘ der selbstgenutzten Immobilie fließt dem Unterhaltspflichtigen über den Wohnvorteil zu. Auch wenn dieser Mittelzufluss limitiert
ist (vgl. Rn. 176 f.), können auch die in den Immobilienlasten enthaltenen
Tilgungsraten zusätzlich zu den Altersvorsorgerückstellungen gebildet
werden.

270   Ist der Unterhaltspflichtige verheiratet, kann auch sein Gatte in gleicher Weise Altersversorgungsrückstellungen bilden. Da das Vermögen des
Gatten des Unterhaltspflichtigen grundsätzlich nie für Unterhaltszwecke
zugunsten der Schwiegereltern verwendet werden kann, kann der Gatte
auch deutlich höheres Vermögen ansammeln. Dabei ist jedoch zu berücksichtigen, dass aus dem Vermögen des Gatten fließende Vermögenserträge,
wenn sie in den Familienhaushalt einfließen und nicht thesauriert werden,
dem Familieneinkommen hinzuzurechnen sind.

271   Man kann die Berechnung des Altersvorsorgeschonvermögens vereinfa-
chen, indem man die Aufzinsungsfaktoren für sozialversicherungspflichtiges und nicht sozialversicherungspflichtiges Einkommen berechnet. In den

---

222 OLG Nürnberg v. 26.04.2012 – 9 UF 1747/12, NJW-Spezial 2012, 357; OLG Düssel-
        dorf v. 21.06.2012 – 9 UF 190/11 (noch nicht veröffentlicht).

Tabellen (vgl. Rn. 928) ist dies auf Jahresbasis geschehen. Diese Tabellen können in der Praxis leicht angewendet werden.

g) Individuelle Berechnung des Altersvorsorgeschonvermögens ohne Obergrenze

Vielfach vertreten Sozialhilfeträger in der Praxis trotz der Entscheidung des BGH v. 30.08.2006[223] noch die Auffassung, es bestehe eine feste Obergrenze des Altersvorsorgeschonvermögens. Diese wird teilweise mit 100.000 € (offenbar der Entscheidung des BGH entnommen), teilweise aber auch mit deutlich darunter liegenden Beträgen angenommen[224]. Die Höhe des Altersvorsorgevermögens ist stets individuell zu bestimmen anhand der letzten Bruttoeinkünfte der Unterhaltspflichtigen. Ober- oder Untergrenzen des Schonvermögens bestehen nicht[225].

272

OLG Hamm v. 25.08.2009 – II–13-UF 201/08 (nicht veröffentlicht)

...

II. Der Beklagte ist entgegen der Ansicht der Klägerin auch nicht verpflichtet, Zahlungen aus seinem Vermögen zu erbringen. Unter Berücksichtigung der jüngeren Rechtsprechung des Bundesgerichtshof zur Altersvorsorge im Rahmen des Elternunterhalts (siehe hierzu: BGH, Urteil v. 30.08.2006 – XII ZR 98/04, abgedruckt in FamRZ 2006, 1511 ff.; BGH, Urteil v. 14.01.2004 – XII ZR 149/01 – abgedruckt in FamRZ 2004, 792 ff.; BGH, Urteil v. 19.02.2003 XII ZR 67/00, FamRZ 2003, 860 ff.) sind keine Vermögenswerte oberhalb des ihm zu belassenden Schonvermögens vorhanden.

Der Unterhaltsschuldner hat zwar grundsätzlich auch den Stamm seines Vermögens einzusetzen, soweit die Verwertung ihn nicht von eigenen Einkünften abschneiden würde oder er das Vermögen zum Bestreiten des eigenen Unterhalts benötigt (BGH, FamRZ 2006, 1511 ff. – juris Rn. 26 f.). Bei der Bemessung des Altersvorsorgeschonvermögens ist neben der schwachen Stellung des Elternunterhalts aber zu berücksichtigen, dass ein unterhaltsverpflichtetes Kind seine Vermögenspositionen regelmäßig in Zeiten getroffen hat, in denen Elternunterhalt nicht geschuldet wurde und seine Lebensverhältnisse auf die vorhandenen Einkünfte und Vermögenswerte eingerichtet hat. Dies gilt jedenfalls soweit der Unterhaltsschuldner seine Vermögenswerte als Alterssicherung vorgesehen und deswegen seine Lebensplanung auf diese Beträge eingestellt hat (BGH, FamRZ 2006, 1511 ff. – juris Rn. 28). Einem nicht sozialversicherungspflichtigen Beschäftigten ist hiernach, da bei ihm keine gesetzliche (primär) Altersversorgung in Höhe von rund 20 % des Bruttoeinkommens erfolgt, regelmäßig ein Anteil von rund 20 % seines Bruttoeinkommens für seine primäre Altersversorgung zuzubilligen, soweit er die Altersvorsorge auch tatsächlich betreibt, wobei auch der Erwerb von Immobilien, Wertpapieren oder

---

223 XII ZR 98/04, FamRZ 2006, 1511.

224 In einem mir bekannten Fall argumentierte ein Sozialamt gegenüber den Unterhaltspflichtigen selbst mit einem Schonvermögensoberbetrag von 25.000 €.

225 AG Pankow-Weißensee v. 05.11.2008 – 17 F 4142/08, FamRZ 2009, 1056.

Fondsbeteiligungen neben Lebensversicherungen als vermögensbildende Aufwendung anzuerkennen ist, da maßgeblich lediglich die Eignung als angemessene Art der Altersvorsorge ist (BGH, FamRZ 2003, 860 ff. – juris Rn. 25 ff.). Zudem sind bei der Bemessung der individuellen Vermögensfreigrenzen die Besonderheiten des Einzelfalls zu berücksichtigen, ohne dass dies einer Pauschalierung für den Regelfall entgegensteht (BGH, FamRZ 2006, 1511 ff. – juris Rn. 36). Ausgehend hiervor ist auf Seiten des Beklagten im Anspruchszeitraum kein Vermögen oberhalb dieser individuell zu bestimmenden Vermögensfreigrenze vorhanden.

Dem Beklagten steht ein Schonvermögen im Hinblick auf die zuzubilligende primäre Altersvorsorge aus seinen bisherigen Einkünften sowie der sekundären Altersvorsorge nur aus Einkünften aus sozialversicherungspflichtiger Beschäftigung von jedenfalls rund 380.000,00 € zu.

a) Die Parteien legen – auf Grundlage einer Berechnung der Klägerin – ein Einkommen des Beklagten aus seiner 20-jährigen nicht sozialversicherungspflichtigen Tätigkeit seit dem Jahr 1984 in Höhe von insgesamt 1.080,00 € mit jährlich 10.800,00 € zu einem Schonvermögen hinsichtlich der primären Altersvorsorge von 216.000,00 €. Soweit dem Beklagten für die sekundäre Altersvorsorge – wie bei einem abhängig Beschäftigten – weitere 5 % des Bruttoeinkommens zugebilligt werden (ausdrücklich: Wendl/Staudigl-Pauling, Das Unterhaltsrecht in der familienrechtlichen Praxis, 7. Auflage, § 2 Rn. 628), ergeben sich jährlich weitere 2.700,00 €, also insgesamt nochmals 54.000,00 €.

Weiterhin ist die Verzinsung dieser 270.000,00 € zu berücksichtigen. Die Berechnung der Klägerin, wonach auf den Gesamtbetrag 4 % Zinsen angerechnet werden, entspricht bereits nicht der Berechnung des Bundesgerichtshofs, wonach im Rahmen der Altersvorsorge eine Berechnung mit 4 % und Zinseszins zu erfolgen hat (siehe die Berechnung des BGH in FamRZ 2006, 1511 ff., wonach bei monatlich 107,15 € und 35 Berufsjahren insgesamt 100.000,00 € angenommen worden sind). Mit Zins und Zinseszins ergibt sich aber bei einem 20-jährigen Ansparen auf Grundlage der primären Altersvorsorge von monatlich 900,00 € (bei 10.800,00 € jährlich) und der sekundären Altersvorsorge von monatlich 225,00 € (bei jährlich 2.700,00 €) ein Endkapital von rund 328.570,00 € hinsichtlich der primären und weiteren rund 82.140,00 € hinsichtlich der sekundären Altersvorsorge.

Da die Frage eines Unterhaltsanspruchs nach § 1601 BGB danach zu beurteilen, ob der während der gleichen Zeit der Unterhaltsberechtigte bedürftig und der Unterhaltspflichtige leistungsfähig ist (BGH, FamRZ 2006, 1511 ff. – juris Rn. 17), ist in jedem Fall noch der zwischenzeitliche Zinszuwachs von weiteren 2 Jahren aus dem vorgenannten Endkapital zu berücksichtigen, was zu einem Anwachsen des Altersvorsorgeschonvermögens (Kapital und Zinsen) auf rund 355.380,00 € hinsichtlich der primären und auf rund 88.840,00 € hinsichtlich der sekundären Altersvorsorge führt.

...

h) Beginn des Aufbaus einer Altersvorsorgerückstellung

273   Da die Rückstellung von Altersvorsorgebeiträgen und die Bildung von Altersvorsorgevermögen auch jenseits der Zahlung von Beiträgen zur gesetzlichen Rentenversicherung Teil einer gebotenen Eigenvorsorge des

Unterhaltspflichtigen ist, kann er jederzeit mit der Rückstellung von Einkommen für die Alterssicherung beginnen. Dies gilt auch dann, wenn er zuvor keine oder nur unzureichende Altersvorsorge gebildet hat. Der **Einsatzzeitpunkt für die Bildung derartiger Rückstellungen kann auch noch nach der Kenntnis des Unterhaltsbedarfs des pflegebedürftigen Elternteils liegen**[226].

Dagegen kann nicht eingewendet werden, nach der Kenntnis der Un-   274
terhaltsbedürftigkeit eines Verwandten sei die Aufnahme von Verbindlichkeiten unzulässig, sofern deren Bedienung das anrechenbare Einkommen minderten. **Altersvorsorgerückstellungen sind keine Verbindlichkeiten**, sondern Rückstellungen, deren Auflösung und Verwertung aufgrund des anzunehmenden zukünftigen Bedarfs nicht zuzumuten ist.

(1) Auflösung von Altersvorsorgerückstellungen

Altersvorsorgerückstellungen bewirken eine Verminderung der un-   275
terhaltsrechtlichen Leistungsfähigkeit für Elternunterhalt. Fällt die Unterhaltsverpflichtung durch Tod des Elternteils oder auf andere Weise später weg, fragt sich, ob der Unterhaltspflichtige die für die Altersvorsorge gebildeten Rückstellungen auflösen und verkonsumieren kann, ohne auf Elternunterhalt (nachträglich) in Anspruch genommen werden zu können.

Dies dürfte uneingeschränkt zu bejahen sein. Ähnlich wie der ledig-   276
lich teilzeitig berufstätige Unterhaltspflichtige nach dem Ende eines ggf. von ihm zu befriedigenden Unterhaltsbedarfs eine vollschichtige Tätigkeit aufnimmt, ohne die Unterhaltsforderung nachträglich befriedigen zu müssen, kann auch die nachalimentäre Auflösung von Altersvorsorgerückstellungen nicht sanktioniert werden. Das BVerfG hat in der Entscheidung v. 07.06.2005[227] das Prinzip der Gleichzeitigkeit von unterhaltsrechtlicher Bedürftigkeit und unterhaltsrechtlicher Leistungsfähigkeit als einen das Unterhaltsrecht prägenden Grundsatz herausgearbeitet[228]. Die Entstehung von Leistungsfähigkeit eines Unterhaltspflichtigen nach dem Ende der Unterhaltsbedürftigkeit führt nie zu nachgelagerter Heranziehung des Unterhaltspflichtigen.

Praxistipp: Wird einem Unterhaltspflichtigen empfohlen, aus Grün-   277
den der Verminderung seiner Leistungsfähigkeit überproportionale Rückstellungen für die Altersvorsorge zu bilden, ist dafür Sorge zu tragen, dass die Auflösung dieser Rückstel-

---

226 So auch *Büttner*, FamRZ 2004, 1918; Empfehlungen des Arbeitskreises 2 des 17. Deutschen Familiengerichtstages 2007, Brühler Schriften, Band 15, 2008, S. 139 ff.
227 BVerfG v. 07.06.2005 – 1 BvR 1508/96, FamRZ 2005, 1051.
228 Vgl. dazu *Schürmann*, FF 2005, 187.

lungen nicht mit erheblichen finanziellen Verlusten verbunden ist, falls

- die Rückstellung nicht als einkommensmindernder Aufwand anerkannt oder

- zur Finanzierung des allgemeinen Lebensbedarfs nach dem Ende der Unterhaltsverpflichtung die Auflösung der Rückstellung notwendig wird.

(2) Ende von Altersvorsorgerückstellungen

278   Ein Unterhaltpflichtiger kann nur so lange Altersvorsorgerückstellungen bilden, solange er noch nicht selbst Versorgungsbezieher ist[229] und die Regelaltersgrenze erreicht hat[230]. Ausnahmen von diesem Grundsatz können dann jedoch vorliegen, wenn die Altersversorgung des Unterhaltspflichtigen nicht angemessen ist und aus temporär den Unterhaltspflichtigen zufließenden Mitteln (z. B. einer Abfindung oder Überbrückungsleistung) ein weiterer Altersversorgungsaufbau vorgenommen werden kann. Das Ende der Möglichkeit zum unterhaltsschädlichen Altersvorsorgeaufbau ist jedoch erst dann erreicht, wenn der Verpflichtete tatsächlich Versorgungsbezieher ist und die Regelaltersgrenze erreicht hat. Ein Ende der Erwerbsphase als Vorruheständler, Altersteilzeitler oder Alterserwerbsloser reicht dazu nicht aus[231], da gerade bei einem vorzeitigen Ausscheiden aus dem Erwerbsleben meist eine erhebliche Versorgungslücke besteht, deren Schließung das unterhaltspflichtige Kind berechtigter Weise vornehmen kann. Regelmäßig endet daher das Recht zum Altersversorgungsaufbau mit **Erreichen der Regelaltersgrenze**.

279   Wird über die Regelaltersgrenze hinaus Erwerbseinkommen erzielt, kann auch dieses m. E. der Versorgungsrücklage zugeführt werden. Allerdings bedarf dies der besonderen Begründung. Berechtigt ist ein solch zusätzlicher Versorgungsaufbau, wenn die bis dahin erreichte Altersversorgung notleidend oder unangemessen niedrig ist. Letztendlich ist es meist ein Indiz für mangelnde Altersversorgung, wenn über das Ende der Regelaltersgrenze hinaus Erwerbstätigkeit erbracht wird. Dieses Indiz ist indessen widerlegbar. Wer aus ‚Freude an Arbeit' weit über die Regelaltersgrenze hinaus erwerbstätig ist, kann nicht zu Lasten eines Unterhaltsanspruchs weiteres Vorsorgevermögen bilden.

280   Allerdings ist auch zu berücksichtigen, dass Erwerbseinkommen, das jenseits der Regelaltersgrenze erzielt wird, immer überobligatorisch ist.

---

229 OLG Brandenburg v. 26.01.2010 – 10 UF 105/09.
230 BGH v. 28.07.2010 – XII ZR 140/07 FamRZ 2010, 1535 m. Anm. *Hauß*.
231 BGH v. 28.07.2010 – XII ZR 140/07, FamRZ 2010, 1535 m. Anm. *Hauß*.

Ohne irgendeine unterhaltsrechtliche Sanktion wäre der Unterhaltsschuldner berechtigt, seine Erwerbstätigkeit aufzugeben. Die Anrechnung derartiger überobligatorischer Einkünfte im Rahmen des Elternunterhaltes kann daher – wie auch sonst im Unterhaltsrecht – allenfalls **nach Billigkeit** erfolgen, **im Regelfall** sind derartige Einkünfte unterhaltsrechtlich nicht zu berücksichtigen[232].

OLG Düsseldorf v. 20.12.2006 – 8 UF 136/06, FamRZ 2007, 1817.

Grundsätzlich gilt, dass jedenfalls für abhängig Beschäftigte nach Erreichen des 65. Lebensjahres die Verpflichtung zu weiterer Erwerbstätigkeit entfällt (vgl. Wendl/Staudigl, Das Unterhaltsrecht in der familienrechtlichen Praxis, 6. Aufl. 2004, § 1 Rdnr. 554 ff m. w. N.). Derjenige, der eine solche Tätigkeit ausübt, ist unterhaltsrechtlich nicht gehindert, sie jederzeit zu beenden. Für den Zusatzverdienst eines Pensionärs oder Rentners ist daher anerkannt, dass die Mehrarbeit in der Regel unzumutbar und der Verdienst hieraus nicht anrechenbar ist.

Bei Freiberuflern, wie Ärzten, Rechtsanwälten und Kaufleuten wird zum Teil eine abweichende Auffassung vertreten (vgl. OLG Hamburg FamRZ 1985, 394, 396). Tatsächlich erzielte Einkünfte von Freiberuflern, die auch bei fortgesetzter Ehe nach Erreichen des 65. Lebensjahres aller Wahrscheinlichkeit nach weiter gearbeitet hätten, sind nach dieser Auffassung nach Treu und Glauben unter besonderer Berücksichtigung des Einzelfalles anzurechnen, da davon ausgegangen werden kann, dass die weitere Berufstätigkeit durchaus den ehelichen Lebensverhältnissen entspricht, wenn die Ehepartner sich aufgrund einer nur geringen sonstigen Altersvorsorge darauf eingestellt haben, dass die Tätigkeit über die übliche Altersgrenze hinaus solange wie möglich ausgeübt wird und die weitere Tätigkeit auf der Entscheidungsfreiheit des Freiberuflers beruht.

---

i) Zusammenfassung Altersvorsorge

Zusammenfassend kann gesagt werden, dass   281

• Altersvorsorgeabzüge immer nur dann vorzunehmen sind, wenn **Altersvorsorge auch tatsächlich betrieben** wird[233], eine ‚fiktive Altersvorsorge' ist nicht anzuerkennen;

• Mit der zusätzlichen (sekundären) Altersvorsorge **zu jedem beliebigen Zeitpunkt begonnen** werden kann, also auch dann noch, wenn ein zusätzlicher Unterhaltsbedarf entstanden ist, selbst dann noch, wenn die Rechtswahrungsanzeige des Sozialhilfeträgers oder auch schon dessen Unterhaltsberechnung vorliegt;

• Die **Art der sekundären Altersvorsorge unerheblich** ist, also keine klassischen Altersvorsorgeprodukte der Finanz- und Versicherungswirt-

---

232 OLG Düsseldorf v. 20.12.2006 – 8 UF 136/06, FamRZ 2007, 1817.
233 BGH v. 19.02.2003 – XII ZR 67/00, FamRZ 2003, 860; 2007, 183; 2008, 963.

schaft erworben werden müssen, sondern auch klassische Sparanlagen von der Rechtsprechung akzeptiert werden[234], rein spekulative und hoch risikoreiche Anlagen sind indessen zu vermeiden;

- Die **selbst bewohnte Immobilie nicht zum Altersvorsorgeschonvermögen** zu rechnen ist[235], weil sie allenfalls durch den aus ihr im Alter fließenden Wohnvorteil einen Nutzungsvorteil gewährt, wegen der im Elternunterhalt jedoch geltenden Lebensstandardgarantie[236] eine Veräußerung der selbst genutzten Immobilie nicht gefordert werden kann;

- Die Höhe der **Altersvorsorgeaufwendungen pauschal**, also ohne irgendeine besondere Begründung auf 5 % der Bruttoeinkünfte aus sozialversicherungspflichtigem und 25 % der Bruttoeinkünfte aus nicht sozialversicherungspflichtigem Einkommen festgesetzt ist;

- **Höhere Altersvorsorgeaufwendungen als die Pauschale** dann gerechtfertigt sein kann, wenn eine Prognose des Alterseinkommens des unterhaltspflichtigen Kindes unter Einschluss der bis zum Ruhestand noch erreichbaren Altersvorsorgeanwartschaften zu einem unangemessen niedrigen Einkommen des Kindes führt;

- **Altersvorsorgeaufwendungen** können jedenfalls **bis zum Erreichen der Regelaltersgrenze** abgezogen werden[237], ob darüber hinaus bei Fortführung einer Erwerbstätigkeit auch Altersvorsorgeabzüge zu berücksichtigen sind (vgl. dazu Rn. 279) ist noch nicht abschließend entschieden;

- **Altersvorsorgeaufwendungen** müssen auch **für den Ehegatten oder Lebenspartner**[238] akzeptiert werden, falls diese über keine eigene Altersversorgung verfügen, wobei insoweit in der Rechtsprechung noch keine abschließenden Konturen erkennbar sind;

- **Altersvorsorgeaufwendungen des** nicht unterhaltspflichtigen **Schwiegerkindes** sind auch jenseits der pauschal bestimmten Grenzen zulässig[239], da es keine Verpflichtung der Ehegatten gegeneinander geben kann, eine unterhaltsrechtliche Leistungsfähigkeit zugunsten des Elternteils zu optimieren.

---

234 BGH v. 19.02.2003 – XII ZR 67/00, v. 19.02.2003 – XII ZR 67/00, FamRZ 2003, 860; v. 11.05.2005 – XII ZR 211/02, FamRZ 2005, 1817; v. 28.02.2007 – XII ZR 37/05, FamRZ 2007, 793; v. 05.03.2008 – XII ZR 22/06, FamRZ 2008, 963; v. 16.07.2008 – XII ZR 109/05, FamRZ 2008, 1739.
235 OLG Düsseldorf v. 21.06.2012 – 9 UF 190/11 (noch unveröffentlicht).
236 BGH v. 23.10.2002 – XII ZR 266/99, FamRZ 2002, 1698.
237 BGH v. 28.07.2010 – XII ZR 140/07, FamRZ 2010, 1535 m. Anm. *Hauß.*
238 Hier aber nur Lebenspartner nach dem Lebenspartnergesetz.
239 Soweit erkennbar ist dies bislang noch nicht entschieden worden.

- Mit Erreichen der Regelaltersgrenze und dem Rentenbezug wird Altersvorsorgevermögen verrentet[240]. Ein angemessener Teil des Vorsorgevermögens verbleibt dem unterhaltspflichtigen Kind und seinem Gatten anrechnungsfrei.

2. Krankenversicherung / Pflegeversicherung

Da es dem auf Zahlung von Elternunterhalt in Anspruch genommenen   **282**
unterhaltspflichtigen Kind nach der Rechtsprechung des BGH nicht zugemutet werden kann, dauerhafte Einschränkungen seines Lebensniveaus hinzunehmen[241], ist die Aufrechterhaltung des bis zur unterhaltsrechtlichen Inanspruchnahme genossenen **Krankenversicherungsschutzes** für den Unterhaltspflichtigen und dessen Familie völlig unproblematisch. Wichtig ist es dabei, die Krankenversicherungskosten vom Einkommen desjenigen abzuziehen, der versichert ist und nicht vom Familieneinkommen (vgl. dazu auch Rn. 268).

a) Krankenversicherungskosten in der gesetzlichen Krankenversicherung

Ist der Unterhaltspflichtige Mitglied in der **gesetzlichen Krankenver-**   **283**
sicherung, sind die dafür geleisteten Pflichtbeiträge vom anrechenbaren Einkommen des Unterhaltspflichtigen vorab abzuziehen[242]. Auch die gesetzliche Krankenversicherung gewährt jedoch keinen Rund-um-Schutz mehr. Hat der Unterhaltspflichtige über Zusatzversicherungen die nicht abgedeckten Risiken der gesetzlichen Krankenversicherung abgesichert, sind auch diese Beiträge für den Unterhaltspflichtigen und die vorrangig Unterhaltsberechtigten vom anrechenbaren Einkommen abzuziehen (vgl. Rn. 293 f.).

b) Krankenversicherungskosten in der privaten Versicherung

Ist der Unterhaltspflichtige nicht sozialversicherungspflichtig beschäf-   **284**
tigt und in einer **privaten Krankenversicherung** versichert, müssen deren Beiträge vom anrechenbaren Einkommen des Unterhaltspflichtigen abgezogen werden. Dies gilt bei Privatversicherten auch für die Kosten einer **Krankentagegeldversicherung**[243] oder von Beiträgen zu einer **Betriebsausfallversicherung**, die vielfach zur Finanzierung des Betriebes oder

---

240 OLG Düsseldorf v. 27.10.2010 – 8 UF 38/10, FamRZ 2011, 982.
241 BGH v. 15.10.2003 – XII ZR 122/00, FamRZ 2004, 366.
242 Krenzler/Borth/*Caspary/Hauß*, Rn. 1537.
243 Dazu OLG Hamm v. 27.05.2004 – 6 UF 239/03, OLGR 2004, 340; OLG Hamm v. 27.05.2007 – 6 UF 239/03, OLGR 2004, 340.

eines Vertreters bei krankheitsbedingten Ausfalls eines Praxis- oder Gewerbeinhabers abgeschlossen wird.

285   Ob bei sozialversicherungspflichtig Beschäftigten, die in der gesetzlichen Krankenversicherung oder einer Ersatzkasse versichert sind, private **Krankenzusatzversicherungskosten** vom Einkommen abzuziehen oder aus dem Selbstbehalt zu finanzieren sind, kann fraglich sein. Für die Einordnung derartiger Kosten in den Selbstbehalt[244] spricht, dass der Pflichtige durch Mitgliedschaft in der gesetzlichen Krankenversicherung bereits seinen Krankenversicherungsbedarf befriedigt hat.

286   Allerdings prägt eine vor der Entstehung der Unterhaltspflicht begründete private Zusatzkrankenversicherung den Lebensstil und -bedarf des Pflichtigen genauso wie der Pkw und die luxuriöse Wohnung etc. Soll der Unterhaltspflichtige im Rahmen des Elternunterhaltes eine nachhaltige Verringerung seines Lebenszuschnitts nicht hinzunehmen haben[245], werden auch diese Kosten konsequenterweise vom anrechenbaren Einkommen des Unterhaltspflichtigen abzuziehen sein. Dies gilt umso mehr, als ein gering verdienender Selbständiger fraglos den gesamten privaten Krankenversicherungsaufwand vom anrechenbaren Einkommen absetzen kann. Es führt daher zu logischen Brüchen, wollte man dem Mitglied in der gesetzlichen Krankenversicherung eine Zusatzversicherung nicht zubilligen.

287   In der Regel ist auch der Versicherungsschutz in einer privaten Krankenversicherung kein Rundum-Sorglos-Paket. Gerade in der privaten Krankenversicherung sind seit langem Beitragsreduktionen gegen eine **Eigenbeteiligung** möglich und werden von den Versicherten vielfach gewählt, um die Beitragslast zu verringern. Bei Inanspruchnahme auf Elternunterhalt besteht für dererlei Rücksichtnahme auf die eigene Liquidität keinerlei Bedarf und auch keine Berechtigung. Da das den Selbstbehalt übersteigende Einkommen des Unterhaltspflichtigen zu ½ dem unterhaltsberechtigten Elternteil zufließt und damit den Träger der Sozialhilfe entlastet, ist der Unterhaltspflichtige gut beraten, Eigenbeteiligungen tariflich zu reduzieren. Derartige Reduktionen, die zu einer Steigerung der Beiträge führen, sind auch dann noch möglich, wenn das unterhaltspflichtige Kind mit einer Unterhaltsforderung der Eltern konfrontiert wird. In diesem Fall ist nämlich eine finanzielle Neuaufstellung des Unterhaltspflichtigen erforderlich. Seine Liquidität sinkt durch die zu erwartenden Unterhaltskosten deutlich ab. Im Rahmen einer verantwortungsvollen Liquiditätsplanung und -sicherung kann es daher dem Unterhaltspflichtigen nicht verwehrt werden, Maßnahmen zu einer Risikoreduktion einzuleiten, die seiner zukünftigen Liquiditätslage entsprechen. Unter diesem Aspekt sind auch Versicherungs-

---

244 Diese Auffassung wird teilweise heute noch von Sozialhilfeträgern vertreten.
245 BGH v. 24.10.2002 – XII ZR 266/99, FamRZ 2002, 1698, 1700 ff.

tarife, die einen Beitragspuffer für das Alter beinhalten, unterhaltsrechtlich zu akzeptieren. Jedem privat Versicherten kann daher nur geraten werden, einen Versicherungstarif zu wählen, der ausreichenden Schutz gegen einen zu hohen Anstieg der Beitragskosten im Alter bietet.

Ist aber eine **Eigenbeteiligung an Krankenbehandlungs- und Medikamentenkosten** tatsächlich gegeben und vom Unterhaltspflichtigen geleistet worden, ist die Eigenbeteiligung auch tatsächlich vom anrechenbaren Einkommen des unterhaltspflichtigen Kindes abzuziehen. Das gilt auch für die sogenannte **Kostendämpfungspauschale**[246] und die **Praxisgebühr**[247].   288

c) Pflegezusatzversicherung, private Pflegeversicherung

Die zunehmende Pflegebedürftigkeit alter Menschen und die ständige Erhöhung der Lebenserwartung haben auch zu neuen Versicherungsformen geführt. Als Ergänzung zur gesetzlichen und privaten Pflegeversicherung haben sich **private Pflegezusatzversicherungen** etabliert, die das Risiko einer Pflegebedürftigkeit abdecken und dem Pflegebedürftigen zusätzliche Leistungen im Fall der Pflegebedürftigkeit versprechen. In Abhängigkeit vom Alter des Versicherten bei Leistungsbeginn sind die Beiträge gestaffelt. Es handelt sich bei dieser Versicherungsform um eine reine Risikoversicherung. Die eingezahlten Beiträge sind verloren, soweit keine Pflegebedürftigkeit eintritt.   289

Da eine derartige Zusatzversicherung dem Versicherten im Pflegefall den Rückgriff auf Sozialhilfe oder Unterstützungsleistungen seiner Kinder erspart, ist sie als **Daseinsvorsorge** unterhaltsrechtlich als Abzugsposten vom Einkommen zu berücksichtigen. Wie auch bei der Tarifumstellung von Krankenversicherungen auf eine geringere Eigenbeteiligung (vgl. Rn. 287) ist es unterhaltsrechtlich nicht zu beanstanden, wenn das unterhaltspflichtige Kind auch nach Bekanntwerden der Unterhaltsverpflichtung eine private Pflegezusatzversicherung abschließt, um alle Eventualitäten auszuschließen, den eigenen Lebensbedarf nicht aus eigenen Mitteln finanzieren zu können[248].   290

---

246 OLG Düsseldorf v. 14.01.2009 – II-8 UF 172/08, FamRZ 2009, 1077; OLG Hamm v. 18.06.2009 – II-2 UF 6/09, OLGR Hamm 2009, 834; OLG Zweibrücken v. 14.03.2008 – 2 UF 197/07, FuR 2009, 60; a. A. OLG Hamm v. 12.03.2008 – 8 UF 148/07, FamRZ 2008, 1446.

247 OLG Karlsruhe v. 13.02.2008 – 2 WF 5/08, FamRZ 2008, 2120; OLG Naumburg v. 15.01.2008 – 8 UF 141/07, OLGR Naumburg 2008, 544; OLG Hamm v. 27.11.2007 – 1 UF 50/07, FamRZ 2008, 450.

248 So auch *Ehinger*, FPR 2003, 860, zweifelnd Eschenbruch/*Klinkhammer*, Rn. 2.67.

291   Die Versicherungswirtschaft bietet inzwischen private Zusatzpflegeversicherungen an, die neben monatlichen Prämienzahlungen auch Einmaleinlagen zulassen. Genau wie das zusätzliche Altersvorsorgeschonvermögen kann es einem Unterhaltspflichtigen nicht verwehrt sein, sein Vermögen in eine derartige Versicherung einzubringen und damit der unterhaltsrechtlichen Verwertung zu entziehen.

292   Die Kosten einer privaten **Unfallversicherung** sind jedoch als Abzugsposten vom Einkommen des Unterhaltspflichtigen anerkannt[249].

d) Zuzahlungen, Praxisgebühr, Eigenanteile

293   Ob auch **Zuzahlungen zur Krankenbehandlung**, der Eigenanteil an den Medikamenten- oder Krankenhauskosten und die **Praxisgebühr** als Abzugsposten vom Einkommen des Unterhaltspflichtigen anzuerkennen sind, muss fraglich sein[250]. Sozialhilfeberechtigte haben diese Zusatzkosten bis zur gesetzlichen Belastungsgrenze aus dem Regelsatz zu bestreiten[251]. Die unterhaltsrechtliche Schwierigkeit derartiger Kosten liegt darin, dass sie unkalkulierbar auftreten. Ist ihr Anfall dagegen abzusehen, wie beispielsweise Zuzahlungen zu einer kieferorthopädischen Behandlung eines unterhaltsberechtigten Kindes, ist beim Vorwegabzug des Unterhaltsbedarfs des vorrangigen Kindes der vom Unterhaltspflichtigen zu zahlende Eigenanteil an den Krankenbehandlungskosten vorab vom anrechenbaren Einkommen des Unterhaltspflichtigen abzuziehen. Das gleiche muss für regelmäßig anfallende Zuzahlungen zu Medikamenten bei chronisch Kranken gelten (vgl. Rn. 284 ff.).

294   Ein unkalkulierbarer Kostenfaktor für die Gesundheitsvorsorge wird jedoch nicht als regelmäßige Belastung vom Einkommen des Unterhaltspflichtigen abgezogen werden können. Derartige Aufwendungen sind aus einer allgemein anzuerkennenden allgemeinen Rücklage zu finanzieren (vgl. Rn. 512 ff.), deren Bildung durch monatlich regelmäßige **Ansparungen für größere Anschaffungen**, Reparaturen oder Zuzahlungen zur Heilbehandlung als Abzugsposten anerkannt ist[252]. Dabei ist jedoch zu berücksichtigen, dass die zitierte Entscheidung des OLG Oldenburg noch vor der Etablierung des dynamischen Selbstbehaltes erging. Ob die Bildung einer Ansparrücklage für derartige Eventualitäten auch dann noch unterhaltsrechtlich zu akzeptieren ist, wenn man dem Unterhaltspflichtigen die

---

249 OLG Hamm v. 16.12.2005 – 11 UF 118/05, OLGR Hamm 2006, 361; OLG Brandenburg v. 20.05.2009 – 13 UF 93/08.
250 Für Anerkennung aber wohl eher beiläufig BGH v. 19.03.1986 – IVb ZR 19/85, FamRZ 1986, 661.
251 Hess. VGH v. 20.04.2004 – 10 TG 532/04, FamRZ 2004, 1826.
252 OLG Oldenburg v. 27.07.1999 – 12 UF 79/99, FamRZ 2000, 1174.

Hälfte des seinen im Verhältnis zu den unterhaltsberechtigten Eltern geltenden Selbstbehalt[253] übersteigenden Einkommens belässt, muss ggf. aus-
geurteilt werden. Es wird auch hier auf den Einzelfall ankommen. Wer nur
wenige vorrangige Unterhaltspflichten zu erfüllen hat, kann möglicherweise eher aus der Selbstbehaltsanwachsung einen derartigen Sonderbedarf
befriedigen als jemand, der fünf Kindern und einem Gatten gegenüber
unterhaltspflichtig ist.

3. Steuern und Steuerrücklagen, Steuerklassenwahl

Steuern sind vom Einkommen des Unterhaltspflichtigen vorab leis- 295
tungsmindernd abzuziehen. Dies gilt sowohl für die von Einkünften aus
abhängiger Beschäftigung zu entrichtenden Lohnsteuern als auch für die
aus nicht abhängiger Beschäftigung resultierenden Einkommensteuervor-
auszahlungen[254].

Bei Selbständigen werden die Steuern im Wege des **Vorauszahlungs-** 296
bescheides erhoben. Die Höhe der Steuervorauszahlungen ist abhängig
von den Einkommensverhältnissen des Steuerpflichtigen im vorangegangenen Veranlagungszeitraum. Aufgrund der bei Selbständigen häufig anzutreffenden Einnahmeschwankungen sagen die Einkommensverhältnisse
des vorangehenden Veranlagungszeitraums jedoch oft nichts über die steuerliche Belastung im jeweils laufenden Zeitraum aus.

Grundsätzlich gilt, dass die sich aus den jeweiligen Steuerbescheiden 297
ergebenden Belastungen auch unterhaltsrechtlich zu berücksichtigen sind
(In-Prinzip)[255]. Unterhaltspflichtige, die Einkünfte aus selbständiger Tätigkeit erzielen, müssen daher im Fall der Inanspruchnahme auf Unterhalt in
jedem Fall dafür sorgen, die steuerliche Belastung mit Vorauszahlungen der
wirtschaftlichen Realität anzupassen und ggf. unter Verzicht auf aktuelle
Liquidität die Vorauszahlungen aufzustocken. Ob **Ansparungen auf eine**
mögliche Steuernachzahlung aus laufenden Einkünften unterhaltsrechtlich zu akzeptieren sind, muss bezweifelt werden. Rücklagenbildungen für
Steuernachforderungen werden i.d.R. unterhaltsrechtlich nicht privilegiert
werden können, was auch unproblematisch ist, weil dem Unterhaltspflichtigen die Möglichkeit zusteht, durch den Antrag auf Heraufsetzung seiner
Steuervorauszahlungen eine rechtlich gesicherte Position hinsichtlich dieser
Abzüge zu erlangen.

---

253 Beachte jedoch zur Frage der Höhe des Selbstbehaltes die hier vertretene Position
    Rn. 395.
254 BGH v. 16.06.1982 – IVb ZR 727/80, FamRZ 1983, 152.
255 Vgl. die Darstellung bei Wendl/Dose/*Gerhardt*, § 1, Rn. 1009 ff.

298   Ob die **Steuerklassenwahl** oder die Frage der Veranlagungsart (getrennte oder gemeinsame Veranlagung) Einfluss auf die Unterhaltspflicht im Verhältnis zu den Eltern haben kann, ist – soweit erkennbar – bislang kaum problematisiert worden. Generell besteht die Obliegenheit von Unterhaltspflichtigen, ihre Liquidität auch durch die Steuerklassenwahl so günstig wie möglich zu gestalten. Aus diesem Grund hat der BGH[256] in einem Fall des Elternunterhaltes die Wahl der Steuerklasse V durch den Unterhaltspflichtigen beanstandet und diese Wahl durch einen geschätzten Zuschlag korrigiert. Ob dieser Grundsatz, der im Bereich des Kindes- oder Gattenunterhaltes eine unbestrittene Obliegenheit darstellt, auch im Elternunterhalt uneingeschränkt gilt, muss indessen bezweifelt werden. Es kann Gründe geben, die die Ehegatten veranlassen können, eine vordergründig ungünstige Steuerklassenwahl zu treffen. Dies können sozialrechtliche Gründe sein (z. B. Leistungsbemessung beim Arbeitslosengeld im Fall einer bevorstehenden Arbeitslosigkeit). Dies können aber auch binnenfamiliäre Gründe sein. Eine Korrektur der Steuerklasse durch Zurechnung fiktiver Einkünfte kann daher ohne Vorliegen besonderer Gründe lediglich von Steuerklasse 5/3 auf 4/4 verlangt werden, nicht aber von Steuerklasse 5/3 auf Steuerklasse 3/5 oder von Steuerklasse 4/4 auf Steuerklasse 3/5. Dies hängt auch damit zusammen, dass das BVerfG[257] den aus der Steuerklasse 3 fließenden Splittingvorteil dem Gatten zugeordnet hat, nicht aber nachrangigen Unterhaltsberechtigten. Es ist daher Verheirateten zu empfehlen, im Fall der Inanspruchnahme eines Gatten auf Elternunterhalt einen Steuerklassenwechsel des unterhaltspflichtigen Gatten von Steuerklasse 3 in Steuerklasse 4 vorzunehmen (vgl. auch Rn. 201 ff.). Der dadurch entstehende Liquiditätsverlust wird im Rahmen der jährlichen **Steuerveranlagung** korrigiert.

4. Unterhalt

299   Der Anspruch auf Elternunterhalt geht nach § 1609 Nr. 6 BGB allen anderen Unterhaltsansprüchen nach. Gleichwohl können Unterhaltsansprüche der Eltern die Unterhaltsansprüche nachrangiger Berechtigter beeinflussen. Dies gilt z. B., wenn die ehelichen Lebensverhältnisse durch bereits bestehende oder latente Unterhaltsansprüche von Eltern geprägt wurden[258].

300   Unter einem **latenten Unterhaltsanspruch** versteht der BGH dabei die absehbare Inanspruchnahme auf Elternunterhalt. Diese sei umso größer, je

---

256 BGH v. 14.01.2004 – XII ZR 69/01, FamRZ 2004, 443.
257 BVerfG v. 07.10.2003 – 1 BvR 246/93, FamRZ 2003, 1821 m. Anm. *Schürmann*.
258 BGH v. 25.06.2003 – XII ZR 63/00, FamRZ 2004, 186.

vorhersehbarer der zukünftige Bedarf sei[259]. Aus diesem Grund sei auch der aufgrund unzureichender Einkünfte sich abzeichnende Bedarf eines Elternteils eher als die ehelichen Lebensverhältnisse bestimmend einzuschätzen, als dies im Fall des Elternpflegebedarfs der Fall ist. Der aufgrund mangelnder Alterseinkünfte sich abzeichnende Bedarf sei aus der Biografie des Elternteils folgend stets transparent, während der Pflegeunterhaltsbedarf plötzlich und unverhofft entstehe. Deswegen sei beim zu erwartenden Altersunterhaltsbedarf eines Elternteils eher davon auszugehen, dass dieser die ehelichen Verhältnisse des Unterhaltspflichtigen als latenter Unterhaltsbedarf geprägt hat[260].

Die Rechtsfigur des ‚latenten Unterhaltsbedarfs‘ der Eltern ist m. E. **301** sehr brüchig. Vielfach haben die Kinder keinerlei konkrete Vorstellung über das Alterseinkommen und Altersvermögen der Eltern. Selbst wenn jedoch insuffiziente Einkommens- und Vermögensverhältnisse bekannt und aus der Erwerbsbiografie ablesbar sind, ist die Vorstellung, seine Lebensverhältnisse auf eine ungewisse Inanspruchnahme auf Elternunterhalt einzurichten absurd. Denn die Notwendigkeit, Elternunterhalt zu zahlen ist nicht insuffizienten Einkommensverhältnissen der Eltern geschuldet. Diese auszugleichen ist Aufgabe der **Grundsicherung**. Diese aber wird rückgriffsfrei geleistet (§ 43 SGB Abs. 2 XII), so dass Kinder gerade nicht mit einer Inanspruchnahme auf Elternunterhalt zu rechnen haben. Eine signifikante Steigerung der Pflegewahrscheinlichkeit tritt bei Frauen ab dem achzigsten Lebensjahr und bei Männern nach dem fünfundachzigsten Lebensjahr auf:

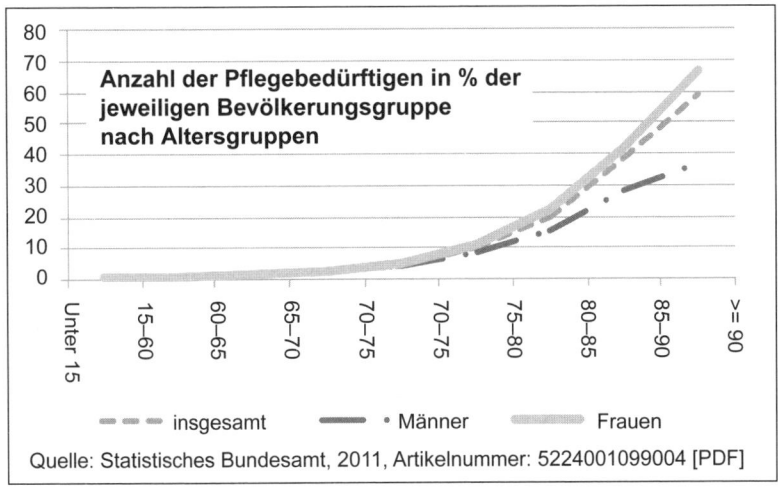

Quelle: Statistisches Bundesamt, 2011, Artikelnummer: 5224001099004 [PDF]

---

259 Grundsätzlich BGH v. 19.02.2003 – XII ZR 67/00, FamRZ 2003, 860.
260 Kritisch dazu *Brudermüller,* NJW 2004, 633.

Es kann kaum angenommen werden, dass bei derart ungewisser Inanspruchnahme ein Kind seinen Lebenszuschnitt auf Elternunterhalt einzustellen hat, zumal nicht nur der Eintritt der Pflegebedürftigkeit völlig ungewiss, noch die Einkommens- und Vermögensverhältnisse und die konkrete Lebenserwartung bekannt sind. Die Annahme einer latenten Unterhaltsgefahr müsste demnach lebenslang das ökonomische Verhalten der Kinder prägen. Das aber würde eine nicht hinzunehmende Beeinträchtigung der Handlungsfreiheit bedingen.

In der Praxis hat sich weder der Begriff noch der Gedanke der durch die latenten Unterhaltslast den Eltern gegenüber geprägten Lebensverhältnisse durchgesetzt. Vielmehr wird allgemein auf den Stichtag der **Zustellung der Rechtswahrungsanzeige** als für die Bewertung der Unterhaltsverhältnisse maßgeblichen **Stichtag** abgestellt. Bis dahin kann sich das unterhaltspflichtige Kind ökonomisch so verhalten, als sei kein Elternunterhalt zu zahlen. Erst danach hat das Kind Kenntnis vom Risikounterhaltsanspruch Elternunterhalt.

302   Praxistipp: Um zu vermeiden, dass Elternunterhalt als die ehelichen Lebensverhältnisse prägend angesehen wird, kann sich ein unterhaltspflichtiges Kind darauf berufen, keine Kenntnis von der wirtschaftlichen Vorsorge für das Alter eines Elternteils zu haben. Dies kann allenfalls dann problematisch sein, wenn das Kind Betreuer des bedürftigen Elternteils ist.

a) Vorrangige Unterhaltsansprüche Erwachsener

303   Der Unterhaltsanspruch eines geschiedenen oder getrennt lebenden Gatten oder der Mutter eines nichtehelichen Kindes nach § 1615l Abs. 1 BGB gehen nach § 1609 Nr. 2 BGB im Rang dem Elternunterhaltsanspruch vor. Unterhaltsansprüche sind daher stets vorab vom anrechenbaren Einkommen des Unterhaltspflichtigen abzuziehen.

b) Familienunterhalt

304   Unter Familienunterhalt versteht man den nach §§ 1360 ff. BGB geschuldeten Unterhalt bei bestehender ehelicher Lebensgemeinschaft[261]. Eine häusliche Gemeinschaft ist nicht erforderlich, was z. B. in Fällen beruflicher Notwendigkeiten Bedeutung bekommen kann. Der Anspruch auf Familienunterhalt umfasst den Bedarf der häuslichen Gemeinschaft der Ehegatten (nicht der Kinder) und deckt den täglichen Lebensbedarf ab[262]. Der Familienunterhalt besteht nicht als Barunterhaltsanspruch.

---

261 Wendl/Dose/*Scholz*, § 3, Rn. 7.
262 KK-FamR/*Klein*, vor §§ 1360 bis 1360b, Rn. 47.

(1) Grundlagen

Der **Familienunterhalt** deckt den gesamten Lebensbedarf der Familie   305
ab[263], also

- Aufwendungen für das Wohnen (einschließlich aller Nebenkosten, Tilgungs- und Zinsleistungen),

- Haushaltskosten,

- Kosten für Urlaub und Erholung,

- Kosten zur Teilhabe an Kultur und Gesellschaft,

- Alters-, Kranken-[264] und Pflegevorsorge,

- sonstige Vorsorgekosten, insbesondere Pflicht- und freiwillige Versicherungsprämien,

- Aufwendungen für persönliche Bedürfnisse, Sport und Hobbys und

- Schulden mindern den Familienunterhalt, gleichgültig, ob sie vor oder während der Ehe entstanden sind[265].

Aus dem Familienunterhalt sind nicht Unterhaltsansprüche Dritter   306
gegen ein Familienmitglied zu finanzieren. **Demgemäß gehören Unterhaltsansprüche von Eltern gegen ein Familienmitglied nicht zum Familienunterhalt.** Durch Unterhaltsansprüche Dritter kann nur die binnenfamiliäre Pflicht begründet werden, das unterhaltspflichtige Familienmitglied im Rahmen der familiären Möglichkeiten von der Familienarbeit freizustellen, um ihm die Möglichkeit der Erwirtschaftung eigenen Einkommens zur Befriedigung von Verwandtenunterhalt zu verschaffen[266].

Die Gesamtheit der zur Verfügung stehenden Einkünfte stellt i.d.R. die   307
Obergrenze des Familienunterhaltes dar.

Übersteigen jedoch die Einkünfte der Eheleute den zur Lebensführung   308
angemessenen und erforderlichen Bedarf, steht der unverbrauchte Rest
demjenigen zu, der die Einkünfte erzielt.

Erzielt nur einer der Ehegatten Einkommen, steht der den Familien-   309
unterhalt übersteigende Einkommensteil ausschließlich dem Einkommen
erzielenden Gatten zu. In der Regel trägt der andere Gatte in diesen Fällen
zum Familienunterhalt durch Haushaltsführung und Kindererziehung bei.
Wegen der in § 1360 S. 2 BGB verankerten Gleichwertigkeitsvermutung

---

263 Wendl/Dose/*Scholz,* § 3, Rn. 325.
264 BGH v. 29.01.2003 – XII ZR 92/01, FamRZ 1992, 291.
265 Wendl/Dose/*Scholz,* § 3, Rn. 341.
266 BGH v. 18.10.2000 – XII ZR 191/98, FamRZ 2001, 1065 m. Anm. *Büttner.*

von Erwerbs- und Hausarbeit tragen auch in diesen Fällen die beiden Gatten gleichermaßen zum Familienunterhalt bei.

310   **Erzielen beide Gatten Einkommen** und ist das Familieneinkommen höher als der angemessene Familienbedarf, sind sie im Regelfall mangels Vorliegens anderer Vereinbarungen oder Anhaltspunkte verpflichtet, zum Familienunterhalt anteilig entsprechend der Höhe ihrer Einkünfte beizutragen[267].

Beispiel:

Einkommen F: 2.400 €, M: 4.000 €. Unterhaltspflichtig ist F. Familienbedarf: 1.500 € + 1.200 € = 2.700 € zzgl. ½ des diesen Betrag übersteigenden Einkommens (1.850 €) = 4.550 €. Anteil F am Familieneinkommen: 2.400 €/ (2.400 € + 4.000 €) = 37,5 %. F hat daher vom Familienbedarf 4.550 € x 37,5 % = 1.706,25 € zu zahlen und mithin 2.400 € − 1.706,25 € = 693,75 € für Unterhalts- oder andere Zwecke einzusetzen.

311   **Erzielen beide Gatten Einkommen**, resultiert aber das Einkommen des einen Gatten aus überobligatorischer Tätigkeit, errechnet sich der Familienunterhalt lediglich aus obligatorischem Einkommen. Das aus überobligatorischer Tätigkeit erzielte Einkommen prägt die ehelichen Lebensverhältnisse nicht[268]. Dies resultiert daraus, dass der überobligatorisch Berufstätige die Erwerbstätigkeit jederzeit aufgeben und das damit verbundene Einkommen verlieren kann. Der aus überobligatorischen Einkünften abgeleitete Unterhaltsanspruch von Eltern ist daher sehr fragil.

> **BGH v. 28.01.2004 – XII ZR 218/01, FamRZ 2004, 795**
>
> LS: Setzt ein haushaltsführender Ehegatte Einkommen aus einer Nebentätigkeit zum Familienunterhalt ein, so kann er dies seinen unterhaltsberechtigten Eltern nur insoweit entgegenhalten, als er hierzu rechtlich verpflichtet ist. Letzteres ist dann nicht der Fall, wenn seine Haushaltsführung zusammen mit seiner Erwerbstätigkeit überobligatorisch ist und sich hierdurch im Verhältnis zu seinem Ehegatten ein erhebliches Missverhältnis in den beiderseitigen Beiträgen zum Familienunterhalt ergibt.

(2) Kindesunterhalt im Familienunterhalt

312   Der Familienunterhalt dient der Sicherung und Fortführung des Lebensunterhaltes der eigenen durch Art. 6 GG geschützten Familie. Er setzt sich im Prinzip zusammen aus dem **Eigenbedarf des Unterhaltspflichtigen**,

---

267 BGH v. 25.04.1967 – VI ZR 195/65, FamRZ 1967, 380.
268 BGH v. 13.04.2005 – XII ZR 273/02, FamRZ 2005, 1154 m. Anm. *Gerhardt*.

dem **Bedarf seines Gatten** und dem **Bedarf eventuell noch vorhandener unterhaltsberechtigter Kinder**. Derzeit spielen sich die Fälle des Elternunterhaltes in der Regel zu einem Zeitpunkt ab, in der Unterhaltspflichten für Kinder die ehelichen Lebensverhältnisse nicht mehr dominant belasten. Dies wird sich jedoch ändern. Je später in einer Beziehung Kinder geboren werden, je länger deren Ausbildung dauert und je häufiger alternde Männer dem Reiz einer Beziehung zu einer jüngeren Frau auch reproduktiven Charme abgewinnen können und somit Vater im biologischen Großvateralter werden und je mehr die Lebenserwartung alter Menschen wächst, um so häufiger werden Unterhaltsansprüche pflegebedürftiger Eltern in Konkurrenz zu Unterhaltsansprüchen voll- und auch minderjähriger Kinder treten.

Der **Bedarf der Kinder** ist im Elternunterhalt vom BGH an den **Tabellensätzen** bemessen worden[269]. **313**

Diese Auffassung kann nur vordergründig überzeugen und ist nachhaltig in den praktisch relevanten Fällen des Elternunterhaltes einer Überprüfung zu unterziehen. Die **Tabellenunterhaltssätze der Düsseldorfer Tabelle** sind zugeschnitten auf den Bedarf einer auseinander gebrochenen Familie. In einer intakten Familie kann der Bedarf unterhaltsberechtigter Kinder erheblich über den Tabellensätzen liegen. Der **Tabellensatz der Düsseldorfer Tabelle bildet daher lediglich die Untergrenze des Bedarfs**[270]. Nimmt ein Kind Reit- oder Musikunterricht, werden erhebliche Aufwendungen für die sportliche Betätigung des Kindes, für dessen sprachliche oder sonstige Ausbildung aufgebracht, ist dieser Aufwand auch gegenüber den unterhaltsbedürftigen Eltern unterhaltrechtlich relevant. Genau wie die unterhaltpflichtigen Kinder keine spürbare und dauerhafte Senkung ihrer Lebensverhältnisse hinzunehmen haben[271], müssen sich die Kinder des Unterhaltspflichtigen nicht übermäßig einschränken. Daraus folgt, dass die für die Kinder des Unterhaltspflichtigen in den Familienunterhalt einzustellenden Beträge grundsätzlich großzügiger zu bemessen sind als in den Fällen einer auseinander gebrochenen Familie. Sonderbedarf und Mehrbedarf von Kindern ist daher in jedem Fall zusätzlich zum Tabellenunterhalt großzügig zu bemessen. **314**

Von den in der **Düsseldorfer Tabelle** ausgewiesenen Bedarfssätzen ist bei **minderjährigen Kindern** das **Kindergeld** zu ½ auf den Bedarf anzurechnen (§ 1612b Abs. 1 Nr. 1 BGB). Bei **volljährigen Kindern** wird das Kindergeld vom Tabellenbedarfssatz des Kindes voll abgezogen (§ 1612b Abs. 1 Nr. 2 BGB). Vielfach reduzieren die Sozialhilfeträger die Tabellensätze der Düsseldorfer Tabelle auch bei minderjährigen Kindern um das volle **315**

---

269 BGH v. 17.12.2003 – XII ZR 224/00, FamRZ 2004, 370.
270 So auch *Brudermüller*, NJW 2004, 633.
271 BGH v. 24.10.2002 – XII ZR 266/99, FamRZ 2002, 1698.

Kindergeld. Dies ist nicht berechtigt. Das Kindergeld wird nach der dem Gesetz zugrunde liegenden Konzeption der **Gleichrangigkeit von Betreuungs- und Barunterhaltspflicht** (§ 1606 Abs. 3 S. 2 BGB) bei minderjährigen Kindern nach § 1612b Abs. 1 Nr. 1 BGB zu je ½ auf den bar- und betreuungsunterhaltspflichtigen Elternteil verteilt. Diese Aufteilung wird nicht dadurch obsolet, dass bei zusammen lebenden Elternteilen eine ‚Barunterhaltspflicht' nicht besteht, weil der Bedarf des Kindes aus dem Familienunterhalt finanziert wird. Da auch dann, wenn beide Eltern eines minderjährigen Kindes berufstätig sind, ein Betreuungsbedarf des Kindes besteht, ist der zur Abdeckung des Betreuungsbedarfs vorgesehene Teil des Kindergeldes nicht monetarisierend auf dessen Barbedarf anzurechnen. Es bleibt daher auch in diesen Fällen bei der **Halbanrechnung des Kindergeldes**[272] auf den Tabellenbetrag des Kindes, wobei dieser bei **Doppelverdienerehen** aus dem zusammengerechneten Einkommen der Eltern zu bemessen ist.

316   Die **Höhe** des in Ansatz zu bringenden **Kindesunterhalts** ist nicht auf die Höchstsätze der Düsseldorfer Tabelle begrenzt. Übersteigt das Einkommen der Eltern die Höchstsätze der Düsseldorfer Tabelle, kann eine angemessene Heraufsetzung der Bedarfssätze des Kindesunterhaltes angezeigt sein. Gleichfalls ist zu beachten, dass die Bedarfssätze der Düsseldorfer Tabelle ab 01.01.2010 auf eine 2 Personen gegenüber bestehende Unterhaltpflicht zugeschnitten sind. Bei einer geringeren Zahl von Unterhaltsberechtigten kann es angemessen sein, diese Bedarfssätze zu erhöhen. Eine Verminderung der Bedarfssätze der Kinder bei einer höheren Zahl von Unterhaltspflichtigen ist indessen nicht vorzunehmen. Soweit dies im Deszendenten- und Gattenunterhalt angenommen wird, dient es der ausgewogenen Verteilung der Einkünfte zwischen Kindern und Gatten. Im Verhältnis zu den Eltern ist dieser Gedanke unbeachtlich.

317   **Sonderbedarf der Kinder**[273] ist unterhaltsrechtlich unverhofft auftretender zusätzlicher Bedarf und daher unterhaltsrechtlich zusätzlich vom anrechenbaren Einkommen abzuziehen. Zum unterhaltsrechtlichen Sonderbedarf der Kinder zählt:

- **unvorhergesehene Krankheitskosten**[274] und **Kosten einer kieferorthopädischen Behandlung**[275] sofern diese nicht von der Krankenversicherung übernommen werden;

- Kosten einer **Erstausstattung für einen Säugling**[276];

---

272 Eschenbruch/*Klinkhammer*, Rn. 3.98; Wendl/Dose/*Scholz*, § 2, Rn. 718.

273 Zusammenstellung bei Wendl/Dose/*Scholz* § 6 Rn. 14 ff.

274 BGH v. 06.10.1982 – IV b ZR 307/81, FamRZ 1983, 29.

275 OLG Celle v. 04.12.2007 – 10 UF 166/07, FamRZ 2008, 1884.

276 BVerfG v. 17.06.1999 – III ZR 248/98, FamRZ 1999, 1342; OLG Koblenz v. 12.05.2009 – 11 UF 24/09, FamRZ 2009, 2098.

• Anschaffung von **teuren Musikinstrumenten**[277].

Mehrbedarf der Kinder[278] ist regelmäßig auftretender und aus dem   **318**
Tabellensatz der Düsseldorfer Tabelle nicht zu befriedigender Bedarf. Dazu
zählt:

• **Schulgeld, Internatskosten**[279] und **Kinderbetreuungskosten** in Kindergarten und Kindertagesstätten[280] oder durch **Pflegepersonen**[281];

• **Hobby- und Sportkosten**, soweit diese nicht aus den Tabellensätzen befriedigt werden können, z. B. **Reiten**[282], **Hundehaltung**[283]

• **Nachhilfekosten**[284], Kosten einer **Musikausbildung**[285].

In den Tabellenunterhaltssätzen der Düsseldorfer Tabelle sind die ‚**Kos-**   **319**
ten des Wohnens‘ mit 20 % der Tabellensätze enthalten[286].

Praxistipp: Da die Frage, in welchem Umfang Kindesunterhalt beim   **320**
Familienunterhalt zu berücksichtigen ist, bislang noch nicht
ausreichende Konturen gewonnen hat, ist bei der Verteidigung gegen Elternunterhaltsansprüche in jedem Fall der **Bedarf der Kinder konkret zu belegen**, soweit die Tabellenunterhaltssätze der Düsseldorfer Tabelle nicht ausreichend
sind. In der anwaltlichen Praxis ist der unterhaltsrechtliche
Mehrbedarf der Kinder konkret darzulegen.

c) Prägender Elternunterhalt und Gattenunterhalt

In einigen Fällen kann der **Elternunterhalt** bereits die **ehelichen Le-**   **321**
bensverhältnisse geprägt haben. Dies ist dann der Fall, wenn bereits bei

---

277 BGH v. 11.04.2001 – XII ZR 152/99, FamRZ 2001, 1603.
278 Zusammenstellung bei Wendl/Dose/*Klinkhammer* § 2 Rn. 232, 451.
279 BGH v. 26.11.2008 – XII ZR 65/07, FamRZ 2009, 962; BGH v. 05.06.1985 – IV b ZR
    24/84, FamRZ 1985, 917; Wendl/Dose/*Klinkhammer*, § 2 Rn. 451 ff.
280 BGH v. 26.11.2008 – XII ZR 65/07, FamRZ 2009, 962.
281 OLG Düsseldorf v. 08.07.2005 – II–3 UF 21/05, NJW-RR 2005, 1529; OLG Hamm
    v. 22.05.2006 – 6 WF 302/05, FamRZ 2007, 77; OLG Köln v. 29.10.1998 – 14 WF
    157/98, NJW 1999, 295; vgl. auch OLG Zweibrücken v. 06.05.1993 – 5 UF 124/91,
    FamRZ 1994, 770, 771.
282 BGH v. 13.06.2001 – XII ZR 343/99, FamRZ 2001, 986 m. Anm. *Luthin*, FamRZ
    2001, 1061; OLG Naumburg v. 26.04.2007 – 3 UF 26/07, FamRZ 2008, 177; OLG
    Karlsruhe v. 03.08.2004 – 18 UF 248/02, FamRZ 2005, 233.
283 OLG Bremen v. 29.04.2010 – 4 WF 41/10, FamRZ 2011, 43.
284 OLG Düsseldorf v. 08.02.2007 – 9 UF 72/06, FamRZ 2007, 1684; OLG Düsseldorf
    v. 08.07.2005 – II–3 UF 21/05, NJW-RR 2005, 1529.
285 Wendl/Dose/*Klinkhammer*, § 6 Rn. 17.
286 Süddeutsche Leitlinien Ziff. 21.5.2.; Wendl/Dose/*Gerhardt* § 1 Rn. 469.

Eheschließung der Unterhaltspflichtige einem Elternteil gegenüber unterhaltspflichtig gewesen ist und bei dauerhaften Unterhaltszahlungen an einen Elternteil die ehelichen Lebensverhältnisse durch Unterhaltsansprüche der Eltern geprägt gewesen sein können[287]. Der BGH hat für diese Fälle eine konkrete Berechnung des sich dann errechnenden Familien- und Trennungs- oder nachehelichen Unterhaltsanspruchs nicht vorgeschrieben, sondern auf die übliche Berechnungsmethode verwiesen.

322   Da danach dem unterhaltsberechtigten Gatten ein Anteil in Höhe seiner Unterhaltsquote vom Einkommen des Unterhaltspflichtigen zusteht, würde dies für den Unterhaltsanspruch des Elternteils konsequenterweise bedeuten, dass dieser zweistufig zu berechnen wäre:

323   In einer ersten Berechnungsstufe wäre der Elternunterhalt entweder unter vorrangiger Berücksichtigung des Familienunterhaltes oder – im Fall der Trennung – des Gattenunterhaltes zu bestimmen.

324   In einer zweiten Berechnungsstufe wäre sodann der Elternunterhalt durch einen Zuschlag in Höhe der Unterhaltsquote für den Gatten zu erhöhen und der Gattenunterhalt entsprechend zu vermindern.

325   Durch diese zweistufige Berechnung wäre einerseits der Vorrang des Gattenunterhaltes sichergestellt und zum anderen dem Umstand Rechnung getragen, dass der Elternunterhalt bereits die ehelichen Lebensverhältnisse geprägt hat. Selbstverständlich muss in diesen Fällen das Ergebnis auf seine Angemessenheit hin überprüft werden.

d) Vertragliche Unterhaltsansprüche und Unterstützungsleistungen

326   Da Elternunterhalt meist im fortgeschrittenen Alter der Unterhaltspflichtigen auftritt, sind Fälle nicht selten, in denen Eltern ihren Kindern – oder auch Stiefkindern oder Dritten – eine Ausbildung, einen Pkw, eine Wohnung oder andere Bedarfsgegenstände finanzieren, obwohl eine gesetzliche Unterhaltspflicht bereits erfüllt ist (z. B. es wurde bereits eine berufsqualifizierende Ausbildung finanziert) oder nie bestanden hat (Unterhalt für Stiefkind). Auch unterstützen viele Eltern ihre Kinder auch in fortgeschrittenem Alter durch Beiträge zur Wohnungsfinanzierung, Übernahme von Pkw-Kosten etc. Hintergrund solcher Leistungen ist oftmals schlichte Freigiebigkeit ohne Rechtsbindungswillen. Solche Leistungen können jederzeit eingestellt werden, weil der Begünstigte keinen Rechtsanspruch auf sie hat.

327   Es kann aber auch anders sein. Sagen Eltern einem Kind z. B. die Übernahme der Kosten einer **Zweitausbildung** zu, so wird sich das Kind in sei-

---

287 BGH v. 19.02.2003 – XII ZR 67/00, FamRZ 2003, 860.

ner Lebensplanung darauf einstellen und die Zweitausbildung – gestützt auf die Kostenübernahme oder Beteiligungserklärung der Eltern – beginnen und fortführen wollen. Eine derartig den Lebensweg und Lebensstandard prägende Vereinbarung kann nicht ohne Rechtsbindungswillen auf beiden Seiten angenommen werden. Dies hat zur Folge, dass der Versprechende sich nicht einseitig von der Vereinbarung lösen kann. Trotz Freigiebigkeit und Freiwilligkeit unterliegt einer solchen Zusage ein rechtsgeschäftlicher Bindungswille, der vom Begünstigten gegebenenfalls auch eingeklagt werden könnte. Ähnlich ist es, wenn sich Personen an Mietkosten Dritter beteiligen und diese deswegen eine Wohnung größeren Zuschnitts wählen, als es die eigenen Einkommens- und Vermögensverhältnisse zuließen. Auch in diesen Fällen kann sich der Leistende nicht einseitig aus dem Vertrag lösen. Dass ein solcher Vertrag meist nicht schriftlich fixiert ist, ist unbedenklich. Zwar ist die Verpflichtung zur Leistung freiwillig und unentgeltlich und damit möglicherweise eine Schenkung nach § 516 BGB[288]. Der Mangel der notariellen Form nach § 518 BGB wird allerdings durch die Aufnahme der regelmäßigen Zahlungen nach § 518 Abs. 2 BGB geheilt. Die Unterstützungsleistung ist dabei keine Kette einzelner Schenkungen. Vielmehr ist der Schenkungsgegenstand die ‚Ausbildungsfinanzierung‘ oder ‚Unterstützung zur Wohnungsfinanzierung‘. Mit der ersten Zahlung wird die versprochene Leistung ‚bewirkt‘ und damit der Mangel der Form geheilt.

Praxistipp: Ob die oben dargestellte Wirksamkeit des Unterstützungs-   **328**
versprechens tatsächlich vor der Rechtsprechung Bestand hat, muss abgewartet werden. Betroffenen ist in jedem Fall zu empfehlen, eine entsprechende Unterstützungsvereinbarung in notarieller Form abzugeben.

(1) Vertraglicher Unterhalt als Schenkung

Problematisch ist, dass der Zuwendende – sofern man das Unterstüt-   **329**
zungsversprechen als **Schenkung** qualifiziert – dieses nach § 519 Abs. 1 BGB kondizieren kann, wenn er durch das Versprechen an der Erfüllung seiner ihm gesetzlich obliegenden Unterhaltpflichten gehindert ist. Bedarf der Begünstigte allerdings die Zuwendung um seinen Lebensunterhalt oder den der ihm gegenüber unterhaltsberechtigten Personen zu erfüllen, kann er die Herausgabe des Geschenks verweigern (§ 529 Abs. 2 BGB). Für die geleisteten Unterhaltsraten wird der Begünstigte ‚Verbrauch‘ und damit Entreicherung einwenden. Die laufenden und zukünftigen Zahlungen könnten indessen dann eingestellt werden, wenn man entgegen der hier vertretenen Meinung die einzelnen Unterstützungsleistungen als kon-

---

288 BFH v. 12.08.1960 – VI 82/60 U, BB 1960, 1122.

sekutive unentgeltliche Zuwendungen begriffe und nicht als Leistungen eines einheitlich gegebenen Unterstützungsversprechens. Soweit ersichtlich ist bislang dazu noch keine Rechtsprechung ergangen. Es bliebe daher abzuwarten, wie die Rechtsprechung im konkreten Fall reagiert. In der Auseinandersetzung mit einzelnen Sozialhilfeträgern hat der Autor positive Erfahrungen gemacht.

(2) Vertraglicher Unterhalt als ‚Ausstattung‘

330   Ein ‚vertragliches **Unterhaltsversprechen**‘ kann auch als ‚**Ausstattung**‘ i.S.d. § 1624 BGB angesehen werden (vgl. auch Rn. 795 ff.). Grundsätzlich kann Gegenstand einer Ausstattung nahezu jede Vermögenszuwendung sein. Dazu zählen[289] fortlaufende Zahlungen, Renten[290] und auch Naturalleistungen, zu denen z. B. Aufnahme in den Haushalt und Verköstigung im Rahmen einer unterhaltsrechtlich nicht geschuldeten Aus- oder Fortbildung[291]. Auch in dem Fall, dass man eine ‚vertragliche Unterhaltsleistung‘ als Ausstattung ansieht, bleibt indessen die Schwierigkeit bestehen, ob man das Unterhaltsversprechen oder die einzelnen Leistungen als Gegenstand der Ausstattung ansieht. Kann nämlich der Unterhaltsbedarf der pflegebedürftig gewordenen Eltern unterhaltsrechtlich durch das Kind nicht abgedeckt werden, könnte sich, wenn man jede einzelne Zahlung als Ausstattung begriffe, die Ausstattung unter dem Aspekt des Verstoßes gegen das Übermaßgebot (vgl. Rn. 797) wiederum als Schenkung zu klassifizieren sein, die der Revokation unterläge. Gerade aber bei Annahme einer Ausstattung, die nach dem Normwortlaut ‚zur Erhaltung der Wirtschaft oder der Lebensstellung‘ des Begünstigten erfolgt, wäre dieser Ansatz unbrauchbar. ‚Lebensstellung‘ ist etwas Dauerhaftes. Die Verpflichtung zu gesetzlich nicht geschuldeten Unterhaltsleistungen hat einen zeitlichen Aspekt und kann daher nicht eine Kette unzusammenhängender Zuwendungen sondern nur als einheitlicher Zuwendungsakt angesehen werden.

(3) Vertraglicher Unterhalt als Schuldversprechen

331   Die verpflichtende Anerkennung eines gesetzlich nicht geschuldeten Unterhaltsanspruchs kann nicht als Schuldversprechen i.S.d. § 780 BGB zu sehen sein. Ein solches setzt vielmehr auch in Form des abstrakten Schuldversprechens das Bestehen einer Schuld voraus, bedarf mithin einer Grundverpflichtung[292]. Zu beachten ist das Schriftformerfordernis beim Schuldversprechen, das aber bereits dann erfüllt ist, wenn eine unterzeichnete

---

289 RG v. 23.05.1906 – IV 569/1905, RGZ 63, 323; v. 12.12.1907 – IV 221/1907, RGZ 67, 204.
290 MünchKomm/*Hinz* § 1624, Rn. 3.
291 JURIS-PK FamR/*Kerscher*, § 1624 Rn. 56.
292 Erman/*Wilhelmi*, Vor § 780 Rn. 2.

schriftliche (nicht elektronische) Erklärung vorliegt (§ 126 BGB). Notarielle Form ist nicht erforderlich. Auch die Aufnahme der Verpflichtung in einem gerichtlich protokollierten Vergleich (§ 126a BGB) ist ausreichend[293]. Die rechtliche Wertung eines Unterhaltsversprechens als Ausstattung (vgl. Rn. 330) wird dem Parteiwillen wohl am ehesten gerecht.

Praxistipp: Zur Vermeidung von Beweisschwierigkeiten und zur Beseitigung eventueller Formmängel für den Fall, dass nicht Kinder über § 1624 BGB begünstigt werden sollen, sondern die Vereinbarung als ‚Schenkung' zu qualifizieren ist, wird dringend die Abgabe des Versprechens in notarieller Form (§ 518 BGB) empfohlen. Wenn die Beteiligten dies vermeiden wollen, sollte jedenfalls Schriftform gewählt werden. **332**

Beruft sich ein unterhaltspflichtiges Kind auf die die unterhaltsrechtliche Leistungsfähigkeit gegen den Elternunterhaltsanspruch beeinflussende vertragliche Unterhaltsverpflichtung, trägt es zur Glaubhaftigkeit der eingegangenen Verpflichtung bei, wenn die Zahlungen belegt und die Umstände der Verpflichtung gegenüber dem Unterhalt begehrenden Elternteil gut dokumentiert und dargestellt werden können. Vertragliche Unterhaltsverpflichtungen ‚in letzter Minute' vor der Inanspruchnahme auf Elternunterhalt einzugehen, wird in der Regel nicht nur Argwohn, sondern auch rechtliche Widerstände mobilisieren. **333**

e) Probleme und Chancen des vorrangigen Unterhaltes

Da alle anderen Unterhaltsansprüche dem Elternunterhalt vorgehen, bietet der Unterhalt ein weites Feld zur Beeinflussung der Leistungsfähigkeit des Unterhaltspflichtigen. Im Kindesunterhalt bietet die Düsseldorfer Tabelle allenfalls einen Anhaltspunkt, den Barunterhaltsbedarf eines Kindes zu ermitteln. Die Unterhaltssätze der Düsseldorfer Tabelle sind nämlich nicht auf die Festlegung eines Unterhaltsbedarfs gegenüber nachrangig Unterhaltsberechtigten zugeschnitten, sondern sollen Anhaltspunkte für den Unterhaltsbedarf einer auseinander gebrochenen Familie geben. In der Familie ist jedoch zumeist der Unterhaltsbedarf gleichrangiger Unterhaltsberechtigter in Konkurrenz zueinander zu beurteilen. Außerdem sind die Bedarfssätze der Düsseldorfer Tabelle keine gesetzgeberische Festlegung des Barbedarfs. Im Verhältnis zu den Eltern des Unterhaltspflichtigen markieren die **Bedarfssätze der Düsseldorfer Tabelle** daher allenfalls die unterste Grenze. Im Streitfall muss der Unterhaltspflichtige ggf. den Bedarf des Kindes konkret bestimmen. Lebt das Kind noch im Haushalt **334**

---

293 Palandt/*Sprau*, § 780 Rn. 6.

des Unterhaltspflichtigen, sind die Wohnkosten des Kindes in den vorab vom anrechenbaren Einkommen des Pflichtigen abzuziehenden Wohnkosten des Unterhaltspflichtigen enthalten (vgl. Rn. 402 ff.). Nicht enthalten sind jedoch alle Mehrkosten, die das Kind verursacht. Diese fangen bei kostspieligen Freizeitaktivitäten des Kindes an, gehen über Nachhilfe- und Musikunterricht sowie sportliche Aktivitäten bis hin zu in diesem Zusammenhang als Sonderbedarf zu begreifende schulische Aktivitäten wie Klassenfahrten, Auslandsaufenthalte u. Ä.

335   Bei nicht mehr im elterlichen Haushalt lebenden Kindern ist zu deren Barbedarf neben den ggf. anfallenden Krankenversicherungskosten auch der Versorgungsbedarf zu rechnen. Als Versorgungsbedarf gelten z. B. die von den Eltern zusätzlich zum regelmäßigen Bedarf finanzierten Heimfahrten, Aufwendungen für Kleidung, die Wäschepflege und Naturalsubventionen in Form von Nahrungsmitteln. Die vielfach vorhandene Subventionierung des Studenten-Pkw durch die Eltern ist ebenfalls im Rahmen des Elternunterhaltes zu berücksichtigen. Gleichgültig ist dabei, ob nur Versicherungs- und Steuerkosten von den Eltern abgedeckt werden oder auch die Kosten des laufenden Betriebes. In den Tabellenunterhaltssätzen für einen Volljährigen sind Pkw-Kosten nicht erfasst. Sie können allerdings angesichts des hohen Motorisierungsgrades der Studenten und Jugendlichen nicht als Luxus begriffen werden. Bei realistischer Betrachtungsweise können derartige Aufwendungen eine überraschende Höhe annehmen.

336   **Praxistipp**: Da in der Auseinandersetzung mit den Trägern der Sozialhilfe der Kindesunterhalt bei auswärtig untergebrachten Kindern regelmäßig nach den Tabellensätzen der unterhaltsrechtlichen Leitlinien der OLG bestimmt wird, empfiehlt es sich, mit dem aushäusig untergebrachten Kind Unterhaltsvereinbarungen vertraglich zu fixieren, um sie dem Träger der Sozialhilfe vorlegen zu können. Aus familienrechtlichen Grundsätzen kann eine Elternunterhaltsverpflichtung nicht zu einer Abänderungsklage bezüglich des Kindesunterhaltes zwingen. Darüber hinaus veröffentlicht das Deutsche Studentenwerk regelmäßig die tatsächliche Höhe des Lebensbedarfs eines Studenten, die nicht nur die BAföG-Sätze sondern auch die Sätze der Düsseldorfer Tabelle regelmäßig übersteigen.

5. Berufsbedingte Aufwendungen

337   Für den Abzug **berufsbedingter Aufwendungen** vom Einkommen des Unterhaltspflichtigen gelten keine Besonderheiten. Es gilt der in den Leit-

linien der Oberlandesgerichte verankerte Grundsatz, dass diese entweder konkret belegt werden müssen[294] und dann in Höhe ihres tatsächlichen Anfalls abzugsfähig sind, oder aber eine Pauschale in Höhe von 5 % entweder mit oder ohne Ober- und Untergrenzen gilt[295].

Das gleiche gilt auch für die **Fahrtkosten** zur Erreichung der Arbeitsstelle[296]. Diese werden – regional unterschiedlich – mit ca. 0,30 € für jeden gefahrenen Kilometer in Ansatz gebracht. Einige OLG nehmen bei längeren beruflich veranlassten Fahrstrecken ab einer bestimmten Entfernung einen niedrigeren Kilometersatz an[297]. Es ist darauf hinzuweisen, dass in den berücksichtigten Kosten für Entfernungskilometer alle Fahrzeugkosten (einschließlich Anschaffungskosten) enthalten sind. Dies führt dazu, dass i.d.R. neben der beruflich bedingten Fahrtkostenpauschale **Pkw-Anschaffungskosten** (Kreditraten) nicht abzugsfähig sein sollen. Dies ist in dieser Absolutheit nicht zutreffend. Wer einen Pkw für die Fahrt zur Arbeitsstelle benötigt und nur eine kurze Wegstrecke zu bewältigen hat, kann eine Kreditrate für das Fahrzeug nicht aus den berufsbedingten Aufwendungen von 0,30 € pro gefahrenen Kilometer finanzieren. Sinnvoll wäre es, in diesen Fällen im Unterhaltsrecht so vorzugehen, wie im Verfahrenskostenhilferecht. Die Kreditraten für ein Fahrzeug sind als anerkannte Lasten abzugsfähig. Die Fahrtkosten werden auf der Basis eines niedrigeren Kilometersatzes (0,052 € pro Kilometer) berechnet.

338

OLG Karlsruhe v. 29.01.2009 – 2 UF 102/08, OLGR Karlsruhe 2009, 418

LS: Bei der Bewilligung von Prozesskostenhilfe sind Fahrtkosten gem. § 3 Abs. 6 Nr. 2 der Durchführungsverordnung zu § 82 SGB XII mit 5,20 € pro Entfernungskilometer anzusetzen. Zusätzlich können konkret nachgewiesene Anschaffungskosten zur Finanzierung des Fahrzeugs als besondere Belastung i.S.v. § 115 Abs. 1 Satz 3 Nr. 4 ZPO berücksichtigt werden (Rn. 13, 17, 22).

…

Wie die mit der Erzielung des Einkommens verbundenen notwendigen Ausgaben zu berechnen sind, ist umstritten. Ein Teil der Rechtsprechung und der Literatur zieht zur Berechnung der Höhe der Fahrtkosten die Bestimmungen in den unterhaltsrechtlichen Leitlinien heran (so OLG Karlsruhe – 5. Zivilsenat –, FamRZ 2008, 69; OLG Karlsruhe – 16. Zivilsenat –, FamRZ 2008, 2288; OLG Zweibrücken, FamRZ 2006, 437; OLG Nürnberg, FamRB 2009, 11; Kalthoener/Büttner/Wroebel-Sachs, Prozesskostenhilfe, 4. Aufl. Rz. 258). Demgegenüber wendet die wohl

---

294 OLG-LL Nr. 10.2. (s. www.farmrz.de) OLG Bremen, Hamburg, Hamm, Köln, Rostock, Schleswig fordern konkrete Darlegung der berufsbedingten Aufwendungen.

295 Unterhaltsrechtliche Leitlinien der OLG (s. www.famrz.de), Nr. 10.2.1. Alle übrigen OLG (mit Ausnahme der in voriger Fn. genannten) lassen einen pauschalen Abzug zu.

296 Unterhaltsrechtliche Leitlinien der OLG (s. www.famrz.de), Nr. 10.2.2.

297 OLG Bamberg, Bremen, Dresden, Düsseldorf, Frankfurt, Hamburg, Hamm, Karlsruhe, Köln, München, Nürnberg, Saarbrücken, Schleswig, Stuttgart, Zweibrücken.

> überwiegende Auffassung die bereits erwähnte Durchführungsverordnung an (so
> OLG Düsseldorf, FamRZ 2007, 644; OLG Stuttgart, OLGR Stuttgart 2008, 36;
> OLG Koblenz, Beschluss vom 01.07.2008, 9 WF 465/08; OLG Bamberg, FamRZ
> 2007, 1339; OLG Brandenburg, FamRZ 2008, 158; Münch-KommZPO/Motzer,
> 3. Aufl., § 115 Rn. 28, 40; Schoreit/Groß, Beratungshilfe und Prozesskostenhilfe,
> 9. Aufl., § 115 Rn. 41). …

339   Allerdings wären die beruflich bedingten Fahrtkosten an die Entwicklung der Treibstoffpreise anzupassen. Bei Treibstoffpreisen von 1,65 € pro Liter betragen die Benzin und Dieselkosten bereits ca. 13 Eurocent pro gefahrenen Kilometer. Zuzüglich der sonstigen Verbrauchskosten wird man daher pro gefahrenen Kilometer mindestens 0,20 € in Ansatz zu bringen haben, wenn die Anschaffungskosten des beruflich genutzten Fahrzeugs kreditiert sind und als Kreditrate bereits vom unterhaltspflichtigen Einkommen abgezogen wurden.

340   Im Unterschied zum Deszententenunterhalt kann das unterhaltspflichtige Kind beim Elternunterhalt auch nicht darauf verwiesen werden, statt des eigenen Pkw öffentliche Verkehrsmittel zu nutzen. Die grundsätzlich im Elternunterhalt geltende Lebensstandardgarantie[298] berechtigt das unterhaltspflichtige Kind trotz der entstehenden Unterhaltsbedürftigkeit eines Elternteils den Arbeitsplatz in gleicher Weise wie vor dem Entstehen der neuen Unterhaltsverpflichtung aufzusuchen. In eindeutigen Missbrauchsfällen mag eine Korrektur angebracht sein, grundsätzlich muss indessen gelten, dass der einmal erreichte Lebenszuschnitt fortgesetzt werden kann.

341   Zu den ‚berufsbedingten Aufwendungen‘ gehören auch die Kosten einer arbeitsplatznah gelegenen **Zweitwohnung** und gegebenenfalls Verpflegungsmehraufwendungen, wenn diese am Arbeitsort anfallen, weil eine Zweitwohnung keine hinreichende Möglichkeit bietet, Speisen zuzubereiten. Solche Mehraufwendungen sind plausibel zu begründen und substantiert zu dokumentieren. Geschieht dies allerdings durch Vorlage von Restaurantrechnungen oder ähnlichen Nachweisen, kann der unterhaltsberechtigte Elternteil sich nicht darauf berufen, Speisen könnten auch behelfsmäßig mit Kochplatte oder Tauchsieder zubereitet werden, wenn die Wohnung keine Küche enthält. Das unterhaltspflichtige Kind wäre berechtigt, am Arbeitsort eine vollausgestattete Wohnung anzumieten, wenn die Entfernung zwischen Arbeits- und Wohnort eine tägliche Arbeitsanreise unzumutbar erscheinen lässt oder vor Entstehung der Unterhaltspflicht die Zweitwohnung bereits angemietet war[299].

---

298 BGH v. 23.10.2002 – XII ZR 266/99, FamRZ 2002, 1698.

299 Diese Argumentation wird insbesondere bei BGH-Richtern auf Verständnis stoßen, die vielfach am Arbeitsort lediglich eine kleine Zweitwohnung für die Zeit ihrer Präsenz am Gericht bewohnen.

Auch darüber hinaus können berufsbedingte Aufwendungen zu be- 342
rücksichtigen sein. So können **Gewerkschaftsbeiträge**[300], Privathaft-
pflichtversicherungsbeiträge[301] und Hausratsversicherungsprämien[302] vom
anrechenbaren Einkommen des Unterhaltspflichtigen abgezogen werden
und mindern daher dessen unterhaltsrechtliche Leistungsfähigkeit.

Praxistipp: In der Praxis werden dabei große regionale Unterschiede in 343
der Abzugsfähigkeit gerade bei beruflich veranlassten Aufwendungen gemacht. Es kann daher nur empfohlen werden,
alle denkbaren Abzugspositionen bei der Ermittlung des anrechenbaren Einkommens anzugeben.

6. Kreditbelastungen (Zins- und Tilgungsleistungen)

Im Unterschied zum Gatten- und Kindesunterhaltsrecht besteht Einig- 344
keit, dass für die unterhaltsrechtliche Berücksichtigung von Kreditverbindlichkeiten des Unterhaltspflichtigen beim Elternunterhalt ein großzügiger
Maßstab anzulegen ist[303]. Dies ist damit zu begründen, dass anders als
im Fall des Kindesunterhaltes der Unterhaltspflichtige sich auf die Inanspruchnahme durch seine Eltern nicht einstellen kann[304] und es daher eine
nur schwer zumutbare Beschränkung seiner wirtschaftlichen Handlungsfreiheit bedeuten würde, wenn man seine in der Vergangenheit getroffenen
wirtschaftlichen Dispositionen nicht akzeptierte.

Wie im sonstigen Unterhaltsrecht auch wird man aber im Einzelfall 345
ggf. **Verbindlichkeiten auf ihren Zweck, ihre Dringlichkeit und insbesondere den Zeitpunkt ihrer Entstehung** sowie die Möglichkeit zur
Wiederherstellung der Leistungsfähigkeit, also zur Ent- oder Umschuldung
zu prüfen haben[305]. Auch im Fall der Inanspruchnahme auf Elternunterhalt
muss daher der Unterhaltspflichtige die Gründe, die für einen Vorwegabzug der Zins- und Tilgungsleistungen sprechen, darlegen und auch vortragen, aus welchen Gründen eine Um- oder Entschuldung nicht möglich ist.

Kredite können grob in **Investitions-** und **Konsumkredite** unterteilt 346
werden.

---

300 OLG Hamm v. 06.08.2009 – 2 UF 241/08, FamRZ 2010, 303.
301 OLG Köln v. 05.07.2001 – 14 UF 13/01, FamRZ 2002, 572.
302 OLG Düsseldorf v. 17.09.2007 – II–2 UF 61/07, FamRZ FamRZ 2008, 438.
303 FA-FamR/*Gerhardt,* Kap. 6, Rn. 377.
304 Wendl/Dose/*Wönne,* § 2, Rn. 930.
305 BGH v. 19.03.2003 – XII ZR 123/00, FamRZ 2003, 1179; BGH v. 15.11.1995 – XII
    ZR 231/94, FamRZ 1996, 345.

347   Ein **Investitionskredit** liegt vor, wenn mit dem Kredit ein Wert geschaffen oder angeschafft wurde, der auch noch dann existiert, wenn der Kredit – planmäßige Bedienung unterstellt – bereits abgetragen ist. Ein **Investitionskredit schafft daher Vermögensbildung.** Die Absetzung von Zins- und Tilgungsraten eines derartigen Kredites vom unterhaltsrechtlich anrechenbaren Einkommen des Unterhaltspflichtigen führt demgemäß dazu, dass zu Lasten der Unterhaltsansprüche des Berechtigten Vermögensbildung beim Unterhaltspflichtigen erfolgt. Dies ist im Bereich des Gatten- und Kindesunterhaltes stets fragwürdig. Für den Bereich des Elternunterhaltes gelten insoweit – von Ausnahmen abgesehen – keine Beschränkungen. Sowohl Zins- als auch Tilgungsleistungen können einkommensmindernd vom anrechenbaren Einkommen abgezogen werden[306].

a) Zeitpunkt der Eingehung der Verbindlichkeit

348   Dem **Zeitpunkt der Eingehung der Verbindlichkeit** kommt dabei eine besondere Bedeutung zu. Hat der Unterhaltspflichtige seine Liquidität durch Zins- und Tilgungsleistungen belastende Verbindlichkeiten zu einem Zeitpunkt aufgenommen, zu dem er mit der Inanspruchnahme auf Unterhalt durch einen Elternteil oder den Sozialhilfeträger rechnen konnte, kann der Vorwegabzug der Kreditbelastung fraglich sein. Es wird daher vertreten, dass positive Kenntnis der Unterhaltsbedürftigkeit oder die Kenntnis einer ‚potenziellen Inanspruchnahme‘ auf Elternunterhalt[307] die wirtschaftliche Bewegungsfreiheit des Unterhaltspflichtigen begrenzen.[308]

349   Dieser Auffassung ist indessen nicht zu folgen. Eine ‚latente Gefahr‘, auf Elternunterhalt in Anspruch genommen zu werden, besteht, solange die Eltern leben und das ggf. unterhaltsberechtigte Kind nicht zuverlässig Kenntnis davon hat, dass die wirtschaftlichen Verhältnisse der Eltern ausreichen, die finanziellen Folgen des Pflegefalleintritts beider Eltern zu meistern. Da jedoch der Pflegefall und damit der Regelfall des Eintritts eines Unterhaltsbedarfs immer überraschend kommt, kann auf einen ‚latenten Bedarfsfall‘ nicht abgestellt werden.

350   Im Regelfall ist eine **Kreditaufnahme** und die daraus folgende Kreditbelastung nur dann unterhaltsrechtlich unbeachtlich, wenn der Unterhaltspflichtige keine positive Kenntnis vom Bedarfsfall hat. Im Fall des Elternunterhaltes ist dies spätestens mit der Überleitungsanzeige bzw. dem Auskunftsverlagen des Sozialhilfeträgers der Fall und frühestens von dem Zeitpunkt an, in dem der Unterhaltspflichtige Kenntnis vom Pflegebedarf

---

306 OLG Hamm v. 22.11.2004 – 8 UF 411/00, FamRZ 2005, 1193.
307 BGH v. 25.06.2003 – XII ZR 63/00, FamRZ 2004, 186.
308 Eschenbruch/*Klinkhammer*, Rn. 2.68; *Hußmann*, Elternunterhalt, S. 32; *Born*, FamRB 2004, 193.

und der Tatsache erhält, dass die Eigeneinkünfte des Unterhaltsberechtigten zzgl. der Leistungen der Pflegeversicherung nicht ausreichen, den Bedarf des Berechtigten zu sichern. In der Regel entfaltet erst die Überleitungsanzeige des Trägers der Sozialhilfe die **Warnfunktion**, leistungsvermindernde Verbindlichkeiten nicht ohne weiteres mehr eingehen zu können. Erst von diesem Zeitpunkt an muss der Unterhaltspflichtige die Eingehung von Verbindlichkeiten auf ihre unterhaltsrechtliche Konformität prüfen.

Das betrifft aber nur die Kreditverbindlichkeiten des Unterhaltspflichtigen. Wenn dessen Gatte – gegebenenfalls auch noch nach Kenntnis der Unterhaltspflicht – mit dem eigenen Einkommen Kreditverbindlichkeiten begründet, sind diese unterhaltsrechtlich anzuerkennen. Erwirbt der Gatte daher z. B. einen Pkw durch Kreditaufnahme, tätigt er sonstige eigen- oder familiennützige Ausgaben, kann der Sozialhilfeträger diese unterhaltsrechtlich nicht ignorieren, weil **der Gatte des Unterhaltspflichtige**n durch die Unterhaltspflicht in seiner freien Verfügungsgewalt über sein Vermögen nicht beschränkt ist. Er steht in keinerlei Unterhaltsverhältnis zum unterhaltsberechtigten Elternteil und unterliegt daher – von § 1365 BGB abgesehen – auch keinerlei **Verfügungsbeschränkung.** **351**

In der Praxis löst die Mitteilung des Sozialhilfeträgers an die Unterhaltspflichtigen, nach Entstehung der Unterhaltspflicht würden neue Kreditverbindlichkeiten nicht mehr einkommensmindernd anerkannt, bei den Betroffenen meist Irritationen aus. Selbstverständlich können auch nach Entstehen der Unterhaltspflicht Kredite berücksichtigt werden, wenn ihre Aufnahme auch unterhaltsrechtlich zu billigen ist. Ein defektes Auto darf (und muss) gegebenenfalls unter Kreditaufnahme repariert oder ersetzt werden, ein defektes Dach darf repariert werden. Dazu müssen auch keine Altersvorsorgerücklagen angegriffen werden. Solange eine notwendige Investition nicht aus laufenden Einkünften zu finanzieren ist und neben dem Altersvorsorgevermögen ausreichendes Vermögen nicht vorhanden ist, können und müssen notwendige **Erhaltungs- oder Ersatzinvestitionen** über eine Kreditaufnahme finanziert werden. Daran ändert auch ein teils martialischer und obrigkeitsstaatlicher Sprachstil einiger Soziaämter nichts. **352**

b) Elternunterhalt und Verbraucherinsolvenz

Der BGH[309] hat im Verhältnis zum minderjährigen Kind einen Unterhaltspflichtigen gehalten gesehen, sich gegenüber seinen anderen Gläubigern auf die Pfändungsfreigrenzen zu berufen, um vorrangig den Bedarf des minderjährigen Kindes sicherzustellen. Zur Vermeidung eines dauer- **353**

---

309 BGH v. 23.02.2005 – XII ZR 183/02, FamRZ 2005, 608.

haften Anstiegs seiner Verbindlichkeiten durch Zinslasten könne sich der Unterhaltspflichtige in einem Verbraucherinsolvenzverfahren entschulden. Die Entscheidung des BGH betrifft Unterhaltsansprüche minderjähriger Kinder. Ob auch im Verhältnis zu Unterhaltsansprüchen volljähriger Kinder oder des Ehegatten eine Obliegenheit zur Berufung des Unterhaltspflichtigen auf die Pfändungsfreigrenzen und zur Einleitung einer Verbraucherinsolvenz besteht[310], hat der BGH in der Entscheidung offengelassen.

354   Der BGH hat in der zitierten Entscheidung vom 23.02.2005 eine Obliegenheit zur Einleitung eines Verbraucherinsolvenzverfahrens angenommen[311]. Obliegenheiten bestehen stets nur nach Treu und Glauben. Ihre Annahme setzt stets eine Abwägung zwischen den verschiedenen Belangen der Parteien voraus. Nach § 1603 Abs. 2 BGB ist das Unterhaltsrechtsverhältnis zu einem minderjährigen Kind ein besonders enges Unterhaltsverhältnis. Ihm gegenüber schulden Eltern erhebliche Beschneidungen ihrer wirtschaftlichen Bewegungsfreiheit, sie haben mit dem minderjährigen Kind ‚ihr letztes Hemd' zu teilen. Aus diesem Grund sind einem Unterhaltspflichtigen in einem derartigen Unterhaltsverhältnis besondere Belastungen aufzubürden.

355   Demgegenüber handelt es sich beim Elternunterhalt um einen schwach ausgestatteten Unterhaltsanspruch[312], dessen Dauer in der Regel kürzerer Natur, dessen Ende aber nie absehbar ist. Die Berufung auf Pfändungsfreigrenzen und die Einleitung eines Verbraucherinsolvenzverfahrens kann einem Unterhaltspflichtigen aber nur dann zugemutet werden, wenn die damit verbundene Beeinträchtigung der wirtschaftlichen Bewegungsfreiheit zumutbar ist. Beim Elternunterhalt ist das schon deswegen nicht der Fall, weil in der Verbraucherinsolvenz das Einkommen des Unterhaltspflichtigen auf die Pfändungsfreigrenze nach §§ 850 ff. ZPO reduziert wird (§ 287 Abs. 2 InsO). Diese liegt aber deutlich unterhalb des den Eltern gegenüber geltenden Selbstbehaltes von 1.500 €.

c) Kredite zur Finanzierung von Luxusaufwendungen

356   Die ständig wiederkehrende Formulierung in der Rechtsprechung des BGH, wonach der Unterhaltspflichtige durch den Elternunterhalt ‚eine spürbare und dauerhafte Senkung seines berufs- und einkommenstypischen Unterhaltsniveaus nicht hinzunehmen brauche, sofern er nicht einen nach den Verhältnissen unangemessenen Aufwand betreibe oder ein Leben

---

310 Bejahend insoweit *Melchers/Hauß*, Rn. 260 ff., anders OLG Celle v. 09.02.2006 – 19 UF 209/05 für den Trennungsunterhalt, FamRZ 2006, 1536.

311 Vgl. zur Kritik an diesem dogmatischen Ansatz *Hauß*, FamRZ 2006, 306.

312 BVerfG v. 07.06.2005 – 1 BvR 1508/96, FamRZ 2005, 1051.

in Luxus führe'[313], macht die Grenze für die Berücksichtigung von Kredit-aufwendungen deutlich. In den Fällen, in denen sich der Unterhaltspflich-tige einen durch seine Einkommensverhältnisse nicht mehr gerechtfertig-ten Lebensaufwand kreditieren lässt, muss ihm der Vorwegabzug derartiger Aufwendungen versagt bleiben.

Konkret bedeutet das: 357

- Die kreditierte Ersetzung eines altersschwachen Golfs durch einen Mittelklasse-Mercedes dürfte unproblematisch, der Ersatz durch einen Maybach dagegen problematisch sein.

- Der kreditierte Umbau des Einfamilienhauses in ein alters- und behin-dertengerechtes Wohnhaus ist unterhaltsrechtlich nicht zu beanstan-den, die Ausstattung mit einer Indoor-Tennisanlage dagegen wohl, weil dies als Luxus-Aufwendung anzusehen wäre. Allerdings könnte auch insoweit bei einem passionierten Tennisspieler, der lange vor der Inan-spruchnahme auf Elternunterhalt eine derartige Investition tätigt, eine andere Sichtweise geboten sein.

d) Immobilienkredite und Aufwendungen für den Unterhalt und Erhalt einer Immobilie

Es wird nicht bezweifelt, dass **Kreditbelastungen** für den Erwerb einer   358
selbstgenutzten Immobilie sowohl in ihrem Zins- als auch in ihrem Til-gungsanteil vom Einkommen des Unterhaltspflichtigen abzuziehen sind. Meist sind Eheleute zu je ½ Eigentümer der von ihnen selbst genutzten Immobilie. Als Gesamtschuldner sind sie nach § 426 Abs. 1 S. 1 BGB im Zweifel im Verhältnis zueinander zu gleichen Teilen zur Begleichung der Kredite verpflichtet. Unter Missachtung dieser gesetzlichen Vermu-tung teilen Sozialhilfeträger bei der Bestimmung der unterhaltsrechtlichen Leistungsfähigkeit die gesamtschuldnerischen Verbindlichkeiten vielfach zwischen den Eheleuten nach dem Verhältnis ihrer Einkünfte auf. Dies ist von den Betroffenen nicht hinzunehmen (vgl. auch Rn. 846). Insbesondere bei vermögensbildenden Krediten (**Immobiliendarlehen**) ist einer gesamt-schuldnerischen Haftung der Eheleute auch regelmäßig dadurch Rechnung zu tragen, dass die Belastung bei beiden Ehegatten zu je ½ berücksichtigt wird. Für die Bestimmung der unterhaltsrechtlichen Leistungsfähigkeit spielt die Zuordnung von Verbindlichkeiten eine Rolle, und zwar sowohl wenn man der **quotale Verteilung der häuslichen Ersparnis**, als auch der Berechnungsmethode nach der **quotalen Beteiligung am Familienunter-halt** folgt. In jedem Fall gilt: Je geringer das anrechenbare Einkommen des

---

313 BGH v. 15.10.2003 – XII ZR 122/00, FamRZ 2004, 441.

unterhaltpflichtigen Gatten ist, desto geringer ist auch seine unterhaltsrechtliche Leistungsfähigkeit.

359   **Für die Anwaltschaft** ergibt sich daher die Verpflichtung, je nach
Fallkonstellation bei gesamtschuldnerischen Verbindlichkeiten die für die
Berechnung der Leistungsfähigkeit des unterhaltspflichtigen Kindes güns-
tigste Verteilung der Gesamtschulden unter den Gatten zu finden. Neben
der generell geltenden Vermutung gleichteiliger Tilgung, kann auch die
Verteilung nach dem Verhältnis der Einkünfte der Gatten gewählt werden,
wenn dadurch das Ergebnis optimiert wird. Insoweit wäre eine Vereinbarung der Gatten über die Verteilung einer Gesamtschuld zwischen ihnen
herbeizuführen.

360   **Praxistipp:** Nach der vom BGH[314] gebilligten Berechnungsmethode
(vgl. Rn. 427) wird das Einkommen des unterhaltspflichti-
gen Kindes stets stärker zum Elternunterhalt herangezogen
als das Einkommen des Schwiegerkindes. Deswegen ist es
immer günstig und leistungsmindernd, Ausgaben beim unterhaltspflichtigen Kind zu verbuchen.

361   Ob **neben den Immobilienverbindlichkeiten auch Rücklagen für
eventuell anfallende Reparaturen** an einer Immobilie zu berücksichtigen sind, ist fraglich. Überwiegend wird dies abgelehnt. Indessen ist zu
berücksichtigen, dass das bei Eigentumswohnungen vom Eigentümer zu
zahlende **Hausgeld** fraglos als Immobilienbelastung einkommensmindernd in Abzug gebracht wird[315]. Das Hausgeld enthält jedoch auch Bestandteile, die keinen unmittelbaren Verbrauch abdecken, sondern Rücklagen für allfällige **Immobilienreparaturen** am Gemeinschaftseigentum
darstellen. Wenn im Fall einer Eigentumswohnung derartige Rücklagen
berücksichtigungsfähig sind, müssen sie jedoch auch bei einem selbstgenutzten Einfamilienhaus berücksichtigt werden. In welcher Höhe derartige
Rücklagen unterhaltsrechtlich zu berücksichtigen sind, kann fraglich sein.
Einer ordnungsgemäßen Immobilienbewirtschaftung wird es entsprechen,
wenn Rücklagen für Reparaturen in Höhe von 4 % bis 5 % des Immobili-
enwertes gebildet werden[316].

362   **Praxistipp:** Der Anwaltschaft ist zu empfehlen, nicht darauf zu vertrauen, dass Gerichte und Behörden eine allgemeine Repara-

---

314 BGH v. 28.07.2010 – XII ZR 140/07, FamRZ 2010, 1535.
315 BGH v. 14.01.2004 – XIII ZR 149/01, FamRZ 2004, 792; OLG Hamm v. 07.06.1989 –
     8 UF 475/87, FamRZ 1989, 871.
316 Ähnlich *Person/Gühlstorf,* ZfF 2009, 73 (79).

turrücklage unterhaltsrechtlich akzeptieren. Vielmehr sollte in den Fällen stets konkret vorgetragen werden,

* aus welchem Jahr die Immobilie stammt,
* wie ihr Erhaltungszustand ist,
* welche konkreten Reparaturmaßnahmen erforderlich und geplant sind,
* welche Kosten dafür zu veranschlagen sind und diese gegebenenfalls durch Kostenvoranschlag nachzuweisen.

Es empfiehlt sich stets, Rücklagen für eine Immobilie einen sehr konkret zu bezeichnenden Verwendungszweck zuzuschreiben und diesen Verwendungszweck mit einem gegebenenfalls vorhandenen Miteigentümer vertraglich zu fixieren. In der Praxis akzeptieren die Träger der Sozialhilfe Reparaturrücklagenbildung dann, wenn z. B. durch Kostenvoranschläge die Sanierungsbedürftigkeit und die Kosten der Sanierung bestätigt werden.   363

Tatsächlich anfallende Immobiliensanierungen und -reparaturen werden von den meisten Sozialhilfeträgern auf eine angemessene Zeitspanne verteilt. Ist z. B. eine Dachreparatur im Jahr 2008 für 10.000 € durchgeführt worden, kann dieses Investitionsvolumen – auch wenn es nicht kreditfinanziert war – über einen Zeitraum von 5 bis 10 Jahre verteilt werden. Das kann zu Kumulation von Instandhaltungskosten führen, wenn z. B. im vorangehenden Jahr die Fenster ebenfalls für 10.000 € in Stand gesetzt wurden. Die Sozialhilfeträger beginnen mit derartigen zeitlich gestreckten Instandhaltungskosten stets erst im Jahr der einsetzenden Unterhaltsverpflichtung. Tatsächlich sind jedoch übertragene Instandhaltungskosten auch aus den dem Einsatz der Unterhaltsverpflichtung vorausgehenden Zeiträumen in den Unterhaltszeitraum hineinzurechnen, sofern tatsächlich derartige Investitionen nachgewiesen werden.   364

Praxistipp: Gerade bei Sanierung- und Renovierungsaufwendungen für Immobilien kann der Praxis nur dringend empfohlen werden, diese über lange Zeiträume zu dokumentieren und in das Verfahren einzubringen.   365

e) Unterhaltsrechtliche Berücksichtigung von Ansparungen

Lässt man zu Lasten des Unterhaltsberechtigten Kredittilgungen zu, wären generell auch jenseits der Altersvorsorgeaufwendungen Ansparungen für allfällige Ersatz- oder Neuinvestitionen zuzulassen. Es kann letztendlich keinen Unterschied machen, ob man einen Pkw erwirbt und den   366

Kaufpreis kreditiert, oder aber den Kaufpreis vor dem Erwerb anspart. Gleichwohl akzeptieren Sozialhilfeträger Ansparungen für künftige Investitionen meist nicht und auch die Rechtsprechung verweigert Ansparungen meist die unterhaltsrechtliche Anerkennung (vgl. aber Rn. 294 ff.). Dies ist m. E. nur damit zu rechtfertigen, dass ein hohes Manipulationspotenzial entstünde, wenn den Unterhaltspflichtigen – jenseits von der Bildung von Altersvorsorgerücklagen – Vermögensbildung gestattet würde, deren spätere Verwendung ungewiss ist.

367   **Praxistipp:** Ist der Unterhaltspflichtige verheiratet und bezieht sich das Sparziel auf einen im Miteigentum mit seinem Gatten anzuschaffenden Gegenstand, kann zwischen den Gatten eine vertragliche Vereinbarung über die Anschaffung des Gegenstandes und den Umfang der gemeinsamen Ansparleistung geschlossen werden. Ein solcher Vertrag bindet beide Ehegatten (wie ein Kreditvertrag). Seine Auflösung griffe in das Binnenverhältnis der Gatten ein und damit in einen grundrechtlich geschützten Raum (Art. 6 GG). Ob Gerichte und Verwaltungen einer solchen Argumentation folgen, bliebe auszutesten.

7. Aufwendungen zur Vermögensbildung des Unterhaltspflichtigen

368   Aufwendungen des Unterhaltspflichtigen für die allgemeine **Vermögensbildung** können nur dann zu Lasten des Unterhaltsanspruchs des Berechtigten anerkannt werden, wenn sie bereits zum Zeitpunkt der Kenntnis der Unterhaltsforderung begründet waren und nur unter unzumutbaren Nachteilen zum Zwecke der Erfüllung der Unterhaltsforderung aufgelöst werden könnten (zum Altersvorsorgevermögensaufbau vgl. Rn. 226 ff.).

OLG München v. 14.06.1999 – 26 UF 617/99, FamRZ 2000, 307

1. Ein Unterhaltspflichtiger darf zu Lasten des Unterhaltsanspruchs eines Unterhaltsberechtigten weder eine Vermögensbildung beginnen noch eine solche aufrechterhalten.

2. Hat er eine vermögensbildende Maßnahme begonnen, bevor er mit der Inanspruchnahme hatte rechnen müssen, so kann eine mit Verlusten verbundene Lösung dieses Engagements unzumutbar sein. In diesem Falle wird keine Vermögensbildung zu Lasten des Unterhaltsgläubigers aufrechterhalten. Vielmehr dienen die Aufwendungen der Vermögenserhaltung.

Dabei muss ggf. nach dem **Zweck der Vermögensbildung** differen- **369**
ziert werden (vgl. dazu Rn. 464). Es ist auch scharf zu trennen zwischen
Aufwendungen zur Vermögensbildung, die die Leistungsfähigkeit mindern
und Vermögen, das ggf. nicht ohne weiteres zum Unterhalt pflegebedürftiger Menschen eingesetzt werden kann. Auch wenn ein unterhaltspflichtiges Kind bereits auf Elternunterhalt in Anspruch genommen wird, müssen
vermögensbildenden Aufwendungen, die der Bildung eines angemessenen
Altersvorsorgevermögens dienen, vom anrechenbaren Einkommen des Unterhaltspflichtigen abgezogen werden, wenn sonst seine eigene Altersvorsorge nicht angemessen und ausreichend wäre (vgl. Rn. 228 ff.).

8. Kosten des Besuchs beim Unterhaltsberechtigten

Teilweise bestehen zwischen Kindern und ihren unterhaltsbedürftigen **370**
Eltern trotz des erbittert geführten Streits mit dem Sozialamt um den Elternunterhalt gute persönlich geführte Kontakte. Ob die damit verbundenen
Aufwendungen (**Fahrtkosten, Kosten für kleine Aufmerksamkeiten** etc.)
des unterhaltspflichtigen Kindes einkommens- und damit leistungsmindernd berücksichtigt werden können, kann fraglich sein. Von den Trägern
der Sozialhilfe wird dies in der Regel abgelehnt. Diese sind der Auffassung,
es handele sich bei den Besuchskontakten um eine sittlich moralisch geschuldete Pflicht des Kindes. Die damit im Zusammenhang stehenden Kosten
seien aus dem erhöhten Selbstbehalt des Unterhaltspflichtigen zu zahlen.

Die Frage der Berücksichtigung der Besuchskosten hat Parallelitäten zur **371**
Frage der Berücksichtigungsfähigkeit von Kosten des Umgangsrechts im Deszendentenunterhalt[317]. Diese werden neuerdings durch eine Erhöhung des Selbstbehaltes aufgefangen[318] oder vom anrechenbaren Einkommen abgezogen[319], wodurch der Barunterhaltsanspruch des Kindes vermindert wird. Früher sind die
Kosten des Umgangsrechts gänzlich unberücksichtigt gelassen[320] worden.

Richtigerweise kann man im Kindesunterhaltsrecht davon ausgehen, **372**
dass die Kosten der Ausübung des Umgangsrechts in den Fällen, in denen

---

317 BVerfG v. 09.04.2003 – 1 BvL 1/01 – 1 BvR 1749/01, FamRZ 2003, 1370.
318 BGH v. 23.02.2005 – XII ZR 56/02, FamRZ 2005, 706; OLG Brandenburg v.
    21.01.2002 – 10 UF 109/01, FamRZ 2002, 1217.
319 OLG Schleswig v. 05.09.2005 – 15 F 63/05, OLGR 2005, 695; OLG Düsseldorf v.
    28.05.2001 – 8 UF 46/01, FamRZ 2001, 1096.
320 BGH v. 09.11.1994 – XII ZR 206/93, FamRZ 1995, 215; allerdings noch zur alten
    Rechtslage der generellen Halbanrechnung des Kindesgeldes; Wendl/Dose/*Gerhardt*,
    § 1, Rn. 1080; FA-FamR/*Gerhardt*, Kap. 6, Rn. 179 ff.; die Entscheidung OLG Hamm
    v. 27.04.1995 – 1 UF 31/95, FamRZ 1995, 1432 kann nicht für diese Position rekla-
    miert werden, weil sie sich nicht mit den unterhaltsrechtlichen Folgen der Kosten der
    Ausübung des Umgangsrechts befasste und einen atypischen Fall betraf.

dem Unterhaltspflichtigen ½ des Kindergeldes anrechnungsfrei verbleibt, vom Unterhaltspflichtigen getragen werden müssen und unterhaltsrechtlich keine Bedeutung haben, soweit sie das dem Unterhaltspflichtigen anrechnungsfrei verbleibende Kindergeld nicht übersteigen. In allen anderen Fällen muss im Einzelfall entschieden werden. Insbesondere dann, wenn erhebliche Fahrtkosten anfallen, kann es einem auf den Selbstbehalt reduzierten Unterhaltspflichtigen nicht zuzumuten sein, die Kosten der Ausübung des Umgangsrechts selbst zu tragen. Das gilt umso mehr, wenn der andere Elternteil über deutlich oberhalb des Selbstbehaltes liegende Einkünfte verfügt. Dabei ist auch in die Betrachtung einzubeziehen, dass das Umgangsrecht ein Recht des Kindes und eine Pflicht des Umgangsberechtigten darstellt.

373   Werden diese Grundsätze auf die Besuchskontakte von Kindern zu ihren pflegebedürftigen Eltern angewendet, wird man nicht umhin kommen, diese als Positionen vom Einkommen des Unterhaltspflichtigen abzuziehen[321]. Unter den **Schutzbereich des Art. 6 GG fällt die Familie**[322]. Die Familie ist nicht nur ein genetisches Beziehungsgeflecht, sondern eine gelebte soziale Einheit. Die Aufrechterhaltung und Förderung von Kontakten zwischen Kindern und pflegebedürftigen Eltern ist daher auch in diesem Sinne zu fördern. Es kann aber dem Unterhaltspflichtigen nicht zugemutet werden, diese Kontakte unter Verzicht auf seinen Selbstbehalt zu finanzieren. Dies mag in saturierten Fällen, in denen dem Unterhaltspflichtigen ein deutlich oberhalb des Selbstbehalts liegendes Einkommen verbleibt, anders zu sehen sein.

OLG Köln v. 05.07.2001 – 14 UF 13/01, FamRZ 2002, 572

LS: Als besondere Belastungen sind auch angemessene (Fahrt-) Kosten für den Besuch der im Pflegeheim untergebrachten Mutter vom Einkommen abzuziehen. Es kann nicht verlangt werden, diese aus dem Selbstbehalt zu tragen.

---

374   Das OLG Düsseldorf[323] hält den Übergang der Umgangskosten mit den Eltern auf den Sozialhilfeträger für grob unbillig und verneint insoweit den Übergang auf den Sozialhilfeträger.

OLG Düsseldorf v. 27.02.2011 – 7 UF 99/10 (Juris)

… Streitig ist zwischen den Parteien, ob die Beklagte einen gesonderten Kostenansatz für wöchentliche Besuchsfahrten zu ihrer Mutter nach G. geltend zu machen

---

321 OLG Hamm v. 02.11.2004 – 3 UF 263/00, FamRZ 2005, 1193; OLG Köln v. 05.07.2001 – 14 UF 13/01, FamRZ 2002, 572; OLG Düsseldorf v. 14.01.2009 – II–8 UF 172/08, FamRZ 2009, 1077.
322 OLG Düsseldorf v. 27.02.2011 – 7 UF 99/10 (Juris).
323 OLG Düsseldorf v. 27.02.2011 – 7 UF 99/10 (Juris), Rechtsbeschwerde beim BGH anhängig: XII ZR 17/11.

berechtigt oder ob dieser Aufwand aus dem ihr verbleibenden Selbstbehalt zu bestreiten ist. Hierzu haben die Parteien auf widersprechende obergerichtliche Rechtsprechung hingewiesen (OLG Köln FamRZ 2002, 572; OLG Hamm FamRZ 2001, 123).

Das OLG Köln hat solche Kosten bei der Leistungsfähigkeit berücksichtigt, weil die persönliche Zuwendung im familiären Kontakt zu den Kindern von großer Bedeutung für die Unterhaltsberechtigte sei. Es sei unangemessen, von den Kindern notfalls die Einstellung der Besuche zu verlangen oder sie auf den Selbstbehalt zu verweisen. Letzteres hält gerade das OLG Hamm für richtig, weil ansonsten der Unterhaltsberechtigte selbst indirekt solche Kosten tragen würde, was aber unbillig sei.

Letztlich sind hier wertende Billigkeitserwägungen maßgeblich, welche aber in § 94 SGB XII ihren dogmatischen Ansatz finden. Diese Vorschrift regelt den Übergang von Ansprüchen gegen einen nach bürgerlichem Recht Unterhaltpflichtigen.

Der Übergang nach § 94 Abs. 1 S. 1 SGB XII, dessen Voraussetzungen auch hier an sich erfüllt sind, ist gemäß § 94 Abs. 3 S. 1 Nr. 2 SGB XII indes ausgeschlossen. Hiernach gehen Ansprüche nicht über, soweit der Übergang des Anspruchs eine unbillige Härte darstellen würde. Dieser unbestimmte Rechtsbegriff der unbilligen Härte umfasst Sachverhalte, in denen durch den Anspruchsübergang soziale Belange berührt werden. Danach können Belange und Beziehungen in der Familie zu berücksichtigen sein, wie dies auch in § 16 SGB XII seinen gesetzlich geregelten Ausdruck findet (BGH Urteil vom 15.09.2010 – XII ZR 148/09 = FamRZ 2010, 1888). Daher ist nach Auffassung des Senats diesem auch ausdrücklich geregelten und auch mit Art. 6 Grundgesetz geschützten Rücksichtnahmegebot nicht Genüge getan, wenn der Anspruchsübergang im Ergebnis zu der Frage führt, ob nicht die Kosten verursachenden wöchentlichen Besuche reduziert werden oder sich der Unterhaltsverpflichtete über seinen Selbstbehalt hinaus einschränkt. Es sind hier familiäre Belange nachhaltig berührt, weil der wöchentliche Besuch der Tochter der Erhaltung der familiären Bindung dient.

Aus dem Bereich des Kindesunterhalts ist anerkannt, dass unter Zumutbarkeitsgesichtspunkten Umgangskosten für den Umgang mit (minderjährigen) Kindern ggfs. gesondert zu berücksichtigen sind (BVerfG FamRZ 2003, 1370; BGH FamRZ 2005, 706). Insoweit sind gewichtige Gründe gegeben, nämlich das letztlich grundgesetzlich geschützte Elternrecht sowie das Bedürfnis des minderjährigen Kindes auf Umgang mit seinen Eltern und umgekehrt. Hier ist zu berücksichtigen, dass die Mutter selbst nicht in der Lage ist, den Umgang in irgendeiner Weise mitzufinanzieren, wie sich schon aus der – nicht im Streit stehenden – langjährigen Unterhaltsbedürftigkeit ergibt. Als Alternative zur Einstellung oder Reduzierung der Besuche wäre an einen Umzug der Mutter in ein Heim in der Nähe der Beklagten zu denken; dies wäre aber ein Anliegen, welches nicht allein aufgrund solcher finanziellen Überlegungen durchgeführt werden soll. Angesichts der bereits langen Verweildauer im Heim und des hohen Alters der Mutter sind solche regelmäßigen Besuche als Kontakte zur Außenwelt sowie familiäre Kontakte als schützenswert anzusehen; andererseits folgt die Beklagte umgekehrt auch ihrem eigenen aber ebenfalls schützenswerten Anliegen, wenn sie ihre Mutter besucht. ...

375   Besuchskosten treten aber nicht nur beim unterhaltspflichtigen Kind auf. Besucht das Schwiegerkind seine Eltern regelmäßig, sind auch diese Kosten vom Einkommen des Schwiegerkindes abzusetzen. Ihm können nicht geringere Rechte den eigenen Eltern gegenüber eingeräumt werden, als dem unterhaltspflichtigen Kind. Rechtsprechung und Rechtspraxis bestehen zu dieser Frage – soweit erkennbar – bislang allerdings nicht.

376   **Praxistipp:** Sozialhilfeträger sind bei der Akzeptanz von Besuchskosten meist sehr zurückhaltend. Die Dokumentation der Häufigkeit der Besuche und der dabei entstehenden Kosten (zu denen auch Übernachtungskosten gehören), ist Sache des unterhaltspflichtigen Kindes. Es sollte daher im Verfahren eine nachprüfbare Auflistung aller Besuche und der dabei entstandenen Kosten vorgelegt werden.

9. Kosten des Wohnens

a) Wohnen zur Miete

377   Wohnt das unterhaltspflichtige Kind und ggfs. seine Familie zur Miete, sind die **Kosten des Wohnens** Teil seines Lebensbedarfs. Die in den Leitlinien der OLG definierten Selbstbehaltssätze enthalten ‚Kosten des Wohnens‘[324]. Diese sind mit 450 € (**Warmmiete** einschließlich aller Nebenkosten) für den Alleinstehenden und mit 800 € für verheiratete und verpartnerte Unterhaltspflichtige im Familiensockelselbstbehalt enthalten.

378   **Unterschreiten** die tatsächlichen ‚Kosten des Wohnens‘ diese Werte, erfolgt keine Absenkung der Selbstbehaltssätze, da der unterhaltsberechtigte Elternteil keinen Vorteil aus einer besonders sparsamen Lebensführung des unterhaltspflichtigen Kindes ziehen soll[325].

379   **Überschreiten** die ‚Kosten des Wohnens‘ die in den Selbstbehalten enthaltenen Wohnkostenansätze von 400 € bzw. 800 €, ist im Elternunterhalt eine **Erhöhung der Selbstbehaltssätze** die Konsequenz. Anders als im Deszendentenunterhalt spielt es keine Rolle, ob billigerer Wohnraum zu finden war. Wegen der im Elternunterhalt geltenden Lebensstandardgarantie (vgl. Rn. 387) ist es dem unterhaltspflichtigen Kind nicht zuzumuten, in eine billigere Wohnung umzuziehen. Die Unzumutbarkeit resultiert auch aus dem Umstand, dass der Umzug in eine andere Wohnung irreversibel ist. Obgleich die Lebenserwartung der pflegebedürftigen Menschen

---

324 Unterhaltsrechtliche Leitlinien (s. www.famrz.de) Ziff. 21.3.3. und 22.3.
325 BGH v. 17.12.2003 – XII ZR 224/00, FamRZ 2004, 370; v. 03.12.2008 – XII ZR 182/06, FamRZ 2009, 314; dagegen: Wendl/Dose/*Gerhardt*, § 1 Rn. 469.

meist nur gering ist, würde durch einen Umzug eine dauerhafte negative Veränderung der Lebensverhältnisse geschaffen.

Lebt das unterhaltspflichtige Kind **mit Kindern in der Familienwoh-**   380 **nung** zusammen, wird deren unterhaltsrechtlicher Bedarf in Höhe der Tabellensätze der Düsseldorfer Tabelle, vermindert um das hälftige Kindergeld vorab vom Einkommen des Unterhaltspflichtigen und des mit ihm zusammenlebenden Gatten oder Partners abgezogen (vgl. Rn. 319). Die Kosten des Wohnens sind daher um **20 % der Tabellenbeträge** zu mindern, da insoweit bereits beim Vorwegabzug des Kindesunterhalts im Zuge der Einkommensbereinigung (vgl. Rn. 312 ff.) die auf die Kinder entfallenden Wohnkosten berücksichtigt wurden.

b) Wohnen in eigener Immobilie

Wohnt das unterhaltspflichtige Kind allein oder mit seiner Familie in   381 einem Eigenheim, entstehen ebenso ‚Kosten des Wohnens'. Diese bestehen aus den Zins- und Tilgungsleistungen für eventuell noch valutierende Immobilienverbindlichkeiten (vgl. Rn. 344 ff.) und den Nebenkosten, einschließlich der Heizkosten. Soweit die so berechneten Kosten des Wohnens die in den Selbstbehalten enthaltenen ‚Kosten des Wohnens'[326] übersteigen, ist dies durch Erhöhung des Sockelselbstbehalts zu kompensieren.

Es wäre fehlerhaft, diese Mehrkosten als Abzugsposten bei jedem Gat-   382 ten zu ½ zu berücksichtigen, weil im Rahmen des Familienunterhalts davon auszugehen ist, dass gerade die ‚Kosten des gemeinsamen Wohnens' trotz einer hälftigen Verpflichtung gegenüber den Kreditgebern im Außenverhältnis, im binnenfamiliären Verhältnis nach dem Verhältnis der Einkommen zueinander geschuldet werden. Nur durch ein Heraufsetzen des Sockelselbstbehalts ist auch gewährleistet, dass bei geringverdienenden Kindern in diesen Fällen eine unterhaltsrechtliche Leistungsfähigkeit besteht. Anderenfalls würde der geringverdienende Mann, der die Kinder versorgt und ein Einkommen von lediglich 600 € erzielt, aber zu ½ Miteigentümer der gemeinsam bewohnten Immobilie ist, für die monatlich Zins- und Tilgungsleistungen in Höhe von 1.200 € aufzubringen sind, trotz eines überragenden Verdienstes seiner Frau von 6.000 € zu Unterhalt nicht herangezogen werden können, weil sein Einkommen durch die Immobilienverbindlichkeiten vollständig verzehrt würde. Nur durch die Anhebung des Sockelselbstbehalts um 400 € ist in einem solchen Fall eine unterhaltsrechtliche Leistungsfähigkeit zu generieren (vgl. Rn. 918 f.)

Die Kehrseite dieser Berechnungsgrundsätze ist die **Absenkung der**   383 **Selbstbehaltssätze**, soweit die ‚Kosten des Wohnens im Eigenheim die in

---

326   450 € für Alleinstehende und 800 € bei Zusammenleben.

den Selbstbehaltssätzen enthaltenen Kosten des Wohnens unterschreiten (vgl. Rn. 920).

10. Aufwendungen für den Unterhaltsberechtigten

384   Vielfach wird von Angehörigen eines pflegebedürftigen alten Menschen, selbst wenn dieser im Pflegeheim untergebracht ist, **Naturalunterhalt** in Form von Wäschepflege, ergänzender Ernährung, Geschenken für Pflegepersonal, Verwandte und Freunde und andere Aufmerksamkeiten erbracht. Derartige Aufwendungen können vom anrechenbaren Einkommen des Pflichtigen abgezogen werden[327]. Beruft sich der Unterhaltspflichtige auf solche Aufwendungen, sind sie jedoch konkret darzulegen. Pauschalen können nur dann geltend gemacht werden, wenn es sich um periodisch wiederkehrende Aufwendungen handelt, wie z. B. die Wäschepflege.

OLG Hamm v. 02.11.2004 – 3 UF 263/00, MDR 2005, 217

… Wenn das unterhaltspflichtige Kind für den in einem Heim lebenden Elternteil freiwillig zusätzliche Ausgaben trägt wie z. B. für Wäsche, Radiogebühren, Geschenke für Heimbewohner, Freunde und Verwandte, Aufmerksamkeiten für das Pflegepersonal, mindern diese Ausgaben das zur Verfügung stehende Einkommen, selbst wenn es sich um Sonderbedarf handelt …

V. Leistungsfähigkeit des Unterhaltspflichtigen

1. Gleichzeitigkeit von Bedarf und Leistungsfähigkeit

385   Aus dem Einkommen des Unterhaltspflichtigen, den Abzügen für den eigenen und den vorrangigen Unterhalt ergibt sich die unterhaltsrechtliche Leistungsfähigkeit des Unterhaltspflichtigen.

386   Nur dann, wenn Leistungsfähigkeit des unterhaltspflichtigen Kindes im Zeitpunkt des unterhaltsrechtlichen Bedarfs vorliegt, besteht auch tatsächlich eine Unterhaltspflicht[328].

---

327 OLG Hamm v. 02.11.2004 – 3 UF 263/00, FamRZ 2005, 1193.
328 BVerfG v. 07.06.2005 – 1 BvR 1508/96, FamRZ 2005, 1051.

2. Die Lebensstandardgarantie

In einem der ersten Urteile zum Elternunterhalt[329] hat der BGH aus der   387
unverschuldeten und unverhofften Inanspruchnahme auf Elternunterhalt
die Konsequenz gezogen, dass dem Unterhaltspflichtigen eine nachhaltige
Verschlechterung seines Lebensniveaus durch Inanspruchnahme auf Elternunterhalt nicht zuzumuten sei.

BGH v. 23.10.2002 – XII ZR 266/99, FamRZ 2002, 1698

… d) Was der Unterhaltsverpflichtete im Verhältnis zu seinen Eltern für seinen
eigenen angemessenen Unterhalt benötigt, muß nach den Grundsätzen bemessen
werden, die auch für die Unterhaltspflicht gelten. Maßgebend ist deshalb die Lebensstellung, die dem Einkommen, Vermögen und sozialen Rang des Verpflichteten entspricht; hiervon ausgehend wird der gesamte Lebensbedarf einschließlich
einer angemessenen Altersversorgung umfaßt. Daraus folgt, daß der angemessene
Eigenbedarf nicht losgelöst von dem im Einzelfall vorhandenen Einkommen bestimmt werden kann. Er richtet sich somit nicht an einer festen Größe aus, sondern
ist entsprechend den Umständen des Einzelfalles veränderlich (Senatsurteil vom
7. Dezember 1988 a.a.O.; Schwab, Familiäre Solidarität – Beiträge zum europäischen Familienrecht – Bd. 5, S. 52; Günther FF 1999, 172, 174 sowie FuR 1995, 1,
5; Menter FamRZ 1997, 919, 922; Büttner, Festschrift für Dieter Henrich, S. 53;
Künkel FamRZ 1991, 14, 22; Dieckmann DAV 1979, 553, 562; Staudinger/Engler/
Kaiser a.a.O. § 1603 Rdn. 136; OLG Hamm – 1. Familiensenat – FamRZ 1999,
1533; OLG Oldenburg FamRZ 2000, 1174, 1175; OLG Stuttgart OLG-Report
2000, 245, 246; OLG Frankfurt OLG-Report 2001, 264, 265). **Eine spürbare
und dauerhafte Senkung seines berufs- und einkommenstypischen Unterhaltsniveaus braucht der Unterhaltsverpflichtete jedenfalls insoweit nicht
hinzunehmen, als er nicht einen nach den Verhältnissen unangemessenen
Aufwand betreibt oder ein Leben im Luxus führt.** Das gilt insbesondere vor
dem Hintergrund, daß eine Inanspruchnahme für den Unterhalt von Eltern in der
Regel erst stattfindet, wenn der Unterhaltsverpflichtete sich selbst bereits in einem
höheren Lebensalter befindet, seine Lebensverhältnisse demzufolge bereits längerfristig seinem Einkommensniveau angepaßt hat, Vorsorge für sein eigenes Alter
treffen möchte und dann unerwartet der Forderung ausgesetzt wird, sich an den für
seine Eltern aufgrund deren Hilfs- oder Pflegebedürftigkeit anfallenden Kosten zu
beteiligen. Wenn in dieser Situation sogar von ihm verlangt wird, mehr von seinem
Einkommen für den Unterhalt der Eltern einzusetzen, als ihm selbst verbleibt, wird
die Grenze des dem Unterhaltsverpflichteten Zumutbaren in der Regel überschritten (im Gegensatz zu der Rechtslage bei der Inanspruchnahme auf Unterhalt für ein
volljähriges behindertes Kind, vgl. Senatsurteil vom 23. Oktober 1985 a.a.O. S. 49).

e) Eine derartige Schmälerung des eigenen angemessenen Bedarfs wäre auch mit
dem Gesetz nicht in Einklang zu bringen. Den Eltern des Unterhaltsverpflichteten
gehen seine unverheirateten minderjährigen und seine unverheirateten privilegierten volljährigen Kinder, sein Ehegatte oder geschiedener Ehegatte, die nach § 1615
l BGB Unterhaltsberechtigten, seine verheirateten minderjährigen und nicht privi-

---

329 BGH v. 23.10.2002 – XII ZR 266/99, FamRZ 2002, 1698.

legierten volljährigen Kinder sowie seine Enkel und weiter entfernte Abkömmlinge im Rang vor (§§ 1609 Abs. 1 und 2, 1615 l Abs. 3 Satz 3 Halbs. 2 BGB). Daran zeigt sich, daß der Unterhaltsanspruch der Eltern rechtlich vergleichsweise schwach ausgestaltet ist. Seinem Ehegatten gegenüber wäre der von dem Unterhaltsverpflichteten zu leistende Unterhalt so zu bemessen, daß beide Ehegatten in gleicher Weise an dem ehelichen Lebensstandard teilhaben, weshalb grundsätzlich jedem die Hälfte des verteilungsfähigen Einkommens zuzubilligen ist (st.Rspr., vgl. Senatsurteil vom 16. Dezember 1987 – IVb ZR 102/86 – FamRZ 1988, 265, 267). Würde der einem Elternteil geschuldete Unterhalt demgegenüber mit einem höheren Betrag bemessen, so würde dies der gesetzlichen Rangfolge nicht entsprechen. Das wird zusätzlich daraus ersichtlich, daß auch der Ehegatte des Elternteils für diesen allenfalls Unterhalt in Höhe der Hälfte seines Einkommens aufzubringen hätte, obwohl er vor dem Kind haftet (vgl. hierzu auch Günther, Münchener Anwaltshandbuch Familienrecht, § 12 Rdn. 1, 34; Büttner a.a.O. S. 53; Eschenbruch, Unterhaltsprozeß, 2. Aufl., Rdn. 2021; Heiß/Hußmann, Unterhaltsrecht, 13. Kap. Rdn. 58 f.).

In tatsächlicher Hinsicht würde die Notwendigkeit, erhebliche Abstriche von dem erlangten Lebenszuschnitt vornehmen zu müssen, auch auf eine übermäßige Belastung der Unterhaltsverpflichteten hinauslaufen. Wie der Senat bereits in seiner Entscheidung vom 26. Februar 1992 (a.a.O. S. 797) ausgeführt hat, haben die auf Zahlung von Elternunterhalt in Anspruch genommenen Kinder in der Regel bereits ohne derartige Leistungen erhebliche Aufwendungen zur Erfüllung des Generationenvertrages erbracht, indem sie ihre eigenen Kinder großgezogen und deren Ausbildung finanziert haben und zugleich durch ihre Sozialversicherungsabgaben, zu denen inzwischen noch die Beiträge zur Pflegeversicherung hinzugekommen sind, dazu beigetragen haben, daß die Elterngeneration insgesamt im Alter versorgt wird (so auch Günther a.a.O. Rdn. 34).

f) Diesem Gesichtspunkt trägt letztlich auch das zum 1. Januar 2003 in Kraft tretende Gesetz über eine bedarfsorientierte Grundsicherung im Alter und bei Erwerbsminderung (GSiG) vom 26. Juni 2001 (BGBl. I 1310, 1335 ff.) in der Fassung des Gesetzes zur Verlängerung von Übergangsregelungen im Bundessozialhilfegesetz vom 27. April 2002 (BGBl. I 1462, 1463) Rechnung. Danach können u. a. Personen, die das 65. Lebensjahr vollendet und ihren gewöhnlichen Aufenthalt in der Bundesrepublik Deutschland haben, auf Antrag Leistungen der beitragsunabhängigen, bedarfsorientierten Grundsicherung erhalten, soweit sie ihren Unterhalt nicht durch ihr nach sozialhilferechtlichen Grundsätzen ermitteltes Einkommen und Vermögen decken können und ihre Bedürftigkeit nicht in den letzten zehn Jahren vorsätzlich oder grob fahrlässig herbeigeführt haben (§§ 1, 2 GSiG). Die Grundsicherung umfaßt den für den Anspruchsteller maßgeblichen sozialhilferechtlichen Regelsatz zuzüglich 15 % des Regelsatzes eines Haushaltungsvorstandes. Hinzu kommen u. a. die angemessenen tatsächlichen Aufwendungen für Unterkunft und Heizung sowie die Kosten der Kranken- und Pflegeversicherung (§ 3 Abs. 1 GSiG). Bei der Einkommens- und Vermögensermittlung bleiben Unterhaltsansprüche des Antragsberechtigten gegenüber seinen Kindern und Eltern unberücksichtigt, sofern deren jährliches Gesamteinkommen im Sinne des § 16 SGB IV unter einem Betrag von 100.000 € liegt (§ 2 Abs. 1 Satz 3 GSiG).

In dem Bericht des Ausschusses für Arbeit und Sozialordnung (BT-Drucks. 14/5150 S. 48) wird hierzu ausgeführt, der Zweck des Gesetzes bestehe darin, u. a. für alte Menschen eine eigenständige soziale Leistung vorzusehen, die den grundlegenden Bedarf für den Lebensunterhalt sicherstelle; durch diese Leistung solle im Regelfall die Notwendigkeit der Gewährung von Sozialhilfe vermieden werden; außerdem habe vor allem ältere Menschen die Furcht vor dem Unterhaltsrückgriff auf ihre Kinder oftmals von dem Gang zum Sozialamt abgehalten; eine dem sozialen Gedanken verpflichtete Lösung müsse hier einen gesamtgesellschaftlichen Ansatz wählen, der eine würdige und unabhängige Existenz sichere.

Hieraus wird deutlich, daß – von besonders günstigen wirtschaftlichen Verhältnissen der Unterhaltsverpflichteten abgesehen – zu Lasten öffentlicher Mittel auf einen Unterhaltsregreß verzichtet worden ist, weil dieser von älteren Menschen vielfach als unangemessen und unzumutbar empfunden wird und dieser Umstand Berücksichtigung finden soll.

g) Nach alledem ist davon auszugehen, daß der angemessene Eigenbedarf nicht durchgängig mit einem bestimmten festen Betrag angesetzt werden kann, sondern anhand der konkreten Umstände des Einzelfalles und unter Berücksichtigung der besonderen Lebensverhältnisse, die bei der Inanspruchnahme auf Elternunterhalt vorliegen, zu ermitteln ist. Diesem Gesichtspunkt tragen inzwischen die meisten Tabellen und Leitlinien der Oberlandesgerichte insoweit Rechnung, als sie als Selbstbehalt des Kindes nur einen Mindestbetrag angeben (vgl. etwa die Zusammenstellung bei Günther, Münchener Anwaltshandbuch, a.a.O. Rdn. 31). Unter welchen Voraussetzungen diese Mindestbeträge zu erhöhen sind, wird in der Rechtsprechung der Land- und Oberlandesgerichte und im Schrifttum nicht einheitlich beantwortet (vgl. dazu etwa die Übersichten von Menter a.a.O. und Miesen FF 2000, 199). Ebensowenig besteht Einigkeit darüber, ob den Kindern gegenüber ihren Eltern von dem den Freibetrag übersteigenden Einkommen ein bestimmter Anteil zusätzlich zu belassen ist, wie dies etwa in den Empfehlungen des Deutschen Vereins für öffentliche und private Fürsorge (vgl. FamRZ 2000, 788, 796 unter Nr. 121) und in denjenigen des 11. und des 13. Deutschen Familiengerichtstages (FamRZ 1996, 337, 338 unter I 4.2 und 2000, 273, 274 unter I 4 a) vorgeschlagen worden ist. Ob hierdurch im Einzelfall ein angemessenes Ergebnis erreicht werden kann, unterliegt letztlich der verantwortlichen Beurteilung des Tatrichters. Insofern wird es allerdings nicht grundsätzlich als rechtsfehlerhaft angesehen werden können, wenn bei der Ermittlung des für den Elternunterhalt einzusetzenden bereinigten Einkommens allein auf einen – etwa hälftigen – Anteil des Betrages abgestellt wird, der den an sich vorgesehenen Mindestselbstbehalt übersteigt. Vielmehr kann durch eine solche Handhabung im Einzelfall ein angemessener Ausgleich zwischen dem Unterhaltsinteresse der Eltern einerseits und dem Interesse des Unterhaltsverpflichteten an der Wahrung seines angemessenen Selbstbehalts andererseits zu bewirken sein. Zugleich kann eine ungerechtfertigte Nivellierung unterschiedlicher Verhältnisse vermieden werden. Überdies hätte eine derartige Verfahrensweise den Vorteil der Rechtssicherheit und Praktikabilität für sich (ebenso Günther, Münchener Anwaltshandbuch, a.a.O. Rdn. 35; Büttner a.a.O.; Kalthoener/Büttner/Niepmann, Die Rechtsprechung zur Höhe des Unterhalts, 8. Aufl., Rdn. 188 a; Heiß/Hußmann a.a.O. Rdn. 58; Eschenbruch Rdn. 2021; Staudinger/Engler/Kaiser a.a.O. § 1603 Rdn. 138; OLG Hamm – 1. Familiensenat – a.a.O.; OLG Hamm – 4. Familiensenat – FamRZ 2002, 123, 124; OLG Frankfurt a.a.O.; vgl. auch die Nachweise bei Duderstadt, Erwachsenenunterhalt, Anm. 3.4.1.2; a. A. Luthin/Seidel, Handbuch des Unterhaltsrechts, 9. Aufl., Rdn. 5070; Wendl/Pauling, Das Unterhaltsrecht in der familiengerichtlichen Praxis, 5. Aufl., § 2 Rdn. 619 f., 639; Steymans FuR 2000, 361, 363).

388   Aus dieser Lebensstandardgarantie folgt im Elternunterhalt, dass nahezu alle belastenden Aufwendungen vom Einkommen abzugsfähig sind, sofern sie nicht üblicherweise aus dem Selbstbehalt zu finanzieren sind. Das betrifft neben den Kreditverbindlichkeiten (vgl. Rn. 344 ff.) auch Aufwendungen für teure Hobbys (vgl. Rn. 318). Dabei ist vielfach bei den Verwaltungen und Gerichten eine moralische Wertung der abzugsfähigen Aufwendungen zu beobachten. Während Pkw-, Immobilien- und Möbelanschaffungskredite ohne weiteres akzeptiert werden, werden individuell als ‚Luxus‘ empfundene Aufwendungen oftmals nicht oder nur nach zäher Erörterung als Abzugsposten anerkannt. Das ist inkonsequent. Wer einen hochwertigen Pkw least oder kreditfinanziert erwirbt, stößt leichter auf unterhaltsrechtliche Akzeptanz als derjenige, der ein Pferd (vgl. Rn. 318) hält und die Kosten (von z. B. 350 € pro Monat) unterhaltsrechtlich anerkannt wissen will.

389   Für die Gewohnheit, aufwendige **Ferienreisen** auch in der Form von **Bildungsreisen** zu unternehmen und dafür besondere Rücklagen zu bilden gilt die unterhaltsrechtliche Abzugsfähigkeit und die Lebensstandardgarantie indessen nicht. Der Verzicht auf die jährliche Bildungsreise zu den römischen Ausgrabungen ist auch für den Altphilologen zumutbar, wenn diese Reise zu Lasten des unterhaltsberechtigten Elternteils finanziert werden müsste. Anders als die Abschaffung eines Pferdes oder der Umzug in ein billigeres Haus, ist der temporäre Verzicht auf Vergnügen nicht irreversibel, so dass ausgiebige und teure Reiseaktivitäten nicht zur Lebensstandardgarantie gerechnet werden können.

3. Mangelnde Leistungsfähigkeit bei vollständigem Einkommensverzehr

390   Grundsätzlich besteht Leistungsfähigkeit eines unterhaltspflichtigen Kindes im Rahmen von Elternunterhalt nur dann, wenn das Einkommen des Kindes nicht vollständig für den Lebensbedarf des Kindes verbraucht wird. Legt das unterhaltspflichtige Kind dar, dass auch vor Inanspruchnahme auf Elternunterhalt keinerlei Vermögensbildung betrieben wurde, ist für Elternunterhalt von mangelnder Leistungsfähigkeit auszugehen[330].

OLG Hamm v. 22.11.2004 – 8 UF 411/00, OLGR Hamm 2005, 201

1. Ein grundsätzlich zum Elternunterhalt verpflichtetes Kind verfügt nicht über einzusetzendes Einkommen, wenn es darlegt, dass die Ausgaben der Familie insgesamt so hoch gewesen sind, dass keine Vermögensbildung betrieben worden ist. Das Kind ist daher nicht gehalten, sein Einkommen ganz oder teilweise für den

---

330 OLG Hamm v. 22.11.2004 – 8 UF 411/00, FamRZ 2005, 1193.

> Unterhalt des Elternteils zur Verfügung zu stellen; es ist vielmehr berechtigt, dieses Einkommen vollständig für den Familienunterhalt einzusetzen (Anschluss BGH, 28.01.2004, XII ZR 218/01, NJW-RR 2004, 721).
>
> 2. Eine Rückführung von Krediten ist grundsätzlich nicht als Vermögensbildung zu qualifizieren. Anders ist es zu beurteilen, wenn mit dem Kredit Vermögensgegenstände angeschafft worden sind, die wirtschaftlich mit fortschreitender Tilgung immer mehr dem Vermögen des Unterhaltspflichtigen oder seines Ehegatten zuwachsen. Dies ist nicht der Fall, wenn die Kredite Geschäftsschulden des Ehemannes sowie die Finanzierung des Studiums eines Kindes betreffen.

Allerdings liegt die **volle Darlegungslast beim unterhaltspflichtigen**   391
Kind. Dieses muss ggf. im Einzelnen darlegen, welche Aufwendungen aus dem Einkommen bestritten wurden. Das gilt insbesondere auch dann, wenn das Einkommen des unterhaltspflichtigen Kindes oder das Familieneinkommen oberhalb der Selbstbehalte liegt, aber dieses Einkommen durch den Familienbedarf vollständig aufgezehrt wird[331]. Die in der Kredittilgung liegende Ansparleistung bleibt dabei i.d.R. unbeachtet[332].

Ob allerdings die Linie der oben zitierten Entscheidung des OLG   392
Hamm sich durchsetzt, muss bezweifelt werden. In dem vom OLG Hamm zu entscheidenden Fall war der Gatte des unterhaltspflichtigen Kindes praktisch Alleinverdiener. Das unterhaltspflichtige Kind erzielte lediglich ein Einkommen von ca. 500 DM (1998/1999). Da mithin eine unterhaltsrechtliche Leistungsfähigkeit allein aus dem Einkommen des Ehemannes zu generieren gewesen wäre und dieser in keinem Unterhaltsrechtsverhältnis zum unterhaltsberechtigten Elternteil steht, lag insoweit eine Sondersituation vor. Es ist davon auszugehen, dass bei gut verdienenden Unterhaltspflichtigen eine Berufung auf ‚vollständigen Einkommensverzehr' von der Rechtspraxis nicht anerkannt werden wird.

Praxistipp: Die Berufung auf mangelnde Sparleistung in der Vergangen-   393
heit ist aus anwaltlicher Sicht stets die erste Verteidigungslinie bei der Inanspruchnahme auf Elternunterhalt. Kann nachgewiesen werden, dass das gesamte Einkommen des Pflichtigen und ggf. das gesamte Familieneinkommen für den laufenden Lebensunterhalt verwendet wurde und Sparleistungen nicht geleistet werden konnten, ist eine unterhaltsrechtliche Leistungsfähigkeit für Elternunterhalt nicht gegeben. Dazu sind in der Praxis umfangreiche Nachweise zu liefern. Es empfiehlt sich immer, vorbehaltlos die Kontenstände über einen

---

331 BGH v. 28.01.2004 – XII ZR 218/01, MDR 2004, 753 = BGHReport 2004, 879 m. Anm. *Born* = FamRZ 2004, 795 m. Anm. *Strohal*.
332 OLG Hamm v. 22.11.2004 – 8 UF 411/00, FamRZ 2005, 1193.

längeren Zeitraum hinweg zu dokumentieren. Es muss aber davor gewarnt werden, sich „arm zu rechnen". Wer ein Einkommen von 150.000 € im Jahr hat und behauptet, nicht leistungsfähig zu sein, riskiert, nicht ernst genommen zu werden.

4. Selbstbehalt

394   Es besteht weitgehend Einigkeit, dass der dem Unterhaltspflichtigen und seiner Familie zu verbleibende Betrag der Schwäche und Nachrangigkeit des Aszendentenunterhaltes zu entsprechen hat. Gleichzeitig wird spätestens seit der Entscheidung des BGH v. 23.10.2002[333] allgemein akzeptiert, dass der **Selbstbehalt des Pflichtigen** im Verhältnis zu seinen Eltern nicht statisch, sondern **dynamisch** zu gestalten ist. Je höher das Einkommen des Unterhaltspflichtigen ist, umso mehr ist ihm als Selbstbehalt zu belassen, weil ihm im Verhältnis zu seinen Eltern eine spürbare und dauerhafte Senkung seines berufs- und einkommenstypischen Unterhaltsniveaus jedenfalls insoweit nicht zuzumuten ist, als er nicht einen nach den Verhältnissen unangemessenen Aufwand betreibt oder ein Leben im Luxus führt. Dementsprechend belässt die Rechtsprechung dem Unterhaltspflichtigen stets die **Hälfte der den Selbstbehalt übersteigenden Einkünfte**.

BGH v. 23.10.2002 – XII ZR 266/99, FamRZ 2002, 1698

… c) Das OLG geht zwar im Ansatz zutreffend davon aus, dass dem in den Unterhaltstabellen angesetzten Selbstbehalt eines Unterhaltsverpflichteten gegenüber einem volljährigen Kind andere Lebensverhältnisse zugrunde liegen, als im Fall des Elternunterhaltes. Eltern müssen regelmäßig damit rechnen, ihren Kindern auch über die Vollendung des 18. Lebensjahres hinaus zu Unterhaltsleistungen verpflichtet zu sein, bis diese eine – nicht selten langjährige – Berufsausbildung abgeschlossen haben und wirtschaftlich selbständig sind. Mit einer solchen, der natürlichen Generationenfolge entsprechenden Entwicklung kann indessen nicht der Fall gleichgestellt werden, dass Eltern nach ihrem Ausscheiden aus dem Erwerbsleben ihre Kinder auf Unterhalt für ihren notwendigen Lebensbedarf in Anspruch nehmen müssen. Der Senat hat deshalb die Auffassung gebilligt, dass der angemessene Selbstbehalt, der einem Verpflichteten bei durchschnittlichen Einkommensverhältnissen gegenüber dem Unterhaltsbegehren eines volljährigen Kindes als Mindestbetrag gewährt wird, um einen maßvollen Zuschlag erhöht wird, wenn das Unterhaltsbegehren anderer Verwandter – wie hier der Eltern – zu beurteilen ist (Senatsurteil v. 26.02.1992, a.a.O., S. 797).

Ein solcher Zuschlag kann aber nicht für alle Verhältnisse gleich bemessen werden. Denn es entspricht der Erfahrung, dass die Lebensführung an die zur Verfügung

---

333 BGH v. 23.10.2002 – XII ZR 266/99, FamRZ 2002, 1698.

stehenden Mittel angepasst wird, bei durchschnittlichen Einkommensverhältnissen also ein einfacherer Lebensstandard anzutreffen ist als bei gehobeneren und gehobenen Einkommensverhältnissen. Diesem Umstand hat das OLG nicht in der gebotenen Weise Rechnung getragen.

d) Was der Unterhaltsverpflichtete im Verhältnis zu seinen Eltern für seinen eigenen angemessenen Unterhalt benötigt, muss nach den Grundsätzen bemessen werden, die auch für die Unterhaltspflicht gelten. Maßgebend ist deshalb die Lebensstellung, die dem Einkommen, Vermögen und sozialen Rang des Verpflichteten entspricht; hiervon ausgehend wird der gesamte Lebensbedarf einschließlich einer angemessenen Altersversorgung umfasst. Daraus folgt, dass der angemessene Eigenbedarf nicht losgelöst von dem im Einzelfall vorhandenen Einkommen bestimmt werden kann. Er richtet sich somit nicht an einer festen Größe aus, sondern ist entsprechend den Umständen des Einzelfalles veränderlich (Senatsurteil v. 07.12.1988, a.a.O.; Schwab, Familiäre Solidarität – Beiträge zum europäischen Familienrecht –, Bd. 5, S. 52; Günther, FF 1999, 172, 174, sowie FuR 1995, 1, 5; Menter, FamRZ 1997, 919, 922; Büttner, in: Festschrift für Dieter Henrich, S. 53; Künkel, FamRZ 1991, 14, 22; Dieckmann, DAVorm 1979, 553, 562; Staudinger/ Engler/Kaiser, a.a.O., § 1603 Rn. 136; OLG Hamm – 1. FamS –, FamRZ 1999, 1533; OLG Oldenburg, FamRZ 2000, 1174, 1175; OLG Stuttgart, OLG-Report 2000, 245, 246; OLG Frankfurt, OLG-Report 2001, 264, 265).

Eine spürbare und dauerhafte Senkung seines berufs- und einkommenstypischen Unterhaltsniveaus braucht der Unterhaltsverpflichtete jedenfalls insoweit nicht hinzunehmen, als er nicht einen nach den Verhältnissen unangemessenen Aufwand betreibt oder ein Leben im Luxus führt.[334] Das gilt insbesondere vor dem Hintergrund, dass eine Inanspruchnahme für den Unterhalt von Eltern in der Regel erst stattfindet, wenn der Unterhaltsverpflichtete sich selbst bereits in einem höheren Lebensalter befindet, seine Lebensverhältnisse demzufolge bereits längerfristig seinem Einkommensniveau angepasst hat, Vorsorge für sein eigenes Alter treffen möchte und dann unerwartet der Forderung ausgesetzt wird, sich an den für seine Eltern aufgrund deren Hilfs- oder Pflegebedürftigkeit anfallenden Kosten zu beteiligen. …

e) Eine derartige Schmälerung des eigenen angemessenen Bedarfs wäre auch mit dem Gesetz nicht in Einklang zu bringen. Den Eltern des Unterhaltsverpflichteten gehen seine unverheirateten minderjährigen und seine unverheirateten privilegierten volljährigen Kinder, sein Ehegatte oder geschiedener Ehegatte, die nach § 1615l BGB Unterhaltsberechtigten, seine verheirateten minderjährigen und nicht privilegierten volljährigen Kinder sowie seine Enkel und weiter entfernte Abkömmlinge im Rang vor (§§ 1609 I und II, 1615l III S. 3 Hs. 2 BGB). Daran zeigt sich, dass der Unterhaltsanspruch der Eltern rechtlich vergleichsweise schwach ausgestaltet ist. Seinem Ehegatten gegenüber wäre der von dem Unterhaltsverpflichteten zu leistende Unterhalt so zu bemessen, dass beide Ehegatten in gleicher Weise an dem ehel. Lebensstandard teilhaben, weshalb grundsätzlich jedem die Hälfte des verteilungsfähigen Einkommens zuzubilligen ist (std. Rspr., vgl. Senatsurteil v. 16.12.1987 – IVb ZR 102/86 –, FamRZ 1988, 265, 267). Würde der einem Elternteil geschuldete Unterhalt demgegenüber mit einem höheren Betrag bemessen, so würde dies der gesetzlichen Rangfolge nicht entsprechen. Das wird zusätzlich daraus ersichtlich, dass auch der Ehegatte des Elternteils für diesen allenfalls Unterhalt i. H. der Hälfte seines Einkommens aufzubringen hätte, obwohl er vor dem Kind

---

334 Hervorhebung durch den Autor.

haftet (vgl. hierzu auch Günther, Münchener Anwaltshandbuch Familienrecht, § 12 Rn. 1, 34; Büttner, a.a.O., S. 53; Eschenbruch, Unterhaltsprozess, 2. Aufl., Rn. 2021; Heiß/Hußmann, Unterhaltsrecht, 13. Kap., Rn. 58 f.).

In tatsächlicher Hinsicht würde die Notwendigkeit, erhebliche Abstriche von dem erlangten Lebenszuschnitt vornehmen zu müssen, auch auf eine übermäßige Belastung der Unterhaltsverpflichteten hinauslaufen. Wie der Senat bereits in seiner Entscheidung v. 26.02.1992 (a.a.O., S. 797) ausgeführt hat, haben die auf Zahlung von Elternunterhalt in Anspruch genommenen Kinder in der Regel bereits ohne derartige Leistungen erhebliche Aufwendungen zur Erfüllung des Generationenvertrages erbracht, indem sie ihre eigenen Kinder großgezogen und deren Ausbildung finanziert haben und zugleich durch ihre Sozialversicherungsabgaben, zu denen inzwischen noch die Beiträge zur Pflegeversicherung hinzugekommen sind, dazu beigetragen haben, dass die Elterngeneration insgesamt im Alter versorgt wird (so auch Günther, a.a.O., Rn. 34).

f) Diesem Gesichtspunkt trägt letztlich auch das zum 01.01.2003 in Kraft tretende Gesetz über eine bedarfsorientierte Grundsicherung im Alter und bei Erwerbsminderung (GSiG) v. 26.06.2001 (BGBl I 1310, 1335 ff.) i. d. F. des Gesetzes zur Verlängerung von Übergangsregelungen im BSHG v. 27.04.2002 (BGBl I 1462, 1463) Rechnung. Danach können u. a. Personen, die das 65. Lebensjahr vollendet und ihren gewöhnlichen Aufenthalt in der Bundesrepublik Deutschland haben, auf Antrag Leistungen der beitragsunabhängigen, bedarfsorientierten Grundsicherung erhalten, soweit sie ihren Unterhalt nicht durch ihr nach sozialhilferechtlichen Grundsätzen ermitteltes Einkommen und Vermögen decken können und ihre Bedürftigkeit nicht in den letzten zehn Jahren vorsätzlich oder grob fahrlässig herbeigeführt haben (§§ 1, 2 GSiG). Die Grundsicherung umfasst den für den Anspruchsteller maßgeblichen sozialhilferechtlichen Regelsatz zuzüglich 15 % des Regelsatzes eines Haushaltungsvorstandes. Hinzu kommen u. a. die angemessenen tatsächlichen Aufwendungen für Unterkunft und Heizung sowie die Kosten der Kranken- und Pflegeversicherung (§ 3 I GSiG). Bei der Einkommens- und Vermögensermittlung bleiben Unterhaltsansprüche des Antragsberechtigten gegenüber seinen Kindern und Eltern unberücksichtigt, sofern deren jährliches Gesamteinkommen i. S. des § 16 SGB IV unter einem Betrag von 100.000 € liegt (§ 2 I S. 3 GSiG).

In dem Bericht des Ausschusses für Arbeit und Sozialordnung (BT-Drucks. 14/5150, S. 48) wird hierzu ausgeführt, der Zweck des Gesetzes bestehe darin, u. a. für alte Menschen eine eigenständige soziale Leistung vorzusehen, die den grundlegenden Bedarf für den Lebensunterhalt sicherstelle; durch diese Leistung solle im Regelfall die Notwendigkeit der Gewährung von Sozialhilfe vermieden werden; außerdem habe vor allem ältere Menschen die Furcht vor dem Unterhaltsrückgriff auf ihre Kinder oftmals von dem Gang zum Sozialamt abgehalten; eine dem sozialen Gedanken verpflichtete Lösung müsse hier einen gesamtgesellschaftlichen Ansatz wählen, der eine würdige und unabhängige Existenz sichere.

Hieraus wird deutlich, dass – von besonders günstigen wirtschaftlichen Verhältnissen der Unterhaltsverpflichteten abgesehen – zu Lasten öffentlicher Mittel auf einen Unterhaltsregress verzichtet worden ist, weil dieser von älteren Menschen vielfach als unangemessen und unzumutbar empfunden wird und dieser Umstand Berücksichtigung finden soll.

g) Nach alledem ist davon auszugehen, dass der angemessene Eigenbedarf nicht durchgängig mit einem bestimmten festen Betrag angesetzt werden kann, sondern anhand der konkreten Umstände des Einzelfalles und unter Berücksichtigung der besonderen Lebensverhältnisse, die bei der Inanspruchnahme auf Elternunterhalt vorliegen, zu ermitteln ist. Diesem Gesichtspunkt tragen inzwischen die meisten Tabellen und Leitlinien der OLGe insoweit Rechnung, als sie als Selbstbehalt des Kindes nur einen Mindestbetrag angeben (vgl. etwa die Zusammenstellung bei Günther, Münchener Anwaltshandbuch, a.a.O., Rn. 31). Unter welchen Voraussetzungen diese Mindestbeträge zu erhöhen sind, wird in der Rechtsprechung der LGe und OLGe und im Schrifttum nicht einheitlich beantwortet (vgl. dazu etwa die Übersichten von Menter, a.a.O., und Miesen, FF 2000, 199). Ebenso wenig besteht Einigkeit darüber, ob den Kindern gegenüber ihren Eltern von dem den Freibetrag übersteigenden Einkommen ein bestimmter Anteil zusätzlich zu belassen ist, wie dies etwa in den Empfehlungen des Deutschen Vereins für öffentliche und private Fürsorge (vgl. FamRZ 2000, 788, 796 unter Nr. 121) und in denjenigen des 11. und des 13. Deutschen Familiengerichtstages (FamRZ 1996, 337, 338, unter I 4.2 und 2000, 273, 274, unter I 4 a) vorgeschlagen worden ist. Ob hierdurch im Einzelfall ein angemessenes Ergebnis erreicht werden kann, unterliegt letztlich der verantwortlichen Beurteilung des Tatrichters. Insofern wird es allerdings nicht grundsätzlich als rechtsfehlerhaft angesehen werden können, wenn bei der Ermittlung des für den Elternunterhalt einzusetzenden bereinigten Einkommens allein auf einen – etwa hälftigen – Anteil des Betrages abgestellt wird, der den an sich vorgesehenen Mindestselbstbehalt übersteigt. Vielmehr kann durch eine solche Handhabung im Einzelfall ein angemessener Ausgleich zwischen dem Unterhaltsinteresse der Eltern einerseits und dem Interesse des Unterhaltsverpflichteten an der Wahrung seines angemessenen Selbstbehalts andererseits zu bewirken sein. Zugleich kann eine ungerechtfertigte Nivellierung unterschiedlicher Verhältnisse vermieden werden. Überdies hätte eine derartige Verfahrensweise den Vorteil der Rechtssicherheit und Praktikabilität für sich (ebenso Günther, Münchener Anwaltshandbuch, a.a.O., Rn. 35; Büttner, a.a.O.; Kalthoener/Büttner/Niepmann, Die Rechtsprechung zur Höhe des Unterhalts, 8. Aufl., Rn. 188a; Heiß/Hußmann, a.a.O., Rn. 58; Eschenbruch, Rn. 2021; Staudinger/Engler/Kaiser, a.a.O., § 1603 Rn. 138; OLG Hamm – 1. FamS –, a.a.O.; OLG Hamm – 4. FamS –, FamRZ 2002, 123, 124; OLG Frankfurt, a.a.O.; vgl. auch die Nachweise bei Duderstadt, Erwachsenenunterhalt, Anm. 3.4.1.2; a. A. Luthin/Seidel, Handbuch des Unterhaltsrechts, 9. Aufl., Rn. 5070; Wendl/Pauling, Das Unterhaltsrecht in der familiengerichtlichen Praxis, 5. Aufl., § 2 Rn. 619 f., 639; Steymans, FuR 2000, 361, 363). …

Die Ausführungen des BGH werden vielfach so verstanden, dass damit die in den Leitlinien der OLG festgelegten Selbstbehalte jeglicher Diskussion entzogen und von den Gerichten anzuwenden seien. Dabei lässt sich oft der Eindruck gewinnen, Rechtsprechung und Literatur bemühten sich in sehr kreativer Weise, die durch nichts begründete Selbstbindung an diese Selbstbehalte dadurch zu unterlaufen, dass vom Einkommen des unterhaltspflichtigen Kindes Abzüge vorgenommen werden, die in der unterhaltsrechtlichen Dogmatik normalerweise den aus dem Selbstbehalt zu finanzierenden allgemeinen Lebenshaltungskosten zuzuordnen sind[335]. So werden

395

---

335 So auch *Hußmann*, S. 31, der die Abzugspraxis ‚großzügig' nennt.

in einigen Regionen – entsprechend den Regelungen im Sozialhilferecht – alle Pflichtversicherungen (also auch die Kfz-Haftpflichtversicherung) vom Einkommen des Unterhaltspflichtigen vorab abgezogen. Teilweise werden auch Privathaftpflichtversicherungskosten, Rechtsschutzversicherungen, Kindergarten- oder Schulverpflegungskosten etc. als Abzüge vom Einkommen akzeptiert. Viele dieser Kosten sind der **allgemeinen Lebensführung** zuzuordnen und eigentlich **aus dem Selbstbehalt zu finanzieren.** Wenn gleichwohl in der Praxis ein unsystematischer Abzugswildwuchs herrscht, wird mit dieser Scheinmathematisierung einzig und allein kaschiert, dass die Frage, welcher Selbstbehalt für den Unterhaltspflichtigen zugrunde zu legen ist, eine Wertungsfrage ist. Nach § 1603 Abs. 1 BGB ist unterhaltspflichtig nur derjenige, der **ohne Gefährdung seines eigenen angemessenen Unterhaltes** zu Unterhaltsleistungen an seine Verwandten im Stande ist. Es geht mithin um die Bestimmung der Angemessenheit des eigenen Bedarfs. Dies ist eine juristisch wertende Entscheidung, die durch eine Tabelle ebenso wenig wie durch eine Kristallkugel ersetzt werden kann. Die Angemessenheit des Eigenbedarfs ist in jedem Fall konkret zu prüfen.

396   Dabei ist festzustellen, dass es dem Unterhaltspflichtigen obliegt, zur **Angemessenheit seines Eigenbedarfs** vorzutragen. Dazu reichen formelhafte Bezugnahmen auf den Lebensstil nicht aus. Vielmehr ist darzulegen, wofür die Einkünfte des Unterhaltspflichtigen verwandt wurden. Wer nachweist, keine Sparleistungen in der Vergangenheit erbracht zu haben und dazu konkret darlegt sowie belegt, wie das Einkommen in der Vergangenheit verwendet wurde, wird – sofern er nicht im Luxus lebt – zu Elternunterhalt auch dann nicht herangezogen werden können, wenn sein Einkommen auch nach Berücksichtigung großzügig bemessener Abzüge deutlich oberhalb der Leitlinienselbstbehalte liegt[336].

5. Leitlinienselbstbehalte

397   Die Höhe der nach den Leitlinien[337] dem Unterhaltspflichtigen verbleibenden **Selbstbehalte** sind von der Rechtsprechung und dem Schrifttum oberhalb des Kindern und Gatten gegenüber für angemessen erachteten Selbstbehalts festgelegt worden.

Selbstbehalte im Elternunterhalt	Kind	Schwiegerkind
2005 bis 2010	1.400,00 €	1.050,00 €
seit 2011	1.500,00 €	1.200,00 €

---

336 BGH v. 14.01.2004 – XII ZR 224/00, FamRZ, 2004, 370.
337 Unterhaltsrechtlichen Leitlinien der OLG (s. www.famrz.de) Ziff. 22.3.

In diesen Selbstbehalten ist ein Betrag in Höhe von 450 € Warmmiete für den Unterhaltspflichtigen und 350 € Warmmiete für den mit ihm zusammenlebenden Gatten enthalten.

Der in den Leitlinien ausgewiesene **Selbstbehalt ist dynamisch konzipiert.** Die Hälfte der Differenz zwischen anrechenbarem Einkommen des Unterhaltspflichtigen und dem Leitlinienselbstbehalt steht dem Unterhaltspflichtigen als Selbstbehalt zur Verfügung. Diese Dynamisierung des Selbstbehaltes ist von der Rechtsprechung des BGH ausdrücklich gefordert und gebilligt worden[338].

398

Die Festlegung von Selbstbehalten ist problematisch. Auch wenn derartige **Selbstbehalte** von der Rechtsprechung des BGH gebilligt worden sind, sollten sie nicht darüber hinwegtäuschen, dass sie **keine Rechtsnorm** darstellen und im Einzelfall zu unbilligen Ergebnissen führen können und m. E. in vielen Fällen auch tatsächlich zu unangemessenen Ergebnissen führen.

399

Die Anpassung der Selbstbehalte ab 2011 auf 1.500 € für das unterhaltspflichtige Kind und 1.200 € für das mit dem Kind zusammenlebende Schwiegerkind zuzüglich der Hälfte des darüber hinausgehenden bereinigten Einkommens hat die Kritik an zu niedrigen Selbstbehalten aufgegriffen und gleichzeitig der Rechtsprechung des BGH v. 28.07.2010[339] aufgegriffen, wonach der synergetische Vorteil des Zusammenlebens mit einem Partner eine 10%ige Ersparnis der Aufwendungen verursacht. Dementsprechend konsequent wurde der doppelte Selbstbehalt des Alleinlebenden bei Zusammenleben mit einem Partner auf 2.700 € abgesenkt. Diese Absenkung setzt sich auch am über den Sockelselbstbehalt hinausgehenden Einkommen fort. Dieses fällt daher beim Zusammenleben mit einem Partner nicht zur Hälfte, sondern nur zu 45 % in den Familienselbstbehalt.

400

Diese Grundsätze der Absenkung des Selbstbehalts um 10% bei Zusammenleben mit einem Gatten gilt auch für Lebenspartner. Für **Lebensgemeinschaften,** also nicht verheiratete oder nach dem Lebenspartnerschaftsgesetz verpartnerte Zusammenlebende, können diese Grundsätze ebenfalls angewendet werden. Zwar besteht innerhalb einer Lebensgemeinschaft keine wechselseitige Unterhaltsverpflichtung, Ersparnisse durch das Zusammenleben treten indessen ebenso auf, wie bei Verheirateten. Es ist daher berechtigt, den Sockelselbstbehalt eines in einer Lebensgemeinschaft lebenden unterhaltspflichtigen Kindes um 10 % (auf dann 1.500 € x 0,9 = 1.350 €) abzusenken und auch das darüber hinausgehende Einkommen nur zu 45 % dem individuellen Selbstbehalt zuzurechnen. Diese Grund-

401

---

338 BGH v. 23.10.2002 – XII ZR 266/99, FamRZ 2002, 1698 = NJW 2003, 128; BGH v. 19.03.2003 – XII ZR 123/00, FamRZ 2003, 1179 (m. Anm. *Klinkhammer*) = NJW 2003, 2306.
339 BGH v. 28.07.2010 – XII ZR 140/07, FamRZ 2010, 1535.

sätze gelten indessen nicht für **Wohngemeinschaften,** in denen regelmäßig kein ‚gemeinsames Wirtschaften' stattfindet.

6. Leitliniengerechte Erhöhung der Selbstbehalte (Wohnkosten)

402   Um gerechte Ergebnisse in Einzelfällen zu erhalten, kann es sinnvoll sein, Änderungen der Selbstbehalte zu berechnen.

403   Das ist immer dann der Fall, wenn die **tatsächliche Mietbelastung** die in den Leitlinien einkalkulierte Mietbelastung von 450 € bzw. 800 € übersteigt. In diesen Fällen ist der Selbstbehalt um einen Wohnmehrbedarfszuschlag zu erhöhen, dessen Höhe in der Differenz der tatsächlichen Wohn- bzw. Mietkosten zu den in den Leitlinien angenommenen Wohn- oder Mietkosten besteht. Andererseits findet eine Verminderung des Selbstbehaltes nicht statt, wenn die Mietbelastung geringer als in den Leitlinien angenommen ausfällt[340].

> **BGH v. 17.12.2003 – XII ZR 224/00, FamRZ 2004, 370**
>
> … Es unterliegt grundsätzlich der freien Disposition des Unterhaltspflichtigen, wie er die ihm zu belassenden Mittel nutzt. Ihm ist es deshalb nicht verwehrt, seine Bedürfnisse anders als in den Unterhaltstabellen zu gewichten und sich zum Beispiel mit einer preiswerteren Wohnung zu begnügen, um zusätzliche Mittel für andere Zwecke einsetzen zu können (Senatsurteil v. 25.06.2003 – XII ZR 63/00 –, FamRZ 2004, 186, m. Anm. Schürmann, S. 189). Eine Herabsetzung des der Bekl. zuzubilligenden Selbstbehalts ist deshalb nicht veranlasst. …

404   Teilweise werden erhöhte Kosten des Wohnens dann nicht zu einer Erhöhung des Selbstbehaltes herangezogen, wenn der ‚individuelle Selbstbehalt' höher als der Sockelselbstbehalt ist. Der Wohnkostenansatz von 450 € im Selbstbehalt von 1.500 € bzw. 800 € im Familiensockelselbstbehalt von 2.700 € entspricht einem Wohnkostenanteil von 30 % des verfügbaren Familieneinkommens. Verbleibt dem Unterhaltspflichtigen mehr als der Sockelselbstbehalt, so soll auch der Wohnkostenanteil sich entsprechend erhöhen[341]. Indessen verkennt diese Position, dass die im Elternunterhalt geltende Lebensstandardgarantie[342] dazu führt, dass dem Pflichtigen eine Änderung seiner Lebensverhältnisse nicht zuzumuten ist. Berücksichtigte man höhere Wohnkosten nicht durch eine entsprechende Anhebung der Selbstbehalte, baute man einen Umzugsdruck auf, der dieser Lebensstandardgarantie widerspräche.

---

340 BGH v. 25.06.2003 – XII ZR 63/00, FamRZ 2004, 186.
341 So ausdrücklich OLG Karlsruhe v. 28.07.2010 – 16 F 65/10.
342 BGH v. 23.10.2002 – XII ZR 266/99, FamRZ 2002, 1698.

Soweit die **erhöhten Mietkosten** aus erhöhtem Wohnbedarf wegen ge- **405**
meinsamen Wohnens mit Kindern resultieren, kann fraglich sein, ob dies
zu einer Erhöhung des Selbstbehalts führt. In den vorab vom Einkommen
des Unterhaltspflichtigen abgezogenen Unterhaltsbeträgen für Kinder sind
in der Regel auch die Kosten des Wohnens für die Kinder mit ca. 20 %
des in der ‚Düsseldorfer Tabelle' ausgewiesenen Bedarfs enthalten, so dass
eine nochmalige Berücksichtigung dieser Kosten durch eine Selbstbehalts-
erhöhung zu einer Doppelberücksichtigung der Wohnkosten der Kinder
führt. Dies wird jedoch von den Trägern der Sozialhilfe in der Regel nicht
moniert und hängt insoweit auch damit zusammen, dass die Berücksichtigung der Unterhaltsbeträge für die Kinder nach den Tabellensätzen der
Düsseldorfer zu unangemessen niedrigen Kindesunterhaltsbeträgen führt.

Mit dem **Selbstbehalt** soll der gesamte Lebensbedarf, Nahrung, Klei- **406**
dung, Körperpflege, Urlaub, Kultur, Gesundheit, Bildung, Freizeit etc. abgedeckt werden. Es kann ratsam sein, den Bedarf konkret zu bestimmen.
Das ist immer dann zu empfehlen, wenn der konkrete Lebenszuschnitt des
Unterhaltspflichtigen und seiner Familie trotz hoher Einkünfte so organi-
siert ist, dass Rücklagen nicht gebildet werden, sondern das Einkommen
weitgehend konsumiert wird (vgl. Rn. 390).

Die Frage, ob es einem Unterhaltspflichtigen zuzumuten ist, eine selbst **407**
genutzte **Feriendauerwohnung** oder die Mitgliedschaft in einem **Golf-
club** zu kündigen, ist zu verneinen. Anderenfalls würde man den den Elternunterhalt überlagernden Grundsatz vernachlässigen, dass der Unterhaltsschuldner eine spürbare und dauerhafte Senkung seines berufs- und
einkommenstypischen Unterhaltsniveaus jedenfalls insoweit nicht hinzunehmen hat, als er nicht einen nach den Verhältnissen unangemessenen
Aufwand betreibt oder ein Leben im Luxus führt[343].

Leitlinien sind keine Gesetze. Elternunterhalt ist aufgrund der weit- **408**
gehend abgeschlossenen und konkretisierten Lebensplanung der Unterhaltspflichtigen noch weniger in das Korsett streng gegliederter Leitlinien zu
schnüren als sonstige Unterhaltstatbestände. Es wird daher immer zu prüfen
sein, ob der dem Unterhaltspflichtigen tatsächlich verbleibende Selbstbehalt
angemessen ist. Dabei ist es aus anwaltlicher Sicht stets ratsam, den Lebenszuschnitt der Unterhaltspflichtigen sehr konkret darzustellen. Vor vorschnellen
Verweisungen bestimmter Aufwendungen der Unterhaltspflichtigen in den
allgemeinen aus dem Selbstbehalt zu deckenden Bedarf muss gewarnt werden.
Die entscheidende Debatte um die Höhe des Selbstbehaltes wird letztendlich
im Bereich der vom Nettoeinkommen des Pflichtigen und seines Gatten vor-
zunehmenden Abzügen geführt (vgl. Rn. 220 ff.). Gleichwohl bleibt eine ab-

---

343 BGH v. 23.10.2002 – XII ZR 266/99, FamRZ 2002, 1698.

schließende Betrachtung der Angemessenheit des der Berechnung zugrunde
gelegten Selbstbehaltes stets erforderlich.

7. Selbstbehalt nach BVerfG v. 07.06.2005 –
1 BvR 1508/96: 100.000 € ?

409   Die Entscheidung des BVerfG vom 07.06.2005[344] betont gegenüber der
bisherigen Rechtsprechung eine weitere Schwäche des Elternunterhaltes.
Das BVerfG bestimmt dabei die Angemessenheit des Betrages, der dem
Unterhaltspflichtigen zu verbleiben hat, maßgeblich unter dem Gesichtspunkt der vom Unterhaltspflichtigen hinzunehmenden Belastungen. Dieser sei durch die Unterhaltspflicht für seine Familie und die Verpflichtung,
eine eigene angemessene Altersversorgung aufzubauen, stark belastet.

410   In diesem Zusammenhang verweist die Urteilsbegründung wie schon
zuvor der BGH[345] auf die Gesetzgebung zum Grundsicherungsgesetz.
Während der BGH jedoch die Rückgriffsbeschränkung auf Unterhaltsansprüche von Eltern gegen Kinder auf die Fälle, in denen die Kinder ein
100.000 € übersteigendes Einkommen haben, damit begründete, der Gesetzgeber habe diese hohe Rückgriffsschwelle aufgebaut, um bedürftigen
älteren Menschen das Verharren in ‚verschämter Armut' zu ersparen[346],
wendet das Verfassungsgericht die nunmehr in § 43 Abs. 2 SGB XII enthaltene Rückgriffsschwelle offensiv zur Begründung eines hohen Selbstbehaltes für den auf Elternunterhalt in Anspruch genommenen Unterhaltspflichtigen an:

> **BVerfG v. 07.06.2005 – 1 BvR 1508/96, FamRZ 2005, 1051**
>
> … Auch hieraus wird die Intention des Gesetzgebers deutlich, Kinder gegenüber
> ihren Eltern zwar nicht aus der Pflicht zur Unterhaltsgewährung gänzlich zu ent-
> lassen, bei der Frage aber, ob ein Unterhaltsanspruch gegen sie besteht, die Nach-
> rangigkeit des Anspruchs ebenso wie die besondere Belastungssituation des Unter-
> haltspflichtigen zu beachten. …

411   Während der BGH somit den Bezug auf die Einkommensgrenze des
§ 43 Abs. 2 SGB XII noch damit rechtfertigt, dass es bei dieser Grenze
gar nicht um den Schutz des Unterhaltspflichtigen vor einer zu hohen Inanspruchnahme auf Unterhalt und vor übermäßiger Belastung geht, ist

---

344 BVerfG v. 07.06.2005 – 1 BvR 1508/96, FamRZ 2005, 1051.
345 BGH v. 23.10.2002 – XII ZR 266/99, FamRZ 2002, 1698.
346 So auch *Klinkhammer,* FamRZ 2003, 1793.

der Bezug des BVerfG auf den ‚angemessenen Selbstbehalt des Unterhaltspflichtigen' unverkennbar[347].

Auch anders lässt sich mit Hilfe der Rückgriffsnormen der Grundsicherung ein Plädoyer für eine deutliche Heraufsetzung der Freibetragsgrenzen beim Elternunterhalt begründen. Was ‚angemessener eigener Unterhalt' im Sinne von § 1603 Abs. 1 BGB ist, steht nie monolitisch fest. Dass minderjährigen Kindern die Teilung des ‚letzten Hemdes' geschuldet wird, hängt damit zusammen, dass sie noch keinen eigenen Beitrag zu ihrem Unterhalt leisten können. Volljährige Kinder können dies ebenso wie geschiedene Gatten, denen gegenüber der angemessene Eigenbedarf die Leistungsgrenze des Unterhaltspflichtigen markiert. Alle diese Unterhaltsansprüche sind jedoch kalkulierbar. Die Eigentümlichkeit des Elternunterhaltes ist es jedoch, dass er meist ‚aus heiterem Himmel' zuschlägt. Da durch die Einführung der Grundsicherung der tägliche Lebensbedarf alter Menschen befriedigt wird und die Leistungen nach den §§ 41 ff. SGB XII bedarfsdeckende Funktion haben, spielt der zur Deckung des allgemeinen Lebensbedarfs zu zahlende Elternunterhalt praktisch keine Rolle mehr. Der – weniger als 100.000 € verdienende – Unterhaltspflichtige wird sich zur Abwehr eines Anspruchs auf Elternunterhalt stets darauf berufen, es bestehe die Obliegenheit des Unterhaltberechtigten, seinen Bedarf anderweitig, nämlich beim Grundsicherungsträger, zu decken. Deren Höhe ist in diesen Fällen auch angemessen, weil der Bedarf ja in diesen Fällen nicht von der Lebensstellung des Unterhaltspflichtigen abgeleitet, sondern von der Lebensstellung des Bedürftigen (§ 1610 Abs. 1 BGB) bestimmt wird (vgl. Rn. 42 ff.).

412

Der über die Grundsicherung gedeckte Unterhaltsbedarf ist jedoch im Unterschied zum die Diskussion um Elternunterhalt prägenden Pflegeunterhaltsbedarf nicht nur geringer, sondern auch absehbarer. Das unterhaltspflichtige Kind kennt zwar möglicherweise nicht die konkrete Höhe der Einkünfte seiner Eltern, kennt jedoch deren berufliche Biografie und damit auch die ungefähre Höhe der Alterseinkünfte der Eltern. Während der **Pflegeunterhalt immer unverhofft** entsteht, weil Pflege immer noch die Ausnahme und nicht die Regel ist, ist Altersarmut kein Zufall. Diese zeichnet sich vielmehr in der Biografie des Bedürftigen lange ab und ist auch für fern stehende Außenstehende ohne weiteres erkennbar. Der Unterhaltspflichtige hätte daher die Möglichkeit, sich auf eine Inanspruchnahme auf Unterhalt einzustellen. Die langfristige Absehbarkeit des Bedarfs begründet daher den gegen ihn gerichteten Anspruch, sich langfristig auf eine Inanspruchnahme auf Unterhalt einzustellen. Ein Argument, den Unterhaltspflichtigen vor der Inanspruchnahme auf Elternunterhalt in diesen Fällen zu schonen und dem unterhaltspflichtigen Kind einen hohen

413

---

347 S. auch *Schürmann*, FF 2005, 187.

Lebensstandard zu sichern sowie seine Heranziehung zum Wohlhabendenprivileg zu machen, ist mithin nicht gegeben.

414   Die Unabsehbarkeit des aus Pflegekosten resultierenden Elternunterhaltes wird aber von der Rechtsprechung und dem Schrifttum immer wieder
als Argument herangezogen, den Selbstbehalt des unterhaltspflichtigen
Kindes gegenüber anderen Unterhaltstatbeständen deutlich zu erhöhen.
Hintergrund dessen ist, dass es dem Unterhaltspflichtigen nicht zuzumuten ist, seinen ökonomischen Lebenszuschnitt auf eine latent existierende[348]
Unterhaltpflicht einzustellen, um im unabsehbaren Bedarfsfall leistungsfähig zu sein. Bislang ist die Rechtsprechung dieser Argumentation jedoch
nicht gefolgt[349]. Es gibt auch keine Anzeichen dafür, dass sich das ändern
wird.

8. Zurechnung fiktiven Einkommens

a) Erwerbsobliegenheit zu Gunsten des Elternunterhaltes?

415   Ob Kinder im Verhältnis zu ihren Eltern eine **Erwerbsobliegenheit**
trifft, ist bislang vom BGH nicht entschieden worden. In der Literatur wird
dies teilweise bejaht[350]. Dabei wird bereits einschränkend angenommen,
dass eine Erwerbsobliegenheit nur für unverheiratete Kinder anzunehmen
sei, da nicht erwerbstätige verheiratete Kinder ihre ehelichen Pflichten als
Hausmann/Hausfrau gem. § 1360 S. 2 BGB erfüllten[351] und diese Situation daher der Annahme einer Erwerbstätigkeit widerstünde.

416   Indessen steht jede Obliegenheit unter dem Vorbehalt ihrer nach Treu
und Glauben zu beurteilenden Zumutbarkeit. Die rechtliche Schwäche des
Elternunterhaltes hat dabei Auswirkungen auch auf die Annahme der Zumutbarkeit einer Erwerbstätigkeit des Kindes. Die Elternunterhaltspflicht
tritt in der Regel in einem Alter ein, in dem das unterhaltspflichtige Kind
sich bereits im Leben eingerichtet und seinen spezifischen Lebensstil gefunden hat. Wenn ein kinderloser Erwachsener z. B. lediglich teilzeitig berufstätig ist, weil das seiner Persönlichkeit am besten entspricht, ist nur schwer
nachvollziehbar, dass diese die Ausnutzung der eigenen Erwerbstätigkeit

---

348 BGH v. 19.02.2003 – XII ZR 67/00, FamRZ 2003, 860.

349 Anders vermutet *Frank,* FamRZ 2009, 649, eine Inanspruchnahme von Kindern auf
     Elternunterhalt sei erst jenseits eines Einkommens von 100.000 € möglich, was aber
     der Realität nicht entspricht.

350 *Herr,* FamRZ 2005, 1019, 1025; *Hußmann,* S. 24; *Günther,* FuR 1995, 1, 7; *Ehinger,*
     FPR 2003, 623, 628; *Strohal,* Anm. zu BGH v. 28.01.2004 – XII ZR 218/01, FamRZ
     2004, 795.

351 Koch/*Wellenhofer,* Rn. 5026; anders Eschenbruch/*Klinkhammer,* Rn. 2.102, für den
     Fall einer kinderlosen Ehe.

betreffende Lebensentscheidung trotz der Schwäche des Elternunterhaltes nicht zu akzeptieren wäre, während andererseits der vom Unterhaltspflichtigen betriebene lebensstandardprägende Verzehr erarbeiteter Ressourcen (großzügige Lebensweise) beim Elternunterhalt akzeptiert wird[352].

Wenn Schulden, die zur Finanzierung auch von Vermögenswerten aufgenommen worden sind, einschließlich Zins- und Tilgungsleistungen nach inzwischen einhelliger Auffassung vom für Unterhaltszwecke anrechenbaren Einkommen des Unterhaltspflichtigen abgezogen werden, steht die Annahme, der Unterhaltspflichtige sei zur Finanzierung von Elternunterhalt gehalten, seine Arbeitskraft voll einzusetzen, in keinem nachvollziehbaren Begründungszusammenhang.   **417**

Anders könnte man nur entscheiden, wenn man die Maxime einer kapitalistischen Konsumgesellschaft, wonach die Verminderung des verfügbaren Einkommens durch kreditierten Konsum volkswirtschaftlich erwünscht ist, während die Verminderung des verfügbaren Einkommens durch Nichtausnützung der vollen Arbeitskraft zu sanktionieren sei, zu einem auch rechtlich gültigen Prinzips des Unterhaltsrechts zu machen. Das aber wäre nicht nachvollziehbar.   **418**

Anders als im Deszendenten und Gattenunterhaltsrecht kann es für die Berücksichtigung von Verbindlichkeiten nicht darauf ankommen, ob diese ‚schadlos‘ zurückgefahren werden können. Wäre die Irreversibilität der Belastung Grund für deren Berücksichtigung im Elternunterhalt, bestünde – wie beim Kindes- und Gattenunterhalt – die vorrangige Obliegenheit des Unterhaltspflichtigen, eine Reduktion der Belastung herbeizuführen. Erst wenn nachgewiesen ist, dass eine Reduktion nicht möglich ist, könnte die Verbindlichkeit mit Zins- und Tilgungsleistungen dem Elternunterhalt entgegengestellt werden. Das ist aber nicht der Fall. Der BGH sieht vielmehr den Grund für die Berücksichtigung der ökonomischen Disposition des Unterhaltspflichtigen in der Tatsache, dass dieser im Verhältnis zum schwachen Elternunterhalt nicht verpflichtet sei, eine spürbare Senkung des berufs- und einkommenstypischen Bedarfsniveaus hinzunehmen[353].   **419**

Freizeit gehört aber auch zum Lebensbedarf und zum Lebensniveau. Wer davon viel braucht, oder wer meint, viel zu brauchen oder sich zu leisten, muss sich im Verhältnis zum Bedarf seiner Eltern nicht beschränken. Alles andere liefe darauf hinaus, die ökonomische Maxime der herrschenden Wirtschaftsform zur Messlatte des Unterhaltsrechts zu machen.   **420**

Dementsprechend ist festzustellen, dass für einen seinen Eltern gegenüber Unterhaltspflichtigen keine Obliegenheit zur Aufnahme einer Erwerbstätig-   **421**

---

352 Im Ergebnis so auch Wendl/Dose/*Wönne*, § 2 Rn. 949.
353 BGH v. 19.03.2003 – XII ZR 123/00, FamRZ 2003, 1179.

keit besteht, wenn bis zum Entstehen der Unterhaltspflicht eine Erwerbstätigkeit nicht ausgeübt wurde[354]. Das Entstehen einer Unterhaltspflicht macht aber eine bereits ausgeübte Erwerbstätigkeit nicht überobligatorisch. Der erwerbstätige Unterhaltspflichtige kann sich mit einer Aufgabe der Erwerbstätigkeit nicht gegen eine Heranziehung zum Unterhalt verteidigen, weil die nach Treu und Glauben zu beurteilende Obliegenheit nicht losgelöst von den konkreten Lebensverhältnissen steht. Ist eine Unterhaltsverpflichtung entstanden oder droht ihre Entstehung, wäre es angesichts der rechtlichen Existenz der Unterhaltszumutung nicht hinnehmbar, wollte man dem Unterhaltspflichtigen mit der Aufgabe der Erwerbstätigkeit die ‚Flucht aus dem Elternunterhalt‘ eröffnen.

BGH v. 19.03.2003 – XII ZR 123/00, FamRZ 2003, 1179

… In welcher Höhe dieser Bedarf [des Unterhaltspflichtigen, der Verf.] zu bemessen ist, hängt von der Lebensstellung des Unterhaltsverpflichteten ab, die sich aus seinem Einkommen, Vermögen und sozialen Rang ergibt. Denn es entspricht der Erfahrung, dass die Lebensstellung an die zur Verfügung stehenden Mittel angepasst wird. Mit Rücksicht darauf kann der angemessene Eigenbedarf nicht unabhängig von dem im Einzelfall vorhandenen Einkommen bestimmt werden; er ist entsprechend den Umständen des Einzelfalles veränderlich. Wie der Senat inzwischen entschieden hat, braucht der Unterhaltsverpflichtete bei einer Inanspruchnahme auf Unterhalt für einen Elternteil eine spürbare und dauerhafte Senkung seines berufs- und einkommenstypischen Unterhaltsniveaus jedenfalls insoweit nicht hinzunehmen, als er nicht einen nach den Verhältnissen unangemessenen Aufwand betreibt. Eine derartige Schmälerung des eigenen angemessenen Bedarfs wäre mit dem Gesetz nicht in Einklang zu bringen, das den Unterhaltsanspruch der Eltern rechtlich vergleichsweise schwach ausgestaltet hat (Senatsurteil v. 23.10.2002 – XII ZR 266/99 –, FamRZ 2002, 1698, 1700 f.). …

OLG Köln v. 05.07.2001 – 14 UF 13/01, FamRZ 2002, 572

LS: Im Elternunterhalt ist fiktives Einkommen nur in Ausnahmefällen anzusetzen.

… Ein fiktives Einkommen ist im abgeschwächten Unterhaltsverhältnis nicht zu berücksichtigen (vgl. OLG Köln, FamRZ 2001, 437 = OLG-Report 2000, 67, m.w.N.). …

---

b) Erwerbsobliegenheit zu Gunsten des familienrechtlichen Ausgleichsanspruchs?

422   Demgegenüber ist zu unterscheiden, ob möglicherweise eine Erwerbsobliegenheit im Verhältnis zu dem auf Elternunterhalt tatsächlich in Anspruch genommenen Kind besteht. Diese Überlegung drängt sich auf, obzwar keine Unterhaltsbeziehung zwischen Geschwistern besteht. Diese

---

354 *Schäfer,* S. 155.

existiert vielmehr nur in Beziehung auf die gemeinsamen Eltern. Es könnte demnach bei Annahme einer Erwerbsobliegenheit gegenüber dem Kind eine anteilige Inanspruchnahme des den Unterhalt zahlenden Kindes gegenüber dem nicht erwerbstätigen und einkommenslosen Kind aus dem Gesichtspunkt des **familienrechtlichen Ausgleichsanspruchs** in einer besonderen Ausprägung gegeben sein.

Dazu liegt, soweit erkennbar, bislang keine Rechtsprechung vor. Es gilt, **423** derartige Rechtsprechung zu produzieren.

Dabei wird nicht verkannt, dass es sich um eine ‚gewagte‘ Konstruktion **424** handelt. Diese Konstruktion macht jedoch deutlich, auf welch schlüpfriges Gebiet der gesamte Bereich des Elternunterhaltes führt.

9. Berechnung der Leistungsfähigkeit des unterhaltspflichtigen Kindes

Die Berechnung der konkreten unterhaltsrechtlichen Haftung eines **425** Unterhaltspflichtigen kann, wie bereits dargelegt, nur dann ohne Berücksichtigung seines familiären Umfeldes erfolgen, wenn das unterhaltspflichtige Kind keinen anderen vorrangigen Unterhaltspflichten ausgesetzt ist und nicht selbst ggf. über den Familienunterhalt eigene Unterhaltsansprüche hat.

a) Alleinstehendes oder getrennt lebendes unterhaltspflichtiges Kind

Wie in jedem Unterhaltsfall ist Basis der Leistungsfähigkeit eines un- **426** terhaltspflichtigen Kindes sein anrechenbares Einkommen, das im Fall der Heranziehung zum Elternunterhalt großzügig um Abzugspositionen und den dynamischen Selbstbehalt (½ des den Selbstbehalt nach den Leitlinien der OLG übersteigenden Einkommens) vermindert wird. Das nicht verheiratete oder getrennt lebende unterhaltspflichtige Kind haftet daher ausschließlich nach seinen eigenen Einkünften, zu denen ggf. auch Unterhaltszahlungen gehören. Eine Haftung des alleinstehenden oder getrennt lebenden Kindes kommt daher aus Einkommen nur in Betracht, wenn dieses die jeweiligen Selbstbehaltsätze (ab dem Jahr 2011 1.500 €) übersteigt.

b) Verheiratetes unterhaltspflichtiges Kind, mit Gatten zusammenlebend

Im Fall eines **verheirateten und mit seinem Gatten zusammenle-** **427** **benden unterhaltspflichtigen Kindes** ist im Hinblick auf den Familienunterhalt (dazu Rn. 304 ff.) für die Leistungsfähigkeit des Kindes auch das

Einkommen des mit ihm zusammenlebenden Gatten maßgeblich. Ein mit seinem Gatten zusammenlebendes verheiratetes Kind kann daher auch dann auf Zahlung von Elternunterhalt in Anspruch genommen werden, wenn sein Einkommen unterhalb des Selbstbehaltsatzes liegt, weil sein Lebensunterhalt durch den Familienunterhalt sichergestellt ist.

(1) Berechnungsmethode nach BGH v. 28.07.2010 – XII ZR 140/07

428   In einer Entscheidung vom 28.07.2010 (XII ZR 140/08, FamRZ 2010, 1535) hat der BGH zu den unterschiedlichen Berechnungsmethoden Stellung bezogen und folgende Grundsätze aufgestellt:

429   Von dem zusammengerechneten um unterhaltsrechtlich relevante Abzüge der Gatten bereinigten Einkommen der Ehegatten (**Familieneinkommen**) wird der **Familienselbstbehalt** in Abzug gebracht. Das verbleibende Einkommen wird zur Ermittlung des für den individuellen Familienbedarf benötigten Betrages um eine in der Regel mit 10 % zu bemessende **Haushaltsersparnis** vermindert. Die Hälfte des sich ergebenden Betrages kommt zuzüglich des Familienselbstbehalts dem Familienunterhalt zugute. Zu dem so bemessenen individuellen Familienbedarf hat der Unterhaltspflichtige entsprechend dem Verhältnis der Einkünfte der Ehegatten beizutragen. Für den Elternunterhalt kann der Unterhaltspflichtige die Differenz zwischen seinem Einkommen und seinem Anteil am Familienunterhalt einsetzen.

430   Der BGH leitet in der Entscheidung die **Höhe der häuslichen Ersparnis** von 10 % aus dem Sozialrecht (§ 20 Abs. 3 SGB II) ab.

431   Gleichzeitig billigt der BGH in dieser Entscheidung einem unterhaltspflichtigen Kind **Altersvorsorgeaufwendungen** auch in den Fällen zu, in denen bereits Rente bezogen wird, die Regelaltersgrenze aber noch nicht erreicht ist. Auch in diesen Fällen sei der Aufbau einer privaten Altersversorgung in Höhe von 5 % des Bruttoeinkommens unterhaltsrechtlich zu akzeptieren, weil durch den vorzeitigen Rentenbeginn in der Regel eine Verminderung der Versorgungshöhe eintrete, die das unterhaltspflichtige Kind durch Auf- und Ausbau einer privaten Altersversorgung – jedenfalls bis zur Regelaltersgrenze – kompensieren dürfe.

432   Der BGH hat diese Berechnungsmethode ausdrücklich für die Fälle als angemessen bezeichnet, in denen das Einkommen des unterhaltspflichtigen Kindes das seines Gatten überstieg. Nach der vom BGH entwickelten Berechnungsmethode wäre unter Zugrundelegung der ab 2011 geltenden Selbstbehaltsätze wie folgt zu rechnen:

Übersteigendes Einkommen des Kindes:

Anrechenbares bereinigtes Einkommen	3.000,00 €	**4.000,00 €**	1.000,00 €
Methode: BGH XII ZR 140/07			
Anteile am Gesamteinkommen in %	75,00 %	4.000,00 €	25,00 %
./. Familiensockelselbstbehalt: 1.500 + 1.200 =		–2.700,00 €	
Resteinkommen: 4.000,00 – 2.700,00 =		1.300,00 €	
./. Haushaltsersparnis 10 % des Resteinkommens von: 1.300,00 =		–130,00 €	
Einkommen > Familiensockelselbstbehalt: 1.300,00 – 130,00 =		1.170,00 €	
½ des Einkommens > Familiensockel-SB: 1.170,00 / 2 =		585,00 €	
+ Familiensockelselbstbehalt		2.700,00 €	
individueller Familienselbstbehalt: 2.700,00 + 585,00 =		3.285,00 €	
vom Pflichtigen zu deckender Selbstbehalt: 3.285,00 × 75,00 % =	2.463,75 €		
für Elternunterhalt einzusetzen: 3.000,00 – 2.463,75 = 536,25 =	536,00 €		

Übersteigendes Einkommen des Schwiegerkindes:

Anrechenbares bereinigtes Einkommen	3.000,00 €	**4.000,00 €**	3.000,00 €
Methode: BGH XII ZR 140/07			
Anteile am Gesamteinkommen in %	25,00 %	4.000,00 €	75,00 %
./. Familiensockelselbstbehalt: 1.500 + 1.200 =		–2.700,00 €	
Resteinkommen: 4.000,00 – 2.700,00 =		1.300,00 €	
./. Haushaltsersparnis 10 % des Resteinkommens von: 1.300,00 =		–130,00 €	
Einkommen > Familiensockelselbstbehalt: 1.300,00 – 130,00 =		1.170,00 €	
½ des Einkommens > Familiensockel-SB: 1.170,00 / 2 =		585,00 €	
+ Familiensockelselbstbehalt		2.700,00 €	
individueller Familienselbstbehalt: 2.700,00 + 585,00 =		3.285,00 €	
vom Pflichtigen zu deckender Selbstbehalt: 3.285,00 × 25,0 % =	821,25 €		
für Elternunterhalt einzusetzen: 3.000,00 – 2.463,75 = 536,25 =	179,00 €		

BGH v. 28.07.2010 – XII ZR 170/07, FamRZ 2010, 1535

...

c) Die Kosten einer **zusätzlichen Altersvorsorge** hat das Berufungsgericht dagegen zu Recht als abzugsfähig anerkannt. Das Gesetz erlaubt bei der Bestimmung der Leistungsfähigkeit eines auf Verwandtenunterhalt in Anspruch genommenen Unterhaltspflichtigen ausdrücklich die Berücksichtigung sonstiger Verpflichtungen (§ 1603 Abs. 1 BGB). Im Unterschied zu dem unterhaltsberechtigten Elternteil besteht bei ihm in der Regel noch länger die Notwendigkeit, sich und seine Familie gegen die Unwägbarkeiten des Lebens abzusichern und für die Zukunft vorzusorgen. Im Hinblick darauf muss dem Unterhaltspflichtigen ermöglicht werden, eine angemessene Altersversorgung aufzubauen (Senatsurteil vom 19. Februar 2003 – XII ZR 67/00, FamRZ 2003, 860, 862 f.). Nach ständiger Rechtsprechung des Senats darf einem Unterhaltspflichtigen auch nicht mit dem Hinweis auf eine Beeinträchtigung seiner unterhaltsrechtlichen Leistungsfähigkeit die Möglichkeit genommen werden, über die primäre Altersvorsorge hinaus, wie sie etwa durch die gesetzliche Rentenversicherung oder die Beamtenversorgung erfolgt, zusätzliche Altersvorsorge zu treffen. Denn seit einigen Jahren hat sich die Erkenntnis durchgesetzt, dass die primäre Vorsorge in Zukunft nicht mehr für eine angemessene Altersversorgung ausreichen wird, sondern zusätzlich private Vorsorge zu treffen ist. Die eigene angemessene Altersvorsorge geht der Sorge für den Unterhaltsberechtigten aber grundsätzlich vor; das gilt jedenfalls dann, wenn dem Unterhaltspflichtigen – wie bei der Inanspruchnahme auf Elternunterhalt – vorrangig die Sicherung seines eigenen angemessen Unterhalts gewährleistet wird (Senatsurteile vom 14. Januar 2004 – XII ZR 149/01, FamRZ 2004, 792, 793 und BGHZ 169, 59, Tz. 29 f. = FamRZ 2006, 1511, 1514).

Allerdings ist der Beklagte zum 1. Juli 2004 aus dem Erwerbsleben ausgeschieden, so dass sich die – vom Berufungsgericht auch aufgeworfene – Frage stellt, ob ihm gleichwohl zugebilligt werden kann, seine zusätzlichen Altersvorsorgemaßnahmen fortzusetzen. Regelmäßig ist mit dem Eintritt in das Rentenalter der Lebensabschnitt erreicht, für den mit Rücksicht auf die sinkenden Einkünfte Vorsorge getroffen worden ist. Dass trotzdem zu Lasten der unterhaltsrechtlichen Leistungsfähigkeit weiterhin Versorgungsrücklagen gebildet werden können, dürfte grundsätzlich dann zu verneinen sein, wenn ein nicht selbständig Erwerbstätiger mit Erreichen der gesetzlichen Altersgrenze, auf die die Vorsorgemaßnahmen häufig auch ausgelegt sein dürften, in den Ruhestand tritt. Das kann hier aber dahinstehen. Der Beklagte hat seine Erwerbstätigkeit im Alter von 60 Jahren beendet, ohne dass der Kläger ihm einen Verstoß gegen eine Erwerbsobliegenheit angelastet hätte. Im Hinblick auf das Ausscheiden aus dem Dienstverhältnis kann er keine weiter gehende primäre Altersversorgung erlangen. Dann kann ihm aber nicht verwehrt werden, jedenfalls seine zusätzliche Altersvorsorge bis zum Erreichen der gesetzlichen Altersgrenze auszubauen. Hinzu kommt, dass bei der Ehefrau des Beklagten offensichtlich eine erhebliche Versorgungslücke vorliegt, da sie – seit dem 1. Januar 2006 – Altersrente für Frauen von nur 237,52 € monatlich bezieht. Auch dieser Umstand verdeutlicht einen zusätzlichen Vorsorgebedarf.

Die Höhe der Vorsorgeaufwendungen übersteigen mit 74,03 € monatlich den für die Zusatzvorsorge maßgeblichen Umfang von 5 % des Jahresbruttoeinkommens des Beklagten (rund 28.000 €) nicht, so dass gegen die unterhaltsrechtliche Anerkennung keine Bedenken bestehen (vgl. Senatsurteil vom 14. Januar 2004 – XII ZR 149/01, FamRZ 2004, 792, 793). Gegen die Beurteilung des Berufungsgerichts, der Beklagte sei nicht bereits durch die im Miteigentum der Ehegatten stehende Eigentumswohnung hinreichend gesichert, bestehen ebenfalls keine rechtlichen Bedenken. Die (unbelastete) Eigentumswohnung hat eine Größe von nur 69 m². Das Miteigentum hieran lässt die monatliche Zahlung von 74,03 € nicht wegen anderweit bereits bestehender Absicherung als Maßnahme der Vermögensbildung erscheinen (vgl. Senatsurteile vom 23. November 2005 – XII ZR 51/03, FamRZ 2006, 387, 388 und vom 14. Januar 2004 – XII ZR 149/01, FamRZ 2004, 772, 773).

…

5. Dem monatlichen Nettoeinkommen des Beklagten hat das Berufungsgericht den hälftigen Wohnvorteil der Ehewohnung hinzugerechnet. Dessen Bemessung hat es nicht die bei einer Fremdvermietung erzielbare objektive Marktmiete zugrunde gelegt, sondern auf die unter den gegebenen Verhältnissen ersparte Miete abgestellt. Das steht mit der Rechtsprechung des Senats in Einklang (vgl. Senatsurteil vom 19. März 2003 – XII ZR 123/00, FamRZ 2003, 1179, 1180 f.) und wird auch von der Revision nicht beanstandet. Unter Zugrundelegung einer Miete von 5,80 € pro Quadratmeter und nach Abzug der mit dem Wohneigentum verbundenen Kosten

ist danach ein Wohnvorteil von 406,66 € monatlich ermittelt worden, der in Höhe von ½ (203,33 €) das unterhaltsrelevante Einkommen des Beklagten erhöht.

6. a) Zu den zu berücksichtigenden sonstigen Verpflichtungen des Beklagten gehört auch die Unterhaltspflicht gegenüber seiner Ehefrau, da diese kein ihren Unterhaltsbedarf deckendes Einkommen erzielt. Der Beklagte schuldet ihr deshalb Familienunterhalt nach den §§ 1360, 1360a BGB. Auch wenn dieser Unterhaltsanspruch nicht ohne Weiteres nach den bei Trennung und Scheidung entwickelten Grundsätzen bemessen werden kann, weil er nicht auf die Gewährung einer frei verfügbaren Geldrente, sondern darauf gerichtet ist, dass jeder Ehegatte seinen Beitrag zum Familienunterhalt entsprechend der in der Ehe übernommenen Funktion leistet, ist es rechtlich unbedenklich, den Anspruch im Fall der Konkurrenz mit anderen Ansprüchen auf die einzelnen Familienmitglieder aufzuteilen und in Geld zu veranschlagen. Denn das Maß des Familienunterhalts bestimmt sich nach den ehelichen Lebensverhältnissen, so dass § 1578 BGB als Orientierungshilfe herangezogen und der anzusetzende Betrag insoweit in gleicher Weise wie der Unterhaltsbedarf eines getrennt lebenden oder geschiedenen Ehegatten ermittelt werden kann (Senatsurteile vom 19. Februar 2003 – XII ZR 67/00, FamRZ 2003, 860, 864; vom 22. Januar 2003 – XII ZR 2/00, FamRZ 2003, 363, 366 f.; vom 20. März 2002 – XII ZR 216/00, FamRZ 2002, 742; vom 18. Oktober 2000 – XII ZR 191/98, FamRZ 2001, 1065, 1066 und vom 25. Juni 2003 – XII ZR 63/00, FamRZ 2004, 186, 187). Die Berechnung darf sich dabei nicht auf einen bestimmten Mindestbedarf beschränken, sondern hat von den individuell ermittelten Lebens-, Einkommens- und Vermögensverhältnissen auszugehen. Auf die – Veränderungen unterliegenden – Lebensverhältnisse können sich auch Unterhaltsansprüche nachrangig Berechtigter auswirken und zu einer Einschränkung des Bedarfs der Ehegatten führen. Insofern wird allerdings zu Recht darauf hingewiesen, dass ein Vorwegabzug des Elternunterhalts in unteren und mittleren Einkommensbereichen des Unterhaltspflichtigen, bei denen eine Quotenberechnung in Betracht kommt, unterbleiben kann, denn andernfalls kann das vorrangige Ziel, den angemessenen Unterhalt des Ehegatten zu gewährleisten, nicht erreicht werden (Eschenbruch/ Klinkhammer a.a.O. Kap. 2 Rdn. 82 a. E.).

Bei der Unterhaltsbemessung ist die durch die gemeinsame Haushaltsführung der Ehegatten eintretende Ersparnis zu berücksichtigen, die mit wachsendem Lebensstandard in der Regel steigt (vgl. Senatsurteil vom 14. Januar 2004 – XII ZR 149/01, FamRZ 2004, 792, 793).

b) Das Berufungsgericht hat zur Bestimmung des Elternunterhalts, der unter Berücksichtigung des die Haushaltsersparnis einbeziehenden, angemessenen Unterhalts der Ehefrau zu ermitteln ist, den folgenden Berechnungsweg gewählt:

Aus den in den Unterhaltstabellen vorgesehenen Selbstbehaltssätzen für den Beklagten als Unterhaltspflichtigen und seine Ehefrau als seine Unterhaltsberechtigte wird ein so genannter Familienselbstbehalt gebildet. Die Haushaltsersparnis wird mit 14 % des Familieneinkommens veranschlagt (= Differenz zwischen dem Selbstbehalt des Unterhaltspflichtigen und dem Ehegatten, ins Verhältnis gesetzt zu den zusammengerechneten Selbstbehalten der Ehegatten) und von dem Familieneinkommen in Abzug gebracht. Der verbleibende Betrag wird zwischen den Ehegatten aufgeteilt. Sodann wird dem Anteil des Unterhaltspflichtigen der seinem Anteil am Familieneinkommen entsprechende Anteil an der Haushaltsersparnis zugerechnet. Von dem sich ergebenden Betrag wird der Selbstbehalt des Unterhaltspflichtigen in Abzug gebracht. 50 % der sich ergebenden Differenz stellen die für den Elternunterhalt verfügbaren Mittel dar.

In Zahlen verdeutlicht ergibt sich folgende Berechnung (Beispiel nach Eschenbruch/Klinkhammer a.a.O. 2. Kap. Rdn. 86):

Einkommen des Unterhaltspflichtigen 3.000 €

+ Einkommen der unterhaltsberechtigten Ehefrau......... 1.000 €

Familieneinkommen............................... 4.000 €

Familienbedarf (86 % des Familieneinkommens
bei 14 % Haushaltsersparnis, s. oben)................... 3.440 €

Anteil des Unterhaltspflichtigen (½) .... 1.720 €

+ Haushaltsersparnis aus dem Einkommen des
Unterhaltspflichtigen (14 %) 420 €..................... 2.140 €

abzüglich Selbstbehalt des Unterhaltspflichtigen
(ab Juli 2005) .... 1.400 €

verbleiben .... 740 €

½ hiervon = 370 € sind für den Elternunterhalt einsetzbar.

c) Diesem Berechnungsweg ist entgegengehalten worden, dass sich eine deutlich geringere Leistungsfähigkeit ergebe, als wenn nur die in den unterschiedlichen Selbstbehaltsbeträgen zum Ausdruck kommende Haushaltsersparnis berücksichtigt werde. Die Leistungsfähigkeit müsse aber höher sein, weil der Vorteil des Zusammenlebens als linear ansteigend beurteilt werde (OLG Hamm FamRZ 2008, 1650, 1651 f.; dieser Kritik teilweise zustimmend Eschenbruch/Klinkhammer a.a.O. 2. Kap. Rdn. 84: Klinkhammer vertritt die Auffassung, dass die Haushaltsersparnis in den Einkommensbereichen, die nur geringfügig oberhalb des Familienselbstbehalts liegen, nicht oder nicht hinreichend berücksichtigt wird und die Unterhaltspflicht deshalb zu spät einsetzen dürfte; vgl. auch Hauß a.a.O. Rdn. 252 b). Weiterhin ist kritisiert worden, dass die Methode bei gleich hohen Einkünften der Ehegatten zu einem Elternunterhaltsanspruch gelange, der dem gegenüber einem allein stehenden Unterhaltspflichtigen mit gleichem Einkommen entspreche, obwohl dem Alleinstehenden keine Haushaltsersparnis zugute komme (Schausten Elternunterhalt Rdn. 84).

Der Senat teilt die Auffassung, dass das Ergebnis jedenfalls für Einkünfte in der im vorliegenden Fall in Rede stehenden Größenordnung, nämlich bei einem Familieneinkommen von rund 2.900 € bzw. von rund 2.600 €, nicht angemessen ist. Ließe man die erhöhte Haushaltsersparnis außer Betracht, ergäbe sich ein deutlich höherer Unterhalt. Daraus folgt, dass die Haushaltsersparnis, durch die gerade eine Entlastung eintritt, nicht ihrer Bedeutung entsprechend berücksichtigt worden ist. Das zeigt die folgende Berechnung:

Einkommen des Unterhaltspflichtigen 3.000,00 €

+ Einkommen der unterhaltsberechtigten Ehefrau........ 1.000,00 €

Familieneinkommen............................. 4.000,00 €

abzüglich Familienselbstbehalt..................... 2.450,00 €

verbleibendes Einkommen .... 1.550,00 €

davon ½ . . . . 775,00 €

individueller Familienbedarf (2.450 € + 775 €) . . . . 3.225,00 €

Einkommen des Unterhaltspflichtigen . . . . 3.000,00 €

abzüglich Anteil des Unterhaltspflichtigen am

individuellen Familienbedarf (3225 x 3000 : 4000) . . . . . . 2.418,75 €

für den Elternunterhalt einsetzbar . . . . 581,25 €

Auch im vorliegenden Fall hätten sich bei Außerachtlassung der Haushaltsersparnis, die über die Differenz der Selbstbehaltsbeträge hinausgeht, deutlich höhere für den Unterhalt einzusetzende Beträge ergeben als die vom Berufungsgericht errechneten. Im Hinblick darauf führt die angefochtene Entscheidung nicht zu einer angemessenen Verteilung der für den Unterhalt zur Verfügung stehenden Mittel. Als angemessen kann eine Verteilung nur dann angesehen werden, wenn sie die durch die gemeinsame Haushaltsführung der Ehegatten eintretende Ersparnis, die mit wachsendem Lebensstandard regelmäßig steigt, in einer Weise berücksichtigt, dass hieraus auch eine höhere Leistungsfähigkeit des Unterhaltspflichtigen folgt. Das ist auch der Berechnungsweise des OLG Hamm (FamRZ 2008, 1650, 1651) entgegen zu halten, die eine über die Differenz der Selbstbehaltsbeträge hinausgehende Ersparnis nicht pauschal, sondern nur bei konkreter Feststellung im Einzelfall berücksichtigt. Das vom Berufungsgericht gefundene Ergebnis entspricht den vorgenannten Anforderungen ebenfalls nicht.

7. Das angefochtene Urteil kann deshalb teilweise keinen Bestand haben. Der Senat kann in der Sache jedoch abschließend entscheiden, da weitere tatrichterliche Feststellungen nicht zu erwarten sind.

a) Der Senat hält es in der Regel für angemessen und sachgerecht, bei der Fallgestaltung, in der der Unterhaltspflichtige über höhere Einkünfte verfügt als sein Ehegatte, die Leistungsfähigkeit wie folgt zu ermitteln:

Von dem zusammengerechneten Einkommen der Ehegatten (Familieneinkommen) wird der Familienselbstbehalt in Abzug gebracht. Das verbleibende Einkommen wird zur Ermittlung des für den individuellen Familienbedarf benötigten Betrages um eine in der Regel mit 10 % zu bemessende Haushaltsersparnis vermindert (s. dazu unten 7 b bb). Die Hälfte des sich ergebenden Betrages kommt zuzüglich des Familienselbstbehalts dem Familienunterhalt zugute. Zu dem so bemessenen individuellen Familienbedarf hat der Unterhaltspflichtige entsprechend dem Verhältnis der Einkünfte der Ehegatten beizutragen. Für den Elternunterhalt kann der Unterhaltspflichtige die Differenz zwischen seinem Einkommen und seinem Anteil am Familienunterhalt einsetzen.

An einem Beispiel verdeutlicht ergibt sich folgende Berechnung:

Einkommen des Unterhaltspflichtigen . . . . 3.000,00 €

Einkommen der unterhaltsberechtigten Ehefrau . . . . 1.000,00 €

Familieneinkommen . . . . 4.000,00 €

abzüglich Familienselbstbehalt . . . . 2.450,00 €

. . . . 1.550,00 €

abzüglich 10 % Haushaltsersparnis . . . . 155,00 €

. . . . 1.395,00 €

davon ½ . . . . 697,50 €

+ Familienselbstbehalt . . . . 2.450,00 €

individueller Familienbedarf . . . . 3.147,50 €

Anteil des Unterhaltspflichtigen (75 %) . . . . 2.360,63 €

Einkommen des Unterhaltspflichtigen. . . . . 3.000,00 €

abzüglich . . . . 2.360,63 €

für den Elternunterhalt einsetzbar . . . . 637,37 €

Vereinfachend kann der individuelle Familienbedarf auch durch Addition des Familienselbstbehalts (im Beispiel: 2.450 €) und eines Betrages in Höhe von 45 % des um den Familienselbstbehalt bereinigten Gesamteinkommens der Ehegatten (im obigen Beispiel: 45 % von 1.550 € = 697,50 €) errechnet werden.

b) aa) Durch die Ermittlung der Haushaltsersparnis bezogen auf das den Familienselbstbehalt übersteigende Einkommen der Ehegatten kann gewährleistet werden, dass die mit zunehmenden Einkünften ansteigende Ersparnis bei der Unterhaltsberechnung erfasst wird. In Höhe des Teilbetrages des Familieneinkommens, der dem Familienselbstbehalt entspricht, wird der Haushaltsersparnis bereits durch die unterschiedlichen Selbstbehaltssätze der Ehegatten (bis zum 30. Juni 2005: 1.250 € und 950 €; Differenz: 300 €; ab 1. Juli 2005: 1.400 € und 1.050 €; Differenz 350 €; jeweils gemäß Düsseldorfer Tabelle) Rechnung getragen. Die Berücksichtigung einer Haushaltsersparnis, die die Differenz zwischen den Selbstbehaltsbeträgen übersteigt, von der konkreten Darlegung im Einzelfall abhängig zu machen (so OLG Hamm FamRZ 2008, 1650, 1651), hält der Senat für wenig praktikabel (ebenso Eschenbruch/Klinkhammer a.a.O. 2. Kap. Rdn. 86), zumal die Lebenserfahrung für eine mit steigendem Einkommen wachsende Haushaltsersparnis spricht.

bb) Die Bemessung der Haushaltsersparnis leitet der Senat nicht aus dem Verhältnis der unterschiedlichen Selbstbehaltsbeträge ab. Dieses Verhältnis kann zum einen Veränderungen unterliegen; zum anderen erscheint es in seiner Aussagekraft hinsichtlich des Umfangs der Haushaltsersparnis, die wegen des den Familienselbstbehalt übersteigenden Einkommens eintritt, nicht zwingend. Nahe liegend ist es vielmehr, in Anlehnung an die Regelungen im Sozialrecht auf eine Haushaltsersparnis von 10 % abzustellen.

Nach § 20 Abs. 3 SGB II (i.d.F. des Gesetzes zur Änderung des Zweiten Buches Sozialgesetzbuch und anderer Gesetze vom 24. März 2006, BGBl. I 558) beträgt die Regelleistung zur Sicherung des Lebensunterhalts bei zwei Partnern einer Bedarfsgemeinschaft, die das 18. Lebensjahr vollendet haben, jeweils 90 % der monatlichen Regelleistung nach Absatz 2. § 3 Abs. 3 der Verordnung zur Durchführung des § 28 des Zwölften Buches Sozialgesetzbuch – Regelsatzverordnung (i.d.F. der 1. Verordnung zur Änderung der Regelsatzverordnung vom 20. November 2006, BGBl. I 2657) sieht vor, dass der Regelsatz jeweils 90 % des Eckregelsatzes beträgt, wenn Ehegatten oder Lebenspartner zusammenleben (zu einer Gesamtleistung von 180 % bei gemischten Bedarfsgemeinschaften auch vor Änderung von § 3 Abs. 3 Regelsatzverordnung: BSGE 99, 131 Tz. 19 f.). Der vom Bundesverfassungsgericht nicht beanstandeten (BVerfG FamRZ 2010, 429, 435) Reduzierung der Bedarfssätze liegt offensichtlich die Auffassung zugrunde, dass durch das gemeinsame Wirtschaften Aufwendungen erspart werden, die mit jeweils 10 % veranschlagt werden können.

c) Es entspricht der Rechtsprechung des Senats, wenn das unter Berücksichtigung von Familienselbstbehalt und Haushaltsersparnis verbleibende Einkommen des Unterhaltspflichtigen zur Hälfte für den individuellen Familienbedarf und zur anderen Hälfte als für den Elternunterhalt verfügbar in Ansatz gebracht wird. Danach ist es – auch aus Gründen der Rechtssicherheit und Praktikabilität – grundsätzlich zu billigen, wenn bei der Ermittlung des für den Elternunterhalt einzusetzenden Einkommens allein auf einen etwa hälftigen Anteil des Betrages abgestellt wird, der den Mindestbedarf übersteigt (vgl. 4 b).

8. Unter Heranziehung dieser Grundsätze ergibt sich die folgende Berechnung des Unterhalts, den der Beklagte für seine Mutter aufzubringen hat:

a) Das vom Berufungsgericht zugrunde gelegte Einkommen des Beklagten ist einschließlich des Wohnwerts (1971,11 € + 203, 33 € = 2.174,44 €) um die erfolgten Abzüge für die Kosten der Hausrats- und der Haftpflichtversicherung um monatlich 10,95 € und 4,33 € zu erhöhen. Es beläuft sich deshalb auf 2.189,72 €. Das Einkommen der Ehefrau des Beklagten betrug bis Juni 2005 monatlich 732,71 € und ab Januar 2006 monatlich 407,47 €.

b) Auf dieser Grundlage ist zunächst die Leistungsfähigkeit des Beklagten zu ermitteln: ...

(2) Andere Berechnungsmethoden

In Anlehnung an die Lösung des OLG Hamm (v. 23.11.2007 – 13 UF 134/07, FamRZ 2008, 1650) schlägt *Günther*[355] vor, das den Selbstbehalt übersteigende Familieneinkommen um den Prozentsatz zu kürzen, um den der Überschuss die Mindesthaushaltsersparnis von 350 € bzw. 300 € übersteigt. Der individuelle Familienselbstbehalt errechne sich dann, indem dem gekürzten Familienselbstbehalt bei der Alleinverdienerehe die Hälfte des Überschusses zugeschlagen wird, der sich aus der Differenz des Einkommens zum gekürzten Mindestselbstbehalt ergebe. Bei der Doppelverdienerehe sei zusätzlich derjenige Teil des verbliebenen Einkommens hinzuzurechnen, der auf dem Einkommen des Ehegatten des Kindes beruhe.   433

Wohlgemuth[356] hat eine Berechnungsmethode entwickelt, die die Einkommensquotierung vermeidet. Der individuelle Familienselbstbehalt setzt sich danach aus 90 % des Einkommens des Schwiegerkindes und 90 % des Singleselbstbehalts für das unterhaltspflichtige Kind zusammen. Unterschreitet das Einkommen eines Ehepartners den um die Haushaltsersparnis verminderten Sockelselbstbehalt (1.500 x 90 % = 1.350 €), ist mindestens der verminderte Sockelselbstbehalt für den Ehegatten einzusetzen. Die Hälfte des den individuellen Sockelselbstbehalt übersteigenden Einkommens ist die unterhaltsrechtliche Leistungsfähigkeit des Kindes.   434

---

355 Schnitzler/*Günther*, § 11, Rdn. 110.
356 *Wohlgemuth*, FamRZ 2011, 341.

435   Dies führt zu folgender Beispielsrechnung:

Übersteigendes Einkommen des Kindes:

Methode: Wohlgemuth, FamRZ 2011, 341			
	Pflichtiger		Gatte
Anrechenbares Einkommen	**3.000,00 €**		**1.000,00 €**
Anteile am Gesamteinkommen		4.000,00	
./. 90 % des Einkommens	2.700,00 €		900,00 €
Selbstbehalt	1.500,00 €		1.500,00 €
./. Selbstbehalt unter Berücksichtigung der Haushalts-ersparnis von 10 %	– 1.350,00 €		– 1.350,00 €
zu berücksichtigender Selbstbehalt	– 1.350,00 €	– 2.700,00 €	– 1.350,00 €
den Familien-SB übersteigen des Einkommen:		1.300,00 €	
Unterhalt	**650,00 €**		

Übersteigendes Einkommen des Schwiegerkindes:

Methode: Wohlgemuth, FamRZ 2011, 341			
	Pflichtiger		Gatte
Anrechenbares Einkommen	**1.000,00 €**		**3.000,00 €**
Anteile am Gesamteinkommen		4.000,00	
./. 90 % des Einkommens	900,00 €		2.700,00 €
Selbstbehalt	1.500,00 €		1.500,00 €
./. Selbstbehalt unter Berücksichtigung der Haushalts-ersparnis von 10 %	–1.350,00 €		–1.350,00 €
zuberücksichtigender Selbstbehalt	–1.350,00 €	–4.050,00 €	–2.700,00 €
den Familien-SB übersteigendes Einkommen:		–50,00 €	
Unterhalt			

436   Im Vergleich zu der vom BGH entwickelten Berechnungsmethode (vgl. Rn. 432) ergibt sich nach dieser Methode in einem bestimmten Einkommenssegment eine geringere Belastung des Schwiegerkindes. Dieser positive Effekt wird indessen erkauft mit einer stärkeren Ausschöpfung der unterhaltsrechtlichen Leistungsfähigkeit des Kindes, solange sein Einkommen das des Schwiegerkindes übersteigt.

(3) Diskussion der Methoden

437   Unterhaltsrechtlich ist es ‚wünschenswert' eine Berechnungsmethode zu entwickeln, die folgende Zielvorgaben erfüllt:

*   der Anstieg des Einkommens eines Unterhaltspflichtigen oder seines Gatten bewirkt eine **kontinuierliche** (nicht unbedingt lineare) **Steigerung der Leistungsfähigkeit** des Unterhaltspflichtigen,

- das Einkommen des **nicht unterhaltspflichtigen Gatten wird weniger stark zum Unterhalt der Schwiegereltern herangezogen** als das Einkommen des Unterhaltspflichtigen,

- bei **höherem Einkommen des Unterhaltspflichtigen steigt dessen Leistungsfähigkeit stärker an, als bei niedrigerem Einkommen**, weil damit die ‚schwache Ausprägung' des Elternunterhaltes[357] Rechnung getragen wird und

- die **Berechnungsmethode ist so einfach, einheitlich und übersichtlich**, dass sie von Laien verstanden und nachvollzogen werden und von Richtern, Anwälten und Behörden auch ohne Berechnungsprogramme angewendet werden kann.

Einfachheit, Verständlichkeit und Nachvollziehbarkeit der Methode

Es entspricht einem rechtsstaatlichen Gebot, dass eine Berechnungsmethode **verständlich und nachvollziehbar** zu sein hat. Unter diesem Aspekt ist die von *Günther* entwickelte Berechnungsmethode abzulehnen, da ihre sprachliche Darstellung bereits kaum in ein Rechenwerk umzusetzen ist und ihre innere Logik nicht nachvollziehbar ist[358].

438

Die von *Wohlgemuth* entwickelte Berechnungsmethode erfordert einen höheren Rechenaufwand als die Methode des BGH und hat den Nachteil einer diskontinuierlichen Entwicklung der unterhaltsrechtlichen Leistungsfähigkeit. Unterstellt man ein fixes Einkommen des unterhaltspflichtigen Kindes von 3.000 € und steigert das Einkommen des Schwiegerkindes von Null ausgehend, steigt die Leistungsfähigkeit des Kindes bis zum Gleichstand der Einkünfte linear stärker an als ab dem Punkt, in dem das Schwiegerkind höheres Einkommen als das Kind erzielt. Solche Diskontinuitäten sind unterhaltsrechtlich stets problematisch:

439

---

357 BGH v. 30.08.2006 – XII ZR 98/04, FamRZ 2006, 1511.
358 Das gilt auch für das Rechenbeispiel von *Günther* selbst.

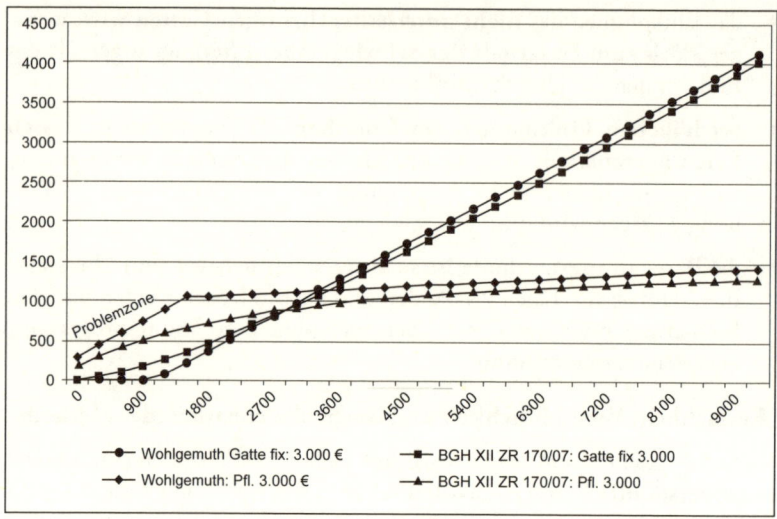

**10. Erhöhung der Leistungsfähigkeit des Kindes bei
überragendem Einkommen des Schwiegerkindes?**

440   Von den Sozialhilfeträgern wird teilweise die Ansicht vertreten, dass ein
seinen Eltern gegenüber unterhaltspflichtiges Kind, das in nur geringem
Umfang erwerbstätig und ansonsten Hausfrau (und evtl. auch betreuende
Mutter) ist, sein Einkommen über den durch die oben dargestellte Berechnungsmethode des BGH (vgl. Rn. 428 ff.) dargestellte Umfang hinaus zum
Elternunterhalt einzusetzen habe, wenn das Einkommen seines Gatten
überragend gut sei, weil dieser dann den Familienunterhalt vollständig sicherstellen könne. Anhaltspunkt dafür böte sich aus dem Berechnungsweg
der so genannten **Hausmanns-Rechtsprechung**[359]. Diese Rechtsprechung
betrifft die Fälle, in denen ein geschiedener Elternteil in der neuen Ehe die
aus dieser Ehe stammenden Kinder betreut und seine Barunterhaltspflicht
gegenüber den Kindern aus erster Ehe, die beim anderen Elternteil verblieben sind, wegen der Betreuungsleistung den neuen Kindern gegenüber
nicht ausreichend erfüllt. Der BGH hat seine schon früh dazu entwickelte
Rechtsprechung später weiter entwickelt[360] und sie schließlich auch auf
nichteheliche Lebensgemeinschaften erstreckt[361].

441   Dieser Argumentationsansatz geht indessen fehl. Anders als im Kindesunterhaltsrecht kann ein unterhaltspflichtiges Kind sich auf die Inan-

---

359 Begründet durch BGH v. 07.11.1979 – IV ZR 96/78, FamRZ 1980, 43.
360 BGH v. 13.03.1996 – XII ZR 2/95, FamRZ 1996, 796.
361 BGH v. 21.02.2001 – XII ZR 308/98, FamRZ 2001, 614.

spruchnahme auf Elternunterhalt nicht langfristig einstellen. Deshalb hat der BGH die **Lebensstandardgarantie** im Elternunterhalt begründet[362], die das unterhaltspflichtige Kind vor der ‚Aufgabe‘ und Umstellung seiner konkreten Lebensführung schützt. Die Hausmannsrechtsprechung erklärt sich vor dem Hintergrund einer dem minderjährigen Kind gegenüber bestehenden **Erwerbsobliegenheit**, die es aber im Elternunterhaltsrecht nicht gibt (vgl. Rn. 415 ff.). Im Übrigen ist die oben dargestellte Berechnungsmethode bereits teilweise Ausfluss der ‚Hausmannsrechtsprechung‘, die nämlich im Kern eine den Selbstbehalt übersteigende Inanspruchnahme eines Unterhaltspflichtigen über der Familienunterhalt realisiert[363]. Eine weitere Steigerung der Unterhaltspflicht des unterhaltspflichtigen Kindes würde dessen Pflicht, sich in angemessener Weise am Familienunterhalt zu beteiligen, ignorieren und wäre daher mit § 1360 BGB[364] nicht zu vereinbaren. Es entspricht vielmehr dem ‚unterhaltsrechtlichem Konsens‘, dass auch dann, wenn das Einkommen des einen Ehegatten ausreicht, den Familienbedarf abzusichern, der andere sein Einkommen nicht für sich behalten darf[365] und dass bei Einkommensdifferenzen der Ehegatten beide entsprechend ihrem Einkommen zum Familienunterhalt beizutragen haben[366].

Einer ‚Uraltrechtsprechung‘ folgend, verringert sich der Anteil des haushaltsführenden Ehegatten am Familienunterhalt nach § 1360 BGB um dem Umfang der geleisteten Hauarbeit[367]. Ob ein derartig archaisches Verständnis der Rollenverteilung in der Ehe und eine derartige ‚**Kommerzialisierung der Hausarbeit**‘ noch zeitgemäß ist, muss bezweifelt werden. Die Rechtsprechung datiert aus einer Zeit, in der die klassische ‚Hausfrauenehe‘ tatsächlich eine Funktion hatte, weil Hausarbeit aufwendig und zeitraubend war. Weder wurde sie durch Maschinen unterstützt, noch durch Supermärkte, Tief- und Kühlsysteme, Halbfertigkost und bügelleichte Wäsche und schließlich auch Putzhilfen erleichtert. Auch war in der Entstehungszeit dieser Rechtsprechung der Archetyp der Hausfrauenehe dominant, und die zeitliche Arbeitsbelastung eines berufstätigen ‚Hauptverdieners‘ deutlich höher als derzeit. Allein der Rückgang der durchschnittlichen wöchentlichen Arbeitszeit lässt Zweifel an der Berechtigung der traditionellen Auslegung von § 1360 BGB aufkommen:[368]

442

---

362 BGH v. 23.10.2002 – XII ZR 266/99, FamRZ 2002, 1698.
363 *Niepmann* in der Besprechung BGH v. 12.11.2003, XII ZR 111/01, FamRB 2004, 109.
364 Vgl. die Darstellung bei Palandt/*Brudermüller*, § 1360 BGB, Rn. 8 ff.
365 BGH v. 02.04.1974, – VI ZR 130/73, VI ZR 155/73, NJW 1974, 1238.
366 BGH v. 25.04.1967 – VI ZR 195/65, FamRZ 1967, 380
367 BGH v. 14.12.1956 – VI ZR 269/55, NJW 1957, 537.
368 Grafik gezeichnet nach einer Darstellung in Wikipedia (Stichwort „Wochenarbeitszeit").

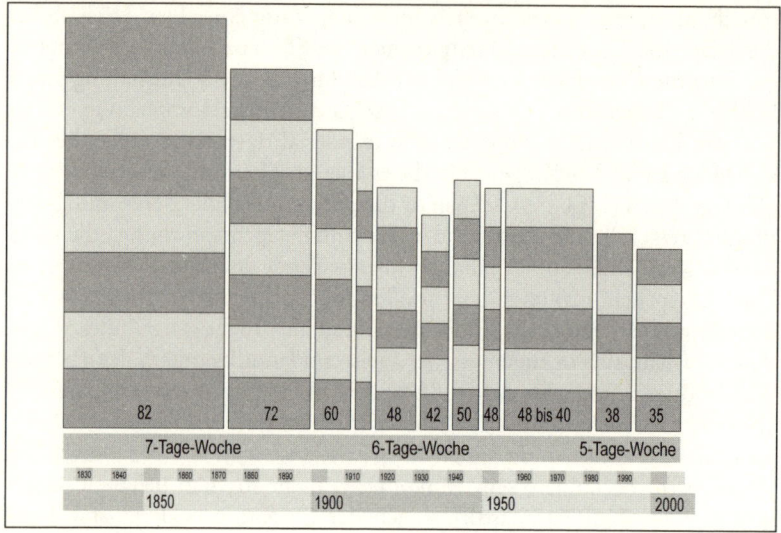

443   Die vorstehende Grafik macht deutlich, in welchem Umfang die Wochenarbeitszeit sich reduziert hat. 2010 betrug sie für Vollzeitbeschäftigte 38,4 Wochenstunden.

444   Allerdings könnte dieses Argument dadurch entwertet werden, dass auch die durchschnittliche Wochenarbeitszeit der Frauen – als hauptsächlich haushaltsführende Ehepartner – sich in der Zeit seit 1957 deutlich vermindert hat und zwar noch stärker als die der Männer:

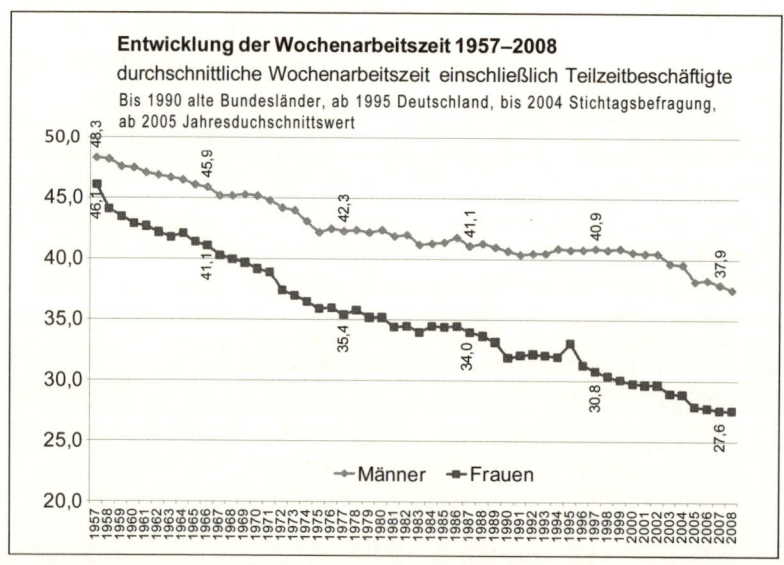

Indessen ist dies nur scheinbar richtig, weil der Anteil der Frauen an der   445
Erwerbstätigkeit, also die Frauenerwerbsquote in den letzten Jahrzehnten
kontinuierlich gestiegen ist, während die Männererwerbsquote gesunken
ist[369]:

Jahr	Männer	Frauen	Verheiratete Frauen	Insgesamt
Früheres Bundesgebiet				
1950	63,2	31,3	25,0	46,2
1960	63,2	33,6	32,5	47,7
1970	58,3	30,2	35,6	43,5
1980	58,4	32,6	40,6	44,9
1985	60,3	35,9	42,5	47,6
1991	60,0	38,8	47,2	49,1
1993	59,3	39,3	48,2	49,1
1995	58,0	39,2	48,4	48,3
1997	57,3	39,6	49,2	48,2
1989	57,3	39,7	49,4	48,1
1999	56,9	40,5	50,3	48,5
Neue Länder und Berlin-Ost				
1991	59,9	50,0	73,0	54,7
1993	55,7	47,7	68,9	51,5
1995	57,1	48,4	68,9	52,6
1997	57,6	48,5	67,7	53,0
1998	58,2	48,6	67,1	53,3
1999	58,7	48,5	65,9	53,5

Insbesondere der starke Anstieg der Frauenerwerbsquote der verheira-   446
teten Frauen spiegelt deren veränderte Rolle in der Familie wieder. Wenn
heute mehr als die Hälfte aller verheirateten Frauen am Erwerbsleben partizipieren, dann kann die Fiktion, Einkommen des haushaltsführenden
Gatten sei überobligatorisch und daher nur nach Billigkeit dem Familieneinkommen zuzurechnen nicht aufrecht erhalten werden. Vielmehr spricht
mehr dafür, die auch im sonstigen Unterhaltsrecht geltende Regel, dass
tatsächlich erzieltes Einkommen nur dann ‚überobligatorisch' ist, wenn
familienrechtlich gesehen, die Tätigkeit jederzeit beendet werden könnte.
Das ist aber nach der gesetzlichen Konzeption des § 1370 BGB nur noch

---

369 Quelle: Statistisches Bundesamt, Datenreport 2009, Bonn.

bei Betreuung von Kindern bis zur Vollendung des dritten Lebensjahres der Fall. Im Regelfall wird man daher Einkommen des haushaltsführenden Gatten als prägendes Einkommen ansehen müssen, das dem Familienunterhalt dient und allenfalls wegen einer bestehenden Doppelbelastung nach § 242 BGB mit einem angemessenen Betrag im Familienunterhalt unberücksichtigt bleibt[370].

447   Wenn aber im gesetzlich geschuldeten Familienunterhalt ein Verdienst unberücksichtigt bleibt, weil er wegen Doppelbelastung aus unzumutbarer Arbeit stammt, kann er m. E. im Elternunterhalt nicht herangezogen werden. Dies verbietet die ‚nachrangige Stellung‘ des Elternunterhaltes.

448   **Praxistipp:** Es empfiehlt sich aber in jedem Fall, bei einem großen Einkommensgefälle der Ehegatten nicht die Haushaltsführung als ‚Sache des Geringverdieners‘ zu beschreiben. Vielmehr sollte immer Wert darauf gelegt werden, dass beide Gatten gleichberechtigt an der Haushaltsführung beteiligt sind. Dadurch kann vermieden werden, den Sozialhilfeträger auf den Gedanken zu bringen, dass der haushaltsführende Gatte (in diesem Fall das unterhaltspflichtige Kind) einen Eigenverdienst überhaupt nicht zum Familienunterhalt einzubringen habe.

11. Kritik an den Berechnungsmethoden und der Schwiegerkindhaftung

449   Die über den Familienunterhalt vermittelte indirekte **Beteiligung eines Schwiegerkindes am Elternunterhalt** ist höchst problematisch. Sie kann nicht damit gerechtfertigt werden, dass durch das Zusammenleben mit einem Gatten Ersparnisse durch die gemeinsame Haushaltsführung entstehen. Diese Einsparungen werden durch die unterschiedliche Höhe der Selbstbehalte (1.500 € + 1.200 €) bereits berücksichtigt. Praktisch kann sich damit die Schwiegerkindberücksichtigung im Elternunterhalt als den Zusammenhalt der Eheleute gefährdendes Element erweisen. Wie die Rechtsprechung reagiert, wenn der Gatte des auf Elternunterhalt in Anspruch genommenen Kindes damit droht, sich zu trennen, falls sein Einkommen zur Berechnung der Leistungsfähigkeit des Kindes herangezogen wird, bleibt abzuwarten.

---

370 So Wendl/Dose/*Gerhardt,* § 1 Rn. 800 ff.

Insgesamt wird die unterhaltsrechtliche Beteiligung des Schwiegerkin- **450**
des nicht nur von Laien[371] als Fremdkörper im unterhaltsrechtlichen Haf-
tungssystem empfunden, der dazu Anlass geben sollte, darüber nachzu-
denken, diese Rechtsprechung aufzugeben und allein das Einkommen des
unterhaltspflichtigen Kindes, soweit es den Selbstbehalt übersteigt, zum
Elternunterhalt (mit ½ des den Selbstbehalt von 1.500 € übersteigenden
Anteils) heranzuziehen.

Indessen ist jedoch das ‚gefühlte Unverständnis' der verdeckten Schwie- **451**
gerkindhaftung gegenüber nicht ganz nachvollziehbar. Nähme man an, ein
seinen Eltern gegenüber unterhaltspflichtiges Kind lebte von seinem Gatten getrennt oder sei von diesem geschieden, habe gegen diesen jedoch –
aus welchen Gründen auch immer – einen Unterhaltsanspruch, so würde
niemand Bedenken dagegen erheben, die durch diesen Unterhaltsanspruch
begründete unterhaltsrechtliche Leistungsfähigkeit zu Gunsten des pflegebedürftigen Elternteils abzuschöpfen. Auch in diesem Fall bestünde mithin
eine mittelbare Schwiegerkindhaftung für den Unterhalt, ohne dass dies
emotionale Empörtheit auslösen würde.

Praxistipp: Gerade in der anwaltlichen Beratungspraxis bereitet die **452**
Schwiegerkindproblematik oftmals emotionale Verständnis-
probleme, die den Zugang zu lösungsorientiertem Arbeiten
erschwert. Da die Anwaltschaft auch die Aufgabe hat, Verständnis für die Rechtsordnung statt Empörung darüber zu
schaffen, hilft es nach eigener Erfahrung oft, die Alternative
der Trennung und Scheidung zu thematisieren. Die meisten
Mandanten begreifen unter diesen Umständen die Schwiegerkindhaftung als weniger empörend und deutlich nach-
vollziehbarer.

Dabei ist auch zu bedenken, dass ein lediglich auf das Einkommen des **453**
Schwiegerkindes gestützter Unterhaltsanspruch des unterhaltsberechtigten
Elternteils dann nicht vollstreckbar ist, wenn ein Einkommen des unterhaltspflichtigen Kindes nicht vorhanden ist und das unterhaltspflichtige
Kind kein eigenes pfändbares Einkommen oder Vermögen hat. Kann ein
Taschengeldanspruch des unterhaltspflichtigen Kindes gegen den Gatten
noch ohne weiteres vollstreckt werden, läuft die Vollstreckung eines Unterhaltsanspruchs eines Elternteils von 179 € (vgl. obiges Beispiel Rn. 432)
gegen ein unterhaltspflichtiges Kind, das lediglich ein Erwerbseinkommen von 1.000 € erzielt, weitgehend leer. Von einem Erwerbseinkommen in Höhe von 1.000 € ist nichts pfändbar. Pfändbares Einkommen
des Unterhaltsschuldners ist erst dann gegeben, wenn dieses 1.030 € netto

---

371 *Gühlstorf,* ZfF 2006, 177.

übersteigt. Ist eine Einkommenspfändung nicht möglich, griffe die Sach-
pfändung wegen der Unterhaltsansprüche der Eltern in den Bestand der
Familie unmittelbar ein. Zwar bestimmt §§ 1362 BGB, 739 ZPO, dass
zugunsten der Gläubiger eines Ehepartners die im Besitz beider Gatten befindlichen Gegenstände dem Schuldner gehören und daher zugunsten des
Gläubigers gepfändet werden können. Zum einen kann diese Vermutung
durch die Trennung der Ehegatten widerlegt werden, zum anderen wird
eine laufende Unterhaltsverpflichtung nur sehr selten mit einer Sachpfän-
dung befriedigt werden können. Die Pfändungsfreigrenzen dimensionieren
grundsätzlich nicht die unterhaltsrechtliche Leistungspflicht, weswegen die
unterhaltsrechtlichen Selbstbehalte in der Regel auch unterhalb der Pfändungsfreigrenzen liegen und darüber hinaus in § 850d ZPO die Grenze
der Pfändbarkeit von Einkommen des Schuldners letztendlich bis zum
Sozialhilfeniveau herabgesetzt. Gleichwohl ermöglicht auch § 850d ZPO
keine Forderungspfändung gegen einen einkommenslosen Schuldner. Es
ist aber dargestellt worden, dass im Verhältnis zu den Eltern die unterhaltspflichtigen Kinder keiner Erwerbsobliegenheit unterliegen (Rn. 415 ff.). Es
mutet kurios an, die Leistungsfähigkeit eines einkommenslosen Kindes zu
fingieren, ohne dass diesem eine Obliegenheitsverletzung vorzuwerfen ist.

454   Der Blick auf die vollstreckungsrechtliche Realisierung des Elternunterhaltsanspruchs macht deutlich, dass die Deklaration einer mittelbaren Haftung des Schwiegerkindes die Probleme nicht beseitigt. Nur dann, wenn
aufgrund des Familienunterhaltsanspruchs in der bestehenden ehelichen
Lebensgemeinschaft

- entweder ein Freistellungsanspruch des Kindes gegen seinen Gatten des
  Inhaltes angenommen wird, dass der Gatte das Kind von aus seinem
  Einkommen nicht zu realisierenden Unterhaltsansprüchen freizustellen
  hat, könnte zur Realisierung des Elternunterhaltes dieser Freistellungsanspruch gepfändet werden (vgl. dazu Rn. 455 ff.);

- oder ein Anspruch des einkommenslosen Kindes gegen seinen Gatten
  aus dem Familienunterhalt nach §§ 1360, 1360a BGB besteht (vgl.
  dazu Rn. 304 ff.),

kann der Unterhaltsanspruch des bedürftigen Elternteils realisiert werden.

a) Die Monetarisierung des Familienunterhaltes

455   In der Regel ist der Anspruch auf Familienunterhalt kein auf eine regelmäßige Geldrente gerichteter Unterhaltsanspruch[372]. In seiner Entschei-

---

372 BGH v. 29.10.2003 – ZR 115/01, FamRZ 2004, 24; Wendl/Dose/*Scholz*, § 3 Rn. 25.

dung v. 29.10.2003[373] hat der BGH jedoch den Familienunterhaltsanspruch rechnerisch insoweit monetarisiert, als er im Rahmen des Familienunterhaltes Ehegatten grundsätzlich ½ der beiderseitigen Einkünfte zugerechnet hat.

Dieser **Halbteilungsgrundsatz** bedeutet jedoch nicht, dass der weniger verdienende Ehegatte im Rahmen des Familienunterhaltes die Hälfte der Einkommensdifferenz von seinem Gatten im Rahmen des Familienunterhaltes als monatliche Geldzahlung verlangen kann. Vielmehr bestimmt der innerfamiliäre Halbteilungsgrundsatz in der bestehenden Ehe allenfalls die unterhaltsrechtliche Leistungsfähigkeit.

Der Familienunterhaltsanspruch hat allenfalls insoweit monetären Charakter und ist auf eine Geldzahlung gerichtet, als es um Wirtschaftsgeld geht, das nach § 1360a BGB jedoch lediglich dazu dient, ‚die Kosten des Haushaltes zu bestreiten und die persönlichen Bedürfnisse der Ehegatten und den Lebensbedarf der gemeinsamen unterhaltsberechtigten Kinder zu befriedigen‘. Für eine erweiternde Auslegung dahingehend, dass auch Unterhaltsansprüche außerhalb der Familie aus dem Wirtschaftsgeld zu bestreiten sind, bietet das Gesetz keinerlei Handhabe.

456

Aus alldem folgt, dass im Rahmen des Familienunterhaltes ein Anspruch des unterhaltspflichtigen Kindes gegen seinen Gatten auf Überlassung der zur Finanzierung des gegen ihn gerichteten Unterhaltsanspruchs eines Elternteils nicht besteht. Ein solcher Anspruch könnte demgemäß auch nicht gepfändet werden.

457

b) Anspruch auf Freistellung von der Unterhaltspflicht

Denkbar wäre, dass aus dem Anspruch des unterhaltspflichtigen Kindes gegen seinen Gatten auf Leistung der zur Lebensführung erforderlichen Mittel ein Freistellungsanspruch für den Elternunterhalt folgt, soweit das unterhaltspflichtige Kind aus seinem eigenen Einkommen den gegen ihn gerichteten Unterhaltsanspruch seiner Eltern nicht erfüllen kann.

458

Ein **Freistellungsanspruch** setzt aber grundsätzlich voraus, dass materiellrechtlich ein gegen den Gatten gerichteter Anspruch vom anderen Gatten zu erfüllen wäre. So besteht ein Anspruch auf Freistellung von einer Forderung stets nur deswegen, weil die Forderung teilweise oder ganz von demjenigen materiellrechtlich zu erfüllen wäre, der formal nicht Schuldner ist. Auch besteht ein Freistellungsanspruch dann, wenn dem Freistellungsgläubiger aus einem anderen Rechtsgrund (z. B. Unterhalt) ein Anspruch in gleicher Höhe gegen den Freistellungsschuldner zusteht. So hat der BGH entschieden, dass ein Ehegatte gegen den anderen aus dem Familienunter-

459

---

373 BGH v. 29.10.2003 – ZR 115/01, FamRZ 2004, 24; Wendl/Dose/*Scholz*, § 3 Rn. 25.

halt einen Anspruch auf Freistellung von Krankenbehandlungskosten haben kann[374].

460   Im Fall der Schwiegerkindhaftung besteht jedoch zwischen dem Schwiegerkind und dem unterhaltsbedürftigen Schwiegerelternteil keinerlei unterhaltsrechtliche Verpflichtung. Formell und materiell ist die Elternunterhaltsforderung nur vom Kind, nicht aber vom Schwiegerkind zu erfüllen. Da jedoch auch im Rahmen des Familienunterhaltes kein Anspruch des unterhaltspflichtigen Kindes auf Zahlung des für den Elternunterhalt erforderlichen Betrages gegen den Gatten besteht (vgl. dazu Rn. 455 ff.), besteht kein Freistellungsanspruch, der im Rahmen einer Pfändung zugunsten des Elternunterhaltes gepfändet werden könnte.

VI. Vermögensverwertung, Schonvermögen

461   Reichen die laufenden Einkünfte des Unterhaltspflichtigen nicht aus, den Bedarf des Berechtigten zu decken, stellt sich die Frage, ob der Unterhaltspflichtige gehalten ist, den Bedarf des Berechtigten durch **Vermögensverwertung** zu decken.

462   Grundsätzlich ist ein Unterhaltspflichtiger gehalten, zur Erfüllung seiner Unterhaltsverpflichtung nicht nur die **Vermögenserträge**[375] (vgl. Rn. 191 f.), sondern auch den Stamm seines Vermögens einzusetzen.

BGH v. 21.04.2004 – XII ZR 326/01, FamRZ 2004, 1184[376]

Bei der Beurteilung der Obliegenheit eines Unterhaltspflichtigen, zur Zahlung von Elternunterhalt den Stamm seines Vermögens einzusetzen, sind jedenfalls die insofern für den Deszendentenunterhalt entwickelten Grundsätze heranzuziehen.

---

463   Allerdings wird ein **verzehrender Vermögenseinsatz** nur insoweit gefordert, als dieser zumutbar ist. Daher wird auch im Unterhaltsrecht in analoger Anwendung des aus dem Sozialhilferecht stammenden Gedankens eines **Schonvermögens** Vermögen von der Verwertungspflicht ausgenommen, das der Unterhaltspflichtige für seine eigene Existenzsicherung oder der vorrangig Unterhaltsberechtigter benötigt.

464   Es sind vielfältige Vermögensreservationen insoweit denkbar. Dabei besteht die Schwierigkeit, dass Unterhaltsschuldner nur selten ihr Vermögen

---

374 BGH v. 09.02.1992 – XII AZR 1/94, FamRZ 1994, 626.
375 Palandt/*Brudermüller*, § 1603 BGB Rn. 3.
376 Vgl. auch Anmerkung *Schürmann*, jurisPR-FamR 11/2004 Anm. 1.

nach Elternunterhaltsgesichtspunkten streng je nach dem unterschiedlichen Vermögenszweck gegliedert haben. Für den Elternunterhalt sind folgende **Vermögenszwecke** relevant:

* **Altersvorsorgevermögen**[377] (zur Sicherung der eigenen Altersvorsorge und der Altersversorgung eines vorrangigen Unterhaltsberechtigten) (vgl. Rn. 472);

* **Vorsorgevermögen**[378] (z. B. Ansparungen für konkret zu benennende Immobilieninstandsetzungsmaßnahmen);

* **Notgroschenvermögen** (zur Sicherung vor Notlagen aus unvorhersehbaren Krankheiten, allfälligen Reparaturen und Ersatzbeschaffungen);

* **Ausbildungsvermögen** (zur Sicherung der Ausbildung von Kindern älterer Eltern).

Alle diese Vermögensbestandteile können elternunterhaltsrechtlich unter dem Begriff des Schonvermögens zusammengefasst werden. **465**

Gerade weil der BGH[379] einem Unterhaltspflichtigen bei der Anlage auch seines der Altersvorsorge dienenden Vermögens große Freiheit gelassen hat, ist es in der Praxis wichtig, in den Fällen, in denen eine **Vermögensverwertung** in Betracht kommt, sorgfältig die verschiedenen Vermögenszwecke zu definieren und die den einzelnen Zwecken zugeordneten Vermögensmassen zu quantifizieren. **466**

Vermögensverwertung kann auf verschiedene Weisen geschehen. Handelt es sich um ein **Forderungsvermögen** gegen einen liquiden Schuldner (z. B. Bankguthaben), kann die Vermögensverwertung dadurch geschehen, dass der monatlich zu leistende Unterhaltsbetrag dem Forderungsvermögen entnommen wird. Laufende monatlich fällig werdende Unterhaltsforderungen werden durch kontinuierliche verzehrende Auflösung des Vermögens erfüllt. Dies lässt sich für kündbare Spareinlagen bei Banken und Sparkassen oder sonstige Vermögensanlagen annehmen, die ohne hohe und unzumutbare Verluste aufgelöst werden können. **467**

Denkbar sind aber auch Fälle des **Vermögenseinsatzes durch Beleihung**. Solche Fälle könnten gegeben sein, wenn z. B. nicht privilegiertes Vermögen vorhanden ist, dessen Verwertung auch zuzumuten wäre, der Vermögensinhaber aber statt der unmittelbaren Verwertung aus welchen Gründen auch immer einer ,aufgeschobenen Verwertung' den Vorzug gibt, etwa um abzuwarten, in welcher Höhe er auf Zeit insgesamt in Anspruch genommen wird. Ein derartiger aufgeschobener Vermögenseinsatz **468**

---

377 BGH v. 30.08.2006 – XII ZR 98/04, FamRZ 2006, 1511.
378 BGH v. 30.08.2006 – XII ZR 98/04, FamRZ 2006, 1511.
379 BGH v. 25.06.2003 – XII ZR 63/00, FamRZ 2004, 186.

setzt nicht voraus, dass der Unterhaltpflichtige in der Lage ist, die Zinsen für den Kredit aus seinen laufenden Einkünften aufzubringen. Weil die Vermögensverwertung zumutbar ist, könnte der Pflichtige durch unmittelbare Veräußerung des Vermögens sich die zur Erfüllung seiner Unterhaltspflicht erforderliche Liquidität selbst schaffen. Solche Lösungsmöglichkeiten werden Unterhaltpflichtige stets nutzen, wenn

- der Vermögenswert starken **Marktschwankungen** unterliegt und der Inhaber auf steigenden Marktwert setzt (Aktien),

- der Inhaber des Vermögenswertes ein persönlich starkes **Affektionsinteresse** an diesem Vermögenswert hat (Erinnerungsstücke, Antiquitäten oder andere Sammlerstücke),

- der Vermögenswert im **Miteigentum** eines anderen steht, der sich der Veräußerung widersetzt und die Veräußerung des Miteigentumsteils unwirtschaftlich wäre (Firmenbeteiligungen, Miteigentum an einer Ferienwohnung oder auch Miteigentumsteile an einer sonstigen Immobilie, deren andere Miteigentümer ihre Anteile nicht veräußern wollen, wodurch der zu veräußernde Teil entwertet wird).

469   Generell gilt, dass Vermögen nur dann verwertet werden muss, wenn es sich nicht um privilegiertes Vermögen im Sinne der nachfolgenden Darstellung handelt.

1. Kreditierte Leistungsfähigkeit

470   Unmissverständlich hat das BVerfG darauf hingewiesen, dass Elternunterhalt nur dann gezahlt werden müsse, wenn der Unterhaltpflichtige im Zeitpunkt der bei einem Elternteil entstehenden Bedürftigkeit auch gleichzeitig leistungsfähig sei[380]. Diese **Leistungsfähigkeit** entsteht entweder **durch laufende Einkünfte des Unterhaltpflichtigen oder durch verzehrenden Vermögenseinsatz.** Reichen die laufenden Einkünfte des Unterhaltpflichtigen nicht aus, kommt es darauf an, ob ein eventuell vorhandenes Vermögen des Unterhaltpflichtigen eingesetzt werden kann, um den Unterhaltsanspruch zu befriedigen. Ein **Einsatz des Vermögens scheidet aus**, wenn dieses nicht veräußert werden kann. Zu einer **Beleihung des Vermögens** kann der Verpflichtete nicht verurteilt werden[381]. Eine **Beleihungsobliegenheit** schüfe zwar unterhaltsrechtlich abschöpfbare Liquidität, nicht aber unterhaltsrechtliche Leistungsfähigkeit. Das BVerfG sieht es als eine Verletzung des Sozialstaatsgebotes an, wenn ein gegenwärtiger Un-

---

380 BVerfG v. 07.06.2005 – 1 BvR 1508/96, FamRZ 2005, 1149; vgl. *Mleczko*, ZFE 2005, 260.
381 OLG Köln v. 21.08.2000 – 21 UF 274/99, FamRZ 2001, 1475.

terhaltsbedarf dem Unterhaltpflichtigen vom Sozialhilfeträger kreditiert würde, weil sich der Staat auf diese Weise der vom Grundgesetz geforderten sozialen Fürsorgepflicht entziehen könne.

Wenn gegen diese vom BVerfG sehr stringent vertretene und dogmatisch zutreffend hergeleitete Auffassung argumentiert wird, es ,erscheine unbillig, wenn die Allgemeinheit zugunsten von Erben belastet' werde[382], dann mag der rechtspolitische Wunsch Vater des Gedankens sein. Eine Stütze im Gesetz oder der Entscheidung des BVerfG findet man für diese Auffassung nicht[383].

471

2. Altersvorsorgevermögen

Altersvorsorgevermögen des Unterhaltpflichtigen ist dann privilegiertes Vermögen, das zur Finanzierung des Elternunterhaltes nicht eingesetzt werden muss, wenn es zur Sicherung einer ,**angemessenen Altersversorgung**' des Unterhaltpflichtigen oder seines Gatten dient (vgl. zur Angemessenheit die Darstellung Rn. 187 ff.).

472

Der **rechtliche Schutz von Altersvorsorgevermögen** hat – bis zur Entscheidung des BGH v. 30.08.2006[384] – nur selten Niederschlag gefunden. Das OLG Karlsruhe hat einem volljährigen behinderten Kind eine in einer Immobilie gebundene Altersvorsorgerücklage von ca. 18.000 € belassen[385]. Sozialhilferechtlich ist die Bildung eines Altersvermögens trotz sozialhilferechtlicher Bedürftigkeit nach § 12 Abs. 2 SGB II in nunmehr deutlich höherem Ausmaß als zulässig.

473

a) Pauschale Bestimmung der Höhe des Altersvorsorgevermögens

In seiner Entscheidung v. 30.08.2006[386] hat der BGH den Weg für eine pauschalierende und generalisierende Berechnung des **Altersvorsorgeschonvermögens** geebnet. Wenn allgemein akzeptiert werde, dass der Unterhaltspflichtige 5 % seines aus sozialversicherungspflichtiger und 25 % des aus nicht sozialversicherungspflichtiger Tätigkeit stammenden Bruttoeinkommens für eine zusätzliche Altersversorgung angespart werden dürfe (vgl. Rn. 262 ff.), dann sei das daraus gebildete Vermögen im Rahmen des Elternunterhaltes nicht zu verwerten, da ansonsten die unterhaltsrechtliche Einkommensreservation unterlaufen werde. Die **Berechnung des so gebil-**

474

---

382 *Graba,* Anm. zu BVerfG vom 07.06.2005 – 1 BvR 1508/96, FamRZ 2005, 1149.
383 So auch sehr überzeugend *Schürmann,* FF 2005, 187.
384 BGH v. 30.08.2006 – XII ZR 98/04, FamRZ 2006, 1511.
385 OLG Karlsruhe v. 10.11.1999 – 2 UF 229/98, FamRZ 2001, 47.
386 BGH v. 30.08.2006 – XII ZR 98/04, FamRZ 2006, 1511.

deten Altersvermögens hat der BGH dadurch erleichtert, dass er als Basiseinkommen nicht auf das tatsächliche Lebenseinkommen bis zum Zeitpunkt der unterhaltsrechtlichen Inanspruchnahme, sondern auf das **letzte Bruttoeinkommen** abgestellt hat. Gleichzeitig hat er eine **Aufzinsung mit 4 %** bezogen auf die bis zum Inanspruchnahmezeitpunkt zurückgelegte Lebensarbeitszeit angenommen.

475   Wie diese **Lebensarbeitszeit** zu berechnen ist, hat der BGH nicht entschieden. In dem von ihm im Jahr 2006 entschiedenen Fall ging es um einen 1955 geborenen Unterhaltspflichtigen. Der BGH ist dabei – ohne besondere Begründung – von einer 35-jährigen Beschäftigung ausgegangen und hat dabei offensichtlich den Beginn der Erwerbstätigkeit und damit auch den Beginn der Altersvorsorgerückstellung auf das Ende der Schulzeit und den Beginn der Berufsausbildung gelegt. Dies ist nachvollziehbar und im Sinne der praktischen Handhabung der Berechnung begrüßenswert. Die Schwäche der Altersvorsorgesysteme beruht nicht nur auf dem demografischen Wandel, der in der immer längeren Lebenserwartung zum Ausdruck kommt. Vielmehr wird durch Verlängerung von Schul- und Ausbildungszeiten die Lebensarbeitszeit kürzer. Ein möglichst frühzeitiger Einsatz eines privaten Altersvorsorgeaufbaus ist daher gesellschaftlich anzustreben und mithin auch unterhaltsrechtlich beachtlich.

476   Es erscheint daher im Sinne einer generalisierenden Betrachtungsweise sinnvoll, den Beginn der Ansparphase für ein Altersvorsorgevermögen mit dem **Eintritt der Volljährigkeit**, also der **Vollendung des achtzehnten Lebensjahres**, anzunehmen. Dies entspräche auch der Wertung von § 851c ZPO (vgl. Rn. 267). Soweit von Verwaltungsbehörden und teilweise auch von der Rechtsprechung[387] auf den Beginn der tatsächlichen Erwerbstätigkeit abgestellt wird, darf dies nicht dazu führen, bei einer atypischen Erwerbsbiografien und spät einsetzender Erwerbstätigkeit das Niveau der sekundären Altersabsicherung zu weit gesenkt wird. Wenn – wie nach langer Ausbildungszeit regelmäßig – eine späte Aufnahme der Erwerbstätigkeit auch zu einem niedrigen Alterseinkommensniveau führen würde, ist die Bildung überproportional hohen Altersvorsorgevermögens gerechtfertigt. In der Regel wird es daher immer angemessen sein, die Bildung von Altersvorsorgevermögen ab Vollendung des 18. Lebensjahres zu berechnen. Liegt die Aufnahme der Erwerbstätigkeit bereits vor diesem Alter, kann auch von der tatsächlichen Arbeitsaufnahme ausgegangen werden. Das so gebildete Kapital wäre mit 4 % aufzuzinsen.

---

387 OLG Nürnberg v. 26.04.2012 – 9 UF 1747/11, NJW-Spezial 2012, 357, stellt auf den tatsächlichen Beginn der Erwerbstätigkeit ab.

Soweit neuerdings[388] mit Verweis auf sinkende Renditen am Kapital-   477
markt niedrigere Rechnungszinsen verwendet werden, ist dies nicht gerechtfertigt und widerspricht der Intention des Altersvorsorgevermögens.
Wenn dieses zur Sicherung eines angemessenen Alterseinkommens zu
dienen bestimmt ist, dann muss in Phasen sinkender Renditen am Kapitalmarkt ein höheres Altersvorsorgevermögen gebildet werden, um dessen
Zweck erreichen zu können. In dem vom OLG Nürnberg entschiedenen
Fall hatte das Gericht eine ‚Lebensarbeitszeit' von ca. 40 Jahren und 3 Monaten zugrunde gelegt und bei einem Rechnungszins von 3 % ein Schonvermögen von 104.767 € ermittelt. Bei einem Rechnungszins von 4 % hätte
das Schonvermögen bereits 132.323 € betragen. Legt man aber einen geringeren Rechnungszins für die Phase des Vermögensaufbaus zugrunde,
muss dies auch für die Verzehrphase des Vermögens im Ruhestand gelten. Die Verrechnung des Vermögens im Rentenalter führt bei Annahme
eines niedrigeren Rechnungszinses zu geringerem Einkommen. Aus den
104.767 €, die das OLG Nürnberg als Schonvermögen für das unterhaltspflichtige Kind errechnet, generiert sich eine Rente ab Vollendung des 67.
Lebensjahres von ca. 703 € bei Annahme eines Rechnungszinses von 3 %.
Legt man den vom BGH für richtig gehaltenen Zins von 4 % einheitlich
für die Aufbau- und die Verbrauchsphase des Altersvorsorgevermögen zugrunde, erzielt das unterhaltspflichtige Kind aus einem Vorsorgevermögen
von 132.323 € eine Rente von ca. 957 €. Die Annahme eines niedrigeren Rechnungszinses für die Phase des Vermögensaufbaus führt mithin
zu einer Absenkung des Niveaus der sekundären Altersversorgung statt zu
dessen Stärkung. Dieser Weg ist daher m. E. ein Irrweg. Nimmt man eine
dauerhafte Senkung der Kapitalerträge bei Altersversorgungen an, wäre es
notwendig, die Rücklagen für eine sekundäre Altersversorgung zu erhöhen,
also den Rechnungszins in der Aufbauphase anzuheben.

Indessen ist es möglicherweise gar nicht gerechtfertigt, einen dauerhaf-   478
ten Niedergang der Kapitalmarktzinsen zu unterstellen. Nach den statistischen Erhebungen der Deutschen Bundesbank, die zur Berechnung des
BilMoG-Zinses (§ 253 HGB) angestellt werden[389], kann ein Rechnungszins für die Altersversorgung von 4 % nach wie vor als realistische angenommen werden.

Unter der Annahme eines Rechnungszinses von 4 % ergibt sich damit   479
folgende beispielhafte Berechnung des Altersvorsorgevermögens:

---

388 OLG Nürnberg v. 26.04.2012 – 9 UF 1747/11, NJW-Spezial 2012, 357.
389 http://www.bundesbank.de/statistik/statistik_zinsen.php#abzinsung

Alter im Zeitpunkt der Inanspruchnahme:	55 Jahre
Volljährigkeit:	18 Jahre
Versorgungsansparphase:	37 Jahre
Bruttomonatseinkommen im Zeitpunkt der Inanspruchnahme:	6.300,00 €
Beitragsbemessungsgrenze im Zeitpunkt der Inanspruchnahme:	5.500,00 €
sozialversicherungspflichtiges Einkommen:	5.500,00 €
nicht sozialversicherungspflichtiges Einkommen:	800,00 €
monatliche Versorgungsrücklage vom svpfl. Einkommen, 5 % von 5.500 €:	275,00 €
monatl. Versorgungsrücklage vom nicht svpfl. Einkommen, 25 % von 800 €:	200,00 €
monatliche Gesamtrücklage:	475,00 €
Altersversorgungsrücklage, verzinst mit 4 % über 37 x 12 Monate = 444 Monate:	465.702,00 €[390]

480   Zur Erleichterung der **pauschalierten Berechnung** des **Vorsorgevermögens** kann man sich der Aufzinsungsfaktoren für eine monatliche Vorsorgerückstellung bei einer Verzinsung von 4 % bedienen:

Jahreswerte									
Aufzinsungsfaktoren (Zinssatz 4 %) zur Berechnung des Zukunftswertes einer jährlichen Zahlung von x € über einen Zeitraum von y Jahren									
Jahre	Aufzinsungs-faktor	Jahre	Aufzinsungs-faktor	Jahre	Aufzinsungs-faktor	Jahre	Aufzinsungs-faktor	Jahre	Aufzinsungs-faktor
1	1,0000	11	13,4864	21	31,9692	31	59,3283	41	99,8265
2	2,0400	12	15,0258	22	34,2480	32	62,7015	42	104,8196
3	3,1216	13	16,6268	23	36,6179	33	66,2095	43	110,0124
4	4,2465	14	18,2919	24	39,0826	34	69,8579	44	115,4129
5	5,4163	15	20,0236	25	41,6459	35	73,6522	45	121,0294
6	6,6330	16	21,8245	26	44,3117	36	77,5983	46	126,8706
7	7,8983	17	23,6975	27	47,0842	37	81,7022	47	132,9454
8	9,2142	18	25,6454	28	49,9676	38	85,9703	48	139,2632
9	10,5828	19	27,6712	29	52,9663	39	90,4091	49	145,8337
10	12,0061	20	29,7781	30	56,0849	40	95,0255	50	152,6671
Beispiel: Monatliche Zahlung von 150 € = jährliche Zahlung von 1.800 € für einen Zeitraum von 35 Jahren = 73,6522 × 1.800 = 132.573,96€									

481   Aus dieser Tabelle errechnet sich der im obigen Beispiel (Rn. 479) berechnete Rückstellungswert: 475 € x 12 x 81,7022 = 465.702 €.

482   Einfacher noch kann man die pauschal berechnete Schonvermögensgrenze für das Altersvorsorgevermögen aus Tabellen (vgl. Rn. 928) bestimmen, in die bereits die Beitragsbemessungsgrenzen einberechnet sind.

---

390 Berechnet mit der Excel-Formel: =ZW(4 %;37;475 x 12).

BGH v. 30.08.2006 – XII ZR 98/04, FamRZ 2006, 1511

… II. 3. b) Bei der Bemessung einer individuellen Vermögensfreigrenze sind deswegen die Besonderheiten des jeweiligen Einzelfalles zu berücksichtigen, ohne dass dies einer Pauschalierung für den Regelfall entgegenstehen müsste.

aa) Soweit das OLG einen Betrag i. H. von 21.700 € für die Anschaffung eines neuen Pkw unberücksichtigt gelassen hat, wendet sich die Revision dagegen nicht. Insoweit ist die Entscheidung schon deswegen zutreffend, weil der Bekl. seine gegenwärtigen Lebensverhältnisse auf eine Rücklage in dieser Höhe eingestellt hat. Sein Pkw war im Zeitpunkt der mündlichen Verhandlung vor dem OLG 12 Jahre alt und wies eine Laufleistung von mehr als 215.000 km aus. Damit erhöhen sich nach aller Erfahrung die Reparaturaufwendungen, was die Anschaffung eines Ersatzfahrzeugs für die notwendigen Fahrten zum Arbeitsplatz sinnvoll erscheinen lässt. Wenn der Bekl. teurere Konsumgüter, wie z. B. einen Pkw, statt durch Kreditaufnahme mit einem vorab angesparten Betrag finanziert, ist das wirtschaftlich sinnvoll. Von dem unterhaltsberechtigten Elternteil ist es dann hinzunehmen, dass der angesparte Betrag insoweit Kosten der allgemeinen Lebensführung abdeckt und deswegen für Unterhaltszwecke nicht zur Verfügung steht.

bb) Zu Recht und von der Revision nicht angegriffen hat das OLG ein weiteres Vermögen i. H. von 23.100 DM (= 11.810,84 €) unberücksichtigt gelassen, das sich aus dem Rückkaufwert der noch vorhandenen Lebensversicherung des Bekl. ergab. In diesem Umfang hat der Bekl. zweifelsfrei Vorsorge für sein Alter betrieben, die auch neben der ges. RV anzuerkennen ist, weil sie der Höhe nach weder einen unangemessenen Aufwand darstellt noch ein Leben im Luxus ermöglicht. Gleiches gilt auch für die weitere Lebensversicherung, die in dem hier relevanten Zeitraum noch vorhanden war.

cc) Schließlich ist es aus revisionsrechtlicher Sicht auch nicht zu beanstanden, dass das OLG dem Bekl. für die Risiken seiner allgemeinen Lebensführung und für eine seinen Lebensverhältnissen angemessene Altersvorsorge einen weiteren Schonbetrag belassen und diesen nach den individuellen Verhältnissen bemessen hat. Das gilt hier schon deswegen, weil auch das weitere Vermögen des Bekl., der neben der geringen Rente und den beiden seinerzeit vorhandenen Lebensversicherungen über keine weitere Altersversorgung verfügt, im Wesentlichen der Altersvorsorge dient.

Mit der schrittweisen Reduzierung der Leistungen der ges. RV und der Einführung der gesetzlich geförderten privaten Altersvorsorge hat der Gesetzgeber die Verantwortung jedes Einzelnen hervorgehoben, für seine Alterssicherung neben der ges. RV rechtzeitig und ausreichend vorzusorgen. Das unterstreicht nicht nur den in § 1602 I BGB verankerten Grundsatz, für seinen Unterhalt vorrangig selbst sorgen zu müssen. Vielmehr ist damit auch die Erwartung verbunden, dass sich die Eigenvorsorge auf Zeiten in der Zukunft erstreckt, in denen kein Erwerbseinkommen mehr zu erwarten ist, und deshalb vorher entsprechende finanzielle Vorkehrungen ergriffen werden sollen, um sich einen eigenen, den bisherigen Lebensverhältnissen angemessenen Altersunterhalt zu sichern, den die gesetzliche Rente allein nicht mehr gewährleistet (BVerfG, FamRZ 2005, 1051, 1055, mit Anm. Klinkhammer). Damit wird dem Elternunterhalt gegenüber der eigenen Alterssicherung ein noch geringerer Stellenwert beigemessen. Denn vom erwachsenen unterhaltpflichtigen Kind wird erwartet, zusätzlich zu den anderen Unterhaltslasten und der Altersversorgung früherer Generationen noch die Belastung der eigenen Altersvorsorge zu tragen. Dies muss konsequenterweise bei der Bestimmung seines ihm verbleibenden angemessenen Unterhalts und Vermögens nach § 1603 I BGB Berücksichtigung finden (Senatsurteile v. 23.10.2002, a.a.O., S. 1701 und v. 21.04.2004, a.a.O., S. 1187; BVerfG, a.a.O.).

Insbesondere aber hat der Gesetzgeber mit der Einführung der Grundsicherung im Alter und bei Erwerbsminderung ab dem 01.01.2003 durch das Grundsicherungsgesetz und seit dem 01.01.2005 durch die §§ 41 ff. SGBXII verdeutlicht, dass die Belastung erwachsener Kinder durch die Pflicht zur Zahlung von Elternunterhalt unter Berücksichtigung ihrer eigenen Lebenssituation in Grenzen gehalten werden soll (BVerfG, a.a.O.). Danach können u. a. Personen, die das 65. Lebensjahr vollendet und ihren gewöhnlichen Aufenthalt in der Bundesrepublik Deutschland haben, auf Antrag Leistungen der beitragsunabhängigen, bedarfsorientierten Grundsicherung erhalten, soweit sie ihren Unterhalt durch ihr nach sozialhilferechtlichen Grundsätzen ermitteltes Einkommen und Vermögen nicht decken können und diese Bedürftigkeit auch nicht in den letzten zehn Jahren vorsätzlich oder grob fahrlässig herbeigeführt haben (§§ 1, 2 GSiG, jetzt: § 41 SGBXII). Die Grundsicherung soll dem Berechtigten eine eigenständige soziale Sicherung einräumen, die den grundlegenden Bedarf für den Lebensunterhalt sicherstellt. Durch diese Leistung soll im Regelfall die Notwendigkeit der Gewährung von Sozialhilfe vermieden werden, zumal gerade ältere Menschen aus Furcht vor dem Unterhaltsrückgriff auf ihre Kinder oft vom Gang zum Sozialamt Abstand genommen haben. Eine dem sozialen Gedanken verpflichtete Lösung muss hier einen gesamtgesellschaftlichen Ansatz wählen, der eine würdige und unabhängige Existenz sichert (vgl. Bericht des Ausschusses für Arbeit und Sozialordnung, BT-Drucks. 14/5150, S. 48, sowie BR-Drucks. 764/00, S. 168 f.). Aus diesen Gesetzesmotiven wird deutlich, dass – von besonders günstigen wirtschaftlichen Verhältnissen der Unterhaltsverpflichteten abgesehen – zulasten öffentlicher Mittel auf einen Unterhaltsregress verzichtet werden soll, weil dieser von älteren Menschen vielfach als unangemessen und unzumutbar empfunden wird und dieser Umstand Berücksichtigung finden soll (Senatsurteil v. 23.10.2002, a.a.O., S. 1701). Bei der Bedarfsermittlung bleiben deswegen Unterhaltsansprüche des Antragsberechtigten gegenüber seinen Kindern und Eltern unberücksichtigt, soweit deren jährliches Gesamteinkommen i. S. des § 16 SGBIV unter einem Betrag von 100.000 € liegt (§ 2 I S. 3 GSiG und so unverändert in § 43 II SGBXII übernommen). Zudem gilt die gesetzliche Vermutung, dass das Einkommen des unterhaltspflichtigen Kindes diese Grenze nicht überschreitet. Weil insoweit lediglich vom Gesamteinkommen des Unterhaltspflichtigen, nicht aber von dessen Vermögen die Rede ist, hat sich die Auffassung durchgesetzt, dass Grundsicherung im Alter und bei Erwerbsminderung unabhängig von dem Vermögen eines dem Grunde nach unterhaltspflichtigen Kindes zu bewilligen ist (Klinkhammer, FamRZ 2002, 997, 1000).

Auf dieser ges. Grundlage hat das OLG bei der Bemessung des dem Bekl. zu belassenden Vermögens zu Recht die Umstände des Einzelfalles berücksichtigt, insbesondere dass der Bekl. 1955 geboren ist und über kein Grundvermögen verfügt. Für seine Altersvorsorge bleiben ihm jetzt nur noch weniger als 15 Jahre Zeit, wobei das OLG zu Recht auch sein relativ geringes Einkommen und die Tatsache berücksichtigt hat, dass er aus der ges. RV lediglich eine Altersversorgung i. H. von rund 1.145 € monatlich zu erwarten hat. Selbst das ist aber nur dann der Fall, wenn er im gegenwärtigen Umfang bis zur Vollendung des 65. Lebensjahres berufstätig bleibt. Deswegen hat das OLG ebenfalls zu Recht berücksichtigt, dass der Bekl. lediglich über einen bedingt sicheren Arbeitsplatz verfügt, nachdem sein Arbeitgeber zuvor in der gleichen Branche mit einer anderen Gesellschaft in Insolvenz geraten war.

Bei der Beurteilung, ob und in welchem Umfang das Vermögen des unterhaltspflichtigen Kindes zur Sicherung des eigenen angemessenen Unterhalts einschließlich der Altersvorsorge benötigt wird, sind allerdings alle Vermögenswerte zu berücksichtigen, die für diesen Zweck zur Verfügung stehen. Verfügt der Unterhaltspflichtige etwa über Grundeigentum, ist zumindest zu berücksichtigen, dass er im Alter keine Mietkosten aufwenden muss und seinen Lebensstandard deswegen mit geringeren Einkünften aus Einkommen und Vermögen sichern kann. Solches ist hier aber nicht der Fall. Neben der – geringen – ges. Rente hatte der Bekl. Anspruch auf Auszahlung zweier Lebensversicherungen mit Rückkaufswerten von 13.933 DM und weiteren 23.100 DM. Auch damit wird er sein geringes Renteneinkommen aber nicht entscheidend aufstocken können, was die Sicherung der gegenwärtigen Lebensumstände ohne weitere Rücklagen für sonstige Unwägbarkeiten ausschließt.

Die Höhe des dem Bekl. insbesondere für seine Altersversorgung zu belassenden Schonvermögens lässt sich nämlich konkret auf der Grundlage der Rechtsprechung des Senats zum Umfang unterhaltsrechtlich zuzubilligender ergänzender Altersversorgung ermitteln (Senatsurteil v. 14.01.2004 – XII ZR 149/01 –, a.a.O.). Danach ist der Unterhaltsschuldner berechtigt, neben den Beiträgen zur gesetzlichen Rente bis zu 5 % seines Bruttoeinkommens für eine zusätzliche private Altersversorgung aufzuwenden. Dann muss das aus diesen Beiträgen gewonnene Kapital aber auch für die Alterssicherung des Unterhaltspflichtigen zur Verfügung stehen und ist damit dem Elternunterhalt nach § 1603 I BGB entzogen. Das Bruttoeinkommen des ledigen Bekl. beläuft sich ausweislich der vorgelegten Lohn- und Gehaltsabrechnung auf monatlich 2.143,85 €; für die private Altersvorsorge durfte er davon nach der Rechtsprechung des Senats also monatlich 107,19 € (= 5 %) zurücklegen. Eine monatliche Sparrate in dieser Höhe erbringt während eines Berufslebens von 35 Jahren bei einer Rendite von 4 % aber schon ein Kapital von annähernd 100.000 €. Jedenfalls in diesem Umfang ist dem Bekl. als Unterhaltsschuldner neben der ges. Rente eine zusätzliche Altersvorsorge zu belassen, wobei zu berücksichtigen ist, dass außer den Lebensversicherungen keine weitere Altersvorsorge, insbesondere kein Immobilieneigentum vorhanden war.

Ein Schonvermögen in ähnlicher Größenordnung weisen auch die Empfehlungen des Deutschen Vereins für öffentliche und private Fürsorge für die Heranziehung Unterhaltspflichtiger in der Sozialhilfe aus, die ebenfalls danach unterscheiden, ob der Unterhaltspflichtige durch selbst genutztes Eigentum schon in anderer Weise für sein Alter vorgesorgt hat. Ist das nicht der Fall, sollen dem Unterhaltspflichtigen gegenüber dem Anspruch auf Elternunterhalt im Regelfall 75.000 € verbleiben (FamRZ 2002, 931, 937 Nr. 91.5, sowie jetzt FamRZ 2005, 1387, 1394 Nr. 95.5).

c) Im Einklang damit hat das OLG im Rahmen seines tatrichterlichen Ermessens dem Bekl. das für seinen angemessenen Unterhalt nach seinen Lebensverhältnissen notwendige Vermögen belassen. Zutreffend hat es von dem im hier maßgeblichen Zeitraum vorhandenen Vermögen i. H. von 113.400,96 € zunächst den für den Pkw-Kauf notwendigen Betrag i. H. von 21.700 € als Kosten der angemessenen gegenwärtigen Lebensführung abgezogen. Den verbleibenden Betrag i. H. von 91.700,96 € hat es dem Bekl. zu Recht zusätzlich als angemessene Alterssicherung belassen, wobei die Lebensversicherungen des Bekl. darin enthalten sind. Darauf, ob dem Unterhaltsschuldner neben seinem eigenen angemessenen Unterhalt ein-

> schließlich der Altersvorsorge ein weiteres geringes Schonvermögen für sonstige Unwägbarkeiten des täglichen Lebens verbleiben muss, kommt es somit nicht an.

b) Begrenzung der Höhe des Altersvorsorgevermögens

483   Die pauschalisierende Berechnung des Schonvermögens ergibt teilweise ein sehr hohes Schonvermögen. Ob die Rechtsprechung eine **Begrenzung des Altersvorsorgeschonvermögens** judizieren wird, ist derzeit nicht abzusehen.

484   Eine Begrenzung des **Altersvorsorgeschonvermögens** kann bei **Beamten** insoweit vorgenommen werden, als deren Einkommen ohne eine Beitragsbemessungsgrenze altersversorgungsbildend ist. Dies bedeutet, dass lediglich der Zuschlag von 5 %, berechnet über die Lebensarbeitszeit, berechtigt ist. Dies ist jedoch eine systemimmanente Korrektur der Berechnung, die mit der Besonderheit der beamtenrechtlichen Versorgungskonstruktion zu begründen ist.

485   Jenseits dieser Korrektur ist jedoch eine **höhenmäßige Beschränkung des Altersvorsorgevermögens** m. E. nicht gerechtfertigt. Es ist bereits darauf hingewiesen worden, dass das Kriterium für die Höhe des Altersvorsorgevermögens nicht die abstrakte Höhe dieses Vermögens, sondern die Angemessenheit der daraus resultierenden Altersvorsorge ist (vgl. Rn. 228 ff.). Diese Angemessenheit kann aber nur aus dem Niveau des Lebensstandards während des Erwerbslebens geschlossen werden. Nimmt man – wie oben dargelegt – 75 % des letzten Bruttoeinkommens als angemessene Altersversorgung an (vgl. Rn. 253), kann man auch die **Höhe des Altersvorsorgeschonvermögens** gegebenenfalls **begrenzen**. Gewährt die primäre und sekundäre Altersversorgung einschließlich eventueller geldwerter Nutzungsvorteile eine angemessene Altersversorgung, kann die Höhe des Altersvorsorgeschonvermögens begrenzt werden.

486   Zum Altersvorsorgeschonvermögen zählen folgende Bestandteile:

- Bar- und Bankvermögen

- **Wertpapiervermögen**

- **Kapitalwerte** (Weiterführungswerte) von kapitalbildenden **Lebensversicherungen**

- Kapitalwerte von privaten und betrieblichen Rentenversicherungen einschließlich

- der **Kapitalwerte betrieblicher Altersversorgung** (auch solcher aus so genannten ‚deferred compensation‘)

- **Sachvermögenswerte** (z. B. Immobilien), sofern diese zur Altersversorgung geeignet und bestimmt sind. Das bedeutet:

  - die **Briefmarken- und Wein- und Waffensammlung** sind kein Altersvorsorgevermögen,

  - die **selbst genutzte Immobilie** ebenfalls nicht, weil sie im Elternunterhalt auch den Schutz der Lebensstandardgarantie genießt[391] und i.d.R. im Alter nicht veräußert werden soll, weshalb sie nur mit ihrem angemessenen Wohnwert in die Berechnung einbezogen werden kann,

  - **fremd genutzte Immobilien** indessen sind sowohl geeignet, als auch bestimmt, der Altersversorgung zu dienen.

c) Individuelle Bestimmung der Höhe des Altersvorsorgevermögens

Die oben (Rn. 474 ff.) dargestellte pauschale Bestimmung der Höhe des Altersvorsorgevermögens durch den BGH wird in vielen Fällen die individuelle Bestimmung der erforderlichen Höhe des Altersvorsorgevermögens erübrigen. Gleichwohl wird es vielfach notwendig sein, das erforderliche Altersvorsorgekapital, das im Elternunterhalt als Schonvermögen zu klassifizieren ist, individuell anhand der **konkreten Versorgungsbiografie** zu bestimmen. Die Rechtsprechung des BGH zur pauschalierenden Bestimmung des Altersvorsorgeschonvermögens schließt dessen individuelle Bestimmung nicht aus. Die pauschalierende Bestimmung des erforderlichen Altersvorsorgekapitals trägt vielmehr dem Gedanken Rechnung, dass die Rente eines 45 Jahre beschäftigten Durchschnittsverdieners in der gesetzlichen Rentenversicherung mit 45 x 26,27 € = 1.182,15 € unter Berücksichtigung der Kranken- und Pflegeversicherung und der in Zukunft steigenden Steueraufwendungen bei weitem keine angemessene Altersversorgung darstellt. In vielen Fällen wird aber trotz eines entsprechenden Altersvermögens, das 5 % des sozialversicherungspflichtigen und 25 % des nicht sozialversicherungspflichtigen aufgezinsten Bruttoeinkommens entspricht, keine angemessene Altersversorgung erreicht werden können. Solche Situationen treten insbesondere auf

- nach **Scheidung und Versorgungsausgleichsverlusten**,

- nach **Krankheit und Langzeitarbeitslosigkeit**,

- nach **Zeiten der Selbständigkeit** mit **unzureichender Altersvorsorge**,

- nach langen **Kindererziehungspausen**,

- nach einem **Verlust einer privaten Altersversorgung durch Pfändung** oder **Insolvenz** vor Inkrafttreten des § 851c ZPO.

487

---

391 BGH v. 23.10.2002 – XII ZR 266/99, FamRZ 2002, 1698; OLG Nürnberg v. 26.04.2012 – 9 UF 1747/12, NJW-Spezial 2012, 357, OLG Düsseldorf v. 21.06.2012 – 9 UF 190/11.

488 In diesen Fällen kommt die individuelle Bestimmung der Höhe des Altersvorsorgekapitals vielfach zu erheblich höheren Vermögenswerten. Dies ist vom Unterhaltsberechtigten und damit auch von den Sozialhilfeträgern hinzunehmen.

489 Die Darstellung des zur Sicherung einer angemessenen Altersversorgung erforderlichen Vermögens (**Alterssicherungsvermögen**) ist Sache des Unterhaltpflichtigen. Sie hat in drei Schritten zu erfolgen:

- Bestimmung der Höhe der angemessenen Altersversorgung (**Versorgungsziel**)

- Bestimmung der Höhe der bereits erreichten Versorgung (**Versorgungsbilanz**)

- Bestimmung der bis zum Eintritt noch aufzubauenden Versorgung (**Versorgungslücke**).

(1) Versorgungsziel

490 Die Feststellung des **Versorgungsziels mit 75 % des letzten Einkommens** ist bereits oben dargestellt worden (vgl. oben Rn. 253 ff.).

(2) Versorgungsbilanz

491 Die Aufstellung einer **Versorgungsbilanz**, also die Bilanzierung der bereits erreichten Höhe der Altersversorgung, bereitet in der Regel wenig Probleme. Eine Altersversorgung setzt sich i.d.R. aus mehreren Bestandteilen zusammen.

492 Die Höhe der in der **gesetzlichen Rentenversicherung** erworbenen Versorgung kann auf der Basis eines **Versicherungsverlaufs**, der vom Träger der gesetzlichen Rentenversicherung auf Antrag erstellt wird, ermittelt werden. Diesem Versicherungsverlauf sind die erworbenen Entgeltpunkte zu entnehmen, aus denen sich durch Multiplikation mit dem jeweiligen aktuellen Rentenwert der Nominalwert der zukünftigen Altersversorgung ermitteln lässt. Da der aktuelle Rentenwert dynamisch angepasst wird, bedarf es insoweit keiner weiteren Dynamisierung.

493 Die Höhe der aus einer **Beamtenversorgung** erworbenen Versorgungsaussicht errechnet sich aus den zurückgelegten anrechenbaren Dienstjahren. Für **Dienstverhältnisse, die vor dem 01.01.1992 begründet** wurden, galt folgende Staffelung: Für die ersten zehn Dienstjahre wurde eine Sockelversorgung von 35 %, danach 15 Jahre lang eine Steigerung von 2 % pro Jahr und in den letzten zehn Jahren von 1 % pro Jahr gewährt.

Vom 01.01.1992 bis zum 31.12.2001 stieg der **Ruhegehaltssatz** pro   494
Dienstjahr einheitlich um 1,875 %, bis er nach 40 Dienstjahren die maxi-
male Höhe von 75 % erreichte.

Durch Versorgungsänderungsgesetz v. 20.12.2001[392] wurde das **Ruhe-**   495
gehalt ab 01.01.2003 auf 1,79375 % der ruhegehaltsfähigen Bezüge pro
Jahr abgesenkt. Der höchstmögliche Ruhegehaltssatz wurde demgemäß
von 75 % auf 71,75 % abgesenkt (bei 40 Dienstjahren als Obergrenze). Die
Minderungen der Beamtenversorgung greifen ab 01.01.2003 in acht Stufen
ein.

In der Praxis wird man regelmäßig eine Auskunft des Dienstherrn über   496
die Höhe der bereits erreichten und bis zum Versorgungszeitpunkt noch
erreichbaren Versorgung einholen.

Betriebliche Altersversorgungen erteilen ebenso Auskunft über die   497
Höhe der erreichten Versorgung wie berufsständische Versorgungsträger.

Bei **kapitalgedeckten Versorgungssystemen** (private Rentenversiche-   498
rer) kann in der Regel sowohl die bereits erworbene Rente erfragt werden
als auch das dieser Versorgung zugrunde liegende **Deckungskapital**.

Bar-, Aktien-, Fondsvermögen ist mit dem gegenwärtigen Wert anzu-   499
setzen (Kurswert).

Bei **Immobilienvermögen** ist zu differenzieren. Handelt es sich um   500
eine selbst genutzte Wohnung, ist deren angemessener Wohnwert als dem
Pflichtigen im Alter zufließendes Alterseinkommen zu bilanzieren (vgl.
dazu Rn. 176 ff.). Bei fremd genutzten Immobilien ist deren Ertragswert
(Nettomiete) bzw. der Wert zu bilanzieren, der aus der Verrentung des
Kapitals der Wohnung im Versorgungsfall resultieren würde. **Der verzeh-**
rende Altersvermögenseinsatz ist immer zumutbar, soweit nicht eigene
Interessen des Unterhaltspflichtigen oder vorrangig Unterhaltspflich-
tiger (Kinder und Gatte) beeinträchtigt werden. Das Vererbungsrecht
des Unterhaltspflichtigen ist nicht geschützt. Der Unterhaltspflichtige hat
daher keinen Anspruch, dem verzehrenden Vermögenseinsatz zu widersprechen, weil dadurch seine Erben benachteiligt würden.

Die aus diesen Vermögen resultierende Rente oder Versorgung ist nach   501
der **Verrentungsformel** für die voraussichtliche Dauer des Versorgungsbe-
zuges, die sich aus der allgemeinen Sterbetafel ergibt, zu bilanzieren (Kurswert). Dabei ist davon auszugehen, dass nach den jüngsten Erhebungen die
durchschnittliche Lebenserwartung einer Frau im Alter von 65 Jahren
noch 20,41 Jahre (245 Monate) und die eines Mannes 17,11 Jahre (205 Mo-

392 BGBl. I S. 3926 ff.

nate) beträgt[393]. Ein allgemeiner Zuschlag aufgrund der bekannten ständig steigenden Lebenserwartung ist anzuerkennen. Die Dynamisierung dieser Versorgung kann durch den Ansatz eines verringerten allgemeinen Rechnungszinses erreicht werden. Wählt man einen Rechnungszins in Höhe von 2 % scheint dies realistisch und eine angemessene Dynamisierung zu garantieren. Es ergäbe sich dann ein Rentenwert aus einem Kapital nach der unter Rn. 927 wiedergegebenen Tabelle.

502   Diese Werte sollten jedoch kritisch betrachtet werden. Es handelt sich dabei um nach finanzmathematischen Grundsätzen errechnete Werte. Dabei ist in jedem Fall ratsam, durch Auskunft eines (oder mehrerer) privaten Rentenversicherers die Kosten einer Versorgung konkret zu ermitteln oder einen Rentenberater bzw. Gutachter einzuschalten.

503   **Maßstab für die Berechnung** könnten auch die Kosten einer Rente in der gesetzlichen Rentenversicherung sein. Eine lebenslange Versorgung von 1 € kostet danach ca. 240 €[394]. Nach der Bilanzierung der verschiedenen gesetzlichen, betrieblichen oder privaten Versorgungen steht die Versorgungsbilanz fest, also die gegenwärtig erreichte Altersversorgung.

504   Wie individuell die Rechtsprechung teilweise die Berechnung des Altersvorsorgeschonvermögens vornimmt, macht die Entscheidung des OLG Düsseldorf deutlich, in der eine sehr konkrete Bestimmung der Höhe des Altersvorsorgeschonvermögens auch unter Berücksichtigung einer eingetretenen Dienstunfähigkeit der Beklagten vorgenommen wurde.

OLG Düsseldorf v. 16.11.2009 – II 2 UF 130/09 (nicht veröffentlicht)

… Nach der grundsätzlichen Entscheidung des BGH vom 30.08.2006 (FamRZ 2006, 1511 ff.) sind im Rahmen des Elternunterhalts die Freigrenzen für vorhandenes Kapitalvermögen individuell zu bestimmen. Zu berücksichtigen sind dabei Rücklagen, die für bestimmte, angemessene Anschaffungen gebildet wurden (im Fall des BGH für die Anschaffung eines neuen Pkw) und möglicherweise auch eine Rücklage für sonstige Unwägbarkeiten des täglichen Lebens. Insbesondere ist aber der Freibetrag unter Berücksichtigung einer angemessenen ergänzenden Altersvorsorge zu bestimmen.

Der Senat schließt sich der vom BGH angewandten Methode zur Bestimmung des angemessenen Altersvorsorgevermögens an, wonach der Betrag anzusetzen ist, der sich auf der Grundlage aktuellen Bruttoeinkommen des Unterhaltspflichtigen bei einer monatlichen Sparrate von 5 % des Bruttoeinkommens und einer Verzinsung

---

393 Vgl. Sterbetafel (s. Anhang, Rn. 921 ff.).

394 Dies ergibt sich aus folgender Berechnung: Für das Durchschnittsentgelt (Jahr 2010) von 33.000 € pro Jahr erhält der in der gesetzlichen Rentenversicherung Versicherte eine Rente von 27,20 (aktueller Rentenwert). Der Beitragssatz beträgt 19,9 %, der Durchschnittsbeitrag mithin 19,9 % x 33.000 = 6.567 €. Der Beitragswert von 1 Euro Rente beträgt mithin 6.567 € / 27,20 = 241,43 €.

von 4 % ergibt. Allerdings sieht der Senat keine Veranlassung generell darauf abzustellen, welches Kapital sich bei einer monatlichen Sparrate in dieser Höhe während
eines Berufslebens von 35 Jahren ergibt. Nach Auffassung des Senats ist abzustellen
auf die Zeit der Berufsaufnahme bis zum maßgeblichen Beurteilungszeitraum (so
auch Anmerkung Dr. Klinkhammer FamRZ 2006, 1516 f.). Die für die Zukunft
angemessene Altersvorsorge wird nämlich bereits bei der Ermittlung der unterhaltsrelevanten Einkünfte durch den Abzug für eine angemessene ergänzende Altersvorsorge bis zur Höhe von 5 % des Bruttoeinkommens berücksichtigt.

Im vorliegenden Fall ist mit dem Amtsgericht von einem Bruttoeinkommen der
Beklagten von monatlich 3.625,90 € auszugehen. Zwar arbeitete die 1961 geborene
Beklagte im Jahr 2007 nicht mehr in Vollzeit, sondern übte aus gesundheitlichen
Gründen eine Teilzeittätigkeit aus, nachdem sie zuvor von November 1980 bis ein-
schließlich 2005 als Beamtin mit voller Stundenzahl tätig gewesen war. Eine dem
Lebensstandard der Beklagten angemessene ergänzende Altersversorgung muss
daher auf das letzte Vollzeiteinkommen abstellen, da die Gesundheitsbeeinträch-
tigungen sich insoweit nicht nachteilig auswirken dürfen, sondern vielmehr für
ein besonderes Schutzbedürfnis sprechen, da die Beklagte nun nicht mehr aus den
Einkünften einer vollzeitbeschäftigten Beamtin weitere Vorsorge betreiben kann.
Zutreffend hat das Amtsgericht daher eine monatliche Sparrate von 181,45 € (= 5 %
von 3.625,90 €) angesetzt.

Bis Ende 2007 waren damit 27 Jahre seit Berufsbeginn vergangen, so dass sich
entsprechend der zutreffenden Berechnung des Amtsgerichts (Seite 7 des Urteils)
ein angemessenes Kapitalvermögen von 104.655,00 € ergibt. Könnte die Beklagte
auch in Zukunft aus ihrem Einkommen eine angemessene ergänzende Altersvorsorge aufbauen, müsste sie somit den über 105.000,00 € hinausgehenden Teil ihres
Vermögens zur Deckung des Unterhalts einsetzen. Insoweit ist jedoch zu beachten,
dass die Beklagte nunmehr wegen der in 2008 eingetretenen Dienstunfähigkeit
und dem damit einhergehenden Bezug einer Dienstunfähigkeitsrente von brutto
2.084,00 € monatlich nicht mehr über die Mittel verfügt, eine angemessene Altersvorsorge auch in Zukunft zu betreiben. So gibt sie derzeit für die ergänzende
Altersvorsorge auch nur monatlich 97,00 € (Lebensversicherungsbeitrag) aus. Vor
diesem Hintergrund erscheint es angemessen, der Beklagten die erst in rund 20
Jahren die reguläre Altersgrenze erreicht, einen weiteren Kapitalbetrag zu belassen
als Ausgleich für den – teilweisen – Ausfall der künftigen Altersvorsorge wegen des
krankheitsbedingten geringeren Einkommens. Unter Berücksichtigung der künftigen Einkommensverhältnisse bei einer – fiktiven – Vollzeittätigkeit erachtet der
Senat einen Betrag von weiteren 50.000,00 € zur Kompensation des bei der Beklagten eingetretenen Nachteils an angemessen. Ihr Schonvermögen beträgt dann
insgesamt 155.000,00 €.

Dies hat zur Folge, dass der gesamte Kapitalbetrag von 146.600,00 € zuzüglich des
Wertes der Lebensversicherung von 8.000,00 € den Freibetrag nicht übersteigt. ...

Letztlich ergibt sich aus dem gleichen Gedanken, dass entgegen der **505**
von vielen Sozialämtern vertretenen Auffassung auch die Kapitaleinkünfte aus dem angesparten Altersvorsorgevermögen bei der Beurteilung
der Leistungsfähigkeit nicht zu berücksichtigen sind. Denn diese Kapitaleinkünfte sollen ihrer Zweckbestimmung nach das Altersvorsorgeka-

pital sichern und weiter erhöhen. Sie haben damit keinen Einkommenscharakter, stehen der Beklagten also nicht zur Deckung des laufenden Bedarfs zur Verfügung.

(3) Bestimmung der Versorgungslücke

506 Die **Versorgungslücke** ist die Differenz von Versorgungsziel und Versorgungsbilanz. Die **Versorgungslücke wird geschlossen** durch die regelmäßig bis zum Versorgungsbezug noch in den verschiedenen Versorgungssystemen erworbenen Anwartschaften.

507 In der **gesetzlichen Altersversorgung** wäre zu diesem Zwecke auf den jahresdurchschnittlichen Versorgungserwerb abzustellen und diesen für die Zukunft fortzuschreiben, was auf der Basis der Einkünfte der letzten Jahre zu errechnen und zu prognostizieren ist.

508 In der **Beamtenversorgung** ist der jahresdurchschnittliche Versorgungserwerb mit 1,79375 % des ruhegehaltsfähigen Einkommens auch für die Zukunft festzuschreiben.

509 Die Schließung der verbleibenden Versorgungslücke hat durch **monatliche tatsächlich zu erbringende Vorsorgeaufwendungen** zu erfolgen (vgl. dazu Rn. 256 ff.), soweit das gebildete Altersvorsorgevermögen zur Schließung der Versorgungslücke nicht ausreicht.

510 **Altersvorsorgevermögen kann für Unterhaltszwecke nicht herangezogen werden.** Dies gilt auch für die Ruhestandsphase, in der das Altersvorsorgevermögen vom Unterhaltspflichtigen ‚verzehrt' wird (**Vermögensverzehrphase**)[395]. Während in der Erwerbsphase einem Unterhaltspflichtigen die Möglichkeit eingeräumt wird, zu Lasten seiner unterhaltsrechtlichen Leistungsfähigkeit Vorsorgevermögen aufzubauen, wird dieses in der Ruhestandsphase verzehrt (verrentet). Zu diesem Zweck wird das Vorsorgevermögen ab Renteneintritt des Unterhaltspflichtigen in eine lebenslange Rente umgerechnet. Wegen der Schwäche des Kapitalmarktes wird ein Rechnungszins von 2 % den derzeitigen Gegebenheiten wohl gerecht. Aus einem Vermögen von 150.000 € ergäbe sich für einen 67 Jahre alten Rentner eine monatliche lebenslange Rente von ca. 930 €. Dies kann anhand der nachfolgenden Tabelle (vgl. Rn. 511) einfach berechnet werden. **Auch in der Ruhestandsphase ist daher ein Einsatz des Schonvermögens für Unterhaltszwecke nicht zu fordern.** Allerdings wird das **Einkommen des Unterhaltspflichtigen** durch den **verzehrenden Vermögenseinsatz** erhöht und das Vermögen durch die Verrentung letztendlich aufgezehrt.

---

395 OLG Düsseldorf v. 27.10.2010 – 8 UF 38/10, FamRZ 2011, 982.

Verrentungsfaktoren Rechnungszins 2%

Sterbetafel 2006/2008

Deutschland

	Männer			**Frauen**	
Voll-ende-tes Alter	Durchschnittliche Lebenserwartung in Jahren	1.000 € Vorsorgekapital ergeben bei einer Verrentung im Alter x eine monatliche Versorgung in Höhe von ... €		Durchschnittliche Lebenserwartung in Jahren	1.000 € Vorsorgekapital ergeben bei einer Verrentung im Alter x eine monatliche Versorgung in Höhe von ... €
50	29,27	3,76 €		33,71	3,40 €
51	28,39	3,85 €		32,79	3,47 €
52	27,53	3,94 €		31,87	3,54 €
53	26,68	4,03 €		30,96	3,61 €
54	25,83	4,13 €		30,05	3,69 €
55	24,99	4,24 €		29,15	3,78 €
56	24,17	4,35 €		28,25	3,86 €
57	23,35	4,47 €		27,36	3,96 €
58	22,53	4,60 €		26,47	4,06 €
59	21,73	4,73 €		25,59	4,16 €
60	20,93	4,88 €		24,71	4,28 €
61	20,15	5,03 €		23,84	4,40 €
62	19,38	5,19 €		22,98	4,53 €
63	18,61	5,37 €		22,12	4,66 €
64	17,86	5,55 €		21,27	4,81 €
65	17,11	5,75 €		20,41	4,98 €
66	16,38	5,97 €		19,57	5,15 €
67	15,65	6,21 €		18,72	5,34 €
68	14,93	6,46 €		17,89	5,55 €
69	14,23	6,73 €		17,06	5,77 €
70	13,54	7,03 €		16,25	6,01 €
71	12,86	7,35 €		15,44	6,28 €
72	12,20	7,70 €		14,65	6,57 €
73	11,56	8,08 €		13,88	6,88 €
74	10,94	8,49 €		13,12	7,23 €
75	10,34	8,93 €		12,38	7,61 €
76	9,76	9,40 €		11,66	8,02 €
77	9,21	9,92 €		10,95	8,48 €
78	8,67	10,48 €		10,27	8,98 €
79	8,16	11,08 €		9,61	9,54 €
80	7,65	11,76 €		8,97	10,16 €
81	7,17	12,48 €		8,36	10,83 €
82	6,71	13,28 €		7,78	11,58 €
83	6,27	14,15 €		7,22	12,41 €
84	5,86	15,09 €		6,69	13,32 €
85	5,46	16,12 €		6,19	14,33 €
86	5,10	17,21 €		5,72	15,43 €
87	4,78	18,29 €		5,30	16,58 €
88	4,46	19,55 €		4,90	17,87 €
89	4,16	20,88 €		4,53	19,27 €
90	3,84	22,55 €		4,15	20,95 €
91	3,56	24,30 €		3,80	22,79 €
92	3,32	25,98 €		3,51	24,59 €
93	3,10	27,74 €		3,26	26,45 €
94	2,90	29,63 €		3,06	28,13 €
95	2,71	31,61 €		2,88	29,83 €
96	2,54	33,68 €		2,72	31,56 €
97	2,38	35,85 €		2,54	33,67 €
98	2,24	38,12 €		2,38	35,87 €
99	2,10	40,47 €		2,23	38,16 €
100	1,98	42,92 €		2,10	40,54 €

3. Notbedarfsvermögen

512   Neben dem zweckgebundenen Altersvorsorgevermögen besteht Bedarf, dem Unterhaltspflichtigen ein verwertungsfreies **Notbedarfsvermögen** zu belassen. Dieses Vermögen dient dazu, dem Unterhaltspflichtigen für sich und seine Familie ein verfügbares und möglichst jederzeit einsetzbares Vermögen zur Behebung einer akuten unvorhergesehenen Notlage zu schaffen[396]. Dieses Vermögen dient zur Reparatur oder dem Ersatz von Haushaltsgeräten oder eines Pkw, soll in Krankheits- und sonstigen Fällen unverhofften Einnahmeausfalls die laufenden Zahlungen und den Unterhalt der Familie sicherstellen etc.

513   Die ‚Notbedarfs- und Notgroschenrechtsprechung‘ ist höchst vielschichtig. Dabei ist zunächst zu unterscheiden, wem ein Notgroschen zugebilligt werden soll. Die Höhe des **Notgroschens des Unterhaltsberechtigten** ist am Minimum zu orientieren. Der Unterhaltsberechtigte nimmt fremde Hilfe zur Finanzierung seines Lebensbedarfs in Anspruch. Überwiegend wird daher insoweit auf einen sozialhilferechtlichen Notgroschen verwiesen (vgl. Rn. 105 ff.). Dieser sozialhilferechtliche Notgroschen wird bei 2.500 – 3.500 € anzunehmen sein[397].

514   Der **Notgroschen des Unterhaltspflichtigen** wird höher anzunehmen sein als der des Unterhaltsberechtigten. Die einzelnen Träger der Sozialhilfe gehen von völlig unterschiedlich hohem Notbedarfsvermögen aus. **Unterste Grenze** ist sicherlich der sozialhilferechtliche Notgroschen. Sinnvollerweise lässt sich die erforderliche Höhe des Notbedarfsvermögens des Unterhaltspflichtigen nicht statisch festmachen. Wer hohe Unterhaltsverpflichtungen hat und wem ein hoher Selbst- und Familienunterhalt im Rahmen des Elternunterhaltes zugebilligt wird, dem wird auch ein höherer Notgroschen zuzubilligen sein. Wenn schon der Selbstbehalt im Rahmen des Elternunterhaltes dynamisch ist, ist auch das Notbedarfsvermögen dynamisch auszugestalten. Die gute **alte Kaufmannsregel**, wonach das Dreifache des Monatsnettoeinkommens für Notfälle zu reservieren ist, hat auch unterhaltsrechtliche Berechtigung und erscheint angemessen.

4. Vermögensreservationen

515   Der Elternunterhalt trifft die Unterhaltspflichtigen immer in einer Phase fortgeschrittener Lebensplanung. Da das Pflegerisiko unkalkulierbar ist, muss sich niemand darauf einstellen, Unterhalt für seine Eltern zu

---

396 Für das PKH-Recht OLG Köln v. 16.10.2003 – 14 WF 142/03, FamRZ 2004, 647.
397 BGH v. 17.12.2003 – XII ZR 224/00, FamRZ 2004, 370.

zahlen. Da die Gefahr, Elternunterhalt zahlen zu müssen auch oft ankündigungslos entsteht, etwa weil die berechtigte Person einen Schlaganfall oder Unfall erleidet, ist ein ‚Planen für den Fall des Elternunterhaltes' in der Regel dem Pflichtigen nicht möglich und nicht zumutbar. Gerade für den Vermögenseinsatz zum Zwecke der Unterhaltsgewährung hat dies gravierende Folgen. Will ein Kind eine Immobilie erwerben und hat dafür über Jahre gespart, kann die plötzliche Entstehung eines unterhaltsrechtlichen Bedarfs diese Pläne zunichte machen, wenn man die Vermögensplanung nicht akzeptieren würde. Deutlicher noch wird das Problem, wenn ein gemeinsamer Immobilienerwerb mit dem (nicht unterhaltspflichtigen) Gatten geplant war. Die Entstehung der Unterhaltspflicht würde auch dessen Pläne unrealisierbar machen.

Es fragt sich daher, ob **Investitionspläne** unterhaltspflichtiger Kinder zurückgestellt, aufgegeben oder geändert werden müssen, wenn ein unterhaltsrechtlicher Bedarf der Eltern entsteht. Dies wird von der Rechtsprechung selbst dann verneint[398], wenn die Entstehung der Unterhaltsverpflichtung absehbar ist.   516

Allerdings kann der Unterhaltsschuldner dann zwar sein Vermögen für die Investition verwenden, sofern er keine Luxusaufwendungen betreibt, **Tilgungsleistungen** kann er aber nur im Umfang der 5 % Grenze (vgl. Rn. 474 ff.) vornehmen.   517

OLG Hamm v. 06.08.2009 – 2 UF 241/08, FamRZ 2010, 303

LS: 1. Hat ein zur Zahlung von Elternunterhalt Verpflichteter seine Lebensstellung darauf eingerichtet, mit angelegtem Vermögen zu einem späteren Zeitpunkt Grundeigentum zu erwerben, das seiner Absicherung im Alter dienen soll, bleiben solche Vermögensdispositionen dem Zugriff des Unterhaltsgläubigers entzogen, sofern der Unterhaltsschuldner keinen unangemessenen Aufwand betreibt oder ein Leben in Luxus führt.

2. Ist der Unterhaltsschuldner die aus der Errichtung eines Eigenheims resultierenden Verbindlichkeiten im laufenden Rechtsstreit und damit zu einem Zeitpunkt eingegangen, in dem er mit seiner Inanspruchnahme auf Elternunterhalt rechnen musste, können Tilgungsleistungen nur eingeschränkt unter dem Gesichtspunkt der zusätzlichen Altersvorsorge im Umfang von 5 % seines Bruttoeinkommens berücksichtigt werden.

---

398 OLG Hamm v. 06.08.2009 – 2 UF 241/08, FamRZ 2010, 303.

5. Auswirkungen von Trennung und Scheidung auf die Vermögensverwertung

518　　Familienrechtlich gebundenes Vermögen ist Vermögen, dessen Verwertung nicht ohne weiteres möglich ist, weil es entweder im gemeinsamen Eigentum beider Gatten oder im Alleineigentum eines von ihnen steht, aber eine Alleinverfügungsbeschränkung nach § 1365 Abs. 1 BGB eingreift. In diesen Zusammenhang gehören aber auch die Fälle, in denen das Vermögen eines Gatten mit einer **güterrechtlichen Ausgleichsforderung** belastet ist.

519　　Das zu Lasten eines Gatten bestehende **Verbot, über sein Vermögen als Ganzes zu verfügen** (§ 1365 Abs. 1 BGB), kann auch im Elternunterhaltsfall relevant werden. Wenn der Unterhaltspflichtige Vermögen hat, das prinzipiell zur Befriedigung der Unterhaltsansprüche der Eltern eingesetzt werden müsste, dessen Verwertung aber nicht scheibchenweise entsprechend dem Bedarf erfolgen kann, können familienrechtliche Kollisionsfälle entstehen. Es kann in diesen Fällen erforderlich sein, das Vermögen aufzulösen. Neben Immobilienvermögen (dazu Rn. 524) kann dies auch bei langfristigen Geldanlagen gegeben sein. Rechnet man dieses Vermögen aus wirtschaftlichen Gründen nicht zum Schonvermögen, könnte es zur Zahlung von Elternunterhalt herangezogen werden. Da die Verurteilung nicht eine bestimmte Form der Vermögensverwertung beinhalten kann, würde die familienrechtlich erforderliche Zustimmungspflicht auch nicht durch das Elternunterhaltsurteil des Gerichts ersetzt werden können[399].

520　　Es ist nicht zu verkennen, dass in einem derartigen Fall, in dem ein verzehrender Vermögenseinsatz des unterhaltspflichtigen Kindes das dem **Zugewinnausgleich** unterliegende Vermögen des Unterhaltspflichtigen schmälert, eine Situation geschaffen sein kann, die die Parteien aus wirtschaftlichen Gründen in eine Trennung und Scheidung treibt. **Spätestens mit der Rechtshängigkeit des Scheidungsverfahrens könnte nämlich eine Unverwertbarkeit des Vermögens eintreten, wenn dieses zur Erfüllung einer Zugewinnausgleichsforderung zu verwenden wäre.**

Beispiel:

M ist Lebenszeitbeamter (Einkommen 2.000 €), der seine Altersversorgung durch eine zusätzliche private Versorgung gesichert hat. F ist ebenfalls Lebenszeitbeamtin (Einkommen 1.000 €) und angemessen versorgt. M verfügt über eine langfristige Geldanlage bei der B-Bank, die erstmals 2010 kündbar wäre, in Höhe von 150.000 €. Die Mutter von M hat einen monatlichen ungedeckten Pflegekostenbedarf in Höhe von 1.000 €. Aufgrund vielerlei Verpflichtungen kommt eine Unter-

---

399　Staudinger/*Thiele*, § 1365 Rn. 5; KK-FamR/*Weinreich*, § 1365 Rn. 15.

haltsleistung aus Einkommen lediglich in Höhe von monatlich 150 € in Betracht. Der restliche Unterhaltsbedarf soll durch Vermögensverwertung gedeckt werden.

Trennen sich M und F, hat M Unterhalt in Höhe von 3/7 x 1.000 € an F zu zahlen und muss gleichzeitig Zugewinnausgleich in Höhe von 75.000 € zahlen.

In diesem Fall ist sein Restvermögen Altersvorsorgevermögen, weil ihm aufgrund der entstandenen Unterhaltsverpflichtung die Fortführung der privaten Zusatzversicherung nicht mehr möglich ist und darüber hinaus die Versorgungsverluste aus dem drohenden Versorgungsausgleich zu kompensieren sind.

Eine Beeinträchtigung der Verwertung von Vermögen aus Gründen der Sicherung einer Zugewinnausgleichsforderung kommt nicht erst dann in Betracht, wenn ein Ehescheidungsverfahren rechtshängig ist. Ein vorzeitiger Zugewinnausgleich ist möglich, wenn   521

- die Eheleute seit mindestens drei Jahren getrennt leben (§ 1385 Nr. 1 BGB) oder

- illoyale Vermögensverfügungen zu befürchten sind (§ 1385 Nr. 2 BGB) oder

- ein Ehegatte seinen aus der Ehe resultierenden wirtschaftlichen Verpflichtungen nicht nachkommt (§ 1385 Nr. 3 BGB) oder

- ein Ehegatte sich ohne Grund beharrlich weigert, den anderen über den Bestand seines Vermögens zu unterrichten (§ 1385 Nr. 4 BGB).

In all diesen Fällen ist durch **Rechtshängigkeit der Zugewinnausgleichsforderung** das Vermögen des Unterhaltspflichtigen um den Wert der Ausgleichsforderung des anderen Gatten vermindert, so dass es nicht mehr zum Zwecke der Zahlung von Elternunterhalt verwendet werden kann. Dabei ist zu konstatieren, dass der unterhaltspflichtige Gatte es in der Hand hat, die Voraussetzungen für die Geltendmachung des vorzeitigen Zugewinnausgleichs nach § 1385 BGB herbeizuführen.   522

Es ist in diesen Fällen auch daran zu denken, zwischen den Ehegatten einen eheverträglichen Güterstandwechsel einvernehmlich vorzunehmen und den bis dahin entstandenen Zugewinn auszugleichen. Soweit dadurch das Vermögen des Unterhaltspflichtigen wieder zu ‚Schonvermögen‘ und das Vermögen des Gatten gemehrt wird, ist dies unterhaltsrechtlich nicht zu beanstanden (vgl. Rn. 823 ff.).   523

6. Immobilienvermögen

Ein großer Teil des privaten Vermögens von Ehegatten ist in **Immobilien** angelegt. Die Anlagemöglichkeiten sind dabei von einer großen Vielfältigkeit geprägt. Neben dem klassischen Alleineigentum sind gemeinsames Eigen-   524 tum oder Bruchteilseigentum mit dem Gatten oder Dritten bzw. Bruchteilseigentum in offenen oder geschlossenen Immobilienfonds möglich.

a) Selbstgenutztes Immobilienvermögen

525   **Selbstgenutztes Immobilienvermögen** stellt den häufigsten und unter dem Aspekt des Elternunterhaltes sichersten Fall des Vermögens dar. Gleichgültig, ob diese Immobilien dem Unterhaltspflichtigen oder beiden Gatten zu einem Bruchteil oder je zur Hälfte gehören, genießen selbstgenutzte Immobilien einen hohen familienrechtlichen und damit auch unterhaltsrechtlichen Schutz. Dabei kann es keine Rolle spielen, ob die konkreten Wohnbedürfnisse der selbstnutzenden Unterhaltspflichtigen über- oder untererfüllt werden. Eine Verwertungsobliegenheit kann nicht angenommen werden, weil die Bewohnung einer derartigen Immobilie die konkrete Lebensausgestaltung des Unterhaltspflichtigen ist, an der er auch zur Erfüllung des Unterhaltsanspruchs eines Elternteils keine wesentlichen und dauerhaften Abstriche vornehmen muss[400].

526   Nach dem Zuflussprinzip wird dem Einkommen des Unterhaltspflichtigen bei einer selbstgenutzten Immobilie ein **Wohnvorteil** zugerechnet, dessen Höhe sich jedoch nicht nach dem objektiven Marktmietwert der Wohnung richtet, sondern nach dem **angemessenen Wohnwert**, also einem Betrag, der im Verhältnis zum Einkommen des Unterhaltspflichtigen angemessen ist (vgl. Rn. 176 ff.). Die **Obergrenze des Wohnwertes** ist die in den Leitlinien der Oberlandesgerichte ausgewiesene Grenze von 450 € für Alleinstehende und 800 € für Verheiratete.

527   Unter dem Aspekt der Vermögensverwertung kommt der selbstgenutzten Immobilie eine Sonderrolle zu. Ihre Veräußerung kann nicht zur unterhaltsrechtlichen Liquiditätsschöpfung verlangt werden[401]. Ihre **Nutzung zur Beleihung** scheidet ebenfalls aus. Wenn der Unterhaltspflichtige aus seinen laufenden Einkünften nicht in der Lage ist, Unterhaltsleistungen an einen Elternteil zu erbringen, ist die Aufnahme eines Kredites, um aus dem daraus zufließenden Kapital die monatlichen Raten zu erbringen, nur möglich, wenn die Raten aus den Einkünften getragen werden können. Sind die monatlichen Kreditraten jedoch niedriger als die monatliche Unterhaltspflicht, kann dies nur mit einer längeren Kreditbelastung gegenüber der Unterhaltspflicht erkauft werden. Dadurch würde jedoch das **Gleichzeitigkeitsgebot von Leistungsfähigkeit und Bedürftigkeit**[402] verletzt. Der

---

400 BGH v. 24.10.2002 – XII ZR 266/99, FamRZ 2002, 1698.
401 BGH v. 24.10.2002 – XII ZR 266/99, FamRZ 2002, 1698.
402 BVerfG v. 07.06.2005 – 1 BvR 1508/96, FamRZ 2005, 1051; BGH v. 23.10.2002 – XII ZR 266/99, FamRZ 2002, 1698.

Unterhaltspflichtige würde nämlich auch über den Tod des Unterhaltsberechtigten hinaus in Anspruch genommen werden.

Praxistipp: Selbstgenutztes Immobilienvermögen kann im Elternunter-   528
halt nur über den angemessenen Wohnwert aktiviert werden.
Jede andere Verwertung durch Beleihung oder Verkauf ist
nicht geschuldet.

Selbstgenutztes Immobilienvermögen gehört **nicht zum Altersvor-**   529
sorgevermögen[403]. Zwar rechnen viele Sozialhilfeträger den Wert einer
selbst genutzten Immobilie dem Altersvorsorgevermögen zu, dies ist jedoch unzutreffend. Der BGH hat im Elternunterhalt schon sehr früh dem
Unterhaltspflichtigen und seiner Familie eine **Lebensstandardgarantie**
gegeben[404] und erklärt, niemand brauche eine spürbare und dauerhafte
Senkung seiner Lebensverhältnisse zur Finanzierung des Elternunterhaltes
hinnehmen, es sei denn, er leben im Luxus. Diese Garantie erstreckt sich
auch auf den Lebensstandard im Alter. Daraus folgt, dass auch im Ruhestand für den Unterhaltspflichtigen aus Gründen der Finanzierung des
Elternunterhaltes kein Druck zur Veräußerung seiner Immobilie besteht.
Die Immobilie wird daher richtiger Weise dem Einkommen des Unterhaltspflichtigen insoweit zugerechnet, als die **Kosten des Wohnens** (einschließlich der Heiz-, Verbrauchs und sonstigen Nebenkosten) die in den
Selbstbehalten enthaltenen Kosten des Wohnens unterschreiten (vgl. dazu
Rn. 377 ff.).

Darin unterscheidet sich die selbst genutzte Immobilie auch vom sons-   530
tigen Vermögen und Schonvermögen eines Unterhaltspflichtigen. Der
Wohnvorteil ist die Nutzziehung des Immobilienvermögens (§ 100 BGB).
Beim Wohnvorteil wird die unterhaltsrechtliche Leistungsfähigkeit des
Pflichtigen angehoben, soweit die Kosten des Wohnens tatsächlich niedriger sind, als sie in den Selbstbehalten[405] enthalten sind (vgl. dazu Rn. 379).
Beim Vermögen wird der Nutzen des Vermögens, der Zinsertrag, so lange
nicht dem Einkommen hinzugerechnet, solange die Zinseinkünfte thesauriert, also dem Vermögen wieder zugeführt werden und die Schonvermögensgrenze nicht erreicht wird. Dies ist die Konsequenz aus der Entscheidung des BGH v. 30.08.2006[406], wonach das Altersvorsorgevermögen
pauschal mit 5 % des letzten Bruttoeinkommens, aufgezinst mit 4 % über
die Lebensarbeitszeit, berechnet werden kann (vgl. Rn. 474 ff.). Die unter-

---

403 OLG Nürnberg v. 15.03.2012 – 9 UF 1747/11; *Norpoth,* FamRZ 2008, 2245, OLG
  Düsseldorf v. 21.06.2012 – 9 UF 190/11.
404 BGH v. 23.10.2002 – XII ZR 266/99, FamRZ 2002, 1698.
405 Unterhaltsleitlinien der OLG (s. www.famrz.de) Ziff. 23.3.3.
406 BGH v. 30.08.2006 – XII ZR 98/04, FamRZ 2006, 1511.

schiedliche Behandlung der Erträge des Vermögens macht deutlich, dass auch das selbstgenutzte Immobilienvermögen dem Altersvorsorgevermögen nicht zugerechnet werden kann und darf. Es kann jedoch in bestimmten Fällen erwogen werden, die **Angemessenheit einer zukünftigen Altersversorgung** unter Einbeziehung des dann zur Verfügung stehenden Wohnvorteils zu berücksichtigen[407].

b) Sonstiges Immobilienvorsorgevermögen

531   Altersvorsorge wird vielfach in Form der als risikoarm geltenden Immobilienanlage getätigt. Unabhängig davon, ob dies angesichts der voraussichtlich noch lang anhaltenden relativen Niedrigzinsphase, sinkender Bevölkerungszahlen und zunehmender Überalterung der Bevölkerung als richtig angenommen werden kann, muss diesem Umstand im Rahmen des Elternunterhaltes Rechnung getragen werden.

532   **Immobilienvermögen** muss mit seinem gegenwärtigen Marktwert (Verkaufswert) bewertet werden. Dies gilt grundsätzlich unabhängig davon, ob der Vermögensträger die Immobilie als Altersvorsorgevermögen konzipiert hat oder nicht. Ergibt die Bewertung, dass der Vermögensinhaber die Immobilie benötigt, um seine Altersversorgung zu sichern, stellt auch die fremd genutzte Immobilie Altersvorsorge- und damit Schonvermögen dar.

533   Ergibt die Bewertung der Vermögenssituation des Unterhaltspflichtigen, dass die Immobilie nicht zur Sicherung einer angemessenen Altersvorsorge erforderlich ist, kann die Immobilie ggf. verwertet werden, sofern die daraus resultierenden Einkünfte nicht zur Sicherung des Lebensunterhaltes des Unterhaltspflichtigen und vorrangiger Unterhaltsberechtigter dienen.

534   Eine **Unzumutbarkeit der Verwertung** kann sich dann nicht aus dem Umstand ergeben, dass der gegenwärtige Marktwert unter dem Erwerbswert liegt. Das ‚**Kursrisiko**' einer Investition trägt immer der Investierende. Ergibt die Bewertung der Vermögenssituation des Unterhaltspflichtigen, dass eine nicht selbstgenutzte Immobilie unterhaltsrechtlich kein Schonvermögen darstellt, ist sie zu verwerten. Ist eine Verwertung der Immobilie aufgrund gegenwärtiger vorübergehender Faktoren wirtschaftlich unzumutbar, ist es Sache des Unterhaltspflichtigen, ggf. durch Kreditaufnahme die Zeitspanne bis zur Verwertungsfähigkeit der Immobilie zu überbrücken. Diese Situation kann z. B. gegeben sein, wenn eine Immobilie erst im Rohbau erstellt ist oder bei einer gewerblichen Immobilie der Auslauf des Mietvertrages des Hauptmieters bevorsteht.

535   Problematisch ist die Lage dann, wenn man nur einen Teil des in der Immobilie gebundenen Vermögens als Schonvermögen anzusehen hat.

---

407 *Koritz*, NJW 2007, 270.

Ist eine **Teilverwertung** möglich, hat der Unterhaltsschuldner ggf.   536
den verwertbaren Teil seines Vermögens für Unterhaltszwecke einzusetzen
(z. B. Veräußerung einer von mehreren Eigentumswohnungen).

Ist eine **Teilverwertung unmöglich**, kann auch die Verwertung des   537
Vermögens als Ganzes, also auch mit seinem Schonvermögensanteil zumutbar sein, weil der Schuldner in diesen Fällen durch eine **Umschich-
tung seines Vermögens** den Schonvermögensteil durch Neuanlage sichern
kann. Nur dann, wenn dies unmöglich oder mit unzumutbaren Verlusten
für das Vermögen des Schuldners verbunden wäre, kann die Heranziehung
des Vermögens des Unterhaltsschuldners unzumutbar sein. **Dafür trägt
der Unterhaltsschuldner die Darlegungslast.**

Dieser Fall der unzumutbaren Verwertung könnte bei **geschlossenen**   538
Immobilienfonds gegeben sein, für die ein tatsächlich existierender Markt
nicht bestimmt werden kann, die i.d.R. auch lediglich einkommenserhö-
hende Steuersparfunktionen haben und deren Marktwert nicht bestimm-
bar ist. Bei offenen Immobilienfonds hingegen besteht ein Marktwert, mit
dem die Bewertung und auf dessen Grundlage auch eine Teilverwertung
ohne weiteres möglich und i.d.R. jederzeit zumutbar ist.

c) Gemeinsames Immobilienvermögen

Vielfach haben unterhaltspflichtige Kinder mit ihren Ehe- oder Le-   539
benspartnern nicht nur die selbst bewohnte Immobilie zu gemeinsamem
Eigentum, sondern auch vermieteten oder zu Ferienzwecken genutzten
Immobilienbesitz. Übersteigt das Vermögen des Kindes unter Einschluss
derartigen Immobilienbesitzes die Schonvermögensgrenze und ist verwertbares, im Alleineigentum des unterhaltspflichtigen Kindes stehendes Vermögen nicht vorhanden, fragt sich, ob die Verwertung des gemeinsamen
Vermögens verlangt werden kann. Grundsätzlich gilt, dass eine Vermögensverwertung dann nicht verlangt werden kann, wenn sie unzumutbar
ist[408] (vgl. Rn. 138 für Vermögensverwertung des Unterhaltsberechtigten).

Unzumutbar ist die Vermögensverwertung aus ökonomischen Grün-   540
den, wenn die Verwertung mit einem erheblichen wirtschaftlichen Nachteil
verbunden wäre, wenn z. B. erhebliche Vorfälligkeitsentschädigungen an
die kreditgebende Bank zu zahlen wäre. Auch kann eine Verwertung von
Vermögen nicht verlangt werden, wenn aufgrund einer aktuellen Markt-
depression ein Vermögensgegenstand deutlich unter seinem tatsächlichen
Wert zu veräußern wäre.

Eine Vermögensverwertung kann aber auch **aus familiären Gründen**   541
unzumutbar sein. Das ist z. B. der Fall, wenn das unterhaltspflichtige

---

408 Wendl/*Dose* § 1 Rn. 624.

Kind über den Vermögensgegenstand nicht allein, sondern nur mit seinem Gatten oder Partner zusammen verfügen kann und dieser der Verwertung des Vermögensgegenstandes widerspricht. Im Hinblick auf Art. 6 GG wird man kaum eine Verpflichtung des unterhaltspflichtigen Kindes zur Einleitung einer Teilungsversteigerung annehmen können. Auch eine Beleihung des gemeinsamen Immobilienvermögens zur Abdeckung des unterhaltsrechtlichen Bedarfs des Elternteils kann am Widerspruch des Miteigentümers scheitern. M. E. ist es nicht zumutbar, einem Kind ehegefährdende Maßnahmen aufzuerlegen, um einen Unterhaltsanspruch gegenüber seinen Eltern zu erfüllen. Praktisch sind derartige Fälle kaum zu erwarten, weil ein die Schonvermögensgrenzen übersteigendes Vermögen meist immer auch aus individuell verwertbaren Vermögensteilen besteht. Denkbar ist eine solche Konstellation aber in den Fällen einer Hausfrauenehe, in der der den Haushalt versorgende Partner lediglich am Immobilienvermögen, der selbst bewohnten und anderen Immobilien gemeinsam mit dem Gatten beteiligt ist, ansonsten aber weder Einkommen noch verwertbares, in seinem Alleineigentum stehendes Vermögen besitzt. Wenn auch die Immobilien kein Einkommen, das dem unterhaltspflichtigen Kind zuzurechnen wäre, abwerfen, besteht m. E. keine unterhaltsrechtliche Leistungsfähigkeit, weil es unzumutbar wäre, vom Kind zu verlangen, gegen den eigenen Gatten zu prozessieren, um liquide Mittel zu erhalten.

d) Luxusvermögen, Ferien- und Auslandswohnungen

542   Für die Verwertung von **Immobilienvermögen**, das nicht den unmittelbaren Wohnbedarf befriedigt, gelten andere Beurteilungskriterien als für selbstgenutzte Immobilien. Stellt eine Immobilie eine reine **Kapitalanlage** dar, wird sie wie sonstiges Vermögen des Unterhaltspflichtigen selbst zu beurteilen sein. Das gilt z. B. für reine **Ferien- und/oder Auslandsimmobilien**, auch wenn diese für Urlaubszwecke vom Eigentümer selbst genutzt werden. Die gelegentliche Nutzung einer ansonsten ungenutzten Wohnung rechtfertigt nicht ihre Zuordnung zum Schonvermögen, es sei denn, diese Zuordnung sei deswegen erforderlich, weil ansonsten kein ausreichendes Altersvorsorge- oder Notbedarfsvermögen vorhanden ist. Die vom BGH gebrauchte Formel, wonach der Unterhaltspflichtige eine spürbare und dauerhafte Senkung seiner Lebensverhältnisse nicht hinzunehmen brauche, es sei denn, er lebe im Luxus,[409] umreißt ziemlich präzise das Problem. Wenn die Auslands- oder Ferienwohnung keinem konkreten (auch großzügig bemessenen) Lebensbedarf dient, kann sie als **Luxusaufwendung** betrachtet und verwertet werden. Dient sie aber dem konkreten Lebensbedarf des Unterhaltspflichtigen – was bei einer regelmäßig selbstgenutzten

---

409 BGH v. 23.10.2002 – XII ZR 266/99, FamRZ 2002, 1698.

Wochenendwohnung der Fall sein kann – kann ihre Verwertung nicht verlangt werden. Diese Abgrenzung kann im Einzelnen schwierig sein, sie ist aber nachvollziehbar. Wenn eine überdimensionierte Wohnung wegen ihrer Verwendung als Wohnraum zum Schonvermögen zählt, dann muss sonstiger zu regelmäßigen Wohnzwecken dienender Wohnraum ebenso geschütztes Wohneigentum sein. Nur dann, wenn eine Nutzung des Wohnraums nur sporadisch erfolgt, kann so gebundenes Vermögen als verschwenderischer Luxus betrachtet werden. So ist eine Finca auf Mallorca für einen Berufstätigen Luxus, wenn sie nur alle ein bis zwei Jahre für 14 Tage genutzt wird. Die vom Ruheständler während der Wintermonate bewohnte Auslandsimmobilie kann demgegenüber neben der bundesdeutschen Stadtwohnung durchaus Schonvermögen darstellen.

e) Einsatz des Vermögens zur Unterhaltsgewährung

Weist das Vermögen eines Unterhaltspflichtigen nach Abzug des Schonvermögens einen Überschuss aus, ist dieser ggf. für den Unterhaltsbedarf des unterhaltspflichtigen Elternteils zu verwenden (**verzehrender Vermögenseinsatz**). Dabei stellt sich die Frage, wie ein solch verbrauchender Vermögenseinsatz zu erfolgen hat.   543

Grundsätzlich gäbe es die Möglichkeit, den unterhaltsrechtlichen Fehlbedarf (Differenz zwischen Pflegekosten und Eigeneinkünften, Pflegegeld und Pflegewohngeld) jeden Monat dem Vermögen zu entnehmen, mit der Folge, dass dieses unabhängig von der möglichen Restlebenserwartung des unterhaltsbedürftigen Elternteils einem Verbrauch unterliegt und daher ggf. schnell verbraucht ist (**deckender Vermögensverzehr**).   544

Andererseits ließe sich auch der Verbrauch des Vermögens unter Berücksichtigung der Lebenserwartung des Unterhaltsberechtigten gewissermaßen verrenten und so eine Streckung der Leistungsfähigkeit des Unterhaltspflichtigen erzeugen. Allerdings wäre dann ein möglicher unterhaltsrechtlicher Fehlbedarf von Dritten ggf. vom Sozialamt zu tragen.   545

Solange daher keine horizontale Mithaftung anderer gleich naher Verwandter für den Unterhalt des bedürftigen Elternteils in Betracht kommt (vgl. Rn. 579), ist aufgrund der grundsätzlichen **Subsidiarität der Sozialhilfe** ein verzehrender Vermögenseinsatz in Höhe des monatlichen Fehlbedarfs zumutbar (siehe Rn. 544), selbst wenn absehbar ist, dass sich dadurch das einzusetzende Vermögen noch während der Bedarfszeit des Unterhaltsberechtigten erschöpft.   546

Ist das **unterhaltspflichtige Kind bereits Rentner**, besteht kein Grund mehr, sein Altersvorsorgeschonvermögen zu schonen. Dieses durfte ja gerade anrechnungsfrei aufgebaut werden, um dem Kind nach dem Aus-   547 scheiden aus dem Erwerbsleben einen ‚angemessenen Lebensstandard' zu gewähren. Es ist daher konsequent, wenn das Kind nach dem Ausscheiden aus dem Erwerbsleben auf den Verzehr dieses Vermögens verwiesen wird und das Schonvermögen somit ‚entschont', also zu Unterhaltszwecken eingesetzt wird. Dies ist jedoch nicht bereits bei tatsächlichem Eintritt in einen (vorzeitigen) Ruhestand der Fall, sondern erst ab Erreichen der **Regelaltersgrenze**. Bis zu diesem Zeitpunkt kann Vorsorgekapital gebildet werden[410].

548   Die Frage, wie in einem solchen Fall das Vermögen zum Unterhalt herangezogen werden muss, ist nach Sinn und Zweck des Vorsorgevermögens zu entscheiden. Dieses soll den Lebensstandard des Kindes im Alter sichern, dass es nach dem ursprünglichen Willen des Kindes ggfs. an Dritte vererbt werden soll, ist kein anerkannter Zweck. Soll aber mit dem Schonvermögen der Lebensstandard im Ruhestand gesichert werden, bedarf es seiner Verrentung. Diese kann finanzmathematisch geschehen. Die teilweise empfohlene[411] Berechnung nach dem Bewertungsgesetz[412] ist nicht geeignet, einen realistischen Wert für die Kapitalverrentung zu errechnen, da der Rechnungszins nach BewertG mit 5,5 % völlig unrealistisch hoch ist, wenn es um die Verzehrphase eines Kapitals geht. Auch kann nicht die Lebenserwartung der Periodensterbetafel zu Grunde gelegt werden, sondern – wie in der Versicherungsmathematik üblich – die Generationensterbetafeln[413]. Vielmehr muss statt dessen ein Rechnungszins gewählt werden, der auch eine ca. 2 %ige Inflationserwartung aufnimmt. Auch muss die Verrentung des Vorsorgekapitals nicht ab Eintritt der Bedürftigkeit des Elternteils berechnet werden, sondern ab der Regelaltersgrenze des unterhaltspflichtigen Kindes. Dies bedeutet, dass – ausgehend von einem realistischen Rechnungszins von allenfalls 4 % – ein **realer Rechnungszins** von 2 % unterstellt werden kann. Unter diesen Voraussetzungen errechnet sich bei Berücksichtigung der unterschiedlichen Lebenserwartung von Männern und Frauen im Fall des OLG Düsseldorf[414] ein monatlicher Vermögensverzehr von ca. 700 € statt der vom Gericht angenommenen 1.340 €.

549   Zu beachten ist auch, dass bei im gesetzlichen Güterstand lebenden Verheirateten das Vermögen des einen Gatten unter Berücksichtigung des Ausgleichsanspruchs des anderen ggfls. nur zu ½ angesetzt werden kann[415].

---

410 BGH v. 28.07.2010 – XII ZR 140/07, FamRZ 2010, 1535 m. Anm. *Hauß*.
411 Eschenbruch/*Klinkhammer* Rn. 2.118; OLG Düsseldorf v. 27.10.2010 – 8 UF 38/10, FamRZ 2011, 982.
412 Tabelle 9 zu § 14 BewertG ist abgeschafft worden.
413 https://www.destatis.de/DE/Publikationen/Thematisch/Bevoelkerung/Bevoelkerungsbewegung/Generationssterbetafeln.html
414 OLG Düsseldorf v. 27.10.2010 – 8 UF 38/10, FamRZ 2011, 982.
415 OLG Düsseldorf v. 27.10.2010 – 8 UF 38/10, FamRZ 2011, 982.

f) Kein Einsatz des Vermögens des Schwiegerkindes

Es besteht grundsätzlich keine Möglichkeit, **Vermögen des Schwieger-** 550
kindes für die Finanzierung des Unterhaltes seiner Schwiegereltern heranzuziehen. Mit seinem Vermögen trägt das Schwiegerkind auch nur dann
zum Familienunterhalt bei, wenn der Bedarf ansonsten nicht gedeckt ist.
In der Praxis bedeutet das, dass auch millionenschweres Vermögen des
Schwiegerkindes unberücksichtigt bleibt. Allenfalls dessen Erträge können
im Familienunterhalt aktiviert werden, sofern sie tatsächlich zur Finanzierung des Lebensbedarfs genutzt werden.

VII. Einkommens- und Vermögensveränderungen nach Feststellung der Unterhaltspflicht

Einkommens- und Vermögensverhältnisse sind nie stabil. Nach 551
Feststellung der unterhaltsrechtlichen Leistungsfähigkeit durch den Sozialhilfeträger oder eine rechtskräftige gerichtliche Entscheidung oder
nach einer Einigung mit dem Sozialhilfeträger können sich die Ein-
kommens- und Vermögensverhältnisse der unterhaltspflichtigen Kinder
ebenso ändern, wie der unterhaltsrechtliche Bedarf des pflegebedürftigen
Elternteils. Die Betroffenen sind stets unsicher, wie in diesen Fällen zu
verfahren ist.

1. Einkommensverbesserungen

Erfährt das unterhaltpflichtige Kind eine Einkommensverbesserung 552
während der Prüfung seiner unterhaltsrechtlichen Leistungsfähigkeit
durch den Sozialhilfeträger oder im Laufe eines gerichtlichen Verfahrens,
ist eine Einkommensveränderung nur dann ungefragt zu offenbaren, wenn
die Einkommensverbesserung die unterhaltsrechtliche Leistungsfähigkeit
in dem streitigen Unterhaltszeitraum beeinflusst. Dies ist meist nicht der
Fall. Sozialhilfeträger machen nur zögerlich von der ihnen in § 94 Abs. 4
S. 2 SGB XII eingeräumten Möglichkeit Gebrauch, den laufenden Unterhalt einzuklagen. In der Regel wird der Unterhalt für einen abgeschlossenen, zurückliegenden Zeitraum bei Gericht eingeklagt. In diesen Fällen
ist ausschließlich das für diesen Zeitraum maßgebliche Einkommen des
unterhaltspflichtigen Kindes für die Höhe der Unterhaltsleistung relevant,
so dass außerhalb des geltend gemachten Zeitraums erfolgende Einkom-
menserhöhungen die unterhaltsrechtliche Leistungsfähigkeit für diese abgeschlossene Zeiträume nicht beeinflussen. **Einkommensverbesserungen**
sind vom unterhaltspflichtigen Kind in diesen Fällen auch in laufenden

Verfahren zur Unterhaltsfeststellung nicht zu offenbaren, soweit sie sich auf den Unterhaltsanspruch nicht auswirken können.

553   Anders ist die Situation indessen, wenn zwischen Kind und Sozialhilfeträger über die laufenden Unterhaltszahlungen verhandelt wird. Macht der Sozialhilfeträger – wie meist – einen Auskunftsanspruch über die Einkommensverhältnisse **für einen bestimmten Zeitraum** geltend, braucht das unterhaltspflichtige Kind spätere Einkommensänderungen außerhalb dieses Zeitraums nicht zu offenbaren. Im Unterhaltsrecht gilt das **Zuflussprinzip**. Das bedeutet, dass die unterhaltsrechtliche Liquidität für die zukünftige Unterhaltszahlung aus der Einkommenssituation der Vergangenheit (in der Regel der letzten 12 Monate bei abhängig Beschäftigten und der letzten 3 Jahre bei Selbständigen) bestimmt wird. Steht aber die Feststellung des laufenden Unterhalts an, ist diese Methode mit dem Risiko behaftet, dass die Ableitung der unterhaltsrechtlichen Liquiditätsbestimmung aus der Vergangenheit durch die Gegenwart zu korrigieren ist. Soll die unterhaltsrechtliche Leistungsfähigkeit für das Jahr 2011 festgestellt werden, sind die Einkommensverhältnisse des Jahres 2010 irrelevant, wenn ein Arbeitsplatzwechsel oder -verlust stattgefunden hat oder nach der Arbeitslosigkeit wieder eine Beschäftigung gefunden wird. Wird also ein Auskunftsersuchen zur Feststellung der unterhaltsrechtlichen Leistungsfähigkeit ‚statisch‘, also nur bezogen auf einen bestimmten Zeitpunkt ausgebracht, besteht für das unterhaltspflichtige Kind keine Veranlassung, Einkommensverbesserungen mitzuteilen.

554   Den **Unterhaltsberechtigten** und den **Sozialhilfeträgern** kann **nur empfohlen** werden, ihre Auskunftsersuchen dieser Situation anzupassen und statt der Standardformulierung die in § 1605 BGB angelegte und in Unterhaltsverfahren sonst gebräuchliche Formulierung eines Auskunftsersuchens zu nutzen: *„Der Unterhaltspflichtige wird aufgefordert, zur Feststellung der Höhe seiner laufenden Unterhaltsverpflichtung gegenüber … Auskunft über seine Einkommens- und Vermögensverhältnisse zu erteilen und diese zu belegen durch Vorlage von Einkommensabrechnungen des Arbeitgebers aus dem Zeitraum … bis … sowie im Fall selbständiger Tätigkeit durch Bilanzen oder Einnahme- Überschussrechnungen der letzten drei Jahre. Soweit Vermögen besteht, sind Belege über dessen Höhe durch Nachweise der Kontostände und Depotübersichten der Banken vorzulegen.“* Wird stattdessen der Unterhaltspflichtige nur aufgefordert, *„Auskunft über seine Einkommens- und Vermögensverhältnisse zu erteilen **durch** Vorlage der Einkommensabrechnungen seines Arbeitgebers aus dem Zeitraum … bis …“*, besteht keine Verpflichtung zur Offenbarung von Einkommens- und Vermögenssteigerungen während des Prüfungs- oder Gerichtsverfahrens.

Treten **Einkommensverbesserungen nach Feststellung** der unter-   555
haltsrechtlichen Leistungsfähigkeit durch den Sozialhilfeträger oder das
Gericht ein, besteht für den Unterhaltspflichtigen keine Verpflichtung,
die Einkommensverbesserungen dem Sozialhilfeträger mitzuteilen. Anders
lautende Hinweise in Formularschreiben der Sozialhilfeträger sind zwar
häufig zu finden, haben aber keine rechtliche Stütze. Erst dann, wenn ein
Sozialhilfeträger erneut Auskunft über die Einkommensverhältnisse begehrt, sind solche Situationsveränderungen zu offenbaren. **Rückwirkend**
kann keine Unterhaltserhöhung verlangt werden, weil es insoweit am **Ver-
zug des Unterhaltspflichtigen** fehlt. Erst ab dem Zeitpunkt der Geltendmachung einer konkreten Unterhaltsforderung oder der Aufforderung
zur Auskunftserteilung über Einkommens- und Vermögensverhältnisse
(§ 1613 BGB) entsteht eine Barunterhaltsverpflichtung und gegebenenfalls
ist ab diesem Zeitpunkt Unterhalt rückwirkend zu erbringen.

2. Einkommensverschlechterungen

Treten nach Feststellung der Unterhaltspflicht **Einkommensver-**   556
schlechterungen beim Unterhaltspflichtigen oder dessen Gatten auf oder
ändert sich seine Belastungssituation, beispielsweise weil ein weiteres Kind
geboren oder (wieder) unterhaltsbedürftig wird, ein Pkw über einen Kredit
finanziert werden muss oder ein Umzug notwendig wird, hat dies in der
Regel Auswirkungen auf die Höhe der festgestellten Leistungsfähigkeit. Es
ist Sache des unterhaltspflichtigen Kindes, diese Veränderung seiner Einkommenssituation gegenüber dem Unterhaltsgläubiger bzw. dem Sozialhilfeträger **zeitnah** geltend zu machen. Dabei sind unterschiedliche Aus-
gangslagen zu beachten.

Ist der **Unterhalt durch ein Urteil oder einen gerichtlichen Vergleich**   557
festgelegt worden, kann die Unterhaltspflicht nur durch **Einigung der Beteiligten** oder eine **gerichtliche Abänderungsentscheidung** aufgehoben
oder geändert werden. Nicht immer ist es daher ratsam, gleich ein gericht-
liches Abänderungsverfahren anhängig zu machen. Da Unterhaltsgläubiger
der Sozialhilfeträger ist und dieser in der Regel weitgehend rechtskundig ist
oder sich rechtskundig beraten lässt, ist es nicht nur einfacher, sondern auch
billiger, den Versuch einer Einigung mit dem Sozialhilfeträger auf eine Absenkung des Unterhalts zu unternehmen. Anwälte werden dies ohnehin
schriftlich dokumentieren. Nicht anwaltlich vertretene Unterhaltspflichtige sollten in jedem Fall auf eine **schriftlichen Absenkungsvereinbarung**
bestehen. In der Regel wird diese von den Sozialhilfeträgern problemlos
erstellt. Einer eventuellen Pfändung der Unterhaltsrückstände durch den
Unterhaltsberechtigten selbst, falls dieser aus der Sozialhilfebedürftigkeit

herauskommt, stünde in einem solchen Fall die Arglisteinrede entgegen. Gelingt die Einigung mit dem Sozialhilfeträger nicht, muss jedenfalls zeitnah ein **Abänderungsantrag** gegen den alten Unterhaltstitel gestellt werde (§ 238 FamFG).

558   Ist der **Unterhalt nicht durch ein Urteil**, sondern durch Vereinbarung mit dem Sozialhilfeträger oder ohne eine solche Vereinbarung durch Zahlung aufgrund einer Anforderung des Sozialhilfeträgers festgesetzt worden, kann das unterhaltspflichtige Kind die Unterhaltszahlung bei Verschlechterung seiner Einkommensverhältnisse einstellen. Sinnvoll ist es jedoch, den Unterhaltsgläubiger umgehend von der Veränderung der Unterhaltsverhältnisse zu informieren, um unnötige Reaktionen zu vermeiden.

3. Vermögensverbesserungen oder Vermögensverschlechterungen

559   Auch Veränderungen der Vermögenssituation können Auswirkungen auf die Unterhaltspflicht haben. Solange die **Schonvermögensgrenze** (vgl. Rn. 474 ff.) nicht überschritten wird, ist die unterhaltsrechtliche Leistungsfähigkeit des Kindes durch das Vermögen nicht beeinflusst, da richtigerweise Einkünfte aus dem Vermögen (Zinsen) – jedenfalls soweit sie nicht verbraucht werden – dem Einkommen nicht zugerechnet werden (vgl. Rn. 191 ff.). **Vermögensverbesserungen** haben daher unterhaltsrechtliche Relevanz erst dann, wenn die Schonvermögensgrenze überschritten wird. Dies ist selten der Fall. Aber auch wenn dieser Fall eintritt, braucht die Verbesserung der Leistungsfähigkeit nicht ungefragt offenbart werden. **Vermögensverschlechterungen** sollte das unterhaltspflichtige Kind schon im eigenen Interesse dem Unterhaltsgläubiger gegenüber anzeigen. Soweit durch die Verschlechterung die Einkommenssituation verschlechtert wird, kann die Leistungsfähigkeit sich verändern. Wird das unterhaltspflichtige Kind zu Unterhaltsleistungen aus dem Vermögen (vermögensverzehrende Unterhaltsleistungen) herangezogen, ist es ratsam, auch insoweit den Gläubiger, also den Sozialhilfeträger, unmittelbar zu informieren, um – je nachdem, wie die Heranziehung erfolgte – eine Anpassung zu erreichen.

VIII. Haftungsquote – horizontale Haftungsbeschränkung

560   Geschwister haften für den Unterhaltsbedarf ihrer Eltern anteilig entsprechend ihren Einkommens- und Vermögensverhältnissen (§ 1606 Abs. 3 S. 1 BGB).

BGH v. 25.06.2003 – XII ZR 63/00, FamRZ 2004, 186

… Der Bekl. und seine Brüder sind als (gleich nahe) Verwandte verpflichtet, entsprechend ihrer finanziellen Leistungsfähigkeit anteilig für den Unterhalt ihrer Mutter aufzukommen (§§ 1601, 1606 III S. 1 BGB). Um die jeweils geschuldeten Unterhaltsquoten ermitteln zu können, müssen die nach Abzug des Selbstbehalts von den bereinigten Einkommen verbleibenden Beträge grundsätzlich zueinander ins Verhältnis gesetzt werden. Dabei mag es im Einzelfall, insbesondere wenn die Geschwister nicht in einem Rechtsstreit gemeinsam in Anspruch genommen werden, möglich sein, von einer exakten Quotierung abzusehen, weil sich absehen lässt, dass z.B. das Geschwister mit dem höheren zu berücksichtigenden Einkommen nicht weitergehend in Anspruch genommen wird, als es seinem nach Kopfteilen ermittelten Anteil entspricht. Ob hier ein solcher Fall vorliegt, wird sich letztlich erst beurteilen lassen, wenn festgestellt worden ist, in welcher Höhe nach Abzug eventueller Unterhaltsansprüche der jeweiligen Ehegatten und des nach den individuellen Verhältnissen ermittelten Selbstbehalts bei den Geschwistern Einkünfte für den Elternunterhalt zur Verfügung stehen. …

1. Schlüssigkeit der Forderungsbegründung

Dementsprechend gehört es zur **Schlüssigkeit der Begründung eines Unterhaltsanspruchs**, dass der Sozialhilfeträger Ausführungen zur Höhe der jeweiligen Unterhaltsquote und deren Berechnung macht. Fehlt es daran, ist die Unterhaltsforderung nicht schlüssig begründet mit der Folge, dass sich der Unterhaltspflichtige gegen die Inanspruchnahme wehren kann[416]. Der Sozialhilfeträger beschränkt sich dabei oftmals darauf, zur Frage der Einkommensverhältnisse vorzutragen. Dies ist nicht ausreichend[417]. **Angesichts des klaren Wortlautes sind auch die Vermögensverhältnisse der horizontalen Haftungsgenossen darzulegen.**

561

2. Datenschutz

Sehr häufig verweigert der Sozialhilfeträger im vorgerichtlichen Verfahren die Dokumentation der wirtschaftlichen Verhältnisse der Geschwister unter Hinweis auf den Datenschutz. Solange die **Haftungsquote** durch den Sozialhilfeträger für das unterhaltspflichtige Kind nicht nachvollziehbar dargelegt und dokumentiert wird, liegt eine schlüssige Unterhaltsforderung nicht vor. Das unterhaltspflichtige Kind sollte daher bis zur nachvollziehbaren Dokumentation der Einkommens- und Vermögensverhältnisse

562

---

416 BGH v. 07.05.2003 – XII ZR 229/00, FamRZ 2003, 1836; OLG Frankfurt v. 11.12.2003 – 2 UF 181/03, FamRZ 2004, 1745; Palandt/*Brudermüller* § 1606 Rn. 20; PK-Juris-BGB/*Viefhues* § 1606, Rn. 107.

417 Heiß/Born/*Hußmann*, Kap. 13, Rn. 69.

der Geschwister einen Unterhaltsanspruch nicht akzeptieren. Dabei reicht die **Behauptung des Einkommens** der Kinder nicht aus. Vielmehr sind **nachvollziehbare Unterlagen** wie Einkommensnachweise, Steuererklärungen, Vermögensnachweise etc. vorzulegen. Soweit die Träger der Sozialhilfe dazu vielfach erst in einem gerichtlichen Verfahren bereit sind und sich zu ihrer vermeintlichen datenschutzrechtlichen Absicherung auf eine entsprechende richterliche Anordnung beziehen wollen, ändert dies nichts an der Unschlüssigkeit des Antrages. Zur Darlegung der unterhaltsrechtlichen Leistungsfähigkeit eines Kindes gehört auch die Darlegung der wirtschaftlichen Verhältnisse seines Gatten, da diese – vermittelt über den Familienunterhalt – die unterhaltsrechtliche Leistungsfähigkeit beeinflussen (vgl. Rn. 427 ff.).

563   Wird ein Unterhaltsbegehren erst im gerichtlichen Verfahren schlüssig dargelegt, kann das unterhaltspflichtige Kind den Unterhaltsanspruch dann durch ein **prozessuales sofortiges Anerkenntnis** ganz oder teilweise anerkennen. Dies hat zur Folge, dass der Träger der Sozialhilfe die Kosten des Verfahrens und damit auch die Anwaltskosten des unterhaltspflichtigen Kindes in Höhe des abgegebenen Anerkenntnisses zu übernehmen hat.

564   Die Auffassung, das **Datenschutzrecht** verhindere die Bekanntgabe der Einkommens- und Vermögensverhältnisse der Mitglieder einer horizontalen Haftungsgemeinschaft an die anderen Mitglieder, ist jedoch weder im Gesetz noch in der Rechtsdogmatik begründet. Nichts hindert einen Sozialhilfeträger, eine schlüssige Unterhaltsforderung auch bereits außergerichtlich zu erheben.

565   **Praxistipp:** Es empfiehlt sich, dem Träger der Sozialhilfe bereits in der vorgerichtlichen Korrespondenz mitzuteilen, dass man sich ein sofortiges (Teil-)Anerkenntnis mit der entsprechenden negativen Kostenfolge für den Sozialhilfeträger vorbehält. Die dadurch entstehende Unsicherheit des Sozialhilfeträgers hat bereits in einigen praktischen Fällen dazu geführt, dass Unterhaltsansprüche nicht weiter verfolgt wurden.

566   **Den Sozialverwaltungen ist zu empfehlen**, die durch nichts gerechtfertigte Verschanzung hinter dem Datenschutz aufzugeben und bereits im außergerichtlichen Vorfeld einer Entscheidung schlüssige Unterhaltsforderungen zu erheben und dazu die wirtschaftlichen Daten der Mitglieder der horizontalen Haftungsgemeinschaft den Unterhaltspflichtigen mitzuteilen.

3. Auskunftsansprüche unter Geschwistern

Geschwister sind untereinander zur **Auskunft über ihre Einkom-**   567
mens- und Vermögensverhältnisse verpflichtet[418]. Diese Verpflichtung
trifft jedoch nur die Geschwister und nicht deren Ehegatten. Diese Annahme einer gesetzlich nicht normierten Auskunftspflicht von Kindern
untereinander folgt aus § 242 BGB als Folge der schuldrechtlichen Verbindung der Geschwister im Unterhaltsrechtsverhältnis.

BGH v. 07.05.2003 – XII ZR 229/00, FamRZ 2003, 1836

LS: Ein gegenüber seinen Eltern Unterhaltspflichtiger kann von den Ehegatten
seiner Geschwister nicht Auskunft über deren Einkommens- und Vermögensverhältnisse beanspruchen.

… Auch wenn […] davon ausgegangen wird, dass die anteilige Haftung von Geschwistern auf Elternunterhalt erst beurteilt werden kann, wenn die hierfür maßgeblichen Verhältnisse auch der jeweiligen Ehegatten bekannt sind, lässt sich allein
hieraus kein Rechtsverhältnis herleiten, das es rechtfertigen würde, dem unterhaltspflichtigen Kind einen Auskunftsanspruch gegen die Ehegatten seiner Geschwister
zuzubilligen. Allein die Notwendigkeit der Kenntniserlangung reicht dafür nicht
aus. Sonstige Umstände, aus denen sich ein Rechtsverhältnis ergeben könnte, liegen
indessen nicht vor. Vorbereitende Auskunftsansprüche stehen nur den Beteiligten
eines Schuldverhältnisses, hier: des Unterhalts- oder Ausgleichsverhältnisses, zu.
Durch diese Einschränkung erfährt auch der auf § 242 BGB gestützte Auskunftsanspruch die erforderliche tatbestandliche Begrenzung, um nicht zu einem – dem
deutschen Recht fremden – allgemeinen Informationsanspruch auszuufern (vgl.
auch Kentgens, Der Auskunftsanspruch im Familienrecht, S. 154 f.). Zu den Beteiligten des hier maßgebenden Unterhalts- oder Ausgleichsverhältnisses gehört die
Bekl. zu 2 aber nicht. Sie schuldet der Mutter ihres Ehemannes keinen Unterhalt
und kann deshalb auch nicht an einem Ausgleichsverhältnis beteiligt sein. Da die
Bekl. zu 2 mithin außerhalb des Unterhaltsverhältnisses zwischen dem Unterhaltspflichtigen und seiner Mutter steht, kann die gewünschte Auskunft von ihr nicht
verlangt werden (ebenso Günther, a.a.O., Rn. 129; Weinreich/Klein, Kompakt-
kommentar Familienrecht, § 1605 BGB, Rn. 25; Palandt/Diederichsen, BGB,
62. Aufl., § 1601 Rn. 14). …

---

4. Weitere Ansprüche zwischen Geschwistern

Neben den reinen Auskunftsansprüchen fragt es sich, ob **Unterlas-**   568
sungs-, **Schadensersatz-** und eventuell auch **Kondiktionsansprüche zwi-**
schen Geschwistern im Hinblick auf Elternunterhalt bestehen können.

Das Entstehen derartiger Ansprüche lässt sich am besten an einem Bei-   569
spiel erklären: Ein pflegebedürftiger Elternteil hat die (einkommenslose)

---

418 BGH v. 07.05.2003 – XII ZR 229/00, FamRZ 2003, 1836.

Tochter T mit einer Generalvollmacht ausgestattet, von der diese ausgiebig Gebrauch macht, indem sie sich die von ihr erbrachten Betreuungs- und Pflegeleistungen großzügig vergütet und auf diese Weise nicht nur das Einkommen schmälert, sondern auch das restliche Vermögen der Mutter verbraucht. Der unterhaltsrechtlich leistungsfähige Bruder der T ist darüber nicht erfreut, da er befürchtet, durch den fortschreitenden Vermögensverzehr der Mutter alsbald in die unterhaltsrechtliche Haftung zu geraten. Schließlich ist das Vermögen der Mutter auch tatsächlich verbraucht und der Bruder wird auf Unterhaltszahlungen in Anspruch genommen[419]. Es fragt sich, ob dem unterhaltsrechtlich haftenden Bruder – so lange er noch nicht selbst Unterhalt zu leisten hat – ein Unterlassungsanspruch gegen seine Schwester auf Entnahme von Vergütungsleistungen aus dem Vermögen der Mutter zusteht, ob er wenigstens Auskunft über das Tun seiner Schwester verlangen kann und ob er gegen seine Schwester – nach unterhaltsrechtlicher Inanspruchnahme – gegebenenfalls Schadensersatz und/oder Kondiktionsansprüche geltend machen kann.

570   *M. Schwab*[420] leitet einen **Unterlassungsanspruch** aus § 242 BGB aufgrund der zwischen Geschwistern bestehenden anteiligen Haftungsgemeinschaft nach § 1606 Abs. 3 S. 1 BGB ab und sieht das bevollmächtigte Kind lediglich berechtigt, seine Vollmacht zur Abdeckung des persönlichen Lebensbedarfs des Unterhaltsgläubigers zu verwenden bzw. diesen von Verbindlichkeiten freizustellen. Ein Recht der ‚**Selbstentlohnung' des Bevollmächtigten** bestehe nicht. Dieser habe vielmehr alle Verfügungen zu unterlassen, die nicht der Deckung des Lebensbedarfs des Unterhaltsgläubigers dienten. Sei ein Verstoß gegen diese Unterlassungsverpflichtung gegeben, stehe dem potenziell unterhaltspflichtigen Kind ein Auskunftsanspruch hinsichtlich des Umfangs der Verfügung und ein Unterlassungsanspruch gegen den Bevollmächtigten zu.

571   Dieser Argumentation wird man weitgehend folgen können, indessen ist ein solcher Anspruch in der Praxis sicher nur selten geltend zu machen, weil der benachteiligte Unterhaltspflichtige meist erst nach eingetretenem Vermögensverzehr Kenntnis von der ‚Selbstbedienung' durch den Bevollmächtigten erlangt.

572   Hilfreicher wäre es, wenn der benachteiligte Unterhaltspflichtige **Schadensersatz**- oder **Bereicherungsansprüche** gegen den Bevollmächtigten geltend machen könnte. Da die Vermögensverfügungen des Bevollmächtigten keine unmittelbare Vermögensschädigung des Unterhaltspflichtigen begründen, sondern insoweit nur eine Gefährdung für dessen Vermögen

---

419   Vgl. *M. Schwab*, FamRZ 2010, 689. Das Beispiel von *Schwab* wurde um die nach Inanspruchnahme des leistungsfähigen Bruders entstehenden Ansprüche erweitert.
420   Vorige Fn.

begründen (der Unterhaltsberechtigte könnte ja noch vor Inanspruchnahme des Pflichtigen versterben), kommt als Anspruchsnorm nur § 826 BGB (vorsätzliche **sittenwidrige Schädigung**) in Betracht. Das setzte aber einen **Schädigungsvorsatz gegen**über dem Unterhaltspflichtigen voraus, der in der Regel nicht nachweisbar sein und auch nicht vorliegen wird. Der Bevollmächtigte handelt möglicherweise in Schädigungsabsicht gegenüber dem Vermögen des Betreuten. Welche Fernwirkung diese Schädigung auf das Vermögen Dritter hat und haben kann, ist ihm insoweit sicher gleichgültig. Darüber hinaus muss im Sinne eines Rechtswidrigkeitszusammenhanges[421] die Handlung auch gegenüber dem geschädigten Dritten sittenwidrig sein[422]. Auch wenn sich das Verhalten des Bevollmächtigten, der durch Selbstentlohnung nachteilig auf das Vermögen des Vollmachtgebers einwirkt, diesem gegenüber sittenwidrig sein kann, so stellt sich ein solches Verhalten einem dem Vollmachtgeber gegenüber Unterhaltspflichtigen nicht als sittenwidrig dar. Anders würde jede Schädigung fremden Vermögens auch gleichzeitig demjenigen gegenüber sittenwidrig sein, der mittelbar von der Vermögensschädigung – z. B. durch Ausfall einer ihm gegenüber dem Gläubiger zustehenden Forderung – geschädigt sein.

Soweit in der Selbstentlohnung des Bevollmächtigten eine die Vollmacht überschreitende Veruntreuung zu sehen ist, dient das Schutzgesetz insoweit jedoch nicht dem Schutz von mittelbar betroffenen Dritten, sondern ausschließlich dem Vermögen des Vollmachtgebers, so dass auch insoweit ein Schadensersatzanspruch des Unterhaltspflichtigen gegen den Bevollmächtigten nicht besteht.   573

Es bleiben mithin **Bereicherungsansprüche** zu prüfen. Diese könnten unter dem Gesichtspunkt anzunehmen sein, dem unterhaltsberechtigten Elternteil stünden gegen den Bevollmächtigten wegen der unberechtigten Selbstentlohnung noch Erstattungsansprüche zu, die den unterhaltsrechtlichen Bedarf beseitigen würden. Richtig ist, dass ein unterhaltsrechtlicher Bedarf nicht angenommen werden kann, so lange der Berechtigte Forderungen gegen Dritte geltend machen kann, die seine Bedürftigkeit beseitigen würden. Dies kann aber nur dann angenommen werden, wenn die Geltendmachung der Forderungen auch tatsächlich zur alsbaldigen Realisation dieser Forderungen führt. Von der Forderung allein kann ein unterhaltsberechtigter Elternteil seinen Lebensbedarf nicht abdecken, weshalb der BGH eine Beseitigung der Bedürftigkeit auch nur dann angenommen hat, wenn die Forderung des Elternteils tatsächlich zur Beseitigung der aktuellen Bedürftigkeit genutzt werden kann, z. B.   574

---

421 Bamberger/Roth/*Spindler*, § 826 Rn. 13.
422 BGH v. 26.11.1986 – IVa ZR 86/85, NJW 1987, 1758.

indem man sie beleiht[423]. Ist eine solche Situation nicht gegeben, leistet der Unterhaltspflichtige auf eine tatsächlich bestehende Unterhaltsverpflichtung hin, so dass eine Kondiktion der geleisteten Unterhaltsbeträge nach Realisation der Forderung durch den Unterhaltsberechtigten nicht möglich ist.

5. Berechnung der Haftungsquote

575 Die Berechnung der **Haftungsquote** von Geschwistern folgt den üblichen Regeln für quotale Haftung.

576 In einem **ersten Schritt** ist die unterhaltsrechtliche **Leistungsfähigkeit** der **einzelnen Haftungsgenossen** nach den elternunterhaltsrechtlichen Grundsätzen **zu bestimmen** (vgl. Rn. 425 ff.).

577 In einem **zweiten Schritt** ist – sofern die Leistungsfähigkeit der Haftungsgenossen den unterhaltsrechtlichen Bedarf übersteigt – der **Haftungsanteil des Kindes** nach folgender Formel zu ermitteln:

$$\textit{Haftungsquote} = \textit{Haftungsbedarf} \times \frac{\textit{Leistungsfähigkeit des Haftungsgenossen}}{\textit{Leistungsfähigkeit aller Haftungsgenossen}}$$

578 Dabei ist zu beachten, dass die **Steuerklassenwahl** eines mithaftenden verheirateten Kindes dessen Leistungsfähigkeit beeinflusst (vgl. auch Rn. 840).

6. Berechnung der Haftungsquote bei verzehrendem Vermögenseinsatz

579 Die **horizontale Haftungsgemeinschaft** gleich naher Verwandter für den Unterhaltsbedarf bereitet dann Probleme, wenn die **Haftungsquote nicht nur aus dem Einkommen, sondern auch aus dem Vermögen** zu berechnen ist. Verfügt nämlich einer der Haftungsgenossen ausschließlich oder neben seinen Einkünften über Vermögen, das nicht als Schonvermögen zu bezeichnen ist, sondern grundsätzlich für den Unterhalt des Bedürftigen einzusetzen wäre, ist zu prüfen, wie dies zu erfolgen hat. Anders als im Fall der Alleinhaftung ist in diesen Fällen die **unterhaltsrechtliche Leistungsfähigkeit der Haftungsgenossen** zu bestimmen. Haften z. B. zwei Geschwister für den Unterhalt ihrer Eltern, die beide über ein gutes Einkommen, einer von ihnen aber auch über ein beträchtliches Vermögen verfügt, kann dieses jenseits der Schonvermögensgrenzen nicht unberück-

---

423 BGH v. 23.11.2005 – XII ZR 155/03, FamRZ 2006, 935.

sichtigt bleiben. Wird dieses Vermögen nicht für den Lebensbedarf seines Inhabers benötigt, muss berechnet werden, in welcher Weise es seine Leistungsfähigkeit erhöht.

Beispiel:

V ist 80 Jahre alt, verfügt über eine Rente in Höhe von 1.000 €, die Pflegekosten betragen insgesamt 3.900 €, unter Berücksichtigung des Pflegegeldes verbleibt eine unterhaltsrechtlich zu schließende Deckungslücke von 1.500 €. Sohn 1 (50) verfügt über anrechenbares Einkommen aus freiberuflicher Tätigkeit in Höhe von 5.000 €, er hat kein verwertbares Vermögen. Sohn 2 (53) hat ein Erwerbseinkommen von 2.000 € und Zinseinkünfte von 3.000 € pro Monat und daneben ein verwertbares Vermögen von 1.200.000 €.

Da ein **verwertbares Vermögen** im Prinzip komplett für den Unter- 580
haltsbedarf zu verwerten ist, ist die Leistungsfähigkeit des Haftungsgenossen so zu bestimmen, als würde er das Vermögen während der Lebenszeit des Unterhaltsbedürftigen für diesen verwenden. Jedes Kapital kann verrentet werden[424]. **Die Anrechnung des Vermögens in diesen Fällen geschieht mithin durch Verrentung des Vermögens über die statistische Lebenserwartung des Unterhaltsbedürftigen**[425]. Nach der Sterbetafel (Rn. 921) wäre für V im Beispielsfall (Rn. 579) eine Lebenserwartung von 7,65 Jahren zugrunde zu legen.

Die Verrentung eines Kapitals für einen Unterhaltsberechtigten kann 581
nach der **Verrentungstabelle** berechnet werden (vgl. Rn. 923), wobei die Annahme eines Rechnungszinses von 2 % pro Jahr den gesunkenen Realitäten am Kapitalmarkt entspricht und einer vorsichtigen Kalkulation der biometrischen Daten Rechnung tragen soll. Die Prognose der Lebenserwartung eines Menschen aus den **Periodensterbetafeln** ist i.d.R. zu optimistisch[426]. Genauer wäre eine Prognose auf der Basis der **Generationensterbetafeln**, deren Darstellung hier jedoch aus Platzgründen nicht möglich ist[427].

---

424 Heiß/Born/*Hußmann*, Kap. 13, Rn. 70.

425 Anders *Duderstadt*, S. 194, der den Vermögenden mit dem arithmetischen Mittel der Haftungsmassen der verdienenden Geschwister haften lassen und für den Fall, dass diese nicht ausreichen, den Vermögenden bis zur Erschöpfung des verwertbaren Vermögens zu Unterhaltszahlungen heranziehen will.

426 Es wird hier bei Verrentungstabellen ein niedriger Zins von 2 % angenommen um der Schwäche auf dem Kapitalmarkt, einer Inflationskompensation und den biometrischen Risiken Rechnung zu tragen. Soweit teilweise ein höherer Rechnungszins empfohlen wird, ist dies durch die Kapitalmarktentwicklung überholt.

427 Die Generationensterbetafeln können über www.destatis.de bezogen werden: http://www.destatis.de/jetspeed/portal/cms/Sites/destatis/Internet/DE/Navigation/Publikationen/Fachveroeffentlichungen/Bevoelkerung.psml.

582   Das Vermögen von 1.200.000 € aus dem Beispielsfall (Rn. 579) wäre daher für den 80 Jahre alten V in eine Rente des Sohnes S2 zu verrechnen: 1.200.000 / 1.000 x 11,76 = 14.112 € pro Monat Lebenserwartung des V. Wären beide Söhne kinderlos, betrüge ihre Leistungsfähigkeit für Elternunterhalt:

- Sohn 1: (5.000 € – 1.500 €)/2 + 1.500 € = 3.250 €
- Sohn 2: (5.000 € + 14.112 € – 1.500 €)/2 + 1.500 € = 10.306 €
- Sohn 1 hätte damit lediglich 24%, Sohn 2 aber 76% des unterhaltsrechtlichen Fehlbedarfs zu tragen.

OLG Karlsruhe v. 27.03.2003 – 2 UF 23/02, FamRZ 2004, 292

… Entsprechend diesem einzusetzenden Vermögen haftet der Bekl. gemäß § 1606 I BGB für den Zeitraum vom 01.07.1999 bis 31.01.2002 anteilig neben seinem Bruder H. W. Die Haftungsquote des Unterhaltspflichtigen errechnet sich dabei wie bei volljährigen Kindern nach Abzug des für seinen eigenen Unterhalt und denjenigen der vorrangig Berechtigten verbleibenden Teils seines bereinigten Nettoeinkommens (Schnitzler/Günther, Münchener Anwaltshandbuch Familienrecht, § 12 Rn. 117). Haften daneben Kinder aus Vermögen, so ist dieses in monatliches Einkommen umzurechnen (Schnitzler/Günther, a.a.O., § 12 Rn. 117; Heiß/Born/Hußmann, Unterhaltsrecht, Kapitel 13, Rn. 70–72). Ausgehend von der anhand der allgemeinen Sterbetafeln ermittelten durchschnittlichen Lebenserwartung für Frauen im Alter von 80 Jahren von 7,84 Jahren wird der mit dem oben ermittelten Kapital finanzierbare monatliche Unterhaltsbetrag ermittelt. Nach der Tabelle ist bei einem Rechnungszins einschließlich Zwischen- und Zinseszins = 5,5% und einem Mittelwert zwischen jährlich vorschüssiger und jährlich nachschüssiger Zahlung bei Frauen im Alter von 80 Jahren ein Betrag von 5,622 DM erforderlich, um eine lebenslange Rente i. H. eines Jahresbetrages von 1,00 DM zu finanzieren (vgl. Brudermüller/Klattenhoff, Tabellen zum Familienrecht, 23. Aufl., Ausgabe August 2002, S. 283, Nr. 2). Folglich kann mit einem Betrag von 165.000 DM entsprechend der Formel Kapital: 12: Kapitalisierungsfaktor = monatliches Einkommen (Schnitzler/Günther, a.a.O., § 12 Rn. 60) eine monatliche Rente i. H. von 2.445 DM (165.000 DM : 12 : 5,622) finanziert werden. …

---

583   Die **Verrentung des verwertbaren Kapitals auf die statistische Lebenszeit** des Unterhaltsbedürftigen (vgl. Rn. 580) ist nur dann gerechtfertigt, wenn sich der **Unterhaltspflichtige in der Erwerbsphase** befindet. Ist er im **Ruhestand**, ist das gesamte vorhandene Vermögen (ausschließlich des Notbedarfsvermögens, Rn. 512) über die voraussichtliche Lebenserwartung des Unterhaltspflichtigen zu verrenten. Fiele im obigen Beispiel (Rn. 579) bei Sohn 2 das Erwerbseinkommen weg und hätte dieser aufgrund seiner guten Vermögenslage oder einer Erkrankung bereits vor Inanspruchnahme auf Unterhalt ein Rentierdasein geführt, wäre sein vorhandenes Vermögen auf seine Lebenszeit zu verrenten (siehe Tabelle Rn. 511). Ihm wäre dann ein Einkommen in Höhe von 4,03 € x 1.200 = 4.863 € monatlich zuzurechnen.

7. Fiktive Haftungsquoten aufgrund fiktiver Einkünfte

Bezüglich der **Erwerbsobliegenheit** (vgl. dazu Rn. 415) gegenüber den   584
Eltern wird man von einem großzügigen Maßstab auszugehen haben. Der
BGH und ihm folgend das BVerfG haben mehrfach ausgeführt, es sei die
Besonderheit des Elternunterhaltes, dass man sich darauf nicht einstellen
könne. Dies habe zur Folge, dass das unterhaltspflichtige Kind seinen ‚Lebensentwurf' leben könne, ohne auf möglicherweise entstehende Unterhaltsverpflichtungen gegenüber einem Elternteil Rücksicht zu nehmen.
Diese Erwägung schließt es i.d.R. aus, eine Erwerbsobliegenheit des unterhaltspflichtigen Kindes gegenüber seinen Eltern anzunehmen.

Dies bedeutet konkret, dass von zwei Geschwistern, die beide unein-   585
geschränkt erwerbsfähig sind, das aufgrund eigener Entscheidung nur
teilzeitig tätige Kind, dessen anrechenbares Einkommen daher unter der
Selbstbehaltsschwelle läge, zur Unterhaltsleistung an einen pflege- und un-
terhaltsbedürftiges Elternteil nicht herangezogen werden könnte.

Dieses Ergebnis ist schwer verständlich. Es führt zu einem **unterhalts-**   586
rechtlichen Freizeitprivileg, wonach derjenige sich zu Lasten des anderen
Geschwisters der Haftung auf Elternunterhalt entziehen kann, der an Stelle
einer Erwerbstätigkeit seiner Vergnügung nachgeht. An diesem Ergebnis
ist nichts zu ändern, solange man sich nicht zur Annahme einer differen-
zierten Erwerbsobliegenheit des Kindes im Verhältnis zu seinen unterhaltsbedürftigen Eltern und Geschwistern entscheidet (vgl. dazu Rn. 422 ff.).

IX. Rückforderung von Unterhaltsüberzahlungen

Nur in seltenen Fällen sind die Unterhaltsforderungen des Sozialhilfe-   587
träger in der vom Sozialhilfeträger geltend gemachten Höhe auch tatsächlich berechtigt. Dies hat vielerlei Gründe (vgl. Rn. 829 ff.). Teilweise geben
unterhaltspflichtige Kinder ihre Belastungssituation nur unzureichend an,
weil sie davon ausgehen, bestimmte Belastungen seien unterhaltsrechtlich nicht zu berücksichtigen. Dies betrifft häufig **unterhaltsrechtlichen**
Mehrbedarf bei Kindern, der durch **Nachhilfeunterricht**, zusätzliche **Be-**
treuungskosten, aufwendige Hobbys (wie z. B. Pferdehaltung) oder Ähnliches entsteht. In den von den Sozialhilfeträgern benutzten Auskunftsfor-

mularen wird nach derartigem Mehrbedarf nicht gefragt. Deshalb wird dieser Mehrbedarf von den Betroffenen auch nicht angegeben. Aber selbst wenn ein solcher Mehrbedarf angegeben wird, wird er von den Sozialhilfeträgern – oft zu Unrecht – nicht berücksichtigt.

588   Teilweise werden aber von den Sozialhilfeträgern zu Unrecht berücksichtigungsfähige Abzüge nicht in die Berechnungen eingestellt. Meist wird argumentiert, der Aufwand sei aus dem Selbstbehalt zu finanzieren (was häufig für die Umgangskosten behauptet wird, vgl. Rn. 370 ff.). Oft werden auch berücksichtigungsfähige Kreditverbindlichkeiten (wie z. B. die Aufnahme eines Pkw-Kredites zur Anschaffung eines Ersatzfahrzeuges) nicht akzeptiert, weil der Sozialhilfeträger der – fehlerhaften – Auffassung ist, die Investition sei aus vorhandenem Vermögen zu finanzieren gewesen oder nach Entstehen der Unterhaltspflicht dem Elternteil gegenüber eingegangen worden, weswegen sie generell nicht berücksichtigt werden könne. Auch werden oftmals Altersvorsorgeaufwendungen, deren Höhe im Rahmen der von der Rechtsprechung[428] gezogenen Grenzen liegt (vgl. Rn. 474 ff.), nicht anerkannt, weil ihr Aufbau nicht bereits vor Entstehen der Unterhaltsverpflichtung begonnen wurde.

589   Verlässt sich das unterhaltspflichtige Kind auf die Berechnungen des Sozialhilfeträgers und stellt sich später heraus, dass diese unzutreffend war, fragt sich, ob das Kind zu viel gezahlten Unterhalt zurückfordern kann.

1. Anspruchsgrundlage: Bereicherungsrecht

590   Anspruchsgrundlage für ein derartiges Rückforderungsverlangen ist § 812 Abs. 1 S. 1 1. Alternative BGB[429]. Danach ist ein Sozialhilfeträger zur Rückzahlung überzahlten Unterhalts verpflichtet, weil er ‚durch Leistung‘ des unterhaltspflichtigen Kindes Gelder erhalten hat, die rechtlich nicht geschuldet waren. Die bereicherungsrechtliche Rückforderung überzahlten Unterhalts ist in der Praxis nur im Kindes- und Gattenunterhalt thematisiert. Für den Familienunterhalt regelt § 1360b BGB, dass Unterhaltsüberzahlungen in der Regel nicht zurückverlangt werden können, weil ‚im Zweifel‘ anzunehmen sei, dass der Leistende vom Gatten keinen Ersatz für die Zuvielleistung verlangen wolle. Für den Verwandtenunterhalt existiert eine entsprechende Vorschrift nicht. Gatte und Kind können bei Unterhaltsüberzahlungen sich auch regelmäßig bis zur Rechtshängigkeit des Rückforderungsanspruchs (§ 818 Abs. 4 BGB) oder der Rechtshängig-

---

428 BGH v. 30.08.2006 – XII ZR 98/04, FamRZ 2006, 1511.
429 BGH v. 25.03.1987 – IVb ZR 32/86, FamRZ 1987, 684; Wendl/*Dose*, § 6, Rn. 204 ff.; KK-FamR/*Wick*, § 5 Rn. 9; FA-FamR/*Gerhardt*, 6.831; Schwab/*Borth*, IV, Rn. 1411 ff.; Eschenbruch/*Klinkhammer* Rn. 5.410 ff.

keit einer auf Herabsetzung des Unterhalts gerichteten gerichtlichen Abänderungsantrages (§§ 238, 241 FamFG) auf Entreicherung berufen (§ 818 Abs. 3 BGB), also geltend machen, dass sie die Zuvielzahlung vollständig verbraucht haben.

Diese Möglichkeit haben Sozialhilfeträger nicht. Wegen des im öffentlichen Recht herrschenden Prinzips der Gesetzmäßigkeit der Verwaltung und der Haushaltsstrenge liegt eine Entreicherung auch dann nicht vor, wenn die Zuvielzahlung vollständig an die Pflegeeinrichtung weitergereicht wurde. Der Sozialhilfeträger ist insoweit bereichert, als er durch die unterhaltsrechtliche Überzahlung von Sozialhilfeleistungen an die pflegebedürftige Person befreit wurde. Diese Bereicherung besteht fort.

Der Sozialhilfeträger kann sich gegen seine Rückzahlungsverpflichtung nicht mit dem Argument verteidigen, der Leistende habe die Verpflichtung zur Prüfung des Umfangs seiner Leistungspflicht gehabt (§ 814 BGB). § 814 BGB steht dem Bereicherungsanspruch des unterhaltspflichtigen Kindes nur dann entgegen, wenn es **positive Kenntnis** von der Nichtschuld gehabt hat[430]. Fahrlässige Unkenntnis von der Nichtschuld reicht insoweit nicht aus. Auch stehen Zweifel bezüglich der Berechtigung der Forderung der positiven Kenntnis der Nichtschuld nicht gleich[431].

In vielen Fällen wird daher die Möglichkeit bestehen, überzahlten Unterhalt vom Träger der Sozialhilfe zurück zu verlangen[432]. Zu beachten ist indessen, dass die Ansprüche nach § 195 BGB i.V.m. § 199 BGB regelmäßig in drei Jahren ab Kenntnis oder grob fahrlässiger Unkenntnis der Anspruchsvoraussetzungen entstehen. Die Verjährung beginnt mit dem Schluss des Jahres, in dem die Ansprüche entstanden sind. Unabhängig von Kenntnis verjähren die Ansprüche in zehn Jahren. Daraus folgt, dass bereicherungsrechtliche Rückforderungen maximal über einen Zeitraum von 10 Jahren zurückverlangt werden können.

591

592

593

2. Deliktische Rückforderungsrechte

Deliktische Rückforderungsansprüche setzen ‚Verschulden' (Vorsatz oder Fahrlässigkeit) des Sozialhilfeträgers bei der Geltendmachung des Unterhaltsanspruchs voraus. Der Nachweis vorsätzlich schädigenden Verhaltens des Sozialhilfeträgers wird in der Regel nicht zu führen sein.

594

---

430 Palandt/*Sprau*, § 814 BGB Rn. 3 m. w. Rechtsprechung.
431 BGH v. 09.12.1971 – II ZR 58/69, WM 1973, 294.
432 So auch OLG Hamm v. 09.05.2011 – 8 WF 211/10.

X. Weitere Belastungen der Kinder

1. Betreuerkosten

a) Einrichtung einer Betreuung

595   In fast allen Fällen der Pflegebedürftigkeit eines Menschen kommt es irgendwann zur Notwendigkeit der Einrichtung einer **Betreuung**. Die Einrichtung einer Betreuung ist nach § 1896 BGB erforderlich, wenn „ein Volljähriger auf Grund einer psychischen Krankheit oder einer körperlichen, geistigen oder seelischen Behinderung seine Angelegenheiten ganz oder teilweise nicht besorgen" kann. Die Betreuung kann auch gegen den Willen des Volljährigen eingerichtet werden. § 1896 Abs. 1a BGB legt nur fest, dass eine Betreuung nicht gegen den ‚freien Willen' des Volljährigen eingerichtet werden darf[433]. Ist aber der pflegebedürftige alte Mensch nicht in der Lage, einen ‚freien Willen' zu bilden, hat er keine Einsichtsfähigkeit oder nicht die Fähigkeit nach dieser Einsicht zu handeln[434], steht der Einrichtung einer Betreuung ein ‚natürlicher Wille' des Volljährigen nicht entgegen.

596   Nach § 1896 Abs. 2 S. 2 BGB ist die Einrichtung einer Betreuung nicht erforderlich, soweit die Angelegenheiten des Volljährigen durch einen **Bevollmächtigten** oder durch andere Hilfen, bei denen kein gesetzlicher Vertreter bestellt wird, ebenso gut wie durch einen Betreuer besorgt werden können. Gestützt auf diese Norm lehnen die Gerichte die Einrichtung einer Betreuung auf Antrag der Kindes des pflegebedürftigen Elternteils vielfach ab, weil der zu Betreuende einem anderen Menschen, meist einem seiner Kinder oder allen gleichzeitig, eine wirksame ‚**Generalvollmacht**' oder ‚**Altersvollmacht**'[435] erteilt hat. Der Umfang einer solchen Vollmacht ergibt sich aus der Vollmachtsurkunde selbst und ermöglicht auch die Anordnung freiheitsbegrenzender Maßnahmen, was insbesondere bei altersdementen Personen zu beachten ist. Solche **Vorsorgevollmachten** können in einem bei der Bundesnotarkammer geführten zentralen **Vorsorgeregister** geführt werden[436]. Die Eintragung einer Vorsorgevollmacht in das Register kostet je nach Eintragungsart zwischen 8,50 und 18,50 € und ist online möglich[437]. Auch bei Vorliegen einer Vorsorgevollmacht kann indessen die Bestellung eines Vormundes in Betracht kommen und erforderlich sein, wenn bei mehreren Bevollmächtigten Familienmitgliedern binnenfamiliärer Streit

---

433 NK-FamR/*Kemper*, § 1896 Rn. 13 ff.
434 NK-FamR/*Kemper*, § 1896 Rn. 18.
435 NK-FamR/*Kemper*, § 1896 Rn. 23.
436 BGBl. 2005 I S. 318.
437 www.zvr-online.de.

besteht[438] oder der Bevollmächtigte zur Wahrnehmung der Interessen des Betroffenen nicht tauglich ist[439].

Die Einrichtung einer Betreuung ist nie umfassend. Vielmehr hat das **597** Gericht den Kreis der vom Betreuer wahrzunehmenden Aufgaben konkret zu bezeichnen, so dass bei Untauglichkeit des Bevollmächtigten zur Wahrnehmung eines Teilbereichs der Interessen des Betreuten die Wahrnehmung dieser Teilaufgabe durch einen Betreuer angeordnet werden kann.

Kann der pflegebedürftige alte Mensch die Kosten seiner Pflege nicht **598** aus eigenen Mitteln und auch nicht aus Mitteln der Pflegeversicherung und des Pflegewohngeldes finanzieren, ist die Stellung eines Sozialhilfeantrags zur Übernahme der Kosten der Pflege unerlässlich. Wegen des daraus folgenden Sozialhilferegresses gegen die Kinder könnte es angeraten sein, auch bei einer bestehenden Bevollmächtigung zum Zwecke der Geltendmachung der Unterhaltsansprüche und gegebenenfalls auch eines Schenkungsrückforderungsbegehrens nach § 528 BGB einen Betreuer für die pflegebedürftige Person zu bestellen. In der Praxis lehnen die Gerichte derartige Betreuerbestellungen meist ab, da der Unterhaltsanspruch des Pflegebedürftigen in der Regel durch das Sozialamt geltend gemacht wird und dadurch dessen Interesse gewahrt ist.

In Einzelfällen kann es indessen Probleme geben, wenn sich z. B. nach **599** langem Rechtsstreit des Sozialamtes mit dem unterhaltspflichtigen Kind herausstellt, dass der Unterhaltsanspruch wegen § 94 Abs. 3 Nr. 2 SGB XII nicht auf den Sozialhilfeträger übergegangen ist[440]. In diesen Fällen fehlt es jedenfalls an einer wirksamen Mahnung des Unterhaltsberechtigten. Die Beantragung von Sozialhilfe durch den Bevollmächtigten kann nicht als dessen ‚Selbstmahnung‘ gewertet werden.

b) Kostentragungspflicht

Wird eine Betreuung eingerichtet, ist zu prüfen, wer die dadurch entstehenden Kosten zu tragen hat. Nach § 1908i BGB gilt auch für die Betreuung die aus dem Vormundschaftsrecht stammende Regelung (§ 1836 Abs. 1 S. 1 BGB), wonach die Betreuung unentgeltlich geführt wird. Da jedoch vielfach die Einsetzung von **Berufsbetreuern** angeordnet wird und diese einen Vergütungsanspruch haben (§ 3 VBVG)[441], sind deren Kosten Gegenstand von Streitigkeiten.

---

438 BayOLG v. 23.03.2004 – 3Z BR 265/03, 266/03, FamRZ 2004, 1403.
439 BGH v. 13.04.2011 – XII ZB 584/10, FamRZ 2011, 964.
440 So im Fall BGH v. 21.04.2004 – XII ZR 251/01, FamRZ 2004, 1097.
441 Gesetz über die Vergütung von Vormündern und Betreuern (Vormünder- und Betreuervergütungsgesetz – VBVG).

601   Grundsätzlich sind die Kosten vom Betreuten selbst zu zahlen (§ 1908i BGB i.V.m. § 1836c BGB). Da dieser aber regelmäßig nicht leistungsfähig ist, befriedigt die Staatskasse den Vergütungsanspruch des Betreuers. Der gegen den Betreuten gerichtete Vergütungsanspruch geht durch Legalzession auf die Staatskasse über (§ 1826e BGB) und kann von dieser nach dem Tod des Betreuten gegen dessen Erben geltend gemacht werden. Diese haften aber nur maximal mit dem Wert des Nachlasses zum Zeitpunkt des Erbfalles (§ 1836e Abs. 1 S. 2 BGB).

602   Da im Pflegefall der Betreute in der Regel mittellos ist, können die Betreuungskosten als unterhaltsrechtlicher Bedarf von der Staatskasse auch gegen die unterhaltspflichtigen Kinder geltend gemacht werden. Deren Leistungsfähigkeit richtet sich dann nach den allgemeinen Berechnungsgrundlagen im Elternunterhalt (vgl. Rn. 425). Ist ein Kind nicht in der Lage Elternunterhalt zu zahlen, schuldet es mithin auch keine Betreuervergütung. Ist das Kind in der Lage, einen Teil des sozialhilferechtlichen Pflegebedarfs zu decken, besteht keine Leistungsfähigkeit hinsichtlich der Betreuervergütung. Erst wenn die unterhaltsrechtliche Leistungsfähigkeit des Kindes den nicht gedeckten Pflegekostenbedarf des Elternteils übersteigt, kann von ihm auch die volle oder teilweise Übernahme der Betreuerkosten verlangt werden.

603   Die Betreuervergütung wird vom Gericht durch Beschluss nach §§ 292, 168 FamFG gegen den Betreuten festgesetzt.

c) Höhe der Betreuervergütung

604   Die Höhe der Betreuervergütung ist im Gesetz über die Vergütung von Vormündern und Betreuern (Vormünder- und Betreuervergütungsgesetz – VBVG) geregelt:

§ 3 VBVG Stundensatz des Vormunds

(1) Die dem Vormund nach § 1 Abs. 2 zu bewilligende Vergütung beträgt für jede Stunde der für die Führung der Vormundschaft aufgewandten und erforderlichen Zeit 19,50 Euro. Verfügt der Vormund über besondere Kenntnisse, die für die Führung der Vormundschaft nutzbar sind, so erhöht sich der Stundensatz

1. auf 25 Euro, wenn diese Kenntnisse durch eine abgeschlossene Lehre oder eine vergleichbare abgeschlossene Ausbildung erworben sind;

2. auf 33,50 Euro, wenn diese Kenntnisse durch eine abgeschlossene Ausbildung an einer Hochschule oder durch eine vergleichbare abgeschlossene Ausbildung erworben sind.

Eine auf die Vergütung anfallende Umsatzsteuer wird, soweit sie nicht nach § 19 Abs. 1 des Umsatzsteuergesetzes unerhoben bleibt, zusätzlich ersetzt.

(2) Bestellt das Familiengericht einen Vormund, der über besondere Kenntnisse verfügt, die für die Führung der Vormundschaft allgemein nutzbar und durch eine Ausbildung im Sinne des Absatzes 1 Satz 2 erworben sind, so wird vermutet, dass diese Kenntnisse auch für die Führung der dem Vormund übertragenen Vormundschaft nutzbar sind. Dies gilt nicht, wenn das Familiengericht aus besonderen Gründen bei der Bestellung des Vormunds etwas anderes bestimmt.

(3) Soweit die besondere Schwierigkeit der vormundschaftlichen Geschäfte dies ausnahmsweise rechtfertigt, kann das Familiengericht einen höheren als den in Absatz 1 vorgesehenen Stundensatz der Vergütung bewilligen. Dies gilt nicht, wenn der Mündel mittellos ist.

(4) Der Vormund kann Abschlagszahlungen verlangen.

§ 4 VBVG Stundensatz und Aufwendungsersatz des Betreuers

(1) Die dem Betreuer nach § 1 Abs. 2 zu bewilligende Vergütung beträgt für jede nach § 5 anzusetzende Stunde 27 Euro. Verfügt der Betreuer über besondere Kenntnisse, die für die Führung der Betreuung nutzbar sind, so erhöht sich der Stundensatz

1. auf 33,50 Euro, wenn diese Kenntnisse durch eine abgeschlossene Lehre oder eine vergleichbare abgeschlossene Ausbildung erworben sind;

2. auf 44 Euro, wenn diese Kenntnisse durch eine abgeschlossene Ausbildung an einer Hochschule oder durch eine vergleichbare abgeschlossene Ausbildung erworben sind.

(2) Die Stundensätze nach Absatz 1 gelten auch Ansprüche auf Ersatz anlässlich der Betreuung entstandener Aufwendungen sowie anfallende Umsatzsteuer ab. Die gesonderte Geltendmachung von Aufwendungen im Sinne des § 1835 Abs. 3 des Bürgerlichen Gesetzbuchs bleibt unberührt.

(3) § 3 Abs. 2 gilt entsprechend. § 1 Abs. 1 Satz 2 Nr. 2 findet keine Anwendung.

§ 5 VBVG Stundenansatz des Betreuers

(1) Der dem Betreuer zu vergütende Zeitaufwand ist

1. in den ersten drei Monaten der Betreuung mit fünfeinhalb,

2. im vierten bis sechsten Monat mit viereinhalb,

3. im siebten bis zwölften Monat mit vier,

4. danach mit zweieinhalb Stunden im Monat anzusetzen.

Hat der Betreute seinen gewöhnlichen Aufenthalt nicht in einem Heim, beträgt der Stundenansatz

1. in den ersten drei Monaten der Betreuung achteinhalb,

2. im vierten bis sechsten Monat sieben,

3. im siebten bis zwölften Monat sechs,

4. danach viereinhalb Stunden im Monat.

(2) Ist der Betreute mittellos, beträgt der Stundenansatz

1. in den ersten drei Monaten der Betreuung viereinhalb,

2. im vierten bis sechsten Monat dreieinhalb,

3. im siebten bis zwölften Monat drei,

4. danach zwei Stunden im Monat.

Hat der mittellose Betreute seinen gewöhnlichen Aufenthalt nicht in einem Heim, beträgt der Stundenansatz

1. in den ersten drei Monaten der Betreuung sieben,

2. im vierten bis sechsten Monat fünfeinhalb,

3. im siebten bis zwölften Monat fünf,

4. danach dreieinhalb Stunden im Monat.

(3) Heime im Sinne dieser Vorschrift sind Einrichtungen, die dem Zweck dienen, Volljährige aufzunehmen, ihnen Wohnraum zu überlassen sowie tatsächliche Betreuung und Verpflegung zur Verfügung zu stellen oder vorzuhalten, und die in ihrem Bestand von Wechsel und Zahl der Bewohner unabhängig sind und entgeltlich betrieben werden. § 1 Abs. 2 des Heimgesetzes gilt entsprechend.

(4) Für die Berechnung der Monate nach den Absätzen 1 und 2 gelten § 187 Abs. 1 und § 188 Abs. 2 erste Alternative des Bürgerlichen Gesetzbuchs entsprechend. Ändern sich Umstände, die sich auf die Vergütung auswirken, vor Ablauf eines vollen Monats, so ist der Stundenansatz zeitanteilig nach Tagen zu berechnen; § 187 Abs. 1 und § 188 Abs. 1 des Bürgerlichen Gesetzbuchs gelten entsprechend. Die sich dabei ergebenden Stundenansätze sind auf volle Zehntel aufzurunden.

(5) Findet ein Wechsel von einem beruflichen zu einem ehrenamtlichen Betreuer statt, sind dem beruflichen Betreuer der Monat, in den der Wechsel fällt, und der Folgemonat mit dem vollen Zeitaufwand nach den Absätzen 1 und 2 zu vergüten. Dies gilt auch dann, wenn zunächst neben dem beruflichen Betreuer ein ehrenamtlicher Betreuer bestellt war und dieser die Betreuung allein fortführt. Absatz 4 Satz 2 und 3 ist nicht anwendbar.

605   Die vom Amtsgericht gegenüber dem unterhaltspflichtigen Kind geltend gemachte Betreuervergütung wird regelmäßig auf der Basis eines Auskunftsersuchens über Einkommens- und Vermögensverhältnisse geltend gemacht.

606   **Praxistipp:** Es kann nur dringend empfohlen werden, in Fällen der Inanspruchnahme auf Betreuervergütung die Berechtigung genau zu prüfen. Nur in seltenen Fällen wird es einem Kind möglich sein, neben der Bedienung des Elternunterhaltsanspruchs auch noch die Betreuervergütung zu zahlen.

2. Beerdigungskosten

Kinder bleiben ihren Eltern auch über deren Tod hinaus verpflichtet. **607**
Beerdigungskosten betragen auch bei einfacher Bestattung zwischen 3.000
und 5.000 €. Ob diese von den Kindern, dem überlebenden Ehegatten oder
dem Sozialhilfeträger zu tragen sind, ist oft streitig.

Im Idealfall hat der/die Verstorbene zu Lebzeiten eine sog. **Sterbever-** **608**
sicherung abgeschlossen (vgl. Rn. 133), welche im Todesfalle für die nunmehr anfallenden **Bestattungskosten** aufkommt. So ist es bei „älteren"
Menschen vielfach üblich und daher weit verbreitet, derartige Sterbever-
sicherungen abzuschließen. Dies geschieht zumeist vor dem Hintergrund,
die eigenen Kinder im Falle des Ablebens nicht auch noch mit finanziellen
Forderungen konfrontieren zu wollen und hat für „ältere" Menschen vielfach auch einen beruhigenden Aspekt[442].

Ist eine solche Sterbeversicherung vorhanden, die für die Bestattungs- **609**
kosten einsteht, fällt die Kostenbelastung durch die Bestattung – je nach
Umfang der Versicherung – entweder ganz weg oder relativiert sich doch in
erheblichem Umfang.

Für den Fall, dass der/die Verstorbene keine Sterbeversicherung abge- **610**
schlossen hat, müssen gem. § 1968 BGB grundsätzlich die Erben, in der
Regel also die unterhaltspflichtigen Kinder, für die Kosten der Beerdigung
aufkommen.

Diese Regelung ist insoweit verständlich, als dass sie nach dem Willen **611**
des Gesetzgebers als Korrelat für den Anfall des Erblasservermögens anzusehen ist[443]. Juristisch interessant wird der Fall jedoch dann, wenn die
Erbmasse nicht ausreicht, um die Kosten zu tragen, und die Kinder die
Erbschaft, aus welchen Gründen auch immer, nicht ausschlagen.

Die Erben treffen also die Kosten der Beerdigung, sie sind jedoch nicht **612**
zwangsläufig auch berechtigt, über die Art und Weise der Bestattung zu
entscheiden. Hierfür ist vielmehr das sog. **Totenfürsorgerecht** entscheidend. Dieses ist gesetzlich nicht geregelt. Das Totenfürsorgerecht definiert
sich nach richtiger Ansicht aus einem tatsächlichen Näheverhältnis zu dem
Verstorbenen[444]. Nach dem Wortsinn erfasst das Totenfürsorgerecht jegliche Art von Fürsorge für den Verstorbenen, also das Entscheidungsrecht
über den Leichnam bzw. die Asche des Verstorbenen, über die Art und
den Ort der Bestattung, eine eventuelle Umbettung bzw. Exhumierung

---

442 Weshalb die Sterbegeldversicherung nach § 90 SGB XII auch geschütztes Vermögen
     darstellt.
443 Palandt/*Weidlich*, § 1968, Rn. 1.
444 *Schenk*, ZfL 2007, 112.

der sterblichen Überreste sowie die Veranlassung einer ärztlichen Leichenschau[445].

613   Beherrschender Grundsatz des Totenfürsorgerechts ist die Maßgeblichkeit des Willens des Verstorbenen[446]. Dementsprechend entscheidet dieser Wille über die Art sowie den Ort der Bestattung[447]. Dieses gilt sowohl für den Fall, dass der Verstorbene jemanden mit der Wahrnehmung der Totenfürsorge beauftragt hat, wie auch in der Situation, in der den Angehörigen das Totenfürsorgerecht zusteht[448].

614   Folgt man der Auffassung, welche das Totenfürsorgerecht unter dem Aspekt eines tatsächlichen Näheverhältnisses betrachtet, sind jene Personen zur Totenfürsorge berechtigt, die dem Verstorbenen am nächsten gestanden haben und mit diesem in einer engen Verbundenheit gelebt haben[449].

615   Vielfach, jedoch nicht immer, wird es sich dabei um die Angehörigen und demnach auch die Erben handeln[450]. Es kann jedoch auch sein, dass der Lebensgefährte/die Lebensgefährtin vor den in gerader Linie Verwandten und unterhaltspflichtigen Kindern totenfürsorgeberechtigt ist.

616   Das Recht der Erben und das Totenfürsorgerecht können daher auseinanderfallen. Ein solcher Fall liegt immer dann vor, wenn sich der Totenfürsorgeberechtigte und die Erben nicht über die Art und Weise der Bestattung einigen können. Das Entscheidungsrecht steht in diesem Fall allein dem Totenfürsorgeberechtigten zu, die Erben haben jedoch die Kosten der Bestattung zu tragen.

617   Insoweit stellt sich die Frage, welche Kosten von den Erben übernommen werden müssen und welche nicht.

618   Die Erben sind lediglich verpflichtet, die notwendigen und **angemessenen Kosten für eine Beerdigung** zu tragen[451]. Was notwendig und angemessen ist, bestimmt sich nach der jeweiligen Lebensstellung des Verstorbenen und schließt all das ein, was herkömmlicherweise zu einer würdigen

---

445 Palandt/*Weidlich*, Einl v § 1922, Rn. 9.
446 BGH v. 26.02.1992 – XII ZR 58/91, FamRZ 1992, 657; OLG Zweibrücken v. 28.05.1993 – 4 U 3/93, FamRZ 1993, 1493.
447 BGH v. 16.10.1977 – IV ZR 151/76, FamRZ 1978, 15.
448 KG v. 24.01.1969 – 16 U 1010/68, FamRZ 1969, 414; OLG Frankfurt v. 23.03.1989 – 16 U 82/88, NJW-RR 1989, 1159.
449 *Schenk*, ZfL 2007, 112.
450 Ebd.
451 OLG Saarbrücken v. 27.03.2002 – 1 U 796/01, OLGR 2002, 228; OLG Hamm v. 06.07.1993 – 27 U 63/93, NJW-RR 1994, 155.

Bestattung gehört[452]. Hierbei muss allerdings die Leistungsfähigkeit des Nachlasses und der Erben einschränkend berücksichtigt werden[453].

Die Erben haben also – über das Notwendigste hinaus – die Kosten **619** für all das zu übernehmen, was in den Kreisen des Verstorbenen zu einer würdigen und angemessenen Bestattung gehört[454].

Zu den Beerdigungskosten sind neben den Kosten der eigentlichen Be- **620** stattung einschließlich der Herrichtung des Grabes auch die Kosten der üblichen kirchlichen und bürgerlichen Feiern nebst Leichenmahl sowie die Kosten für Traueranzeigen und Danksagungen zu zählen[455].

Für den Fall, dass die Kosten der Beerdigung des Verstorbenen vom **621** Erben nicht zu erlangen sind, haftet gem. § 1615 II BGB der Unterhaltspflichtige, also wiederum die Kinder[456]. Ein solcher Fall dürfte jedoch nur dann in Betracht kommen, wenn die unterhaltspflichtigen Kinder vom Verstorbenen enterbt worden sind oder das Erbe ausgeschlagen wurde. In der Regel werden die Kinder auch Erben des Verstorbenen sein und somit bereits nach § 1968 BGB haften.

Sind die Verpflichteten, also insbesondere die Erben, nach ihren indi- **622** viduellen Verhältnissen nicht in der Lage, für die erforderlichen Kosten der Bestattung aufzukommen, werden diese nach § 74 SGB XII vom Sozialhilfeträger übernommen[457].

Eine Verpflichtung, für die Bestattungskosten aufzukommen, kann **623** jedoch auch dann entstehen, wenn die Bestattungspflichtigen (vgl. insofern die LandesBestG) ihrer öffentlich-rechtlichen Pflicht zur Bestattung aus den jeweiligen Landesbestattungsgesetzen nicht oder nicht rechtzeitig nachkommen und der Sozialhilfeträger in Erfüllung dieser Pflicht tätig wird[458]. In diesem Falle besteht ein Erstattungsanspruch des Sozialhilfeträgers nach § 74 SGB XII i.V.m. dem Rechtsinstitut der Geschäftsführung ohne Auftrag[459].

Der Einsatz von Einkommen zur Zahlung der Bestattungskosten rich- **624** tet sich nach den §§ 85 ff. SGB XII und somit nach sozialhilferechtlichen Grundsätzen. Die Einkommensgrenze ist in § 85 SGB XII definiert.

---

452 OLG Saarbrücken v. 27.03.2002– 1 U 796/01, OLGR 2002, 228; OLG Düsseldorf v. 23.06.1994 – 18 U 10/94, NJW-RR 1995, 1161.
453 Ebd.
454 Ebd.
455 Palandt/*Weidlich*, § 1968, Rn. 2.
456 LG Dortmund v. 20.12.1995 – 21 S 171/95, NJW-RR 1996, 775.
457 OVG Münster v. 30.10.1997 – 8 A 3515/95, NJW 1998, 2154.
458 Palandt/*Weidlich*, § 1968, Rn. 3; BGH v. 17.11.2011 – III ZR 53/11.
459 Ebd.

625   Das die Einkommensgrenze übersteigende Einkommen wird dabei grundsätzlich **nur für einen einzigen Monat** im Rahmen der Zumutbarkeit berücksichtigt, so dass der in Anspruch genommene Bestattungspflichtige nicht gezwungen ist, den Gesamtbetrag in monatlichen Raten ‚abzustottern‘[460].

626   Die Höhe des anrechenbaren Anteils bestimmt sich nach der Art des Bedarfes und der persönlichen und verwandtschaftlichen Nähe zum Verstorbenen[461]. Es scheint der gängigen Rechtsprechung zu entsprechen, den Bestattungspflichtigen zur Zahlung der Hälfte des die Einkommensgrenze übersteigenden Betrages heranzuziehen[462].

Beispiel:

Kindeseinkommen: 2.500 € netto, verheiratet, Ehefrau kein Einkommen, Kind 3 Jahre, Kosten der Unterkunft 600 €. Leistungsfähigkeit: 2 x 374 € (Grundfreibetrag) + 2 x 0,7 x 374 € + 600 € = 1.872 € = Leistungsfähigkeit: (2.500 € − 1.872 €) / 2 = 314 €. Dieser Betrag stellt die Grenze der Leistungsfähigkeit des Kindes nach sozialhilferechtlichen Grundsätzen für die Bestattungskosten dar und wird nur für den Monat erhoben, in dem die Beerdigung stattfindet.

627   Es kommt jedoch auch eine Heranziehung zur Zahlung der Bestattungskosten aus Vermögen in Betracht.

628   Diese richtet sich ebenfalls nach sozialhilferechtlichen Kriterien, den §§ 90 ff. SGB XII, und nicht nach den im Rahmen des Elternunterhaltes geltenden Grundsätzen des Altersvorsorgeschonvermögens. Dies erscheint im Hinblick darauf, dass der Sozialhilfeträger im Hinblick auf eine öffentlich-rechtliche Bestattungspflicht tätig wird, auch durchaus angemessen.

629   Dies bedeutet allerdings nicht, dass der in Anspruch genommene Bestattungspflichtige gezwungen ist, sein gesamtes Vermögen zu verwerten.

630   So ist der sozialhilferechtliche ‚Notgroschen‘ in Höhe von 2.600 € stets als Schonvermögen anzusehen (§ 90 Abs. 2 Nr. 9 SGB XII). Auch die selbstbewohnte Immobilie muss nach § 90 Abs. 2 Nr. 8 SGB XII nicht verwertet werden.

631   Beim Elternunterhalt gilt ein ‚großzügiges‘ Altersvorsorgeschonvermögen. Bei sozialhilferechtlicher Inanspruchnahme auf die Beerdigungskosten gelten diese Schonvermögensgrenzen nicht. Im Hinblick auf die öffentlich-rechtlich normierte Bestattungspflicht gilt im Sozialrecht letztlich nur das

---

460 OVG Münster v. 13.02.2004 – 16 A 1160/02; HessVGH v. 10.02.2004 – 10 UE 2497/03.
461 BSG v. 29.09.2009 – B 8 SO 23/08 R; OVG Lüneburg v. 08.05.1995 – 12 L 6679/93.
462 OVG Lüneburg v. 08.05.1995 – 12 L 6679/93.

sozialhilferechtliche Schonvermögen, was angesichts der unterschiedlichen Zielsetzung von Sozial- und Unterhaltsrecht hinzunehmen ist.

XI. Steuerliche Behandlung des Elternunterhalts

Ist ein unterhaltspflichtiges Kind zur Zahlung von Elternunterhalt ver-   632
pflichtet, können die Unterhaltszahlungen steuerlich als ‚**außergewöhnliche Belastung in besonderen Fällen**‘ vom steuerpflichtigen Einkommen
bis maximal 8.004 € pro Jahr abgezogen werden (§ 33a EStG). **Eigene
Einkünfte** des unterhaltsberechtigten Elternteils, mindern diesen Abzug,
soweit sie 624 € pro Jahr übersteigen. Die aus § 33a EStG resultierende
steuerliche Entlastung wirkt daher lediglich in eng begrenzten Mangelfällen bei Kleinrentnern.

Beispiel:

M bezieht eine Rente in Höhe von monatlich 685 €. Ihre Tochter wäre in Höhe
eines Betrages von 350 € monatlich leistungsfähig. Der Jahresunterhalt der Tochter
von 12 x 350 € = 4.200 € ist nach § 33a Abs. 1 EStG nicht abzusetzen, da auf diesen
Betrag das Eigeneinkommen der M von 12 x 685 € – 624 € = 7.596 € anzurechnen
ist.

In Betracht kommt indessen die Geltendmachung der Unterhaltszah-   633
lungen als ‚**außergewöhnliche Belastung**‘ nach § 33 EStG. Außergewöhnliche Belastungen sind danach die einem Steuerpflichtigen zwangsläufig entstehenden größere Aufwendungen gegenüber der überwiegenden
Mehrzahl der Steuerpflichtigen gleicher Einkommensverhältnisse. Nach
§ 33 Abs. 3 EStG ist einem Steuerpflichtigen eine Belastung zumutbar
und daher steuerlich nicht abzugsfähig, wenn sie bestimmte Schwellwerte
nicht überschreitet. Diese Schwellwerte sind in der nachfolgenden Tabelle
wiedergegeben:

Zumutbare Belastung nach § 33 Abs. 3 EStG			
bei einem Gesamtbetrag der Einkünfte	bis 15.340 €	über 15.340 bis 51.130 €	über 51.130 €
1. Steuerpflichtige ohne Kinder, die			
a) nach der Grundtabelle	5 %	6%	7 %
b) nach der Splittingtabelle	4 %	5%	6 %
2. bei Steuerpflichtigen mit			
a) einem oder zwei Kindern	2 %	3%	4 %
b) drei oder mehr Kindern	1 %	1 %	1 %
versteuert werden	des Gesamtbetrags der Einkünfte		

Beispiel:

Erzielt die Tochter im obigen Beispiel (Rn. 632) ein Einkommen in Höhe von jährlich 33.000 € brutto, ist ihr eine Unterhaltszahlung von 990 € (33.000 x 3 %) zumutbar, wenn sie ein Kind hat. Steuerlich könnten damit 12 x 350 € – 990 € = 3.210 € vom steuerpflichtigen Einkommen abgezogen werden.

C. Exkurs: Enkelunterhalt

Stärker noch als der Elternunterhalt fristet der **Enkelunterhalt** ein Schattendasein. Die zu diesem Themenkreis veröffentlichten Entscheidungen sind selten und stammen meist aus jüngerer Zeit. Anders jedoch als der Elternunterhalt ist der Fall des Enkelunterhaltes eine Form des Deszendentenunterhaltes – unter Überspringung der vorrangig unterhaltspflichtigen Eltern (§ 1606 Abs. 2 BGB). Die geringe Fallzahl des Enkelunterhaltes erklärt sich auch daraus, dass dem unterhaltsbedürftigen Enkel i.d.R. ein **Sozialhilfeanspruch** oder ein Anspruch auf **Arbeitslosengeld II** zusteht. Der Bedarf des unterhaltsberechtigten Enkels wird also durch öffentliche Sozialleistungen befriedigt. Da jedoch der Sozialhilfeträger nach § 94 Abs. 1 S. 3 SGB XII den zivilrechtlichen Unterhaltsanspruch nicht auf sich überleiten kann, haben die unterhaltsberechtigten Enkel nur wenig ‚Leidensdruck', ihre Großeltern unmittelbar auf Unterhaltszahlungen in Anspruch zu nehmen. Gleichwohl erbrächte die Inanspruchnahme leistungsfähiger Großeltern eine deutlich höhere Liquidität als Sozialhilfeleistungen, weil das Kindergeld zu ½ anrechnungsfrei beim Unterhaltsberechtigten bzw. seinen Eltern bleibt, während im Sozialhilfefall zwar zusätzlich der Mietanteil gezahlt wird, das Kindergeld aber in vollem Umfang vom sozialhilferechtlichen Bedarfssatz abgezogen wird.

634

Wenn gleichwohl in der Praxis Großeltern selten auf Enkelunterhalt in Anspruch genommen werden, dann deshalb, weil die mit den Kindern zusammenlebenden Eltern nur dann einen materiellen Vorteil davon haben, wenn sie selbst nicht im Sozialleistungsbezug sind.

635

I. Rechtsgrundlagen

Rechtsgrundlage des Enkelunterhaltes ist der in den §§ 1601 ff. BGB geregelte **Verwandtenunterhalt**. § 1601 BGB bestimmt lapidar, dass in gerader Linie Verwandte einander unterhaltspflichtig sind. Anders als beim Elternunterhalt wird jedoch beim Enkelunterhalt nicht die unmittelbar folgende, sondern eine weiter entfernte verwandtschaftliche Beziehung unterhaltsrechtlich mobilisiert. Diese Entfernung zwischen dem Unter-

636

haltspflichtigen und Berechtigten begründet etliche Ähnlichkeiten zum Elternunterhalt[463].

637   In der **Rangfolge der Unterhaltsansprüche** rangiert der Enkelunterhalt weit hinten: Da Großeltern die ‚aufsteigende' verwandtschaftliche Linie repräsentieren, haften sie per se bereits nachrangig gegenüber allen Verwandten der absteigenden Linie. Angesichts der vorrangigen Haftung von näheren Verwandten vor weiter entfernten blockiert die Elternhaftung die Eintrittsverpflichtung der Großeltern (§ 1606 Abs. 2 BGB). Diese Nachrangigkeit wird in § 1609 Nr. 5 BGB nachdrücklich dokumentiert.

638   Unabhängig von dieser **doppelten Nachrangigkeit** kommt es gleichwohl relativ häufig zu einer grundsätzlich begründeten Haftung von Großeltern gegenüber ihren Enkeln, weil die **Ersatzhaftung** der nachrangig haftenden Verwandten nach § 1607 Abs. 1 BGB bereits bei mangelnder Leistungsfähigkeit des vorrangig haftenden Unterhaltspflichtigen einsetzt. Die Großelternhaftung wird daher dem Grunde nach zukünftig eine erheblich größere Rolle spielen, weil durch den Rückbau der Sozialstaatlichkeit und die Reprivatisierung gesellschaftlicher Risiken schon eine kurze Arbeitslosigkeit eines oder beider Elternteile ausreicht, Leistungsunfähigkeit des vorrangig verpflichteten Elternteils anzunehmen.

639   Wenn gleichwohl Enkelunterhalt noch nicht als Gegenfinanzierungsquelle für Sozialhilfeträger entdeckt worden ist, dann liegt dies daran, dass gegenüber den Großeltern der Unterhaltsanspruch des sozialhilfebedürftigen Enkels weder aufgrund einer Legalzession auf den Sozialhilfeträger übergeht noch von diesem übergeleitet werden kann (§ 94 Abs. 1 S. 3 SGB XII). Dies rechtfertigt aber nicht die Annahme, der großelternfreundliche Friede hielte ewig. Anders als der Elternunterhalt stellt der Enkelunterhalt keinen Bruch der unterhaltsrechtlichen Haftungstradition dar. Indem die Großeltern Kinder in die Welt gesetzt haben, haften sie auch zurechenbar für deren Nachkommen.

II. Voraussetzungen der Haftung

640   Die Prüfung der Haftung von Großeltern für den Unterhaltsbedarf ihrer Enkel folgt systematisch keinen Besonderheiten. **Bedarf – Bedürftigkeit – Leistungsfähigkeit** und **Zumutbarkeit** sind die Stichworte, die wie in jedem anderen Unterhaltsfall auch die Prüfungsabfolge charakterisieren. Aus der größeren persönlichen Distanz der Großeltern gegenüber ihren Enkeln und aus der Nachrangigkeit ihrer Unterhaltsverpflichtung

---

463 BGH v. 08.06.2005 – XII ZR 74/04, FamRZ 2006, 26 m. Anm. *Duderstadt*.

folgen einige Besonderheiten, die jedoch nicht die Grundsätze der Haftung, sondern in der Regel die Intensität ihrer Inanspruchnahme betrifft.

1. Ausfall des vorrangig Unterhaltspflichtigen

Die Haftung der Großeltern tritt erst ein, wenn die vorrangig verpflichteten Eltern des Kindes nicht oder nicht auf den gesamten Bedarf des Kindes in Anspruch genommen werden können (§§ 1606 Abs. 2, 1607 BGB). Dabei ist zu unterscheiden, ob eine Unterhaltsverpflichtung des vorrangig Unterhaltspflichtigen tatsächlich nicht gegeben ist, so dass der nachrangig unterhaltspflichtige Großelternteil dem Kind gegenüber in eine **Eigenhaftung** gerät oder ob der Großelternteil im Wege der **Ersatzhaftung** in Anspruch genommen wird, weil die Rechtsverfolgung gegen den vorrangig Unterhaltspflichtigen ‚im Inland ausgeschlossen oder erheblich erschwert ist' (§ 1607 Abs. 2 BGB).

641

2. Betroffener Personenkreis

Fallen die Eltern des Kindes als vorrangig Verpflichtete für Unterhaltszahlungen an diese aus, haften als **nächste Verwandte der aufsteigenden Linie** die Großeltern gleichrangig mit den Verwandten des gleichen Grades (§ 1603 Abs. 3 S. 1 BGB). Das bedeutet, dass grundsätzlich jedes bedürftige Kind **vier unterhaltspflichtige Großeltern** hat[464], sofern ein Unterhaltsanspruch gegen die Eltern nicht gegeben ist. Ein Ausschluss der Eltern des die Unterhaltspflicht durch tatsächliche Ausübung der Personensorge erfüllenden Elternteils (§ 1606 Abs. 2 S. 2 BGB) kommt nicht in Betracht[465], da allein das verwandtschaftliche Verhältnis Anknüpfungspunkt für die Haftung ist und § 1607 BGB nicht etwa eine stammesgebundene Verantwortungshaftung begründet. Jedes Kind hat daher im Bedarfsfall **vier gleichrangig** auf Unterhalt in Anspruch zu nehmende **Großeltern** als **Haftungsgenossen**.

642

Unerheblich ist auch, ob die Haftung aus Blutsverwandtschaft begründet wird. Ein **Adoptivenkelkind** ist durch die Adoption mit den Eltern seiner Adoptiveltern verwandt (§ 1754 BGB), so dass durch die Adoption auch das Unterhaltsverhältnis begründet wird.

643

---

464 OLG Frankfurt/M. v. 11.12.2003 – 2 UF 181/03, FamRZ 2004, 1745.
465 *Götz*, S. 39.

a) Eigenhaftung der Großeltern

644   Ein Fall der **Eigenhaftung der Großeltern** liegt nach § 1607 Abs. 1
BGB vor, wenn ein **vorrangig verpflichteter Verwandter nicht leistungsfähig** ist. Zur Bestimmung der Leistungsfähigkeit verweist die Norm insoweit auf § 1603 BGB (vgl. dazu Rn. 660 ff.). Da die **vorrangig haftenden
Unterhaltspflichtigen** in diesen Fällen mangels Leistungsfähigkeit **nicht
unterhaltspflichtig** sind, **haften** die in Anspruch genommenen nachrangigen Verwandten, also die **Großeltern, ohne Rückgriffsmöglichkeit**
gegen die vorrangig verpflichteten Eltern[466].

b) Ersatzhaftung der Großeltern

645   Anders als in den Fällen des unterhaltsrechtlichen Ausfalls der vorrangig verpflichteten Eltern mangels (deren) Leistungsfähigkeit ordnet § 1607
Abs. 2 BGB eine echte **Ersatzhaftung**[467] der Verwandten an, wenn die
Rechtsverfolgung gegen einen Verwandten **im Inland ausgeschlossen
oder erheblich erschwert** ist. In diesen Fällen ist ein **Fall echter Ersatzhaftung** gegeben, weil dem den Unterhalt leistenden Verwandten in Höhe
der von ihm erbrachten Leistung ein Ersatzanspruch gegenüber dem nicht
leistenden unterhaltspflichtigen Verwandten zusteht (§ 1607 Abs. 2 S. 2
BGB).

646   Eine **Rechtsverfolgung im Inland** ist ausgeschlossen, wenn

- eine **Zuständigkeit deutscher Gerichte** für die Verfolgung des Unterhaltsanspruchs des Kindes nicht gegeben ist;

- nicht festgestellt ist, **wer Vater** des Kindes ist[468];

- die **Unterhaltspflicht** des vorrangig haftenden Elternteils **substanzlos**
  ist, weil ihm zur Berechnung der Unterhaltspflicht **fiktive Einkünfte**
  zugerechnet wurden[469];

- die Vollstreckung eines Unterhaltsanspruchs durch
  - häufige Wohnungswechsel
  - Straf- oder Untersuchungshaft[470]
  unmöglich ist.

---

466 Johannsen/Henrich/*Graba*, § 1607 Rn. 3.
467 Johannsen/Henrich/*Graba*, § 1607 Rn. 5.
468 OLG Brandenburg v. 25.02.2003 – 10 UF 82/02, FamRZ 2004, 560.
469 OLG Nürnberg v. 25.10.1999 – 10 UF 1425/99, FamRZ 2000, 687; OLG Karlsruhe v.
     18.12.1990 – 18 UF 117/89, FamRZ 1991, 971; OLG Koblenz v. 08.08.1988 – 13 UF
     977/87, FamRZ 1989, 307.
470 AG Bad Homburg v. 02.12.1998 – 9 F 423/98, FamRZ 1999, 1450.

Eine **Rechtsverfolgung im Inland** ist dagegen **nicht** schon dann als   647
ausgeschlossen oder erschwert anzusehen, wenn ein **Taschengeldan-**
spruch eines unterhaltspflichtigen Elternteils gegen den Ehemann gepfändet werden könnte[471].

Die Haftung der Großeltern gegenüber Unterhaltsansprüchen minder-   648
jähriger Kinder tritt nicht erst dann ein, wenn eine absolute Leistungsunfähigkeit der Eltern gegeben ist. Vielmehr besteht sie bereits dann, wenn
der **angemessene Unterhalt der Eltern** im Unterhaltsverhältnis zu ihren
Kindern nicht mehr gewahrt ist. Dies folgt aus § 1603 Abs. 2 S. 3 BGB,
weil die Großeltern ‚andere unterhaltspflichtige Verwandte' im Sinne dieser
Vorschrift sind.

3. Bedarf des Kindes

Ein Unterhaltsanspruch eines Enkelkindes setzt einen **unterhaltsrecht-**   649
lichen Bedarf des Kindes voraus. Dessen Höhe ist, wird er nicht konkret
bemessen, anhand der Düsseldorfer Tabelle zu bestimmen. Ist das **Kind**
minderjährig, einkommens- und vermögenslos, leitet sich sein Bedarf
nach allgemeiner Meinung aus der Lebensstellung und damit dem Einkommen des Unterhaltspflichtigen ab[472]. Dies muss allerdings im Fall des
Enkelunterhaltes einer Modifikation unterzogen werden. Das Gesetz geht
von der Regel einer Unterhaltsverpflichtung von Eltern gegen ihre Kinder
aus. In diesem Fall, dessen Leitbild der intakte Familienverband ist, bestimmen die finanziellen Verhältnisse der Eltern des Kindes dessen Lebenszuschnitt und damit dessen Bedarf[473]. Sind die Eltern des Kindes jedoch
leistungsunfähig, dann bestimmt dieses finanzielle Umfeld die ‚Lebensstellung des Bedürftigen' (§ 1610 Abs. 1 BGB). Dies wird regelmäßig bedeuten, dass der **Unterhaltsbedarf auf niedrigem Niveau** anzunehmen ist.
Die Kindergeldanrechnung nach § 1612b Abs. 5 BGB nivelliert faktisch
den zu zahlenden Bedarf in den ersten sechs Einkommensstufen. Jedenfalls
wird im Regelfall das Einkommen und die Lebensstellung der Großeltern
nicht die Höhe des Bedarfs des Kindes bestimmen, wenn dessen Eltern
und damit das unmittelbare Lebensumfeld des Kindes nicht leistungsfähig
ist[474]. In § 1612a BGB ist die Bestimmung eines Mindestunterhalts minderjähriger Kinder anhand des in § 32 Abs. 6 EStG festgesetzten sachlichen
Existenzminimums festgelegt. Diese Grenze dürfte daher die Untergrenze
des Bedarfs des Kindes darstellen.

---

471 OLG Düsseldorf v. 10.03.1992 – 1 WF 107/91, FamRZ 1992, 1099.
472 BGH v. 02.03.1994 – XII ZR 215/92, FamRZ 1994, 696.
473 Heiß/Born/*Heiß*, Unterhaltsrecht, 3. Kap., Rn. 151.
474 Johannsen/Henrich/*Graba*, § 1607 Rn. 3; Büttner/Niepmann/*Schwamb*, Rn. 223.

650   Was zum **Lebensbedarf des Kindes** gehört, ist differenzierend und teilweise auch konkret zu betrachten. Soweit Bedarfskriterien vom Schrifttum und der Rechtsprechung entwickelt worden sind, ist deren Übertragung auf das Großeltern-Enkel-Unterhaltsverhältnis problematisch. Orientierte man die Höhe des Unterhaltsanspruchs an den Lebensverhältnissen des Unterhaltspflichtigen[475], entstünde insoweit eine paradoxe Situation, dass – arme Eltern und reiche Großeltern unterstellt – minderjährige Kinder besser gestellt wären, als wenn ihr Bedarf – auf niedrigem Niveau – durch die Eltern befriedigt würde. Daher ist es ein **Gebot unterhaltsrechtlicher Konsistenz**, die Höhe des Bedarfs des Kindes abweichend von der Standardformulierung von den **Lebensverhältnissen** abhängig zu machen, in denen das **Kind gemeinsam mit den Unterhaltspflichtigen lebt**[476]. Erst wenn ein gemeinsamer Haushalt mit dem in erster Linie Barunterhaltspflichtigen nicht besteht, kommt es auf dessen Lebensverhältnisse nicht mehr an. Die Aufhebung der Haushaltsgemeinschaft mit dem in erster Linie Unterhaltspflichtigen hebt damit gleichzeitig die Orientierung des kindlichen Barunterhaltsbedarfs an dessen Lebensverhältnissen auf und setzt an deren Stelle die Lebensverhältnisse des Barunterhaltspflichtigen. Solange aber das Kind mit einem leistungsunfähigen Elternteil zusammenlebt, ist der Bedarf des Kindes nach Einkommensstufe 1 der Düsseldorfer Tabelle zu bemessen[477].

651   Ein so definierter Bedarf kann auch die **Sonderbedarfsfragen** befriedigend lösen. Neben dem nach der Düsseldorfer Tabelle zu bestimmenden Regelbedarf eines minderjährigen Kindes kann Sonderbedarf oder regelmäßiger Mehrbedarf entstehen. Ob es sich bei derartigen Bedarfen um tatsächlich geschuldeten Bedarf handelt, muss stets im Einzelfall unter Abwägung aller erkennbaren Gesamtumstände[478] entschieden werden. Für die Kosten einer **Privatschulausbildung** muss die Berechtigung eines derartigen Bedarfs auch für die Fälle sehr leistungsfähiger Großeltern bezweifelt werden, solange nicht nachgewiesen wurde, dass die Privatschulausbildung ultima ratio ist, weil öffentliche und kostengünstigere Möglichkeiten, eine berufsqualifizierende Ausbildung zu erhalten, nicht zur Verfügung stehen[479].

652   Dagegen gehören zum Bedarf des Kindes auch die **Kosten einer angemessenen Berufsausbildung**[480]. § 1610 Abs. 2 BGB sieht insoweit keiner-

---

475 Johannsen/Henrich/*Graba,* § 1610 Rn. 3.
476 LG Regensburg v. 03.09.1985 – 2 S 301/83, FamRZ 1986, 93 (LS).
477 OLG Dresden v. 09.11.2005 – 21 UF 486/05, OLGR 2006, 132 = FamRZ 2006, 569 m.w.N.
478 Internatsunterbringung: Wendl/Dose/*Klinkhammer,* § 2 Rn. 234 m.w.N.
479 OLG Hamm v. 25.03.1997 – 12 WF 59/97, FamRZ 1997, 960; OLG Hamm v. 13.06.1995 – 1 UF 95/95, FamRZ 1996, 49 (Thailändische Privatschule).
480 So auch Heiß/Born/*Hußmann,* Kap. 13, Rn. 26.

lei Differenzierung vor. Was danach angemessen ist, bestimmt sich aus der Sicht des Kindes. Dies gilt umso mehr, wenn das Kind volljährig ist[481]. Die Angemessenheit der Ausbildung wird durch Begabung, Neigung und Leistungswillen des Kindes bestimmt. Der Sozial- und Bildungsstatus der Unterhaltspflichtigen spielt für die Bestimmung des Berufsausbildungs-bedarfs keine Rolle, solange Leistungsfähigkeit der Unterhaltspflichtigen gegeben ist[482] (dazu Rn. 660).

Dagegen steht nicht in Frage, dass der Unterhaltsbedarf des Kindes auch die Kosten einer **Krankenversicherung** für das Kind umfasst, sofern das Kind nicht im Rahmen einer Familienkrankenversicherung mitversichert ist.   653

a) Bedarfsdeckung durch Unterhaltsvorschuss

Unterhaltsvorschussleistungen sind im Bereich des Enkelunterhal-tes als **bedarfsdeckende Leistungen** anzusehen[483]. Unterhaltsvorschuss-leistungen sind nur im Verhältnis zum barunterhaltspflichtigen Elternteil subsidiär. Bereits aus dem Wortlaut des § 7 Abs. 1 UVG ergibt sich, dass ein Anspruchsübergang nur dann stattfinden soll, wenn der Unterhalts-anspruch gegen einen Elternteil (und nicht gegen einen sonstigen Ver-wandten) besteht. Ausdrücklich geregelt ist der Ausschluss eines derartigen Anspruchsüberganges im Rahmen der Gewährung von Sozialleistungen nach § 94 SGB XII durch Unterhaltsverpflichtete im zweiten oder einem entfernteren Grade. Findet dieser Anspruchsübergang jedoch nicht statt, so sind die erbrachten Sozialleistungen im Verhältnis zum nachrangig Un-terhaltsverpflichteten dann auch bedarfsmindernd anzurechnen. Da auch die Gewährung eines Unterhaltsvorschusses nicht von den Einkünften der Großeltern, sondern von denen der Eltern abhängt und eine dem § 2 SGB XII entsprechende Vorschrift im Unterhaltsvorschussgesetz fehlt, sind diese Vorschussleistungen im Verhältnis zu den Großeltern bedarfsmindernd[484]. Großeltern haften daher nur für den darüber hinausgehenden Bedarf.   654

b) Bedarfsdeckung durch Sozialhilfe

Da auch im Fall der Leistung von Sozialhilfe bzw. Arbeitslosengeld II ein Forderungsübergang der zivilrechtlichen Unterhaltsforderung auf den Träger der **Sozialhilfe beim Enkelunterhalt** nicht vorgesehen ist, gelten   655

---

481 BGH v. 04.03.1998 – XII ZR 173/96, FamRZ 1998, 671.
482 Palandt/*Brudermüller*, § 1610 Rn. 18; MünchKomm/*Born,* § 1610 Rn. 220; Heiß/ Born/*Deisenhofer*, Kap. 12, Rn. 118.
483 OLG Dresden v. 09.11.2005 – 21 UF 486/05, OLGR 2006, 132 = FamRZ 2006, 569, 570.
484 Wendl/Dose/*Klinkhammer*, § 8 Rn. 267.

die zum Unterhaltsvorschuss angestellten Überlegungen (vgl. Rn. 654) auch für die Sozialhilfe. Damit kommt **Sozialhilfeleistungen** an das unterhaltsbedürftige Kind **bedarfsdeckende Funktion** zu. Dieses Ergebnis überrascht zum einen zunächst, da die Subsidiarität von Sozialhilfeleistungen unterhaltsrechtlich allgemein anerkannt ist. Rechtsdogmatisch ist dieses Ergebnis damit zu rechtfertigen, dass es dem Unterhaltsberechtigten obliegt, alle Möglichkeiten zur Bedarfsdeckung auszuschöpfen und die Inanspruchnahme eines Unterhaltspflichtigen ultima ratio des Unterhaltsrechts ist. Da mit der Sozialhilfe dem unterhaltsberechtigten Enkel eine Möglichkeit zur Verfügung steht, seinen Bedarf unter Schonung der unterhaltspflichtigen Großeltern zu befriedigen, ist vor einer Inanspruchnahme der Großeltern diese Möglichkeit alternativer Bedarfsdeckung auszuschöpfen.

656   Sozialhilfeleistungen decken indessen i.d.R. nicht den gesamten Bedarf des Kindes ab. Die sozialhilferechtlichen Regelleistungen für ein Kind entsprechen dem Tabellenbedarf der Einkommensstufe 1 der Düsseldorfer Tabelle. Von diesem Bedarfssatz wird das Kindergeld voll abgezogen. Allerdings wird der Wohnkostenanteil des Kindes nach sozialhilferechtlichen Kriterien erstattet. Es ist daher stets im Einzelfall zu prüfen, ob die Sozialhilfezahlung den Unterhaltsbedarf des Enkelkindes nach Einkommensstufe 1 der Düsseldorfer Tabelle übersteigt oder darunter liegt. Nur dann, wenn die Sozialhilfeleistungen den Bedarf des Enkelkindes nach der Düsseldorfer Tabelle unterschreiten, kann eine Unterhaltspflicht von Großeltern erörtert werden.

c) Bedarfsdeckung durch Vermögenseinsatz

657   Gegenüber den Großeltern kann sich (auch) das minderjährige Kind nicht darauf berufen, den **Stamm seines Vermögens** nicht angreifen zu müssen, um seinen Lebensbedarf zu bestreiten. § 1602 Abs. 2 BGB privilegiert den Stamm des Vermögens nur im Unterhaltsverhältnis zu den Eltern. Gegenüber den Großeltern muss sich daher auch das minderjährige Kind darauf verweisen lassen, zunächst sein Vermögen aufzubrauchen, bevor die Großeltern auf Unterhalt in Anspruch genommen werden. Volljährige Kinder haben auch im Verhältnis zu ihren Eltern vorhandenes Vermögen zur Finanzierung des eigenen Unterhaltsbedarfs einzusetzen.

d) BAföG und Enkelunterhalt

658   Enkelkinder befinden sich oftmals in der Schul- oder Berufsausbildung, wenn ein Unterhaltsbedarf entsteht. Sind ihre Eltern leistungsunfähig, haben sie Anspruch auf Leistungen nach dem Bundesausbildungsförderungsgesetz. Diese Leistungen haben unterhaltsrechtlich bedarfsdeckende

Funktion, obwohl in § 1 BAföG die Subsidiarität von **BAföG-Leistungen** angeordnet wird. Gleichwohl wird der Vorrang der BAföG-Förderung vor Unterhaltsleistungen der Eltern dadurch begründet, dass die BAföG-Leistungen zu so günstigen Konditionen gewährt werden, dass zumindest einem volljährigen Unterhaltsbedürftigen ihre Inanspruchnahme im Rahmen seiner Obliegenheit zur Selbsthilfe zugemutet werden kann[485].

e) Auswirkungen des Kindergeldes auf den Unterhaltsbedarf

Grundsätzlich dient das **Kindergeld** dazu, die Unterhaltslast der Unterhaltspflichtigen zu vermindern, weswegen es an sie ausgezahlt wird[486]. Im Regelfall sind dies die Eltern des Unterhaltsberechtigten. Lebt dieser im Haushalt seiner Eltern, erhalten diese das Kindergeld auch dann, wenn sie dem Kind keinen Barunterhalt zahlen können. Lebt das Kind nicht im Haushalt eines Elternteils, sondern im eigenen Haushalt oder im Haushalt eines anderen, wird das Kindergeld an denjenigen gezahlt, der dem Kind tatsächlichen Unterhalt zahlt. Von daher ist kein Grund erkennbar, von der Kindergeldanrechnung im Regelfall abzuweichen: Ist das Kind volljährig, wird das Kindergeld voll auf den Bedarf des Kindes angerechnet[487], was nunmehr auch in § 1612b Abs. 1 Nr. 2 BGB gesetzlich geregelt ist. Lebt das minderjährige Kind im Haushalt eines oder beider Elternteile, wird das Kindergeld an diese ausgezahlt und ist in diesem Fall zu je ½ auf den Bar- und den Betreuungsbedarf anzurechnen[488].

659

4. Leistungs*un*fähigkeit vorrangig verpflichteter Unterhaltspflichtiger (§ 1607 Abs. 1 BGB)

Eine Zahlungsverpflichtung für **Enkelunterhalt** setzt nach § 1607 Abs. 1 BGB Leistungsunfähigkeit des vorrangig Unterhaltspflichtigen voraus. **Leistungsunfähigkeit liegt jedenfalls so lange nicht vor**, wie der Mindestbedarf nach Einkommensstufe 1 der Düsseldorfer Tabelle der unterhaltsberechtigten Kinder von den vorrangig unterhaltspflichtigen Eltern erfüllt werden kann[489]. Erst wenn der vorrangig Unterhaltspflichtige nicht in der Lage ist, den Bedarf nach Einkommensstufe 1 des Düsseldorfer Tabelle zu leisten, kommt eine **Ersatzhaftung der Großeltern** in Betracht. Dabei kann sich diese Ersatzhaftung in Mangelfällen auch auf die Differenz zwischen dem Mindestbedarf des Kindes nach Einkommensstufe 1

660

---

485 BGH v. 19.05.1985 – IVb ZR 30/84, FamRZ 1985, 916.
486 Statt aller: Palandt/*Brudermüller*, § 1612b Rn. 2.
487 BGH v. 08.06.2005 – XII ZR 75/04, FamRZ 2006, 26.
488 OLG Hamm v. 26.05.2004 – 11 UF 183/03, FamRZ 2005, 539.
489 OLG Karlsruhe v. 26.10.2001 – 2 WF 70/00, FamRZ 2001, 782.

und die vom vorrangig Unterhaltspflichtigen geschuldete Unterhaltsleistung begrenzen. In diesen Fällen ist ein Regress der Großeltern gegen die leistungsunfähigen Eltern ausgeschlossen. Ein Unterhaltsregress setzt eine bestehende Unterhaltspflicht des vorrangig Haftenden voraus. Da der leistungsunfähige vorrangig Verpflichtete aber nach § 1603 Abs. 1 BGB nicht unterhaltspflichtig ist, scheidet ein Regress aus.

661   Ein Fall der Leistungsunfähigkeit liegt nicht vor, soweit dem unterhaltspflichtigen Elternteil **fiktive Einkünfte** zugerechnet werden. Die Zurechnung fiktiver Einkünfte begründet unterhaltsrechtliche Leistungsfähigkeit nach §§ 1603 ff. BGB, so dass die regresslose Enkelunterhaltspflicht nach § 1607 Abs. 1 BGB in diesen Fällen nicht in Betracht kommt. In Betracht kommt in diesen Fällen allerdings eine Enkelunterhaltspflicht nach § 1607 Abs. 2 BGB, weil trotz angenommener Leistungsfähigkeit die Durchsetzung der Unterhaltsansprüche gegen den unterhaltspflichtigen Elternteil vielfach nicht möglich ist. Für die Beurteilung der Leistungsfähigkeit des vorrangig Unterhaltspflichtigen ist eine zivilistische Sichtweise maßgeblich. Wer zu Unterhaltszahlungen aufgrund eines Titels verpflichtet ist, ist leistungsfähig. Können Zahlungen von ihm nicht zu erlangen sein, weil die Zwangsvollstreckung ins Leere geht, liegt ein Fall des § 1607 Abs. 2 BGB vor (dazu Rn. 662)[490]. Dies hat zur Folge, dass Unterhaltsansprüche, soweit sie von den Großeltern befriedigt werden, gegen den vorrangig verpflichteten Elternteil auf die Großeltern übergehen.

5. Mangelhafte Durchsetzbarkeit des Unterhaltsanspruchs (§ 1607 Abs. 2 BGB)

662   Eine **echte Ersatzhaftung** tritt ein, wenn der Unterhaltsberechtigte seinen Unterhaltsanspruch im Inland nicht geltend machen oder durchsetzen kann. Dabei kann nunmehr fraglich sein, ob jegliche Auslandszuständigkeit die unterhaltsrechtliche Großelternhaftung auslöst. Jedenfalls für das Rechtsgebiet der Europäischen Union ist dies berechtigterweise zu bezweifeln[491].

663   Ein **unbekannter Aufenthaltsort** des Unterhaltspflichtigen ist für sich allein genommen noch kein Grund für das automatische Einsetzen der Großelternhaftung für den Enkelunterhalt, da ggf. eine Klage nach § 203 Abs. 1 ZPO öffentlich zugestellt werden kann. Allerdings wird mangelnde Durchsetzbarkeit eines Unterhaltsanspruchs gegen einen Unterhaltspflich-

---

490 OLG Koblenz v. 17.05.2004 – 13 UF 199/04, FamRB 2005, 7 = OLGR 2005, 22.
491 So auch AG Leverkusen v. 16.05.2002 – 34 F 150/01, FamRZ 2003, 627; Staudinger/ *Engler*, § 1607 Rn. 14.

tigen dann anzunehmen sein, wenn kein Vermögen des Unterhaltspflichtigen bekannt ist, in das die Vollstreckung betrieben werden könnte[492].

Mangelnde Durchsetzbarkeit eines bestehenden Unterhaltsanspruchs **664** gegen einen vorrangig Unterhaltspflichtigen ist nicht schon dann gegeben, wenn ein **Vollstreckungsversuch erfolglos** war. Beruht nämlich die Erfolglosigkeit der Zwangsvollstreckung auf mangelnder Leistungsfähigkeit des primär haftenden Elternteils, ist kein Fall der Haftung der Großeltern nach § 1607 Abs. 2 BGB im Wege der Ersatzhaftung gegeben, vielmehr haften die Großeltern in diesen Fällen nach § 1607 Abs. 1 BGB im Wege der Primärhaftung (vgl. Rn. 644).

Ist der **Vater eines Kindes dagegen nicht feststellbar**[493], ist ein Fall **665** der Durchsetzbarkeitsstörung gegeben, so dass eine unterhaltsrechtliche **Ersatzhaftung** nach § 1607 Abs. 2 BGB der Großeltern eingreift. In diesen Fällen geht der Unterhaltsanspruch gegen den Erzeuger des Kindes nach § 1607 Abs. 2 S. 2 BGB auf die den Unterhalt leistenden Großeltern über.

6. Leistungsfähigkeit der Großeltern

a) Selbstbehalt

Eine **Haftung der Großeltern für den Enkelunterhalt** nach § 1607 **666** BGB ist nur gegeben, wenn die Großeltern unterhaltsrechtlich leistungsfähig sind (§ 1603 Abs. 1 BGB). Dabei billigen Rechtsprechung[494] und Literatur[495] wegen der nachrangigen Haftung der Großeltern diesen – ähnlich wie den unterhaltspflichtigen Kindern im Elternunterhalt – einen großzügigen Selbstbehalt zu. Der BGH[496] hat dabei ausdrücklich auf seine Rechtsprechung zum Elternunterhalt Bezug genommen (vgl. Rn. 394 ff.). Dies bedeutet, dass den unterhaltsrechtlich in Anspruch genommenen Großeltern wie auch im Elternunterhalt ein dynamischer Selbstbehalt in Höhe der Hälfte der den Selbstbehalt nach Ziff. 21.3.3. der unterhaltsrechtlichen Leitlinien der OLG (s. www.famrz.de) übersteigenden Einkünfte zuzüglich des Selbstbehaltes von 1.500 € für Alleinstehende und 2.700 € für Verheiratete zusteht.

492 Staudinger/*Engler,* § 1607 Rn. 18.
493 OLG Brandenburg v. 25.02.2003 – 10 UF 82/02, FamRZ 2004, 560.
494 OLG Koblenz v. 17.05.2004 – 13 UF 199/04, OLGR 2005, 22; OLG Schleswig v. 29.04.2004 – 13 UF 146/03, FamRZ 2004, 1058 m. Anm. *Luthin;* OLG Schleswig v. 10.06.2004 – 13 UF 15/04, OLGR 2004, 429; OLG Hamm v. 12.06.2003 – 3 UF 460/02, FamRZ 2005, 57.
495 Heiß/Born/*Hußmann,* Kap. 13, Rn. 44; Wendl/Dose/*Klinkhammer,* § 2 Rn. 396; *Schwab* in Schwab/Henrich, Familiäre Solidarität, S. 55; *Lipp,* NJW 2002, 2201.
496 BGH v. 08.06.2005 – XII ZR 75/04, FamRZ 2006, 26; OLG Dresden v. 09.11.2005 – 21 UF 486/05, OLGR 2006, 132 = FamRZ 2006, 569.

b) Abzüge vom Einkommen

667   Der BGH hat auch ausdrücklich auf seinen Leitsatz zum Elternunterhalt verwiesen, wonach der Unterhaltspflichtige keine spürbare und dauerhafte Senkung seines berufs- und einkommenstypischen Lebensniveaus hinzunehmen brauche, soweit er nicht einen nach den Verhältnissen unangemessenen Aufwand betreibe[497]. Diese Formulierung in der Entscheidung unterscheidet sich geringfügig von der in der Entscheidung v. 23.10.2002 benutzten Formulierung[498]. Damals hatte der BGH ausgeführt, ein Verpflichteter brauche keine spürbare und dauerhafte **Senkung seiner Lebensverhältnisse** hinzunehmen, es sei denn, er lebe im **Luxus**. Die jetzt benutzte Formulierung, dass die **unterhaltsrechtliche Leistungsgrenze** ein ,**nach den Verhältnissen unangemessener Aufwand**' sei, lässt insoweit aufhorchen. Die Luxusgrenze im Elternunterhalt ist absolut, der ,nach den Verhältnissen unangemessene Aufwand' ist relativ. Dies könnte bedeuten, dass die unterhaltsrechtliche Leistungsfähigkeit von Großeltern ihren Enkeln gegenüber strenger zu beurteilen sei, als die von Kindern im Verhältnis zu ihren Eltern. Ein unangemessener Aufwand ist nämlich schon dann anzunehmen, wenn das Einkommen gut verdienender Großeltern vollständig für deren Lebenshaltungskosten aufgezehrt wird, so dass keine Sparleistungen mehr getätigt worden sind, obwohl ein solches Einkommen üblicherweise Sparleistungen ermöglichen würde. Im Elternunterhalt würde dies zur Leistungsunfähigkeit führen[499]. Interpretiert man die jetzt vom BGH vorgenommene sprachliche Modifikation als Erweiterung der Großelternhaftung im Verhältnis zum Elternunterhalt, ließe sich das argumentativ ohne weiteres damit rechtfertigen, dass die Großelternhaftung im Unterschied zum Elternunterhalt aus dem Verursachungsprinzip gerechtfertigt ist. Großeltern können etwas dafür, dass Enkelkinder vorhanden sind, Kinder haben jedoch für die Existenz ihrer Eltern keinerlei Ursache gesetzt. Letztendlich findet man auch in der Rangfolgeregelung des § 1609 BGB ein Argument, eine strengere unterhaltsrechtliche Haftung von Großeltern ihren Enkelkindern gegenüber anzunehmen (vgl. dazu Rn. 677). Andererseits ist auch zu berücksichtigen, dass beim Elternunterhalt die Direkthaftung der nächsten Generation begründet wird, während im Enkelunterhalt die Elterngeneration des unterhaltsbedürftigen Kindes zwischen dem Unterhaltpflichtigen und dem Bedürftigen steht.

668   **Der Vorrang der Deszendentenhaftung** und die verwandtschaftlich größere Entfernung des Enkels im Verhältnis zum Elternteil neutralisieren sich weitgehend. Folgt man diesen Prinzipien, können beim Enkelunterhalt

497 BGH v. 08.06.2005 – XII ZR 75/04, FamRZ 2006, 26.
498 BGH v. 23.10.2002 – XII ZR 266/99, FamRZ 2002, 1698.
499 OLG Hamm v. 22.11.2004 – 8 UF 411/00, FamRZ 2005, 1193; aber differenzierend OLG Hamm v. 02.11.2004 – 3 UF 263/00, FamRZ 2005, 1193.

die gleichen großzügigen Abzüge wie beim Elternunterhalt berücksichtigt werden (vgl. Rn. 220 ff.). Allerdings wird häufig zu bedenken sein, dass jedenfalls bei im Ruhestand befindlichen Großeltern eventuelle Abzüge aufgrund einer zusätzlichen Altersversorgung einer besonderen Begründung bedürfen. Aus dem Kreis der Vorsorgeaufwendungen dürften i.d.R. **Krankenversicherungsaufwendungen, Beerdigungskostenrücklagenbildung** (Sterbeversicherung) sowie **Pflege- und Pflegezusatzversicherungskosten** zu berücksichtigen sein.

c) Latente Unterhaltslast

Abzüge vom Einkommen des Unterhaltspflichtigen können nach   669
der Rechtsprechung dann nicht mehr großzügig vorgenommen werden, wenn für die Großeltern absehbar ist, auf Enkelunterhalt in Anspruch genommen zu werden. In diesen Fällen sollen sie ihren Lebenszuschnitt auf die zu erwartende Unterhaltspflicht einstellen können[500]. Dieses Problem wird unter dem Aspekt der **latenten Unterhaltsverpflichtung** diskutiert. Dann, wenn tatsächlich aufgrund objektiver Faktoren die Großeltern Kenntnis von dem bevorstehenden Eintritt einer Unterhaltsverpflichtung haben, mag man eine großzügigere Handhabung der unterhaltsrechtlichen Berücksichtigung von Verbindlichkeiten, die die Großeltern nach dem Zeitpunkt der Kenntnis der Unterhaltpflicht eingegangen sind, ablehnen. Allerdings fragt sich, wann dieser Zeitpunkt anzunehmen ist. Da die Großeltern nicht ahnen können, dass das bedürftige Enkelkind keine Sozialhilfe beantragt (vgl. Rn. 655), kann eine Kenntnis der Inanspruchnahme nicht schon bei Kenntnis des Bedarfs, sondern erst ab **Kenntnis der Inanspruchnahme** angenommen werden.

d) Fiktive Einkünfte der Großeltern

Ob Großeltern zur Finanzierung des Unterhaltsbedarfs von Enkelkin-   670
dern eine **Erwerbsobliegenheit** trifft mit der Folge, dass ihnen bei deren Verletzung fiktive Einkünfte zuzurechnen wären, aus denen ggf. der Enkelunterhalt zu zahlen wäre, ist bislang wohl noch nicht entschieden worden[501]. Die Fallgestaltung ist keineswegs exotisch. Großeltern sind häufig noch in arbeitsfähigem Alter. Gleichwohl stehen sie teilweise unter erheblichem betrieblichen und gesellschaftlichen Druck, vorgezogene Ruhestandsvereinbarungen zu schließen, um aus dem Erwerbsleben auszuscheiden. Auch sind Fälle denkbar, in denen Großeltern sich in bescheidenen Verhältnissen etabliert haben, um in geringfügigerem als normalem Um-

---

500 BGH v. 08.06.2005 – XII ZR 75/04, FamRZ 2006, 26; ebenso Wendl/Dose/*Klinkhammer*, § 2 Rn. 396; *Luthin*, FamRB 2005, 19.

501 AG Wuppertal v. 21.01.2004 – 267 F 153/03, FamRZ 2004, 1746.

fang zu arbeiten. Nähme man in diesen Fällen eine Erwerbsobliegenheit an, wäre konsequenterweise zu prüfen, ob ihre Verletzung unterhaltsrechtlich zu sanktionieren sei, mit der Folge, dass fiktives Einkommen zuzurechnen wäre. Dies würde zu Gunsten des Enkels einen Barunterhaltsanspruch begründen, den die Großeltern aus laufenden Einkünften nicht befriedigen könnten, was wiederum zu Folge hätte, dass eventuell vorhandenes Vermögen, aus dem die Großeltern ihren Lebensunterhalt bestreiten, für den Enkelunterhalt verwertet werden müsste.

671   Eine **Erwerbsobliegenheit im Unterhaltsverhältnis zwischen Eltern und Kindern** ist mit der für die unterhaltspflichtigen Eltern erkennbaren Unmöglichkeit des Kindes, den eigenen Lebensunterhalt selbst zu sichern, zu begründen. Solange das Kind seinen Lebensunterhalt selbst finanzieren kann, besteht auch für die Annahme einer Erwerbsobliegenheit kein Raum. Solange ein minderjähriges Kind über Vermögen verfügt, aus dessen Ertrag es den eigenen Lebensunterhalt finanzieren kann, besteht eine Erwerbsobliegenheit für die Verwandten nicht. Entfällt dieses Vermögen jedoch, entsteht für die Unterhaltspflichtigen eine Erwerbsobliegenheit. Wie alle Obliegenheiten ist ihr Entstehen jedoch nach Treu und Glauben zu beurteilen, wobei in die Abwägung die Dringlichkeit des Bedarfs, die Intensität der Erwerbszumutung und schließlich auch die Nähe des Unterhaltsrechtsverhältnisses einzubeziehen ist[502].

672   Die **Dringlichkeit des Bedarfs** eines Kindes ist umso größer je geringer seine eigenen Möglichkeiten sind, seinen Bedarf selbst oder durch Unterhaltsleistungen vorrangig Verpflichteter zu erfüllen. Der Gesetzgeber selbst hat den Bedarf eines minderjährigen Kindes in § 1602 Abs. 2 BGB insoweit besonders privilegiert, als ein Unterhaltsanspruch des Minderjährigen auch durch eigenes Vermögen nicht ausgeschlossen wird. Der Minderjährige hat vielmehr nur die Erträgnisse, nicht aber auch den Stamm seines Vermögens zu verwerten. Damit stellt der Gesetzgeber selbst Kriterien für die Bemessung der Intensität des Unterhaltsbedarfs zur Verfügung. Bei Minderjährigen ist dieser besonders hoch anzusehen, solange diese keinerlei Möglichkeit haben, ihren Bedarf anderweitig als durch Unterhaltsleistungen zu befriedigen.

673   Andererseits wird die Dringlichkeit des Bedarfs dadurch vermindert, dass das bedürftige Kind Anspruch auf Sozialleistungen zur Deckung seines Bedarfs hat, die nicht zu einem Rückgriff des Trägers der Sozialhilfe gegen die Großeltern führt, weil insoweit die Rückgriffssperre des § 94 SGB XII greift. Auch dies macht deutlich, dass der Gesetzgeber selbst die Sicherung des Existenzminimums des Kindes in den Fällen des Ausfalls der Unterhaltspflicht der Eltern der Allgemeinheit aufbürden wollte und

---

502 Vgl. zu den familienrechtlichen Obliegenheiten *Melchers/Hauß*, Rn. 73–100.

jedenfalls einen Unterhaltsregress des Sozialhilfeträgers nicht eingeführt hat.

Die **Intensität der Erwerbszumutung** ist anhängig davon, in welcher konkreten Situation der Unterhaltspflichtige sich befindet. Es handelt sich dabei um eine Gemengelage aus objektiven und subjektiven Umständen. Alter, Ausbildungs- und Gesundheitszustand des Unterhaltspflichtigen spielen dabei ebenso eine Rolle wie die Lage auf dem Arbeitsmarkt und die persönliche sowie familiäre Lebenssituation des Unterhaltspflichtigen. So greift eine Erwerbsobliegenheit, die einem Großelternteil mittleren Alters auferlegt würde, der eine teilzeitige Tätigkeit ausübt und ihm abverlangte, seine Tätigkeit um eine Arbeitsstunde täglich auszuweiten, weniger stark in die persönliche Lebensplanung ein als die Erwerbsobliegenheit eines Vorruheständlers, der sich zur Erfüllung von Unterhaltspflichten eines Enkels beruflich zu reaktivieren hätte. Insoweit ist im Einzelfall stets abzuwägen, ob dem auf Enkelunterhalt in Anspruch genommenen Großelternteil in der konkreten Situation die Aufnahme oder Ausdehnung einer Berufstätigkeit zuzumuten ist. In der Regel wird dies nicht zuzumuten sein.   674

Nach § 1603 Abs. 2 BGB ist aufgrund der besonderen Nähe des Unterhaltsverhältnisses den **Eltern** auferlegt, ihren Kindern bis an die Grenze ihrer eigenen Existenz Unterhalt zu zahlen. Diese besondere Opfergrenze ist auch damit zu rechtfertigen, dass der Unterhaltsanspruch des Kindes gegen seine Eltern der einzige Unterhaltsanspruch ist, dem in Art. 6 GG Verfassungsrang eingeräumt wurde.   675

All diese Überlegungen können nur dazu führen, dass eine Erwerbsobliegenheit eines Großelternteils zur Finanzierung des Enkelunterhaltes i.d.R. nicht angenommen werden kann.   676

e) Vorrangige Unterhaltspflichten, Familien- und Gattenunterhalt

Dem Unterhaltsanspruch des Enkels geht der Familienunterhaltsanspruch gegen den Unterhaltspflichtigen nach (§ 1609 BGB). Der Unterhaltsanspruch des Enkels geht aber dem Elternunterhalt vor, was aus § 1609 Abs. 1 BGB folgt (Vorrang des Deszendentenunterhalts vor dem Aszendentenunterhalt).   677

III. Quotale Haftung der Großeltern mit anderen Verpflichteten

Genau wie im Fall des Elternunterhaltes haften auch im Enkelunterhalt gleich nahe Verwandte anteilig nach ihren **Erwerbs- und Vermögensver-**   678

hältnissen (§ 1606 Abs. 3 S. 1 BGB) für den Unterhaltsbedarf des Enkelkindes (vgl. insoweit auch Rn. 560 ff.). Konkret bedeutet dies, dass **alle vier Großeltern** eines Kindes im Fall der Inanspruchnahme anteilig haften. Dabei ist auch in diesen Fällen darauf zu achten, dass es nicht nur um die Haftung der Großeltern mit ihrem Einkommen geht. Auch ein eventuell bei den Großeltern vorhandenes Vermögen ist für die anteilige Haftung einzusetzen.

679   Dabei ergibt sich wie beim Elternunterhalt (vgl. Rn. 505) das Problem, wie ein verwertbares Vermögen so dem Einkommen zugerechnet werden kann, dass die Haftungsanteile der Haftungsgenossen bestimmt werden können. Während im Elternunterhalt bei verwertbarem Vermögen des Unterhaltspflichtigen auf die voraussichtliche Lebensdauer des Elternteils abzustellen ist, kann beim Enkelunterhalt ein Vermögen nur auf die **voraussichtliche Unterhaltsdauer** verteilt werden. Regelmäßig kann man aber nicht davon ausgehen, dass mit Erreichen der Volljährigkeit die Unterhaltsbedürftigkeit des Enkelkindes endet. Da im Rahmen des Enkelunterhaltes auch die Finanzierung einer angemessenen Berufsausbildung geschuldet wird (vgl. Rn. 533), lässt sich realistischerweise bei einem Kleinkind ein Unterhaltszeitraum von ca. 25 Jahren annehmen. Bei einem **Vermögenseinsatz der Großeltern** ist darüber hinaus anhand der Sterbetafeln ggf. zu ermitteln, ob der Zeitraum des Vermögenseinsatzes die gesamte Bedarfszeit des Enkels umfasst.

	Großvater (67)	Großmutter (62)	Großvater (73)	Großmutter (60)
Enkel, 8 Jahre, Bedarf: 364 – Kindergeld: 92 =	272,00 €			
Rechnungszins für Kapitalkalkulation	3,25%			
Monate voraussichtlichen Bedarfs bis 25 Jahre – 8 = 17 * 12	204	204	204	204
verwertbares Vermögen	11.000,00 €	4.500,00 €	23.000,00 €	21.000,00 €
	-74,74 €			
Verwertungsdauer 25 – 8 =17 Jahre bei Rechnungszins 3,25% monatlich:	70,25 €	28,74 €	146,89 €	134,12 €
Einkommen	3.200,00 €		2.400,00 €	200,00 €
Lebenserwartung der Groß eltern in Monaten nach Sterbetafel 2006/08	188	276	139	297
Leistungszeit bis 25. Lebensjahr d. Enkels in Abhängigkeit von der Lebenserwartung der Groß eltern	188	204	139	204
aus dem verwertbaren Vermögen in der Leistungszeit generiertes Einkommen, Rechnungszins 2 %/Jahr*)	68,20 €	26,04 €	185,51 €	121,52 €
Wohnwert			700,00 €	
Einkommen für Enkelunterhalt	3.268,20 €	26,04 €	3.285,51 €	321,52 €
./. Krankenversicherung	–500,00 €	– €	–450,00 €	– €
anrechenbares Einkommen	2.768,20 €	26,04 €	2.835,51 €	321,52 €
Anteile am Familienunterhalt in %	99 %	1 %	90 %	10 %
./. Selbstbehalt	–2.700,00 €		–2.700,00 €	
Familienunterhalt = Selbstbehalt + ½ des darüber hinausgehenden Einkommens	2.747,12 €		2.928,52 €	
Anteile am Familienunterhalt in €	2.721,52 €	25,60 €	2.630,27 €	298,25 €
Leistungsfähigkeit für Enkelunterhalt	46,68 €	0,44 €	205,24 €	23,27 €
Summe der Leistungsfähigkeit	275,64 €			
Bedarf des Enkels:	272,00 €			
Leistungsfähigkeit in %	17 %	0 %	74 %	8 %
Anteile am Enkelunterhalt	47,00 €	0,00 €	205,00 €	23,00 €

Die Verrentung des verwertbaren Vermögens erfolgte mit der Excel-Formel: = RMZ (2 %/12; Leistungszeit; verwertbares Vermögen)

Dieses Beispiel macht auch deutlich, welch ein **Darlegungsaufwand**   680
für die **Schlüssigkeit einer Klage** auf Enkelunterhalt erforderlich ist. Da zur Schlüssigkeit der Klage gegen einen Haftungsgenossen die Berechnung seiner Haftungsquote gehört[503], ist in jedem Fall eine konkrete Darlegung der Haftungsquote erforderlich.

---

503 *Götz*, S. 42.

D. Verteidigungsstrategien gegen Elternunterhalt

Die Anwaltschaft wird mit dem Elternunterhalt nahezu ausschließlich **681** aus Sicht der Unterhaltspflichtigen konfrontiert. Dabei sind die Fälle, in denen Unterhaltsberechtigte unmittelbar Unterhaltsansprüche gegenüber ihren Kindern geltend machen, verschwindend gering. Im Regelfall wird der Unterhaltsanspruch des pflegebedürftigen alten Menschen vom Träger der Sozialhilfe gegenüber dem unterhaltspflichtigen Kind geltend gemacht, nachdem der Unterhaltsanspruch des Pflegebedürftigen im Wege der Legalzession auf den Träger der Sozialhilfe § 94 SGB Abs. 2 XII übergegangen nach ist. Dies führt zu einer weitgehenden Entemotionalisierung des Rechtsstreites, da eine unmittelbare rechtliche Konfrontation zwischen dem unterhaltsbedürftigen Elternteil und dem unterhaltspflichtigen Kind nicht stattfindet.

Gleichwohl ist in der anwaltlichen Beratung nicht zu übersehen, dass **682** sich die auf Elternunterhalt in Anspruch Genommenen oftmals nur mit reduzierter Verteidigungsbereitschaft gegen die Inanspruchnahme wehren, weil sie fürchten, vor sich selbst oder ihrer Umwelt als „undankbare Kinder" stigmatisiert zu werden (vgl. auch Rn. 27 ff.).

Die im Nachfolgenden dargestellten **Verteidigungsstrategien gegen** **683** **Elternunterhalt** setzen zu einem frühen Zeitpunkt an. Ob sie alle ins Feld geführt werden müssen, ist abhängig von der Belastbarkeit der Argumente und der Mandanten.

Elternunterhaltsansprüche werden regelmäßig durch den Träger der So- **684** zialhilfe geltend gemacht. Dieser kann nunmehr Elternunterhaltsansprüche wieder auf Grund einer Legalzession geltend machen (§ 94 Abs. 2 SGB XII).

Es ist bereits darauf hingewiesen worden, dass der Elternunterhalt sich **685** systematisch schlecht in das geltende Recht integriert. Dies setzt sich bei der Vorschrift über den gesetzlichen Übergang der Unterhaltsansprüche auf den Träger der Sozialhilfe fort. Nach § 94 Abs. 2 SGB XII geht der Anspruch einer volljährigen unterhaltsberechtigten Person, die **behindert** im Sinne von § 53 SGB XII oder **pflegebedürftig** im Sinne von § 61 SGB XII ist, **gegenüber ihren Eltern** wegen Leistungen nach dem 6. und 7. Kapitel (Eingliederung und Hilfe zur Pflege) nur in Höhe von bis zu 26,00 € und wegen Leistungen nach dem 3. Kapitel nur in Höhe von bis zu 20,00 € monatlich auf den Sozialhilfeträger über.

686   Es verwundert, dass bei der erheblich intensiveren Unterhaltsbeziehung von Eltern zu ihren Kindern bei einem Pflegebedarf der Kinder die Überleitung von Unterhaltsansprüchen auf Minimalbeträge beschränkt wird, während beim Elternunterhalt, für den Unterhaltsansprüche nach § 94 Abs. 1 SGB XII übergeleitet werden, eine derartige Limitierung nicht gegeben ist.

687   Ähnlich unlogisch und unsystematisch ist die Rückgriffsmöglichkeit des Trägers der Sozialhilfe im Fall der **Gewährung von Grundsicherung** nach dem ehemaligen Grundsicherungsgesetz, das nunmehr in §§ 41 ff. SGB XII integriert ist. Nach § 43 Abs. 2 SGB XII ist die Inanspruchnahme von nach bürgerlichem Recht Unterhaltspflichtigen für einen unterhaltsrechtlichen Regress des Sozialhilfeträgers bei Gewährung von Grundsicherung nur dann möglich, wenn dessen Einkünfte 100.000,00 € übersteigen. Auf die argumentative Friktion hat bereits das BVerfG in seiner Entscheidung vom 07.06.2005[504] hingewiesen. Zuvor hat der BGH die Schwäche des Elternunterhaltes u. a. mit dieser gesetzgeberischen Entscheidung begründet. Beide Rückgriffsmöglichkeiten passen nicht in das System einer unlimitierten Unterhaltsverpflichtung von Elternunterhalt. Wenn schon der Rückgriff des Sozialhilfeträgers bei einem pflegebedürftigen behinderten volljährigen Kind gegen die Eltern nur in Höhe von maximal 46,00 € möglich sein soll (§ 94 Abs. 2 SGB XII), dann gibt es kein Argument, einen unlimitierten Zugriff beim Elternunterhalt zuzulassen.

I. Verwirkung durch Zeitablauf

688   Dem Aspekt der **Verwirkung durch Zeitablauf** kommt im Bereich des Elternunterhaltes eine besondere Bedeutung zu. Macht ein unterhaltsberechtigter Elternteil Unterhaltsansprüche geltend und setzt er diese nicht zeitnah durch, kann der Unterhaltspflichtige **nach Ablauf eines Jahres** den Einwand der Verwirkung erheben, ohne dass an das Umstandsmoment besondere Anforderungen zu stellen sind[505].

689   Die Verwirkung eines Anspruches nach § 242 BGB kommt in Betracht, wenn der Berechtigte einen Anspruch längere Zeit nicht geltend macht (**Zeitmoment**), obwohl er hierzu in der Lage wäre und sich der Beklagte somit darauf eingerichtet hat, dass dies auch in Zukunft nicht der Fall sein

---

504 BVerfG v. 07.06.2005 – 1 BvR 1508/96, FamRZ 2005, 1051.
505 BGH v. 23.10.2002 – XII ZR 266/99, FamRZ 2002, 1698.

wird[506] (**Umstandsmoment**). Zwar stehe es einem Gläubiger grundsätzlich zu, Fristen auszuschöpfen, doch können im Einzelfall Umstände vorliegen, welche die Ausübung eines Rechts als unzulässig erscheinen lassen.

Für das **Zeitmoment** ist es erforderlich, dass der Anspruch im Laufe eines bestimmten Zeitraumes nicht geltend gemacht wird, wobei eine pauschale Bestimmung des Zeitraumes nicht möglich ist[507]. Maßgeblich ist vielmehr, dass eine Zeitspanne verstrichen ist, nach welcher mit einer Geltendmachung des Rechts vernünftigerweise nicht mehr zu rechnen ist[508].

690

Hierbei ist zu beachten, dass **Zeitmoment und Umstandsmoment** nicht selbstständig nebeneinander stehen, sondern sich wechselseitig beeinflussen[509]. Ein maßgebliches Kriterium hier ist u. a. wie viel **Vertrauen der Berechtigte in die Nichtumsetzung des möglichen Rechts** erzeugt. Derartiges Vertrauen wird beispielsweise erzeugt durch ein Verhalten, welches nahe an einem **konkludenten Verzicht** liegt, indem etwa der Berechtigte bei der Verhandlung über einen relevanten Sachverhalt einen Anspruch nicht geltend macht[510].

691

Der BGH ist in diesem Zusammenhang der Auffassung, dass der **Schuldnerschutz bei Unterhaltsrückständen** für eine mehr als ein Jahr zurückliegende Zeit besondere Beachtung verdient[511] und stellt somit an das **Zeitmoment** betreffend der Verwirkung von Unterhaltsansprüchen keine hohen Anforderungen. Es ist als erfüllt anzusehen, wenn die **Rückstände Zeitabschnitte betreffen, die mehr als ein Jahr zurückliegen**. Diese Wertung kommt auch in § 1585b Abs. 3 BGB für den nachehelichen Unterhalt deutlich zum Ausdruck.

692

Dies gilt ebenso, wenn **Ansprüche aus übergegangenem Recht** geltend gemacht werden, da sich durch den Übergang Umfang, Inhalt und Natur des Anspruches nicht verändern und ein Unterhaltsgläubiger, wegen der Zweckbestimmung des Anspruches zur Deckung laufender Kosten, damit rechnen kann, zeitnah in Anspruch genommen zu werden[512].

693

Neben dem Zeitmoment kommt es für eine Verwirkung auf das **Umstandsmoment** an. Dieses ist gegeben, wenn zu der verspäteten Geltendmachung Umstände hinzutreten, aufgrund derer der Unterhaltsverpflichtete sich nach **Treu und Glauben** darauf einrichten durfte, nicht mehr in

694

---

506 Palandt/*Grüneberg,* § 242 Rn. 95.
507 Dauner-Lieb/Heidel/Ring/*Krebs,* § 242 Rn. 106.
508 MünchKomm/*Roth,* § 242 Rn. 303.
509 BGH, 19.12.2000 – X ZR 150/98, GRUR 2001, 323, 327.
510 So ausdrücklich: Dauner-Lieb/Heidel/Ring/*Krebs,* § 242, Rn. 107 m.w.N.
511 BGH v. 23.10.2002 – XII ZR 266/99, FamRZ 2002, 1698.
512 BGH v. 23.10.2002 – XII ZR 266/99, FamRZ 2002, 1698.

Anspruch genommen zu werden und sich entsprechend hierauf eingerichtet hat[513].

695   Grundsätzlich werden an das **Umstandsmoment** erhöhte Anforderungen gestellt. So ist beispielsweise von einer Verwirkung des Unterhaltsanspruches nur dann auszugehen, wenn ein Schuldner für mögliche Nachforderungen keine Rückstellungen gebildet hat oder es unterlassen hat, angesichts möglicher Nachforderungen seine Lebensverhältnisse anzupassen, um wirtschaftliche Schwierigkeiten infolge der Inanspruchnahme zu vermeiden[514].

696   Eine **Ausnahme von diesem Grundsatz** bildet der Bereich des **Elternunterhalts**, indem hier **weniger strenge Voraussetzungen** an die Erfüllung des Umstandsmomentes zu stellen sind[515]. Im Elternunterhalt kommt es nicht darauf an, dass der Pflichtige seine Lebensführung in Erwartung der unterbliebenen Inanspruchnahme anders gestaltet hat[516]. Deswegen führt bereits die Nicht-Geltendmachung eines Teilanspruches zu einem abstrakten Vertrauensschutz. Der zuvor vom XII. Zivilsenat stets geforderten „**Vertrauensinvestition**" bedarf es hier somit nicht[517]. Selbst in der Ankündigung, weitere Unterhaltsansprüche geltend zu machen, hat die Rechtsprechung dann keinen die Verwirkung hindernden Umstand angenommen, wenn zwischen der Ankündigung und der tatsächlichen Geltendmachung des Unterhaltes für den fraglichen Zeitraum mehr als 1 Jahr liegt[518].

BGH, v. 23.10.2002 – XII ZR 266/99, FamRZ 2002, 1698

… Eine Verwirkung kommt nach allgemeinen Grundsätzen in Betracht, wenn der Berechtigte ein Recht längere Zeit nicht geltend macht, obwohl er dazu in der Lage wäre, und der Verpflichtete sich mit Rücksicht auf das gesamte Verhalten des Berechtigten darauf einrichten durfte und eingerichtet hat, dass dieser sein Recht auch in Zukunft nicht geltend machen werde. Insofern gilt für Unterhaltsrückstände, die allein Gegenstand des vorliegenden Rechtsstreits sind, nichts anderes als für andere in der Vergangenheit fällig gewordene Ansprüche (Senatsurteil, BGHZ 84, 280, 281 = FamRZ 1982, 898). Vielmehr spricht gerade bei derartigen Ansprüchen vieles dafür, an das sog. Zeitmoment der Verwirkung keine strengen Anforderungen zu stellen. Nach § 1613 I BGB kann Unterhalt für die Vergangenheit ohnehin nur ausnahmsweise gefordert werden. Von einem Unterhaltsgläubiger, der lebensnot-

---

513   Bamberger/Roth/*Grüneberg*, § 242, Rn. 141 m.w.N.; BGH v. 27.06.1957 – II ZR 15/56, BGHZ 25, 47, 52; v. 16.06.1982 – IVb ZR 709/80; v. 13.01.1988 – IVb ZR 7/87, FamRZ 1988, 370.

514   Vgl. statt vieler: Dauner-Lieb/Heidel/Ring/*Krebs,* § 242, Rn. 109 m.w.N.

515   BGH v. 23.10.2002 – XII ZR 266/99, FamRZ 2002, 1698 ff.

516   *Brudermüller*, NJW 2004, 631, 639.

517   *Brudermüller*, NJW 2004, 631, 639.

518   OLG Frankfurt, 23.11.2005 – 3 UF 122/99, FamRZ 2000, 1391.

wendig auf Unterhaltsleistungen angewiesen ist, muss eher als von einem Gläubiger anderer Forderungen erwartet werden, dass er sich zeitnah um die Durchsetzung des Anspruchs bemüht. Andernfalls können Unterhaltsrückstände zu einer erdrückenden Schuldenlast anwachsen. Abgesehen davon sind im Unterhaltsrechtsstreit die für die Bemessung des Unterhalts maßgeblichen Einkommensverhältnisse der Parteien nach längerer Zeit oft nur schwer aufklärbar. Diese Gründe, die eine möglichst zeitnahe Geltendmachung von Unterhalt nahe legen, sind so gewichtig, dass das Zeitmoment der Verwirkung auch dann erfüllt sein kann, wenn die Rückstände Zeitabschnitte betreffen, die etwas mehr als ein Jahr zurückliegen. Denn nach den gesetzlichen Bestimmungen der §§ 1585b III, 1613 II Nr. 1 BGB verdient der Gesichtspunkt des Schuldnerschutzes bei Unterhaltsrückständen für eine mehr als ein Jahr zurückliegende Zeit besondere Beachtung. Diesem Rechtsgedanken kann im Rahmen der Bemessung des Zeitmoments in der Weise Rechnung getragen werden, dass das Verstreichenlassen einer Frist von mehr als einem Jahr ausreichen kann (Senatsurteil, BGHZ 103, 62, 68 ff. = FamRZ 1988, 370). ...

Die **Verwirkungseinrede** hat bei Elternunterhaltsansprüchen eine besondere Bedeutung. Vielfach sind die Träger der Sozialhilfe, die mit der Geltendmachung übergeleiteter Unterhaltsansprüche betraut sind, nicht in der Lage, Unterhaltsansprüche innerhalb eines Jahres geltend zu machen. Je komplexer der unterhaltsrechtliche Tatbestand ist, je mehr unterhaltspflichtige Personen daran beteiligt sind und je aufwendiger die Ermittlung der Einkommensverhältnisse des oder der Unterhaltspflichtigen ist, umso eher wird es gelingen, einen Teil der Ansprüche über die Verwirkungsgrenze hinweg zu bringen. **697**

Deshalb ist es nicht immer ratsam, der auskunftsberechtigten Kommune gleich eine geordnete und übersichtliche Aufstellung des Einkommens des Unterhaltspflichtigen vorzulegen. Je mehr die Arbeit der Ermittlung des anrechenbaren Einkommens der Kommune selbst überbürdet wird, umso eher besteht die Möglichkeit, das Zeitmoment für die Verwirkungseinrede zu nutzen. **698**

Praxistipp: Aus **anwaltlicher Sicht** empfiehlt es sich daher immer, die Auskunftserteilung dem Mandanten selbst und dem Sozialhilfeträger zu überlassen und erst dann als Bevollmächtigter des Unterhaltspflichtigen in Erscheinung zu treten, wenn die Auskunft erteilt worden ist und möglichst vor Berechnung des Unterhaltes durch den Sozialhilfeträger gewichtige Ausführungen zu einzelnen Fragen des Unterhaltsanspruchs, des anrechenbaren Einkommens und einer eventuellen unterhaltsrechtlichen Mithaftung von Geschwistern zu machen. Erfahrungsgemäß verzögert ein derartiges Vorgehen – jenseits von jeder materiellrechtlichen Berechtigung – ein Unter- **699**

haltsverfahren oftmals so stark, dass aus zeitlichen Gründen eine Verwirkung des Unterhaltsanspruchs in Betracht gezogen werden kann.

700 **Praxistipp:** Aus **behördlicher Sicht** empfiehlt es sich zur Vermeidung der Verwirkungseinrede dem unterhaltspflichtigen Kind regelmäßig eine **Sachstandsmeldung** zuzusenden, aus der sich ergibt, dass trotz eines gewissen Zeitablaufs die Ermittlungen zur Berechnung der Unterhaltsverpflichtung fortlaufen und Unterhaltsrückstände ebenso wenig ‚aufgegeben' werden, wie die Geltendmachung der laufenden Unterhaltsforderungen. Solche ‚Sachstandsmeldungen' sollten – auch bei laufenden Prozessen – hinsichtlich der nicht im Prozess geltend gemachten laufenden Unterhaltsleistungen – mindestens einmal pro Jahr verschickt werden. Dabei darf es sich allerdings nicht nur um eine nichtssagende Existenzmitteilung handeln. Es sind die Gründe der Verzögerung zu benennen.

701   Auch unter dem Aspekt der Verwirkung sind **Nachforderungen** von Unterhalt durch den Berechtigten oder den Träger der Sozialhilfe zu werten. Dazu kommt es, wenn ein Sozialhilfeträger mit dem Unterhaltspflichtigen Verhandlungen über Unterhaltszahlungen führt und einen bestimmten Unterhaltsbetrag geltend macht, der nachträglich nach oben korrigiert wird. Auch in diesen Fällen ist nicht jede Korrektur nach oben unmöglich. Hat allerdings der Träger der Sozialhilfe eine bestimmte Forderung begründet, muss der Unterhaltspflichtige nicht damit rechnen, dass diese erhöht wird, sondern kann darauf vertrauen, dass zu einem späteren Zeitpunkt keine Nachforderung begründet wird.

OLG Celle v. 02.09.2008 – 10 UF 101/08, FamRZ 2009, 1076

… Der Anspruch auf Elternunterhalt ist teilweise verwirkt, wenn der Unterhaltspflichtige aufgrund entsprechender Mitteilungen der Unterhaltsberechtigten darauf vertrauen darf, dass die Unterhaltsberechtigte rückwirkend keinen höheren Unterhalt geltend machen wird. Soweit die Unterhaltsberechtigte im Verlauf der außergerichtlichen Korrespondenz ihre Unterhaltsforderung immer wieder ermäßigt hat, durfte der Unterhaltspflichtige darauf vertrauen, dass keine höhere Inanspruchnahme erfolgen wird. Dabei ist zu berücksichtigen, dass die durch außergerichtliche Schriftsätze erfolgten Ermäßigungen der Unterhaltsforderung jeweils Ergebnis der außergerichtlichen Korrespondenz waren, in welcher der Unterhaltspflichtige Abzugspositionen vorgetragen hat. …

II. Verwirkung gem. § 1611 BGB

In Bezug auf den Elternunterhalt reduziert § 1611 BGB den Unterhalts-   **702**
anspruch des Berechtigten auf einen Unterhalt, der der Billigkeit entspricht,
wenn der Unterhaltsberechtigte

- durch sittliches Verschulden bedürftig geworden ist,

- seine Unterhaltsverpflichtung gegenüber dem Pflichtigen gröblich vernachlässigt hat oder

- sich **gegenüber dem Unterhaltspflichtigen** oder einem nahen Angehörigen des Unterhaltspflichtigen einer **vorsätzlichen schweren Verfehlung** schuldig gemacht hat.

- daneben entfällt die Unterhaltsverpflichtung vollständig, wenn die
  Inanspruchnahme des Unterhaltspflichtigen grob unbillig wäre
  (§ 1611 Abs. 1 S. 2 BGB).

Das **sittliche Verschulden** muss von einem **erheblichen Gewicht**[519]   **703**
und für die eingetretene Bedürftigkeit **ursächlich** sein[520]. Unter diesen
Verwirkungstatbestand werden Trunk-, Spiel- und Drogensucht[521] gefasst,
wenn diese ursächlich für die eingetretene Bedürftigkeit sind.

1. Verwirkungsgrund der mangelnden Altersvorsorge

Zentrale Bedeutung gewinnt die Fragestellung, ob die **mangelnde Al-**   **704**
tersvorsorge des Unterhaltsberechtigten während seiner Erwerbszeit, die
für die Unterhaltsbedürftigkeit kausal ist, den Vorwurf eines sittlichen Verschuldens im Rahmen von § 1611 BGB begründen kann. Diese Fragestellung ist bislang in Literatur und Rechtsprechung wenig untersucht worden.
Grundsätzlich trifft jeden Erwerbstätigen die Verpflichtung, eine angemessene Altersvorsorge aufzubauen. Die **Obliegenheit zur Eigenvorsorge**
kann aus dem allgemeinen Sittengesetz[522] abgeleitet werden. Ein sittliches
Verschulden ist dann gegeben, wenn es um eine Vorwerfbarkeit von erheblichem Gewicht geht und das Verhalten sittliche Missbilligung verdient[523].

Bevor man sich im Bereich des Elternunterhaltes mit der Frage des sitt-   **705**
lichen Verschuldens beschäftigt, ist die Vorfrage zu stellen, ob der Unter-

519 KK-FamR/*Klein*, § 1611 Rn. 8.
520 Palandt/*Diederichsen*, § 1611 Rn. 3.
521 KG v. 18.12.2001 – 18 UF 35/01, FamRZ 2002, 1357.
522 Staudinger/*Engler*, § 1611 Rn. 14.
523 BGH v. 18.05.1983 – IVb ZR 375/81, FamRZ 1983, 803; BGH v. 06.12.1984 – IVb
    ZR 53/83, FamRZ 1985, 273.

haltsbedarf – das sittliche Verschulden hinweggedacht – entfiele, ob also das **sittliche Verschulden für den eingetretenen Unterhaltsbedarf kausal** ist. In den meisten Pflegebedarfsfällen wird dies nicht der Fall sein. Denn der Bedarf ist i.d.R. auch in diesen Fällen gegeben, in denen der Unterhaltsbedürftige angemessene Altersvorsorge betrieben hat. Zu einer jenseits der gesetzlichen Verpflichtung geschuldeten privaten Vorsorge für den Pflegefall ist der Unterhaltsberechtigte nicht verpflichtet.

706   Der BGH hat sich im Ehegattenunterhaltsrecht mit der Frage **mangelnder Bildung angemessener Altersvorsorge** auseinander gesetzt[524] und klargestellt, dass nicht jede Vernachlässigung der Obliegenheit, die Mittel zum eigenen Unterhalt im Rahmen des Zumutbaren selbst aufzubringen, als sittliches Verschulden anzusehen sei. Die Bedürftigkeit müsse vielmehr durch Verhaltensweisen herbeigeführt sein, „die bei objektiver Wertung sittlich zu missbilligen" seien. In diesem Zusammenhang führt er Trunksucht[525], Arbeitsscheue, Spielleidenschaft und Verschwendung als sittlich verwerflich an.

707   Dem ist mit Skepsis zu begegnen. Soweit die mangelhafte Altersvorsorge adäquate Folge eines Suchtverhaltens ist, ist nur dann ein sittliches Verdikt auszusprechen, wenn der Unterhaltsbedürftige nichts zur Bekämpfung und Behandlung seiner Sucht getan hat[526]. Sind Maßnahmen zur Bekämpfung der Sucht aus Willensschwäche des Süchtigen unterblieben, kann auch dies das sittliche Verschulden von erheblichem Gewicht aufheben und die Berufung auf Unterhaltsverwirkung verhindern[527].

708   Es wird erforderlich sein, die Fälle der Unterhaltsverwirkung aufgrund vorwerfbarer mangelnder Altersvorsorge zu systematisieren.

709   **Kein sittliches Verschulden** liegt vor, wenn der Arbeitsverdienst des Unterhaltsbedürftigen während der Erwerbsphase unverschuldet so niedrig gewesen ist, dass eine auskömmliche Altersversorgung nicht aufgebaut werden konnte. Dies schließt die Fälle unverschuldeter Arbeitslosigkeit oder Krankheit ein.

710   **Sittliches Verschulden** liegt vor, wenn trotz bestehender Möglichkeit Vorsorge für eine angemessene **Altersvorsorge** nicht betrieben wurde[528] und die **beharrliche Missachtung der Vorsorgeobliegenheit** einen sittlichen Vorwurf von erheblichem Gewicht begründet. Dies kann zweifelhaft sein, wenn der Unterhaltspflichtige von der mangelnden Altersvorsorge

---

524 BGH v. 18.05.1983 – IVb ZR 375/81, FamRZ 1983, 803.
525 So auch OLG Celle v. 09.12.2009 – 15 UF 148/09, FamRZ 2010, 817.
526 Palandt/*Brudermüller*, § 1579 Rn. 18 m.w.N.; *Finger*, FamRZ 1995, 969; Heiß/Born/*Hußmann*, Kap. 13, Rn. 77.
527 BGH v. 13.01.1988 – IV b ZR 15/87, FamRZ 1988, 375.
528 AG Frankfurt/M. v. 06.06.2001 – 35 F 7001/99, FPR 2002, 76.

profitiert hat. Wenn Eltern unter Außerachtlassung ihrer Altersvorsorge erhebliche und überobligatorische Mittel in die Ausbildung ihrer Kinder investieren, kann bei einer Altersbedürftigkeit daher nicht immer von einem sittlichen Verschulden von erheblichem Gewicht gesprochen werden. Dagegen könnte die beharrlich unterlassene Erwerbstätigkeit, um dem Müßiggang zu frönen, einen Verwirkungsgrund darstellen.[529]

Zweifelhaft ist, **ob bei Pflegebedürftigkeit der Eltern** und dem da- 711
durch hervorgerufenen Unterhaltsbedarf überhaupt von einer durch sittliches Verschulden begründeten Unterhaltsbedürftigkeit gesprochen werden kann. Die Pflegefallvorsorge gehört nicht zum Vorsorgestandardrepertoire. Angesichts der Tatsache, dass das Eintreten des Pflegefalls für den Bedürftigen ebenso wenig planbar ist wie für den Unterhaltspflichtigen, kann eine Pflegebedarfsvorsorge in der Erwerbsphase des Unterhaltsbedürftigen nur im Rahmen der Pflegeversicherungsvorsorge verlangt werden. Die Absicherung eines darüber hinausgehenden Pflegefallbedarfs kann nicht verlangt werden. Durch ein sittliches Verschulden wird daher die Bedürftigkeit erst dann ausgelöst, wenn der Bedürftige im Angesicht der bevorstehenden Pflegebedürftigkeit Einkommen oder Vermögen vergibt, das den Eintritt der Bedürftigkeit verhindert hätte und diese Vergabe sittlich verwerflich wäre.

Der Vorwurf mangelnder Altersvorsorge begründet daher in den typi- 712
schen Elternunterhaltsfällen nie eine Unterhaltsverwirkung als Folge eines sittlichen Verschuldens nach § 1611 Abs. 1 BGB.

2. Kontakt- und Beziehungslosigkeit – Vernachlässigung

Nach der Rechtsprechung stellt der Kontaktabbruch von Eltern gegen- 713
über ihren Kindern nicht stets einen Verwirkungsgrund für Unterhaltszahlungen dar[530]. Ob allerdings die **Kontaktlosigkeit**[531] zwischen Eltern und volljährigen Kindern bereits für sich allein genommen zur Annahme einer Unterhaltsverwirkung ausreicht,[532] erscheint zweifelhaft, weil jedenfalls auch dem volljährigen Kind der Vorwurf zu machen ist, aus Mangel an familiärer Gesinnung den Kontakt nicht gesucht zu haben.

Kränkungen und Kontaktverweigerungen sollen für die Annahme 714
einer Unterhaltsverwirkung im Rahmen des Elternunterhaltes im Allge-

---

529 OLG Oldenburg v. 21.02.2006 – 12 UF 130/05, FamRZ 2006, 1292.
530 OLG Koblenz v. 14.03.2000 – 15 UF 605/99, OLGR 2000, 254.
531 Das OLG Celle v. 26.05.2010 – 15 UF 272/09, FamRZ 2010, 2082, nimmt insoweit Teilverwirkung an (25 %).
532 AG Helmstedt v. 04.09.2000 – 5 F 134/00, FamRZ 2001, 1395.

meinen nicht ausreichen[533]. Für Kränkungen und Kontaktschwächen mag dies zutreffen (vgl. aber Rn. 721). Anders ist jedoch m. E. zu entscheiden, wenn eine Kontaktverweigerung der Eltern zu den Kindern gleichzeitig Ausdruck einer das familiäre Band leugnenden inneren Einstellung ist. Bei Trennungs- und Scheidungsfällen, in denen in früher Kindheit ein Elternteil aus dem Gesichtsfeld des Kindes verschwindet und selbst keinerlei Anstrengungen unternimmt, Kontakt zum Kind herzustellen oder Umgangskontakte – trotz eines Bedürfnisses des Kindes – ablehnt, kann ein so tief greifender Mangel an familiärer Solidarität zu konstatieren sein, dass deren unterhaltsrechtliche Einforderung im Pflege- und Bedarfsfall grob unbillig wäre.

715   Der BGH[534] hat entschieden, dass ein erwachsenes Kind keinen Elternunterhalt zahlen müsse, wenn der pflegebedürftige Vater aufgrund einer psychischen Erkrankung sich im Grunde genommen nie um das Kind gekümmert habe. Der dieser Entscheidung zugrunde liegende Sachverhalt wies jedoch insoweit erhebliche Besonderheiten auf, als es sich um einen Vater handelte, der im Kriegsdienst psychisch erkrankt war und sich nach Kriegsende 50 Jahre lang in stationärer psychiatrischen Behandlung befunden hatte. Die auf Unterhalt in Anspruch genommene Tochter hatte unter dieser krankheitsbedingten Kontaktlosigkeit erhebliche Einbußen an Lebensqualität erlitten. In der Entscheidung heißt es dann:

BGH v. 21.04.2004 – XII ZR 251/01, FamRZ 2004, 1097

… Angesichts der Einbußen, die die Bekl. aufgrund der Kriegsfolgen, von denen ihr Vater betroffen war, zu tragen hatte und der weiteren Entwicklung der Beziehungen zu diesem kann von ihr nicht erwartet werden, im Hinblick auf dessen Unterhaltsanspruch von der öffentlichen Hand in die Pflicht genommen zu werden. Deshalb würde der Übergang des Unterhaltsanspruchs auf den Träger der Sozialhilfe eine unbillige Härte bedeuten (ebenso Schaefer/Wolf, a.a.O., § 91 Rn. 42; vgl. auch Münder, a.a.O., § 91 Rn. 41; BVerwG, NDV 1973, 139, 140, für den Fall der Inanspruchnahme eines Großvaters für den Unterhalt eines Enkelkindes, zu dessen Mutter dieser jahrelang keine Verbindung mehr hatte). …

---

716   Die Besonderheit dieses Falles darf nicht dazu führen, den im Leitsatz wiedergegebenen Inhalt zu generalisieren. Die ,**Kontaktlosigkeit' als Verwirkungsgrund** im Sinne des § 1611 BGB ist unter dem Aspekt von § 1611 Abs. 1 S. 2 BGB zu prüfen. Danach fällt eine Unterhaltsverpflichtung ganz weg, wenn ,die Inanspruchnahme des Verpflichteten **grob unbillig** wäre'. Richtig ist, dass für die Annahme grober Unbilligkeit ein Verschulden des

---

533 OLG Karlsruhe v. 18.09.2003 – 2 UF 35/03, FamRZ 2004, 971.
534 BGH v. 21.04.2004 – XII ZR 251/01, FamRZ 2004, 1097.

Unterhaltsberechtigten nicht Voraussetzung ist. **Grobe Unbilligkeit** ist aber nur anzunehmen, wenn die Inanspruchnahme des Unterhaltspflichtigen schlechterdings unverständlich wäre[535]. Dies ist sicher nur in Ausnahmesituationen gegeben.

Insoweit verbleibt es bei der generalisierenden Feststellung im Urteil des OLG Koblenz, wonach die Ablehnung einer persönlichen Kontaktaufnahme des volljährigen Kindes zum Vater für sich allein keine Verwirkung des Unterhaltsanspruchs des Kindes nach § 1611 Abs. 1 BGB zur Folge hat[536]. Allerdings ist immer auch **Teilverwirkung** zu prüfen[537].

3. Sonstige Verwirkungsgründe

§ 1611 BGB bezeichnet als sonstige Verwirkungsgründe   717

• die **gröbliche Vernachlässigung der Unterhaltspflicht**[538] des jetzt Unterhaltsbedürftigen gegen den jetzt Unterhaltspflichtigen und

• eine **schwere vorsätzliche Verfehlung** des Unterhaltsbedürftigen gegen den Pflichtigen oder einen nahen Angehörigen.

Eine **gröbliche Vernachlässigung der Unterhaltspflicht** ist nicht   718
nur dann gegeben, wenn überhaupt kein Unterhalt gezahlt wird. Auch die Schlechterfüllung der Unterhaltspflicht, also verspätete, unregelmäßige oder unzureichende Unterhaltszahlungen können das Tatbestandsmerkmal erfüllen[539]. Durch das Merkmal ‚**gröblich**‘ wird ein Korrektiv eingeführt, das die einfache Unregelmäßigkeit der Unterhaltszahlung von der verwirkungsbegründenden Unterhaltspflichtverletzung abgrenzt. Die Nicht- oder Schlechtleistung wird daher erst tatbestandsmäßig, wenn sie gröblich ist, also ernsthafte Schwierigkeiten bei der Bedarfsbeschaffung auslöst[540]. Bei einer kurzfristigen Unterbrechung der Unterhaltsleistung liegen diese Voraussetzungen noch nicht vor[541]. Vielmehr muss die Unterhaltspflichtverletzung ein gewisses Gewicht haben, wobei auch die Dauer der Unterhaltspflicht und die Dauer der Schlecht- oder Nichterfüllung eine Rolle spielt. **Vorsatz ist nicht erforderlich**[542].

---

535 BGH v. 21.04.2004 – XII ZR 251/01, FamRZ 2004, 1097.
536 OLG Koblenz v. 28.02.2000 – 13 UF 566/99, FamRZ 2001, 1164.
537 OLG Celle v. 26.05.2010 – 15 UF 272/09, FamRZ 2010, 2082.
538 Dazu OLG Celle v. 02.11.2010 – 10 UF 176/10, FamRZ 2011, 984.
539 *Finger,* FamRZ 1995, 969.
540 BGH v. 26.03.1986 – IV b 37/83, FamRZ 1986, 658; v. 09.07.1986 – VI b 4/85, FamRZ 1987, 49.
541 Staudinger/*Engler,* § 1611, Rn. 22.
542 Staudinger/*Engler,* § 1611, Rn. 22.

719   Eine **schwere vorsätzliche Verfehlung** des Unterhaltsbedürftigen
gegen den Pflichtigen oder einen nahen Angehörigen ist gegeben, wenn der
andere durch die Handlung des Unterhaltsbedürftigen verletzt, geschädigt
oder belästigt wird. Bagatellen werden in diesem Zusammenhang durch
das Merkmal der **Vorsätzlichkeit** und der **Schwere** ausgesondert. Dementsprechend sind im familiären Verband auftretende Spannungen i.d.R.
unbeachtlich. Insbesondere auch (altersbedingte) Beleidigungen oder Kontaktverweigerungen[543] sind nicht geeignet, den Verwirkungstatbestand zu
erfüllen. Erforderlich sind vielmehr in diesem Zusammenhang tiefe Kränkungen, die einen groben Mangel an verwandtschaftlicher Gesinnung und
menschlicher Rücksicht offenbaren[544]. Keineswegs sollten jedoch über-
harte Erziehungsmethoden, körperliche Übergriffe und Drillmethoden als
schwere Verfehlungen unbeachtet bleiben. Sie lösen bei den betroffenen
Kindern, auch wenn sie aus auf das Kind projizierter Überehrgeizigkeit heraus erfolgten (Prügel zur Erzielung besserer sportlicher Leistungen), oft
kindliche Traumen aus, die die davon betroffenen Menschen ihr Leben
lang begleiten und belasten.

720   Von auf Unterhalt in Anspruch genommenen Kindern wird die Inanspruchnahme meist als grob unbillig empfunden, wenn der unterhaltsbedürftige Elternteil vor Eintritt der Bedürftigkeit Vermögen auf einen
Dritten (teilweise auch ein anderes Kind) übertragen hat und diese Vermögensübertragung wegen **Ablauf der zehnjährigen Revokationsfrist** nicht
mehr rückgängig gemacht werden kann. Ganz besonders deutlich wird
dieses Problem, wenn z. B. das Elternhaus frühzeitig einem Kind unter
Ausschluss der Übrigen übertragen wird, dieses Kind jedoch mangels Leistungsfähigkeit nicht oder nur beschränkt zum Unterhalt des bedürftigen
Elternteils beitragen kann. Die Verletzung der familiären Solidarität durch
ein Kind bevorzugende Vermögensübertragung muss nach Vorstellung der
betroffenen Kinder die Sanktion des Verlustes des Unterhaltsanspruchs
nach sich ziehen.

721   Die Unterhaltspflicht von Eltern gegenüber ihren Kindern und von
Kindern gegenüber ihren Eltern ist Ausdruck einer über die Volljährigkeit
hinaus bestehenden **familienrechtlichen Solidarität**[545]. Wenn die familiäre Solidarität rechtsethische Begründung des Verwandtenunterhaltes
ist, dann ist die Verletzung der familiären Solidarität rechtsethische Begründung für die Begrenzung der verwandtschaftlich begründeten Unterhaltspflicht. Diese Begrenzung der Unterhaltsverpflichtung hat in § 1611

---

543 OLG Karlsruhe v. 18.01.2003 – 2 UF 35/03, FamRZ 2004, 971.
544 Palandt/*Brudermüller*, § 1611 Rn. 5 mit vielen Rechtsprechungsnachweisen.
545 Wendl/Dose/*Scholz*, § 2 Rn. 1; *Diederichsen* in Schwab/Hahne, Familienrecht im
     Brennpunkt, 2004, S. 116, 117; *Brudermüller*, FamRZ 1996, 129; *Schwab*, FamRZ
     1997, 521; *Götz*, S. 21.

BGB ihren Ausdruck gefunden. Demnach verwirkt der Unterhaltsberechtigte seinen Unterhaltsanspruch, wenn er durch sein sittliches Verschulden bedürftig geworden, seine Unterhaltsverpflichtung gegenüber dem Unterhaltspflichtigen gröblich vernachlässigt oder sich vorsätzlich einer schweren Verfehlung gegen den Unterhaltspflichtigen oder einem nahen Angehörigen von diesem schuldig gemacht hat. Es ist anerkannt, dass Kränkungen, die einen groben Mangel an verwandtschaftlicher Gesinnung und menschlicher Rücksichtsnahme erkennen lassen, den Tatbestand einer schweren Verfehlung erfüllen können[546] (vgl. aber Rn. 714).

4. Rechtsfolgen der Verwirkung

Rechtsfolge der Verwirkung ist nicht immer der vollständige Ausschluss eines Unterhaltsanspruchs, sondern dessen Reduktion auf eine Höhe, die der Billigkeit entspricht (§ 1611 Abs. 1 S. 1 BGB). Nur wenn die Inanspruchnahme des Verpflichteten grob unbillig wäre, fällt die Unterhaltsverpflichtung vollständig weg (§ 1611 Abs. 1 S. 2 BGB).   722

5. Geltendmachung der Verwirkung

Verwirkung nach § 1611 BGB setzt im Verwandtenunterhalt einen massiven Verstoß gegen die familiären Solidaritätspflichten voraus. Die Verwaltungspraxis ist teilweise erstaunlich großzügig, wenn es um eine quotale Minderung der Unterhaltsverpflichtung geht. Dabei ist es für das unterhaltspflichtige Kind wichtig, zu einem frühen Zeitpunkt im Verfahrensablauf den Verwirkungseinwand zu erheben. Dies muss vor der Quantifizierung des Unterhaltsanspruchs nicht zwingend sehr detailliert erfolgen. Es reicht, einen Hinweis auf das Vorliegen von Verwirkungsgründen anzubringen und sich weitere Ausführungen dazu ausdrücklich vorzubehalten, falls sich eine Barunterhaltsverpflichtung ergibt. Dies bewahrt die Betroffenen vor eventuell unnötigen Bloßstellungen. Wenn aber der Verwirkungseinwand erhoben wird, muss dies so detailliert wie möglich erfolgen. Da die meisten Verwirkungsgründe im binnenfamiliären Bereich anzusiedeln sind, können sie oft nur durch nahe Verwandte bewiesen werden. Deren Schilderungen sollten dem Sozialhilfeträger schriftlich zugeleitet werden. Von den Sozialhilfeträgern wird vielfach auch Gewalt des bedürftigen gegen den anderen Elternteil als Verwirkungsgrund angesehen,   723

---

546 OLG Celle v. 09.02.1993 – 18 UF 159/92, FamRZ 1993, 1235; OLG Karlsruhe v. 18.09.2003 – 2 UF 35/03, FamRZ 2004, 971; Palandt/*Brudermüller*, § 1611 Rn. 5.

wenn dies zur Erlebniswelt des Kindes gehört hat und bei diesem – wie meist – psychische Auswirkungen hervorgerufen haben.

E. Auskunftspflichten

Die Berechnung eines Unterhaltsanspruchs ist nur möglich, wenn der 724
Unterhaltsberechtigte Kenntnis über die wirtschaftlichen Verhältnisse des
Unterhaltspflichtigen hat. Da beim Elternunterhalt die Abkömmlinge des
Unterhaltsbedürftigen ggf. anteilig zum Unterhalt verpflichtet sind, kommt
der Frage Bedeutung zu, wie die Informationen, die zur Berechnung der
Leistungsfähigkeit, des Unterhaltes sowie ggf. der quotalen Haftungsan-
teile notwendig sind, erlangt werden können. Dabei ist grundsätzlich zu
unterscheiden, ob der Unterhaltsberechtigte Informationen über die Einkommensverhältnisse begehrt, oder der Sozialhilfeträger Auskünfte zu den
Einkommens- und Vermögensverhältnissen verlangt.

I. Auskunftspflichten nach § 1605 BGB und § 117 SGB XII

§ 1605 BGB begründet eine wechselseitige **Auskunftspflicht** der grad- 725
linig Verwandten, gleichgültig, in welcher Entfernung die Verwandtschaft
besteht. Die Auskunftspflicht ist das Mittel, Einblick in die wirtschaftlichen, die Leistungsfähigkeit des Verpflichteten und die Bedürftigkeit
des Berechtigten bestimmenden Verhältnisse zu erlangen. Der Auskunftsanspruch soll die Beteiligten in die Lage versetzen, einen Rechtsstreit zu
vermeiden oder in ihm Forderungen richtig zu bemessen und begründete
Einwendungen vorzubringen[547].

Danach sind 726

- Kinder ihren Eltern und umgekehrt Eltern ihren Kindern,

- Großeltern ihren Enkeln und umgekehrt Enkeln ihren Großeltern

gegenüber zur Erteilung von Auskünften zur Berechnung des Unterhaltes verpflichtet.

---

547 OLG Köln v. 07.05.2002 – 4 WF 59/02, FamRZ 2003, 235.

1. Ausnahmen von der Auskunftspflicht

727   Allerdings besteht diese Auskunftsverpflichtung nur, soweit dies zur Feststellung eines Unterhaltsanspruchs oder einer Unterhaltsverpflichtung erforderlich ist. **Ausnahmen von der Auskunftspflicht** bestehen danach dann, wenn die begehrte Auskunft zur Feststellung des Unterhaltsanspruchs oder der Unterhaltsverpflichtung **nicht erforderlich** ist.

728   Ein solcher Fall ist gegeben, wenn ein **Unterhaltsanspruch nicht besteht, weil Verwirkung nach § 1611 BGB** eingetreten ist **und** die Inanspruchnahme des Verpflichteten nach § 1611 Abs. 1 S. 2 BGB **grob unbillig** wäre[548] (vgl. oben Rn. 702 ff.). Allerdings setzt die Annahme einer groben Unbilligkeit i.d.R. Kenntnisse auch der finanziellen Verhältnisse des Unterhaltspflichtigen voraus[549], weswegen auch in diesen Fällen die Auskunftspflicht meist besteht und der Verwirkungstatbestand im Rahmen des Verfahrens über die Höhe des Unterhaltsanspruchs geprüft wird[550].

729   Ebenso **entfällt** ein **Auskunftsanspruch**, wenn eine Bedürftigkeit des Verwandten nicht besteht. Derartige Fälle können vorliegen, wenn z. B. ein Elternteil zu einem Zeitpunkt in ein Altenheim umsiedelt, dies aber weder aus gesundheitlichen noch aus anderen Gründen erforderlich ist und der dadurch entstehende Bedarf aus eigenen Mitteln der Eltern nicht gedeckt werden kann. In diesen Fällen ist der durch die Übersiedlung in ein Altenheim begründete Bedarf weder angemessen noch erforderlich (vgl. Rn. 48 f.).

730   Ein Auskunftsanspruch besteht auch nicht, wenn ein Unterhaltsanspruch unabhängig von der Kenntnis der Einkommensverhältnisse des Unterhaltspflichtigen dem Grunde und der Höhe nach besteht, weil der in Anspruch genommene unterhaltspflichtige Verwandte **unbeschränkt leistungsfähig** ist, so dass es für die Bestimmung der Höhe des Unterhaltes auf die Kenntnis der genauen Einkommens- und Vermögensverhältnisse des Unterhaltpflichtigen nicht ankommt[551] und seine Leistungsfähigkeit außer Streit steht[552].

---

548 OLG Bamberg v. 22.04.1997 – 7 UF 195/96, FamRZ, 1998, 741.
549 OLG München v. 30.04.1997 – 12 UF 661/97, FamRZ 1998, 741.
550 OLG München v. 30.04.1997 – 12 UF 661/97, FamRZ 1998, 741.
551 OLG Karlsruhe v. 26.08.1999 – 2 UF 228/98, FamRZ 2000, 1366; OLG Zweibrücken v. 27.10.1997 – 5 UF 64/97, FamRZ 1998, 490.
552 BGH v. 22.06.1994 – XII ZR 100/93, FamRZ 1994, 1169 noch für den alten Rechtszustand nach § 116 BSHG.

2. Auskunftspflicht der Schwiegerkinder

In Fällen des Elternunterhaltes stellt sich die so genannte **Schwieger-**   731
kindhaftung stets als ein psychologisches und tatsächliches Problem dar.
Das Verhältnis von Eltern eines Gatten zum Schwiegerkind und umgekehrt entspricht offenbar stärker als vielfach angenommen dem mehr oder
minder humoresken überlieferten Schwiegermutterverhältnis. Jedenfalls
sträuben sich nicht nur Schwiegerkinder dagegen, auf Unterhalt der Eltern ihrer Gatten in Anspruch genommen zu werden. In eheerhaltendem
vorauseilenden Gehorsam wird diese Empörung auch von den eventuell
unterhaltspflichtigen Kindern geteilt. Vielfach wird dabei entschlossen
auch jegliche Auskunft über die Höhe der Einkünfte des nicht unterhaltspflichtigen Gatten verweigert. Das führt nicht wirklich weiter, weil aus
der Einkommensteuererklärung und den Einkommensteuerbescheiden ge-
schwärzte Daten des Gatten letztendlich über eine Rückrechnung rekonst-
ruiert werden können[553]. Auch hat der BGH das unterhaltspflichtige Kind
als verpflichtet angesehen, Auskunft über die Einkommensverhältnisse des
Gatten zu erteilen, um die **Höhe des Familienunterhalts** bestimmen zu
können[554].

Schwiegerkinder sind jedoch **nicht zivilrechtlich** nach § 1605 BGB   732
zur Erteilung von Auskünften über ihre Einkommens- und Vermögenslage zur Berechnung von Unterhaltsansprüchen ihrer Schwiegereltern **ver-**
pflichtet. Eine Auskunftspflicht des Schwiegerkindes kann **zivilrechtlich**
auch nicht über die Grundsätze von Treu und Glauben nach § 242 BGB
begründet werden. Auch kann eine Auskunft über die Einkommensverhältnisse des Ehegatten des Auskunftspflichtigen nicht verlangt werden[555].

Allerdings führt beim Elternunterhalt diese Erwägung letztendlich   733
materiellrechtlich nicht weiter, kann doch der Träger der Sozialhilfe nach
§ 117 SGB XII Auskunft über die Einkommens- und Vermögensverhältnisse auch des Gatten oder Lebenspartners des unterhaltspflichtigen
Kindes verlangen[556], soweit die Durchführung des SGB XII dies erfordert[557]. Diese sozialrechtlich normierte Auskunftspflicht wird vielfach
übersehen. Entgegen einer vielfach von den Sozialhilfeträgern geübten
Praxis ist jedoch nicht das potenziell unterhaltspflichtige Kind verpflichtet, Auskunft über die finanziellen Verhältnisse seines Gatten zu erteilen,
dieser ist vielmehr selbst verpflichtet, auf ein entsprechendes Auskunftsersuchen des Sozialhilfeträgers die geforderten Auskünfte zu erteilen. Es

---

553 BGH v. 07.05.2003 – XII ZR 229/99, FamRZ 2003, 1836 m. Anm. *Strohal.*
554 BGH v. 07.05.2003 – XII ZR 229/99, FamRZ 2003, 1836 m. Anm. *Strohal.*
555 OLG Karlsruhe v. 06.11.1992 – 16 WF 94/92, FamRZ 1993, 1481.
556 KK-FamR/*Klein,* § 1605 Rn. 62.
557 BGH v. 17.12.2003 – XII ZR 224/00, FamRZ 2004, 370.

besteht daher auch im Rahmen der sozialhilferechtlichen Auskunftspflicht lediglich eine **unmittelbare Auskunftspflicht** des Gatten[558]. Es
entspricht daher der Rechtsprechung und einem Gebot der Praxis, das
unterhaltspflichtige Kind zu verpflichten, Auskunft über die Höhe des
Einkommens des mit ihm zusammenlebenden Gatten zu erteilen[559]. Dies
ist nunmehr auch vom BGH[560] angenommen worden (vgl. Rn. 748 f.).
Allerdings ist das Kind nicht verpflichtet, gegen seinen Gatten auf Auskunft zu klagen, wenn dieser diese verweigert. Dem Sozialhilfeträger
steht ein einfacherer Weg der Informationsbeschaffung über § 117 SGB
XII zur Verfügung.

§ 117 SGB XII

(1) Die Unterhaltspflichtigen, ihre nicht getrennt lebenden Ehegatten oder Lebenspartner und die Kostenersatzpflichtigen haben dem Träger der Sozialhilfe über ihre
Einkommens- und Vermögensverhältnisse Auskunft zu geben, soweit die Durchführung dieses Buches es erfordert. Dabei haben sie die Verpflichtung, auf Verlangen des
Trägers der Sozialhilfe Beweisurkunden vorzulegen oder ihrer Vorlage zuzustimmen.
Auskunftspflichtig nach Satz 1 und 2 sind auch Personen, von denen nach § 36 trotz
Aufforderung unwiderlegt vermutet wird, dass sie Leistungen zum Lebensunterhalt
an andere Mitglieder der Haushaltsgemeinschaft erbringen. Die Auskunftspflicht der
Finanzbehörden nach § 21 Abs. 4 des Zehnten Buches erstreckt sich auch auf diese
Personen.

...

(3) Wer jemandem, der Leistungen nach diesem Buch beantragt hat oder bezieht, zu
Leistungen verpflichtet ist oder war, die geeignet sind oder waren, Leistungen auszuschließen oder zu mindern, oder für ihn Guthaben führt oder Vermögensgegenstände
verwahrt, hat dem Träger der Sozialhilfe auf Verlangen hierüber sowie über damit im
Zusammenhang stehendes Einkommen oder Vermögen Auskunft zu erteilen, soweit es
zur Durchführung der Leistungen nach diesem Buch im Einzelfall erforderlich ist. § 21
Abs. 3 Satz 4 des Zehnten Buches gilt entsprechend.

(4) Der Arbeitgeber ist verpflichtet, dem Träger der Sozialhilfe über die Art und Dauer
der Beschäftigung, die Arbeitsstätte und das Arbeitsentgelt der bei ihm beschäftigten
Leistungsberechtigten, Unterhaltspflichtigen und deren nicht getrennt lebenden Ehegatten oder Lebenspartner sowie Kostenersatzpflichtigen Auskunft zu geben, soweit die
Durchführung dieses Buches es erfordert.

(5) Die nach den Absätzen 1 bis 4 zur Erteilung einer Auskunft Verpflichteten können
Angaben verweigern, die ihnen oder ihnen nahe stehenden Personen (§ 383 Abs. 1 Nr. 1
bis 3 der Zivilprozessordnung) die Gefahr zuziehen würden, wegen einer Straftat oder
einer Ordnungswidrigkeit verfolgt zu werden.

---

558 BVerwG v. 21.01.1993 – 5 C 22.90, FamRZ 1993, 1067.
559 *Hoppenz*, FamRZ 2008, 733.
560 BGH v. 02.06.2010 – XII ZR 124/08, FamRZ 2011, 21.

(6) Ordnungswidrig handelt, wer vorsätzlich oder fahrlässig die Auskünfte nach den Absätzen 2, 3 Satz 1 und Absatz 4 nicht, nicht richtig, nicht vollständig oder nicht rechtzeitig erteilt. Die Ordnungswidrigkeit kann mit einer Geldbuße geahndet werden.

Soweit Sozialhilfeträger daher **Auskunftsersuchen** an das möglicherweise unterhaltspflichtige Kind eines Unterhaltsbedürftigen richten, dürfen darin keine Fragen zum Einkommen des Gatten des Unterhaltspflichtigen enthalten sein bzw. diese Fragen bedürfen keiner Beantwortung. Auch ist ein auf § 117 SGB XII gestütztes **Auskunftsbegehren ‚an die Eheleute'** kein wirksames verwaltungsrechtliches Auskunftsbegehren, da diese nicht gesamtschuldnerisch oder gemeinsam zur Auskunft verpflichtet sind, sondern jeder für sich. Dementsprechend muss auch die Rechtsmittelbelehrung für jeden der beiden Ehegatten erfolgen und jeder von ihnen hat gegen ein sozialhilferechtliches Auskunftsersuchen eigene voneinander unabhängige Rechtsmittel.

734

Allerdings ist das **Auskunftsverfahren nach § 117 SGB XII** erheblich sperriger als die Durchsetzung des Auskunftsanspruchs nach § 1605 BGB. Während der zivilrechtliche Auskunftsanspruch gegenüber dem unterhaltspflichtigen Verwandten in gerader Linie geltend gemacht und im Fall der Nichterfüllung mit der Auskunftsklage eingeklagt werden kann, muss der Sozialhilfeträger den Auskunftsanspruch durch – mit Widerspruch und Klage anfechtbaren – Verwaltungsakt geltend machen, soweit nicht – wie meist – sofortiger Vollzug angeordnet wird. Die darin liegende Verzögerung führt vielfach dazu, dass die Träger der Sozialhilfe am sozialhilferechtlich Auskunftspflichtigen vorbei Auskünfte bei dessen Arbeitgeber nach § 117 Abs. 4 SGB XII einholen. Ist dem Träger der Sozialhilfe dieser jedoch nicht bekannt, kann er darüber auch nur Auskunft vom Gatten des unterhaltspflichtigen Kindes verlangen, das diese verweigern kann.

735

Die Sperrigkeit des Verfahrens nach § 117 SGB XII führt in der Praxis dazu, dass Träger der Sozialhilfe nur selten davon Gebrauch machen und i.d.R. unspezifisch Auskunftsbegehren an unterhaltspflichtige Kinder stellen. In den dazu entworfenen Frage- und Erfassungsbögen wird meist auch das Einkommen des Schwiegerkindes des unterhaltsberechtigten Elternteils abgefragt. Dies kann vom unterhaltspflichtigen Kind zurückgewiesen werden. Es ist dann Sache des Trägers der Sozialhilfe, die erforderlichen Auskünfte vom Schwiegerkind nach § 117 SGB XII zu ermitteln. Ist der Arbeitgeber des unterhaltspflichtigen Kindes nicht bekannt, wird dem Träger der Sozialhilfe nichts anderes übrig bleiben, als durch ein unmittelbar an das Schwiegerkind gerichtetes Auskunftsbegehen seinen Auskunftsanspruch geltend zu machen. Dieses Auskunftsbegehren ist mit einer Rechtsmittelbelehrung zu versehen, da es sich um einen Verwaltungsakt handelt.

736

737   **Schwiegerkinder** sind aber auch nach § 117 SGB XII nicht verpflichtet, **Auskunft über ihre Vermögensverhältnisse** zu erteilen. Das Schwiegerkind haftet für einen Unterhaltsanspruch eines Elternteils seines Gatten nur über den Familienunterhalt (vgl. Rn. 304). Sofern der Bedarf der Familie des unterhaltspflichtigen Kindes aus dem Einkommen der Ehegatten gedeckt ist und Vermögen nicht verbraucht wird, hat das Schwiegerkind keine Veranlassung und keine Verpflichtung auch über sein Vermögen Auskunft zu erteilen. Das Vermögen des Schwiegerkindes kann nämlich unter keinem rechtlichen Gesichtspunkt zur Finanzierung eines Unterhaltsanspruchs des Schwiegervaters oder der Schwiegermutter herangezogen werden. Da § 117 Abs. 1 S. 1 SGB XII eine Auskunftspflicht des Schwiegerkindes nur begründet ‚soweit die Durchführung dieses Buches es erfordert‘, und die Kenntnis der Vermögensverhältnisse des Schwiegerkindes für die Berechnung des Familienunterhaltes unerheblich ist, wenn dieser aus dem Einkommen bestritten wird, hat das Schwiegerkind auch über § 117 SGB XII keine Verpflichtung, über Vermögensverhältnisse Auskunft zu erteilen.

738   Die Frage der Auskunftsverpflichtung eines Schwiegerkindes über seine Vermögensverhältnisse wird von der Rechtsprechung jedoch bislang anders als hier vertreten gesehen. Nach der **Negativevidenztheorie**[561] scheidet danach ein Auskunftsanspruch nur aus, wenn die Unbeachtlichkeit der Auskunft evident ist[562].

LSG NRW 14.09.2009 – L 20 SO 96/08, FamRZ 2010, 599

LS: Aus § 117 I S. 1 SGB XII kann sich die Verpflichtung zur Erteilung einer Auskunft über das Einkommen und Vermögen i. S. des § 1605 I S. 1 BGB für den Ehegatten eines grundsätzlich zur Leistung von Elternunterhalt verpflichteten Kindes ergeben, soweit die begehrten Auskünfte geeignet und erforderlich sind, den Leistungsanspruch zu klären.

Ob sich das Schwiegerkind angesichts der Rechtsprechung der Sozialgerichtsbarkeit gegen den Auskunftsanspruch über ihr Vermögen wehren sollte, ist daher fraglich.

739   Über **Vermögenserträge** (Zinseinkünfte) können jedoch Auskünfte geschuldet werden, wenn die Vermögenserträge in das Familieneinkommen eingeflossen sind. Nur dann, wenn eine unmittelbare Thesaurierung der Vermögenserträge erfolgt, erübrigt sich auch insoweit eine Auskunft, da diese Vermögenserträge dem Familienunterhalt nicht zufließen. Da sich

---

561   Grundlegend BVerwG v. 05.08.1986 – 5 B 33/86.
562   LSG NRW v. 01.09.2010 – L 12 SO 61/09 (juris).

aus dem im Rahmen der Auskunftspflicht nach § 117 SGB XII vorzule-
genden Steuerbescheid des Schwiegerkindes die Höhe des Vermögens nicht
ergibt, sondern nur die Höhe des Vermögensertrages, ist die Vorlage der
Steuererklärung in der Regel insoweit unproblematisch. Falls die Vermögenserträge des Schwiegerkindes tatsächlich stets thesauriert worden sind
und nicht dem Haushaltseinkommen zugeführt und verbraucht wurden,
ist ergänzend zur Auskunft des Schwiegerkindes darauf hinzuweisen und
gegebenenfalls die Thesaurierung der Kapitalerträge nachzuweisen. Dazu
ist präziser tatsächlicher Sachvortrag erforderlich.

Praxistipp: Die Prüfung von sozialhilferechtlichen Auskunftsbegehren   740
durch die Auskunftspflichtigen und ihre Vertreter ist stets
sorgfältig vorzunehmen. Ein unwirksames Auskunftsbegehren nach § 117 SGB XII braucht nicht beantwortet zu werden.

3. Auskunftspflicht von Geschwistern

Die grundlegende Entscheidung des BGH v. 07.05.2003[563] hat den Weg   741
zur **Auskunftspflicht von Geschwistern** untereinander geebnet. Der BGH
hat in dieser Entscheidung einen – gesetzlich nicht normierten – Auskunftsanspruch von Geschwistern untereinander bezüglich ihrer Einkommen
zur Errechnung ihrer Haftungsquote im Elternunterhalt aus § 242 BGB
abgeleitet, dem unterhaltspflichtigen Kind einen **Auskunftsanspruch gegenüber dem Gatten** des Geschwisters jedoch verwehrt. Damit führt die
Zubilligung einer Auskunftsverpflichtung von Geschwistern untereinander
indes nicht zu einer praktikablen Vereinfachung der Berechnung der unterhaltsrechtlichen Haftungsquote, da die unterhaltsrechtliche Leistungsfähigkeit eines Kindes seinen Eltern gegenüber auch von den Einkommensverhältnissen seines Gatten abhängt. Dieser ist lediglich sozialrechtlich nach
§ 117 Abs. 2 SGB XII zur Auskunft verpflichtet[564] (vgl. Rn. 737).

4. Unterhaltsrechtliche Sackgasse

Angesichts dieser beschränkten Wirksamkeit des Auskunftsanspruchs   742
gegen Geschwister stellt sich ein **unterhaltsrechtliches Paradoxon** ein, das
schwierig zu lösen ist. Ist ein Elternteil unterhaltsbedürftig, kann es ein
Kind nur dann auf Unterhaltszahlungen in Anspruch nehmen und einen

563 BGH v. 07.05.2003 – XII ZR 229/00, FamRZ 2003, 1836.
564 *Duderstadt,* FuR 2007, 205.

konkreten Unterhaltsantrag stellen, wenn die Haftungsquote des Kindes im Verhältnis zu den anderen Kindern des bedürftigen Elternteils feststeht. Sind die Kinder jeweils verheiratet, kann der unterhaltsbedürftige Elternteil die richtige Haftungsquote des jeweiligen Kindes nur dann errechnen und prozessual geltend machen, wenn die Einkünfte der Gatten der unterhaltspflichtigen Kinder bekannt sind. Für den unterhaltsberechtigten Elternteil besteht aber keine Möglichkeit, diese Einkünfte zu ermitteln. **Verweigern daher die Ehepartner** der dem Grunde nach unterhaltspflichtigen Kinder eine **Auskunft** zu ihren Einkommens- und Vermögensverhältnissen, kann eine **schlüssige Unterhaltsklage durch den Unterhaltsberechtigten nicht ohne weiteres** erhoben werden. Nur dann, wenn man das unterhaltspflichtige Kind inhaltlich auch gehalten sähe, **Auskunft über die Höhe des Familienunterhaltes** zu erteilen, wäre dem Unterhaltsberechtigten eine Möglichkeit zur Geltendmachung des Unterhaltsanspruchs unter richtiger Darlegung der Haftungsanteile mehrerer dem Grunde nach unterhaltspflichtiger Kinder gegeben.

743   Bei der sozialhilferechtlichen Geltendmachung eines Auskunftsanspruchs des Trägers der Sozialhilfe nach § 117 SGB XII ist diese Begrenzung nicht gegeben. Die Ehegatten der unterhaltspflichtigen Kinder sind danach ebenfalls auskunftspflichtig, so dass der Sozialhilfeträger in die Lage versetzt wird, die Haftungsanteile der Kinder unter Einbeziehung ihrer Familienunterhaltsansprüche zu bestimmen.

II. Inhalt des Auskunftsanspruchs

744   Nach § 1605 BGB sind in gerader Linie Verwandte einander verpflichtet, auf Verlangen über ihre Einkünfte und ihr Vermögen Auskunft zu erteilen, soweit dies zur Feststellung eines Unterhaltsanspruchs oder einer Unterhaltsverpflichtung erforderlich ist. Über die Höhe der Einkünfte sind auf Verlangen Belege, insbesondere Bescheinigungen des Arbeitgebers, vorzulegen.

1. Auskunftspflicht, Inhalt und Reichweite

745   Soweit die Verwandten im Rahmen eines möglichen Unterhaltsverhältnisses zur wechselseitigen Auskunft über ihre Einkommens- und Vermögensverhältnisse verpflichtet sind, steht diese Verpflichtung gleichwohl nicht im Gegenseitigkeitsverhältnis[565], sodass sie nicht Zug um Zug zu erfüllen ist, weil ansonsten eine Auskunft wechselseitig blockiert werden könnte.

---

565   OLG Brandenburg v. 21.12.2000 – 10 WF 9/00, FamRZ 2002, 1270; KK-FamR/*Klein*, § 1605 Rn. 62, jeweils mit umfassenden Rechtsprechungs- und Literaturnachweisen.

§ 1605 BGB normiert wie auch § 1361 Abs. 4 S. 4 BGB und § 1580   **746**
BGB jeweils i.V.m. § 1605 BGB eine Auskunftspflicht bezüglich der materiellen Grundlagen, die für die Bestimmung der Höhe einer Leistungspflicht maßgeblich sein können. Deshalb ist der Auskunftspflichtige nicht nur zu seinen Einkünften und positiven Vermögenswerten (vgl. aber Rn. 737) auskunftspflichtig, sondern auch zu seinen Abzügen und Belastungen[566]. Zu den Einkünften gehören sämtliche Einnahmen, die nach dem **Zuflussprinzip** in dem Zeitraum erzielt worden sind, für den die Auskunft erteilt werden soll. Dabei ist gleichgültig, ob die Einkünfte unterhaltsrechtlich unmittelbar oder mittelbar zur Bemessung der Höhe des Unterhaltsanspruchs herangezogen werden können. Die Beurteilung der Zumutbarkeit einer Unterhaltszahlung und eines Unterhaltsbedarfs ist auch davon abhängig, wie die gesamte Einkommens- und Vermögenssituation des eventuell Unterhaltspflichtigen sich darstellt. Die unterhaltsrechtliche **Bewertung** von Einkünften erfolgt nicht in der Auskunftserteilung, sondern im Zuge der anschließenden Unterhaltsbemessung.

a) Auskunft über persönliche Verhältnisse

Ob auch zu den **persönlichen Verhältnissen** Auskunft zu erteilen ist,   **747**
ist davon abhängig, ob aus ihnen finanzielle und die Unterhaltspflicht beeinflussende Faktoren wie z. B. Unterhaltsansprüche oder -verpflichtungen resultieren. Da eine einem Kind gegenüber bestehende Unterhaltsverpflichtung die Leistungsfähigkeit beeinflusst, wäre auch darüber Auskunft zu erteilen. Im Übrigen ist die Auskunftsverpflichtung zu den persönlichen Umständen, etwa von Erwerbsbemühungen oder zur Erwerbsfähigkeit etc. streitig[567]. Im Hinblick auf den klaren Wortlaut der Norm ist jedoch keine erweiternde Auslegung möglich[568].

b) Auskunft über Forderungen und Familienunterhaltsanspruch

Die Leistungsfähigkeit eines Unterhaltsschuldners wird auch durch For-   **748**
derungen beeinflusst, die ihm zustehen oder die gegen ihn gerichtet sind. Solche Forderungen können das Vermögen beeinflussen oder aber auch das Einkommen (Abfindungsforderung gegen einen früheren Arbeitgeber). Über sie ist spätestens ab Fälligkeit der Forderung Auskunft zu erteilen.

Das OLG Thüringen[569] hat das unterhaltspflichtige Kind verpflich-   **749**
tet gesehen, über die Einkommensverhältnisse seines Gatten ‚in groben Zügen‘ Auskunft zu erteilen. Das OLG hat aber keine vollständige Aus-

---

566 OLG Köln v. 12.04.1999 – 27 WF 37/99, FamRZ 2000, 622 zu § 93d ZPO.
567 Vgl. Darstellung bei Koch/*Margraf*, HB Unterhaltsrecht, Rn. 1333.
568 So OLG Düsseldorf v. 10.10.1996 – 3 WF 55/96, FamRZ 1997, 361.
569 OLG Thüringen v. 03.07.2008 – 1 UF 397/07, OLGR Jena 2008, 823.

kunftsverpflichtung angenommen und den Unterhaltspflichtigen nicht für verpflichtet gehalten, detailliert Auskunft über Einkünfte und Ausgaben zu erteilen. Vielmehr sei ausreichend, wenn das Schwiegerkind Auskunft über die Höhe der Einkünfte aus abhängiger Beschäftigung, aus Vermietung und Verpachtung und einen steuerlichen Gewinn/Verlust aus selbständiger Tätigkeit erteile, auch wenn aus diesen Auskünften auf die unterhaltsrechtliche Leistungsfähigkeit für den Familienunterhalt nicht geschlossen werden könne[570]. Dem ist der BGH inzwischen gefolgt[571] und hat aus der Verpflichtung der Ehegatten zur ehelichen Lebensgemeinschaft eine Verpflichtung abgeleitet, sich wechselseitig über die für die Höhe des Familienunterhalts maßgeblichen finanziellen Verhältnisse zu informieren. Geschuldet werde die Erteilung von Auskunft in einer Weise, wie sie zur Feststellung des Unterhaltsanspruchs erforderlich sei. Die Vorlage von Belegen könne nicht verlangt werden.

BGH v. 02.06.2010 – XII ZR 124/08, FamRZ 2011, 24

LS: Aus der Verpflichtung der Ehegatten zur ehelichen Lebensgemeinschaft folgt ihr wechselseitiger Anspruch, sich über die für die Höhe des Familienunterhalts maßgeblichen finanziellen Verhältnisse zu informieren. Geschuldet wird die Erteilung von Auskunft in einer Weise, wie sie zur Feststellung des Unterhaltsanspruchs erforderlich ist. Die Vorlage von Belegen kann nicht verlangt werden

…

b) In Rechtsprechung und Schrifttum ist dieser Maßstab auch auf die Verpflichtung zur Unterrichtung über das laufende Einkommen der Ehegatten übertragen worden (OLG Karlsruhe FamRZ 1990, 161, 162; Staudinger/Voppel a.a.O. § 1353 Rn. 97; MünchKomm/Roth a.a.O. § 1353 Rn. 38; Wendel/Dose a.a.O. § 1 Rn. 664; Heiß/Born/Kleffmann a.a.O. Teil G Rn. 181; Palandt/Brudermüller BGB 69. Aufl. § 1353 Rn. 13).

Im Schrifttum wird allerdings auch die Auffassung vertreten, der Anspruch gehe nicht nur auf eine Information in groben Zügen, sondern umfasse dieselben Auskunftspflichten wie nach § 1605 Abs. 1 BGB. Dass der Anspruch während des Zusammenlebens der Ehegatten schwächer sein solle als im Fall des Getrenntlebens, lasse sich aus § 1353 BGB nicht ableiten (Schwab/Borth a.a.O. Kap. IV Rn. 590; Eschenbruch/Klinkhammer a.a.O. Kap. 5 Rn. 308).

c) Der Senat teilt im Grundsatz die zuletzt genannte Meinung. Ehegatten haben nach den §§ 1360, 1360a BGB einen Anspruch auf Familienunterhalt. Dieser kann aber nur bei genauer Kenntnis der Einkommensverhältnisse des anderen Ehegatten beziffert werden. Aus der Verpflichtung zur ehelichen Lebensgemeinschaft (§ 1353 Abs. 1 Satz 2 BGB) folgt deshalb auch der wechselseitige Anspruch, sich über die für die Höhe des Familienunterhalts und eines Taschengeldes maßgeblichen finanziellen Verhältnisse zu informieren. Seinem Umfang nach geht dieser Anspruch

---

570 jurisPR-FamR 24/2008, Anm. 5.
571 BGH v. 02.06.2010 – XII ZR 124/08, FamRZ 2011, 24.

nicht nur auf eine Unterrichtung in groben Zügen, da eine derart eingeschränkte Kenntnis den Ehegatten nicht in die Lage versetzten würde, den ihm zustehenden Unterhalt zu ermitteln. Geschuldet wird deshalb die Erteilung von Auskunft in einer Weise, wie sie zur Feststellung des Unterhaltsanspruchs erforderlich ist. Die Auskunftspflicht entspricht damit derjenigen, wie sie nach § 1605 Abs. 1 Satz 1 BGB besteht. Eine solche Verpflichtung läuft nicht etwa dem Gebot der gegenseitigen Rücksichtnahme der Ehegatten zuwider; diese erfordert vielmehr gerade, den anderen ausreichend über die eigenen Einkommensverhältnisse zu unterrichten.

Nicht geschuldet wird allerdings die Vorlage von Belegen oder die eidesstattliche Versicherung der Richtigkeit und Vollständigkeit der Angaben. Eine solche Kontrollmöglichkeit wäre mit dem in einer Ehe herrschenden Vertrauen nicht zu vereinbaren (aA Borth a.a.O. Kap. IV Rn. 590 und Klinkhammer a.a.O. Kap. 5 Rn. 308, die auch eine Belegpflicht bejahen). …

Der Auskunftsstreit über Einkommens- und Vermögensverhältnisse **750** des nicht unterhaltspflichtigen Schwiegerkindes kann einen Elternunterhaltsrechtsstreit sehr erschweren. Macht nämlich das Kind geltend, keine Auskunft über das Einkommen und Vermögen seines Gatten geben zu können oder zu dürfen, weil dieser ihm das ausdrücklich mit der ernsten Konsequenz des Scheiterns der Ehe untersagt habe, wird der Sozialhilfeträger zunächst gut daran tun, seinen eigenen sozialrechtlichen Auskunftsanspruch aus § 117 SGB XII gegen das Schwiegerkind durchzusetzen. Anderenfalls würde man nämlich das unterhaltspflichtige Kind zwingen, seinen Ehegatten auf Auskunft zu verklagen. Ob das zumutbar ist, ist bislang nicht entschieden. Jedenfalls dürfte ein solches Verfahren den Rechtsstreit weit mehr verzögern, als ein sozialrechtliches, mit Verwaltungsakt und sofortiger Vollzugsanordnung versehenes Auskunftsersuchen. Dies gilt besonders deswegen, weil Sozialhilfeträger in der Regel Unterhalt für abgeschlossene Zeiträume verlangen und von der in § 94 Abs. 4 SGB XII eingeräumte Möglichkeit, auch den laufenden Unterhalt einzuklagen meist keinen Gebrauch machen. Der Rechtsstreit über den Unterhalt für einen abgelaufenen Zeitraum unterbricht nicht automatisch die Verwirkung des Unterhaltsanspruchs für die dem abgeschlossenen Zeitraum folgende Zeit. Macht der Sozialhilfeträger nicht deutlich, auch Unterhalt über den abgeschlossenen Zeitraum hinaus zu fordern, läuft er Gefahr, dass die Laufzeit eines zwischen den Eheleuten geführten Auskunftsrechtsstreites zur **Verwirkung** der Unterhaltsansprüche führt (vgl. Rn. 688 ff.).

c) Auskunft über Einkünfte

Soweit der Unterhaltspflichtige **Auskunft über sein Einkommen** zu **751** erteilen hat, hat er für den Zeitraum, für den die Auskunft verlangt wird,

eine Auflistung seiner Einkünfte vorzulegen. Zu den Einkünften, über die
Auskunft zu erteilen ist, gehören sämtliche Einkünfte, also aus abhängiger
und selbständiger Beschäftigung, Kapital, Vermietung und Verpachtung,
Honoraren, Diäten[572], Sitzungsgeldern, Tantiemen, Ausschüttungen[573],
Aufwandsentschädigungen[574], Pflegegeld[575] und Renten[576] sowie Steuerer-
stattungen[577] etc.

BGH v. 06.10.1993 – XII ZR 112/92, FamRZ 1994, 21

... Nach der std. Rspr. des Senats sind sowohl bei der Bestimmung der für einen
Unterhaltsanspruch maßgebenden ehel. Lebensverhältnisse als auch bei der Ermittlung der Leistungsfähigkeit des Unterhaltsschuldners zur Feststellung des
unterhaltsrechtlich relevanten Einkommens grundsätzlich alle Einkünfte heranzuziehen, die dem Unterhaltsschuldner zufließen, gleich welcher Art diese Einkünfte sind und aus welchem Anlass sie im einzelnen erzielt werden (Senatsurteil v.
07.05.1986 – IVb ZR 55/85 –, FamRZ 1986, 780, 781). Demgemäß hat der BGH
Aufwandsentschädigungen für auswärtige Tätigkeiten und Auslandszuschläge
gemäß § 55 BBesG als Arbeitseinkommen angesehen, da sie im Hinblick auf das
Arbeits- oder Dienstverhältnis gewährt werden. Auch die Bestimmung einer Leistung zum Ausgleich besonderer Aufwendungen oder zu ähnlichen Verwendungs-
zwecken führt nicht dazu, dass sie bei der Unterhaltsberechnung von vornherein
außer Ansatz bleiben. Vielmehr kommt es darauf an, ob und in welchem Umfang
sie für tatsächliche Mehraufwendungen des Empfängers aufgezehrt werden und
ob sie daneben zur (teilweisen) Deckung des Lebensbedarfs zur Verfügung stehen (Senatsurteile v. 16.01.1980 – IVb ZR 115/78 –, FamRZ 1980, 342, 343; v.
26.01.1983 – IVb ZR 351/81 –, FamRZ 1983, 352, 353).

Gleiches gilt für öffentlich-rechtliche Leistungen, die für Tätigkeiten im öffentlichen Interesse gewährt werden, wie Sitzungsgelder kommunaler Bezirksvertretun-
gen (Senatsurteil v. 12.01.1983 – IVb ZR 348/81 –, FamRZ 1983, 670, 672) oder
Aufwandsentschädigungen für Abgeordnete (Senatsurteil v. 07.05.1986, a.a.O.).
Schließlich können auch zweckbestimmte Sozialleistungen im privaten Unterhaltsrecht wie sonstiges Einkommen des Empfängers behandelt werden, soweit
sie geeignet sind, neben einem tatsächlichen Mehraufwand auch den allgemeinen
Lebensbedarf des Leistungsempfängers und seiner Familie zu decken (vgl. etwa
Senatsurteile v. 21.01.1981 – IVb ZR 548/80 –, FamRZ 1981, 338, 339 – Grund-
rente; v. 20.01.1982 – IVb ZR 647/80 –, FamRZ 1982, 252, 253 – gesetzliche
Unfallrente; v. 21.05.1980 – IVb ZR 522/80 –, FamRZ 1980, 771 – Wohngeld; v.
17.03.1982 – IVb ZR 646/80 –, FamRZ 1982, 587 – Wohngeld). ...

---

572 BGH v. 07.05.1986 – IVb ZR 55/85, FamRZ 1986, 780.
573 OLG Hamm v. 25.11.1992 – 5 UF 25/92, FamRZ 1993, 1085.
574 BGH v. 07.05.1986 – IVb ZR 55/85, FamRZ 1986, 780.
575 BGH v. 13.04.1983 – IVb ZR 373/81, FamRZ 1983, 674.
576 BGH v. 07.04.1982 – IVb ZR 678/80, FamRZ 1982, 680.
577 OLG Düsseldorf v. 15.04.1991 – 3 UF 252/90, FamRZ 1991, 1315.

Über welchen Zeitraum die Auskünfte zu erteilen sind, hat der Aus-   752
kunftsberechtigte präzise mitzuteilen. Bei **abhängig Beschäftigten** mit
überwiegend gleich bleibenden Einkünften ist ein Jahreszeitraum von
einem Jahr ausreichend, aber auch notwendig[578], um auch unregelmäßige
Einkünfte wie Urlaubs- und Weihnachtsgeld zu erfassen[579].

Bei **Selbständigen und Freiberuflern** ist derjenige Zeitraum zu wäh-   753
len, der die Einkommenssituation zuverlässig beurteilen lässt. In Rechtsprechung und Schrifttum hat sich ein Dreijahreszeitraum für derartige Einkünfte eingebürgert[580]. Allerdings kann es auch geboten sein, einen davon
abweichenden Zeitraum zu wählen[581], was insbesondere dann erforderlich
sein wird, wenn die Einkünfte aus dem gewählten Zeitraum durch Fir-
menneugründung, Zuerwerb von Firmen oder Ähnlichem gekennzeichnet
gewesen sind.

Auch über alle mit den Einnahmen zusammenhängenden Ausgaben ist   754
im Rahmen der Auskunftsverpflichtung Auskunft zu erteilen[582], weil der
Auskunftsanspruch den Unterhaltsberechtigten auch davor schützen soll,
eine zu hohe Unterhaltsforderung zu erheben. Deshalb ist über Verbindlichkeiten, Steuern und Sozialabgaben, Alters- und Krankenvorsorgeauf-
wendungen Auskunft zu erteilen.

2. Form der Auskunft

§ 1605 BGB verweist bezüglich der Form der Auskunft auf §§ 260, 261   755
BGB. Der Auskunftspflichtige hat danach die Auskunft in einem über-
sichtlichen **Verzeichnis** vorzulegen. Die in Auskunftsprozessen vielfach
standardisiert erhobene Forderung, die Richtigkeit der Auskunft an Eides
Statt zu versichern, ist nach der gesetzlichen Konzeption nur dann vorgesehen, wenn Grund zur Annahme besteht, dass das Verzeichnis nicht mit der
notwendigen Sorgfalt erstellt wurde (§ 260 Abs. 2 BGB).

In der Praxis wird meist bei **abhängig Beschäftigten** Auskunft über   756
den Verdienst der letzten 12 Monate begehrt. In der Regel akzeptieren die
Auskunftsberechtigten, wenn diese Auskunft durch Vorlage der letzten 12
Einkommensabrechnungen des Arbeitgebers erteilt wird. Indessen ist diese

---

578 KK-FamR/*Klein,* § 1605 Rn. 80; Koch/*Margraf,* HB Unterhaltsrecht, Rn. 1331.
579 BGH v. 07.04.1982 – IVb 678/80, FamRZ, 1982, 680; OLG Oldenburg v. 10.06.1999 –
     14 UF 18/99, FamRZ 2000, 1016; Büttner/Niepmann/*Schwamb,* Rn. 692 m.w.N.
580 BGH v. 04.11.1981 – IVb ZR 624/80, FamRZ 1982, 151; KK-FamR/*Klein,* § 1605
     Rn. 80.
581 BVerfG 13.07.1992 – 1 BvR 140/91, FamRZ 1993, 169 m. Anm. *Compes;* BGH v.
     16.01.1985 – IVb ZR 59/83, FamRZ 1985, 357.
582 Wendl/*Dose,* § 1 Rn. 1166.

Form der Auskunftserteilung streng genommen nicht ausreichend, weil der Auskunftsberechtigte aus den Belegen das Einkommen des Auskunftspflichtigen erst ermitteln muss. Die Auskunft ist so zu erteilen, dass dem Auskunftsberechtigten die Ermittlung des Einkommens ohne übermäßigen Aufwand möglich ist[583].

757   **Selbständige** haben über ihre Auskünfte durch Zusammenstellung der Gewinne im Auskunftszeitraum zu erteilen. Da bei nicht abhängig Beschäftigten wegen der handels- und steuerrechtlichen Vorschriften im Jahresturnus bilanziert wird, kann die Auskunft auch nur für volle Jahre erteilt werden, wobei die für das vorausgehende Jahr zu erteilende Auskunft nicht vor dem 30.06. verlangt werden kann[584].

758   Die Träger der Sozialhilfe verschicken an die Auskunftspflichtigen in der Regel ein **Auskunftsformular.** Dabei handelt es sich nicht um ein vom Unterhaltspflichtigen auszufüllendes Pflichtformular. Ob der Auskunftspflichtige zur Erfüllung seiner Auskunftspflicht dieses Formular nutzt oder die Auskunft formlos erteilt, ist letztendlich seine Sache. Entscheidend ist, dass die Auskunft übersichtlich und geordnet nach Einkommen und Ausgaben getrennt erteilt wird (§ 260 BGB). Eine solche Form der Auskunftserteilung wird durch die Auskunftsformulare unterstützt. In der Regel werden von den Trägern der Sozialhilfe auch Auskünfte akzeptiert, die formlos erteilt werden und im strengen Sinn die Anforderung an Übersichtlichkeit und Ordnung nicht erfüllen. Aus Sicht der Träger der Sozialhilfe erschweren die nicht in Auskunftsformularen erteilten Auskünfte das Verfahren erheblich, da sie den beim Sozialhilfeträger etablierten Workflow nicht unterstützen. Es ist Sache des Unterhaltspflichtigen, ob er sich diesen Effekt zu Nutze machen will oder nicht.

3. Belegpflicht

759   Das Gesetz erlegt dem Auskunftspflichtigen nur hinsichtlich der Einkünfte eine **Belegpflicht** auf (§ 1605 Abs. 1 S. 2 BGB). Über sein **Vermögen** muss der Auskunftspflichtige nur Auskunft erteilen, aber **keine Belege** beibringen. Regelmäßig reicht, sofern eine Belegpflicht besteht, die Vorlage von Kopien aus[585], die jedoch ggf. nach einer Anforderung auf Kosten des Auskunftspflichtigen zu beglaubigen und zu übersetzen sind, falls sie nicht in deutscher Sprache vorliegen[586]. Teilweise wird vertreten, der Auskunfts-

---

583 BGH v. 29.06.1983 – IVb ZR 391/81, FamRZ 1983, 996.
584 OLG München v. 27.05.1992 – 12 WF 707/92, FamRZ 1992, 1207.
585 OLG Frankfurt v. 30.09.1996 – 6 WF 179/96, FamRZ 1997, 1296.
586 OLG Koblenz v. 14.09.1989 – 11 WF 1008/89, FamRZ 1990, 79.

schuldner habe die **Belege im Original** vorzulegen[587]. In jedem Fall kann jedoch allenfalls eine Einsicht in die Originale verlangt werden. Es wird jedoch den praktischen Erfordernissen des Rechtsverkehrs nicht gerecht, wenn in einem so massenhaft vorkommenden Verfahren wie dem Auskunftsverfahren die praktische Handhabung durch Einsichtsgewährung in Originalunterlagen reduziert wird. Bestehen jedoch Zweifel an der Authentizität der Kopie, kann sich der Auskunftsgläubiger dadurch schützen, dass er beglaubigte Kopien fordert.

Ein auskunftspflichtiger **abhängig Beschäftigter** hat Einkommensabrechnungen des Arbeitgebers, Steuerbescheide[588] und Steuererklärungen[589], Selbständige daneben Bilanzen oder Gewinn- und Verlustrechnungen aus dem Auskunftszeitraum vorzulegen[590].   760

Die **Belegpflicht gem. § 117 SGB XII** ist weitergehender als die des § 1605 BGB. Auf Verlangen des auskunftsberechtigten Trägers der Sozialhilfe hat der Auskunftspflichtige Beweisurkunden vorzulegen oder ihrer Vorlage zuzustimmen. Jedoch besteht m. E. auch nach § 117 Abs. 2 SGB XII keine Auskunfts- und Belegpflicht bezüglich der **Vermögensverhältnisse** des Schwiegerkindes (vgl. Rn. 737).   761

III. Informationspflichten

Neben den **Auskunftspflichten** spielen **Informationspflichten** im Unterhaltsrecht eine bedeutende Rolle[591]. Dabei geht es um die Frage, inwieweit den Auskunftspflichtigen eine Verpflichtung trifft, den Auskunftsberechtigten auf eine Änderung seiner wirtschaftlichen oder die Unterhaltsverhältnisse maßgeblich beeinflussenden Verhältnisse **ungefragt** hinzuweisen. Eine derartige **Pflicht zur ungefragten Information** ist gesetzlich nicht normiert. Sie wird in Unterhaltsverhältnissen angenommen, wenn eine Änderung der Verhältnisse eingetreten ist, die eine Abänderung der Unterhaltsforderung rechtfertigt und das Verschweigen der Information evident unredlich erscheint[592]. Für den Elternunterhalt liegt zu diesem Themenkomplex noch keine Rechtsprechung vor. Eine generelle Verpflichtung eines unterhaltspflichtigen Kindes, den Sozialhilfeträger oder den unterhaltsberechtigten Elternteil ungefragt über eine Ver-   762

---

587 AnwK-BGB/*Vogel*, § 1605 Rn. 23; Staudinger/*Engler*, § 1605 Rn. 46.
588 OLG München v. 15.11.1995 – 12 UF 1301/95, FamRZ 1996, 738.
589 BGH v. 23.04.1980 – IVb ZR 510/80, FamRZ 1980, 770.
590 OLG Schleswig v. 07.12.1998 – 15 UF 90/98, OLGR 1999, 152.
591 *Born*, NJW 2012, 496.
592 Vgl. die Zusammenstellung bei Büttner/Niepmann/*Schwamb*, Rn. 688.

besserung seiner Leistungsfähigkeit zu informieren, ist abzulehnen. Anders könnte nur zu entscheiden sein, wenn der Unterhaltsberechtigte angesichts der Umstände keine Veranlassung hat, sich durch eine neue Auskunft über eine Einkommensverbesserung zu informieren[593]. Die Nachrangigkeit des Unterhaltsanspruchs schlägt insoweit auch auf die Informationspflicht durch.

763   Die ‚normale' **Einkommenssteigerung** eines Berufstätigen, der Ausbau der Erwerbstätigkeit eines Teilerwerbstätigen, die Zahlung eines Bonus o. ä. sind daher nicht anzeigepflichtig. Die unerwartet vorfristige Wiedererlangung der Erwerbsfähigkeit durch einen Invaliden, der eine Invaliditätsrente bezog, kann dagegen dem Sozialhilfeträger anzuzeigen sein. Der Wegfall von Verbindlichkeiten dagegen ist nicht mitzuteilen, da der Sozialhilfeträger im Rahmen der Auskunftserteilung bei Festsetzung des Unterhaltsanspruchs das Auslaufen von Kreditverbindlichkeiten bereits einkalkulieren kann. Auch dann, wenn ein unerwarteter Vermögenserwerb (Erbschaft oder Lottogewinn) eine vorzeitige Kredittilgung ermöglicht[594], besteht für die unterhaltspflichtige Person keine Pflicht, den Sozialhilfeträger ungefragt über die Verbesserung der Leistungsfähigkeit zu informieren[595]. Ebenso wenig ist die Nichtbedienung von Verbindlichkeiten oder die Aufgabe der Bildung von Altersvorsorgerückstellungen anzeigepflichtig[596]. Das Nichterteilen der ungefragten Information muss nach der Rechtsprechung evident unredlich und auf der ‚Grenze des Betruges' liegen, um unterhaltsrechtliche oder strafrechtliche Sanktionen auszulösen. Während laufender Unterhaltsverfahren oder -verhandlungen dürfte eine solche Verpflichtung indessen anzunehmen sein[597]. Bei Leistungsunfähigkeit des Unterhaltspflichtigen wegen Arbeitslosigkeit, führt die Aufnahme einer Erwerbstätigkeit indessen nicht zu einer Offenbarungspflicht, weil Arbeitslosigkeit in der Regel ein vorübergehender Zustand und die Wiedererlangung einer Erwerbstätigkeit der Normalfall ist, auf den sich der Unterhaltsberechtigte gegebenenfalls durch Nachfragen einzustellen hat.

764   Allerdings wird es vielfach im Interesse des Unterhaltspflichtigen liegen, eine seine Leistungsfähigkeit nachteilig beeinflussende Tatsache zur Verminderung seiner Unterhaltspflicht zu nutzen. Hierbei gelten die üblichen Grundsätze: Ist der Unterhaltsanspruch tituliert, ist gegebenenfalls ein Abänderungsverfahren nach § 323 ZPO durchzuführen. Ist der Unterhaltsanspruch nicht tituliert, sondern zahlt der Unterhaltspflichtige auf

---

593 Büttner/Niepmann/*Schwamb,* Rn. 688.
594 Wendl/*Dose,* § 1 Rn. 1200.
595 BGH v. 02.06.2010 – XII ZR 138/08, FamRZ 2010, 1311.
596 Wendl/*Dose,* § 1 Rn. 1200.
597 OLG Düsseldorf v. 18.08.1993 – 5 UF 63/93, FamRZ 1995, 741.

eine Anforderung der Sozialamtes freiwillig einen bestimmten Unterhaltsbetrag, kann er diesen vermindern, ohne dass es eines gerichtlichen oder sonstigen Verfahrens bedarf. Sinnvoll ist es jedoch, in diesen Fällen dem Sozialhilfeträger die Veränderung der Leistungsfähigkeit zu dokumentieren, um eine einvernehmliche Abänderung der Unterhaltspflicht zu vereinbaren.

IV. Folgen einer falschen oder unvollständigen Auskunft

Mit oftmals erstaunlicher Leichtfertigkeit werden von unterhaltsrechtlich Auskunftspflichtigen **falsche oder unvollständige Auskünfte** erteilt. Die Palette der wirklichkeitskorrigierenden Angaben ist dabei nahezu unbegrenzt. Vom Verschweigen von Nebeneinkünften über das Verschleiern von Vermögensverhältnissen bis hin zu offenen und verdeckten ‚last-minute-Geschäften‘, bei denen Vermögenswerte auf Ehegatten, Kinder oder völlig Unbeteiligte verschoben werden, findet sich insbesondere in der anwaltlichen Beratungspraxis alles. Die auskunftspflichtigen Kinder scheinen über die inkorrekte Handhabung der Auskunftspflicht die soziologischen und juristischen Ungereimtheiten des Elternunterhaltes kompensieren zu wollen.   765

Es erübrigt sich fast, an dieser Stelle darauf hinzuweisen, dass die Chance, mit einer unkorrekten oder unvollständigen Auskunft zu scheitern, recht groß ist. Der Gesetzgeber hat dem Träger der Sozialhilfe mit § 117 SGB XII ein umfassendes Instrumentarium zur Ermittlung unterhaltsrechtlicher Informationen an die Hand gegeben. § 117 Abs. 3 SGB XII lautet: 766

> Wer jemandem, der Leistungen nach diesem Buch beantragt hat oder bezieht, zu Leistungen verpflichtet ist oder war, die geeignet sind oder waren, Leistungen auszuschließen oder zu mindern, oder für ihn Guthaben führt oder Vermögensgegenstände verwahrt, hat dem Träger der Sozialhilfe auf Verlangen hierüber sowie über damit im Zusammenhang stehendes Einkommen oder Vermögen Auskunft zu erteilen, soweit es zur Durchführung der Leistungen nach diesem Buch im Einzelfall erforderlich ist. § 21 Abs. 3 Satz 4 des Zehnten Buches gilt entsprechend.

Danach sind auch **Banken und Sparkassen** zur **Auskunft** verpflichtet. Der Träger der Sozialhilfe kann daher – ggf. am Auskunftspflichtigen vorbei – Erkundigungen über die Vermögensverhältnisse einholen, sofern mögliche Quellen von Einkommen und Vermögen bekannt sind.   767

Zivilrechtlich kann unter bestimmten Umständen die verzögerte oder falsche Auskunft einen **Schadensersatzanspruch** auslösen, der dem   768

Unterhaltsberechtigten einen schuldrechtlichen[598] oder deliktischen[599] Schadensersatzanspruch gibt.

769   **Strafrechtlich** kann eine falsche oder auch unvollständige Auskunft als Betrug, und falls eine falsche eidesstattliche Versicherung abgegeben wird, auch insoweit geahndet werden.

V. Wiederholung des Auskunftsbegehrens

770   Das **Auskunftsbegehren** kann nach § 1605 Abs. 2 BGB nur dann vor Ablauf von 2 Jahren nach der erteilten Auskunft[600] erneut geltend gemacht werden, wenn der Unterhaltsgläubiger glaubhaft macht, dass der Unterhaltspflichtige wesentlich höhere Einkünfte oder weiteres Vermögen erworben hat. In Anlehnung an die zu § 323 Abs. 1 ZPO[601] ergangene Rechtsprechung, wonach eine ‚wesentliche Veränderung‘ dann vorliegt, wenn eine 10 %ige Abänderung des Unterhaltsbetrages erfolgen würde, ist auch im Rahmen der Auskunftspflicht des § 1605 BGB deren Wiederholung vor Ablauf von 2 Jahren nach ihrer Erteilung nur dann möglich, wenn eine mindestens 10 %ige Verbesserung von Einkommens- und Vermögensverhältnissen glaubhaft gemacht werden kann. Dies ist auch für die Auskunftspflicht nach § 117 SGB XII anzunehmen.

---

598 BGH v. 30.11.1983 – IVb 31/82, FamRZ 1984, 163; vgl. aber auch OLG Köln v. 02.06.1995 – 26 WF 71/95, FamRZ 1996, 50 für den Fall einer Abänderungsstufenklage.

599 OLG Bremen v. 09.02.1999 – 4 UF 121/98, FamRZ 2000, 256.

600 OLG Hamm v. 25.08.2004 – 5 WF 329/04, FamRZ 2005, 1585.

601 OLG Hamm v. 30.04.2004 – 11 WF 76/04, FamRZ 2004, 1885, das bei beengten wirtschaftlichen Verhältnissen auch bei geringerer Abzeichnung eine Abänderung zulassen will.

F. Vorsorgende Beratung

Die Anwaltschaft ist mit dem Elternunterhalt i.d.R. auf der Seite der Unterhaltspflichtigen befasst. Ähnlich wie bei der Erbberatung entwickelt sich in der Bevölkerung das Bewusstsein, auch für den Fall der Inanspruchnahme auf Elternunterhalt **vorsorgende Rechtsberatung** in Anspruch zu nehmen. Dabei handelt es sich stets um eine prognostische Beratung, deren Resultate letztendlich nie sicher vorauszusehen sind, wie denn auch der Pflegebedarf nie sicher vorherzusehen ist. Dies bedeutet auch, dass die Ergebnisse der Beratung stets reversibel sein sollten.

771

Trotz dieser Unwägbarkeiten können abgeleitet aus der bisherigen Rechtsprechung und der rechtspolitischen Diskussion einige Leitlinien für die vorsorgende Beratung entwickelt werden, deren Beachtung die unterhaltsrechtliche Inanspruchnahme minimiert und selbst bei Fehlschlagen der Prognose die wirtschaftlichen Interessen des Beratenen wahrt.

772

I. Vorbemerkung

Anwaltliche Beratung in Sachen Elternunterhalt bewegt sich auf einer interessanten Spannungslinie. Obgleich vertreten wird, der Elternunterhalt sei ein überwiegend sozial und gesellschaftlich akzeptiertes Rechtsinstitut[602], nimmt die Akzeptanz ab, je größer die unmittelbare Betroffenheit ist. Wer auf Elternunterhalt in Anspruch genommen wird, hat weniger Verständnis für den Rückgriff auf sein Einkommen und Vermögen als derjenige, der wirtschaftsliberalistisch über zu hohe Sozialabgaben klagt und Dank eigener Leistungsfähigkeit den Quell allen Übels im Gesellschaftlichen und alles Heil im Privaten findet (bis er selbst herangezogen wird). Überraschend ist jedoch, dass die Inanspruchnahme eines Ehegatten auf Elternunterhalt nach Beobachtungen des Autors vielfach auch eine Beziehungskrise der Ehegatten verstärkt oder vielleicht auch auslöst. Hintergrund dessen ist sicher auch, dass aufgrund der Heranziehung des mehr verdienenden Ehegatten über den Familienunterhalt immer auch eine verdeckte Schwiegerkindhaftung begründet wird, die angesichts der berüchtigten Schwiegerkindproblematik offenbar geeignet ist, Fissuren eines Verhältnis-

773

---

602 *Lüscher*, FPR 2003, 648.

ses zu Frakturen zu vergrößern. Jedenfalls sind in der Beratungspraxis des Autors vermehrt Fälle aufgetaucht, in denen die Ehe im Zusammenhang mit einem Elternunterhaltsfall in die Krise geraten ist. Gleichzeitig fühlt sich das in Anspruch genommene Kind stets bemüßigt, sich selbst zu rechtfertigen, was für die These von der gesellschaftlichen Akzeptanz spräche.

774　　　Der beratende Anwalt bewegt sich mithin vielfach in ‚vermintem Gelände'. Dies gilt umso mehr, als die Ratsuchenden oftmals mit dem nur schlecht kaschierten Wunsch auf eine Unrechtsberatung den Anwalt aufsuchen. Anwaltliche Hilfe beim illegalen Einkommens- und Vermögensverschub zu erteilen, verbietet sich von selbst. Der Gattenhaftungsproblematik ist zu entgehen, indem man wegen einer möglichen **Interessenkollision** die gemeinsame Beratung von Ehegatten in dieser Frage ablehnt (vgl. Rn. 33), was aber oftmals zu spät erfolgt und nur schwer vermittelbar und durchsetzbar ist.

II. Rettung des Vermögens des Unterhaltsberechtigten

775　　　Vermögen des unterhaltsberechtigten Elternteils kann nur dann vor verzehrendem Verbrauch gerettet werden, wenn die Übertragung nicht revoziert werden kann, also vor Ablauf von zehn Jahren vor Eintritt des Bedarfs erfolgt und darüber hinaus die Übertragung auf eine Person erfolgt, die ihrerseits nicht unterhaltspflichtig ist. Anderenfalls würde das übertragene Vermögen entweder mit seinen Erträgen oder durch zumutbaren Unterhaltseinsatz oder Revozierung nach §§ 528, 529 BGB zu Unterhaltszwecken revitalisiert. Ob eine Vermögensübertragung auf einen Dritten, die nicht revozierbar ist, einen Verwirkungsgrund nach § 1611 BGB darstellen kann (vgl. Rn. 721), ist nur im Einzelfall zu entscheiden.

1. Vorzeitige unentgeltliche Vermögensübertragung

776　　　Vorzeitige vertragliche Übertragung als Schenkung oder vorweggenommene Erbfolge auf einen Unterhaltspflichtigen hat zur Folge, dass innerhalb der **Revokationsfrist** von zehn Jahren der Beschenkte bei unterhaltsrechtlichem Bedarf des Schenkers entweder das Vermögen zurück übertragen muss oder aber Unterhalt zu leisten hat (§ 528 Abs. 1 S. 2 BGB). Dies gilt nicht, wenn die Gefahr der **Verarmung des Beschenkten** gegeben ist (§ 529 Abs. 2 BGB). Hat der Beschenkte das Vermögen z. B. in eine Immobilie angelegt, die von ihm selbst und seiner Familie bewohnt wird, und kann eine Rückübertragung des Vermögens durch Beleihung der Immobilie nicht erfolgen, weil dem Unterhaltspflichtigen im Hinblick auf den von ihm zu leistenden Familienunterhalt dazu die Mittel fehlen, kann nur der angemessene **Wohnwert** der Immobilie den laufenden Einkünften zugerechnet werden (vgl. dazu Rn. 176). Der Wohnwert wird aber auch durch erhebliche Investitionen in eine Immobilie nicht nachhaltig erhöht, da nicht der objektive Wohnwert in die Unterhaltsberechnung einbezogen wird, sondern der angemessene.

Beispiel:

Die alternde Mutter wird vergesslich und verwirrt. Die getrennt von ihrem Ehemann lebende Tochter wohnt in einer im gemeinsamen Eigentum der Eheleute stehenden angemessenen Immobilie. Mit ihr zusammen leben zwei minderjährige Kinder. Sie ist nur teilzeitig berufstätig und erzielt ein Einkommen von 700 €. Ihr wird kein Unterhalt gezahlt, der Ehemann bedient die Immobilienbelastungen. Der angemessene Wohnwert beträgt ca. 500 €. Aus dem Vermögen der Mutter werden der Tochter 22.000 € zugewandt, die dafür eine neue Heizungsanlage im Haus installieren lässt, die die 20 Jahre alte aber noch funktionsfähige Heizungsanlage ersetzt, bevor die Mutter wenige Monate später in ein Pflegeheim gelangt.

Lösung:

- Eine Revokation der Schenkung gegen die Tochter scheidet aus, weil diese eine Leistung nicht erbringen kann, ohne selbst in Not zu geraten.

- Eine Revokation der Schenkung gegen deren Ehemann scheidet aus, weil diesem von der Mutter nichts zugewendet worden ist, sondern allenfalls von ihrer Tochter, indem diese den Einbau der Heizung in das ihr gemeinsam mit ihrem Ehemann gehörende Haus veranlasste.

- Eine Erhöhung des Wohnwertes der Tochter ist durch die Investition nicht eingetreten, da eine Wertsteigerung der Immobilie sich nicht in einer Veränderung des Wohnwertes niederschlägt.

- Soweit der Ehemann durch die Wertsteigerung der Immobilie profitiert, ist im Zugewinnausgleich diese Wertsteigerung dem Anfangsvermögen der Tochter zuzuordnen (§ 1374 Abs. 2 BGB).

Die **unentgeltliche Vermögensübertragung** auf einen Angehörigen des ggf. unterhaltsbedürftig werdenden Elternteils führt daher dann zu einer Rettung des Vermögens, wenn   777

- bei Bedürftigkeit des Schenkers die **Revokationsfrist von zehn Jahren** abgelaufen ist oder

- das **Vermögen nicht mehr vorhanden**, der Beschenkte mithin nicht mehr bereichert ist oder

- der **Beschenkte durch Transformation** des geschenkten Vermögens in geschütztes **Schonvermögen** eine Revokation des Vermögens verhindert und gleichzeitig die Erträgnisse des Vermögens den Beschenkten nicht im elternunterhaltsrechtlichen Sinne leistungsfähig machen.

778   Schenkt beispielsweise ein Elternteil seinem Kind einen Betrag von
100.000 € und baut dieses Kind unter Einbeziehung dieser Mittel ein angemessenes Familienheim für sich und seine Familie, dessen Eigentümer das
beschenkte Kind und seine Ehefrau zu je ½ werden, kann bei Eintritt einer
Pflege- und damit Unterhaltsbedürftigkeit des schenkenden Elternteils die
Schenkung von 100.000 € nur dann zurückverlangt werden, wenn das beschenkte Kind in der Lage wäre, zusätzlich zur Immobilienbelastung einen
Kredit in Höhe von 100.000 € aufzunehmen und in angemessener Zeit
zurückzuführen. Ist dies, z. B. wegen der anderweitigen Immobilien- und
Unterhaltsbelastung nicht der Fall, könnte nur noch der **Wohnvorteil** des
beschenkten Kindes zu Unterhaltszwecken mobilisiert werden. Der Wohnwert überschreitet im Elternunterhalt aber nie 450 € für alleinstehende und
800 € für zusammenlebende Unterhaltspflichtige (vgl. Rn. 176 ff.). Hat das
Kind jedoch – ggf. durch die Schenkung ermutigt – großzügiger gebaut, als
es ihm aufgrund seiner eigenen Einkünfte möglich gewesen wäre, scheidet
eine Revokation i.d.R. aus.

779   Falls jedoch die Übertragung des Vermögens und seine Unterhaltsleistungen vermeidende Anlage zeitnah zum auftretenden Pflegebedarf erfolgt,
ist auch an einen Schadensersatzanspruch nach § 826 BGB zu denken.

2. Das Revokationsrecht des verarmten Schenkers[603]

780   Nach § 528 BGB steht demjenigen, der eine Schenkung an einen Dritten gemacht hat das Recht zu, vom Beschenkten die Herausgabe des Geschenks nach den Vorschriften über die Herausgabe einer ungerechtfertig-
ten Bereicherung zu verlangen, soweit der Schenker nach Vollziehung der
Schenkung außerstande ist, seinen ‚angemessenen' Unterhalt zu bestreiten
und die ihm seinen Verwandten, seinem Ehegatten, seinem Lebenspartner
oder früheren Ehegatten oder Lebenspartner gegenüber gesetzlich obliegenden Unterhaltspflicht zu erfüllen.

a) Revokationsfrist

781   Das Revokationsrecht des verarmten Schenkers besteht nicht, wenn
zur Zeit des Eintritts der Bedürftigkeit des Schenkers seit Leistung des geschenkten Gegenstandes zehn Jahre verstrichen sind (§ 529 Abs. 1 2. Alt.
BGB). Für den Beginn der Frist kommt es nicht auf den Zeitpunkt der
Schenkung, sondern auf deren Vollziehung an[604]. Für deren Ablauf kommt

---

603 Grundlegend: *Wedemann*, NJW 2011, 571.
604 Zeitpunkt der Handschenkung, § 518 Abs. 2 BGB bzw. Leistungserbringung i.S.d.
       § 362 BGB.

es auf den **Eintritt des Notbedarfs** an. Es reicht **nicht** aus, dass die Umstände, die in Zukunft die Vermögenserschöpfung begründen, bereits vorliegen[605].

BGH v. 26.10.1999 – X ZR 69/97, NJW 2000, 728

LS: Für den Eintritt der Bedürftigkeit beim Schenker innerhalb der Zehnjahresfrist des § 529 Abs. 1 BGB genügt es nicht, wenn vor Ablauf dieser Frist die Umstände eingetreten sind, aus denen sich (früher oder später) eine Erschöpfung des Vermögens des Schenkers ergeben kann oder voraussichtlich ergeben wird; es ist vielmehr erforderlich, dass die Erschöpfung des Vermögens innerhalb der Frist bereits eingetreten ist.

Nicht maßgeblich für die Berechnung des Fristablaufs ist der Zeitpunkt der Beantragung von Sozialhilfe. Bedürftigkeit des Schenkers liegt nämlich nicht erst vor, wenn Sozialhilfe oder andere öffentliche Transferleistungen in Anspruch genommen werden, sondern immer dann, wenn der Schenker seinen Lebensbedarf aus eigenen Einkünften oder Vermögen nicht mehr bestreiten kann. Überbrücken Familienangehörige oder Dritte durch Zahlungen bis zum Ablauf der Sozialhilfebeantragung die Revokationsfrist, hat dies keinen Einfluss darauf, dass der Revokationsanspruch mit Eintritt der Hilfsbedürftigkeit gegeben ist. Vielfach werden im Elternunterhalt Grundstücke unter Vorbehalt eines Nießbrauchs auf die Kinder übertragen. Der Schenkungszeitpunkt ist auch in diesem Fall der Vollzug der Grundstücksübertragung und nicht analog § 2325 Abs. 5 BGB[606] der Wegfall des Nutzungsrechts[607].

782

Die **Verjährung** des Revokationsrechts des Schenkers ist davon abhängig, was Gegenstand der Schenkung war. Wurde vom Schenker ein Grundstück an den Beschenkten übertragen, dessen Rückforderung nach Eintritt der Verarmung des Schenkers verlangt wird, unterliegt die Verjährung § 196 BGB[608] und beträgt damit 10 Jahre vom Ende der Revokationsfrist. Handelt es sich um die Schenkung und Übertragung eines **Geldvermögens**, greift indessen die regelmäßige Verjährung des § 195 BGB von drei Jahren ein.

783

---

605 Palandt/*Weidenkaff*, § 529 Rn. 2.
606 Palandt/*Weidlich,* § 2325 BGB Rn. 26.
607 BGH v. 19.07.2011 – X ZR 140/10, FamRZ 2011, 1579; *Schippers,* 10-Jahres-Frist und Nießbrauchsvorbehalt beim Rückforderungsanspruch des verarmten Schenkers (§§ 528, 529 BGB), RNotZ 2006, 42.
608 BGH v. 22.04.2010 – Xa ZR 73/07, FamRZ 2010, 1330.

b) Einrede der selbst herbeigeführten Bedürftigkeit

784   § 529 Abs. 1 1. Alt. BGB eröffnet dem Beschenkten die Möglichkeit, gegen den Revokationsanspruch des verarmten Schenkers die Einrede der vorsätzlich oder grob fahrlässig herbeigeführten Bedürftigkeit zu erheben. Da nach § 528 BGB der ‚angemessene Unterhalt‘ des Schenkers und der ihm gegenüber Unterhaltsberechtigten Maßstab für die Revokation ist, könnten die Voraussetzungen des Rückforderungsanspruchs bereits früh gegeben sein, wenn der individuelle Lebensstil des Schenkers (vor der Schenkung) zu sichern wäre. Dies ist indessen nicht der Fall. Maßstab ist vielmehr der ‚objektiv seiner Lebensstellung nach der Schenkung angemessene‘[609] Lebensstil. Wird der Schenker durch die Schenkung bedürftig, kann sich der Beschenkte nicht gegen die Rückforderung mit dem Argument selbst (schuldhaft) herbeigeführter Bedürftigkeit wehren.[610] Die Bedürftigkeit muss nachträglich herbeigeführt sein, etwa durch Verschwendung oder leichtsinnige Spekulation. Eine Vernachlässigung eigener Altersvorsorge reicht regelmäßig nicht aus, um von einer schuldhaften oder grob fahrlässigen Verursachung der Bedürftigkeit auszugehen. Ebenso wenig ist Trunksucht in der Regel weder grob fahrlässig noch vorsätzlich verschuldet[611]. Allerdings kann Trunksucht dann verschuldet oder grob fahrlässig herbeigeführt worden sein, wenn sie vor Erreichen des ‚Krankheitszustandes‘ vom Trunksüchtigen nicht ausreichen bekämpft wurde und zumutbare Behandlungsmethoden bewusst verweigert werden[612]. Jedoch kann ein mutwilliger Verzicht auf eigene Erwerbstätigkeit nach dem Vollzug der Schenkung die Einrede begründen.[613]

c) Notbedarfseinrede des Beschenkten, § 529 Abs. 2 BGB

785   Ist der Beschenkte bei Berücksichtigung seiner sonstigen Verpflichtungen außer Stande, das Geschenkte herauszugeben, ohne seinen eigenen ‚standesgemäßen‘ (ließ ‚angemessenen‘[614]) Unterhalt zu gefährden oder die ihm obliegenden gesetzlichen Unterhaltspflichten erfüllen zu können, kann er die Herausgabe des Geschenkes – solange die Notlage besteht[615] – verweigern. Die Gründe, die zur Notlage beim Beschenkten geführt haben, sind grundsätzlich unbeachtlich[616]. Die ‚Angemessenheit‘ des Eigenbedarfs des Schenkers ist nach den gleichen Kriterien wie die Leistungsfähigkeit

---

609 BGH v. 05.11.2002 – X ZR 140/01, FamRZ 2003, 224.
610 Palandt/*Weidenkaff* § 529 BGB Rn. 2.
611 A. A. Erman/*Westermann,* § 529 Rn. 2.
612 OLG Celle v. 09.12.2009 – 15 UF 148/09, FamRZ 2010, 817.
613 BGH, BGHR 2003, 196; Bamberger/Roth/*Gehrlein,* § 529 Rn. 2.
614 BGH v. 06.09.2005 – X ZR 51/03, FamRZ 2005, 1989.
615 BGH v. 06.09.2005 – X ZR 51/03, FamRZ 2005, 1989.
616 BGH v. 19.12.2000 – X ZR 146/99, FamRZ 2001, 286.

des unterhaltspflichtigen Kindes im Elternunterhalt zu bestimmen[617]. Dies bedeutet konkret, dass eine Herausgabeverpflichtung nicht besteht, soweit nach Abzug aller Zins- und Tilgungsleistungen, vorrangigen Unterhaltsverpflichtungen und einem angemessenen Altersvorsorgeaufbau, dem Beschenkten weniger als 1.500 € verbleiben (vgl. Rn. 425 ff.).

Inwieweit diese Grenzen auch für die **Vermögensrückgewähr** gelten, ist bislang noch nicht abschließend entschieden. Im Elternunterhalt steht dem unterhaltspflichtigen Kind grundsätzlich ein großzügig bemessenes Altersvorsorgeschonvermögen zu (vgl. Rn. 474 ff.). Verwendet das beschenkte Kind die ihm zugewendeten Mittel, um für sein Alter angemessenes Vermögen aufzubauen, stellt sich die Frage, ob dieser Altersvorsorgerückstellungen des Kindes im Fall der Revokation aufgelöst werden müssen. Verneint man diese Frage, werden erfolgreiche Revokationen von Vermögenszuwendungen nur noch selten möglich sein. Wenn ein 60 Jahre alter Normalverdiener (Einkommen 37.000 € pro Jahr) ein Altersvorsorgeschonvermögen von ca. 194.000 € neben seiner selbst genutzten Immobilie (vgl. Rn. 529) aufbauen kann (vgl. Rn. 474 ff. und Rn. 925), sind übertragene Vermögen weitgehend revokationsfest, da nur wenige unterhaltspflichtige Kinder die Altersvorsorgeschonvermögengrenzen erreichen. Der Systematik der Rechtsprechung würde eine derartige Lösung entsprechen. Die Entscheidung des BGH[618] ist vor der Grundsatzentscheidung über die pauschale Berechnung des Altersvorsorgevermögens ergangen[619]. Es spricht vieles dafür, die Leistungsfähigkeit des Beschenkten für die Rückgewähr des Geschenks dann zu verneinen, wenn dadurch das unterhaltsrechtlich geschützte Altersvorsorgevermögen angegriffen werden müsste.

786

d) Kein Übergang der Revokationsforderung auf den Sozialhilfeträger

Grundsätzlich kann ein Sozialhilfeträger den Revokationsanspruch des Schenkers bei dessen Verarmung im Fall einer Hilfsbedürftigkeit des Schenkers selbst gegen den Beschenkten geltend machen, sofern der Revokationsanspruch auf den Träger der Sozialhilfe übergeht (§ 94 SGB XII). Davon besteht eine Ausnahme, wenn der Übergang des Anspruchs eine ‚**unbillige Härte**' darstellt. Davon ist nach der Rechtsprechung auszugehen, wenn die Revokation die Verbindung zu diesem Kind nachhaltig zerstören würde[620].

787

---

617 BGH v. 11.07.2000 – X ZR 126/98, FamRZ 2001, 21; Palandt/*Weidenkaff* § 529 Rn. 3; Erman/*Herrmann*, § 529 Rn. 2; *Graba*, Die Entwicklung des Unterhaltsrechts nach der Rechtsprechung des Bundesgerichtshofs im Jahr 2000, FamRZ 2001, 585.

618 BGH v. 11.07.2000 – X ZR 126/98, FamRZ 2001, 21.

619 BGH v. 30.08.2006 – XII ZR 98/04, FamRZ 2006, 1511.

620 Krenzler/Borth/*Grisebach*, Rn. 1526; OVG Münster v. 14.10.2008 – 16 A 1409/07, FamRZ 2009, 84.

Geht aber der Revokationsanspruch nicht auf den Sozialhilfeträger über, hat dieser Sozialhilfeleistungen an den Bedürftigen zu erbringen.

3. Abschluss einer Pflegezusatzversicherung durch Einmalzahlung

788　　Am Versicherungsmarkt werden **Pflegezusatzversicherungen** angeboten, die das Ziel haben, dem pflegebedürftigen Menschen im Pflegefall zusätzliche Gelder zur Verfügung zu stellen. Die Kalkulation der Versicherungsprämien ist abhängig vom Alter der versicherten Person und deren Pflegerisiko, von der Höhe der versprochenen Leistung und der Frage, ob eine Beitragsrückgewähr im Todesfall erfolgt. Die Beiträge zu einer solchen Versicherung können sowohl als **Einmalbetrag** als auch durch **monatliche Zahlungen** erbracht werden. Eine private Pflegeversicherung kann nicht mehr begründet werden, wenn der Pflegefall bereits eingetreten ist. Vorher kann es aber für Elternteile durchaus erwägenswert sein, eine solche Versicherung abzuschließen. Dies gilt ganz besonders dann, wenn der Eintritt des Pflegefalls ernsthaft zu erwägen ist und ein unterhaltspflichtiges Kind tatsächlich leistungsfähig ist. In diesem Fall kann durch Abschluss einer derartigen Versicherung die Bedarfslücke beim pflegebedürftigen Elternteil geschlossen und so eine unterhaltsrechtliche Inanspruchnahme des Kindes verhindert werden. Kann die Versicherung durch eine Einmalzahlung begründet werden und wird mit dem Versicherungsunternehmen eine Beitragsrückgewähr bei Versterben des Versicherungsnehmers vor einem bestimmten Zeitpunkt (z. B. dem Erreichen des 80. Lebensjahres) vereinbart, kann ein solcher Vertrag gleichzeitig vermögenserhaltend für den Erben wirken. Der Abschluss solcher Versicherungen ist insbesondere für solche Menschen geeignet, die, aus welchen Gründen auch immer (meist einem stark entwickelten Sicherheitsbedürfnis heraus), unter der Ungewissheit einer unterhaltsrechtlichen Inanspruchnahme oder eines unterhaltsrechtlichen Bedarfs leiden. Solche Versicherungen können ein sinnvollen Gestaltungselement sein, wenn die Versicherung auch noch einen Abschluss im fortgeschrittenen Alter der versicherten Person zulassen. Es ist auch durchaus vorstellbar, dass Kinder zugunsten ihrer Eltern derartige Versicherungspolicen abschließen, wenn eine entstehende Altersarmut bekannt ist und die Lebensplanung des Kindes vom Risiko der unterhaltsrechtlichen Inanspruchnahme stark beeinträchtigt ist.

4. Belohnende / entgeltende Übertragung des Vermögens unter Heranziehungsausschluss an den Gatten

Eine unproblematischere **Sicherung des Vermögens des Elternteils** ist die **entgeltende oder belohnende Übertragung**. Dies kann sowohl auf den Gatten des Pflege- und Unterhaltsbedürftigen geschehen, soweit dieser dadurch nicht seinerseits unterhaltspflichtig wird, als auch auf die nächste oder übernächste Generation. Der Vorteil einer entgeltlichen oder entlohnenden Vermögensübertragung liegt in der **Vermeidung des Revokationsrechts** nach § 529 BGB.

789

Überträgt z. B. ein pflegegefährdeter Ehemann seiner Ehefrau ,im Hinblick auf die jahrelangen treuen Versorgungsleistungen, die Erziehung der Kinder etc.' einen Vermögenswert, der dem Gatten ein eigenes Alterseinkommen bis zu seinem angemessenen Selbstbehalt[621] (von derzeit 1.500 €) sichert, scheidet eine Revokation mangels Unentgeltlichkeit und aufgrund der Verarmungseinrede aus. Hat der begünstigte Gatte kein eigenes anderes Einkommen und ggf. auch keine eigene Versorgung, kann so ein Vermögen von ca. 200.000 € (vgl. dazu Rn. 482) heranziehungsfrei übertragen werden.

790

Dabei ist zu beachten, dass der Haftungsentzug dieses Vermögens zur Durchgriffshaftung auf ein unterhaltspflichtiges Kind führen kann, was jedoch wegen des dann geltenden großzügigeren Selbstbehaltes in jedem Fall zu einem optimierten Gesamtergebnis führt.

791

5. Belohnende oder entgeltende Übertragung des Vermögens unter Heranziehungsausschluss an Kinder

Eine belohnende oder entgeltliche Vermögensübertragung ist vor Eintritt des Unterhaltsbedarfs auch an Kinder oder Dritte möglich. Ist der so Begünstigte jedoch dem das Vermögen übertragenden späteren Unterhaltsbedürftigen seinerseits unterhaltspflichtig, ist, selbst wenn die Vermögensübertragung ihrerseits revokationsfest ist, ggf. aus den Erträgnissen des übertragenen Vermögens Elternunterhalt zu zahlen oder – wenn es sich nicht um Schonvermögen des Unterhaltspflichtigen handelt – auch das Vermögen selbst zu verwerten.

792

---

621 In diesem Fall gilt der angemessene Selbstbehalt des Gatten: BGH v. 15.03.2006 – XII ZR 30/04, FamRZ 2006, 683 mit Anm. *Büttner*, FamRZ 2006, 765; Anm. *Borth*, FamRZ 2006, 852.

6. Rettung der elterlichen Immobilie

793   Vielfach werden von Kindern auch im Vorfeld eines akuten Pflegebedarfs Leistungen an die Eltern erbracht, die lebzeitig nicht entgolten werden. Übernimmt ein Kind z. B. die Renovierung, Unterhaltung und Pflege
einer von den Eltern bewohnten Immobilie, kann diese Leistung als entgeltliche Dienstleistung vereinbart werden. Können die Eltern Zahlungen
dafür tatsächlich nicht erbringen oder wollen die Beteiligten dies nicht,
können so **erbrachte Dienstleistungen** kreditiert und mit einer Höchst-
betragssicherungshypothek an der Immobilie abgesichert werden. Im Hinblick auf einen möglichen Übergang der Immobilie auf das Kind im Wege
des Erbgangs kann das Kind an einer solchen Lösung erhebliches Interesse
haben. Da im Pflegefall des Elternteils die hypothekarisch gesicherte Forderung des Kindes zwar einen Vermögenswert darstellt, die Verwertung
dieses Vermögens aber meist aufgrund einer bestehenden Versorgungslücke
nicht verlangt werden kann, schafft diese Form der Vermögensübertragung
eine Win-Win-Situation. Die Eltern übertragen ihr Vermögen nicht zu
Lebzeiten, wenn die Fälligkeit der hypothekarisch gesicherten Forderung
erst nach dem Tod des letztversterbenden Elternteils vereinbart wird. Das
Kind erhält zu Lebzeiten (also auch zu Bedarfszeiten) der pflegebedürftigen Eltern kein verwertbares Vermögen. Durch den Tod des letztversterbenden Elternteils wird zwar die Fälligkeit der Forderung hergestellt. Zu
diesem Zeitpunkt besteht jedoch kein unterhaltsrechtlicher Bedarf. Da das
Unterhaltsrecht jedoch **Gleichzeitigkeit von Leistungsfähigkeit und Bedürftigkeit** voraussetzt, dürfte die Begründung einer Unterhaltsforderung
schwer fallen, sofern der Unterhaltspflichtige nicht über ausreichend anderweitige Einkünfte verfügt. Ob dieses Konstrukt vor der Rechtsprechung
Bestand haben wird, bleibt abzuwarten.

794   Voraussetzung für die Bestandskraft einer derartigen Lösung ist jedoch
in jedem Fall, dass die vom Kind erbrachten **Leistungen präzise beschrie-
ben** und die dafür kreditierten Beträge einschließlich des Zinsfußes **be-
weiskräftig** festgehalten werden. Es empfiehlt sich, in einer Rahmenver-
einbarung die Konditionen festzulegen und jede einzelne Leistungs- und
Gegenleistungsvereinbarung schriftlich zu fixieren. Es ist daran zu denken,
dass sich in vielen Fällen die Justizfestigkeit einer solchen Vereinbarung erst
nach dem Tod des Elternteiles erweisen muss.

7. Die Ausstattung

795   Die ,**Ausstattung**' nach § 1624 BGB (vgl. Rn. 330) ist aus dem Bewusstsein der Familienrechtler weitgehend verschwunden. Ihr haftet der

Geruch eines überkommenen Ehe- und Familienbildes an. ‚Ausstattung‘ eines Kindes ist dessen Ausbildung und dessen Ausbildungsunterhalt nach § 1610 Abs. 2 BGB[622]. Im Zusammenhang mit der Rettung des Familienvermögens vor dem Verzehr durch hohe Pflegekosten kann die Ausstattung eine gewisse Renaissance erfahren[623]. Ausstattung ist das, was einem Kind mit Rücksicht auf seine Verheiratung (Aussteuer) oder auf die Erlangung einer selbständigen Lebensstellung zur Begründung oder zur Erhaltung der Wirtschaft oder der Lebensstellung von dem Vater oder der Mutter zugesendet wird. Die Ausstattung ist keine Schenkung, soweit die Ausstattung das den Umständen, insbesondere den Vermögensverhältnissen des Vaters oder der Mutter, entsprechende Maß nicht übersteigt. Wegen dieser eingegrenzten Dimension ist das Institut der Ausstattung nur eingeschränkt geeignet, Vermögensteile tatsächlich zu bewahren.

Zwar hat die Rechtsprechung bislang noch keine allgemeingültigen Kriterien für die Bestimmung des Übermaßes herausgearbeitet. Man wird zu Recht anzunehmen haben, dass eine Übertragung des gesamten Vermögens auf die Kinder gegen das Übermaßverbot verstieße und insoweit als Schenkung anzusehen wäre und innerhalb der 10-Jahres-Frist revoziert werden kann (§ 528 Abs. 1 BGB). Dabei gilt auch bei einer übermäßigen Ausstattung nicht die gesamte Vermögensübertragung als Schenkung, sondern nur der übermäßige Teil[624]. Die Übertragung von 20 % des Vermögens auf die Kinder ist in der Rechtsprechung nicht als übermäßig angesehen worden[625].

796

Richtigerweise wird man eine übermäßige Zuwendung jedenfalls dann annehmen müssen, wenn das den Eltern verbleibende Vermögen einschließlich ihres Einkommens den angemessenen Lebensbedarf im Alter zu finanzieren nicht mehr ausreicht. Dieses Einkommen ist deutlich oberhalb des Existenzminimums zu bestimmen. Da die Ausstattung eine Unterstützungsleistung für das Kind ist, kann eine moralische[626] Verpflichtung zur Aussteuer nicht mehr angenommen werden, wenn die wirtschaftlichen Verhältnisse des Ausstattungsempfängers besser gestaltet sind, als die des Ausstatters. Als untere Grenze des Lebensniveaus des Zuwendenden muss daher die für den Elternunterhalt geltende Einkommensgrenze von 1.500 € pro Person angenommen werden (Leitlinienselbstbehalt)[627], wobei eine Absenkung des Sockelselbstbehalts für zusammenlebende Gatten nicht erfolgt, weil auch für den Fall des Versterbens eines Ehe- oder Lebenspart-

797

---

622 Palandt/*Brudermüller*, § 1610 BGB Rn. 2; NK-FamR/*Pauling*, § 1624 Rn. 1; KK-FamR/*Büte*, § 1624 Rn. 1.
623 Richter u. a./*Gritzwotz*, Seniorenrecht, 2. A. 2011, Rn. 8.71.
624 MünchKomm/*v. Sachsen-Gessaphe*, § 1624 Rn. 12.
625 SG Dortmund v. 26.06.2003 – S 27 AL 108/02.
626 Juris-PK-BGB/*Kerscher*, § 1624 Rn. 18.
627 Ziff. 21.3.3. der unterhaltsrechtlichen Leitlinien der OLG (s. www.famrz.de).

ners ein angemessenes Einkommen für den überlebenden Partner gesichert sein muss. Reicht das Einkommen der Eltern nicht aus, dieses Niveau zu sichern, ist Vermögen für die Eltern vorzuhalten, um dieses Einkommensniveau über die voraussichtliche Lebenserwartung zu sichern. Der Einkommensfehlbedarf ist daher aus dem Vermögen durch Verrentung zu entnehmen (vgl. Tabelle 924).

798   Auch jenseits dieser Einkommenssicherung besteht ein notwendiger Bedarf an Eigenvorsorgevermögen z. B. für den Fall einer Pflegebedürftigkeit. Das OLG Düsseldorf hat diesen Bedarf in anderem Zusammenhang auf 75.000 € pro Person geschätzt[628]. In der Literatur werden teils deutlich größere Vermögen diskutiert[629].

799   Generell kann gesagt werden, dass, soweit die Ausstattung dazu führt, dass die finanziellen Verhältnisse des Ausstattungsempfängers die des Ausstattenden übersteigen, ein **Verstoß gegen das** Übermaßverbot angenommen werden muss. Der übermäßige Teil der Ausstattung ist dann als Schenkung zu qualifizieren und kann vom Schenker nach den allgemeinen Grundsätzen des Schenkungsrechts wegen Verarmung des Schenkers oder Formnichtigkeit[630] zurückgefordert werden (vgl. dazu Rn. 780 ff.).

8. Vermögensübertragung auf Enkelkinder

800   Die Übertragung von Vermögen auf die Enkelgeneration ist ebenfalls eine von den Großeltern vielfach angedachte Lösung, angespartes Vermögen vor der Verwertung durch den Sozialhilfeträger zu schützen. Innerhalb der Revokationsfrist von zehn Jahren (§§ 528, 529 BGB) ist eine dauerhafte Vermögenssicherung durch eine derartige Maßnahme kaum möglich, es sei denn, das beschenkte Enkelkind sei auf die Vermögensnutzung angewiesen, um seinen eigenen Unterhalt sicherzustellen. Dies wird jedoch – von Ausnahmen abgesehen – selten der Fall sein.

801   Außerhalb der Revokationsfrist hat eine derartige Vermögensübertragung die Konsequenz, dass das Enkelkind als ebenfalls unterhaltspflichtiger Verwandter in den Besitz verwertbaren Vermögens gerät, das ggf. zur Erfüllung des Unterhaltsanspruchs des bedürftigen Großelternteils einzusetzen wäre. Auch Erträgnisse aus dem übertragenen Vermögen könnten ggf. eine Leistungsfähigkeit des Enkelkindes herstellen. Nach § 94 Abs. 1 SGB XII kann jedoch ein auf den Sozialhilfeträger geltend gemachter Unterhaltsanspruch nicht gegen Verwandte 2. Grades, also nicht gegen-

---

628 OLG Düsseldorf v. 27.10.2010 – II-8 UF 38/10, FamRZ 2011, 982.
629 Vgl. Darstellung in Juris-PK/*Kerscher*, § 1624 Rn. 69 ff.
630 Erman/*L.Michalski/Y.Döll*, § 1624, Rn. 13.

über den Enkeln geltend gemacht werden. Insoweit kann durch eine rechtzeitige Enkelbegünstigung Vermögen der Unterhaltsberechtigten gerettet
werden.

Zu beachten ist aber, dass das **Vermögen des volljährigen Enkels** des-   802
sen **eigenen Unterhaltsbedarf** gegenüber seinen Eltern mindert, so dass
diese wiederum leistungsfähig werden und aus den für den Kindesunterhalt
ersparten Aufwendungen Elternunterhalt zahlen können.

III. Schonung von Einkommen und Vermögen des unterhaltspflichtigen Kindes

Die Vorfeldberatung eines unterhaltspflichtigen Kindes bietet ebenfalls   803
erheblichen Gestaltungsspielraum. Dabei muss auch darauf hingewiesen
werden, dass angesichts der vielen offenen Fragen zum Elternunterhalt das
Ergebnis der unterhaltsvermeidenden Einkommens- und Vermögensgestal-
tung nicht sicher ist. Die Justizfestigkeit dieser Beratung und Gestaltung
wird sich erweisen müssen.

1. Einkommensverminderung des unterhaltspflichtigen Kindes – konsumieren statt kumulieren

Reicht das Einkommen des Unterhaltspflichtigen aus, um einen Beitrag   804
zum Elternunterhalt zu leisten, ist zu erwägen, **Einkommensverlagerun-
gen** vorzunehmen. So käme **kreditfinanzierter Konsum** oder **kreditfi-
nanzierte Investition** im Vorfeld einer akuten Unterhaltsverpflichtung in
Betracht. Abgesehen von der Problematik der **latenten Unterhaltsgefahr**
(vgl. dazu Rn. 299 ff.), ist diese Methode in ihrer Wirkung zweifelhaft,
wenn ein nicht tatsächlich existierender Bedarf befriedigt und dadurch
letztendlich Kapital für den Unterhaltspflichtigen entwertet wird, weil sein
Einsatz ihm keinen adäquaten ideellen oder materiellen Nutzwert zuführt.
Wer gut und zufrieden mit einem altersschwachen Golf fuhr, kann sich
zwar einen kreditfinanzierten hochwertigen Wagen anschaffen. Der Kredit
zieht aber nicht nur unterhaltsrechtliche Liquidität ab. Wem egal ist, wie er
von A nach B kommt, dem schafft der gewonnene Komfort der Beförderung keine Kompensation für den tagtäglichen Liquiditätsverlust.

Bei der Suche nach Alternativen kann man nur fündig werden, wenn   805
der notwendige Liquiditätsverlust durch Vermögensbildung kompensiert
wird und dieses Vermögen im besten Fall dem Unterhaltspflichtigen sicher
erhalten bleibt.

806   Hat der Unterhaltspflichtige ausreichende Vorsorge zur Schließung seiner eigenen Versorgungslücke getroffen bzw. die pauschal berechnete Altersvorsorgevermögensgrenze erreicht, kommt die **Schließung der Versorgungslücke** seines Gatten in Betracht. Dies ist immer dann unbedenklich, wenn die Eheleute im gesetzlichen Güterstand leben und der Versorgungsausgleich zwischen ihnen nicht ausgeschlossen wurde. In diesem Fall wird nämlich durch Zugewinn- und Versorgungsausgleich das Risiko des unterhaltspflichtigen Gatten, durch Investition in die Altersversorgung seines Gatten im Scheidungsfall die Investition zu verlieren, durch den Zugewinnausgleich begrenzt. Anzuerkennen ist eine solche kontinuierliche und die unterhaltsrechtliche Leistungsfähigkeit vermindernde Investition nur, wenn sie auf einer vertraglichen Grundlage und tatsächlich fremdnützig erfolgt.

807   Auch eine **Investition in eine selbstgenutzte Immobilie**, deren anzurechnender Wohnwert niedriger als die Summe der Aufwendungen ist, kann eine sinnvolle Maßnahme sein, unterhaltsrechtliche Liquidität des Unterhaltspflichtigen zu binden und damit die Unterhaltsverpflichtung zu vermindern. So kann man z. B. den Wert der Immobilie erhöhen, indem energetische Sanierungsmaßnahmen oder altengerechte Umbauten vorgenommen werden.

2. Steuerklassenwahl

808   Eine starke Möglichkeit der Verminderung des Einkommens – ohne nachteilige Wirkung auf den Familienunterhalt – ist die Wahl der Steuerklasse IV / IV bei zusammenlebenden Ehegatten. Die Steuerklassenwahl IV / IV führt zu einer steuerlichen Gleichbehandlung der Einkünfte der Ehegatten. Ist das unterhaltspflichtige Kind daher der besser verdienende Gatte, wird Liquidität auf den anderen Gatten verlagert, wenn dieser statt der sehr ungünstigen Steuerklasse V die Steuerklasse IV wählt. Dadurch wird das Einkommen des besser verdienenden Gatten reduziert (Steuerklasse IV statt Steuerklasse III) und die Belastung mit Elternunterhalt wird geringer.

809   Allerdings sollten die Gatten den umgekehrten Weg nicht gehen. Wählt ein Gatte eine ungünstige Steuerklasse (V) ohne triftigen Grund, werden ihm die Einkommensverluste fiktiv als Einkommen zugerechnet.

BGH v. 14.01.2004 – XII ZR 69/01, FamRZ 2004, 434

1. Hat ein seinem Elternteil Unterhaltspflichtiger im Verhältnis zu seinem Ehegatten die ungünstigere Steuerklasse (hier: V) gewählt, ist diese Verschiebung der

Steuerbelastung durch einen tatrichterlich zu schätzenden Abschlag zu korrigieren (im Anschluss an Senatsurteil vom 25. Juni 1980 – IVb ZR 530/80 – FamRZ 1980, 984, 985).

2. Zur Leistungsfähigkeit eines auf Elternunterhalt in Anspruch genommenen verheirateten Unterhaltspflichtigen, dessen Einkommen die in den Unterhaltstabellen ausgewiesenen Mindestselbstbehaltssätze übersteigt.

BGH v. 04.10.2005 – VII ZB 26/05, FamRZ 2006, 37

1. Hat der Schuldner vor der Pfändung eine ungünstigere Lohnsteuerklasse in Gläubigerbenachteiligungsabsicht gewählt, so kann er bei der Berechnung des pfändungsfreien Betrags schon im Jahre der Pfändung so behandelt werden, als sein Arbeitseinkommen gemäß der günstigeren Lohnsteuerklasse zu versteuern.

2. Wählt der Schuldner nach der Pfändung eine ungünstigere Lohnsteuerklasse oder behält er diese für das folgende Kalenderjahr bei, so gilt dies auch ohne Gläubigerbenachteiligungsabsicht schon dann, wenn für diese Wahl objektiv kein sachlich rechtfertigender Grund gegeben ist.

3. Einkommensverminderung des Gatten des unterhaltspflichtigen Kindes

Während eine Verminderung des Einkommens des unterhaltspflichtigen Kindes immer unter dem Vorbehalt steht, dass niemand mutwillig seine unterhaltsrechtliche Leistungsfähigkeit vermindern darf, ist der Gatte des unterhaltspflichtigen Kindes, wiewohl sein Einkommen auch die unterhaltsrechtliche Leistungsfähigkeit des unterhaltspflichtigen Kindes beeinflusst, selbst nicht unterhaltspflichtig. Der Gatte des unterhaltspflichtigen Kindes kann daher sein Einkommen beliebig verwenden, solange dadurch nicht die durch die Ehe begründete **wechselseitige Alimentationspflicht** und das Gebot der ehelichen Rücksichtnahme aufeinander verletzt werden.   810

Je nachdem, welcher **Berechnungsmethode** (vgl. dazu Rn. 425 ff.) man folgt, werden ab Überschreiten des Familienselbstbehaltes ein fester Prozentsatz bzw. ein degressiv sich abflachender variabler Prozentsatz des Einkommens des Gatten des Unterhaltspflichtigen zu Unterhaltszahlungen zugunsten seiner Schwiegereltern herangezogen. Insoweit macht es auch für den Gatten des Unterhaltspflichtigen keinen Sinn, sinnlose Ausgaben zu tätigen. Da der Gatte des unterhaltspflichtigen Kindes mit seinem Vermögen aber nie zur unterhaltsrechtlichen Leistungsfähigkeit des Kindes beiträgt, käme in Betracht, dass er zur Vermeidung von Unterhaltsleistungen in erheblich erweitertem Umfang Vermögen bildet. An einer solchen **Vermögensbildung** hätte auch das unterhaltspflichtige Kind über den Zugewinnausgleich bzw. bei Fortbestand der Ehe über die spätere Nutznießung einen Anteil. Dem nicht unterhaltspflichtigen Gatten könnte eine   811 derartige Vermögensbildung nicht verwehrt werden. Da sich eine solche Maßnahme im gesetzlichen Güterstand auch der Einflussnahme des unterhaltspflichtigen Kindes entzieht, kann diesem gegenüber eine Zurechnung fiktiver Einkünfte nicht erfolgen. Die Zurechnung fiktiver Einkünfte ist stets die Folge der Verletzung einer unterhaltsrechtlichen Obliegenheitsverletzung. Wenn der Gatte des unterhaltspflichtigen Kindes jedoch Ausgaben tätigt, begeht das unterhaltspflichtige Kind keine Obliegenheitsverletzung gegenüber dem Unterhaltsberechtigten.

An einem **Beispiel** soll dies erläutert werden:

F erzielt ein anrechenbares Einkommen in Höhe von 1.000 €, ihr Mann M 3.000 €. Als die Mutter von F in ein Pflegeheim kommt, erwirbt M eine Eigentumswohnung für 140.000 €. Den dazu erforderlichen Kredit schließt er über eine Laufzeit von 10 Jahren ab mit einer hohen Tilgungsrate, so dass danach die Immobilie bei Ruhestandsbeginn von M bezahlt wäre. Die monatliche Belastung beträgt 1.600 €. Folgte man der vom BGH gebilligten Berechnungsmethode, wären ursprünglich 193 € Elternunterhalt zu zahlen gewesen. Nach der kreditierten Investition ist nun jedoch kein Elternunterhalt zu zahlen, obwohl die unterhaltsberechtigte F an dem Vermögenszuwachs von M partizipiert, entweder durch späteren höheren Konsum oder durch einen Zugewinnausgleich im Fall einer Scheidung.

4. Unterhaltsvermeidung durch Einkommensverlagerung

812   In der Rechtsprechung ist anerkannt, dass die Rückführung von Finanzierungskosten einer selbst bewohnten Immobilie in Zins- und Tilgungsanteil die unterhaltsrechtliche Leistungsfähigkeit vermindert, wiewohl derartige Tilgungen letztendlich vermögensbildende Funktion haben (vgl. Rn. 344). Ebenso ist anerkannt, dass daneben[631] zur Bildung von Altersvorsorgeschonvermögen 5 % bzw. 25 % des Einkommens zur Bildung einer sekundären Altersvorsorge leistungsmindernd vom Einkommen abgezogen werden können. Eilige Häuslebauer führen Immobilienkredite schnell zurück und sparen erst danach für die sekundäre Altersversorgung. Im Elternunterhalt ist das schädlich. Nach der bisherigen Rechts- und Verwaltungspraxis führt die frühzeitige Zurückführung der Kredite für eine selbst bewohnte Immobilie nicht dazu, die monatliche Ansparung für die sekundäre Altersversorgung zu erhöhen. Zwar wäre dies logisch so lange die Obergrenze des Altersvorsorgeschonvermögens (neben dem Immobilienwert) nicht erreicht ist, dieser Logik verstellt sich indessen die Praxis.

813   Aus diesem Dilemma kann der ‚eilige Häuslebauer‘ sich dadurch befreien, dass ein die Immobilie vor Entstehen der Elternunterhaltspflicht er-

---

631 OLG Nürnberg v. 26.04.2012 – 9 UF 1747/11, NJW-Spezial 2012, 357.

neut dinglich belastet und die so erlangten Finanzmittel entweder zu wertsteigernder Investition in die Immobilie nutzt (altengerechter Umbau), oder die Mittel als sekundäre Altersversorgung z. B. auf einem zinsgünstigen Festgeldkonto anlegt. Zwar wird zwischen dem zu zahlenden Immobilienzins und dem Zinsertrag auf dem Anlagekonto eine kleine Differenz bestehen, die sich durch die Kapitalertragsteuer nach § 43a EStG zusätzlich vergrößert, gleichwohl werden durch diese Maßnahme im Fall der Inanspruchnahme auf Elternunterhalt 50 % bis 45 % der Zins- und Tilgungsleistungen[632] durch Einsparungen im Elternunterhalt refinanziert. Eine Verpflichtung zu rascher Tilgung von Immobilienverbindlichkeiten gibt es nicht. Die allgemeine Lebenserfahrung spricht dafür, dass Immobilienkredite mit dem Ausscheiden aus dem Erwerbsleben getilgt werden. Das Verfahren der Wiederbelastung einer Immobilie mit einem bereits getilgten Kredit wird daher kaum Nachfragen generieren, wenn es in angemessenem Abstand zum Eintritt der Bedürftigkeit des Elternteils vorgenommen wird.

Insbesondere dann, wenn mit der kreditgebenden Bank Sondertilgungsrechte vereinbart werden, kann so flexibel auf eine Unterhaltsbedürftigkeit und ein Versterben eines Elternteils reagiert werden. Selbst wenn die Rechtsprechung wider die Logik des Elternunterhaltsrechts eine solche Gestaltung nicht akzeptieren sollte, ist das wirtschaftliche Risiko gering. Erst wenn das neben dem Wert der selbstbewohnten Immobilie gebildete Vermögen die Schonvermögensgrenze übersteigt, ist die Grenze dieser Vermeidungsmöglichkeit erreicht. Dann ist jedoch das unterhaltspflichtige Kind so ausreichend abgesichert, dass die Erfüllung der Unterhaltspflicht durchaus zumutbar erscheint.   814

5. Unterhaltsvermeidung durch Vermögensverminderung

Schwieriger als die **Einkommensverminderung** ist eine Lösung für die Fälle zu finden, in denen der Unterhaltspflichtige und sein Gatte über Vermögen verfügen, das eine angemessene Alterssicherung übersteigt. In diesem Fall wären nicht nur die Erträgnisse des Vermögens, sondern auch das Vermögen selbst zu Unterhaltszwecken einzusetzen. Es handelt sich in diesen Fällen um eine Wohlhabendenhaftung, weil das unterhaltspflichtige Kind in jedem Fall über ausreichende Einkünfte zur Sicherung seines eigenen und des Unterhaltsbedarfs derjenigen verfügt, denen gegenüber das Kind seinerseits unterhaltspflichtig ist.   815

In diesen Fällen kommt eine **Vermögensminderung** in Betracht, indem das unterhaltspflichtige Kind Anschaffungen aus dem Vermögen   816

---

632 In Abhängigkeit des Familienstandes und der Berechnungsmethode (vgl. Rn. 425 ff.).

tätigt, die lediglich im Hinblick auf die entstehende Unterhaltsverpflichtung getätigt werden. Wird z. B. der altersschwache Golf aus dem angesammelten Vermögen durch ein Neufahrzeug ersetzt, ist dies vielleicht sinnvoll. Der Erwerb eines Luxuswagens wird dagegen von den Betroffenen vielfach als Vermögensverschleuderung (verständlicherweise) ähnlich vehement abgelehnt wie die Heranziehung zum Elternunterhalt.

817   Dagegen sind Investitionen, deren Erträge elternunterhaltsrechtlich nicht verwendet werden können und die keinen galoppierenden Wertverlust erleiden (wie das erwähnte Luxusauto), geeignet, eine unterhaltsschädliche Wirkung zu entfalten. In Betracht kämen

- **Geschenke an den Gatten** (z. B. nicht zu Schmuck verarbeitete Edelsteine),

- Erwerb selbst genutzter großzügiger Immobilien,

- Investitionen in nicht oder schwer handelbare Wertpapiere oder Geldanlagen (geschlossene Immobilienfonds[633]),

- Investition in Vermögensanlagen, deren Gegenwartswert trotz hoher Einzahlungen gering, deren langfristiger Zukunftswert aber hoch und damit vermögenserhaltend ist (z. B. Rentenfonds, die erst zum Zeitpunkt des Versorgungsbezugs zu einem tatsächlichen Wert erstarken),

- Bildung von familienrechtlich gebundenem Vermögen, also gemeinsamem Vermögen mit dem Gatten.

818   Gegen eine Empfehlung, das Vermögen derart umzuschichten, wird der das Vermögen verlagernde Gatte stets die Befürchtung einwenden, im Fall der Begünstigung seines Ehepartners sei das Vermögen im Scheidungsfall gefährdet. Jedoch wird eine derartige Vermögensgefährdung vertraglich auszuschließen sein und letztendlich durch den Zugewinnausgleich abgemildert werden können, wenn es sich um ehezeitlich erworbenes Vermögen handelt.

819   Bei einer Vermögensübertragung an den Gatten des Unterhaltspflichtigen kann ein vertragliches bedingtes Revokationsrecht eingeräumt werden, das ehebestandsbezogen ist.

Beispielsweise könnte vereinbart werden:

1. Der Ehemann überträgt der Ehefrau das in seinem Alleineigentum stehende Wertpapierdepot .... bei der Bank .... Dieses Wertpapierdepot hat einen aktuellen Kurswert am .... in Höhe von .... €.

---

633 Allerdings muss in diesem Fall der steuerliche Gewinn als Einkommenszuwachs berücksichtigt werden.

2. Sollte einer der Ehegatten vor Ablauf von 10 Jahren gerechnet ab dem Datum dieser Vereinbarung einen Scheidungsverfahren anhängig machen, verpflichtet sich die Ehefrau zur Rückübertragung des Wertpapierdepots an ihren Ehemann, falls das Wertpapierdepot bis zu diesem Zeitpunkt in seiner Zusammensetzung unverändert ist. Anderenfalls verpflichtet sich die Ehefrau zur Zahlung eines Betrage in Höhe von .... € an den Ehemann. Die Eheleute sind einig, dass der Wert des übertragenen Vermögens im Fall der Scheidung in jedem Fall dem Anfangsvermögen des Ehemannes zuzurechnen ist.

3. Der Ehemann überträgt der Ehefrau darüber hinaus das Vermögen mit der Auflage, dass aus diesem Vermögen ausschließlich ein möglicher Unterhalt der beiden Eheleute und der gemeinsamen Kinder der Eheleute zu zahlen ist. Sollten Dritte Unterhaltsansprüche gegen die Ehefrau geltend machen und das übertragene Kapital oder Erträgnisse daraus Einfluss auf die Höhe dieser Unterhaltsansprüche haben, verpflichtet sich die Ehefrau, das Vermögen auf den Ehemann zurückzuübertragen.

4. Sollte die Ehefrau im Fall der Stellung eines Scheidungsantrages nicht in der Lage sein, den Vermögenswert zurückzuübertragen, stimmen die Eheleute überein, dass der nacheheliche Unterhaltsanspruch (mit Ausnahme eines eventuellen Betreuungsunterhaltes für gemeinsame Kinder) über eine Laufzeit von x Jahren um $1/(12 * x)$ zu kürzen ist. Die Kürzung des nachehelichen Unterhaltsanspruchs darf nicht weiter gehen, als der begünstigten Ehefrau der notwendige (oder angemessene) Selbstbehalt verbleibt.

6. Schaffung gemeinsamen Eigentums der Ehegatten

Eine weitere Lösungsmöglichkeit für die **legale Vermögensverminderung** ist die Schaffung **gemeinsamen Vermögens der Ehegatten.** Leben Ehegatten im gesetzlichen Güterstand, stehen die Vermögenswerte jedem Einzelnen von ihnen zu. Existiert insoweit ein Vermögensgefälle zwischen den Gatten und würde der Vermögendere von ihnen elternunterhaltspflichtig sein, käme eventuell jenseits der Leistungsfähigkeit aus seinem Einkommen eine Heranziehung aus seinem Vermögen in Betracht, wenn dieses nicht als Schonvermögen zu werten ist.   820

Dieses Vermögen ist mit einer ‚**latenten Zugewinnausgleichsforderung**‘ des anderen Gatten belastet. Solange diese Zugewinnausgleichsforderung jedoch nicht erhoben wird, kann diese Forderung nicht ohne weiteres vermögensmindernd berücksichtigt werden. Überträgt dagegen der Vermögensträger dem Gatten an den bestimmenden Vermögensbestandteilen Miteigentum und sinkt dadurch sein Vermögenswert unter die Schonvermögensgrenze, kann dadurch die Vermögenshaftung vermieden werden.   821

Ob eine derartige Freigiebigkeit unterhaltsrechtlich akzeptiert werden wird, bleibt abzuwarten. Ihr Vorteil gegenüber der nachfolgend dargestell-   822

ten Methode des Güterstandswechsels ist, dass nicht nur ehezeitlich erworbenes Vermögen ausgeglichen, sondern der Gatte auch an vorehezeit-
lichem Vermögen beteiligt werden kann. Da es den Gatten grundsätzlich
auch freisteht, einen **Güterstandswechsel** zur Gütergemeinschaft nach
§§ 1415 ff. BGB vorzunehmen, wird man auch in der unterhaltsschädlichen Vermögensübertragung durch Bildung von Gemeinschaftsvermögen
der Ehegatten keine Bedenken haben können.

7. Unterhaltsschädlicher Güterstandswechsel

823   Leben Gatten im gesetzlichen Güterstand und besteht zwischen ihnen
ein Gefälle an ehezeitlich erworbenem Vermögen, kann es sinnvoll sein,
einen Wechsel des Güterstandes zu bedenken und ggf. Gütertrennung herbeizuführen (vgl. Rn. 518 ff.). Dies kann auch dann noch erfolgen, wenn
die Unterhaltsforderung des bedürftigen Elternteils bereits erhoben und zur
Befriedigung des Elternunterhaltsanspruchs eine Vermögensverwertungs-
pflicht angenommen worden ist. Der **Güterstandswechsel** wird regelmäßig mit einem Ausgleich des bis zum Zeitpunkt des Güterstandswechsels
verbundenen Zugewinns verbunden sein. Sinkt durch diesen Zugewinnausgleich das Schonvermögen des Unterhaltpflichtigen (einschließlich des
Not- und Altersvorsorgevermögens) unter den im konkreten Fall zuzubilligenden Grenzwert ab, kann eine Vermögensverwertungsverpflichtung
nicht mehr angenommen werden.

824   Eine derartige unterhaltsschädliche **Güterstandsmanipulation** ist
revokationsfest, weil sie nicht unentgeltlich erfolgt, sondern aus güterrechtlichen Erwägungen geschuldet ist. Sie ist auch unter § 242 BGB
unterhaltsrechtlich beachtlich und zu respektieren. Immerhin kann eine
unterhaltsrechtliche Obliegenheit, einen vermögensmindernden **Güterstandswechsel** zu unterlassen, nicht angenommen werden. Der Ehegatte
des unterhaltpflichtigen Kindes könnte einen solchen Güterstandswechsel
auch ohne Trennung der Parteien durch Geltendmachung des **vorgezogenen Zugewinnausgleichs** herbeiführen (§ 1388 BGB) oder tatsächlich die
Trennung vollziehen, um entweder nach Ablauf der dreijährigen Wartefrist
des § 1385 BGB den Antrag auf vorgezogenen Zugewinnausgleich zu stellen oder aber die gleiche Wirkung durch Einreichung eines Scheidungsantrages zu erzielen.

825   Ein **Güterstandswechsel**, gleichgültig ob vom gesetzlichen Güterstand
in die Gütertrennung oder die Gütergemeinschaft, ist im Elternunterhalts-
rechtsverhältnis immer zu akzeptieren, selbst wenn dadurch eine Verminderung des unterhaltsrechtlich haftenden Vermögens eintritt. Die Freiheit
der Gestaltung der vermögensrechtlichen Verhältnisse der Ehegatten wird

nicht dadurch beeinträchtigt, dass nachrangige Unterhaltspflichten von Eltern gegen die Kinder bestehen. Es ist ein grundrechtlich garantiertes Recht der Ehegatten, ihre Lebensgemeinschaft eigenverantwortlich und frei von gesetzlichen Vorgaben entsprechend ihren individuellen Vorstellungen und Bedürfnissen zu gestalten[634]. Die jederzeitige freie Wahl eines Güterstandes wird flankiert durch das Recht der Ehegatten auf jederzeitige freie Bestimmung des gelebten Ehetypus. Dass ein derartiger Güterstandswechsel von der Rechtsordnung auch dann zu akzeptieren ist, wenn dadurch eine Verkürzung eines Unterhaltsanspruchs eines nachrangig Unterhaltsberechtigten zu besorgen ist, kann auch damit begründet werden, dass ein derartiges Ergebnis vom Gatten durch Trennung und Scheidung ohnehin herbeigeführt werden kann.

Beispiel:

M (55) und F (52) leben im gesetzlichen Güterstand. M ist sozialversicherungspflichtig beschäftigt und hat eine Rentenerwartung aus der gesetzlichen Rentenversicherung in Höhe von 800 €. F hat lange Zeit Kinder erzogen und betreut und ist nur geringfügig berufstätig gewesen, sie hat aus der gesetzlichen Rentenversicherung eine Rentenerwartung von 550 €. Aus einer Zeit als Selbständiger hat M eine Kapitallebensversicherung in Höhe von 100.000 €. Daneben hat er Fondsanteile von 80.000 €. F hat kein Vermögen. Beide Gatten hatten kein Anfangsvermögen. M verdient ca. 1.500 €, F ca. 1.100 €.

M wird auf Elternunterhalt in Anspruch genommen. Aus den laufenden Einkünften ist eine Heranziehung nicht möglich. Der Träger der Sozialhilfe hält jedoch eine Verwertung des Fondsvermögens für zumutbar und zieht M in Höhe eines Pflegefehlbedarfs von 890 € monatlich zu Unterhaltszahlungen heran.

Trennt sich F von M, hat sie einen Zugewinnausgleichsanspruch in Höhe von 90.000 € (180.000 € : 2). Das Restvermögen des M in Höhe von 90.000 € erwirtschaftet eine Rente von ca. 500 €. Durch den Versorgungsausgleich verlöre M weitere 125 € Altersversorgung, so dass seine Versorgungserwartung 800 € – 125 € + 500 € = 1.175 € betrüge. Diese Versorgung wäre als Altersversorgung nicht angemessen, da sie den im Elternunterhalt geltenden Selbstbehalt von 1.400 € unterschreitet. Eine Heranziehung aus dem Vermögen hätte mithin zu unterbleiben. Die Erträgnisse des Vermögens müssten auch zur Rentenaufstockung verwendet werden.

Vereinbaren M und F bei Geltendmachung der Unterhaltsforderung einen Güterstandswechsel und gleichen den Zugewinn zu diesem Zeitpunkt aus, könnte M der F sogar noch ein Versorgungsausgleichskapital (125 x 241 = 30.125 € vgl. dazu Rn. 422 ff.) zahlen, um so sein eventuell unterhaltsrechtlich haftendes Kapital zusätzlich (auf dann 90.000 € – 27.500 € = 62.500 €) zu vermindern.

Bleiben die Gatten zusammen, führt der mit dem Güterstandswechsel verbundene Ausgleich zu keiner Veränderung der Lebensverhältnisse. Trennen sie sich und las-

---

634 Maunz/Dürig/*Herzog,* Kommentar zum GG, 64. Lieferung, München 2012, Art. 6 GG Rn. 50a.

sen sie sich scheiden, führt der Güterstandswechsel lediglich zu einem früheren Zeitpunkt den später ohnehin im Rahmen der Scheidung geltenden Zustand herbei.

Um das Risiko auszuschließen, dass trotz der mit dem Güterstandswechsel verbundenen Vermögensminderung eine unterhaltsrechtliche Vermögensverwertungsverpflichtung angenommen wird, könnten die Gatten die Vermögensübertragung im Rahmen des Güterstandswechsels vereinbaren, dass F im Fall der Scheidung an M aus dem übertragenen Vermögen die bis zu diesem Zeitpunkt geleisteten Unterhaltszahlungen erstattet.

8. Bedeutungslosigkeit des Vermögens des Gatten des unterhaltspflichtigen Kindes

826   Vielfach wird verkannt, dass die Haftung des Unterhaltspflichtigen nur aus seinem eigenen Einkommen und Vermögen erfolgen kann. **Vermögen des Gatten** des Unterhaltspflichtigen spielt für die Beurteilung von dessen Leistungsfähigkeit keine Rolle. Nur in den Familienunterhalt fließende Vermögenserträge des Gatten des Unterhaltspflichtigen sind bei der Berechnung der Leistungsfähigkeit relevant. Fließen die Vermögenserträge aber nicht dem zu konsumierenden Einkommen der Familie zu, sondern werden die Vermögenserträge beim Gatten des Unterhaltspflichtigen thesauriert, können nicht einmal die Vermögenserträge unterhaltsrechtlich aktiviert werden.

827   In diesem Umstand liegt ein erhebliches Gestaltungspotenzial für Unterhaltspflichtige und ihre Gatten. In den Fällen, in denen das Vermögen des Unterhaltspflichtigen die Schonvermögensgrenze übersteigt und eine Erfüllung der Unterhaltsverpflichtung dem Elternteil gegenüber aus dem Einkommen nicht möglich ist, nutzt aber auch die schenkweise Übertragung des Vermögens auf den Gatten nichts, da auch in diesem Fall eine Revokation der unentgeltlichen Vermögensübertragung nach § 528 BGB möglich ist. Diesen Rückübertragungsanspruch könnte der Sozialhilfeträger auch ohne weiteres im Wege der Forderungsvollstreckung pfänden und einziehen.

828   Wer jedoch trotz der vom BGH inzwischen akzeptierten hohen Altersvorsorgeschonvermögen (vgl. dazu Rn. 474 ff.) und des relativ späten Einsatzes einer Einkommenshaftung immer noch unterhaltsrechtliche Leistungsfähigkeit aufweist, kann zumindest nicht selbst als bedürftig angesehen werden.

G. Typische Fehlerquellen beim Elternunterhalt

I. Erfassung der Einkünfte

Zutreffenderweise geht die Verwaltung regelmäßig davon aus, dass im Elternunterhalt der gleiche Einkommensbegriff wie im sonstigen Unterhaltsrecht auch gilt[635]. Es sind aber gleichwohl einige Besonderheiten zu beachten, die regelmäßig übersehen werden.

829

1. Zuordnung der Einkünfte zu jedem einzelnen Ehegatten

Ist das unterhaltspflichtige Kind verheiratet, spielt es für die Berechnung der unterhaltsrechtlichen Leistungsfähigkeit eine Rolle, welche Einkünfte welchem Ehegatten zugeordnet werden. Wohnwertvorteile, Miet- und Zinseinkünfte können daher nur dann zu ½ den Eheleuten zugeordnet werden, wenn tatsächlich beide Gatten an der Einkommensquelle zu ½ beteiligt sind. Ansonsten sind sie dem Gatten zuzuordnen, der Inhaber der Einkommensquelle ist bzw. auf dessen Leistung das Einkommen beruht.

830

2. Steuerliche Besonderheiten

a) Steuerklassenwahl

Das Bundesverfassungsgericht hat in seiner Entscheidung vom 07.10.2003[636] den aus dem Ehegattensplitting resultierenden Steuervorteil der gelebten Ehe zugeordnet und seine Verwertung für den Unterhalt der geschiedenen Ehefrau für unzulässig erklärt. Ist das einem Elternteil gegenüber unterhaltspflichtige Kind verheiratet, kann diese Entscheidung nachhaltig die Unterhaltspflicht beeinträchtigen.

831

Da aufgrund der unterschiedlichen Berechnungsmethoden die Einkünfte von Ehegatten in unterschiedlichem Umfang zum Elternunterhalt herangezogen werden, ist die steuerliche Gestaltung der Einkommen der Ehegatten stets zu berücksichtigen (vgl. Rn. 295).

832

---

635 BGH v. 25.06.2003 – XII ZR 63/00, FamRZ 2004, 186.
636 BVerfG v. 07.10.2003 – 1 BvR 246/93 u. 2298/94, FamRZ 2003, 1821.

833   Grundsätzlich wird Unterhalt aus dem verfügbaren Nettoeinkommen gezahlt. Hat das unterhaltpflichtige Kind die ‚schlechtere' Steuerklasse V, wird es sich nicht dagegen wehren, ausgehend von diesem Nettoeinkommen Unterhalt zahlen zu müssen. Anders dagegen, wenn es die Steuerklasse III hat. In diesem Fall wäre das Einkommen des unterhaltspflichtigen Kindes im Verhältnis zu seinem Gatten deutlich zu hoch mit der Folge, dass auch die unterhaltsrechtliche Leistungsfähigkeit zu hoch eingeschätzt würde.

Dies mag folgendes **Beispiel** verdeutlichen:

Das unterhaltpflichtige Kind verfügt über ein Einkommen von brutto 4.000 €, sein Gatte hat 2.000 € Monatseinkommen. Daraus resultieren Nettoeinkommen von ca. 2.660 € und 1.080 € bei Steuerklassenverteilung III / V. Es ergibt sich daraus folgende Elternunterhaltsberechnung nach der BGH-Methode:

	Pflichtiger		Schwiegerkind
	Steuer-klasse IV		Steuer-klasse IV
Anrechenbares bereinigtes Einkommen	**2.660,00 €**	**3.740,00 €**	**1.080,00 €**
Methode: BGH XII ZR 140/07			
Anteile am Gesamteinkommen in %	71,12 %	3.740,00 €	28,88 %
./. Familiensockelselbstbehalt: 1.500 + 1.200 =		-2.700,00 €	
Resteinkommen: 3.740,00 – 2.700,00 =		1.040,00 €	
./. Haushaltsersparnis 10% des Resteinkommens von: 1.040,00 =		–104,00 €	
Einkommen > Familiensockelselbstbehalt: 1.040,00 – 104,00 =		936,00 €	
½ des Einkommens > Familiensockel-SB: 936,00 / 2 =		468,00 €	
+ Familiensockelselbstbehalt		2.700,00 €	
individueller Familienselbstbehalt: 2.700,00 + 468,00 =		**3.168,00 €**	
vom Pflichtigen zu deckender Selbstbehalt: 3.168,00 x 71,12 % =	2.253,18 €		
für Elternunterhalt einzusetzen: 2.660,00 – 2.253,18 = 406,82 =	**407,00 €**		

834   Zwar ließe sich dagegen einwenden, dass den Parteien bei Steuerklassenwahl IV / IV eine ‚saftige' Steuererstattung mit der Jahresveranlagung zugehen wird. Zum einen lässt sich gegen deren unterhaltsrechtliche Mobilisierung einwenden, dass diese der Familie zustehe und nicht dem Unterhaltsberechtigten. Selbst wenn man dies jedoch nicht täte, müsste sie im Verhältnis der Bruttoeinkünfte der Parteien verteilt werden. Die Liquiditätsminderung beträgt ca. 90 € und wäre im Verhältnis ⅔ zu ⅓ zu verteilen:

	Pflichtiger	Schwiegerkind	
	Steuer-klasse IV		Steuer-klasse IV
Anrechenbares bereinigtes Einkommen	2.310,00 €	3.650,00 €	1.340,00 €
Methode: BGH XII ZR 140/07			
Anteile am Gesamteinkommen in %	63,29 %	3.650,00 €	36,71 %
./. Familiensockelselbstbehalt: 1.500 + 1.200 =		-2.700,00 €	
Resteinkommen: 3.650,00 - 2.700,00 =		950,00 €	
./. Haushaltsersparnis 10% des Resteinkommens von: 950,00 =		-95,00 €	
Einkommen > Familiensockelselbstbehalt: 950,00 - 95,00 =		855,00 €	
½ des Einkommens > Familiensockel-SB: 855,00 / 2 =		427,50 €	
+ Familiensockelselbstbehalt		2.700,00 €	
individueller Familienselbstbehalt: 2.700,00 + 427,50 =		3.127,50 €	
vom Pflichtigen zu deckender Selbstbehalt: 3.127,50 x 63,29% =	1.979,32 €		
für Elternunterhalt einzusetzen: 2.310,00 - 1.979,32 = 330,68 =	331,00 €		

Gemessen am Rechenaufwand mag der Effekt von 70 € pro Monat ge- 835
ring erscheinen, es handelt sich jedoch um eine Ersparnis von mehr als
20 %.

b) Verteilung der Steuererstattungen

Da bei beiden Berechnungsmethoden es eine Rolle spielt, ob der Unter- 836
haltspflichtige oder sein Gatte Einkommen erzielt, ist auch die Verteilung
der Steuererstattungen wichtig. Vielfach wird von den Sozialhilfeträgern
eine Steuererstattung einfach zwischen den Ehegatten zu ½ verteilt oder im
Verhältnis der Einkünfte aufgeteilt. Beides (obwohl es im obigen Beispiel
aus Vereinfachungsgründen so gemacht wurde) ist unrichtig. Der BGH
hat in seiner Entscheidung v. 31.05.2006[637] für getrennt lebende Ehegatten
entschieden, dass eine fällig gewordene Steuerschuld und die sich hieraus
ergebenden Erstattungs- bzw. Nachzahlungsansprüche zusammenveran-
lagter Ehegatten im Innenverhältnis grundsätzlich unter entsprechender
Heranziehung des § 270 AO auf der Grundlage **fiktiver getrennter Veranlagung** der Ehegatten zu erfolgen habe. Dies gilt auch für die Verteilung
der Steuerschuld des unterhaltpflichtigen Kindes und des Schwiegerkindes
zueinander. Eine pauschale Zurechnung einer Steuererstattung kann daher
nicht erfolgen, vielmehr ist eine fiktive getrennte Veranlagung der Eheleute
vorzunehmen und die daraus sich ergebende Steuerverteilung zu berücksichtigen. Dabei sind Freibeträge, Abschreibungen und Verlustzuweisun-
gen stets bei dem Ehegatten zu berücksichtigen, bei dem sie tatsächlich
auftreten. Vereinfacht kann eine solche Berechnung wie folgt aussehen:

---

637 BGH v. 31.05.2006 – XII ZR 111/03, FamRZ 2006, 1178.

	Ehemann	Ehefrau
Steuerpflichtiges Bruttoeinkommen	40.000,00 €	20.000,00 €
Lohnsteuer, Steuerklasse 4	9.223,00 €	2.850,00 €
Solidaritätszuschlag	507,27 €	156,75 €
geschuldete Steuersumme	**9.730,27 €**	**3.006,75 €**
Vorauszahlung Einkommenssteuer	7.000,00 €	3.800,00 €
Vorauszahlung Solidaritätszuschlag	350,00 €	190,00 €
Vorauszahlung Steuersumme	**7.350,00 €**	**3.990,00 €**
Quote	76,39 %	23,61 %
geleistete Vorauszahlung	7.350,00 €	3.990,00 €
Es wird zur Berechnung der Verteilung ein Erstattungskonto aus folgenden Beträgen gebildet:		
Einzahlung Ehemann wg. Steuernachzahlung	2.380,27 €	
Anspruch Ehefrau wg. Steuerüberzahlung		−983,25 €
Einzahlung Nettosteuererstattung	2.500,00 €	
zu verteilendes Guthaben im Erstattungskonto	**3.897,02 €**	
Das Erstattungskonto ist wie folgt zu verteilen:		
Auszahlung an Ehemann nach der Quote 76,39%	2.977,07 €	
Auszahlung an Ehefrau nach der Quote 23,61%		919,95 €
Unter Beachtung der Einzahlungen in bzw. Ansprüche gegen das Erstattungskonto ergeben sich folgende Nettoerstattungen:		
Nettoauskehrungsanspruch Ehemann	596,80 €	
Nettoauskehrungsanspruch Ehefrau		1.903,20 €

837   Gegebenenfalls ist die Durchführung einer **fiktiven Getrenntveranlagung** für den jeweiligen Veranlagungszeitraum beim Finanzamt einzuholen. Die Finanzämter erstellen auf Anfrage die fiktiven Berechnungen zur Getrenntveranlagung. Nur durch eine fiktive Getrenntveranlagung kann tatsächlich sichergestellt werden, dass Kosten bei dem Ehegatten berücksichtigt werden, bei dem sie tatsächlich auch anfallen.

838   Allerdings sollte man den Einwand der **fiktiven steuerlichen Getrenntveranlagung** nicht blindlings gegen jede Unterhaltsanforderung er-

heben. Es gilt der Grundsatz, dass es für den Unterhaltspflichtigen immer günstiger ist, geringeres Einkommen als der Gatte zu haben. Führt eine nicht dem Grundsatz der fiktiven Getrenntveranlagung folgende Unterhaltsberechnung dazu, dass eine Steuerschuld überproportional oder eine Steuererstattung unterproportional dem unterhaltspflichtigen Kind zugeordnet wurde, sollte sich zumindest das unterhaltspflichtige Kind nicht dagegen wehren.

Die Träger der Sozialhilfe und die Unterhaltsberechtigten kommen **839** m. E. jedoch nicht umhin, in jedem Fall den steuerlich komplizierten Weg der fiktiven Getrenntveranlagung zu gehen.

c) Steuerliche Veranlagung mithaftender Geschwister

Quelle ständiger Unsicherheit ist die Frage der **quotalen Haftung** von **840** Geschwistern des unterhaltspflichtigen Kindes. Soweit der Sozialhilfeträger deren Einkommensverhältnisse und Haftungsanteile nicht dokumentiert, besteht keine schlüssige Unterhaltsforderung. Zur Darstellung der Haftungsquote gehört aber auch in diesem Fall die richtige Verteilung der Einkünfte auf das unterhaltspflichtige Kind und seinen Gatten. Dies bedeutet, dass auch in diesem Fall die Berechnung des unterhaltspflichtigen Einkommens des Kindes unter fiktiver Berechnung der Steuerlast bei getrennter Veranlagung zu erfolgen hat.

3. Zinseinkünfte

Regelmäßig werden **Zinseinkünfte** des unterhaltspflichtigen Kindes **841** und seines Gatten dem Nettoeinkommen hinzugerechnet. Meist wird dabei nicht einmal differenziert, ob es sich um Einkünfte des unterhaltspflichtigen Kindes oder seines Gatten handelt. Dreierlei kann dabei fehlerhaft sein:

* Wegen der bereits dargestellten (Rn. 387 ff.) **unterschiedlichen Haftungsquoten** aus dem Einkommen des Unterhaltspflichtigen und seines Gatten ist eine präzise Zuordnung der Kapitaleinkünfte auf die einzelnen Ehegatten erforderlich;

* **Zinseinkünfte unterliegen der Besteuerung**, weswegen stets darauf zu achten ist, den auf die Zins- und Kapitaleinkünfte entfallenden Steueranteil konkret zu berechnen und zu berücksichtigen;

* **Zinseinkünfte** sind so lange nicht dem unterhaltsrechtlich verfügbaren Einkommen hinzuzurechnen, solange nicht die **Grenze des Altersvorsorgeschonvermögens** erreicht ist (5 % aus sozialversicherungspflichtigem und 25 % aus sonstigem Bruttolebenseinkommens, aufgezinst mit

4 %, vgl. Rn. 191) und die Zinseinkünfte thesauriert, also nicht zum Lebensunterhalt verwendet werden.

II. Abzugsfähige Aufwendungen

842   In einer Ehe herrscht meist das **Eintopfprinzip.** Einkünfte beider Ehegatten werden auf einem Konto tatsächlich oder über getrennte Konten (virtuell) zusammengerechnet. Wer welche Aufwendungen zahlt, ist dabei oft zufällig. **Für die Zwecke des Elternunterhaltes ist diese Praxis zu korrigieren.** Weil es für die Leistungsfähigkeit eines Unterhaltspflichtigen nicht gleichgültig ist, ob Einkommen ihm oder seinem Gatten zugerechnet wird, ist es auch nicht gleichgültig, ob Ausgaben ihm oder seinem Gatten zugerechnet werden.

843   Grundsätzlich hat das Prinzip zu gelten: **Ausgaben sind bis zur Erschöpfung des Einkommens dem Gatten zuzuordnen, der sie veranlasst hat, gemeinsame Ausgaben sind nach den Einkommensverhältnissen zu verteilen, gemeinsame vermögensbildende Aufwendungen sind nach dem jeweiligen Anteil am Gegenstand der Vermögensbildung zu finanzieren.** Die vielfach zu beobachtende Verteilung von Ausgaben nach dem Halbteilungsprinzip oder noch verwegener nach dem Zufälligkeitsprinzip, von wessen Konto die Ausgaben getätigt werden, ist nicht zu vertreten.

1. Persönliche Kosten

844   Ebenso wie beim Einkommen ist bei den abzugsfähigen Ausgaben darauf zu achten, dass diese nicht unspezifisch vom Familieneinkommen abgezogen werden, sondern vom Einkommen des jeweiligen Gatten, der Schuldner der Leistungen ist. So wäre z. B. der für eine Selbständigkeit eingegangene Kredit des Ehemannes nicht bei beiden Ehegatten zu je ½ zu berücksichtigen, sondern bei dem Ehegatten, dessen selbständige Tätigkeit damit finanziert wurde. Auch **Krankenversicherungskosten** (auch wenn es sich um eine private Krankenversicherung handelt) sind zunächst einmal vom unterhaltspflichtigen Einkommen des krankenversicherten Gatten abzuziehen. Dies gilt auch dann, wenn sein Einkommen gering ist. Schuldet z. B. die Ehefrau Elternunterhalt und ist sie aufgrund einer selbständigen Beschäftigung privat krankenversichert, dann sind Krankenversicherungskosten auch dann vorab von ihrem Einkommen abzuziehen, wenn dieses gering ist. Hat das unterhaltspflichtige Kind ein Einkommen von 370 € und private Krankenversicherungskosten von 260 €, stehen maximal 110 €

für Elternunterhalt zur Verfügung. Gerade bei den Krankenversicherungskosten ist dies leicht nachvollziehbar. Wäre die Frau sozialversicherungspflichtig beschäftigt, würden ihre Krankenversicherungskosten vom Einkommen ohnehin vorab abgezogen. Nichts anderes kann gelten, wenn eine nicht sozialversicherungspflichtige Tätigkeit besteht.

2. Gemeinsame Kosten

Eine **anteilige Aufteilung** von Lebenshaltungskosten, Krediten und Versicherungen ist nur dort angezeigt, wo beide Ehegatten auch tatsächlich an den den Kosten zugrunde liegenden Leistungen partizipieren. In diesen Fällen erscheint eine Aufteilung der Kosten nach der jeweiligen Leistungsfähigkeit angezeigt. Dies wären z. B. Kreditkosten für einen gemeinsam genutzten Familien-Pkw, Kreditkosten für einen gemeinsamen Urlaub, die Hochzeitsfeier.

845

3. Immobilienkosten

Immobilienkosten sind in der Regel der größte Ausgabenposten von Ehegatten. Es ist bereits dargelegt worden, dass beim Elternunterhalt **Zins- und Tilgungsleistungen** unterhaltsrechtlich zu berücksichtigen sind (vgl. Rn. 358). Steht die Immobilie im **Alleineigentum eines Ehegatten**, sind Zins- und Tilgungsleistungen und sonstige verbrauchsunabhängige Kosten der Immobilie nur bei diesem zu berücksichtigen.

846

Komplizierter ist es, wenn die Immobilie – wie meist zu ½ – im **gemeinsamen Eigentum von Ehegatten** steht. In diesem Fall bestehen keine Schwierigkeiten, wenn die Einkünfte beider Ehegatten ausreichen, um die Immobilienlasten (die ja letztendlich vermögensbildende Funktion haben) auch tatsächlich hälftig auszugleichen.

847

Probleme entstehen dann, wenn das Einkommen des unterhaltspflichtigen Gatten nicht ausreicht, die anteiligen Immobilienlasten zu tragen. Es mag dann sein Einkommen vollständig durch die anteilige Immobilienhaftung aufgezehrt werden mit der Folge, dass mangels verfügbaren Eigeneinkommens kein Elternunterhalt gezahlt werden kann.

848

Immobilienkosten sind nicht bereits auf der Ebene der Wohnwertanrechnung mit diesem zu verrechnen. Da auch der **Wohnwert** als ‚Einkommen' konsequent dem Unterhaltspflichtigen und seinem Gatten getrennt zuzurechnen ist, würde eine Verrechnung auf dieser Ebene zu unrichtigen Ergebnissen führen.

849

4. Altersvorsorgeaufwendungen

850   **Altersvorsorgeaufwendungen** in Höhe von 5 % aus sozialversicherungspflichtigem und 25 % aus nicht sozialversicherungspflichtigem Bruttoeinkommen sind stets **zusätzlich zur Vermögensbildung in Form einer
selbstgenutzten Immobilie** zu berücksichtigen. Dies hängt damit zusammen, dass eine selbstgenutzte Immobilie durch ihren Wohnwert zur Erhöhung des unterhaltspflichtigen Einkommens beiträgt. Soweit der Wohnwert mit 450 € / 800 € unter dem tatsächlichen Wohnwert liegt, resultiert
diese Beschränkung daraus, dass es den Unterhaltspflichtigen zum Zwecke
des in seiner zeitlichen Dauer völlig ungewissen Elternunterhaltes nicht zugemutet werden kann, einen Wohnungswechsel vorzunehmen. Das Immobilienvermögen wird mithin unterhaltsrechtlich bereits genutzt, während es
gerade Sinn des Altersvorsorgeaufwandes ist, ein Altersvorsorgeschonvermögen zu bilden, das dem Unterhaltspflichtigen im Alter ein angemessenes
Alterseinkommen verschafft.

851   Die **Begrenzung der Altersvorsorgeaufwendungen** auf 5 % des sozialversicherungspflichtigen und 25 % des nicht sozialversicherungspflichtigen Einkommens **kann im konkreten Fall zu gering** sein, wenn aufgrund
der persönlichen und konkret darzulegenden Versorgungsbiografie des Unterhaltspflichtigen höhere Rücklagen erforderlich sind, um eine angemessene Altersversorgung zu sichern (vgl. Rn. 256 ff.).

III. Schonvermögen

1. Altersvorsorgeschonvermögen

852   Erst die Entscheidung des BGH v. 30.08.2006[638] hat eine sichere und einfache Berechnung des Altersvorsorgeschonvermögens gebracht. Die Feststellung eines davon abweichenden Altersvorsorgeschonvermögens ist jedoch
nicht ausgeschlossen. Insbesondere bei Kinder betreuenden oder aufgrund
der ehelichen Aufgabenverteilung nur geringfügig berufstätigen Unterhaltspflichtigen erhielte man ansonsten deutlich zu geringe Altersvorsorgeschonvermögen. § 851c ZPO stellt die untere Grenze des Altersvorsorgeschonvermögens dar. Danach ergibt sich das Altersvorsorgeschonvermögen
nach der nachfolgenden Tabelle:

---

638 BGH v. 30.08.2006 – XII ZR 98/04, FamRZ 2006, 1511.

Entwicklung in Höhe des nach § 851c ZPO geschützten Versorgungskapitals

853

Alter	jährl. Versorgungs- kapital § 851c ZPO	Summe Versorgungskapital	Alter	jährl. Versorgungs- kapital § 851c ZPO	Summe Versorgungskapital
18	2.000 €	2.000 €	42	4.500 €	77.500 €
19	2.000 €	4.000 €	43	4.500 €	82.000 €
20	2.000 €	6.000 €	44	4.500 €	86.500 €
21	2.000 €	8.000 €	45	4.500 €	91.000 €
22	2.000 €	10.000 €	46	4.500 €	95.500 €
23	2.000 €	12.000 €	47	4.500 €	100.000 €
24	2.000 €	14.000 €	48	6.000 €	106.000 €
25	2.000 €	16.000 €	49	6.000 €	112.000 €
26	2.000 €	18.000 €	50	6.000 €	118.000 €
27	2.000 €	20.000 €	51	6.000 €	124.000 €
28	2.000 €	22.000 €	52	6.000 €	130.000 €
29	2.000 €	24.000 €	53	6.000 €	136.000 €
30	4.000 €	28.000 €	54	8.000 €	144.000 €
31	4.000 €	32.000 €	55	8.000 €	152.000 €
32	4.000 €	36.000 €	56	8.000 €	160.000 €
33	4.000 €	40.000 €	57	8.000 €	168.000 €
34	4.000 €	44.000 €	58	8.000 €	176.000 €
35	4.000 €	48.000 €	59	8.000 €	184.000 €
36	4.000 €	52.000 €	60	9.000 €	193.000 €
37	4.000 €	56.000 €	61	9.000 €	202.000 €
38	4.000 €	60.000 €	62	9.000 €	211.000 €
39	4.000 €	64.000 €	63	9.000 €	220.000 €
40	4.500 €	68.500 €	64	9.000 €	229.000 €
41	4.500 €	73.000 €	65	9.000 €	238.000 €

Wenn der Gesetzgeber unabhängig von anderem Altervorsorgever- 854
mögen und von anderen Altersversorgungen ein Vermögen von bis zu
238.000 € pfändungsfrei stellt, dann ist dies auch unterhaltsrechtlich zu
beachten. Wenn es der BGH bei der Form der Anlage des Altersvorsorgevermögens für unbeachtlich hält[639], wie das Altersvorsorgevermögen angelegt ist, dann kann es im Fall des Elternunterhaltes nicht darauf ankom-

---

639 BGH v. 19.02.2003 – XII ZR 67/00, FamRZ 2003, 860.

men, dass das Vermögen in einer dem § 851c ZPO entsprechenden Weise angelegt ist.

2. Weiteres Schonvermögen

855   Es muss einem unterhaltspflichtigen Kind möglich sein, auch jenseits des Altersvorsorgeschonvermögens Vermögen zu bilden, wenn dieses zur Befriedigung eines konkreten Bedarfs (Hausreparatur, Pkw-Anschaffung etc.) benötigt wird. Dass dies hinzunehmen ist, macht die Entscheidung des BGH zum Altersvorsorgeschonvermögen[640] klar. Neben dem reservierten Altersvorsorgevermögen sah der BGH kein Problem darin, dass der Unterhaltspflichtige Vermögen für den Erwerb eines Pkw eingesetzt hat. Es muss daher hinsichtlich weiteren Vermögens grundsätzlich ein großzügiger Maßstab angelegt werden.

---

640 BGH v. 30.08.2006 – XII ZR 98/04, FamRZ 2006, 1511.

H. Fälle mit Auslandsbezug

Globalisierung ist kein ausschließlich wirtschaftliches Phänomen. Das
Zusammenwachsen einer immer größeren Europäischen Union und eine
zunehmende Übersiedlung alter Menschen und junger Arbeitnehmer ins
Ausland führen dazu, dass Unterhaltsrechtsstreite nicht nur in den Grenzen
der Bundesrepublik Deutschland ausgetragen werden.

856

Anwaltschaft und Behörden sind mit der grenzüberschreitenden Geltendmachung von Unterhaltsansprüchen oft überfordert. Dies führt dazu,
dass im Ausland lebende Unterhaltsschuldner meist ungeschoren davon
kommen, selbst wenn sie durchaus leistungsfähig sind. Ebenso bleiben jedoch auch in Deutschland lebende Unterhaltspflichtige, die ihren im Ausland lebenden Eltern gegenüber unterhaltspflichtig sind, meist unbehelligt,
weil eben auch die Unsicherheiten in der Rechtsanwendung globalisiert
und europäisiert sind.

857

I. Grundlagen[641]

Für das Unterhaltsrecht mit Auslandsberührung ist zunächst zu entscheiden, welches materielle Recht Anwendung findet. Dies wird von den
inländischen Gerichten nach inländischem **Kollisionsrecht** entschieden.
Für Deutschland ist die einschlägige Norm Art. 18 EGBGB. Vorrangig
vor Art. 18 EGBGB wären jedoch völkerrechtliche Vereinbarungen anzuwenden (Art. 3 Abs. 2 EGBGB). Eine solche vorrangige völkerrechtliche
Vereinbarung ist das Haager Übereinkommen über das auf Unterhaltspflichten anzuwendende Recht v. 02.10.1973 (HUÜ 73), das für die Bundesrepublik seit dem 01.04.1987 in Kraft ist[642]. Die danach für die Bundesrepublik geltenden Regeln sind jedoch identisch mit den Regelungen des
Art. 18 EGBGB[643]. Allerdings hat Deutschland einen in Art. 15 HUÜ 73
niedergelegten Vorbehalt erklärt und in Art. 18 Abs. 5 EGBGB bestimmt,
dass deutsches Recht Anwendung findet, wenn sowohl der Unterhaltsbe-

858

---

641 Eine gute Übersicht findet sich bei *Ruzik/Sethe*, Kollisionsrechtliche und rechtsvergleichende Aspekte des Elternunterhalts, in: Höland/Sethe/Notarkammer Sachen-Anhalt,
S. 31 ff.
642 BGBl. 1987 II S. 225.
643 BGH v. 13.12.2000 – XII ZR 278/98, FamRZ 2001, 412.

rechtigte als auch der Unterhaltspflichtige die deutsche Staatsangehörigkeit haben und der Verpflichtete in Deutschland wohnt.

1. Anwendbares Recht im Inland

859   Das auf Unterhaltspflichten anwendbare Recht ergibt sich für Deutschland aus Art. 18 EGBGB. Danach sind auf Unterhaltspflichten die Sachvorschriften des am jeweiligen gewöhnlichen Aufenthaltes des Unterhaltsberechtigten geltenden Rechts anzuwenden (Art. 18 Abs. 1 EGBGB). Hat der Unterhaltsberechtigte nach diesen Vorschriften keinen Unterhaltsanspruch, so sind die Sachvorschriften des Rechts des Staates anzuwenden, dem sie gemeinsam angehören. Ist danach ein Unterhaltsanspruch nicht gegeben, ist deutsches Recht anzuwenden (Art. 18 Abs. 2 EGBGB). Deutsches Recht ist auch anzuwenden, wenn sowohl der Berechtigte als auch der Verpflichtete Deutsche sind und der Verpflichtete seinen gewöhnlichen Aufenthalt im Inland hat (Art. 18 Abs. 5 EGBGB).

860   Wird ein Unterhaltsanspruch zwischen Verwandten in der Seitenlinie oder Verschwägerten geltend gemacht, kann der Verpflichtete dem Anspruch des Berechtigten entgegenhalten, dass nach den Vorschriften des Rechts des Staates, dem sie gemeinsam angehören, oder, mangels einer gemeinsamen Staatsangehörigkeit, des am gewöhnlichen Aufenthaltsort des Verpflichteten geltenden Rechts eine solche Pflicht nicht besteht (Art. 18 Abs. 3 EGBGB).

861   Nach dem für den Unterhaltsanspruch geltenden Recht bestimmt sich (Art. 18 Abs. 6 EGBGB)

- ob, in welchem Ausmaß und von wem der Berechtigte Unterhalt verlangen kann,

- wer zur Einleitung des Unterhaltsverfahrens berechtigt ist, und welche Fristen für die Einleitung gelten und

- das Ausmaß der Erstattungspflicht des Unterhaltsverpflichteten, wenn eine öffentliche Aufgaben wahrnehmende Einrichtung den ihr nach dem Recht, dem sie untersteht, zustehenden Erstattungsanspruch für die Leistungen geltend macht, die sie dem Berechtigten erbracht hat.

862   Schließlich sind Bedürftigkeit des Berechtigten und Leistungsfähigkeit des Verpflichteten auch dann zu berücksichtigen, wenn das anzuwendende Recht etwas anderes bestimmt (Art. 18 Abs. 7 EGBGB).

a) Unterhaltsberechtigter in Deutschland, Unterhaltspflichtiger im Ausland

Die Regelung ist danach weitgehend klar für die hier zu entscheidenden **863** Fälle: Hat ein unterhaltsbedürftiger Elternteil seinen **gewöhnlichen Aufenthalt in Deutschland**, ist **deutsches Recht** anzuwenden (Art. 18 Abs. 1 S. 1 EGBGB).

b) Unterhaltsberechtigter im Ausland, Unterhaltspflichtiger in Deutschland

Lebt der unterhaltsberechtigte Verwandte dagegen im Ausland, ist von **864** den deutschen Gerichten das Recht desjenigen Staates anzuwenden, in dem der Unterhaltsberechtigte seinen gewöhnlichen Aufenthalt hat, also ausländisches Recht[644].

Versagt das danach anzuwendende Recht dem Unterhaltsberechtigten **865** einen Unterhaltsanspruch, ist hilfsweise auf das **gemeinsame Heimatrecht** abzustellen, wenn der Unterhaltsberechtigte und der Unterhaltsverpflichtete die **gleiche Staatsangehörigkeit** haben.

Würde auch danach ein Unterhaltsanspruch nicht bestehen, käme deut- **866** sches Recht zur Anwendung.

Konkret bedeutet diese Staffelung, dass ein im Ausland lebender Un- **867** terhaltsberechtigter – gleich welcher Nationalität – gegen einen im Inland lebenden Unterhaltspflichtigen immer einen Unterhaltsanspruch geltend machen kann, sofern das deutsche Recht einen solchen Unterhaltsanspruch gewährt. Das gilt auch, wenn die ausländischen Rechtsordnungen am gewöhnlichen Aufenthaltsort des Unterhaltsberechtigten einen Unterhaltsanspruch versagen.

Grenzen der Unterhaltspflicht sind dort gegeben, wo eine unterhalts- **868** rechtliche Haftung in der verwandtschaftlichen Seitenlinie (Geschwister) oder gegen verschwägerte Personen besteht, wenn nach dem gemeinsamen Heimatrecht diese unterhaltsrechtliche Haftung nicht bestünde. Besteht keine gemeinsame Staatsangehörigkeit, entscheidet das am gewöhnlichen Aufenthaltsort des Verpflichteten geltende Recht. Lebt dieser im Inland, könnte ein Unterhaltsanspruch in diesen Fällen nicht gewährt werden.

---

644 BGH v. 13.12.2000 – XII ZR 278/98, FamRZ 2001, 412.

c) Der ‚gewöhnliche Aufenthalt‘

869   Maßgeblich für die Frage des anzuwendenden Rechts ist daher, wo der Unterhaltsberechtigte seinen **gewöhnlichen Aufenthalt** hat.[645]

870   Der gewöhnliche Aufenthalt ist dort, wo ‚eine Person sozial integriert ist und ihren Lebensmittelpunkt sowie den Schwerpunkt ihrer Bindungen in familiärer und beruflicher Hinsicht hat‘. Ein pflegebedürftiger Elternteil hat danach seinen gewöhnlichen Aufenthalt dort, wo er – nicht nur vorübergehend – in Pflege sich befindet, wenn dieser Ort nach der Lebensplanung des Pflegebedürftigen nicht geändert werden soll[646]. Das anzuwendende Recht ergibt sich demnach aus der nachfolgenden Tabelle:

871   **Anzuwendendes Recht beim Elternunterhalt mit Auslandsberührung:**

	Pflichtiger	Berechtigter	anzuwendendes Recht
Nationalität	D	D	D (Art. 18 Abs. 5 EGBGB)
Aufenthalt	D	A	
Nationalität	D	A	A (Art. 18 Abs. 1 EGBGB)
Aufenthalt	D	A	
Nationalität	D	D	D (Art. 18 Abs. 1 EGBGB)
Aufenthalt	A	D	
Nationalität	A	D	D (Art. 18 Abs. 1 EGBGB)
Aufenthalt	A	D	
Nationalität	A	A	D (Art. 18 Abs. 1 EGBGB)
Aufenthalt	A	D	

2. Wo ist zu klagen?

872   Lebt ein **unterhaltsberechtigter Elternteil in Deutschland**, richtet sich der örtliche Gerichtsstand nach den allgemeinen Vorschriften der ZPO. Danach wäre das unterhaltspflichtige Kind an seinem **Wohnsitzgericht** nach §§ 12, 13 ZPO im allgemeinen Gerichtsstand zu verklagen.

---

645 Wendl/*Dose,* § 9 Rn. 14 unter Hinweis auf BGH v. 13.12.2000 – XII ZR 278/98, FamRZ 2001, 412.
646 BGH v. 03.02.1993 – XII ZB 93/90, FamRZ 1993, 793.

Hat das unterhaltspflichtige Kind keinen Gerichtsstand im Inland,   873
greift für Unterhaltsklagen der besondere Gerichtsstand des § 232 Abs. 3
Nr. 3 FamFG ein, wonach für Klagen in Unterhaltssachen gegen eine Person, die im Inland keinen Gerichtsstand hat, das Gericht zuständig ist, bei
dem der Kläger im Inland seinen allgemeinen Gerichtsstand hat (**Wohnsitzgericht des Unterhaltsberechtigten**).

Lebt ein **unterhaltsberechtigter Elternteil im Ausland,** richtet sich   874
die örtliche Zuständigkeit – sofern sie von ausländischen Rechtsordnungen
wie nach innerdeutschem Recht gehandhabt wird (was vielfach der Fall
ist) – nach den nationalen Zuständigkeitsvorschriften. Demnach könnte
ein Unterhaltsanspruch gegen einen in Deutschland ansässigen Unterhaltspflichtigen im **Wohnsitzland des Unterhaltsberechtigten** geltend
gemacht werden.

Für die deutschen Sozialhilfeträger indessen gilt die Privilegierung,   875
einen Unterhaltsanspruch am Wohnsitz des Unterhaltsgläubigers geltend
zu machen, nicht. Nach der Rechtsprechung des EuGH soll dieses Privileg
den privaten Unterhaltsgläubiger, nicht aber die öffentliche Hand schützen[647].

3. EuGVVO und EuGVÜ

Durch die in der Überschrift genannten Regelungen wurde für die   876
Teilnehmerstaaten der Europäischen Union eine **einheitliche europäische Zuständigkeitsordnung** in Unterhaltssachen geschaffen. Danach
unterfallen der EuGVVO alle zivilrechtlichen Unterhaltsansprüche – auch
dann, wenn sie als übergeleitete Ansprüche von staatlichen Hoheitsträgern
zivilrechtlich geltend gemacht werden[648]. Die Regelungen der EuGVVO
greifen nur ein, wenn der konkrete Fall Bezug zu einem Mitgliedstaat der
Europäischen Union aufweist. Danach ist die EuGVVO in jedem Fall anzuwenden, wenn die Parteien ihren Wohnsitz in einem Mitgliedstaat der
Europäischen Union haben.

Nach Art. 2 Abs. 1 EuGVVO sind deutsche Gerichte zuständig, wenn   877
der Beklagte seinen Wohnsitz in Deutschland hat, wobei sich der Wohnsitz
nach Art. 59 EuGVVO bestimmt.

---

647 EuGH v. 15.01.2004, Rs. C-433/01 – Freistaat Bayern./.Blijdenstein, IPRax 2004,
240; OLG Dresden v. 28.09.2006 – 21 UF 381/06, NJW 2007, 446; *Ruzik/Sethe,* Kollisionsrechtliche und rechtsvergleichende Aspekte des Elternunterhalts, in: Höland/
Sethe/Notarkammer Sachsen-Anhalt, S. 72.
648 *Andrae,* Internationales Familienrecht, Kap. 8, Rn. 6.

II. Einzelne Länder

878 Eine Übersicht über einzelne europäische Länder ergibt ein differenziertes und rechtshistorisch interessantes Bild. In den meisten kontinentaleuropäischen Rechtsordnungen existiert auch heute noch ein umfassender binnenfamiliärer Unterhaltsanspruch bedürftiger Verwandter, soweit diese Rechtsordnungen auch heute noch vom Römischen Recht geprägt sind.

879 Wo dies nicht mehr der Fall ist, wie in den anglo-amerikanischen oder skandinavischen Rechtsordnungen, wird der aus einer Verwandtschaft resultierende Unterhaltsanspruch sehr weitgehend zurückgedrängt und es besteht selbst einem volljährigen Kind gegenüber nur ein reduzierter Unterhaltsanspruch. Dies ergibt sich auch aus der nachfolgenden Übersicht:

Familiäre Unterhaltspflichten Länderüberblick

Land	mj. Kinder	vj. Kinder	Eltern	Schwieger-kinder	Geschwister
Belgien	×	×	×	×	
Bulgarien	×	×	×		×
Dänemark	×	× bis Ende Ausbildungsunterhalt			
England/Wales	×	× bis Ende des 1. Studienabschnitts			
Frankreich	×	×	×	×	
Griechenland	×	×	×		×
Irland	×	× bis max. 23. Lj.			
Italien	×	×	×	×	×
Kroatien	×	×	×		
Niederlande	×	×	× keine Überleitung	×	
Österreich	×	×	×		
Polen	×	×	×		×
Portugal	×	×	×		×
Schottland	×	× bis max. 25. Lj.			
Schweden	×	× bis zum Ende der Schulausbildung			
Schweiz	×	× bis Ende Ausbildungsunterhalt	× kantonale Unterschiede		
Serbien	×	×	×		×
Spanien	×	×	×	?	×
Tschechien	×	×	×		
Türkei	×	×	×		×
Ungarn	×	×	×		×
USA	×	×	×		
Arizona	×	×	×		
Californien	×	× bis 19. Lj.	×		
Connecticut	×	× bis 19. Lj.	×		
Florida	×	×	×		
Georgia	×	× bis 20. Lj	×		
Illinois	×	×	×		
Indiana	×	× bis 21. Lj.	×		

Maine	x	x bis Ende Ausbildungsunterhalt	x		
Massachusetts	x				
Missouri	x	x bis max. 22. Lj.	x		
New Jersey	x	x bei Behinderung			
North Carolina	x	x bis 20. Lj. bei Ausbildung			
Ohio	x	x max. bis Ende der High School			
Pennsylvania	x	x ggfls. auch über Vj. hinaus			
Tennesee	x	x			
Texas	x	x bis Studienende			
Vermont	x	x bis Studienende	x		
Virginia	x	x	x		
Washington	x	x	x		
Wisconsin	x	x	x		

1. Belgien

Art. 205 des belgischen Code civile begründet eine Unterhaltspflicht **880** der Kinder ihren Eltern gegenüber. Diese Unterhaltspflicht wird in Art. 206 Cc auf die Schwiegerkinder erstreckt, die ihren Schwiegereltern gegenüber unterhaltspflichtig sind. Diese Schwiegerkindhaftung endet jedoch mit der Wiederverheiratung der Schwiegereltern oder mit dem Tod des die Verbindung schaffenden Gatten bzw. dessen Kindern. Die Höhe des Unterhaltsanspruchs ist abhängig vom Bedarf des Unterhaltspflichtigen, der am Notbedarf zu bemessen ist[649] und von der Leistungsfähigkeit des Unterhaltspflichtigen (Art. 208 Cc).

2. Bulgarien

Nach Art. 81 FK bestehen Unterhaltspflichten der Kinder gegenüber **881** ihren Eltern. Das bulgarische Recht kennt danach umfassende Unterhaltsverpflichtungen von gradlinig Verwandten in auf- und absteigender Linie sowie zwischen Geschwistern[650].

3. Dänemark

Das dänische Recht kennt keinen Verwandtenunterhalt[651]. Dementspre- **882** chend existiert auch keine Verpflichtung der Kinder ihren Eltern gegenüber. Selbst der Unterhalt gegenüber Kindern ist auf deren Volljährigkeit begrenzt (§ 14 Abs. 2 BFL) und kann in Fällen des Ausbildungsunterhaltes

---

649 Rieck/*Markus,* Belgien, Rn. 36.
650 Rieck/*Mladenova,* Bulgarien, Rn. 37.
651 Rieck/*Reinel,* Dänemark, Rn. 44.

bis zur Vollendung des 24. Lebensjahres ausgedehnt werden (§ 14 Abs. 3 BFL).

4. England / Wales

883   Nach englischem und walisischem Recht existiert eine Unterhaltspflicht nur für Ehegatten und Kinder, nicht aber für Eltern[652]. Die familienrechtliche Unterhaltsverpflichtung gegenüber Kindern ist auf den Abschluss eines ersten Grundstudiums begrenzt, also i.d.R. auf das 21. oder 22. Lebensjahr.

5. Frankreich

884   In Art. 205 Cc ist die Unterhaltspflicht von Kindern gegenüber ihren Eltern und auch den weiteren Vorfahren gegenüber konstatiert. Wie im belgischen Recht haften auch im französischen Recht die Schwiegerkinder, allerdings mit der aus dem belgischen Recht bekannten Einschränkung, dass diese Unterhaltspflicht nach dem Tod des die Schwägerschaft vermittelnden Gatten endet (Art. 206 Cc). Desgleichen endet die Schwiegerkindhaftung mit der Scheidung von dem die Schwägerschaft vermittelnden Gatten[653]. Die Wiederverheiratung eines Schwiegerelternteils beendet dagegen anders als im belgischen Recht nicht die Unterhaltsverpflichtung[654].

885   Das französische Recht begründet eine recht scharfe Elternunterhaltspraxis. Die französische Rechtspraxis gewährt weder ein Schonvermögen und schränkt das unterhaltspflichtige Kind in der Verwendung seiner Einkünfte nach Entstehung der Unterhaltsverpflichtung weitgehend ein[655].

886   Aus dem auch im französischen Recht bestehenden Gegenseitigkeitsprinzip kann eine Einschränkung der Unterhaltspflicht im Verwandtenunterhalt erfolgen, wenn der Unterhaltsbedürftige Verwandte seine eigene Unterhaltspflicht dem Pflichtigen gegenüber ‚gröblich' verletzt hat (Art. 207 Cc).

6. Griechenland

887   Nach griechischem Recht besteht zwischen Blutsverwandten gerader Linie eine Unterhaltsverpflichtung (Art. 1485 ff. ZGB). Daneben besteht in

---

652 Rieck/*Woelke,* England, Rn. 61.
653 Rieck/*Eber,* Frankreich, Rn. 54 mit Verweis auf Versailles, 03.10.1996.
654 Rieck/*Eber,* Frankreich, Rn. 54.
655 *Ferrand* in Schwab/Henrich, S. 91.

Ausnahmefällen ein Unterhaltsanspruch zwischen Geschwistern (Art. 1504 ZGB). Im Unterschied zum deutschen Recht existiert eine dem § 1611 BGB vergleichbare Verwirkungsnorm nicht[656]. Nach Art. 1487 ZGB wird dem unterhaltspflichtigen Verwandten eine Erwerbsobliegenheit auferlegt. Vorrangig vor den Verwandten haften jedoch der Ehegatte und der geschiedene Ehegatte des Unterhaltsberechtigten (Art. 1488 ZGB). Ebenfalls anders als im deutschen Recht haften die Kinder des Unterhaltsbedürftigen vor dessen Vorfahren.

7. Irland

Das irische Recht kennt keinen Aszendentenunterhalt. Unterhalt wird nur Kindern bis zu deren Volljährigkeit (Vollendung des 18. Lebensjahres) geschuldet[657]. Eine weitergehende Unterhaltsverpflichtung besteht lediglich bis zur Vollendung des 23. Lebensjahres, wenn sich das Kind in einer ganztägigen Berufsausbildung befindet oder behindert ist. In diesen Fällen eines bestehenden Unterhaltsanspruchs kennt das irische Recht die Überleitung von Unterhaltsansprüchen auf den Sozialhilfeträger.

888

8. Italien

Auch das italienische Recht kennt einen Unterhaltsanspruch im auf- und absteigenden Verwandtschaftsverhältnis (Art. 433 Cc). Dabei haften die Unterhaltspflichtigen in einer in Art. 433 Cc festgelegten Reihenfolge: Zunächst der Gatte, dann die Kinder, die Eltern, die Schwiegerkinder und Schwiegereltern und in der letzten Stufe die Vollgeschwister vor den Halbgeschwistern. Diese gegenüber dem deutschen Recht weite Ausgreifung des unterhaltspflichtigen Personenkreises wird durch das Maß des zu gewährenden Unterhaltes kompensiert. Der Unterhaltspflichtige schuldet lediglich Unterhalt in Höhe des Lebensnotwendigen[658], wobei jedoch auch seine gesellschaftliche Stellung zu berücksichtigen ist (Art. 438 Abs. 2 Cc). Damit orientiert sich die Höhe des Unterhaltes am Mindestlohn[659].

889

Das italienische Recht sieht den Unterhaltsanspruch als höchstpersönlichen Anspruch, der weder übertragbar ist[660] noch im Wege der Legalzession auf Dritte übergehen kann. Dies führt dazu, dass eine § 94 SGB XII

890

---

656 Rieck/*Katsanou*, Griechenland, Rn. 47.
657 Rieck/*Blaser,* Irland, Rn. 47.
658 *Gabrielli* in Schwab/Henrich, S. 115.
659 *Gabrielli* in Schwab/Henrich, S. 115.
660 Rieck/*Pesce,* Italien, Rn. 55.

vergleichbare Vorschrift nicht existiert. Der Unterhaltsberechtigte hat jedoch die Möglichkeit, vor Erhebung des Unterhaltsanspruchs gegen den unterhaltspflichtigen Verwandten seinen unterhaltsrechtlichen Bedarf sozialrechtlich gegen die italienischen Träger der Sozialhilfe geltend zu machen. Unterlässt der Unterhaltsberechtigte die Beantragung öffentlicher Sozialhilfe, begibt er sich der Möglichkeit, selbst für seinen Unterhalt zu sorgen (Art. 438 Cc). Ob dies die Konsequenz hat, dass der Unterhaltsanspruch gegen den Verwandten nicht besteht, ist offenbar noch streitig[661].

9. Kroatien

891   Nach kroatischem Recht sind volljährige Kinder ihren Eltern zum Unterhalt verpflichtet, soweit diesen keine ausreichenden Mittel aus Einkommen und Vermögen zur Bestreitung ihres Lebensbedarfs zur Verfügung stehen[662]. Ähnlich dem deutschen Recht entfällt eine Unterhaltsverpflichtung, soweit der unterhaltsberechtigte Elternteil seine eigene Unterhaltsverpflichtung gegenüber dem Kind verletzt hat.

10. Niederlande

892   Das niederländische Recht kennt Unterhaltsansprüche auf familialer Grundlage auch jenseits der unmittelbaren verwandtschaftlichen Beziehungen. So werden neben den in gerader Linie Verwandten auch Schwiegerkinder, Schwiegereltern und Stiefeltern (Art. 1:392 BW) in die Unterhaltsverpflichtung einbezogen. Damit sind Kinder gegenüber ihren Eltern, aber auch Schwiegerkinder gegenüber ihren Schwiegereltern unterhaltspflichtig[663]. Das niederländische Recht kennt aber keine generationsüberspringende Unterhaltspflicht. Dementsprechend bestehen keine Unterhaltspflichten zwischen Großeltern und Enkelkindern. Gleichfalls bestehen keine Unterhaltspflichten in der Seitenlinie, also zwischen Geschwistern[664].

893   Anders als im deutschen Recht sind die sozialhilferechtlichen Vorschriften des niederländischen Rechts nicht subsidiärer Natur[665]. Wie im deutschen Recht hat jedoch der Sozialhilfeträger einen Regressanspruch gegen den zivilrechtlichen Unterhaltspflichtigen. Dieser Regressanspruch ist jedoch gegenüber den weiteren Verwandten eingeschränkt. Der Sozial-

661 *Gabrielli* in Schwab/Henrich, S. 124.
662 Rieck/*Jelic,* Kroatien, Rn. 38
663 Rieck/*Thöle,* Niederlande, Rn. 38.
664 *Breemhaar* in Schwab/Henrich, S. 141.
665 Art. 6 Abw (Algemene bijstandswet [Sozialhilfegesetz]).

hilferegress findet nicht statt gegen die Eltern eines volljährigen Kindes, das älter als 21 Jahre ist, die volljährigen Kinder, die Stiefeltern, die Schwiegereltern und Schwiegerkinder[666]. Diese Einschränkung der sozialhilferechtlichen Regressmöglichkeit gegen volljährige Kinder führt dazu, dass diese auf Elternunterhalt nicht in Anspruch genommen werden[667]. Die bestehende Regressmöglichkeit gegenüber minderjährigen Kindern spielt schon aus generatorischen Gründen keine Rolle.

11. Österreich

Das österreichische Verwandtenunterhaltsrecht ähnelt sehr stark dem deutschen Unterhaltsrecht. Nach § 143 ABGB schulden Kinder Eltern, Groß- und Urgroßeltern Unterhalt, soweit diese einen unterhaltsrechtlichen Bedarf haben und ihrerseits die Unterhaltspflicht gegenüber dem Kind nicht gröblich vernachlässigt haben. Die Urgroßeltern sind zwar im Gesetz nicht erwähnt, es wird aber aus der Systematik des Gesetzes angenommen, dass eine Unterhaltspflicht auch insoweit gegeben ist[668].

894

12. Polen

Eine Unterhaltsverpflichtung ist nach polnischem Recht zwischen gradlinigen Verwandten und Geschwistern normiert (Art. 128 FVGB). Danach haften Kinder im Bedarfsfall für ihre Eltern. Das polnische Recht kennt auch die Geschwisterhaftung, allerdings haften gradlinig Verwandte vor den Geschwistern (Art. 128, 129 FVGB) und Deszendenten vor den Aszendeten[669].

895

13. Portugal

Das portugiesische Recht kennt eine umfassende Unterhaltspflicht zwischen Verwandten der auf- und absteigenden Linie[670]. Dies betrifft nicht nur Verwandte in gerader Linie sondern auch Verwandte in der Seitenlinie unter Einschluss von Stiefeltern gegenüber Stiefkindern. Abkömmlinge und Vorfahren haften danach gleichrangig (quotal) für Unterhaltsansprüche ihrer Verwandten.

896

---

666 *Breemhaar* in Schwab/Henrich, S. 132.
667 *Breemhaar* in Schwab/Henrich, S. 140.
668 *Ferrari* in Schwab/Henrich, 1997, S. 150.
669 Rieck/*Fabricius-Brand,* Polen, Rn. 43 ff.
670 Rieck/*Schäfer,* Portugal, Rn. 44.

14. Schottland

897   Das schottische Recht kennt keinen allgemeinen Verwandtenunterhalt, sondern nur eine Unterhaltspflicht zwischen Ehegatten und Eltern und Kindern[671].

15. Schweden

898   Das schwedische Recht kennt keinen Unterhalt von Verwandten in aufsteigender Linie[672]. Die nicht durch Einkommen und Vermögen des pflegebedürftigen Elternteils gedeckten Pflegekosten werden daher gesellschaftlich finanziert. Lediglich Kinder bis zur Vollendung des 18. Lebensjahres (Volljährigkeit) haben einen Unterhaltsanspruch.

16. Schweiz

899   Nach Art. 272 ZGB sind in der Schweiz Eltern und Kinder einander allen Beistand, alle Rücksicht und alle Achtung schuldig, die das Wohl der Gemeinschaft erfordert. Die Unterhaltsverpflichtung von Verwandten ist in Art. 328 ZGB normiert und bezieht sich auf Verwandte in auf- und absteigender Linie unter Einschluss der Geschwister.

900   Der Unterhaltsanspruch des unterhaltsbedürftigen Elternteils gegen die unterhaltspflichtigen Verwandten geht im Fall der Inanspruchnahme von Sozialhilfe – wie auch im deutschen Recht – auf den Sozialhilfeträger über (Art. 289 Abs. 2 ZGB). Ebenso wie im deutschen Rechtsraum sind in der Schweiz wegen des ausgebauten Sozialhilfesystems und der Scheu unterhaltsbedürftiger Angehöriger, ihre Verwandten auf Unterhalt in Anspruch zu nehmen, Unterhaltsklagen von Eltern gegen ihre Kinder ausgesprochen selten[673]. Selten sollen danach auch Klagen der Sozialhilfeträger gegen die unterhaltspflichtigen Kinder sein. Ob ein Sozialhilfeträger verpflichtet ist, unterhaltspflichtige Kinder in Anspruch zu nehmen oder ob dies eine Ermessensentscheidung ist, ist von Kanton zu Kanton verschieden. So bestehen im Kanton Zürich Selbstbehaltsgrenzen von 52.000 €/Jahr für Alleinstehende und 65.000 €/Jahr für Verheiratete hinsichtlich ihres Einkommens und von 195.000 € (260.000 € für Verheiratete) hinsichtlich ihres Vermögens[674].

---

671 Rieck/*Voigt*, Schottland, Rn. 37.
672 Rieck/*Firsching*, Schweden, Rn. 51.
673 *Hegnauer* in Schwab/Henrich, Familiäre Solidarität, S. 189.
674 *Hegnauer* in Schwab/Henrich, S. 190.

17. Serbien

Das serbische Recht kennt Unterhaltsansprüche zwischen Blutsver- **901**
wandten in auf- und absteigender Linie sowie in der Seitenlinie[675]. Dabei
sind die Unterhaltsverpflichtungen der gradlinig Verwandten vorrangig vor
den Unterhaltsverpflichtungen in der Seitenlinie.

18. Slowenien

Nach Art. 124 Abs. 1 EheFamG besteht in Slowenien für volljährige **902**
Kinder die Pflicht, ihren bedürftigen Eltern Unterhalt zu leisten. Die Auffassung, diese Pflicht sei eher moralisch als rechtlich begründet[676], ist aus
dem Gesetz nicht nachzuvollziehen. Dass ein dem § 1611 BGB entsprechender Verwirkungstatbestand besteht, rechtfertigt diese Einschätzung
jedenfalls nicht.

19. Spanien

Das spanische Recht normiert eine Unterhaltsverpflichtung für grad- **903**
linig Verwandte der auf- und absteigenden Linie sowie unter Geschwistern[677].

20. Tschechien

Das tschechische Recht normiert eine Unterhaltsverpflichtung nur zwi- **904**
schen gradlinig Verwandten[678]. Demnach haften Kinder im Bedarfsfall für
den Unterhalt ihrer Eltern, wobei jedoch weder eine gesamtschuldnerische
noch eine gleichteilige Haftung gegeben ist. Vielmehr haftet jedes Kind
nach seinen eigenen Fähigkeiten (§ 87 ZGB). Deszendenten haften vor
Aszendenten. Offenbar aufgrund des bisherigen Renten- und Sozialversicherungssystems gibt es nur eine geringe juristische Praxis mit Elternunterhaltsfällen[679].

---

675 Rieck/*Smehyl*, Serbien, Rn. 38.
676 So *Geč-Korošec/Kralji*č in Schwab/Henrich, S. 221.
677 Rieck/*Adam/Perona Feu*, Spanien, Rn. 36.
678 Rieck/*Rombach*, Tschechien, Rn. 41 f.
679 Vgl. *Hrušáková* in Schwab/Henrich, S. 239.

21. Türkei

905   Das türkische Recht sieht in Art. 364 TZGB eine umfassende Unterhaltsverpflichtung von in grader Linie auf- und absteigenden Verwandten sowie unter Geschwistern vor. Wie im Mittelmeerraum häufig anzutreffen, richtet sich die Rangfolge der Unterhaltsverpflichtung nach der Erbfolge[680].

22. Ungarn

906   Nach § 60 Abs. 1 Csjt haben Verwandte in gerader Linie einen Unterhaltsanspruch gegeneinander, sofern sie bedürftig und unverheiratet sind oder der vorrangig haftende Ehegatte nicht leistungsfähig ist[681]. In der Seitenlinie besteht nur eine Unterhaltsverpflichtung volljähriger gegenüber minderjährigen Geschwistern.

---

680 Rieck/*Akalin*, Türkei, Rn. 34.
681 Rieck/*Szabó*, Ungarn, Rn. 41 f.

I. Berechnungsbeispiele

Die nachfolgenden Berechnungsbeispiele sollen es erleichtern, prak- 907
tische Ergebnisse zu erzielen. Es ist zwar banal, aber die Ergebnisse sind
abhängig von den Eingaben. Die juristische Wertung erfolgt bei diesen.
Ob Überstunden voll, teilweise oder überhaupt nicht bei der Einkommen-
sermittlung, ob Abschreibungen auf Gebäude oder Ansparabschreibung zu
berücksichtigen sind, in welcher Höhe Altersvorsorgeaufwendungen berechtigt und Abzüge für den Kindesunterhalt vorzunehmen sind, sind die
juristischen Fragestellungen, die die Höhe des Elternunterhaltes maßgeblich beeinflussen. Es soll daher niemand meinen, die Eingabe von Daten
in die hier vorgestellten Berechnungsschemata löse alle Probleme. So, wie
das Skalpell nur in der Hand des Chirurgen dem entzündeten Blinddarm
den Garaus macht, kann ein solches Rechenmodell nur für den Unterhalts-
rechtler eine Arbeitserleichterung darstellen. Den Laien verleitet es leicht
dazu, dem Ergebnis blind zu trauen, obwohl die von ihm gemachten Vorgaben falsch sind.

I. Höheres Einkommen des Gatten des unterhaltspflichtigen Kindes

908 ## 1. Einkommensanteilige Beteiligung am Familienunterhalt

Einkommensbereinigung bitte stets Nettobeträge eingeben	U-Pflichtiger	2011	Gatte
Erwerbseinkommen (netto)	1.900,00 €		2.350,00 €
Mieteinnahmen (netto)	235,00 €		235,00 €
Kapitaleinkünfte			
Renten (Nettobeträge)			123,00 €
Steuererstattung	56,00 €		
Wohnvorteil:			
Summe der Einkünfte	2.191,00 €	4.899,00 €	2.708,00 €
./. Vermögenswirksame Leistungen	–32,00 €		
./. Private Kranken- und Pflegeversicherung			
./. Berufsbedingte Aufwendungen, 5,0 % d. Erwerbseinkommens	–95,00 €		–117,50 €
./. Fahrtkosten zur Arbeit: 0,0 × 0,30 × 220 / 12			
./. Immobilienverbindlichkeiten:	–256,00 €		–256,00 €
./. Pkw-Darlehen			
./. Darlehen	–125,00 €		
./. Lebensversicherungsprämien	–85,00 €		–233,00 €
./. Sonstige Altersversorgung	–25,00 €		
./. Steuervorauszahlungen			
Weitere Abzüge			
Summe der Abzüge	–618,00 €		–606,50 €
Zwischensumme: 2.191,00 – 618,00 und 2.708,00 – 606,50	1.573,00 €	3.674,50 €	2.101,50 €
Unterhaltsbedarf gemeinsamer Kinder aus Stufe 7 Düsseldorfer Tabelle anteilig:	–172,95 €	404,00 €	–231,05 €
anrechenbares bereinigtes Einkommen	1.400,05 €	<u>**3.270,50 €**</u>	1.870,45 €
Methode: BGH XII ZR 140/07, FamRZ 2010, 1535			
Anteile am Gesamteinkommen in %	42,81%	3.270,50 €	57,19 %
./. Familiensockelselbstbehalt: 1.500 + 1.200 =		–2.700,00 €	
Resteinkommen: 3.270,50 – 2.700,00 =		570,50 €	
./. Haushaltsersparnis 10% des Resteinkommens von: 570,50 =		–57,05 €	
Einkommen > Familiensockelselbstbehalt: 570,50 – 57,05 =		513,45 €	
½ des Einkommens > Familiensockel-SB: 513,45 / 2 =		256,73 €	
+ Familiensockelselbstbehalt		2.700,00 €	
individueller Familienselbstbehalt: 2.700,00 + 256,73 =		2.956,73 €	
vom Pflichtigen zu deckender Selbstbehalt: 2.956,73 × 42,81 % =	1.265,73 €		
für Elternunterhalt einzusetzen: 1.400,05 – 1.265,73 = 134,32 =	134,00 €		

2. Negativer Wohnvorteil im Selbstbehalt

Bei diesem Beispiel werden die Werte des Beispiels Rn. 908 verwendet: **909**

Einkommensbereinigung bitte stets Nettobeträge eingeben	U-Pflichtiger	2011	Gatte
Erwerbseinkommen (netto)	1.900,00 €		2.350,00 €
Mieteinnahmen (netto)	235,00 €		235,00 €
Kapitaleinkünfte			
Renten (Nettobeträge)			123,00 €
Steuererstattung	56,00 €		
Wohnvorteil:			
Summe der Einkünfte	2.191,00 €	4.899,00 €	2.708,00 €
./. Vermögenswirksame Leistungen	–32,00 €		
./. Private Kranken- und Pflegeversicherung			
./. Berufsbedingte Aufwendungen, 5,0 % d. Erwerbseinkommens	–95,00 €		–117,50 €
./. Fahrtkosten zur Arbeit: 0,0 × 0,30 × 220 / 12			
./. Immobilienverbindlichkeiten:	–256,00 €		–256,00 €
./. Pkw-Darlehen			
./. Darlehen	–125,00 €		
./. Lebensversicherungsprämien	–85,00 €		–233,00 €
./. Sonstige Altersversorgung	–25,00 €		
./. Steuervorauszahlungen			
Weitere Abzüge			
Summe der Abzüge	–618,00 €		–606,50 €
Zwischensumme: 2.191,00 – 618,00 und 2.708,00 – 606,50	1.573,00 €	3.674,50 €	2.101,50 €
Unterhaltsbedarf gemeinsamer Kinder aus Stufe 7 Düsseldorfer Tabelle anteilig:	–172,95 €	404,00 €	–231,05 €
Kosten des Wohnens (einschließlich Heizkosten)		1.150,00 €	
anrechenbares bereinigtes Einkommen	1.400,05 €	**3.270,50 €**	1.870,45 €
Methode: BGH XII ZR 140/07, FamRZ 2010, 1535			
Anteile am Gesamteinkommen in %	42,81 %	3.270,50 €	57,19 %
./. Familiensockelselbstbehalt: 1.500 + 1.200 =		–2.700,00 €	
Resteinkommen: 3.270,50 – 2.700,00 – 350,00 Kosten d.Wohnens > 800 € =		220,50 €	
./. Haushaltsersparnis 10 % des Resteinkommens von: 220,50 =		–22,05 €	
Einkommen > Familiensockelselbstbehalt: 220,50 – 22,05 =		198,45 €	
½ des Einkommens > Familiensockel-SB: 198,45 / 2 =		99,23 €	
+ Familiensockelselbstbehalt		2.700,00 €	
individueller Familienselbstbehalt: 2.700,00 + 99,23 + 350,00 =		3.149,23 €	
vom Pflichtigen zu deckender Selbstbehalt: 3.149,23 × 42,81 % =	1.348,14 €		
für Elternunterhalt einzusetzen: 1.400,05 – 1.348,14 = 51,92 =	52,00 €		

3. Positiver Wohnvorteil im Selbstbehalt

910   Bei diesem Beispiel werden die Werte des Beispiels Rn. 908 verwendet:

Einkommensbereinigung bitte stets Nettobeträge eingeben	U-Pflichtiger	2011	Gatte
Erwerbseinkommen (netto)	1.900,00 €		2.350,00 €
Mieteinnahmen (netto)	235,00 €		235,00 €
Kapitaleinkünfte			
Renten (Nettobeträge)			123,00 €
Steuererstattung	56,00 €		
Wohnvorteil:			
Summe der Einkünfte	2.191,00 €	4.899,00 €	2.708,00 €
./. Vermögenswirksame Leistungen	−32,00 €		
./. Private Kranken- und Pflegeversicherung			
./. Berufsbedingte Aufwendungen, 5,0 % d. Erwerbseinkommens	−95,00 €		−117,50 €
./. Fahrtkosten zur Arbeit: 0,0 × 0,30 × 220 / 12			
./. Immobilienverbindlichkeiten:	−256,00 €		−256,00 €
./. Pkw-Darlehen			
./. Darlehen	−125,00 €		
./. Lebensversicherungsprämien	−85,00 €		−233,00 €
./. Sonstige Altersversorgung	−25,00 €		
./. Steuervorauszahlungen			
Weitere Abzüge			
Summe der Abzüge	−618,00 €		−606,50 €
Zw ischensumme: 2.191,00 − 618,00 und 2.708,00 − 606,50	1.573,00 €	3.674,50 €	2.101,50 €
Unterhaltsbedarf gemeinsamer Kinder aus Stufe 7 Düsseldorfer Tabelle anteilig:	−172,95 €	404,00 €	−231,05 €
Kosten des Wohnens (einschließlich Heizkosten)		150,00 €	
anrechenbares bereinigtes Einkommen	1.400,05 €	**3.270,50 €**	1.870,45 €
Methode: BGH XII ZR 140/07, FamRZ 2010, 1535			
Anteile am Gesamteinkommen in %	42,81 %	3.270,50 €	57,19 %
./. Familiensockelselbstbehalt: 1.500 + 1.200 =		−2.700,00 €	
Resteinkommen: 3.270,50 − 2.700,00 + 650,00 Kosten d. Wohnens < 800 € =		1.220,50 €	
./. Haushaltsersparnis 10 % des Resteinkommens von: 1.220,50 =		−122,05 €	
Einkommen > Familiensockelselbstbehalt: 1.220,50 − 122,05 =		1.098,45 €	
½ des Einkommens > Familiensockel-SB: 1.098,45 / 2 =		549,23 €	
+ Familiensockelselbstbehalt		2.700,00 €	
individueller Familienselbstbehalt: 2.700,00 + 549,23 =		**2.599,23 €**	
vom Pflichtigen zu deckender Selbstbehalt: 2.599,23 × 42,81 % =	1.112,69 €		
für Elternunterhalt einzusetzen: 1.400,05 − 1.112,69 = 287,36 =		**287,00 €**	

4. Geringes Einkommen des Kindes, hoher Wohnvorteil

In diesem Beispiel hat das unterhaltspflichtige Kind nur geringfügiges **911** Einkommen. Die unterhaltsrechtliche Leistungsfähigkeit wird in bedenklicher Weise aus dem ‚Wohnvorteil' generiert (vgl. Rn. 181):

Einkommensbereinigung bitte stets Nettobeträge eingeben	U-Pflichtiger	2011	Gatte
Erwerbseinkommen (netto)	200,00 €		6.000,00 €
Mieteinnahmen (netto)			
Kapitaleinkünfte			
Renten (Nettobeträge)			
Steuererstattung			
Wohnvorteil:	400,00 €		400,00 €
Summe der Einkünfte	**600,00 €**	7.000,00 €	**6.400,00 €**
./. Vermögenswirksame Leistungen	–32,00 €		
./. Private Kranken- und Pflegeversicherung			
./. Berufsbedingte Aufwendungen, 5,0 % d. Erwerbseinkommens	–50,00 €		–150,00 €
./. Immobilienverbindlichkeiten:			–256,00 €
./. Pkw-Darlehen			
./. Darlehen			
./. Lebensversicherungsprämien			–233,00 €
./. Sonstige Altersversorgung			
./. Steuervorauszahlungen			
Weitere Abzüge			
Summe der Abzüge	**–82,00 €**		**–383,00 €**
Zwischensumme: 600,00 – 82,00 und 6.400,00 – 383,00	**518,00 €**	6.535,00 €	6.017,00 €
Unterhaltsbedarf gemeinsamer Kinder aus Stufe 10 Düsseldorfer Tabelle anteilig:	–32,02 €	404,00 €	–371,98 €
anrechenbares bereinigtes Einkommen	**485,98 €**	**6.131,00 €**	**5.645,02 €**
Methode: BGH XII ZR 140/07, FamRZ 2010, 1535			
Anteile am Gesamteinkommen in %	7,93 %	6.131,00 €	92,07 %
./. Familiensockelselbstbehalt: 1.500 + 1.200 =			–2.700,00 €
Resteinkommen: 6.131,00 – 2.700,00 =			3.431,00 €
./. Haushaltsersparnis 10 % des Resteinkommens von: 3.431,00 =			–343,10 €
Einkommen > Familiensockelselbstbehalt: 3.431,00 – 343,10 =			3.087,90 €
½ des Einkommens > Familiensockel-SB: 3.087,90 / 2 =			1.543,95 €
+ Familiensockelselbstbehalt			2.700,00 €
individueller Familienselbstbehalt: 2.700,00 + 1.543,95 =			**4.243,95 €**
vom Pflichtigen zu deckender Selbstbehalt: 4.243,95 × 7,93 % =	336,40 €		
für Elternunterhalt einzusetzen: 485,98 – 336,40 = 149,58 =	**150,00 €**		

5. Kein Einkommen des Kindes, hoher Wohnvorteil

912   Das nachfolgende Beispiel zeigt, dass die Wertung des Wohnvorteils als ‚Einkommen' zu einer einkommenslosen Unterhaltshaftung führt (vgl. Rn. 181 ff.):

Einkommensbereinigung bitte stets Nettobeträge eingeben	U-Pflichtiger	2011	Gatte
Erwerbseinkommen (netto)			6.000,00 €
Mieteinnahmen (netto)			
Kapitaleinkünfte			
Renten (Nettobeträge)			
Steuererstattung			
Wohnvorteil:	400,00 €		400,00 €
Summe der Einkünfte	**400,00 €**	6.800,00 €	**6.400,00 €**
./. Vermögenswirksame Leistungen			
./. Private Kranken- und Pflegeversicherung			
./. Berufsbedingte Aufwendungen, 5,0 % d. Erwerbseinkommens			–150,00 €
./. Immobilienverbindlichkeiten:			
./. Pkw-Darlehen			
./. Darlehen			
./. Lebensversicherungsprämien			–233,00 €
./. Sonstige Altersversorgung			
./. Steuervorauszahlungen			
Weitere Abzüge			
Summe der Abzüge			–383,00 €
Zwischensumme: 400,00 – 82,00 und 6.400,00 – 383,00	**400,00 €**	6.417,00 €	**6.017,00 €**
Unterhaltsbedarf gemeinsamer Kinder aus Stufe 10 Düsseldorfer Tabelle anteilig:	–25,18 €	404,00 €	–378,82 €
anrechenbares bereinigtes Einkommen	**374,82 €**	**6.013,00 €**	5.638,18 €
Methode: BGH XII ZR 140/07, FamRZ 2010, 1535			
Anteile am Gesamteinkommen in %	6,23 %	6.013,00 €	93,77 %
./. Familiensockelselbstbehalt: 1.500 + 1.200 =		–2.700,00 €	
Resteinkommen: 6.013,00 – 2.700,00 =		3.313,00 €	
./. Haushaltsersparnis 10 % des Resteinkommens von: 3.313,00 =		–331,30 €	
Einkommen > Familiensockelselbstbehalt: 3.313,00 – 331,30 =		2.981,70 €	
½ des Einkommens > Familiensockel-SB: 2.981,70 / 2 =		1.490,85 €	
+ Familiensockelselbstbehalt		2.700,00 €	
individueller Familienselbstbehalt: 2.700,00 + 1.490,85 =		**4.190,85 €**	
vom Pflichtigen zu deckender Selbstbehalt: 4.190,85 × 6,23 % =	261,23 €		
für Elternunterhalt einzusetzen: 374,82 – 261,23 = 113,58 =	**114,00 €**		

II. Höheres Einkommen des unterhaltspflichtigen Kindes

Bei diesem Beispiel ist nur das Erwerbseinkommen des unterhaltspflich-   **913**
tigen Kindes höher als das des Gatten.

Einkommensbereinigung bitte stets Nettobeträge eingeben	U-Pflichtiger	2011	Gatte
Erwerbseinkommen (netto)	3.500,00 €		2.350,00 €
Mieteinnahmen (netto)	235,00 €		235,00 €
Kapitaleinkünfte			
Renten (Nettobeträge)			123,00 €
Steuererstattung	56,00 €		
Wohnvorteil:			
Summe der Einkünfte	3.791,00 €	6.499,00 €	2.708,00 €
./. Vermögenswirksame Leistungen	–32,00 €		
./. Private Kranken- und Pflegeversicherung			
./. Berufsbedingte Aufwendungen, 5,0 % d. Erwerbseinkommens	–150,00 €		–117,50 €
./. Fahrtkosten zur Arbeit: 0,0 × 0,30 × 220 / 12			
./. Immobilienverbindlichkeiten:	–256,00 €		–256,00 €
./. Pkw-Darlehen			
./. Darlehen	–125,00 €		
./. Lebensversicherungsprämien	–85,00 €		–233,00 €
./. Sonstige Altersversorgung	–25,00 €		
./. Steuervorauszahlungen			
Weitere Abzüge			
Summe der Abzüge	–673,00 €		–606,50 €
Zwischensumme: 3.791,00 – 673,00 und 2.708,00 – 606,50	3.118,00 €	5.219,50 €	2.101,50 €
Unterhaltsbedarf gemeinsamer Kinder aus Stufe 10 Düsseldorfer Tabelle anteilig:	–241,34 €	404,00 €	–162,66 €
Kosten des Wohnens (einschließlich Heizkosten)		150,00 €	
anrechenbares bereinigtes Einkommen	2.876,66 €	<u>**4.815,50 €**</u>	1.938,84 €
Methode: BGH XII ZR 140/07, FamRZ 2010, 1535			
Anteile am Gesamteinkommen in %	59,74 %	4.815,50 €	40,26 %
./. Familiensockelselbstbehalt: 1.500 + 1.200 =		–2.700,00 €	
Resteinkommen: 4.815,50 – 2.700,00 + 650,00 Kosten d. Wohnens < 800 € =		2.765,50 €	
./. Haushaltsersparnis 10 % des Resteinkommens von: 2.765,50 =		–276,55 €	
Einkommen > Familiensockelselbstbehalt: 2.765,50 – 276,55 =		2.488,95 €	
½ des Einkommens > Familiensockel-SB: 2.488,95 / 2 =		1.244,48 €	
+ Familiensockelselbstbehalt		2.700,00 €	
individueller Familienselbstbehalt: 2.700,00 + 1.244,48 =		3.294,48 €	
vom Pflichtigen zu deckender Selbstbehalt: 3.294,48 × 59,74 % =	1.968,04 €		
für Elternunterhalt einzusetzen: 2.876,66 – 1.968,04 = 908,62 =	909,00 €		

III. Berechnungsbeispiel Minderbelastung
Kosten des Wohnens

914   In diesem Beispiel betragen die Kosten des Wohnens nur 150 € gegenüber der im Selbstbehalt enthaltenen Mietbelastung von 800 €, das Einkommen des unterhaltspflichtigen Kindes liegt unter dem Einkommen des Schwiegerkindes.

Einkommensbereinigung bitte stets Nettobeträge eingeben	U-Pflichtiger	2011	Gatte
Erwerbseinkommen (netto)	2.350,00 €		3.500,00 €
Mieteinnahmen (netto)	235,00 €		235,00 €
Kapitaleinkünfte			
Renten (Nettobeträge)			123,00 €
Steuererstattung	56,00 €		
Wohnvorteil:			
Summe der Einkünfte	**2.641,00 €**	6.499,00 €	**3.858,00 €**
./. Vermögenswirksame Leistungen	–32,00 €		
./. Private Kranken- und Pflegeversicherung			
./. Berufsbedingte Aufwendungen, 5,0 % d. Erwerbseinkommens	–117,50 €		–150,00 €
./. Immobilienverbindlichkeiten:	–256,00 €		–256,00 €
./. Pkw-Darlehen			
./. Darlehen	–125,00 €		
./. Lebensversicherungsprämien	–85,00 €		–233,00 €
./. Sonstige Altersversorgung	–25,00 €		
./. Steuervorauszahlungen			
Weitere Abzüge			
Summe der Abzüge	**–640,50 €**		**–639,00 €**
Zwischensumme: 2.641,00 – 640,50 und 3.858,00 – 639,00	**2.000,50 €**	5.219,50 €	**3.219,00 €**
Unterhaltsbedarf gemeinsamer Kinder aus Stufe 10 Düsseldorfer Tabelle anteilig:	–154,84 €	404,00 €	–249,16 €
Kosten des Wohnens (einschließlich Heizkosten)		150,00 €	
anrechenbares bereinigtes Einkommen	**1.845,66 €**	**<u>4.815,50 €</u>**	**2.969,84 €**
Methode: BGH XII ZR 140/07, FamRZ 2010, 1535			
Anteile am Gesamteinkommen in %	38,33 %	4.815,50 €	61,67 %
./. Familiensockelselbstbehalt: 1.500 + 1.200 =		–2.700,00 €	
Resteinkommen: 4.815,50 – 2.700,00 + 650,00 Kosten d. Wohnens < 800 € =		2.765,50 €	
./. Haushaltsersparnis 10 % des Resteinkommens von: 2.765,50 =		–276,55 €	
Einkommen > Familiensockelselbstbehalt: 2.765,50 – 276,55 =		2.488,95 €	
½ des Einkommens > Familiensockel-SB: 2.488,95 / 2 =		1.244,48 €	
+ Familiensockelselbstbehalt		2.700,00 €	
individueller Familienselbstbehalt: 2.700,00 + 1.244,48 =		**3.294,48 €**	
vom Pflichtigen zu deckender Selbstbehalt: 3.294,48 × 38,33 % =	1.262,69 €		
für Elternunterhalt einzusetzen: 1.845,66 – 1.262,69 = 582,97 =	**583,00 €**		

IV. Kein Einkommen des Unterhaltspflichtigen, Wohnvorteil 650 €

Das nachfolgende Beispiel zeigt, dass bei einer hälftigen Zuordnung des Wohnvorteils an beide Gatten eine unterhaltsrechtliche Leistungsfähigkeit des Kindes entsteht, ohne das diesem unterhaltsrechtliche Liquidität zusteht. **915**

Einkommensbereinigung bitte stets Nettobeträge eingeben	U-Pflichtiger	2011	Gatte
Erwerbseinkommen (netto)			4.000,00 €
Mieteinnahmen (netto)			
Kapitaleinkünfte			
Renten (Nettobeträge)			
Steuererstattung			
Wohnvorteil:			
Summe der Einkünfte		4.000,00 €	**4.000,00 €**
./. Vermögenswirksame Leistungen			
./. Private Kranken- und Pflegeversicherung			
./. Berufsbedingte Aufwendungen, 5,0 % d. Erwerbseinkommens			−150,00 €
./. Immobilienverbindlichkeiten:			
./. Pkw-Darlehen			
./. Darlehen			
./. Lebensversicherungsprämien			−233,00 €
./. Sonstige Altersversorgung			
./. Steuervorauszahlungen			
Weitere Abzüge			
Summe der Abzüge			−383,00 €
Zwischensumme: und 4.000,00 − 383,00		3.617,00 €	**3.617,00 €**
Unterhaltsbedarf gemeinsamer Kinder aus Stufe 7 Düsseldorfer Tabelle anteilig:		404,00 €	−404,00 €
Kosten des Wohnens (einschließlich Heizkosten) unter 800 €	325,00 €	−650,00 €	325,00 €
anrechenbares bereinigtes Einkommen	325,00 €	**3.863,00 €**	3.538,00 €
Methode: BGH XII ZR 140/07, FamRZ 2010, 1535			
Anteile am Gesamteinkommen in %	8,41 %	3.863,00 €	91,59 %
./. Familiensockelselbstbehalt: 1.500 + 1.200 =		−2.700,00 €	
Resteinkommen: 3.863,00 − 2.700,00 =		1.163,00 €	
./. Haushaltsersparnis 10 % des Resteinkommens von: 1.163,00 =		−116,30 €	
Einkommen > Familiensockelselbstbehalt: 1.163,00 − 116,30 =		1.046,70 €	
½ des Einkommens > Familiensockel-SB: 1.046,70 / 2 =		523,35 €	
+ Familiensockelselbstbehalt		2.700,00 €	
individueller Familienselbstbehalt: 2.700,00 + 523,35 =		3.223,35 €	
vom Pflichtigen zu deckender Selbstbehalt: 3.223,35 × 8,41 % =	271,19 €		
für Elternunterhalt einzusetzen: 325,00 − 271,19 = 53,81 =	**54,00 €**		

V. Geringes Einkommen des Unterhaltspflichtigen, Wohnvorteil 650 €

916   Das nachfolgende Beispiel geringen Erwerbseinkommens des Kindes zeigt, dass bei einer hälftigen Zuordnung des Wohnvorteils an beide Gatten eine unterhaltsrechtliche Leistungsfähigkeit des Kindes entsteht, die überproportional die Barliquidität beansprucht.

Einkommensbereinigung bitte stets Nettobeträge eingeben	U-Pflichtiger	2011	Gatte
Erwerbseinkommen (netto)	400,00 €		4.000,00 €
Mieteinnahmen (netto)			
Kapitaleinkünfte			
Renten (Nettobeträge)			
Steuererstattung			
Wohnvorteil:			
Summe der Einkünfte	400,00 €	4.400,00 €	4.000,00 €
./. Vermögenswirksame Leistungen			
./. Private Kranken- und Pflegeversicherung			
./. Berufsbedingte Aufwendungen, 5,0 % d. Erwerbseinkommens	–50,00 €		–150,00 €
./. Immobilienverbindlichkeiten:			
./. Pkw-Darlehen			
./. Darlehen			
./. Lebensversicherungsprämien			–233,00 €
./. Sonstige Altersversorgung			
./. Steuervorauszahlungen			
Weitere Abzüge			
Summe der Abzüge	–50,00 €		–383,00 €
Zwischensumme: 400,00 – 50,00 und 4.000,00 – 383,00	350,00 €	3.967,00 €	3.617,00 €
Unterhaltsbedarf gemeinsamer Kinder aus Stufe 8 Düsseldorfer Tabelle anteilig:	–35,64 €	404,00 €	–368,36 €
Kosten des Wohnens (einschließlich Heizkosten) unter 800 €	325,00 €	–650,00 €	325,00 €
anrechenbares bereinigtes Einkommen	639,36 €	**4.213,00 €**	3.573,64 €
Methode: BGH XII ZR 140/07, FamRZ 2010, 1535			
Anteile am Gesamteinkommen in %	15,18 %	4.213,00 €	84,82 %
./. Familiensockelselbstbehalt: 1.500 + 1.200 =		–2.700,00 €	
Resteinkommen: 4.213,00 – 2.700,00 =		1.513,00 €	
./. Haushaltsersparnis 10 % des Resteinkommens von: 1.513,00 =		–151,30 €	
Einkommen > Familiensockelselbstbehalt: 1.513,00 – 151,30 =		1.361,70 €	
½ des Einkommens > Familiensockel-SB: 1.361,70 / 2 =		680,85 €	
+ Familiensockelselbstbehalt		2.700,00 €	
individueller Familienselbstbehalt: 2.700,00 + 680,85 =		3.380,85 €	
vom Pflichtigen zu deckender Selbstbehalt: 3.380,85 × 15,18 % =	513,07 €		
für Elternunterhalt einzusetzen: 639,36 – 513,07 = 126,29 =	126,00 €		

VI. Geringes Einkommen des Unterhaltspflichtigen, Wohnvorteil 650 €, Kompensation über Selbstbehalt

Das nachfolgende Beispiel geringen Erwerbseinkommens des Kindes 917
zeigt, dass bei Kompensation des Wohnvorteils über den Selbstbehalt die
unterhaltsrechtliche Liquidität des Kindes ausgewogen in Anspruch genommen wird.

Einkommensbereinigung bitte stets Nettobeträge eingeben	U-Pflichtiger	2011	Gatte
Erwerbseinkommen (netto)	400,00 €		4.000,00 €
Mieteinnahmen (netto)			
Kapitaleinkünfte			
Renten (Nettobeträge)			
Steuererstattung			
Wohnvorteil:			
Summe der Einkünfte	**400,00 €**	**4.400,00 €**	**4.000,00 €**
./. Vermögenswirksame Leistungen			
./. Private Kranken- und Pflegeversicherung			
./. Berufsbedingte Aufwendungen, 5,0 % d. Erwerbseinkommen	–50,00 €		–150,00 €
./. Immobilienverbindlichkeiten:			
./. Pkw-Darlehen			
./. Darlehen			
./. Lebensversicherungsprämien			–233,00 €
./. Sonstige Altersversorgung			
./. Steuervorauszahlungen			
Weitere Abzüge			
Summe der Abzüge	**–50,00 €**		**–383,00 €**
Zwischensumme: 400,00 – 50,00 und 4.000,00 – 383,00	**350,00 €**	**3.967,00 €**	**3.617,00 €**
Unterhaltsbedarf gemeinsamer Kinder aus Stufe 8 Düsseldorfer Tabelle anteilig:	–35,64 €	404,00 €	–368,36 €
Kosten des Wohnens (einschließlich Heizkosten)		150,00 €	
anrechenbares bereinigtes Einkommen	**314,36 €**	**3.563,00 €**	**3.248,64 €**
Methode: BGH XII ZR 140/07, FamRZ 2010, 1535			
Anteile am Gesamteinkommen in %	8,82 %	3.563,00 €	91,18 %
./. Familiensockelselbstbehalt: 1.500 + 1.200 =		–2.700,00 €	
Resteinkommen: 3.563,00 – 2.700,00 + 650,00 Kosten d. Wohnens < 800 € =		1.513,00 €	
./. Haushaltsersparnis 10 % des Resteinkommens von: 1.513,00 =		–151,30 €	
Einkommen > Familiensockelselbstbehalt: 1.513,00 – 151,30 =		1.361,70 €	
½ des Einkommens > Familiensockel-SB: 1.361,70 / 2 =		680,85 €	
+ Familiensockelselbstbehalt		2.700,00 €	
individueller Familienselbstbehalt: 2.700,00 + 680,85 =		**2.730,85 €**	
vom Pflichtigen zu deckender Selbstbehalt: 2.730,85 × 8,82 % =	240,94 €		
für Elternunterhalt einzusetzen: 314,36 – 240,94 = 73,42 =	**73,00 €**		

VII. Relativ geringes Einkommen des Unterhaltspflichtigen

918   Das nachfolgende Beispiel geringen Erwerbseinkommens des Kindes
zeigt, dass bei Kompensation der hohen ‚Kosten des Wohnens' durch Erhöhung des Sockelselbstbehalts eine unterhaltsrechtliche Liquidität des Kindes gewonnen werden kann.

Einkommensbereinigung bitte stets Nettobeträge eingeben	U-Pflichtiger	2011	Gatte
Erwerbseinkommen (netto)	600,00 €		6.000,00 €
Summe der Einkünfte	**600,00 €**	6.600,00 €	**6.000,00 €**
./. Lebensversicherungsprämien	–50,00 €		–300,00 €
Summe der Abzüge	–50,00 €		–300,00 €
Zwischensumme: 600,00 – 50,00 und 6.000,00 – 300,00	550,00 €	6.250,00 €	5.700,00 €
Unterhaltsbedarf gemeinsamer Kinder aus Stufe 10 Düsseldorfer Tabelle anteilig:	–36,61 €	416,00 €	–379,39 €
Kosten des Wohnens (einschließlich Heizkosten)		1.200,00 €	
anrechenbares bereinigtes Einkommen	513,39 €	**5.834,00 €**	5.320,61 €
Methode: BGH XII ZR 140/07, FamRZ 2010, 1535			
Anteile am Gesamteinkommen in %	8,80 %	5.834,00 €	91,20 %
./. Familiensockelselbstbehalt: 1.500 + 1.200 =		–2.700,00 €	
Resteinkommen: 5.834,00 – 2.700,00 – 400,00 Kosten d. Wohnens > 800 € =		2.734,00 €	
./. Haushaltsersparnis 10 % des Resteinkommens von: 2.734,00 =		–273,40 €	
Einkommen > Familiensockelselbstbehalt: 2.734,00 – 273,40 =		2.460,60 €	
½ des Einkommens > Familiensockel-SB: 2.460,60 / 2 =		1.230,30 €	
+ Familiensockelselbstbehalt		2.700,00 €	
individueller Familienselbstbehalt: 2.700,00 + 1.230,30 + 400,00 =		**4.330,30 €**	
vom Pflichtigen zu deckender Selbstbehalt: 4.330,30 × 8,8 % =	381,07 €		
für Elternunterhalt einzusetzen: 513,39 – 381,07 = 132,33 =	**132,00 €**		

Diese Leistungsfähigkeit geht vollends verloren, wenn die Immobilien- **919**
verbindlichkeit wie eine normale Verbindlichkeit in voller Höhe beim Einkommen abgezogen wird, sie geht aber auch dann weitgehend verloren,
wenn man nur den 800 € übersteigenden Teil der Kosten des Wohnens
hälftig vom Einkommen abzöge:

Einkommensbereinigung bitte stets Nettobeträge eingeben	U-Pflichtiger	2011	Gatte
Erwerbseinkommen (netto)	600,00 €		6.000,00 €
Summe der Einkünfte	600,00 €	6.600,00 €	6.000,00 €
./. Lebensversicherungsprämien	–50,00 €		–300,00 €
Summe der Abzüge	–50,00 €		–300,00 €
Zwischensumme: 600,00 – 50,00 und 6.000,00 – 300,00	550,00 €	6.250,00 €	5.700,00 €
Unterhaltsbedarf gemeinsamer Kinder aus Stufe 10 Düsseldorfer Tabelle anteilig:	–36,61 €	416,00 €	–379,39 €
Kosten des Wohnens (einschließlich Heizkosten) über 800 €	–200,00 €	400,00 €	–200,00 €
anrechenbares bereinigtes Einkommen	313,39 €	**5.434,00 €**	5.120,61 €
Methode: BGH XII ZR 140/07, FamRZ 2010, 1535			
Anteile am Gesamteinkommen in %	5,77 %	5.434,00 €	94,23 %
./. Familiensockelselbstbehalt: 1.500 + 1.200 =		–2.700,00 €	
Resteinkommen: 5.434,00 – 2.700,00 =		2.734,00 €	
./. Haushaltsersparnis 10 % des Resteinkommens von: 2.734,00 =		–273,40 €	
Einkommen > Familiensockelselbstbehalt: 2.734,00 – 273,40 =		2.460,60 €	
½ des Einkommens > Familiensockel-SB: 2.460,60 / 2 =		1.230,30 €	
+ Familiensockelselbstbehalt		2.700,00 €	
individueller Familienselbstbehalt: 2.700,00 + 1.230,30 =		3.930,30 €	
vom Pflichtigen zu deckender Selbstbehalt: 3.930,30 × 5,77 % =	226,67 €		
für Elternunterhalt einzusetzen: 313,39 – 226,67 = 86,72 =	87,00 €		

920   Unterschreiten die Kosten des Wohnens im Eigenheim die in den Selbstbehalten enthaltenen Pauschalsätze, führt die Absenkung des Sockelselbstbehalts zu angemessener Steigerung der unterhaltsrechtlichen Leistungsfähigkeit:

Einkommensbereinigung bitte stets Nettobeträge eingeben	U-Pflichtiger	2011	Gatte
Erwerbseinkommen (netto)	600,00 €		6.000,00 €
Summe der Einkünfte	**600,00 €**	6.600,00 €	**6.000,00 €**
./. Lebensversicherungsprämien	–50,00 €		–300,00 €
Summe der Abzüge	–50,00 €		–300,00 €
Zwischensumme: 600,00 – 50,00 und 6.000,00 – 300,00	**550,00 €**	6.250,00 €	**5.700,00 €**
Unterhaltsbedarf gemeinsamer Kinder aus Stufe 10 Düsseldorfer Tabelle anteilig:	–36,61 €	416,00 €	–379,39 €
Kosten des Wohnens (einschließlich Heizkosten)		400,00 €	
anrechenbares bereinigtes Einkommen	**513,39 €**	**5.834,00 €**	**5.320,61 €**
Methode: BGH XII ZR 140/07, FamRZ 2010, 1535			
Anteile am Gesamteinkommen in %	8,80 %	5.834,00 €	91,20 %
./. Familiensockelselbstbehalt: 1.500 + 1.200 =		–2.700,00 €	
Resteinkommen: 5.834,00 – 2.700,00 + 400,00 Kosten d. Wohnens < 800 € =		3.534,00 €	
./. Haushaltsersparnis 10 % des Resteinkommens von: 3.534,00 =		–353,40 €	
Einkommen > Familiensockelselbstbehalt: 3.534,00 – 353,40 =		3.180,60 €	
½ des Einkommens > Familiensockel-SB: 3.180,60 / 2 =		1.590,30 €	
+ Familiensockelselbstbehalt		2.700,00 €	
individueller Familienselbstbehalt: 2.700,00 + 1.590,30 =		**3.890,30 €**	
vom Pflichtigen zu deckender Selbstbehalt: 3.890,30 × 8,8 % =	342,35 €		
für Elternunterhalt einzusetzen: 513,39 – 342,35 = 171,05 =	**171,00 €**		

J. Anhang

I. Sterbetafel

Sterbetafeln sind im Elternunterhaltsrecht wichtig, um die Dimension eines möglichen Unterhaltsaufwandes abzuschätzen und für die Bestimmung der Höhe eines erforderlichen Altersvorsorgevermögens. Ist der unterhaltsberechtigte Elternteil 93 Jahre alt, beträgt seine Restlebenserwartung 3,1 / 3,3 Jahre. Die Dimension des Risikos einer unterhaltsrechtlichen Inanspruchnahme ist daher geringer als bei einer Unterhaltsbedürftigkeit im Alter von 65 Jahren. Daraus folgt auch einiges für die Beratungspraxis. Die Verteidigung gegen die unterhaltsrechtliche Inanspruchnahme wird umso intensiver geführt werden müssen, je länger die Unterhaltsverpflichtung droht. Vielfach werden die Weichen für die unterhaltsrechtliche Inanspruchnahme bereits bei der ersten Festlegung des Unterhaltes auch für die spätere Zeit gestellt. Ob eine Investition in eine Immobilie als Erhaltungsmaßnahme unterhaltsrechtlich anzuerkennen ist oder nicht, prägt die Leistungsfähigkeit eines unterhaltspflichtigen Kindes über viele Jahre hinweg. Beträgt die Lebenserwartung des Unterhaltsberechtigten nur noch wenige Monate, ist die Inkaufnahme eines Prozessrisikos eventuell unverhältnismäßig.

921

Kenntnis der Sterbetafeln ist aber auch zur Berechnung der richtigen Höhe einer sekundären Altersversorgung und des Altersvorsorgevermögens wichtig. Wer die Höhe seiner Versorgungslücke kennt, muss zur Errechnung des zur Abdeckung dieser Lücke erforderlichen Kapitals wissen, wie lang seine Lebenserwartung ist.

922

Die **Sterbetafeln** geben darüber Auskunft. Sterbetafeln gibt es als Generationen und Periodensterbetafeln. Die Generationensterbetafeln[682] werden seit dem Jahr 1900 für jeden Geburtsjahrgang, nach Männern und Frauen getrennt, und in einer ‚optimistischen‘ und einer ‚pessimistischen‘ Variante entwickelt. Ihr Abdruck ist hier aus Platzgründen nicht möglich. Die aus den Generationensterbetafeln abzulesende Lebenserwartung liegt in der Regel etwas über der aus der hier abgedruckten Periodentafel folgenden Lebenserwartung. Für einen sechzigjährigen Mann beträgt die Dif-

923

---

682 Die Generationensterbetafeln können beim Statistischen Bundesamt kostenfrei als PDF-Datei bezogen werden.

ferenz in der pessimistischen Variante ein, in der optimistischen Variante ca. 2 Jahre. Bei einer Lebenserwartung nach der Periodentafel von ca. 20 Jahren, ist diese Differenz mit 10 % recht hoch. Sie kann aber durch einen pauschal kalkulierten Zuschlag (10 %) ausgeglichen werden. Im Übrigen arbeiten Familienrechtler im Versorgungsausgleich, im Zugewinnausgleich und auch im Unterhalt immer mit Schätzwerten, deren Genauigkeit oftmals weit unter der der Kalkulation der Lebenserwartung liegt. Ob sich derjenige, für den die Lebenserwartung aus der Tabelle abgelesen wird, an die Vorgaben hält, ist darüber hinaus völlig offen.

Periodensterbetafel 2007/2009					
Deutschland					
Männer					
Quelle, Statistisches Bundesamt					
Voll-endetes Alter	Über-lebende im Alter x	Durchschn. Lebenserwar-tung im Alter x	Voll-endetes Alter	Über-lebende im Alter x	Durchschn. Lebenserwar-tung im Alter x
	l_x	e_x		l_x	e_x
0	100000	77,33			
1	99594	76,65	20	99213	57,90
2	99558	75,67	21	99154	56,93
3	99539	74,69	22	99098	55,96
4	99524	73,70	23	99043	54,99
5	99510	72,71	24	98988	54,02
6	99498	71,72	25	98931	53,06
7	99488	70,73	26	98872	52,09
8	99478	69,73	27	98812	51,12
9	99469	68,74	28	98749	50,15
10	99460	67,75	29	98688	49,18
11	99451	66,75	30	98625	48,21
12	99442	65,76	31	98559	47,24
13	99431	64,77	32	98486	46,28
14	99422	63,77	33	98413	45,31
15	99406	62,78	34	98341	44,35
16	99386	61,79	35	98262	43,38
17	99357	60,81	36	98177	42,42
18	99323	59,83	37	98087	41,46
19	99268	58,87	38	97990	40,50

Periodensterbetafel 2007/2009					
Deutschland					
Frauen					
Quelle, Statistisches Bundesamt					
Voll-endetes Alter	Über-lebende im Alter x	Durchschn. Lebenserwar-tung im Alter x	Voll-endetes Alter	Über-lebende im Alter x	Durchschn. Lebenserwar-tung im Alter x
	l_x	e_x		l_x	e_x
0	100000	82,53			
1	99680	81,79	20	99436	62,97
2	99652	80,81	21	99415	61,98
3	99636	79,83	22	99393	60,99
4	99621	78,84	23	99371	60,01
5	99609	77,85	24	99348	59,02
6	99600	76,85	25	99325	58,03
7	99592	75,86	26	99303	57,05
8	99584	74,87	27	99277	56,06
9	99578	73,87	28	99251	55,08
10	99572	72,88	29	99225	54,09
11	99564	71,88	30	99198	53,11
12	99556	70,89	31	99171	52,12
13	99548	69,89	32	99138	51,14
14	99538	68,90	33	99104	50,15
15	99526	67,91	34	99068	49,17
16	99512	66,92	35	99028	48,19
17	99496	65,93	36	98986	47,21
18	99479	64,94	37	98939	46,23
19	99457	63,95	38	98887	45,26

39	97885	39,54	70	76437	13,63	39	98829	44,28	70	87123	16,36
40	97770	38,59	71	74634	12,95	40	98760	43,32	71	86082	15,55
41	97636	37,64	72	72706	12,28	41	98689	42,35	72	84934	14,75
42	97491	36,69	73	70591	11,63	42	98607	41,38	73	83620	13,98
43	97334	35,75	74	68328	11,00	43	98514	40,42	74	82170	13,22
44	97147	34,82	75	65861	10,40	44	98410	39,46	75	80582	12,47
45	96940	33,89	76	63245	9,81	45	98299	38,51	76	78787	11,74
46	96707	32,97	77	60452	9,24	46	98166	37,56	77	76790	11,03
47	96440	32,06	78	57448	8,69	47	98013	36,61	78	74566	10,34
48	96142	31,16	79	54252	8,17	48	97843	35,68	79	72086	9,68
49	95802	30,27	80	50965	7,67	49	97662	34,74	80	69379	9,04
50	95429	29,39	81	47504	7,19	50	97458	33,81	81	66370	8,43
51	95022	28,51	82	43948	6,73	51	97230	32,89	82	63085	7,84
52	94565	27,65	83	40329	6,29	52	96988	31,97	83	59498	7,28
53	94068	26,79	84	36688	5,87	53	96719	31,06	84	55633	6,76
54	93528	25,94	85	33009	5,47	54	96425	30,15	85	51517	6,26
55	92929	25,10	86	29285	5,10	55	96118	29,25	86	47123	5,79
56	92288	24,28	87	25606	4,76	56	95772	28,35	87	42568	5,36
57	91600	23,45	88	21973	4,46	57	95409	27,46	88	37687	4,99
58	90871	22,64	89	18659	4,17	58	95015	26,57	89	32959	4,63
59	90067	21,84	90	15592	3,89	59	94582	25,69	90	28352	4,30
60	89203	21,04	91	12944	3,58	60	94130	24,81	91	24151	3,96
61	88257	20,26	92	10431	3,32	61	93615	23,94	92	19969	3,69
62	87265	19,49	93	8165	3,11	62	93083	23,08	93	16195	3,43
63	86192	18,72	94	6252	2,90	63	92499	22,22	94	12845	3,20
64	85060	17,97	95	4671	2,72	64	91882	21,37	95	9950	2,98
65	83838	17,22	96	3400	2,54	65	91221	20,52	96	7517	2,79
66	82531	16,49	97	2407	2,39	66	90515	19,67	97	5533	2,61
67	81155	15,76	98	1656	2,24	67	89771	18,83	98	3962	2,44
68	79692	15,04	99	1106	2,11	68	88961	18,00	99	2756	2,29
69	78126	14,33	100	715	1,98	69	88090	17,17	100	1861	2,15

II. Barwerttabelle

924   Mit Hilfe der nachfolgenden Tabelle können regelmäßige monatliche Leistungen über eine bestimmte Laufzeit abgelesen werden:

Barwertfaktoren						
Für eine monatliche Leistung von 1 € beträgt der Barwert bei einer angenommenen Laufzeit von 17 Jahren bei einem Rechnungszins von 4,5 % 142,3999 € (Berechnung auf Monatsbasis)						
Laufzeit in Jahren	Rechnungszins			Laufzeit in Jahren	Rechnungszins		
	3,50 %	4,00 %	4,50 %		3,50 %	4,00 %	4,50 %
1	11,7756	11,7440	11,7125	16	146,8543	141,6438	136,6912
2	23,1467	23,0283	22,9107	17	153,5861	147,8429	142,3999
3	34,1273	33,8708	33,6169	18	160,0867	153,7994	147,8580
4	44,7307	44,2888	43,8529	19	166,3640	159,5226	153,0763
5	54,9700	54,2991	53,6394	20	172,4258	165,0219	158,0654
6	64,8576	63,9174	62,9960	21	178,2793	170,3058	162,8354
7	74,4056	73,1593	71,9416	22	183,9318	175,3829	167,3959
8	83,6257	82,0393	80,4943	23	189,3901	180,2612	171,7561
9	92,5291	90,5718	88,6714	24	194,6610	184,9486	175,9248
10	101,1267	98,7702	96,4893	25	199,7509	189,4525	179,9103
11	109,4290	106,6476	103,9639	26	204,6659	193,7800	183,7208
12	117,4462	114,2167	111,1101	27	209,4122	197,9382	187,3640
13	125,1880	121,4895	117,9425	28	213,9954	201,9336	190,8471
14	132,6640	128,4776	124,4747	29	218,4212	205,7726	194,1773
15	139,8831	135,1921	130,7201	30	222,6950	209,4612	197,3612

Beispiel (vgl. Rn. 100): Ein Wohnrecht soll mit einem monatlichem Wert von 450 € angenommen werden. Die voraussichtliche Lebenserwartung des Wohnberechtigten beträgt nach der Sterbetafel (Rn. 921 ff.) 13,98 Jahre, der Rechnungszins wird mit 4,5 % angenommen. Die Berechnung 450 € x 124,4747 = 56.013 €.

III. Verrentungstabellen

1. Kapital in lebenslange Sofortrente

Mit Hilfe der Verrentungstabelle kann ein vorhandenes Vermögen in eine sofort beginnende Rente umgerechnet werden. Hat also z. B. ein Mann im Alter von 63 Jahren ein Vermögen von 250.000 €, kann er daraus bei Annahme eines Zinssatzes von 2 % eine Rente in Höhe von 250.000 / 1.000 x 5,3661 = 1.341,53 € erzielen. Die Tabelle eignet sich gut dafür, die Höhe des individuellen Altersvorsorgeschonvermögens zu bestimmen.

925

Beispiel:
S (62) ist seiner 92-jährigen Mutter gegenüber unterhaltspflichtig. Er ist bereits Rentner und bezieht aus der gesetzlichen Rentenversicherung eine Rente von 700 €. Daneben hat er ein Vermögen von 320.000 €. Daraus kann er bei Annahme eines Rechnungszinses von 2 % eine Versorgung von 320.000 / 1.000 x 5,1912 = 1.661 € generieren, ihm stünden daher 2.361 € monatlich zur Verfügung. Aus dieser Summe kann der Unterhaltsanspruch des Elternteils berechnet werden.

Es wird bei vermögensverzehrender Rentenberechnung dringend empfohlen, einen niedrigen **Zinssatz** anzusetzen. Zum einen wird bei einer bereits laufenden Versorgung der Zinssatz maßgeblich von den gegenwärtigen Marktkonditionen bestimmt. Diese weisen niedrige Zinssätze aus. Zum anderen muss der Rechnungszins auch deswegen abgesenkt werden, weil eine Inflationserwartung einzukalkulieren ist, so dass die Monatsrente, die aus dem Kapital errechnet wird, eine gewisse Dynamik einkalkulieren muss. Rechnet man in den nächsten Jahren mit einer Inflation von 2 % pro Jahr, entspräche die Annahme eines Rechnungszinses von 2 % für die Rentenberechnung einem realistischen Szenario, wonach tatsächlich langfristig ein Rechnungszins von 4 % am Markt erzielbar ist.

926

Verrentungstabelle / Sterbetafel 2007–2009

Aus einem Vermögen von 100.000 € kann das unterhaltspflichtige Kind
im Alter von 65 Jahren eine Monatsrente von 100.000 / 159,567 = 627 € erzielen
(3 % Rechnungszins)

Alter	Männer Lebens-erwartung	2,0 %	3,0 %	4,0 %	Frauen Lebens-erwartung	2,0 %	3,0 %	4,0 %
65	17,22	173, 372	159, 567	147, 316	20,52	200, 338	181, 895	165, 837
66	16,49	167, 114	154, 285	142, 849	19,67	193, 603	176, 386	161, 323
67	15,76	160, 820	148, 933	138, 291	18,83	186, 778	170, 757	156, 672
68	15,04	154, 514	143, 533	133, 660	18,00	179, 904	165, 042	151, 911
69	14,33	148, 219	138, 104	128, 972	17,17	172, 968	159, 228	147, 030
70	13,63	141, 963	132, 673	124, 249	16,36	166, 020	153, 357	142, 061
71	12,95	135, 728	127, 223	119, 480	15,55	159, 018	147, 393	136, 974
72	12,28	129, 529	121, 769	114, 675	14,75	152, 007	141, 376	131, 801
73	11,63	123, 463	116, 396	109, 912	13,98	145, 070	135, 375	126, 603
74	11,00	117, 468	111, 055	105, 147	13,22	138, 151	129, 345	121, 341
75	10,40	111, 636	105, 826	100, 454	12,47	131, 246	123, 283	116, 011
76	9,81	105, 890	100, 645	95, 778	11,74	124, 446	117, 269	110, 687
77	9,24	100, 281	95, 558	91, 160	11,03	117, 734	111, 292	105, 359
78	8,69	94, 876	90, 631	86, 663	10,34	111, 138	105, 378	100, 051
79	8,17	89, 675	85, 863	82, 290	9,68	104, 694	99, 562	94, 797
80	7,67	84, 545	81, 138	77, 935	9,04	98, 359	93, 809	89, 567
81	7,19	79, 646	76, 604	73, 735	8,43	92, 235	88, 213	84, 448
82	6,73	74, 900	72, 192	69, 630	7,84	86, 297	82, 755	79, 427
83	6,29	70, 298	67, 894	65, 613	7,28	80, 597	77, 485	74, 553
84	5,87	65, 821	63, 695	61, 674	6,76	75, 130	72, 406	69, 829
85	5,47	61, 555	59, 678	57, 889	6,26	69, 905	67, 526	65, 269

Faktoren für die Umrechnung eines Kapitals in eine Monatsrente
Sterbetafel 2006/2008
Deutschland

		Männer				Frauen			
Vollendetes Alter	Durchschnittliche Lebenserwartung in Jahren	1.000 € Vorsorgekapital ergeben bei einer Verrentung im Alter x unter Annahme eines Rechnungszinses von … % eine monatliche Versorgung in Höhe von … €				Durchschnittliche Lebenserwartung in Jahren	1.000 € Vorsorgekapital ergeben bei einer Verrentung im Alter x unter Annahme eines Rechnungszinses von … % eine monatliche Versorgung in Höhe von … €		
Rechnungszins		2 %	3 %	4 %	5 %		2 %	3 %	4 %	5 %
50	29, 27	3, 7639	4, 2814	4, 8363	5, 4266	33, 71	3, 4003	3, 9320	4, 5059	5, 1187
51	28, 39	3, 8493	4, 3639	4, 9150	5, 5007	32, 79	3, 4672	3, 9960	4, 5660	5, 1743
52	27, 53	3, 9390	4, 4508	4, 9982	5, 5793	31, 87	3, 5379	4, 0638	4, 6299	5, 2335
53	26, 68	4, 0335	4, 5426	5, 0862	5, 6628	30, 96	3, 6125	4, 1355	4, 6977	5, 2967
54	25, 83	4, 1336	4, 6399	5, 1798	5, 7518	30, 05	3, 6915	4, 2115	4, 7698	5, 3642
55	24, 99	4, 2392	4, 7428	5, 2790	5, 8465	29, 15	3, 7751	4, 2922	4, 8467	5, 4363
56	24, 17	4, 3515	4, 8523	5, 3849	5, 9478	28, 25	3, 8636	4, 3778	4, 9283	5, 5132
57	23, 35	4, 4705	4, 9686	5, 4975	6, 0560	27, 36	3, 9576	4, 4688	5, 0155	5, 5957
58	22, 53	4, 5979	5, 0934	5, 6186	6, 1726	26, 47	4, 0572	4, 5656	5, 1083	5, 6838
59	21, 73	4, 7324	5, 2252	5, 7468	6, 2963	25, 59	4, 1633	4, 6688	5, 2077	5, 7784
60	20, 93	4, 8753	5, 3655	5, 8836	6, 4286	24, 71	4, 2766	4, 7792	5, 3142	5, 8802
61	20, 15	5, 0281	5, 5157	6, 0302	6, 5708	23, 84	4, 3974	4, 8972	5, 4283	5, 9895
62	19, 38	5, 1912	5, 6763	6, 1873	6, 7235	22, 98	4, 5260	5, 0229	5, 5502	6, 1066
63	18, 61	5, 3661	5, 8487	6, 3562	6, 8881	22, 12	4, 6648	5, 1589	5, 6823	6, 2340
64	17, 86	5, 5527	6, 0328	6, 5369	7, 0645	21, 27	4, 8139	5, 3052	5, 8248	6, 3717
65	17, 11	5, 7545	6, 2321	6, 7328	7, 2561	20, 41	4, 9753	5, 4638	5, 9795	6, 5216
66	16, 38	5, 9719	6, 4471	6, 9445	7, 4635	19, 57	5, 1503	5, 6360	6, 1479	6, 6852
67	15, 65	6, 2053	6, 6781	7, 1722	7, 6870	18, 72	5, 3397	5, 8226	6, 3307	6, 8632
68	14, 93	6, 4595	6, 9300	7, 4208	7, 9315	17, 89	5, 5456	6, 0258	6, 5300	7, 0577
69	14, 23	6, 7338	7, 2021	7, 6896	8, 1962	17, 06	5, 7689	6, 2464	6, 7468	7, 2698
70	13, 54	7, 0318	7, 4978	7, 9822	8, 4847	16, 25	6, 0121	6, 4869	6, 9837	7, 5019
71	12, 86	7, 3550	7, 8188	8, 3001	8, 7987	15, 44	6, 2775	6, 7497	7, 2428	7, 7564
72	12, 20	7, 7024	8, 1640	8, 6424	9, 1372	14, 65	6, 5665	7, 0361	7, 5256	8, 0346
73	11, 56	8, 0787	8, 5384	9, 0138	9, 5049	13, 88	6, 8810	7, 3481	7, 8341	8, 3386
74	10, 94	8, 4868	8, 9445	9, 4171	9, 9046	13, 12	7, 2256	7, 6902	8, 1727	8, 6729
75	10, 34	8, 9267	9, 3825	9, 8524	10, 3365	12, 38	7, 6060	8, 0682	8, 5474	9, 0432
76	9, 76	9, 4034	9, 8574	10, 3248	10, 8055	11, 66	8, 0211	8, 4810	8, 9569	9, 4485
77	9, 21	9, 9190	10, 3713	10, 8362	11, 3137	10, 95	8, 4780	8, 9357	9, 4084	9, 8959
78	8, 67	10, 4796	10, 9303	11, 3929	11, 8673	10, 27	8, 9829	9, 4385	9, 9081	10, 3917
79	8,16	11, 0830	11, 5322	11, 9926	12, 4641	9, 61	9, 5393	9, 9929	10, 4596	10, 9394
80	7, 65	11, 7551	12, 2028	12, 6610	13, 1297	8, 97	10, 1571	10, 6087	11, 0726	11, 5487

2. Verrentungstabelle Kapital in lebenslange Rente ab 65 / 66 / 67 Jahren

927   Die nachfolgende Tabelle gibt ausschließlich für den Rechnungszinssatz 2 % (vgl. Rn. 926) die Verrentungsfaktoren wieder, wobei drei unterschiedliche Renteneintrittsjahre gewählt werden können. Mit Hilfe dieser Tabelle kann die aus einem Kapital zu generierende Rente berechnet werden, auch wenn die Rente noch nicht bezogen wird, sondern bis zum Renteneintritt noch eine längere Anwartschaftsphase zurückzulegen ist, in welcher Kapitalzuwächse auf das vorhandene Kapital erzielt werden.

Verrentungsfaktoren Kapital in Rente, Rechnungszins 2 %, Sterbetafel 2006/2008

Ein Kapital von 1.000 € erbringt im alter × bei einem Renteneintritt im Alter 65 / 66 / 67 Jahren eine monatliche Rente von ca. … €

Männer, Renteneintritt mit								**Frauen,** Renteneintritt mit							
Alter	65 Jahre	66 Jahre	67 Jahre	Alter	65 Jahre	66 Jahre	67 Jahre	Alter	65 Jahre	66 Jahre	67 Jahre	Alter	65 Jahre	66 Jahre	67 Jahre
30	11,51 €	12,18 €	12,91 €	56	6,88 €	7,28 €	7,72 €	30	9,95 €	10,51 €	11,11 €	56	5,95 €	6,28 €	6,64 €
31	11,28 €	11,94 €	12,66 €	57	6,74 €	7,14 €	7,56 €	31	9,75 €	10,30 €	10,89 €	57	5,83 €	6,16 €	6,51 €
32	11,06 €	11,71 €	12,41 €	58	6,61 €	7,00 €	7,42 €	32	9,56 €	10,10 €	10,68 €	58	5,72 €	6,03 €	6,38 €
33	10,84 €	11,48 €	12,17 €	59	6,48 €	6,86 €	7,27 €	33	9,38 €	9,90 €	10,47 €	59	5,60 €	5,92 €	6,26 €
34	10,63 €	11,25 €	11,93 €	60	6,35 €	6,73 €	7,13 €	34	9,19 €	9,71 €	10,26 €	60	5,49 €	5,80 €	6,13 €
35	10,42 €	11,03 €	11,69 €	61	6,23 €	6,59 €	6,99 €	35	9,01 €	9,52 €	10,06 €	61	5,39 €	5,69 €	6,01 €
36	10,22 €	10,82 €	11,46 €	62	6,11 €	6,46 €	6,85 €	36	8,84 €	9,33 €	9,87 €	62	5,28 €	5,57 €	5,90 €
37	10,02 €	10,61 €	11,24 €	63	5,99 €	6,34 €	6,72 €	37	8,66 €	9,15 €	9,67 €	63	5,18 €	5,47 €	5,78 €
38	9,82 €	10,40 €	11,02 €	64	5,87 €	6,21 €	6,59 €	38	8,49 €	8,97 €	9,48 €	64	5,07 €	5,36 €	5,67 €
39	9,63 €	10,19 €	10,80 €	65	**5,75 €**	6,09 €	6,46 €	39	8,33 €	8,79 €	9,30 €	65	**4,98 €**	5,25 €	5,56 €
40	9,44 €	9,99 €	10,59 €	66	5,97 €	**5,97 €**	6,33 €	40	8,16 €	8,62 €	9,11 €	66	5,15 €	**5,15 €**	5,45 €
41	9,26 €	9,80 €	10,38 €	67	6,21 €	6,21 €	**6,21 €**	41	8,00 €	8,45 €	8,94 €	67	5,34 €	5,34 €	**5,34 €**
42	9,07 €	9,61 €	10,18 €	68	6,46 €	6,46 €	6,46 €	42	7,85 €	8,28 €	8,76 €	68	5,55 €	5,55 €	5,55 €
43	8,90 €	9,42 €	9,98 €	69	6,73 €	6,73 €	6,73 €	43	7,69 €	8,12 €	8,59 €	69	5,77 €	5,77 €	5,77 €
44	8,72 €	9,23 €	9,79 €	70	7,03 €	7,03 €	7,03 €	44	7,54 €	7,96 €	8,42 €	70	6,01 €	6,01 €	6,01 €
45	8,55 €	9,05 €	9,59 €	71	7,35 €	7,35 €	7,35 €	45	7,39 €	7,81 €	8,26 €	71	6,28 €	6,28 €	6,28 €
46	8,38 €	8,87 €	9,41 €	72	7,70 €	7,70 €	7,70 €	46	7,25 €	7,65 €	8,09 €	72	6,57 €	6,57 €	6,57 €
47	8,22 €	8,70 €	9,22 €	73	8,08 €	8,08 €	8,08 €	47	7,11 €	7,50 €	7,93 €	73	6,88 €	6,88 €	6,88 €
48	8,06 €	8,53 €	9,04 €	74	8,49 €	8,49 €	8,49 €	48	6,97 €	7,36 €	7,78 €	74	7,23 €	7,23 €	7,23 €
49	7,90 €	8,36 €	8,86 €	75	8,93 €	8,93 €	8,93 €	49	6,83 €	7,21 €	7,63 €	75	7,61 €	7,61 €	7,61 €
50	7,74 €	8,20 €	8,69 €	76	9,40 €	9,40 €	9,40 €	50	6,70 €	7,07 €	7,48 €	76	8,02 €	8,02 €	8,02 €
51	7,59 €	8,04 €	8,52 €	77	9,92 €	9,92 €	9,92 €	51	6,56 €	6,93 €	7,33 €	77	8,48 €	8,48 €	8,48 €
52	7,44 €	7,88 €	8,35 €	78	10,48 €	10,48 €	10,48 €	52	6,44 €	6,80 €	7,19 €	78	8,98 €	8,98 €	8,98 €
53	7,30 €	7,73 €	8,19 €	79	11,08 €	11,08 €	11,08 €	53	6,31 €	6,66 €	7,05 €	79	9,54 €	9,54 €	9,54 €
54	7,15 €	7,57 €	8,03 €	80	11,76 €	11,76 €	11,76 €	54	6,19 €	6,53 €	6,91 €	80	10,16 €	10,16 €	10,16 €
55	7,01 €	7,43 €	7,87 €					55	6,06 €	6,40 €	6,77 €				

Beispiel: Ein Mann hat im Alter von 50 Jahren ein Kapital von 20.000 €, er geht mit 67 Jahren in Rente und kann daraus 20.000/1.000 × 9,98 = 199,60 € monatlicher Rente generieren.

Beispiel:

S (50) verfügt über ein Vermögen von 320.000 €, aber keine sonstige Renten-versicherung. Nach seiner Lebensplanung will er mit 67 Jahren in Rente gehen: 320.000 € / 1000 x 8,69 = 2.780 €.

IV. Aufzinsungsfaktoren zur Berechnung des Altersvorsorgeschonvermögens

Mit der nachfolgenden Tabelle kann auf einfache Weise die richtige Höhe des Altersvorsorgeschonvermögens für sozialversicherungspflichtiges Einkommen und nicht sozialversicherungspflichtiges Einkommen nach der Entscheidung des BGH v. 30.08.2006[683] bestimmt werden. Die Werte können einfach aus der Tabelle abgelesen werden.

928

Jahreswerte									
Aufzinsungsfaktoren (Zinssatz 4 %) zur Berechnung des Altersvorsorgeschon-vermögens auf Jahresbasis (BGH v. 30.08.2006, FamRZ 2006, 1511)									
Jahre	Aufzinsungs-faktor	Jahre	Aufzinsungs-faktor	Jahre	Aufzinsungs-faktor	Jahre	Aufzinsungs-faktor	Jahre	Aufzinsungs-faktor
für **sozialversicherungspflichtiges Einkommen** (bis zur Beitragsbemessungsgrenze) 2010: 66.000 € / 55.800 € pro Jahr									
1	0,0500	11	0,6743	21	1,5985	31	2,9664	41	4,9913
2	0,1020	12	0,7513	22	1,7124	32	3,1351	42	5,2410
3	0,1561	13	0,8313	23	1,8309	33	3,3105	43	5,5006
4	0,2123	14	0,9146	24	1,9541	34	3,4929	44	5,7706
5	0,2708	15	1,0012	25	2,0823	35	3,6826	45	6,0515
6	0,3316	16	1,0912	26	2,2156	36	3,8799	46	6,3435
7	0,3949	17	1,1849	27	2,3542	37	4,0851	47	6,6473
8	0,4607	18	1,2823	28	2,4984	38	4,2985	48	6,9632
9	0,5291	19	1,3836	29	2,6483	39	4,5205	49	7,2917
10	0,6003	20	1,4889	30	2,8042	40	4,7513	50	7,6334
für **nicht sozialversicherungspflichtiges Einkommen** (oder Einkommen jenseits der Beitragsbemessungsgrenze) 2010: 66.000 € / 55.800 €									
1	0,2500	11	3,3716	21	7,9923	31	14,8321	41	24,9566
2	0,5100	12	3,7565	22	8,5620	32	15,6754	42	26,2049
3	0,7804	13	4,1567	23	9,1545	33	16,5524	43	27,5031
4	1,0616	14	4,5730	24	9,7707	34	17,4645	44	28,8532
5	1,3541	15	5,0059	25	10,4115	35	18,4131	45	30,2573
6	1,6582	16	5,4561	26	11,0779	36	19,3996	46	31,7176
7	1,9746	17	5,9244	27	11,7711	37	20,4256	47	33,2363
8	2,3036	18	6,4114	28	12,4919	38	21,4926	48	34,8158
9	2,6457	19	6,9178	29	13,2416	39	22,6023	49	36,4584
10	3,0015	20	7,4445	30	14,0212	40	23,7564	50	38,1668
Beispiel: Jahreseinkommen brutto: 72.000 €, Alter 57 Jahre (Erwerbszeit 40): 66.000 x 4,7513 + 6.000 x 23,7564 = 313.584,20 + 142.538,27 = 456.122,48 €									

---

683 BGH v. 30.08.2006 – II ZR 98/04, FamRZ 2006, 1511.

Monatswerte									
Aufzinsungsfaktoren (Zinssatz 4 %) zur Berechnung des Altersvorsorgeschonvermögens nach BGH v. 30.08.2006, FamRZ 2006, 1511									
Jahre	Aufzinsungs-faktor	Jahre	Aufzinsungs-faktor	Jahre	Aufzinsungs-faktor	Jahre	Aufzinsungs-faktor	Jahre	Aufzinsungs-faktor
für **sozialversicherungspflichtiges Einkommen** (bis zur Beitragsbemessungsgrenze) 2010: 5.500 € / 4.650 € / Monat									
1	0,6000	11	8,0918	21	19,1815	31	35,5970	41	59,8959
2	1,2240	12	9,0155	22	20,5488	32	37,6209	42	62,8918
3	1,8730	13	9,9761	23	21,9707	33	39,7257	43	66,0074
4	2,5479	14	10,9751	24	23,4496	34	41,9147	44	69,2477
5	3,2498	15	12,0142	25	24,9875	35	44,1913	45	72,6176
6	3,9798	16	13,0947	26	26,5870	36	46,5590	46	76,1223
7	4,7390	17	14,2185	27	28,2505	37	49,0213	47	79,7672
8	5,5285	18	15,3872	28	29,9805	38	51,5822	48	83,5579
9	6,3497	19	16,6027	29	31,7798	39	54,2455	49	87,5002
10	7,2037	20	17,8668	30	33,6510	40	57,0153	50	91,6003
für **nicht sozialversicherungspflichtiges Einkommen** (oder Einkommen jenseits der Beitragsbemessungsgrenze) 2010: 5.500 € / 4.650 € / Monat									
1	3,0000	11	40,4591	21	95,9076	31	177,9850	41	299,4796
2	6,1200	12	45,0774	22	102,7439	32	188,1044	42	314,4588
3	9,3648	13	49,8805	23	109,8537	33	198,6286	43	330,0371
4	12,7394	14	54,8757	24	117,2478	34	209,5737	44	346,2386
5	16,2490	15	60,0708	25	124,9377	35	220,9567	45	363,0882
6	19,8989	16	65,4736	26	132,9352	36	232,7949	46	380,6117
7	23,6949	17	71,0925	27	141,2526	37	245,1067	47	398,8362
8	27,6427	18	76,9362	28	149,9027	38	257,9110	48	417,7896
9	31,7484	19	83,0137	29	158,8989	39	271,2274	49	437,5012
10	36,0183	20	89,3342	30	168,2548	40	285,0765	50	458,0013

Beispiel: svpflichtiges Monatseinkommen brutto: 2.100 €, Alter 57 Jahre (Erwerbszeit 40): 2.100 × 57,0153 = 119.732,13 €

V. Altersvorsorgekapital nach § 851c ZPO

929   Es ist nach der Entscheidung des BGH über die Bildung des Altervor-sorgekapitals v. 30.08.2006[684] noch nicht abschließend geklärt, ausgehend von welchem Einkommen und von welchem Alter der unterhaltspflichtigen Kindes die Höhe des Altersvorsorgeschonvermögens zu berechnen ist (vgl. Rn. 267).

§ 851c Pfändungsschutz bei Altersrenten

(1) Ansprüche auf Leistungen, die auf Grund von Verträgen gewährt werden, dürfen nur wie Arbeitseinkommen gepfändet werden, wenn

1. die Leistung in regelmäßigen Zeitabständen lebenslang und nicht vor Vollendung des 60. Lebensjahres oder nur bei Eintritt der Berufsunfähigkeit gewährt wird,

2. über die Ansprüche aus dem Vertrag nicht verfügt werden darf,

---

684 BGH v. 30.08.2006 – II ZR 98/04, FamRZ 2006, 1511.

3. die Bestimmung von Dritten mit Ausnahme von Hinterbliebenen als Berechtigte ausgeschlossen ist und

4. die Zahlung einer Kapitalleistung, ausgenommen eine Zahlung für den Todesfall, nicht vereinbart wurde.

(2) Um dem Schuldner den Aufbau einer angemessenen Alterssicherung zu ermöglichen, kann er unter Berücksichtigung der Entwicklung auf dem Kapitalmarkt, des Sterblichkeitsrisikos und der Höhe der Pfändungsfreigrenze, nach seinem Lebensalter gestaffelt, jährlich einen bestimmten Betrag unpfändbar auf der Grundlage eines in Absatz 1 bezeichneten Vertrags bis zu einer Gesamtsumme von 238.000 Euro ansammeln. Der Schuldner darf vom 18. bis zum vollendeten 29. Lebensjahr 2.000 Euro, vom 30. bis zum vollendeten 39. Lebensjahr 4.000 Euro, vom 40. bis zum vollendeten 47. Lebensjahr 4.500 Euro, vom 48. bis zum vollendeten 53. Lebensjahr 6.000 Euro, vom 54. bis zum vollendeten 59. Lebensjahr 8.000 Euro und vom 60. bis zum vollendeten 65. Lebensjahr 9.000 Euro jährlich ansammeln. Übersteigt der Rückkaufwert der Alterssicherung den unpfändbaren Betrag, sind drei Zehntel des überschießenden Betrags unpfändbar. Satz 3 gilt nicht für den Teil des Rückkaufwerts, der den dreifachen Wert des in Satz 1 genannten Betrags übersteigt.

(3) § 850e Nr. 2 und 2a gilt entsprechend.

Bildung von pfändungssicherem Altersvorsorgevermögen nach § 851c ZPO					
Alter	jährl. Versorgungskapital § 851c ZPO	Summe Versorgungs- kapital	Alter	jährl. Versorgungskapital § 851c ZPO	Summe Versorgungs- kapital
18	2.000,00 €	2.000,00 €	34	4.000,00 €	44.000,00 €
19	2.000,00 €	4.000,00 €	35	4.000,00 €	48.000,00 €
20	2.000,00 €	6.000,00 €	36	4.000,00 €	52.000,00 €
21	2.000,00 €	8.000,00 €	37	4.000,00 €	56.000,00 €
22	2.000,00 €	10.000,00 €	38	4.000,00 €	60.000,00 €
23	2.000,00 €	12.000,00 €	39	4.000,00 €	64.000,00 €
24	2.000,00 €	14.000,00 €	40	4.500,00 €	68.500,00 €
25	2.000,00 €	16.000,00 €	41	4.500,00 €	73.000,00 €
26	2.000,00 €	18.000,00 €	42	4.500,00 €	77.500,00 €
27	2.000,00 €	20.000,00 €	43	4.500,00 €	82.000,00 €
28	2.000,00 €	22.000,00 €	44	4.500,00 €	86.500,00 €
29	2.000,00 €	24.000,00 €	45	4.500,00 €	91.000,00 €
30	4.000,00 €	28.000,00 €	46	4.500,00 €	95.500,00 €
31	4.000,00 €	32.000,00 €	47	4.500,00 €	100.000,00 €
32	4.000,00 €	36.000,00 €	48	6.000,00 €	106.000,00 €
33	4.000,00 €	40.000,00 €	49	6.000,00 €	112.000,00 €

50	6.000,00 €	118.000,00 €	58	8.000,00 €	176.000,00 €
51	6.000,00 €	124.000,00 €	59	8.000,00 €	184.000,00 €
52	6.000,00 €	130.000,00 €	60	9.000,00 €	193.000,00 €
53	6.000,00 €	136.000,00 €	61	9.000,00 €	202.000,00 €
54	8.000,00 €	144.000,00 €	62	9.000,00 €	211.000,00 €
55	8.000,00 €	152.000,00 €	63	9.000,00 €	220.000,00 €
56	8.000,00 €	160.000,00 €	64	9.000,00 €	229.000,00 €
57	8.000,00 €	168.000,00 €	65	9.000,00 €	238.000,00 €

K. Rechtsprechungsübersicht

Gericht/ Aktenzeichen	Datum/ Fundstelle	Leitsatz/Inhalt
OLG Düsseldorf 9 UF 190/11	21.06.2012	Leitsatz des Verfassers: 1. Das Wohnen in der eigenen Immobilie (Wohnvorteil) steigert nur insoweit die Leistungsfähigkeit des unterhaltspflichtigen Kindes, als die sich aus Zins- und Tilgungsleistungen, Heiz- und Verbrauchskosten, Grundsteuern, Versicherungs- und sonstigen Nebenkosten zusammensetzenden ‚Kosten des Wohnens' die im Selbstbehalt von 2.700 € enthaltenen ‚Kosten des Wohnens' unterschreiten. 2. Der Wert der selbst bewohnten Immobilie ist nicht dem Altersvorsorgeschonvermögen zuzurechnen.
OLG Nürnberg 9 UF 1747/11	15.03.2012	Leitsatz des Verfassers: Der Wert einer selbstgenutzten Immobilie wird nicht dem pauschal berechneten Altersvorsorgeschonvermögen (BGH FamRZ 2006, 1511) hinzugerechnet.
OLG Düsseldorf 24 U 39/11	31.01.2012	1. Soweit der Mandant nicht eindeutig zu erkennen gibt, dass er des Rates nur in einer bestimmten Richtung bedarf, ist der Rechtsanwalt zu einer allgemeinen, umfassenden und möglichst erschöpfenden Beratung des Auftraggebers verpflichtet. Der Rechtsanwalt handelt pflichtwidrig, wenn er in einer Kindesunterhaltssache den Mandanten und die Gegenseite nicht darauf hinweist, dass sein Sohn mit der bevorstehenden Vollendung des 18. Lebensjahres einen Anspruch auf Grundsicherung hat, und es unterlässt, die gegen den Sohn erhobene Abänderungsklage auf diesen Gesichtspunkt zu stützen. (Rn. 4) 2. Leistungen der Grundsicherung sind unter den Voraussetzungen des § 43 Abs. 2 Satz 1 SGB XII auf den Unterhaltsbedarf eines Leistungsempfängers anzurechnen. Sind diese Voraussetzungen erfüllt, sind Grundsicherungsleistungen nicht nachrangig. Sie sind daher als Einkommen anzusehen und reduzieren den unterhaltsrechtlichen Bedarf des Leistungsempfängers, ohne dass es darauf ankommt, ob sie zu Recht oder zu Unrecht bewilligt worden sind (vgl. BGH, 20.12.2006, XII ZR 84/04 = FamRZ 2007, 1158). (Rn. 9) 3. Die Feststellung, ob infolge der Pflichtverletzung des Anwalts ein Schaden entstanden ist, gehört zur entscheidenden haftungsausfüllenden Kausalität. Der Beweis ist nach ständiger Rechtsprechung des Bundesgerichtshofs unter Heranziehung des § 287 Abs. 1 ZPO vom Mandanten zu führen. Wenn diese Frage vom Ausgang eines anderen Verfahrens abhängt, muss das Gericht selbst prüfen, wie jenes Verfahren bei pflichtgemäßem Verhalten des Anwalts richtigerweise zu entscheiden gewesen wäre. Dabei ist der Sachverhalt zugrunde zu legen, der auch dem Ausgangsgericht zur Entscheidung vorgelegt worden wäre (vgl. OLG Düsseldorf, 24.07.2009, I24 U 49/08 = FamRZ 2010, 392). (Rn. 22)

Gericht/ Aktenzeichen	Datum/ Fundstelle	Leitsatz/Inhalt
OLG Hamm 8 WF 211/10	09.05.2011	1. Es kommt ein Anspruch aus ungerechtfertigter Bereicherung in Betracht, wenn der vermeintlich Unterhaltspflichtige den Elternunterhalt an den Sozialhilfeträger gezahlt und letzter die Unterhaltszahlung für ungedeckte Heimkosten verwendet hat. 2. Zumindest im summarischen Verfahren ist davon auszugehen, dass der Bereicherungsanspruch weder wegen Kenntnis von der Nichtschuld noch wegen Entreicherung ausgeschlossen ist.
OLG Düsseldorf 7 UF 99/10	27.02.2011 FamRZ 2011, 1657	Soweit das unterhaltspflichtige Kind Kosten für die **Besuchsfahrten** zum im Heim lebenden Elternteil aufwendet, findet kein Anspruchsübergang gemäß § 94 Abs. 1 S. 1 SGB XII statt (§ 94 Abs. 3 S. 1 Nr. 2 SGB XII).
OLG Hamm 2 Sdb Zust 34/10	30.12.2010 FamRZ 2011, 1237	1. Ist ein angekündigtes Unterhaltsverfahren noch nicht anhängig, erfolgt die **Gerichtsstandsbestimmung** durch das Oberlandesgericht, das im Bestimmungsverfahren zuerst mit der Sache befasst worden ist (vgl. BGH, Beschluss vom 21.08.2008, X ARZ 105/08) (Rn. 10). 2. Bei einer Klage auf Elternunterhalt kann für die Zuständigkeit eines Familiengerichts sprechen, dass zumindest einer der Antragsgegner dort seinen allgemeinen Gerichtsstand hat (Rn. 15).
OLG Celle 10 UF 176/10	02.11.2010 FamRZ 2011, 984	1. Zur Ermittlung des Elternunterhalts bei einem Unterhaltspflichtigen, der über höhere Einkünfte als sein Ehegatte verfügt, ist vom Familieneinkommen der Familienselbstbehalt in Abzug zu bringen. Das verbleibende Einkommen wird um die Haushaltsersparnis (in der Regel 10 %) vermindert. Die Hälfte des sich ergebenden Betrages kommt zuzüglich des Familienselbstbehalts dem Familienunterhalt zugute. Zu dem so bemessenen individuellen Familienbedarf hat der Unterhaltspflichtige entsprechend dem Verhältnis der Einkünfte der Ehegatten beizutragen. Für den Elternunterhalt kann der Unterhaltspflichtige die Differenz zwischen seinem Einkommen und seinem Anteil am Familienunterhalt einsetzen (Anschluss BGH, 28.07.2010, XII ZR 140/07, NJW 2010, 3161) (Rn. 26). 2. Sind mehrere unterhaltspflichtige Kinder im Rahmen des Elternunterhalts zu berücksichtigen, so gelten für deren Leistungsfähigkeit die gleichen Grundsätze (Rn. 29). 3. Bei der Beurteilung der Frage, ob eine grobe Unbilligkeit wegen gröblicher Vernachlässigung der Unterhaltspflicht durch den nunmehr unterhaltsberechtigten Elternteil vorliegt, ist der historische Hintergrund zu berücksichtigen. Ist der Fall dadurch gekennzeichnet, dass die Kindesmutter Oberschlesien, welches im Laufe des Januar 1945 zunächst von der Roten Armee besetzt wurde und etwa ab Sommer 1945 in die Verwaltung polnischer Kommunal- und Staatsbehörden überging, in einer Weise verließ, welche als Flucht oder Vertreibung einzustufen sein dürfte, so ist dies nicht als schwere Verfehlung anzusehen, die die Herabsetzung oder den Ausschluss des Unterhaltsanspruchs rechtfertigen würde (Rn. 42).

Gericht/ Aktenzeichen	Datum/ Fundstelle	Leitsatz/Inhalt
		4. Ein Ausschluss des Anspruchsübergang auf den Träger der Sozialhilfe nach § 94 Abs. 3 S. 1 Nr. 2 SGB XII kommt dann in Betracht, wenn der nach § 1611 BGB zu beurteilende Lebenssachverhalt aus Sicht des Sozialhilferechts auch soziale Belange erfasst, die einen Übergang des Anspruchs nach öffentlich-rechtlichen Kriterien ausschließen (Anschluss BGH, 21.04.2004, XII ZR 251/01, FamRZ 2004, 1097). Das ist jedoch nicht der Fall, wenn die familiären Beziehungen wegen fehlender sozialer Kontakte gar nicht beeinträchtigt werden können (Rn. 55) (Rn. 56).
OLG Düsseldorf 8 UF 38/10	27.10.2010 FamRZ 2011, 982	1. Der Barbetrag gem. § 35 Abs. 2 Satz 1 SGB XII kann vom Unterhaltspflichtigen nicht verlangt werden, wenn der Unterhaltsberechtigte über auf die Heimkosten anrechnungsfreie eigene Mittel verfügt, die den Barbetrag deutlich übersteigen. (Rn. 16) 2. Der Unterhaltspflichtige hat ein über einen Schonbetrag von 75.000 € hinausgehendes Vermögen zur Bestreitung des Elternunterhalts einzusetzen; die Berechnung dieses Einsatzes erfolgt nach § 14 BewG (Tabelle 9) (Rn. 27) (Rn. 29).
BGH XII ZR 148/09	15.09.2010 FamRZ 2010, 1888	1. Gemäß § 1611 Abs. 1 Satz 1 Alt. 3 BGB setzt die **Verwirkung** wegen einer schweren Verfehlung ein Verschulden des Unterhaltsberechtigten voraus. Es genügt nicht, wenn er in einem natürlichen Sinne vorsätzlich gehandelt hat (Rn. 40) (Rn. 41). 2. Eine Störung familiärer Beziehungen im Sinne des § 1611 BGB genügt grundsätzlich nicht, um eine unbillige Härte im Sinne des § 94 Abs. 3 Satz 1 Nr. 2 SGB XII zu begründen und damit einen Anspruchsübergang auf den Träger der Sozialhilfe auszuschließen (Rn. 44). Etwas anderes gilt nur dann, wenn der nach § 1611 BGB zu beurteilende Lebenssachverhalt aus Sicht des Sozialhilferechts auch soziale Belange erfasst, die einen Übergang des Anspruches nach öffentlich-rechtlichen Kriterien ausschließen (Klarstellung zum Senatsurteil BGH, 21.04.2004, XII ZR 251/01, FamRZ 2004, 1097) (Rn. 45).
LSG NRW L 12 SO 61/09	01.09.2010	1. Die Regelung des § 117 Abs. 1 S. 1 SGB XII begründet einen eigenständigen **Auskunftsanspruch** des Sozialhilfeträgers. Danach haben Unterhaltspflichtige, ihre nicht getrennt lebenden Ehegatten oder Lebenspartner und Kostenersatzpflichtige dem Träger der Sozialhilfe über ihre Einkommens- und Vermögensverhältnisse Auskunft zu geben, soweit die Durchführung des SGB XII dies erfordert (Rn. 19). 2. Ein entsprechendes Auskunftsersuchen ist nur dann rechtswidrig, wenn offensichtlich kein überleitbarer Anspruch besteht. Die Negativevidenzprüfung kann nicht auf die Überprüfung nicht offensichtlicher Fragen ausgedehnt werden. Lässt sich das Vorbringen des potentiell Auskunftpflichtigen nicht belegen bzw. ist dessen Vorbringen nicht schlüssig, so ist eine Negativevidenz nicht gegeben (Rn. 21). 3. Stellt sich der Sachvortrag des vermeintlich Auskunftspflichtigen hinsichtlich des Wegfalls eines Unterhaltsanspruchs als schlüssig und eine Beweisbarkeit des Vortrags als nicht unwahrscheinlich dar, so ist ein Auskunftsanspruch des Sozialhilfeträgers ausgeschlossen (Rn. 23).

Gericht/ Aktenzeichen	Datum/ Fundstelle	Leitsatz/Inhalt
BGH XII ZR 140/07	28.07.2010 FamRZ 2010, 1535	1. Verfügt der Unterhaltspflichtige über höhere Einkünfte als sein Ehegatte, ist die **Leistungsfähigkeit zur Zahlung von Elternunterhalt** in der Regel wie folgt zu ermitteln: Von dem Familieneinkommen wird der Familienselbstbehalt in Abzug gebracht. Das verbleibende Einkommen wird um die Haushaltsersparnis vermindert. Die Hälfte des sich ergebenden Betrages kommt zuzüglich des Familienselbstbehalts dem Familienunterhalt zugute. Zu dem so bemessenen individuellen Familienbedarf hat der Unterhaltspflichtige entsprechend dem Verhältnis der Einkünfte der Ehegatten beizutragen. Für den Elternunterhalt kann der Unterhaltspflichtige die Differenz zwischen seinem Einkommen und seinem Anteil am Familienunterhalt einsetzen. 2. Die **Haushaltsersparnis**, die bezogen auf das den Familienselbstbehalt übersteigende Familieneinkommen eintritt, ist regelmäßig mit 10 % dieses Mehreinkommens zu bemessen. 3. Aufwendungen für eine Hausrats und Haftpflichtversicherung sind auch bei der Inanspruchnahme auf Elternunterhalt nicht als vorweg abziehbare Verbindlichkeiten zu behandeln. 4. Ist der Unterhaltspflichtige vor Erreichen der gesetzlichen Altersgrenze in den Ruhestand getreten, können Aufwendungen für eine zusätzliche Altersversorgung weiterhin abzugsfähig sein. ...
OLG Karlsruhe 16 UF 65/10	28.07.2010 FamRZ 2010, 2082	1. Bei **Bemessung des Unterhaltsbedarfs** eines Elternteils ist nicht auf die von dem unterhaltspflichtigen Kind abgeleitete Lebensstellung abzustellen, sondern auf diejenige des unterhaltsbedürftigen Elternteils. Auch bei Pflegebedürftigkeit von Eltern kommt es bezüglich der auszuwählenden Heims auf deren wirtschaftliche Verhältnisse vor Eintritt der Pflegebedürftigkeit an; die Kindesinteressen müssen bei der Heimauswahl nicht berücksichtigt werden. Haben die Eltern zuvor in guten wirtschaftlichen Verhältnissen gelebt und ihre Kinder an diesem Lebensstandard partizipieren lassen, und können gleichwohl die Kosten eines gehobeneren Heims nicht selbst vollständig aufbringen, so sind die Kinder verpflichtet, hierauf einen angemessenen, auch höheren Beitrag zu leisten. Die Eltern sind nicht verpflichtet, ein kostengünstiges oder ein wohnortfernes Heim auszuwählen, um die Entstehung ungedeckter Heimkosten zu vermeiden (Rn. 60) (Rn. 64) (Rn. 70). 2. Der Sozialhilfeträger hat in diesem Zusammenhang zwar zu prüfen, ob die Heimunterbringung bezahlbar ist; das **Risiko hinsichtlich der nicht gedeckten Kosten** liegt aber bei ihm und nicht bei den unterhaltspflichtigen Kindern, die nur im Rahmen des angemessenen Unterhaltsbedarfs herangezogen werden können (Rn. 64).

Gericht/ Aktenzeichen	Datum/ Fundstelle	Leitsatz/Inhalt
		3. Bei Ermittlung der Leistungsfähigkeit des unterhaltspflichtigen Kindes sind beim Nettoeinkommen der **ersparte Mietzins durch Wohnen in einer der zusätzlichen Altersvorsorge dienenden Eigentumswohnung** und die hierauf gezahlten Tilgungsleistungen (in Höhe von 5 % des Bruttoeinkommens), nicht aber eine pauschale Instandhaltungsrücklage zu berücksichtigen. Darüber hinaus können die Tilgungsleistungen für eine weitere fremdgenutzte Eigentumswohnung als weitere Altersvorsorge nicht abgesetzt werden (Rn. 84) (Rn. 86) (Rn. 89) (Rn. 90).
		4. Zur **Verwirkung** des Unterhaltsanspruchs eines alkoholkranken Elternteils bei Verweigerung einer erfolgversprechenden Behandlung oder Nichtbeachtung ärztlicher Anweisungen nach einer solchen Behandlung und infolgedessen eingetretener Rückfälligkeit (Rn. 106) (Rn. 107).
		5. Auch beim Elternunterhalt kann **fiktives Einkommen** berücksichtigt werden. Allerdings ist die Zumutbarkeitsschwelle für die Berücksichtigung fiktiver Einkünfte wegen Verletzung einer Erwerbsobliegenheit hoch anzusetzen. Gleichwohl ist das unterhaltspflichtige Kind nicht berechtigt, ohne zwingenden Grund eine bereits ausgeübte Erwerbstätigkeit aufzugeben, um sich so vor der drohenden Inanspruchnahme von Elternunterhalt zu schützen. Die Darlegungs- und Beweislast für eine krankheitsbedingte Erwerbsminderung oder Erwerbsunfähigkeit trifft das unterhaltspflichtige Kind (Rn. 113) (Rn. 124).
OLG Celle 15 UF 272/09	26.05.2010 FamRZ 2010, 2082	Der Anspruch auf Elternunterhalt kann zu kürzen sein (hier: um 25 %), wenn zwischen dem unterhaltspflichtigen Kind und dem Elternteil, dessen Unterhaltsanspruch auf den Sozialleistungsträger übergegangen ist, über einen sehr langen Zeitraum (hier: 30 Jahre) keinerlei Kontakt bestanden hat.
SG Karlsruhe S 1 SO 5729/08	19.01.2010 SAR 2010, 53	Zur Begleichung der anfallenden **Bestattungskosten** hat der Bestattungspflichtige vorrangig den Nachlass zu verwenden. Zumutbar ist der Einsatz des gesamten vorhandenen Nachlasses. Eine Aufrechnung gegen den Nachlasswert mit Nachlassverbindlichkeiten ist nicht zulässig.
OLG Oldenburg 14 UF 134/09	14.01.2010 MDR 2010, 330	1. Betreut ein Kind einen pflegebedürftigen Elternteil kann er seine **Unterhaltspflicht** durch die damit **in Natur** erbrachten Unterhaltsleistungen erfüllen. Daneben besteht dann kein Anspruch auf eine Geldrente. Damit entfällt ein zivilrechtlicher Unterhaltsanspruch, der auf den Träger der Sozialhilfe übergehen könnte. 2. Erbringt ein Kind erhebliche Leistungen zur häuslichen Pflege, stellt sich die Inanspruchnahme auf ergänzenden Barunterhalt zugleich als unzumutbare Härte i.S.v. § 94 Abs. 3 Nr. 2 SGB XII dar. Dies gilt insbesondere dann, wenn der Leistungsträger durch die familiäre Pflege weitere Leistungen erspart, die das von ihm nach § 64 SGB XII zu zahlende Pflegegeld noch deutlich übersteigen.

Gericht/ Aktenzeichen	Datum/ Fundstelle	Leitsatz/Inhalt
OLG Dresden 20 UF 331/09	18.09.2009	Unterhaltsvorschussleistungen sind im Verhältnis zu den Großeltern anzurechnendes Einkommen des Kindes und mindern dessen Bedürftigkeit. Das gilt sowohl für bereits gezahlten als auch für noch zu gewährenden Vorschuss.
OLG Hamm 2 UF 241/08	02.08.2009 FamRZ 2010, 303	1. Hat ein zur Zahlung von Elternunterhalt Verpflichteter seine Lebensstellung darauf eingerichtet, mit angelegtem **Vermögen** zu einem späteren Zeitpunkt Grundeigentum zu erwerben, das seiner Absicherung im Alter dienen soll, bleiben solche Vermögensdispositionen dem Zugriff des Unterhaltsgläubigers entzogen, sofern der Unterhaltsschuldner keinen unangemessenen Aufwand betreibt oder ein Leben in Luxus führt. 2. Ist der Unterhaltsschuldner die aus der Errichtung eines Eigenheims resultierenden Verbindlichkeiten im laufenden Rechtsstreit und damit zu einem Zeitpunkt eingegangen, in dem er mit seiner Inanspruchnahme auf Elternunterhalt rechnen musste, können Tilgungsleistungen nur eingeschränkt unter dem Gesichtspunkt der zusätzlichen Altersvorsorge im Umfang von 5 % seines Bruttoeinkommens berücksichtigt werden. 3. Das Institut der Verwirkung dient nicht dazu, einen Unterhaltsgläubiger zur zeitnahen erfolgversprechenden Durchsetzung seines Rechts auf rückständigen Unterhalt zu zwingen. Muss der Unterhaltsschuldner auf Grund eines Prozessverhaltens des Unterhaltsgläubigers oder seines gesetzlichen Vertreters mit der Inanspruchnahme rechnen, ist es möglich und geboten, dass er Rücklagen für den Fall einer erfolgreichen Inanspruchnahme durch den Gläubiger bildet. 4. Einmaliges Zerschneiden der Kleidung von Kindern, die Verursachung eines Waschzwangs und mehrfaches, nicht näher dargelegtes, Aussperren aus einer Wohnung stellen vor dem Hintergrund der psychischen Erkrankung einer Mutter ohne Hinzutreten besonderer Umstände keine schwere Verfehlung i.S.d. § 1611 BGB dar. 5. Bei der Auslegung des Begriffs „unbillige Härte" i.S.d. § 94 Abs. 3 Nr. 2 SGB XII ist in erster Linie die Zielsetzung der öffentliche Hilfe und daneben die allgemeinen Grundsätze der Sozialhilfe zu berücksichtigen. Würden mit der Heranziehung zum Elternunterhalt soziale Belange vernachlässigt, liegt eine Härte vor.
OLG Brandenburg 13 UF 93/08	20.05.2009	1. Der dem Unterhaltspflichtigen zu belassende Selbstbehalt kann bei der Inanspruchnahme auf Elternunterhalt insoweit gewahrt sein, als dieser durch den ihm von seinem Ehegatten zu leistenden Familienunterhalt sein Auskommen findet (vgl. BGH, Urteil vom 17.12.2003, XII ZR 224/00 und vom 14.01.2004, XII ZR 69/01). 2. Ein Betrag von 300,– € Mietanteil für jeden Ehegatten erscheint – entsprechend der Regelung beim Selbstbehalt gegenüber einem volljährigen Kind – angemessen und kann ggf. um einen Wohnmehrbedarfszuschlag erhöht werden.

Gericht/ Aktenzeichen	Datum/ Fundstelle	Leitsatz/Inhalt
OLG Schleswig 15 UF 187/07	19.01.2009 OLGR Schleswig 2009, 382	1. Bei der Auswahl eines Heimes ist der unterhaltsberechtigte pflegebedürftige Elternteil bzw. sein Betreuer frei, solange nicht angemessene Kosten überschritten werden. 2. Ein Umzug in ein anderes Heim, nur um mit Eintritt in die Pflegestufe III Kosten zu sparen, ist einem Demenzkranken in der Regel nicht zuzumuten.
OLG Düsseldorf 8 UF 172/08	14.01.2009 FamRZ 2009, 1077	**Kapitalzinsen und Sparprämien**, die im Rahmen eines zur zusätzlichen Alterssicherung abgeschlossenen Sparvertrages jährlich anfallen, dabei jedoch kapitalerhöhend auf dem Sparkonto verbleiben, sind bei der Bewertung der Einkünfte eines Kindes zum Zwecke der Zahlung von Elternunterhalt nicht als Einkommen, sondern als dem Kind nach Maßgabe von BGH (30.08.2006, XII ZR 98/04, FamRZ 2006, 1511) zu belassende Rendite anzusehen.
AG Pankow-Weißensee 17 F 4142/08	05.11.2008 FamRZ 2009, 1076	Das **Schonvermögen** gegenüber Ansprüchen auf Elternunterhalt kann nicht pauschal auf 100.000,– Euro festgelegt werden, sondern ist aufgrund der konkreten Umstände und unter Berücksichtigung der besonderen Lebensverhältnisse zu ermitteln. Dem Unterhaltspflichtigen kann ein noch höherer Schonbetrag belassen werden, wenn er aufgrund einer schweren Erkrankung kaum damit rechnen kann, noch weitere gesetzliche Rentenansprüche zu erwerben, und mit den bestehenden Anwartschaften einer erheblichen Versorgungslücke entgegensieht.
OLG Celle 10 UF 101/08	02.09.2008 FamRZ 2009, 1076	Der Anspruch auf Elternunterhalt ist teilweise **verwirkt**, wenn der Unterhaltspflichtige aufgrund entsprechender Mitteilungen der Unterhaltsberechtigten darauf vertrauen darf, dass die Unterhaltsberechtigte rückwirkend keinen höheren Unterhalt geltend machen wird. Soweit die Unterhaltsberechtigte im Verlauf der außergerichtlichen Korrespondenz ihre Unterhaltsforderung immer wieder ermäßigt hat, durfte der Unterhaltspflichtige darauf vertrauen, dass keine höhere Inanspruchnahme erfolgen wird. Dabei ist zu berücksichtigen, dass die durch außergerichtliche Schriftsätze erfolgten Ermäßigungen der Unterhaltsforderung jeweils Ergebnis der außergerichtlichen Korrespondenz waren, in welcher der Unterhaltspflichtige Abzugspositionen vorgetragen hat.
OLG Hamm 1 UF 50/07	27.11.2007 FamRZ 2008, 1881	Verwendet das gegenüber einem Elternteil unterhaltspflichtige Kind ebenso wie sein Ehegatte sein Einkommen vollständig für den Familienunterhalt, so ist die unterhaltsrechtliche Leistungsfähigkeit des Kindes ausschließlich nach seinem eigenen Einkommen zu beurteilen. Dabei kommt eine Herabsetzung des angemessenen Selbstbehalts unter Berücksichtigung des finanziellen Vorteils aus der gemeinsamen Haushaltsführung mit dem Ehegatten in Betracht. Mangels Bestehens eines Taschengeldanspruchs gegen den Ehegatten ist das Kind nicht verpflichtet, einen Teil seines eigenen Einkommens in Höhe eines fiktiven Taschengeldes ohne Beachtung des angemessenen Selbstbehalts für den Elternunterhalt einzusetzen.

Gericht/ Aktenzeichen	Datum/ Fundstelle	Leitsatz/Inhalt
OLG Zweibrücken 2 UF 107/07	23.11.2007 OLGR 2008, 505	Bei der Frage, inwieweit die Leistungsfähigkeit des gegenüber einem Elternteil unterhaltspflichtigen Kindes durch dessen Unterhaltspflicht gegenüber seiner Ehefrau gemindert wird, kann sich zwar die bei Eingehung der Ehe bereits bestehende oder latent vorhandene Unterhaltslast gegenüber dem Elternteil auf die Bemessung des Familienunterhalts des Ehegatten auswirken. Dies gilt aber nur insoweit, als eine Erhöhung des Mindestbedarfs des Ehegatten in Rede steht. Die Unterhaltslast gegenüber dem Elternteil rechtfertigt keine Herabsetzung dieses Mindestbedarfs.
OLG Hamm 13 UF 134/07	23.11.2007 FamRZ 2008, 1650	1. Die für den Elternunterhalt in Anspruch genommenen Unterhaltspflichtigen geltende Grenze für die Anerkennung einer zusätzlichen Altersvorsorge (5 % des Bruttoeinkommens) gilt nicht in gleicher Weise für seinen Ehegatten. 2. Zur Berechnung des Anspruchs auf Elternunterhalt (abweichend von OLG Düsseldorf, 8. Februar 2007, 9 UF 72/06). Zur Berechnung des Elternunterhalts ist nach Bereinigung des Gesamteinkommens das angemessene Familieneinkommen zu ermitteln. Dazu werden die Mindestselbstbehaltssätze für den Unterhaltspflichtigen und den Ehegatten abgezogen. Von dem verbleibenden Betrag ist regelmäßig die Hälfte dem Familienunterhalt hinzuzurechnen. Zu dem so berechneten Familieneinkommen hat der Unterhaltspflichtige entsprechend seinem Einkommen anteilig vorrangig beizutragen. Der ihm verbleibende Betrag steht für den Elternunterhalt zur Verfügung.
OLG Düsseldorf 9 UF 72/06	08.02.2007 FamRB 2007, 1684 FamRZ 2007, 263	Leitsätze des Verfassers: 1. Der Ehegatte des Unterhaltspflichtigen steht außerhalb dessen Unterhaltsrechtsverhältnisses zu seinen Eltern und ist rechtlich nicht verpflichtet, sich zu deren Gunsten in seiner Lebensführung einzuschränken. 2. Die Einkünfte des Gatten eines seinen Eltern gegenüber Unterhaltspflichtigen müssen allerdings insofern berücksichtigt werden, als der Gatte anteilig verpflichtet ist, sich an dem Bedarf der eigenen Familie zu beteiligen. 3. Die durch die gemeinsame Haushaltsführung der Eheleute erfahrungsgemäß eintretende Ersparnis schätzt der Senat auf 14 % und folgt insofern dem von Klinkhammer in Anlehnung an Scholz (FamRZ 2004, 1829 ff.) vorgeschlagenen Rechenweg (Eschenbruch/Klinkhammer, Der Unterhaltsprozess, 4. Aufl., Rz. 2076 ff.).

Gericht/ Aktenzeichen	Datum/ Fundstelle	Leitsatz/Inhalt
BGH XII ZR 98/04	30.08.2006 FamRZ 2006, 1511 FamRB 2006, 327	1. Auch im Rahmen des Elternunterhalts muss der Unterhaltsschuldner grundsätzlich den Stamm seines Vermögens einsetzen. Einschränkungen ergeben sich aber daraus, dass nach § 1603 I BGB sonstige Verpflichtungen des Unterhaltsschuldners zu berücksichtigen sind und er seinen eigenen angemessenen Unterhalt einschließlich einer angemessenen Altersvorsorge nicht zu gefährden braucht (im Anschluss an das Senatsurteil vom 21.04.2004 – XII ZR 326/01, FamRZ 2004, 1184). 2. Dem Unterhaltsschuldner steht es grundsätzlich frei, in welcher Weise er neben der gesetzlichen Rentenversicherung Vorsorge für sein Alter trifft. Sichert er den Fortbestand seiner gegenwärtigen Lebensverhältnisse durch Sparvermögen oder ähnliche Kapitalanlagen, muss ihm davon jedenfalls der Betrag verbleiben, der sich aus der Anlage der ihm unterhaltsrechtlich zuzubilligenden zusätzlichen Altersvorsorge (bis zu 5 % des Bruttoeinkommens beim Elternunterhalt) bis zum Renteneintritt ergäbe (Fortführung der Senatsurteile v. 19.02.2003 – XII ZR 67/00, FamRZ 2003, 860, und v. 14.01.2004 – XII ZR 149/01, FamRZ 2004, 792).
BGH XII ZR 35/04	03.05.2006 FamRZ 2006, 1099	Auf Kindesunterhalt in Anspruch genommene Großeltern können sich auf die erhöhten Selbstbehaltsbeträge, wie sie auch im Rahmen des Elternunterhalts gelten, berufen.
OLG Oldenburg 12 UF 130/05	21.02.2006 FamRZ 2006, 1292 OLGR 2006, 550	1. Macht ein Sozialhilfeträger gegen ein Kind aus übergegangenem Recht Unterhalt für einen Elternteil geltend, der das Rentenalter noch nicht erreicht hat, ist der Anspruch nur dass schlüssig begründet, wenn im Einzelnen die Gründe dargelegt werden, weshalb der Elternteil seinen Bedarf nicht aus eigener Erwerbstätigkeit oder nicht subsidiären Sozialleistungen decken kann. 2. Ein Unterhaltsanspruch kommt nicht bereits deshalb in Betracht, weil der Elternteil nach jahrzehntelanger Erwerbslosigkeit (und Sozialhilfebezug) nunmehr ein Alter erreicht hat, in dem er auf dem allgemeinen Arbeitsmarkt erfahrungsgemäß keine Beschäftigung mehr zu befinden vermag.
OLG Hamm 11 UF 118/05	16.12.2005	1. Vergütungen für Überstunden sind nicht immer in voller Höhe als unterhaltsrelevantes Einkommen anzusehen. Bei einer Mehrarbeitsvergütung, die über das übliche Maß weit hinausgeht (hier: 7.500 € für Überstunden wegen Einführung neuer Computersoftware), erscheint es sachgerecht, nur ⅓ davon dem relevanten Einkommen hinzuzurechnen. ...
BGH XII ZR 155/03	23.11.2005 FamRB 2006, 935 BGHReport 2006, 974	Ein Elternteil ist nicht unterhaltsbedürftig, solange er eigenes Vermögen in Form der Teilhabe an einer ungeteilten Erbengemeinschaft hat und dieses als Kreditunterlage nutzen kann, um seinen Pflegebedarf kreditieren zu lassen.
OLG Hamm 9 UF 141/04	10.06.2005 FamRZ 2006, 885	Liegen die Einkünfte eines seinen Eltern gegenüber unterhaltspflichtigen Kindes unter dem Selbstbehalt, besteht keine Verpflichtung, das Vermögen zu verwerten, soweit das Kind die Einkünfte selbst benötigt.

Gericht/ Aktenzeichen	Datum/ Fundstelle	Leitsatz/Inhalt
BGH XII ZR 75/04	08.06.2005 FamRZ 2006, 26	2. Zur Höhe des eigenen angemessenen Unterhalts bei Unterhaltsansprüchen von Enkeln gegen ihre Großeltern (im Anschluss an Senatsurteil v. 26.02.1992 – XII ZR 93/01, FamRZ 1992, 795).
BVerfG 1 BvR 1508/96	07.06.2005 FamRB 2005, 224 FamRZ 2005, 1051	Leitsätze des Verfassers: 1. Unterhaltspflichtig ist nur, wer im Zeitpunkt des Vorliegens eines unterhaltsrechtlichen Bedarfs leistungsfähig ist. Jedenfalls im Elternunterhalt kommt eine kreditierte Leistungsfähigkeit nicht in Betracht. 2. Der Bildung einer angemessenen **Altersversorgung** eines Kindes kommt Vorrang gegenüber dem Unterhaltsanspruch seiner Eltern zu. 3. Kindern, die ihren Eltern gegenüber unterhaltspflichtig sind, ist ein deutlich höherer angemessener Selbstbehalt zu belassen, als er Eltern gegenüber ihren Kinder zusteht.
KG 18 UF 145/04	29.04.2005 KG Report 2005, 707	1. Ein Unterhaltsgläubiger, der seinen Anspruch auf Elternunterhalt nach längerem nicht zügig gerichtlich geltend macht, sondern zunächst die – zögerliche – Auskunftserteilung des Unterhaltsschuldners sowie das verwaltungsgerichtliche Verfahren auf Inanspruchnahme des Trägers der Sozialhilfe abwartet, kann seinen **Unterhaltsanspruch verwirken.** 2. Verwirkung kann auch dann eintreten, wenn der Unterhaltsanspruch bereits im Wege der Stufenklage rechtshängig geworden ist, der Unterhaltsgläubiger den Rechtsstreit aber über einen längeren Zeitraum nicht betreibt.
OLG Hamm 8 UF 411/00	22.11.2004 FF 2005, 109 OLGR 2005, 201 FamRZ 2005, 1193	1. Ein grundsätzlich zum Elternunterhalt verpflichtetes Kind verfügt nicht über einzusetzendes Einkommen, wenn es darlegt, dass die Ausgaben der Familie insgesamt so hoch gewesen sind, dass **keine Vermögensbildung** betrieben worden ist. Das Kind ist daher nicht gehalten, sein Einkommen ganz oder teilweise für den Unterhalt des Elternteils zur Verfügung zu stellen; es ist vielmehr berechtigt, dieses Einkommen vollständig für den Familienunterhalt einzusetzen (Anschluss BGH v. 28. Januar 2004 – XII ZR 218/01, NJWRR 2004, 721). 2. Eine **Rückführung von Krediten** ist grundsätzlich nicht als Vermögensbildung zu qualifizieren. Anders ist es zu beurteilen, wenn mit dem Kredit Vermögensgegenstände angeschafft worden sind, die wirtschaftlich mit fortschreitender Tilgung immer mehr dem Vermögen des Unterhaltspflichtigen oder seines Ehegatten zuwachsen. Dies ist nicht der Fall, wenn die Kredite Geschäftsschulden des Ehemannes sowie die Finanzierung des Studiums eines Kindes betreffen.

Gericht/ Aktenzeichen	Datum/ Fundstelle	Leitsatz/Inhalt
OLG Hamm 3 UF 263/00	02.11.2004 OLGR 2005, 35 FamRB 2005, 101 FamRZ 2005, 1193	1. Wird ein verheiratetes Kind eines in einem Altenund Pflegeheim lebenden Elternteils vom Sozialhilfeträger aus übergeleitetem Recht (für den nicht gedeckten Teil der Heimkosten) auf Elternunterhalt in Anspruch genommen, kann sich dieses nicht pauschal auf den **vollständigen Verbrauch seines Nettoeinkommens** für den Familienunterhalt berufen. Insbesondere wenn ein Verbrauch für die Renovierung eines eigenen Hauses behauptet wird, sind (auch für länger zurückliegende Zeiträume) eine Zuordnung zum unterhaltsrelevanten Zeitraum und nähere Angaben zu Art, Umfang und Kosten der behaupteten Renovierungsmaßnahmen notwendig. 2. Wenn das unterhaltspflichtige Kind für den in einem Heim lebenden Elternteil **freiwillig zusätzliche Ausgaben** trägt wie z.b. für Wäsche, Radiogebühren, Geschenke für Heimbewohner, Freunde und Verwandte, Aufmerksamkeiten für das Pflegepersonal, mindern diese Ausgaben das zur Verfügung stehende Einkommen, selbst wenn es sich um Sonderbedarf handelt. ...
BGH XII ZR 272/02	07.07.2004 FamRB 2004, 347 FamRZ 2004, 1370 FPR 2004, 595	Ein Elternteil, dem Hilfe zur Pflege gewährt wird, weil sein Einkommen mit Rücksicht auf die mit seinem Ehegatten bestehende Bedarfsgemeinschaft seitens des Sozialhilfeträgers nur teilweise angerechnet wird, ist im Verhältnis zu einem Abkömmling nicht unterhaltsbedürftig, wenn sein Einkommen ausreicht, den eigenen Bedarf zu decken.
OLG Saarbrücken 6 UF 77/03	24.06.2004 OLGR 2005, 88 FamRB 2005, 102	Ansprüche auf Leistungen nach dem **Grundsicherungsgesetz** bestehen auch dann, wenn Unterhaltsleistungen von Kindern erbracht werden, insbesondere, wenn diese nicht freiwillig sondern auf der Basis bestehender Unterhaltstitel erbracht werden.
BGH XII ZR 304/02	19.05.2004 FamRZ 2004, 1559 FPR 2004, 593	Zur **Verwirkung von Elternunterhalt,** wenn eine Mutter ihr später auf Unterhalt in Anspruch genommenes Kind im Kleinkindalter bei den Großeltern zurückgelassen und sich in der Folgezeit nicht mehr in nennenswertem Umfang um dieses gekümmert hat.
BGH XII ZR 251/01	21.04.2004 FamRB 2004, 283 FamRZ 2004, 1097	**Verwirkung:** Erwachsenes Kind muss nicht zahlen, wenn sich der pflegebedürftige Vater auf Grund einer psychischen Erkrankung im Grunde nie um das Kind gekümmert hat.
BGH XII ZR 326/01	21.04.2004 FamRB 2004, 317 FamRZ 2004, 1184	Das erwachsene Kind muss seinen **Vermögensstamm nicht verwerten,** wenn dies mit einem wirtschaftlich nicht mehr vertretbaren Nachteil verbunden ist.

Gericht/ Aktenzeichen	Datum/ Fundstelle	Leitsatz/Inhalt
BGH XII ZR 218/01	28.01.2004 FamRB 2004, 212 FamRZ 2004, 795	Setzt ein haushaltsführender Ehegatte **Einkommen aus einer Nebentätigkeit** zum Familienunterhalt ein, so kann er dies seinen unterhaltsberechtigten Eltern nur insoweit entgegenhalten, als er hierzu rechtlich verpflichtet ist. Letzteres ist dann nicht der Fall, wenn seine Haushaltsführung zusammen mit seiner Erwerbstätigkeit überobligatorisch ist und sich hierdurch im Verhältnis zu seinem Ehegatten ein erhebliches Missverhältnis in den beiderseitigen Beiträgen zum Familienunterhalt ergibt.
BGH XII ZR 69/01	14.01.2004 FamRB 2004, 412 FamRB 2004, 443 NJW 2004, 769;	1. Hat ein seinem Elternteil Unterhaltspflichtiger im Verhältnis zu seinem Ehegatten die **ungünstigere Steuerklasse** (hier: V) gewählt, ist diese Verschiebung der Steuerbelastung durch einen tatrichterlich zu schätzenden Abschlag zu korrigieren (im Anschluß an Senatsurteil vom 25. Juni 1980 - IVb ZR 530/80 - FamRZ 1980, 984, 985). 2. Zur Leistungsfähigkeit eines auf Elternunterhalt in Anspruch genommenen verheirateten Unterhaltspflichtigen, dessen Einkommen die in den Unterhaltabellen ausgewiesenen Mindestselbstbehaltssätze übersteigt.
OLG Frankfurt/M 3 UF 119/02	21.11.2003 FamRZ 2004, 137	Einem Kind, das im Sozialhilfeantrag eines seiner Eltern falsche Angaben zu dessen Vermögen gemacht hat, ist es verwehrt, sich gegenüber dem übergeleiteten Unterhaltsanspruch auf fehlende Bedürftigkeit des Elternteils zu berufen.
OLG Oldenburg 12 UF 69/03	18.11.2003 FamRZ 2004, 295	... 2. Der **angemessene Bedarf** des mit dem in Anspruch genommenen Kind zusammenlebenden Ehegatten bemisst sich in der Regel nach der Hälfte des gemeinsamen Einkommens beider Eheleute.
BGH XII ZR 122/100	15.10.2003 FamRB 2004, 73 FamRZ 2004, 366 NJW 2004, 674	Sozialamt darf Zahlungen verlangen, wenn die arbeitslose Ehefrau einen Taschengeldanspruch gegen ihren gut verdienenden Ehemann besitzt.
OLG Karlsruhe 2 UF 35/03	18.09.2003 FamRZ 2004,971	Im Rahmen des Elternunterhalts führen **fehlender Kontakt** sowie **Kränkungen** durch die Mutter, die sich zwar auf menschlich bedauerlichem, aber nicht völlig ungewöhnlichem Niveau bewegen, nicht zu einer Kürzung des Unterhaltsanspruchs (**Verwirkung**).
BGH XII ZR 63/100	25.06.2003 FamRZ 2004, 186 FamRB 2004, 144	1. **Überstundenvergütungen** werden im Rahmen des Elternunterhalts nach den auch sonst im Unterhaltsrecht geltenden Maßstäben zum unterhaltsrelevanten Einkommen des einem Elternteil Unterhaltspflichtigen hinzugezählt. 2. Zur Frage, wie der Anspruch auf Familienunterhalt des Ehegatten des einem Elternteil Unterhaltspflichtigen zu bemessen ist, wenn die ehelichen Lebensverhältnisse durch eine **latente oder bereits eingetretene Unterhaltslast** gegenüber dem Elternteil geprägt waren.

Gericht/ Aktenzeichen	Datum/ Fundstelle	Leitsatz/Inhalt
		3. Der einem Elternteil Unterhaltspflichtige ist in der Disposition der ihm belassenen Mittel frei. Sein Selbstbehalt ist daher nicht deshalb herabzusetzen, weil er tatsächlich preisgünstiger wohnt, als es der in dem Tabellenmindestselbstbehalt eingearbeiteten Warmmiete entspricht.
BGH XII ZR 229/00	07.05.2003 FamRZ 2003, 1836	1. Ein gegenüber seinen Eltern Unterhaltspflichtiger kann von den Ehegatten seiner Geschwister nicht **Auskunft über deren Einkommens- und Vermögensverhältnisse** beanspruchen. 2. Zur **Auskunftspflicht unter Geschwistern** bei der Inanspruchnahme auf Zahlung von Elternunterhalt.
OLG Karlsruhe 2 UF 23/02	27.03.2003 FamRZ 2004, 292	1. Ist die Existenz des Unterhaltsschuldners und die seiner Familie durch das Erwerbseinkommen des Schuldners umfassend gesichert, hat dieser auch den **Vermögensstamm** zur Befriedigung des Elternunterhalts einzusetzen. ... 3. Haften Kinder für den Unterhalt ihrer Eltern mit ihrem Vermögen, so ist aus dem für den Unterhalt einzusetzenden Kapital anhand der allgemeinen Sterbetafeln die finanzierbare monatliche Unterhaltsrente zu berechnen.
BGH XII ZR 123/00	19.03.2003 FamRB 2003, 280 FamRZ 2003, 1179 NJW 2003, 2306	1a. Bei der Inanspruchnahme auf Zahlung von Elternunterhalt ist der **Wohnwert eines Eigenheims** grundsätzlich nicht mit der bei einer Fremdvermietung erzielbaren objektiven Marktmiete, sondern auf der Grundlage des unter den gegebenen Verhältnissen ersparten Mietzinses zu bemessen. 1b. Zur Berücksichtigung des **Tilgungsanteils von Darlehensraten**, die auf zur Finanzierung des Eigenheims eingegangene Verbindlichkeiten geleistet werden. 2. Zur Abzugsfähigkeit von **Lebensversicherungsprämien**. 3. Der dem Unterhaltspflichtigen zu belassende **angemessene Eigenbedarf** kann in der Weise bestimmt werden, daß der den (Tabellen-) Selbstbehalt übersteigende Betrag des zu berücksichtigenden Einkommens nur zur Hälfte für den Elternunterhalt einzusetzen ist und im übrigen den Selbstbehalt des Unterhaltspflichtigen erhöht.
BGH XII ZR 67/00	19.02.2003 FamRZ 2003, 860 NJW 2003, 1660	1. Zum Unterhaltsbedarf eines - noch einen eigenen Haushalt führenden - Elternteils gegenüber seinem unterhaltspflichtigen Kind. 2. Einem nicht sozialversicherungspflichtig beschäftigten Unterhaltspflichtigen ist bei der Inanspruchnahme auf Elternunterhalt grundsätzlich zuzubilligen, einen Anteil von rund **20% seines Bruttoeinkommens für seine (primäre) Altersversorgung** einzusetzen; dabei steht ihm grundsätzlich frei, in welcher Weise er Vorsorge für sein Alter trifft. 3. Für den Ehegatten des auf Elternunterhalt in Anspruch genommenen Unterhaltspflichtigen ist nicht von vornherein ein bestimmter Mindestbetrag anzusetzen, sondern der nach Maßgabe der ehelichen Lebensverhältnisse bemessene (höhere) Unterhalt.

Gericht/ Aktenzeichen	Datum/ Fundstelle	Leitsatz/Inhalt
BGH XII ZR 266/99	23.10.2002 FamRZ 2002, 1698	Verpflichteter braucht keine spürbare und dauerhafte Senkung seiner Lebensverhältnisse hinzunehmen, es sei denn, er lebt im Luxus.
OLG Hamm 2 Sdb Zust. 12/02	17.10.2002 FamRB 2003, 152 FamRZ 2003, 1114	Werden mehrere Kinder mit unterschiedlichen allgemeinen Gerichtsständen auf Zahlung von Elternunterhalt in Anspruch genommen, so kann für die einheitliche Geltendmachung die Zuständigkeit eines Gerichtes auch dann noch bestimmt werden, wenn die Ansprüche bereits bei verschiedenen Gerichten rechtshängig sind bzw. im Falle einer Stufenklage bereits über die Auskunftsstufe durch Teilanerkenntnisurteil entschieden worden ist.
OLG Köln 27 UF 194/01	12.06.2002 FamRB 2002, 354 FamRZ 2003, 470	Eine **Verwertung des Vermögensstamms** kann von dem unterhaltsverpflichteten Kind zur Deckung des Unterhalts seiner in einem Altenheim wohnenden Mutter nicht verlangt werden, wenn das Kind den Vermögensstamm braucht, um den eigenen angemessenen Lebensbedarf auch in Zukunft sicherstellen zu können (hier: Sparvermögen von rund 58.500 DM).
OLG Köln 25 UF 303/01	25.05.2002 FamRZ 2003, 471	Eine **Vermögensverwertung**, die offensichtlich unwirtschaftlich wäre (hier: keine Überschusserzielung bei der Verwertung einer Immobilie), kommt jedoch nicht in Betracht.
OLG Frankfurt/M. 1 UF 363/00	20.12.2001 OLRG 2002, 45 FamRB 2002, 137	... 2. Als besondere **Härtegründe für den Ausschluss des Übergangs** von Unterhaltsansprüchen auf den Sozialhilfeträger i.S.v. § 91 Abs. 2 S. 2 BSHG sind „zwischenmenschliche Belange" und deren Störungen nicht anzusehen. Diese Prüfung ist ausschließlich im Rahmen des § 1611 Abs. 1 BGB über die Verwirkung des Unterhaltsanspruchs vorzunehmen. ...
OLG Koblenz 11 UF 748/00	30.10.2001 FamRZ 2002, 1213	... 2. Der Bedarf der Eltern bestimmt sich nach deren Lebensstellung; auch bei bescheidenen Verhältnissen sollte er mindestens dem Mindestbedarf nach den jeweiligen Tabellen entsprechen. ...
OLG Hamm 8 UF 21/01	08.10.2001 FamRB 2002, 136 FamRZ 2002, 1212	1. Hinsichtlich der Verpflichtung des Unterhaltsschuldners, den Stamm seines Vermögens einzusetzen, finden auch im Elternunterhalt die Grundgedanken des § 1577 II BGB Anwendung. Das seinen (alten) Eltern gegenüber unterhaltspflichtige Kind muss daher den Stamm seines Vermögens dann nicht einsetzen, wenn die Vermögensverwertung mit einem wirtschaftlich nicht mehr vertretbaren Nachteil verbunden wäre oder wenn die Verwertung es von laufenden Einkünften abschneiden würde, die es zur Erfüllung weiterer Unterhaltsansprüche bzw. anderer berücksichtigungswürdiger Verbindlichkeiten oder zur Bestreitung seines eigenen Unterhalts – besonders im Alter – benötigt.
OLG Köln 14 UF 13/01	05.07.2001 FamRZ 2002, 572	... Als besondere Belastungen sind auch angemessene **(Fahrt) kosten für den Besuch** der im Pflegeheim untergebrachten Mutter vom Einkommen abzuziehen. Es kann nicht verlangt werden, diese aus dem Selbstbehalt zu tragen. ...

Gericht/ Aktenzeichen	Datum/ Fundstelle	Leitsatz/Inhalt
OLG Hamm 8 UF 411/00	07.05.2001 FamRZ 2002, 125	Bei der Beurteilung der Leistungsfähigkeit des verheirateten, im Geringverdienerbereich erwerbstätigen Kindes gegenüber seinen (alten) Eltern ist nicht isoliert auf das Einkommen des unterhaltspflichtigen Kindes abzustellen. Maßgebend ist vielmehr ein „Familienbedarf" bzw. „Familienselbstbehalt". Soweit daher der angemessene Selbstbehalt des unterhaltspflichtigen Kindes (vgl. Ziffer 45 der Hammer Leitlinien) schon durch das Einkommen seines Ehepartners gedeckt ist, hat das Kind sein eigenes Einkommen – jedenfalls teilweise – für den Unterhalt der (alten) Eltern einzusetzen.
OLG Hamm 3 UF 263/00	30.01.2001 FamRZ 2002, 693	... 3. Liegt das Erwerbseinkommen des Ehemannes des unterhaltspflichtigen Kindes nicht wesentlich höher als dessen eigenes Einkommen, ist die Wahl der Steuerklasse 5 unterhaltsrechtlich nicht gerechtfertigt. Hier kann analog § 850h ZPO eine Einkommenserhöhung unter Zugrundelegung der Steuerklasse 1 vorgenommen werden.
AG Helmstedt 5 UF 134/00	04.09.2000 FamRZ 2001, 1395	Die Inanspruchnahme eines volljährigen Kindes auf Unterhalt durch seinen (in einem Pflegeheim untergebrachten) Vater wäre grob unbillig, wenn der Vater mit dem Kind über 32 Jahre lang keinen Kontakt hatte. Der Umstand, dass sich der Vater lange Jahre nicht um sein Kind gekümmert hat, stellt eine schwere Verfehlung i.S.d. § 1611 BGB dar, denn darin tritt ein besonders grober Mangel an verwandtschaftlicher Gesinnung und menschlicher Rücksichtnahme zu Tage. Ein Unterhaltsanspruch des Vaters gegen das Kind entfällt daher vollständig.
OLG Köln 21 UF 274/99	21.08.2000 FamRZ 2001, 1475	1. Im Rahmen des Elternunterhalts kann vom Unterhaltsschuldner, der lediglich eine geringe Rente bezieht, nicht verlangt werden, sich die Mittel zur Erfüllung der Unterhaltsverbindlichkeiten durch Inanspruchnahme eines Darlehens zu beschaffen. 2. Die Leistungsfähigkeit des Unterhaltsverpflichteten kann nicht nachträglich durch die Vermietung oder den Verkauf einer vormals selbst bewohnten Eigentumswohnung begründet werden.
OLG München 26 UF 748/00	17.07.2000 FamRZ 2002, 50	1. Im Rahmen der **Auskunft** über Einkommens und Vermögensverhältnisse haben **Geschwister** einander auch Auskunft über das Einkommen des jeweiligen Ehegatten zu geben, soweit dies für die Berechnung der eigenen Haftung für den Unterhalt der Eltern erforderlich ist. 2. Dagegen besteht kein unmittelbarer Auskunftsanspruch gegen Schwager oder Schwägerin über deren Einkommens oder Vermögensverhältnisse.
OLG Stuttgart 15 UF 386/99	22.03.2000 OLGR 2000, 245	1. Hat ein verheiratetes Kind keine eigenen Einkünfte, dann ist ein geschuldeter Barunterhalt für Eltern vom **Taschengeld** als unterhaltspflichtigem Einkommen zu zahlen. 2. Bezieht der Unterhaltsberechtigte Sozialhilfe, ist unter Berücksichtigung der gem. §§ 91 Abs. 2 Satz 1, 84 Abs. 1 BSHG zu beachtenden Schongrenze der Einsatz des hälftigen Taschengeldbetrages für Unterhaltszahlungen angemessen.

Gericht/ Aktenzeichen	Datum/ Fundstelle	Leitsatz/Inhalt
OLG Koblenz 15 UF 605/99	14.03.2000 OLGR 2000, 254	1. Wenn ein Vater sich nach Scheitern der Ehe um das zu dieser Zeit zwei Jahre alte Kind nicht mehr kümmert und auch, nachdem das Kind den Haushalt der Mutter verlassen hat, keinen Kontakt zu dem (nunmehr erwachsenen) Kind sucht, liegt hierin eine vorsätzliche schwere Verfehlung des Vaters gegenüber dem Abkömmling im Sinne des § 1611 Abs. 1 S. 1 BGB. 2. Ein Vater, der sich zumindest 1 ½ Jahre lang seiner Unterhaltsverpflichtung gegenüber einem minderjährigen Kind entzieht, obwohl ihm eine Unterhaltsleistung zumindest durch Verwertung von Vermögen möglich wäre, vernachlässigte seine Unterhaltspflicht gröblich im Sinne von § 1611 Abs. 1 S. 1 BGB. 3. Treffen vorgenannte Umstände zusammen, erscheint eine Inanspruchnahme des Abkömmlings auf Unterhalt für den im hohen Alter unterhaltsbedürftig gewordenen Vater grob unbillig § 1611 Abs. 1 S. 2 BGB. 4. Für das Vorliegen der Voraussetzungen des § 1611 Abs. 1 S. 1 BGB als Ausnahmevorschrift ist der Unterhaltsverpflichtete darlegungs und beweispflichtig. Allerdings ist, soweit von ihm der Nachweis negativer Tatsachen verlangt wird, der Unterhaltsberechtigte im Rahmen einer sogenannten sekundären Behauptungslast gehalten, zunächst seine die Vorwürfe des Unterhaltspflichtigen entkräftenden Handlungen substantiiert darzulegen; Sache des Unterhaltspflichtigen ist es sodann, dieses Vorbringen zu widerlegen.
OLG Köln 27 UF 87/99	29.09.1999 FamRZ 2001, 437	Zum Unterhaltsanspruch der Mutter gegen ihre verheiratete nicht erwerbstätige Tochter, die gegen ihren Ehemann einen Anspruch auf **Taschengeld** hat.
OLG Oldenburg 12 UF 79/99	27.07.1999 FamRZ 2000, 1174	1. Bei der Beurteilung der Leistungsfähigkeit des unterhaltspflichtigen Kindes ist der Wert des mietfreien Wohnens nicht nach der bei Fremdvermietung erzielbaren Miete, sondern nach den ersparten Mietaufwendungen unter Berücksichtigung des Eigeneinkommens zu bestimmen. … 3. Die Zahlung von Unterhalt für die Eltern darf nicht dazu führen, dass für Rücklagen keine Mittel mehr zur Verfügung stehen und unerwartet auftretende Ausgaben zur Aufnahme eines Kredits zwingen.
OLG Hamm 13 UF 107/97	22.08.1997 FamRZ 1998, 621	Werden betagte Eltern eines Unterhaltsschuldners Jahre nach Trennung der Parteien pflegebedürftig und entstehen daraus Kosten, kann **keine Prägung der ehelichen Lebensverhältnisse** durch diese Kosten angenommen werden, wenn die Pflegebedürftigkeit nicht absehbar war. Eine solche Pflegebedürftigkeit ist auch nicht zwangsläufig mit dem Älterwerden verbunden.

Stichwortverzeichnis

(Die Zahlen verweisen auf Randnummern.)

Die FamRZ-Bücher – ausgewählte Titel (Stand: August 2012)

FamRZ-Buch 4:   **Neu!**
Prozesskosten- und Verfahrenskostenhilfe
– insbesondere in Familiensachen –
Prof. Dr. Walter Zimmermann,
4. Aufl. (August) 2012;
XXVIII u. 418 S., brosch. € [D] 54,00;
ISBN 978-3-7694-1105-8

FamRZ-Buch 5:
Bewertungen im Zugewinnausgleich
Dr. Rudolf Schröder, 5. Aufl. 2011;
XX u. 278 S., brosch. € [D] 49,00;
ISBN 978-3-7694-1078-5

FamRZ-Buch 8:
Vermögensauseinandersetzung der Ehegatten
außerhalb des Güterrechts
Reinhardt Wever, 5. Aufl. 2009;
XXIX u. 460 S., brosch. € [D] 59,00;
ISBN 978-3-7694-1055-6

FamRZ-Buch 9:
Verträge in Familiensachen – Eheverträge,
Trennungs- und Scheidungsvereinbarungen –
Dr. Ludwig Bergschneider, 4. Aufl. 2010;
XXXII u. 310 S., brosch. € [D] 49,00;
ISBN 978-3-7694-1056-3

FamRZ-Buch 18:   **Neu!**
Kinder aus Migrationsfamilien in der Rechtspraxis
– Staatsangehörigkeit, Aufenthalt, Sorge/ Umgang,
Kindesentführung, Unterhalt –
Dr. Stefan Motzer / Roland Kugler / Michael Grabow,
2. Aufl. (Januar) 2012;
XXVIII u. 452 S., brosch. € [D] 59,00;
ISBN 978-3-7694-1079-2

FamRZ-Buch 21:   **Neu!**
Elternunterhalt: Grundlagen und Strategien
– mit Exkurs Enkelunterhalt –
Jörn Hauß, 4. Aufl. (August) 2012;
XXVI u. 387 S., brosch. € [D] 49,00;
ISBN 978-3-7694-1098-3

FamRZ-Buch 23:
Adoptionsrecht in der Praxis
– einschließlich Auslandsbezug –
Dr. Gabriele Müller / Dr. Robert Sieghörtner / Nicole
Emmerling de Oliveira,
2. Aufl. 2011; XXIV und 228 S.,
brosch., mit CD-ROM, € [D] 49,00;
ISBN 978-3-7694-1082-2

FamRZ-Buch 24:
Praxis des Unterhaltsrechts
– Das UÄndG und seine Folgen –
Helmut Borth, 2. Aufl. 2011;
XLIII u. 624 S., brosch. € [D] 69,00;
ISBN 978-3-7694-1080-0

FamRZ-Buch 28:
Vollstreckung in Familiensachen
Dr. Michael Cirullies, 2009; XXII u. 282 S.,
brosch. € [D] 49,00; ISBN 978-3-7694-1043-3

FamRZ-Buch 29:
Das familiengerichtliche Verfahren
– Ein Leitfaden für die Praxis –
Rolf Schlünder / Michael Nickel, 2009; XXI u. 290 S.,
brosch. € [D] 49,00; ISBN 978-3-7694-1047-1

FamRZ-Buch 30:
Versorgungsausgleich und Verfahren in der Praxis
Jörn Hauß / Ruth-Maria Eulering, 2009;
XX u. 310 S., brosch. € [D] 49,00;
ISBN 978-3-7694-1048-8

FamRZ-Buch 31:
Kosten in Familiensachen – Gerichts- und
Anwaltskosten sowie Kosten der Mediation –
Renate Baronin von König / Hans Helmut Bischof,
2009; XXXII u. 336 S., brosch. € [D] 54,00;
ISBN 978-3-7694-1049-5

FamRZ-Buch 32:
Die Patientenverfügung
Dr. jur. Andreas Albrecht / Dr. med. Elisabeth
Albrecht, 2009; XIII u. 121 S.,
brosch. € [D] 29,00; ISBN 978-3-7694-1060-0

FamRZ-Buch 33:
Abstammungsrecht in der Praxis
– Materielles Recht, Verfahrensrecht, Medizinische
Abstammungsbegutachtung –
Prof. Dr. jur. Tobias Helms / Jörg Kieninger /
Prof. Dr. med. Christian Rittner, 2010;
XXIII u. 211 S., brosch. € [D] 54,00;
ISBN 978-3-7694-1065-5

FamRZ-Buch 34:
Der Zugewinnausgleich
– Eine Anleitung für Rechtsanwälte,
Richter und Notare –
Dr. Max Braeuer, (September) 2011;
XXIX u. 343 S., brosch. € [D] 49,00;
ISBN 978-3-7694-1085-3

FamRZ-Buch 35:   **Neu!**
Strategien bei der Teilungsversteigerung
des Familienheims
Dr. Walter Kogel, (Juni) 2012;
XXIII u. 302 S., brosch. € [D] 49,00;
ISBN 978-3-7694-1099-0

FamRZ-Buch 36:   **Neu!**
Betreuung und Erbrecht
– Der Betreute als Erbe oder Erblasser –
Prof. Dr. Walter Zimmermann, (Juni) 2012;
XX u. 252 S., brosch. € [D] 44,00;
ISBN 978-3-7694-1104-1